LE TRAITÉ
DE MAASTRICHT

GENÈSE, ANALYSE, COMMENTAIRES

D1706119

La collection *Organisation internationale*
et Relations internationales
est dirigée par

VICTOR-YVES GHEBALI
Professeur à l'Institut universitaire de hautes études internationales
(Genève)

ORGANISATION INTERNATIONALE
ET
RELATIONS INTERNATIONALES

28

Bicherschaf
www.vdl.lu/bicherschaf
1 Choisir Take it
2 Lire Read it
3 Retourner ou échanger Bring it back or swap it

LE TRAITÉ DE MAASTRICHT

GENÈSE, ANALYSE, COMMENTAIRES

PAR

JIM CLOOS

GASTON REINESCH

DANIEL VIGNES

JOSEPH WEYLAND

DEUXIÈME ÉDITION

complétée par une annexe
et un index alphabétique

BRUXELLES
ÉTABLISSEMENTS ÉMILE BRUYLANT
1 9 9 4

ISBN 2-8027-0931-3

D / 1994 / 0023 / 38

© 1994 Etablissements Emile Bruylant, S.A.
Rue de la Régence 67, 1000 Bruxelles.

Tous droits, même de reproduction d'extraits, de reproduction photo-mécanique ou de traduction, réservés.

IMPRIMÉ EN BELGIQUE

OUVRAGES PARUS DANS LA MÊME COLLECTION

1. **L'UIT et les télécommunications par satellites,** par JACQUES GARMIER, 1975, 356 p. — Prix : 1.585 Fr.
2. **L'organisation mondiale de la propriété intellectuelle (OMPI),** par JOSEPH EKEDI-SAMNIK, 1975, 304 p. — Prix : 2.865 Fr.
3. **La genèse de l'Unesco : La Conférence des Ministres alliés de l'Education (1942-1945),** par DENIS MYLONAS, 1976, 496 p. — Prix : 3.535 Fr.
4. **L'inspection internationale.** Quinze études de la pratique des Etats et des Organisations internationales, réunies et introduites par GEORGES FISCHER et DANIEL VIGNES, 1976, 524 p. — Prix : 3.231 Fr.
5. **La politique commerciale commune de la CEE et les pays de l'Europe de l'Est,** par BRANKO TOMSA, 1977, 284 p. — Prix : 2.109 Fr.
6. **Théorie des systèmes et relations internationales,** par PHILIPPE BRAILLARD, 1977, 216 p. — Prix : 1.341 Fr.
7. **Normes internationales du travail : universalisme ou régionalisme ?,** par CHRISTIAN PHILIP, 1978, 318 p. — Prix : 2.048 Fr.
8. **Les rapports entre l'Organisation des Nations Unies et l'Organisation de l'Unité Africaine**, par E. KWAM KOUASSI, 1978, 414 p. — Prix : 2.682 Fr.
9. **Le mécanisme de la prise des décisions communautaires en matière de relations internationales,** par URAL AYBERK, 1978, 582 p. — Prix : 3.415 Fr.
10. **Les sanctions privatives de droits ou de qualité dans les organisations internationales spécialisées,** par CHARLES LEBEN, 1979, 416 p. — Prix : 3.535 Fr.
11. **La question de Jérusalem devant l'Organisation des Nations Unies,** par JOËLLE LE MORZELLEC, 1979, 568 p. — Prix : 3.535 Fr.
12. **Institution spécialisée et Organisation mondiale : étude des relations de l'OIT avec la SDN et l'ONU,** par MANUELA TORTORA, 1980, 532 p. — Prix : 3.169 Fr.
13. **La coordination de l'action des organisations internationales au niveau européen,** par RAYMOND FERRETTI, 1984, 340 p. — Prix : 2.162 Fr.
14. **Les organes intégrés de caractère bureaucratique dans les organisations internationales**, par JACQUES SCHWOB, 1987, 411 p. — Prix : 2.840 Fr.
15. **Les accords Salt.** Contenu — Application — Contrôle, par NOTBURGA K. GOLLER-CALVO et MICHEL A. CALVO, 1987, 532 p. — Prix : 3.400 Fr.
16. **Le Programme andin :** Contribution de l'OIT à un projet-pilote de coopération technique multilatérale, par JEF RENS (et l'équipe du Programme andin), 1987, 188 p. + 16 pl. — Prix : 1.764 Fr.
17. **Trente ans d'expérience Euratom.** La naissance d'une Europe nucléaire, par OLIVIER PIROTTE, PASCAL GIRERD, PIERRE MARSAL et SYLVIANE MORSON, 1988, 430 p. — Prix : 2.968 Fr.

18. **La diplomatie de la détente : la CSCE, d'Helsinki à Vienne (1973-1989),** par Victor-Yves Ghebali, 1989, 464 p. — Prix : 4.240 Fr.
19. **La Communauté économique européenne et les intégrations régionales des pays en développement,** par Ntumba Luaba Lumu, 1990, 544 p. — Prix : 4.860 Fr.
20. **La nouvelle Europe de l'est, du plan au marché,** par Jean-Daniel Clavel et John C. Sloan, 1991, 312 p. — Prix : 1.990 Fr.
21. **Le système antarctique,** par Josyane Couratier, 1991, 400 p. — Prix : 2.600 Fr.
22. **L'Europe, puissance spatiale,** par Mireille Couston et Louis Pilandon, 1991, 322 p. — Prix : 2.300 Fr.
23. **Conflits, puissances et stratégies en Europe.** Le dégel d'un continent, par Dominique David, 1991, 228 p. — Prix : 1.420 Fr.
24. **L'éthique des relations internationales.** Les théories anglo-américaines contemporaines, par Klaus-Gerd Giesen, 1992, 416 p. — Prix : 2.650 Fr.
25. **L'organisation des Nations Unies et la protection des minorités,** par Isse Omanga Bokatola, 1992, 291 + xiv p. — Prix : 1.780 Fr.
26. **La coopération policière européenne contre le terrorisme,** par Pierrick Lejeune, 1992, 281 p. — Prix : 1.950 Fr.
27. **L'institution de la conciliation dans le cadre du GATT.** Contribution à l'étude de la structuration d'un mécanisme de règlement des différends, par Eric Canal-Forgues, 1993, 687 p.

AVANT-PROPOS

Jamais dans l'histoire de la Communauté un texte n'a déchaîné autant de passions que le traité sur l'Union Européenne signé à Maastricht le 7 février 1992. Longtemps confinée au cercle des spécialistes, l'Europe communautaire a, sous l'effet de ce traité, fait irruption sur la scène politique générale et suscité un débat animé sur la société dans laquelle nous vivons. Car ne nous y méprenons pas : derrière les interrogations sur l'Europe, se profilent des interrogations fondamentales sur la démocratie, les choix de société, et les rapports entre la classe politique et les populations. Maastricht a, en effet, agi comme catalyseur d'un débat de fond. Les circonstances extérieures telles que l'écroulement des vieilles certitudes suite à la fin du modèle soviétique, ont amplifié le phénomène. Il n'est en réalité pas surprenant de constater que l'intégration européenne ait servi de catalyseur voire de bouc émissaire à un moment où la remise en cause du monde traditionnel de l'après-guèrre suscite des craintes diffuses et accentue la tentation du repli sur soi qu'il soit national ou régional.

L'entrée en récession de la plus grande partie de la CE au cours de l'année 1992 n'a pas non plus contribué à favoriser un débat serein sur Maastricht.

Les négociations proprement dites conduites au sein de deux conférences intergouvernementales parallèles avaient duré un an, ce qui, vu l'ampleur et l'ambition de la tâche, n'est pas excessif. Les travaux préparatoires s'étaient étalés sur plus de deux ans pour l'UEM et sur quelques mois seulement pour l'Union Politique. Pour tous ceux qui avaient participé aux négociations, difficiles certes, mais se déroulant dans un climat constructif et positif, l'accord unanime réalisé au Conseil européen de Maastricht les 9, 10 et 11 décembre 1991 constituait un succès historique.

Ils étaient loin de se douter des difficultés qu'allait rencontrer le processus de ratification dans certains Etats membres.

Ce processus vient, à l'heure où nous écrivons ces lignes (fin juillet 1993), de s'achever avec l'approbation du traité par le parlement britannique, après de multiples péripéties et dans une atmosphère assez dramatique. L'adoption finale du traité est, toutefois, encore suspendue au jugement de la Cour constitutionnelle de Karlsruhe en Allemagne.

Dans la plupart des Etats membres, les votes parlementaires ont fait apparaître des majorités écrasantes en faveur du traité de Maastricht. Par contre, la ratification par voie de referendum s'est révélée être beaucoup plus délicate, sauf en Irlande où il y a eu un oui massif. Au Danemark, un premier referendum s'est soldé par une courte victoire des « non », et ce n'est qu'après une longue période d'incertitude et certaines concessions faites au Danemark au Conseil européen d'Edimbourg de décembre 1992, que le second referendum organisé le 18 mai 1993 a finalement permis de trouver une (assez nette) majorité en faveur du traité. En France, enfin, le « oui à Maastricht » l'emporta d'une courte tête.

L'existence d'un divorce entre une classe politique très largement acquise au traité de Maastricht et des populations beaucoup plus sceptiques, du moins dans certains Etats membres, est un des enseignements majeurs à tirer des événements des derniers mois. Ce phénomène explique d'ailleurs en grande partie le changement de climat brutal intervenu très vite après la signature du traité. Tout au long des négociations, les critiques entendues à l'encontre des négociateurs émanaient plutôt des milieux traditionnellement acquis à la cause européenne, des « professionnels de l'Europe » qui craignaient une remise en cause de l'Europe communautaire. Le grand public, quant à lui, semblait se désintéresser d'une négociation conduite par un cercle assez restreint d'initiés ; ce n'est pas tant que les négociations se soient déroulées derrière des portes closes — une lecture adéquate de la presse de l'époque permettait en réalité de se faire une bonne idée de la situation — mais plutôt une absence de curiosité de la part de la plupart des citoyens pour les agissements de Bruxelles qu'il faut relever.

L'atmosphère changea très rapidement une fois le traité signé. Il apparut alors que Maastricht était perçu par une partie de l'opinion publique comme étant un projet trop ambitieux, imposé aux populations par une petite élite de politiciens et de fonctionnaires coupés des réalités sur le terrain. Les débats sur la ratification ont montré que l'œuvre de l'intégration européenne a été moins bien assimilée et acceptée par les peuples européens qu'on l'avait longtemps cru. Les gens étaient sans doute surpris par les progrès réalisés et les implications directes sur leur vie quotidienne. Dès lors, Maastricht suscita un débat profond qui dépassait en réalité les enjeux directs du nouveau traité et qui portait sur la construction européenne en tant que telle.

Il est d'ailleurs intéressant de noter que les arguments employés par les adversaires de Maastricht étaient très souvent dirigés non pas contre le contenu du nouveau traité mais contre les fondements de la Communauté inscrits dans les traités d'origine ou l'Acte unique. En fait, Maastricht se vit imputer un certain nombre de déficiences, réelles ou imaginaires, qu'il essayait justement de rectifier : il en est ainsi de l'accusation d'un centralisme exagéré ou de l'absence de légitimité démocratique.

Le présent ouvrage est né de la volonté d'aider à la compréhension du traité de Maastricht et de contribuer ainsi à un débat plus serein. Cela présuppose tout d'abord une connaissance minimale du passé communautaire, car Maastricht ne peut être compris en dehors de son contexte historique. Une des difficultés de compréhension provient justement du fait que le traité sur l'Union européenne est à beaucoup d'égards une modification d'un traité existant, le traité CEE de 1957 tel qu'amendé en 1985 par l'Acte unique.

Le présent ouvrage comporte deux grandes parties, la première consacrée à une analyse synthétique de la place du traité de Maastricht dans le contexte de la construction communautaire, la seconde comportant une analyse détaillée et exhaustive du contenu du traité. L'analyse présentée ici n'est pas purement juridique et statique ; nous avons essayé d'expliquer aussi la genèse des différents éléments du traité, les enjeux cachés de la négociation et le pourquoi des solutions retenues.

Trois des quatre auteurs de cet ouvrage ont eu le privilège de participer — sous l'autorité de leurs Ministres respectifs à savoir le Premier Ministre luxembourgeois Jacques Santer, le Ministre des Affaires étrangères Jacques F. Poos et le Ministre des Finances Jean-Claude Juncker — directement aux négociations et, surtout, pendant la Présidence luxembourgeoise du premier semestre 1991, à la rédaction du traité de Maastricht. Ils sont donc bien placés pour tenter d'expliquer en termes aussi clairs et objectifs que possible les intentions des négociateurs et le contenu du texte final. En raison du devoir de réserve qui sied à des fonctionnaires impliqués dans ce genre de négociations, nous avons pris soin de ne pas révéler des détails qui ne soient pas, d'une façon ou d'une autre, apparus sur la scène publique. Le dernier auteur aussi ayant servi pendant trente années au Secrétariat du Conseil des Communautés est familier de ce devoir.

Nous nous sommes efforcés de présenter autant que c'est humainement possible une analyse objective des débats et des positions souvent divergentes et de ne pas tomber dans le travers de vouloir réécrire l'his-

toire de Maastricht à la lumière des événements notamment monétaires intervenus après la signature du traité. Etant le fruit de compromis multiples, le texte final n'a pas toujours l'élégance et la limpidité que l'on aurait souhaité obtenir. C'est sans doute inévitable dans une négociation impliquant douze Etats membres et plusieurs institutions. Il faut ajouter dans ce contexte que face à des tranferts de souveraineté, il n'est pas anormal que les Etats membres aient voulu s'entourer d'un certain nombre de garanties et garde-fous. Avant de juger le traité de Maastricht, il faut tenir compte de ces facteurs là qui expliquent en grande partie le caractère relativement complexe du traité.

Les événements monétaires qui se sont déroulés, après la rédaction finale de ce livre, à la fin juillet 1993 et qui ont débouché sur un relèvement temporaire des seuils d'interventions marginales obligatoires au sein du mécanisme de change du SME passant de ± 2,25 % à ± 15 % autour des cours pivots bilatéraux, sont diversément interprétés. Il est vrai que d'un point de vue politique, on est a priori amené à s'interroger sur la crédibilité et le réalisme de la voie tracée dans le traité de Maastricht vers l'UEM. Toutefois, une fois le premier choc passé, on devrait finir par s'apercevoir que rien ne s'oppose à la continuation dans cette voie. Les Ministres des Finances ont d'ailleurs réaffirmé dans le communiqué publié à l'issue de leur rencontre du 1er août 1993 leur détermination à mettre en œuvre le traité sur l'Union européenne ; ils ont aussi réaffirmé leur attachement aux procédures et critères prévus par ce traité en vue d'atteindre le niveau suffisant de convergence pour permettre la réalisation de l'UEM. L'adaptation du SME aux exigences économiques et monétaires nouvelles devrait préserver les chances de réussite du passage à la troisième phase.

Lors de l'élaboration de cet ouvrage, nous avons bénéficié d'innombrables discussions avec nos collègues de tous les Etats membres et des institutions communautaires. Ils sont bien trop nombreux pour que nous les mentionnions ici. Nous voudrions toutefois remercier tout particulièrement Yves Mersch, représentant personnel du Ministre luxembourgeois des Finances, pour les éléments précieux qu'il nous a transmis pour la rédaction du chapitre sur le déroulement de la conférence intergouvernementale sur l'UEM (chapitre II du titre III). Un très grand merci va aussi à Mademoiselle Jackie Lugen qui, avec une rare compétence et une patience encore plus admirable, a dactylographié ce manuscrit rédigé par quatre auteurs.

1er août 1993

TABLE DES ABRÉVIATIONS COURANTES

AELE	Association européenne de libre-échange
AUE	Acte unique européen
BCE	Banque centrale européenne
BEI	Banque européenne d'investissement
CE	Communauté européenne (Communautés européennes)
CEE	Communauté économique européenne
CECA	Communauté européenne du charbon et de l'acier
CEEA	Communauté européenne de l'énergie atomique (Euratom)
CES	Comité économique et social
CIG	Conférence intergouvernementale
CIG/UEM	Conférence intergouvernementale pour l'Union économique et monétaire
CIG/UP	Conférence intergouvernementale pour l'Union politique
COREPER	Comité des Représentants Permanents
ECU, Écu	European currency Unit
EEE	Espace économique européen
IME	Institut monétaire européen
PAC	Politique agricole commune
PE	Parlement européen
PESC	Politique extérieure et de sécurité commune
PIB	Produit intérieur brut
PNB	Produit national brut
OTAN	Organisation du traité de l'Atlantique Nord
SEBC	Système européen de banques centrales
SME	Système monétaire européen
TPI	Tribunal de première instance
TUE	Traité sur l'Union européenne
UE	Union européenne
UEO	Union de l'Europe occidentale

PREMIÈRE PARTIE

La traité de Maastricht dans le contexte de la construction européenne

TITRE PREMIER

LES ANTECEDENTS OU LE CONTEXTE HISTORIQUE

INTRODUCTION

Maastricht s'inscrit dans le processus historique de l'unification européenne lancé dans les années 50. Ce n'est ni une création *ex nihilo*, ni un point d'arrivée. Le traité sur l'Union européenne constitue une nouvelle étape, cruciale, sur la voie de cette « union sans cesse plus étroite entre les peuples européens » invoquée dans le préambule du traité de Rome instituant la Communauté économique européenne (CEE).

Il ne saurait être question ici de retracer l'histoire communautaire des 40 dernières années ; le lecteur intéressé est invité à se référer aux nombreux ouvrages écrits à ce sujet (1). Notre propos est plutôt de situer Maastricht dans son contexte historique, de montrer que les débats dans et autour des deux conférences intergouvernementales (CIG) (2) plongent leurs racines dans le passé communautaire. La continuité historique se reflète tant dans les thèmes débattus que dans l'opposition, aussi vieille que le processus d'unification européenne, entre les tenants d'une approche intégrationniste (communautaire) (3) et les tenants d'une approche intergouvernementale classique. Un chapitre à part sera consacré à l'évolution du thème monétaire qui occupe une place cruciale dans le traité sur l'Union.

(1) Nous voudrions citer ici en premier lieu l'excellent ouvrage de J. DE RUYT *L'Acte Unique Européen*, Editions de l'Université de Bruxelles, Etudes Européennes 1987.

(2) Les négociations menant au traité de Maastricht se sont déroulées au sein de deux conférences intergouvernementales parallèles, l'une consacrée à l'Union économique et monétaire (CIG/UEM), l'autre à l'Union politique (CIG/UP).

(3) Les principales caractéristiques de l'approche communautaire sont la *présence d'institutions indépendantes des Etats membres* (Commission, Parlement européen, Cour de Justice, ...) et de *méthodes supranationales* (ex. : droit d'initiative exclusif de la Commission, possibilité de voter à la majorité au Conseil), un *système de ressources propres*, le *transfert de certaines compétences* à la Communauté (voir surtout le chapitre 2 de ce titre). Le Conseil de Ministres, composé de représentants des gouvernements des Etats membres (cf. *infra*, titre V, chapitre 4, section 3, division B) exerce à l'égard des compétences communautaires un pouvoir de décision, distinct de celui des Etats membres et liant directement les entreprises et opérateurs ainsi que les individus.

CHAPITRE PREMIER

LA RÉFLEXION SUR LES FINALITÉS DE LA CONSTRUCTION EUROPÉENNE

SECTION Ire. — D'UNE APPROCHE SECTORIELLE VERS UNE APPROCHE GLOBALE

A l'origine, les motivations ayant inspiré l'intégration européenne étaient essentiellement politiques — il fallait trouver un moyen pour construire, puis sceller définitivement, la réconciliation franco-allemande et éviter ainsi les guerres fratricides qui avaient, à deux reprises au vingtième siècle, mis l'Europe à feu et à sang. Le climat de guerre froide et la menace croissante soviétique constituaient un stimulant additionnel pour la construction d'une Europe démocratique, prospère et stable. Si les motivations étaient donc politiques, l'instrument choisi pour réaliser l'objectif recherché était, lui, purement sectoriel : ainsi naquit, en 1952, la Communauté européenne du charbon et de l'acier (CECA). Elle était aussi, nous y reviendrons, d'inspiration supranationale.

Encouragés par le succès de cette entreprise, les six Etats membres de la CECA (4) décidèrent très vite d'ajouter à l'intégration sectorielle un volet politico-militaire. Ils chargèrent dès lors l'Assemblée CECA d'élaborer un projet de Communauté politique qui fut présenté en mars 1953 ; mais les gouvernements ne réussirent pas à avancer sur cette base et durent abandonner la tentative. L'idée d'une Communauté européenne de défense (CED), par contre, prit forme et mena à l'adoption d'un projet de traité par les gouvernements des Six. Suite au refus de son examen par l'Assemblée française en août 1954, elle échoua, toutefois, également. Cet échec retentissant allait pour longtemps condamner la vision d'une Europe politique. Les rares tentatives pour la ressusciter, qui se situeront plutôt dans le domaine intergouvernemental (les plans

(4) La Belgique, la République fédérale d'Allemagne, la France, l'Italie, le Luxembourg et les Pays-Bas.

Fouchet du début des années 60) (5), ne seront pas couronnées de succès. L'Europe sera dès lors économique, comme le reflète d'ailleurs l'appellation de la Communauté issue du traité de Rome, la Communauté *économique* européenne (6). Economique sur le plan instrumental, mais aussi de façon croissante dans son inspiration philosophique ; au fil des années, grâce en fait au succès manifeste de la réconciliation franco-allemande, le motif premier de l'intégration passait, dans l'esprit de beaucoup, au deuxième plan au bénéfice de motifs plus économiques.

Ce n'est que vers la fin des années 60 que s'engageait une nouvelle phase de réflexion sur une Europe plus politique. La sortie de la crise de la chaise vide (7) l'explique en partie. Mais c'est surtout la perspective du premier élargissement de la Communauté qui invitait à un effort d'introspection sur l'avenir de l'Europe, selon un schéma qui se répétera d'ailleurs ultérieurement, y compris dans le contexte de Maastricht.

C'est dans ce contexte que fut consacré par le Sommet (8) de Paris de 1972 le concept d'Union européenne (UE), l'objectif étant de « transformer avant la fin de l'actuelle décennie et dans le respect absolu des traités déjà souscrits, l'ensemble des relations des Etats membres en une Union européenne » (9). Dans l'esprit des dirigeants d'alors, l'Union européenne devait inclure tant les Communautés existantes (CECA, CEE, CEEA) que la coopération politique naissante en matière de politique étrangère et des programmes d'action

(5) Plans Fouchet du 2 novembre 1961 et du 18 janvier 1962, Commission institutionnelle du Parlement européen, *Recueils des documents institutionnels de la Communauté de 1950 à 1982*, pp. 98 et 100.

(6) Et sectorielle, avec la CECA dès 1952, mais aussi avec la Communauté européenne de l'énergie atomique (CEEA) créée en même temps que la CEE en 1957.

(7) Entre juillet 1965 et janvier 1966, la France, craignant que ses intérêts majeurs ne soient lésés dans le cadre du financement de la politique agricole commune et mécontente de l'évolution institutionnelle de la Communauté, trop supranationale à ses yeux, cessa de participer aux réunions communautaires et exigea, pour revenir à la table communautaire, un accord politique sur le rôle de la Commission et le vote majoritaire. La crise se dénoua le 29 janvier 1966 avec l'adoption du fameux « compromis de Luxembourg » qui est en réalité un constat de désaccord sur la question du vote majoritaire : il prévoit, certes, que le Conseil doit, lorsqu'il s'agit de décisions concernant les intérêts très importants d'un ou de plusieurs partenaires, s'efforcer d'arriver, « dans un délai raisonnable », à une solution unanime, mais seule la France insista sur le fait que, dans pareil cas, la discussion doit se poursuivre jusqu'à ce que l'on soit arrivé à un tel accord unanime.

(8) A partir du début des années 60, les Chefs d'Etat et de gouvernement des Etats membres prennent l'habitude de se réunir, de façon informelle et sans périodicité précise, pour débattre des problèmes européens. Ces « Sommets » sont les précurseurs du futur « Conseil européen », créé en 1974 sur l'initiative du Président Giscard et du Chancelier Schmidt.

(9) Cité par J. de Ruyt dans son ouvrage, p. 16.

dans les domaines des politiques régionale, sociale, énergétique et industrielle. Elle devait aussi englober l'Union économique et monétaire qui avait pris des contours précis avec le rapport Werner établi en 1970, suite à la réunion de La Haye de 1969 (cf. chapitre 3).

La double crise monétaire et énergétique des années 70 mit un frein brutal à ces idées qui, il faut bien l'admettre, ne rencontraient pas non plus l'adhésion enthousiaste des nouveaux Etats membres (10) lesquels renforçaient plutôt le camp de ceux qui refusaient toute atteinte substantielle à la souveraineté nationale. La Communauté entrait, pour des années, en période de relative stagnation même si la réflexion continuait, notamment avec le rapport Tindemans sur l'Union européenne de 1975. Comme l'écrit J. de Ruyt, « Les années 70, avant l'entrée de la Grande-Bretagne déjà, mais encore plus ensuite, ont donc été des années de pragmatisme et de retour à la méthode intergouvernementale que symbolisent assez bien la création, en 1974, du Conseil européen et la polarisation sur ses déclarations de l'essentiel de l'activité communautaire » (11). La création du système monétaire européen (SME) en 1978 et la mise en oeuvre graduelle d'une coopération accrue en matière de politique étrangère procédaient du même esprit. Ce n'est qu'avec l'amélioration de la situation économique et le règlement définitif des querelles budgétaires au sujet de la contribution britannique (Fontainebleau 1984) que l'unification européenne connut un nouveau démarrage. Déjà en 1983, avec « La Déclaration solennelle de Stuttgart sur l'Union européenne », les choses avaient commencé à bouger. Il est intéressant de constater que la définition des objectifs de l'UE qui y figure rappelle étroitement celle donnée à ce concept en 1972.

On y lit notamment qu'il faut « renforcer et poursuivre le développement des Communautés qui sont le *noyau* de l'Union européenne ..., renforcer et développer la *coopération politique européenne* ..., promouvoir, *dans la mesure où ces activités ne peuvent pas être réalisées dans le cadre des traités*, une coopération plus étroite en matière culturelle ..., une analyse commune et des actions concer-

(10) Le premier élargissement de la Communauté eut lieu en 1973, avec l'adhésion du Danemark, de l'Irlande et du Royaume-Uni. La Norvège, qui avait elle aussi négocié et signé un traité d'adhésion à la Communauté, décida, par referendum populaire, de ne pas entrer dans la Communauté.

(11) Ouvrage cité, p. 15.

tées pour faire face aux problèmes internationaux de l'ordre public, aux manifestations de violence grave, à la criminalité organisée ... ».

Mais c'est surtout le Parlement européen (PE) qui, frustré par les lenteurs de l'évolution institutionnelle de la Communauté, prit l'initiative d'élaborer, sous l'égide d'Altiero Spinelli, un projet de traité d'Union européenne (12) voté le 14 février 1984. La méthode préconisée était novatrice dans le sens qu'elle consistait à court-circuiter les gouvernements ; le Parlement européen entendait, en effet, s'adresser directement aux parlements nationaux.

Dans l'optique du PE, l'UE se compose de l'acquis communautaire révisé, enrichi de nouvelles compétences qui sont, elles, « concurrentes » avec les compétences nationales. La coopération politique, quant à elle, en fait partie, mais elle est régie, dans la phase initiale, selon des critères intergouvernementaux. Sur le plan institutionnel, l'UE conserve les institutions des traités, auxquelles s'ajoute le Conseil européen qui existe en pratique depuis 1974 déjà.

L'initiative du PE, jugée trop fédéraliste par la plupart des gouvernements, ne fut pas suivie d'effets. Elle eut, toutefois, le mérite de relancer le débat sur l'avenir de la Communauté et d'esquisser un schéma cohérent d'une Europe à la fois économique et politique.

Sans doute inspirés par ces réflexions, les gouvernements des Dix (13) décidèrent, lors du Conseil européen de Fontainebleau de juin 1984, la constitution d'un comité *ad hoc* de hauts fonctionnaires (le futur comité Dooge (14)) chargé d'élaborer des plans pour une réforme des traités. En juin 1985, au Conseil européen de Milan, ils se mirent d'accord, à la majorité simple (15), pour convoquer une conférence intergouvernementale à ce sujet.

L'Acte unique européen (AUE), négocié sous Présidence luxembourgeoise lors du second semestre de 1985, en fut l'aboutissement ; il s'agit là de la première réforme globale des traités. L'Acte unique renforce les mécanismes décisionnels de la Communauté, en étendant la possibilité du recours à la majorité qualifiée. Il accroît aussi

(12) Pour une analyse en profondeur de ce projet, voir Dr. Capotorti, M. Hilf, Fr. Jacobs, J.P. Jacque, *Le Traité d'Union européenne, commentaire du projet adopté par le Parlement européen le 14 février 1984*, Etudes européennes, Editions de l'Université de Bruxelles, 1985.

(13) En 1981, la Grèce avait rejoint la Communauté, portant le nombre des Etats membres à dix.

(14) Nommé ainsi d'après le Sénateur irlandais Monsieur *Dooge*, désigné par la Présidence irlandaise pour présider ce comité.

(15) Avaient voté contre le Danemark, la Grèce et le Royaume-Uni.

le rôle du PE en introduisant une nouvelle procédure législative dite de « coopération ». Il réaffirme surtout, avec solennité, l'objectif de l'achèvement du marché unique qui figurait déjà dans le traité de Rome, et inscrit dans le traité des compétences nouvelles telles que la recherche et l'environnement. Pour la première fois aussi, le principe de la cohésion économique et sociale trouve son expression concrète dans le traité. L'Acte unique se situe donc pleinement dans l'optique originelle du traité CEE. Mais en même temps, les auteurs de la réforme ouvraient une piste vers une Europe plus politique en prévoyant, dans le même acte, mais en dehors du traité CEE, un chapitre consacrant officiellement la coopération politique qui s'était développée de façon pragmatique au fil des années.

Le terme d'Acte unique peut paraître bizarre et même prêter à sourire. Derrière ce terme se cache pourtant un débat de fond dont il faut être conscient pour comprendre Maastricht. L'échec de la Communauté politique et de la CED dans les années 50 avait eu pour effet de confiner la ou les Communautés pour longtemps dans un rôle purement économique. Et quand la question d'une dimension politique s'est de nouveau posée plus tard, le cadre de référence n'était plus le même ; l'Europe politique se concevait alors plutôt en dehors du cadre communautaire, dans la sphère de la coopération intergouvernementale. En fait, au-delà même du politique, toute initiative visant à passer de l'approche sectorielle et économique vers une approche plus globale allait inévitablement susciter la question de savoir s'il fallait intégrer les nouveaux domaines dans le giron communautaire ou dans une structure différente, parallèle. Tel fut le cas aussi pour ce qui est de l'UEM ; la création du système monétaire européen (SME) en 1978 se fit d'ailleurs en marge des traités.

Les débats passionnés autour des plans *Fouchet* du début des années 60 illustrent bien notre propos. Pour la France, il n'était pas question de confier l'Europe politique à un ensemble institutionnel teinté de supranationalisme. D'où son insistance constante, y compris encore à l'occasion des négociations sur l'Acte unique, sur la création d'un secrétariat politique à part. Les pays du Benelux, en revanche, s'opposèrent à cette idée, d'abord parce qu'ils craignaient d'être privés de toute influence dans une structure intergouvernementale, ensuite parce qu'ils voyaient dans l'initiative française une tentative de doubler, voire de vider de sa substance le cadre communautaire.

Le même antagonisme se retrouvera plus tard quand il s'agira de créer le Conseil européen ou de définir son rôle dans le contexte communautaire.

La conférence négociant la réforme des traités en 1985 sera confrontée à des interrogations similaires. Quel traitement réserver à la coopération politique ? Un accord existait pour la consacrer dans un texte. Mais devait-il s'agir d'un document à part, créant une politique tout à fait autonome et parallèle, ou fallait-il établir un lien plus direct avec le traité de Rome tel que révisé par la conférence ? S'il fut vite établi que la coopération politique européenne ne ferait pas partie du cadre communautaire, la forme de l'acte l'établissant était restée longtemps ouverte. Finalement, les gouvernements se mirent d'accord sur l'adoption, dans *un* acte *unique*, des amendements des traités de base et du chapitre consacré à la coopération politique, étant entendu que celle-ci serait régie par des règles différentes et selon un schéma institutionnel *sui generis*. L'Acte unique a une valeur symbolique dans la mesure où il préserve une certaine vision d'ensemble et de cohérence.

Maastricht est à la fois une suite logique et un dépassement de l'Acte unique. Suite logique dans le sens où le traité sur l'Union poursuit la réforme des traités de base, et notamment du traité CEE, engagée en 1985. Les innovations en matière de renforcement des institutions et de légitimité démocratique s'inscriront dans le droit fil des débats menés à l'époque ; la même observation vaut pour le renforcement des dispositions relatives aux nouvelles compétences communautaires créées par l'Acte unique. Suite logique aussi dans le sens où la politique étrangère et de défense commune, héritière de la coopération politique, et le nouveau champ de la coopération dans les domaines de la justice et des affaires intérieures ne sont pas intégrés dans le corps du traité de Rome mais dans des chapitres ou des piliers à part.

Mais en même temps, Maastricht va bien au-delà de l'Acte unique et constitue, tout en s'inscrivant dans une continuité historique, un saut qualitatif. D'abord parce que sont introduites, dans le corps même du traité CE, un certain nombre de compétences nouvelles qui dépassent largement les domaines communautaires traditionnels. Ainsi, alors que l'Acte unique se borne à une simple évocation, prudente, du thème monétaire, le traité sur l'Union prévoit la mise en place d'une véritable Union économique et monétaire, avec des institutions définies précisément, un calendrier contraignant, et, à terme, une monnaie unique. Il crée également, dans le cadre communautaire, une citoyenneté de l'Union, avec des droits nouveaux. Enfin, des domaines jusque-là écartés ou introduits de façon *ad hoc* dans les délibérations communautaires, font leur entrée dans le traité : la culture, l'éducation, l'industrie, la protection des consommateurs, la coopération au développement. La CEE perd ainsi son orientation purement économique et devient la Communauté européenne.

Mais en même temps, de peur de voir la nouvelle Communauté se transformer en super-Etat européen, grignotant inexorablement les souverainetés nationales, les auteurs du traité ont tenu à fixer des limites claires à l'action communautaire : d'où l'inscription explicite du principe de la subsidiarité selon lequel le niveau supérieur ne doit intervenir que là où il peut apporter une réelle valeur ajoutée par rapport à l'action nationale ou régionale, voire locale. Nous allons revenir en détail sur cette question cruciale. Qu'il suffise, à ce stade, de noter que l'inclusion dans le giron communautaire de compétences nouvelles, si elle élargit le champ d'action horizontal de la Communauté, n'entraîne pas forcément une intensification réelle de l'intégration.

En ce qui concerne la politique étrangère et la coopération dans les domaine de la justice et des affaires intérieures, le traitement à réserver à ces domaines fit l'objet de controverses passionnées tout au long de la CIG/UP. Il y avait une nette opposition entre ceux qui, emmenés par la Commission, plaidaient pour leur intégration dans le cadre communautaire et ceux qui préféraient l'approche dite « par piliers ». Pour les premiers, l'Union devait donc logiquement se substituer à la Communauté, l'absorber en fait. Pour les seconds, au contraire, l'Union européenne devait, dans une optique plus proche de l'acception du terme dans le passé, englober à la fois les Communautés d'origine — qui en seraient le noyau dur — et les nouveaux domaines plutôt intergouvernementaux (16).

(16) Dans cette optique, l'Union européenne est un concept politique plutôt que juridique, dans le sens où elle ne saurait avoir la personnalité juridique (cf. plus loin l'analyse de la structure du traité sur l'UE, titre IV).

C'est finalement la deuxième approche qui l'a emporté ; nous verrons plus loin en détail pourquoi et dans quelles circonstances. Mais si cette approche se situe à première vue plutôt dans la philosophie de l'Acte unique, elle est en réalité beaucoup plus ambitieuse. D'abord par le niveau d'ambition même de la politique étrangère et de sécurité commune (PESC) qui dépasse largement celui de l'Acte unique. Ensuite par l'inclusion d'un champ d'action entièrement nouveau, à savoir la coopération dans les domaines de la justice et des affaires intérieures. Enfin, par la vision d'ensemble qui caractérise le traité sur l'Union, réunissant dans un cadre institutionnel unique et dans une optique cohérente, les différents éléments qui constituent traditionnellement les ingrédients de l'Union. La lecture des dispositions initiales (« chapeau ») montre que ce concept, longtemps flou, acquiert à présent des contours fédéraux. Fédéraux non pas dans le sens d'une centralisation à l'extrême menaçant les derniers vestiges des souverainetés nationales, mais dans celui d'un exercice en commun, dans une perspective évolutive, de celles-ci. Fédéraux aussi parce que Maastricht introduit, enfin, dans la sphère de l'Union les domaines clés qui, dans n'importe quelle fédération ou même confédération, sont traditionnellement les premiers à être traités au niveau supérieur : la politique étrangère, la défense, la monnaie. Dans l'histoire communautaire au contraire, par une sorte de « fédéralisme inversé », on s'était longtemps interdit ne fût-ce que d'évoquer le terme de défense alors que l'on légiférait en détail dans un nombre croissant de secteurs beaucoup moins stratégiques et parfois franchement insignifiants. Maastricht rétablit un certain équilibre à cet égard, puisque le traité sur l'Union, tout en insérant parmi les objectifs de l'Union une monnaie unique et, en termes plus prudents, une politique de défense commune, consacre le principe de subsidiarité dans un article spécifique du traité CE.

Section II. — Révision des traités ou élaboration d'une constitution ?

L'opposition entre intégration et coopération se reflète aussi dans le débat sur la meilleure procédure pour réviser les traités.

Le traité de Rome, dans son article 236, prévoit une procédure de révision essentiellement intergouvernementale (17) ; il appartient, en effet, à une conférence des représentants des gouvernements des Etats membres d'arrêter d'un commun accord les modifications à apporter au traité. Les amendements retenus doivent être ratifiés par tous les Etats membres en conformité avec leurs règles constitutionnelles respectives. Le rôle du PE dans cette procédure se réduit à celui de donner un avis consultatif sur la seule convocation de la conférence intergouvernementale, et non pas sur les résultats de celle-ci.

Dans une optique fédéraliste, cette procédure est évidemment insatisfaisante et à ce titre fait depuis longtemps l'objet de critiques acerbes de la part du PE. Au début des années 80, nous venons de le voir, le PE, impatient devant la lenteur de l'évolution institutionnelle, décida de s'engager dans une voie radicalement opposée, en élaborant, sous l'égide d'Altiero Spinelli, un projet de traité d'Union européenne qu'il entendait faire ratifier directement par les parlements nationaux. L'article 82 de ce projet précisa que « le présent traité est ouvert à la ratification de tous les Etats membres des Communautés Européennes », formule destinée à éviter le passage par une négociation entre les gouvernements.

Les gouvernements ne l'entendaient bien entendu pas de cette oreille, tant à cause du contenu jugé trop ambitieux et trop fédéraliste du projet qu'en raison de la méthode peu orthodoxe préconisée. Les parlements nationaux, à l'exception du parlement italien, n'acceptèrent pas non plus l'idée de court-circuiter leurs propres gouvernements.

Mais il serait erroné de dire que l'initiative du PE ait été vaine. Elle eut pour effet, en faisant réfléchir les chancelleries nationales sur une réforme des traités, de contribuer à déclencher le processus qui mena selon la procédure classique de l'article 236, à l'Acte unique.

(17) Essentiellement intergouvernementale, car la Commission peut, comme le gouvernement de tout Etat membre, soumettre au Conseil des projets tendant à la révision du traité, ce qui lui permet de jouer un rôle non négligeable dans les conférences intergouvernementales où elle bénéficie, juridiquement, d'un statut d'observateur. En 1985, elle utilisait à fond, mais avec discrétion, dans une étroite collaboration avec la Présidence luxembourgeoise, les atouts que lui donne sa connaissance des rouages de la Communauté et des dossiers. En 1991, la Commission choisit d'être plus « visible » et de garder toute sa marge de manoeuvre vis-à-vis de la Présidence ; plutôt que d'employer celle-ci comme en 1985, pour faire passer ses idées, elle diffusait directement ses textes, ce qui n'en facilita pas toujours la réception.

Il convient de noter également que le recours à l'article 236 était, en lui-même, une innovation majeure. Il ne faut pas oublier, en effet, que pendant très longtemps, toute idée d'amender autrement que sur des points spécifiques les traités de Rome était tabou. Même au moment des discussions de Milan en juin 1985, certains Etats membres tels que le Royaume-Uni et la France estimaient qu'il suffisait, pour faire l'Union européenne, de placer, à côté des traités et sans lien juridique avec eux, une structure de coopération politique. La voie de l'article 236 était dès lors en fait une voie médiane entre l'approche constitutionnelle du PE et l'approche de ces Etats membres ; elle permettait d'établir un lien direct entre les traités et les nouvelles politiques et de ne pas perdre de vue la vision d'ensemble qui doit caractériser l'Union européenne.

Le PE, conscient des réalités politiques, ne s'opposa finalement pas à la convocation de la CIG décidée à Milan en juin 1985, mais demanda à être un partenaire sur pied d'égalité avec la conférence dans la rédaction et l'approbation du projet de traité avant qu'il ne soit soumis aux ratifications nationales. Il n'obtint pas satisfaction sur ces points, mais les gouvernements acceptèrent de dialoguer de façon pragmatique avec le PE pendant la conférence.

Quand, quelques années plus tard, l'idée d'une nouvelle révision des traités se précisait, la question de la méthode à adopter se posait à peine. Les Etats membres s'inspiraient tout naturellement du précédent de l'AUE et raisonnaient en termes de conférence(s) intergouvernementale(s).

Le PE, quant à lui, rappelait à plusieurs reprises sa préférence pour une approche constitutionnelle (18). Mais il savait bien que les gouvernements ne le suivraient pas sur ce terrain. Dès lors, il accepta de jouer le jeu de l'article 236 tout en essayant de façon constante d'accroître son propre rôle dans le cadre de cette procédure. Pour ce faire, il poursuivit une stratégie axée autour des éléments suivants :

i) il réclamait avec insistance d'obtenir de la part des Etats membres qu'ils agissent *comme si* l'avis conforme était prévu à l'ar-

(18) Cf. à titre d'exemple le rapport intérimaire Martin du 14 mars 1990 (*JOCE* n° C 96 du 17 avril 1990, p. 114), le rapport Colombo du 11 juillet 1990 (*JOCE* n° C 231 du 17 septembre 1990, p. 97). Notons aussi que lors d'un référendum organisé en Italie en marge des élections au PE de 1989, une très large majorité des Italiens s'est prononcée en faveur de l'attribution au PE d'une fonction constituante.

ticle 236 ; en d'autres termes, il voulait que le texte final lui soit soumis pour « approbation » avant que ne s'engage le processus de ratification dans les parlements nationaux.

ii) il cherchait, avec cet objectif également, à nouer des alliances avec les parlements de ceux des Etats membres qui étaient proches de ses thèses, essayant de les convaincre de subordonner leur approbation à un avis positif du PE. Il y réussit dans la mesure où les parlements italien et belge s'engagèrent à refuser la ratification d'un texte qui serait rejeté par le PE (19).

Dans le même ordre d'idées, conscient des craintes de nombreux parlements nationaux de se voir spoliés de leurs prérogatives, il offrit à ceux-ci une coopération nouvelle, une coalition des forces démocratiques et des élus contre « les fonctionnaires et les bureaucrates » chargés de la rédaction des textes. Lors d'Assises communes organisées à Rome en novembre 1990 avec les représentants des parlements nationaux, le PE s'efforça, avec un certain succès, à convaincre ceux-ci de ses thèses. Les conclusions adoptées à cette occasion reprennent, en effet, assez largement les idées du PE.

iii) il utilisait les pouvoirs dont il dispose en vertu du traité pour obtenir des Etats membres et de la CIG des engagements allant dans son sens. Ainsi, dans une résolution votée dès le 11 juillet 1990, la commission institutionnelle préconisa de ne pas émettre l'avis du PE requis en vertu de l'article 236 pour la convocation de la CIG tant que le PE n'aurait pas obtenu satisfaction sur ses demandes relatives à une association adéquate aux travaux de la CIG.

Dans une annexe aux conclusions du Conseil européen de Rome des 27 et 28 octobre 1990, il est précisé, concernant l'organisation des travaux des conférences que

> « Des réunions interinstitutionnelles auront lieu durant les conférences (20). En plus des contacts réguliers entre le Président de la conférence, le Président

(19) Cf. notamment une *Résolution de la Chambre des Représentants de Belgique sur les Conférences intergouvernementales sur l'Union politique européenne et sur l'Union économique et monétaire*, adoptée le *27 juin 1991*, par. 24 : la Chambre « décide de ne pas approuver les résultats des deux Conférences intergouvernementales sur l'Union politique et sur l'Union économique et monétaire, si le Parlement européen refuse son assentiment du fait d'absence de l'indispensable légitimité démocratique » (voir 1668/4-90/91, *Annales de la Chambre des Représentants*, 26 et 27 juin 1991).

(20) Trois réunions de ce type avaient déjà eu lieu en 1990 lors de la phase préparatoire : le 17 mai (UP/UEM), le 8 octobre (UEM), le 23 octobre (UP) ; une quatrième fut convenue pour le 3 décembre (UP). Pendant la durée des CIG, il y aura finalement 8 réunions interinstitutionnelles : 4 réunions sur l'UP (5 mars, 15 mai, 1 octobre et 5 novembre 1991) et 4 consacrées à l'UEM (8 avril, 11 juin, 24 septembre, 12 novembre 1991).

de la Commission et le Président du PE, ce dernier pourra être entendu par la conférence avant le début de certaines réunions de celles-ci. »

Malgré cela, la commission institutionnelle du PE préconisa l'adoption d'un avis négatif concernant l'ouverture des CIG. Une rencontre entre les Présidents du PE, du Conseil et de la Commission le 12 novembre 1990 réussit, toutefois, à écarter ce danger. La Présidence italienne s'engagea à tenir compte tout particulièrement des contributions du PE et d'organiser une conférence interinstitutionnelle avant le Conseil européen de Rome II (13 et 14 décembre). Le PE émit un avis positif sur les CIG le 22 novembre.

iv) contrairement à 1985 où le PE s'en tenait à son propre projet de traité et ne faisait aucune proposition fondée sur les textes en discussion, il élabora toute une série de rapports et d'avis circonstanciés sur tous les sujets de la CIG. Ces textes n'ont certes jamais ou très rarement servi directement de bases aux travaux de la conférence, mais ils ont constitué à de nombreuses reprises un vivier d'idées et de suggestions utiles.

La stratégie du PE, relayée à l'intérieur de la conférence par certaines délégations et la Commission, lui permit de mieux faire entendre sa voix que dans le passé.

CHAPITRE II

LA CONSTRUCTION COMMUNAUTAIRE : UN MODÈLE *SUI GENERIS*

Introduction

Maastricht consacre une vision globale de l'Europe future et apporte une réponse originale à la question de l'équilibre entre les éléments d'intégration et de coopération. Il ne faut pas oublier, toutefois, que la construction proprement communautaire elle-même est un modèle *sui generis* se caractérisant par la juxtaposition d'aspects supranationaux et d'aspects intergouvernementaux. La tension entre les deux est une des données permanentes du jeu communautaire, et à ce titre elle se retrouve aussi dans les négociations menant à Maastricht ; elle pourra servir de grille d'analyse pour comprendre l'évolution de l'unification européenne. Nous allons examiner, sous cet angle, la nature et le fonctionnement des institutions communautaires. Même si le Conseil européen n'est pas, à proprement parler, une institution communautaire, nous l'évoquerons également dans ce contexte.

La création de la CECA représente une coupure avec les schémas traditionnels de la coopération internationale. Pour la première fois dans l'histoire moderne, des Etats souverains acceptent de mettre en commun leurs ressources de charbon et d'acier et d'en confier la gestion à une Haute autorité au caractère fortement supranational. Ils acceptent aussi qu'une Cour de Justice indépendante dise le droit communautaire et qu'une Assemblée parlementaire composée de députés issus des parlements nationaux soit consultée sur les questions communautaires. Mais les éléments supranationaux sont contrebalancés de différentes façons : ainsi, la Haute Autorité est-elle désignée par les gouvernements des Six, l'Assemblée n'est-elle que consultative, et, surtout, prévoit-on un organe ou une institution représentant directement les intérêts des Etats membres, le Conseil de Ministres. Mais rien n'est simple, car la possibilité de recourir au vote majoritaire au sein de ce Conseil introduit, là aussi, un élément supranational. Nous sommes donc en présence d'un ensemble hybride, ni organisation internationale classique, ni ensemble supranational fédéral fonctionnant comme un vaste Etat.

Tout au long des 40 ans qui vont suivre, l'opposition entre les tenants de ceux qui veulent renforcer l'élément supranational et ceux qui veulent l'affaiblir ou le limiter va continuer ; Maastricht n'y fera pas exception.

Division A. — La Commission

Dans le cadre du traité CECA, la Haute Autorité (21) occupe une place centrale dans la mesure où c'est elle qui « prend des décisions, formule des recommandations ou émet des avis » (article 14 CECA). Le Conseil, formé par les représentants des Etats membres, est *consulté* par la Haute Autorité et n'émet qu'un avis, consultatif ou conforme selon les cas. La situation change radicalement avec l'adoption du traité CEE et du traité CEEA : dans ce contexte, l'organe de décision, l'organe législatif est le Conseil. La Haute Autorité change de nom : elle devient la Commission, désignation plus administrative, moins prestigieuse. Avec l'extension des compétences communautaires, les Etats membres veulent ainsi garder le contrôle ultime sur les décisions à prendre.

La Commission n'en garde pas moins une place cruciale dans l'équilibre institutionnel. Elle dispose tout d'abord d'un droit d'initiative exclusif ; cela signifie non seulement que le Conseil ne peut délibérer que sur base d'une proposition de la Commission, mais aussi qu'il ne peut modifier cette proposition qu'à l'unanimité contre l'avis de la Commission, même là où la base juridique prévoit la majorité qualifiée pour l'adoption. La Commission se voit aussi accorder le rôle essentiel de gardienne des traités ; elle est donc chargée de veiller à l'application des dispositions du traité ainsi que des dispositions prises par les institutions en vertu de celui-ci. Elle dispose à cet effet de l'instrument de l'article 169 CEE qui décrit la procédure à suivre en cas d'infraction par un Etat membre aux règles du traité.

Dans les domaines des règles de concurrence et des aides d'Etat, la Commission dispose d'un pouvoir autonome très étendu.

(21) Le traité instituant un Conseil unique et une Commission unique des CE, signé à Bruxelles le 8 avril 1965, crée une Commission unique qui se substitue à la Haute Autorité de la CECA ainsi qu'à la Commission de la CEE et à la Commission de la CEEA.

La Commission est, enfin, l'organe exécutif dans le sens qu'elle exerce les compétences que le Conseil lui confère pour l'exécution des règles qu'il établit. L'Acte Unique apporte à ce sujet des précisions utiles au 3e paragraphe de l'article 145.

La Commission incarne donc, face au Conseil où s'expriment les intérêts nationaux des Etats membres, la conscience communautaire, l'expression de l'intérêt général, le symbole le plus visible des transferts de souveraineté nationale vers le niveau communautaire. Elle est donc aussi, logiquement, la cible privilégiée de ceux qui, du Général de Gaulle à Madame Thatcher, refusent l'évolution vers une Europe supranationale, et qui voudraient dès lors réduire la Commission au rang d'exécutif administratif, de simple secrétariat au service du Conseil.

Les années 70, avec l'accent croissant mis sur les méthodes intergouvernementales, virent un net recul de l'influence de la Commission. S'y est ajouté, dans la première moitié des années 80, le handicap de devoir, sur arrière-fond d'un environnement économique toujours morose, trouver une solution au problème budgétaire britannique et entamer une première réflexion sérieuse sur une réforme de la politique agricole commune qui commençait à générer des coûts croissants. Il était difficile, dans ces circonstances, de remonter la pente sur le plan institutionnel et de lancer des initiatives tonitruantes. La Commission, sous la présidence du Luxembourgeois Gaston Thorn, eut pourtant le mérite de maintenir le cap communautaire et de contribuer, par un travail discret mais efficace, à résoudre les problèmes évoqués plus haut. La Communauté put donc, quand la conjoncture s'améliora, repartir sur des bases plus saines, plus solides. La Commission, sous la conduite efficace et dynamique de Jacques Delors, arrivé à Bruxelles en janvier 1985, joua dans le nouveau départ de 1985 un rôle déterminant et bénéficia, dans le climat d'europtimisme naissant, d'un regain très net de prestige et d'influence. En fait, la place croissante de la Commission dans le système communautaire, son dynamisme, sa grande visibilité, une certaine boulimie aussi de sa part, n'allaient pas tarder à réveiller de nouvelles craintes auprès des Etats membres. N'allait-elle pas prendre trop de place, se transformer en machine centralisatrice, balayant sur son passage les identités nationales et régionales ? Il y a, bien sûr, dans ce genre de peurs une grande part d'irrationnel et une méconnaissance du fonctionnement de la Communauté, et notamment du rôle central du Conseil. Mais il y a ici également un véritable débat sur la nature de la construction communautaire.

Ce débat n'a pas été absent dans les négociations menant à Maastricht. La subsidiarité doit aussi être vue dans ce contexte. Quant aux pouvoirs de la Commission, le traité sur l'Union poursuit une ligne médiane : les diverses tentatives pour priver la Commission de son droit d'initiative exclusif ou pour l'affaiblir n'ont pas plus abouti que les velléités de transférer l'essentiel ou l'ensemble des pouvoirs exécutifs à cette institution.

Traditionnellement, le PE et la Commission sont alliés, tant par inclinaison philosophique que par des considérations d'efficacité et d'intérêt institutionnel : le PE a besoin de la Commission pour faire valoir ses points de vue auprès du Conseil, alors que la Commission est soumise, bien plus que le Conseil, au contrôle du PE qui peut même voter une motion de censure à son égard.

Mais, et les débats autour de Maastricht l'ont montré, la position de la Commission, qui occupe une situation très particulière dans le système tout à fait original qu'est la construction communautaire, risque de pâtir dans l'hypothèse d'un système parlementaire plus classique. L'introduction d'une procédure de codécision par le traité sur l'Union constitue un pas dans cette direction. Le droit exclusif d'initiative législative de la Commission et son rôle de « filtre » entre le PE et le Conseil ont, dans ce contexte, fait l'objet d'interrogations de la part de plusieurs délégations. La Commission, aidée par d'autres délégations, a pu préserver pour l'essentiel ses prérogatives (22), mais le débat n'est certainement pas clos.

De façon générale, toute extension des compétences communautaires joue en faveur de la Commission, en raison de la place centrale qu'elle occupe dans le dispositif communautaire. La même observation vaut pour ce qui est de l'extension du champ d'application de la majorité qualifiée. Dans ce sens, tant l'Acte Unique que le traité sur l'Union constituent des avancées certaines pour la Commission, tempérées toutefois par le principe de la subsidiarité.

En ce qui concerne les chapitres relatifs à la PESC et la coopération judiciaire, la Commission aurait souhaité les inclure dans le corps du traité CE. Il est indéniable que cela aurait renforcé le

(22) Voir surtout ci-après la section 4 du chapitre 5, titre V.

rôle de la Commission à cet égard, même si personne, même à la Commission, ne songeait un seul instant à soumettre ces domaines aux règles communautaires classiques, avec droit d'initiative exclusif pour la Commission, par exemple.

Mais la solution retenue, sans satisfaire pleinement la Commission, n'en constitue pas moins un progrès net par rapport à la situation actuelle où la Commission est au mieux « associée » et au pire écartée des travaux (exemple de Trevi (23)).

La Commission se voit notamment accorder un droit d'initiative jusque là strictement réservé aux Etats membres. Elle est aussi, avec le Conseil, chargée d'assurer la cohérence de l'ensemble de l'action extérieure de l'Union, ce qui lui permettra, bien plus que par le passé, de marquer de son emprise les relations extérieures de la Communauté et de ses Etats membres.

Division B. — Le Conseil

Le Conseil constitue, dans la Communauté, l'expression privilégiée des intérêts des Etats membres. C'est là que sont prises les décisions, qu'est adoptée la législation communautaire. Il serait erroné, toutefois, de n'y voir que l'expression du principe intergouvernemental. Tant le droit d'initiative de la Commission que le recours possible au vote à la majorité (qualifiée ou simple) introduisent des caractéristiques supranationales. Nous avons vu que le droit d'initiative de la Commission est une des constantes de la construction communautaire. Quant au vote majoritaire, il figure déjà dans les traités d'origine. L'article 148 CEE stipule, en effet, que « sauf dispositions contraires du présent traité, les délibérations du Conseil sont acquises à la majorité des membres qui le composent ». La règle de la majorité simple constitue en réalité l'exception ; la plupart des articles du traité prévoient, en effet, soit l'unanimité, soit la majorité qualifiée telle que définie à l'article 148.2 CEE (24).

(23) Lors de sa réunion de Rome de juin 1975, le Conseil européen avait décidé, sur proposition britannique, que les Ministres de l'Intérieur des Etats membres de la Communauté (ou les Ministres ayant des responsabilités analogues) se réunissent deux fois par an pour discuter de questions relevant de leur compétence, notamment dans le domaine de l'ordre public.

(24) A l'heure actuelle, 54 sur 76 ; les voix des Etats sont affectées de la pondération suivante : Allemagne, France, Italie, Royaume-Uni (10) ; Espagne (8) ; Belgique, Grèce, Pays-Bas, Portugal (5) ; Danemark, Irlande (3) ; Luxembourg (2). Dans les rares cas où la décision n'est

L'évolution de l'attitude vis-à-vis du vote à la majorité qualifiée constitue un bon baromètre des tendances politiques en matière communautaire. La crise politique qui éclata en 1965 et qui conduisit à la politique de la « chaise vide » s'explique par des conceptions radicalement opposées de l'unification européenne. La France entendait raboter les pouvoirs, exorbitants à ses yeux, de la Commission. Elle voulait aussi éviter la multiplication du recours à la majorité qualifiée prévue après la fin de la 2e étape (25). Le fameux « compromis de Luxembourg » (30 janvier 1966) qui mit fin à la crise était, en réalité, ce que les Britanniques appellent « an agreement to disagree ». Si tout le monde était d'accord pour essayer dans toute la mesure du possible d'arriver à un consensus, la France seule insistait pour que soit exclu tout recours au vote en cas d'« intérêts très importants » d'un Etat membre.

L'effet pratique en a été que, pendant de longues années, la notion d'intérêt vital, interprétée dans un sens très large, allait empêcher le recours normal au vote majoritaire. La thèse française, contredite en théorie par les autres partenaires, s'imposait en pratique, dans la mesure où les autres Etats membres refusaient de voter dès lors qu'un des pays invoquait un « intérêt vital ».

Ce n'est que dans les années 1980 que les choses évoluèrent réellement. L'Acte unique européen accroît les cas où l'on peut voter à la majorité qualifiée. Mais surtout, la reprise de la pratique du vote, amorcée dès le début des années 1980, se confirmait avec force après l'entrée en vigueur de l'Acte unique, même si l'on se gardait bien d'évoquer ouvertement la question du « compromis de Luxembourg » (26).

Le traité sur l'Union poursuit le mouvement inauguré avec l'Acte unique, en prévoyant le passage au vote à la majorité qualifiée d'un

pas fondée sur une proposition de la Commission, il faut en outre, pour obtenir la majorité qualifiée, le vote favorable d'au moins huit Etats membres (art. 148.2, second tiret).

(25) L'article 8 CEE (rédaction de 1957) prévoit que le marché commun est progressivement établi au cours d'une période de transition de douze années. Cette période de transition était divisée en trois étapes, de quatre années chacune ; à chaque étape était assigné un ensemble d'actions qui devaient être engagées et poursuivies concurremment.

(26) Etant une simple déclaration, de surcroît contradictoire, et non pas un texte législatif ou constitutionnel, le « compromis de Luxembourg » ne peut pas être « abrogé », bien sûr.

Paradoxalement, au conclave du Palais d'Egmont du 2 décembre 1991, à quelques jours de Maastricht, il y eut une tentative de la Présidence néerlandaise de consacrer le « compromis de Luxembourg » dans le traité, à la demande britannique. Il est significatif de l'évolution des esprits que le Ministre français ait été parmi ceux qui s'y opposèrent le plus fermement !

certain nombre d'articles existants et en l'inscrivant, à une ou deux exceptions près, dans les articles fixant de nouvelles compétences.

Les débats les plus difficiles eurent lieu, en ce qui concerne l'éventualité du vote majoritaire, dans le cadre de la PESC. Pour ceux qui, tels les Britanniques, comptaient préserver le caractère intergouvernemental de celle-ci, il n'était pas question d'y introduire la majorité qualifiée.

D'autres en revanche, précisément pour marquer le dépassement de la traditionnelle coopération politique, estimaient important de briser la règle du consensus. Le compromis a été de prévoir normalement l'unanimité, mais de ménager la possibilité d'un recours au vote à la majorité qualifiée pour des questions de procédure et pour certains actes pris pour la mise en application d'une « action commune » (27).

Division C. — Le Conseil européen

Un mot à part doit être dit du Conseil européen qui n'est pas prévu dans les traités d'origine mais qui, depuis sa création en 1974, joue un rôle déterminant dans la vie communautaire. Sa place dans le système institutionnel de la Communauté ou de l'Union a, depuis l'origine, fait l'objet de controverses ; il en fut ainsi également dans le contexte de Maastricht.

Pour comprendre ces controverses, il faut rappeler très brièvement les circonstances de la création du Conseil européen et son évolution ultérieure.

La pratique des « Sommets », réunissant les chefs d'Etat et de Gouvernement, remonte au début des années 60, mais ce n'est qu'en 1974, sur initiative du Président Giscard d'Estaing et du Chancelier Schmidt, que le Conseil européen naît officiellement. Il est important de placer la création du Conseil européen dans le contexte de la réflexion sur l'Union européenne qui traduit la recherche d'une Europe à la fois économique et politique. Aux yeux des promoteurs du Conseil européen, ce dernier doit chapeauter la future Union ; c'est au niveau suprême de responsabilité politique que les différentes composantes de l'unification européenne doivent être fondues dans une vision d'ensemble.

(27) Le concept d'« action commune » est décrit au titre VI consacré à la PESC.

Mais de ce fait, une certaine ambiguïté entoure dès l'origine cette enceinte qui fonctionne selon des critères plutôt intergouvernementaux (consensus, caractère informel des délibérations, absence de fonctionnaires nationaux dans la salle) mais qui se voit attribuer, à côté de son rôle d'impulsion politique, un rôle d'instance d'appel vis-à-vis du Conseil, y compris pour les questions strictement communautaires. La formulation du Sommet de 1974 introduit une confusion des genres en précisant que les chefs d'Etat ou de gouvernement se réuniront trois fois par an « en Conseil des Communautés ainsi qu'au titre de la coopération politique ». La Déclaration solennelle sur l'UE, adoptée à Stuttgart en 1983 et qui reflète la pratique qui s'est établie peu après, accentue cette confusion dans la mesure où elle précise explicitement :

> « Lorsque le Conseil européen agit dans les matières relevant des Communautés européennes, il le fait en tant que Conseil au sens des traités ».

C'est parce qu'ils craignent une dérive institutionnelle vers un système de plus en plus intergouvernemental que les pays du Benelux et les tenants de l'orthodoxie communautaire ont toujours fait preuve d'une certaine méfiance face à un accroissement trop notable du rôle du Conseil européen au détriment des véritables institutions communautaires. Comme le montre J. de Ruyt, ils se sont pour cette raison opposés à la tentative de reprendre dans le texte de l'Acte unique la définition du rôle du Conseil européen telle qu'elle figure dans la Déclaration de Stuttgart ; l'article 2 de l'Acte unique se borne, en effet, à préciser la composition du Conseil européen et la fréquence de ses réunions. Les auteurs de l'Acte unique ont aussi pris soin de séparer le Conseil européen des institutions des Communautés européennes, mentionnées à l'article 3.

Dans les négociations menant à Maastricht, ces questions institutionnelles, liées d'ailleurs à la problématique de la structure de l'Union, ont occupé une place significative. Comment concilier l'exigence d'accorder au Conseil européen un rôle essentiel (28) dans la

(28) Il faut noter ici qu'en France, la constitution accorde de très larges pouvoirs au Président de la République qui est en fait responsable de la politique étrangère et de défense. Dès lors, la France insistait sur la nécessité de prendre les décisions importantes en matière de PESC au niveau du Conseil européen. La situation est tout à fait inverse aux Pays-Bas où, d'après la constitution, chaque Ministre est seul responsable de son département, le Premier Ministre n'ayant qu'un rôle de *primus inter pares*. D'où les réticences néerlandaises à accorder un rôle trop important au Conseil européen. Ces différences constitutionnelles expliquent aussi en partie la vieille opposition entre Français et Néerlandais au sujet du Conseil européen.

PESC ou l'UEM avec la nécessité de préserver le système institutionnel communautaire ? La solution retenue après d'âpres discussions s'inspire de l'approche de l'Acte unique dans la mesure où le Conseil européen se retrouve mentionné dans les dispositions communes et qu'il est dès lors une institution de l'Union dont le rôle est de chapeauter l'ensemble des activités de celle-ci. Si cette interprétation est implicite dans l'Acte unique, elle est explicite dans le traité sur l'UE où les articles D (Conseil européen) et E (les autres institutions, à l'exception de la Cour des Comptes qui ne figure que dans les traités CE, CECA et CEEA) sont précédés d'un article C qui stipule que « L'Union dispose d'un cadre institutionnel unique ... ».

La composition et la fréquence des réunions du Conseil européen sont identiques dans les deux textes (29). Il faut y ajouter, toutefois, que dans une déclaration relative à la troisième partie, titre VI, du traité instituant la CE, « La Conférence affirme que le Président du Conseil européen invite les Ministres des Affaires économiques et des Finances à participer aux sessions du Conseil européen lorsque ce dernier examine les questions relatives à l'Union économique et monétaire ».

Quant au rôle du Conseil européen, Maastricht précise, en s'inspirant de Stuttgart, qu'il « donne à l'Union les impulsions nécessaires à son développement et en définit les orientations politiques générales ». Là aussi, il s'agit d'une explicitation de ce qui dans l'Acte unique est implicite. Dans les deux cas, on a évité de reprendre la formule de Stuttgart qui laisse sous-entendre que le Conseil européen peut se substituer au Conseil.

Il y a donc répartition et pas confusion des rôles entre le Conseil européen, organe d'impulsion de l'Union, et le Conseil, organe de décision. Cette division du travail se reflète très clairement dans le libellé des articles relatifs aux mécanismes de prise de décision dans les chapitres consacrés à la PESC et la coopération dans les domaines de la justice et des affaires intérieures.

(29) « Le Conseil européen réunit les Chefs d'Etat ou de gouvernement des Etats membres ainsi que le Président de la Commission. Ceux-ci sont assistés par les Ministres des Affaires étrangères et par un membre de la Commission. Le Conseil européen se réunit au moins deux fois par an » (art. 2 de l'AUE et D du traité sur l'UE). L'article D du traité sur l'UE précise, en outre, que le Conseil européen se réunit « sous la présidence du Chef d'Etat ou de gouvernement de l'Etat membre qui exerce la Présidence du Conseil ».

On peut citer, à titre d'exemple, l'article J.8 :

« 1. Le Conseil européen définit les principes et les orientations générales de la politique étrangère et de sécurité.

2. Le Conseil prend les décisions nécessaires à la définition et la mise en oeuvre de la politique étrangère et de sécurité commune, sur la base des orientations générales arrêtées par le Conseil européen ».

Même dans ces piliers « intergouvernementaux » donc, le Conseil est l'organe des décisions formelles. Dans ce sens, Maastricht, à l'instar de l'Acte unique, consacre un certain retour à l'orthodoxie communautaire et à une saine logique institutionnelle.

Mais en même temps, Maastricht introduit une innovation institutionnelle de taille. Dans le cadre de l'UEM, en effet, le Conseil joue, certes, le rôle décisionnel habituel, mais il se réunit à deux niveaux, celui des Ministres, bien sûr, mais aussi, dans deux cas précis (articles 109 J et K), celui des Chefs d'Etat ou de gouvernement. Est-ce à dire que la logique esquissée ci-dessus est bafouée ? Nous ne le pensons pas — même s'il s'agit assurément d'une bizarrerie — dans la mesure où il ne faut pas confondre le Conseil se réunissant au niveau supérieur avec le Conseil européen qui existe aussi dans le cadre de l'UEM et y joue son rôle classique consistant à définir les grandes orientations (art. 103, par exemple).

Division D. — Le Parlement européen

Dans les traités d'origine, le Parlement européen (ou l'Assemblée) se vit attribuer uniquement des pouvoirs de contrôle (de la Commission) et un rôle de consultation. Il était d'ailleurs composé non pas de représentants directement élus, mais de députés désignés par les parlements nationaux.

A partir du début des années 70, le PE commence un long processus de conquête du système institutionnel des Communautés. Le levier privilégié de cette conquête se situe dans le domaine budgétaire. En 1970, à l'occasion de l'adoption de la décision établissant le système des ressources propres (30), on décida de donner au PE la possibilité de proposer des modifications au projet de budget établi par le Conseil et d'avoir, dans les limites d'un taux maximum

(30) Décision du Conseil du 21 avril 1970 relative au remplacement des contributions financières des Etats membres par des ressources propres aux Communautés, *JOCE* n° L 94 du 28 avril 1970, p. 19.

autorisé, le dernier mot sur les dépenses « non obligatoires ». En 1975, le PE se vit accorder le droit de rejeter le budget et de donner décharge à la Commission sur son exécution (31).

Mais c'est surtout avec le passage à un système d'élections directes (acte de Bruxelles du 20 septembre 1976) que le PE acquiert une nouvelle légitimité qui lui permet de revendiquer un renforcement de son pouvoir.

Tout en consolidant ses pouvoirs budgétaires et de contrôle, le PE issu des premières élections directes en juin 1979, fait de plus en plus entendre sa voix dans la Communauté. Il va surtout revendiquer une part croissante du pouvoir législatif dans la Communauté, faisant valoir que le transfert de compétences au niveau communautaire doit obligatoirement s'accompagner d'un contrôle démocratique au même niveau.

L'Acte unique européen, en créant la nouvelle procédure de coopération avec le PE pour les décisions à la majorité qualifiée dans le cadre des nouvelles politiques, constitue à cet égard un compromis qui, tout en réservant le dernier mot au Conseil, donne au PE la possibilité de peser de façon beaucoup plus significative sur le processus législatif communautaire. L'introduction de l'avis conforme du PE pour les décisions relatives aux accords d'adhésion et d'association reconnaît au PE un rôle central dans ces questions cruciales pour l'avenir de la CE.

Le PE, tout en reconnaissant les progrès réalisés, les estime insuffisants et réclame avec insistance une véritable codécision pour les actes importants. Cette question sera au centre des débats relatifs à la légitimité démocratique lors des négociations menant à Maastricht. Le traité sur l'Union marque sans doute une nouvelle étape cruciale dans le processus vers un rééquilibrage des pouvoirs législatifs dans la Communauté. Il étend, en effet, les deux procédures créées par l'Acte Unique à de nombreux autres domaines tout en instituant une troisième procédure couramment appelée « codécision » qui se caractérise par deux innovations majeures :

— l'octroi d'un droit de veto au PE ;
— l'instauration, en cas de désaccord, d'un dialogue direct entre le PE et le Conseil dans le cadre d'un comité de conciliation.

(31) Cf. *JOCE* n° L 359 du 31 décembre 1977, p. 1.

En même temps, rendez-vous est pris pour un réexamen de ces questions en 1996 ; le processus entamé avec l'Acte unique est donc appelé à se poursuivre, accentuant de la sorte les éléments supranationaux de la construction communautaire.

Cela est d'autant plus vrai que le PE acquiert également le pouvoir, en plus de celui, ancien déjà, de voter une motion de censure contre la Commission, d'émettre un vote d'approbation sur la Commission désignée par les gouvernements des Etats membres.

Sur le plan de la protection des droits des citoyens, le PE se voit reconnaître un rôle particulièrement actif, avec la consécration dans le traité des droits d'enquête et de pétition et la création, sous son égide, d'un *ombudsman* européen. Il s'agit là de réformes importantes qui vont dans le sens d'un ensemble institutionnel beaucoup plus fédéral que dans le passé.

Toutes ces questions seront étudiées en détail plus loin. L'on peut dire d'ores et déjà que Maastricht, sans bouleverser la structure institutionnelle traditionnelle de la CE, a sans doute modifié, de façon subtile, mais significative, l'équilibre interinstitutionnel au bénéfice de l'institution la plus supranationale, à savoir le PE.

Les esprits chagrins feront, certes, remarquer que le rôle du PE dans les domaines de la PESC et des affaires intérieures et de justice reste plutôt maigre. Mais le seul droit d'être consulté et informé dans des secteurs jusque-là strictement réservés au champ intergouvernemental constitue un net progrès. Il ne faut pas non plus sous-estimer la signification du cadre institutionnel unique et de l'étroite imbrication des différents piliers. Le recours possible au budget communautaire en matière de PESC, par exemple, permettra au PE de peser bien davantage qu'à présent sur les orientations dans les relations extérieures.

Division E. — La Cour de Justice

La création, dès l'origine de l'intégration européenne, d'une Cour de Justice (32) pour assurer le respect du droit communautaire dans l'interprétation et l'application des traités, a eu une influence déterminante sur l'évolution de la Communauté. L'existence d'un droit

(32) Une convention relative à « certaines institutions communes aux Communautés européennes », signée en même temps (1957) que les traités CEE et CEEA, avait harmonisé les dispositions concernant la Cour dans les trois traités et donc fait que la Cour soit « unique » dès l'origine.

nouveau et autonome est une des caractéristiques essentielles du système communautaire.

Les deux fondements sur lesquels repose la Communauté de droit qu'est la CE sont l'applicabilité directe du droit communautaire dans les Etats membres et la primauté de la règle commune sur la règle nationale contraire. Après l'entrée en vigueur des traités, la Cour a très vite clarifié les choses à ce sujet et suivi avec constance la logique de l'intégration juridique, faisant du droit communautaire une réalité pour les citoyens. Elle a aussi, par des arrêts épousant souvent les thèses de la Commission, été un puissant facteur d'intégration, permettant à la Communauté d'avancer grâce à une interprétation extensive des dispositions du traité.

Une modification importante introduite par l'Acte unique concerne la possibilité d'adjoindre à la Cour une juridiction de première instance, avec l'objectif de décharger la Cour d'une partie des questions de fait qui lui sont soumises et qui impliquent des vérifications compliquées de la matérialité des faits. La Cour peut ainsi se concentrer sur sa tâche essentielle, qui est d'assurer une interprétation uniforme du droit communautaire. C'est à la suite du nouvel article 168 A du traité qu'a été créé, en 1988, le Tribunal de première instance installé, comme la Cour, à Luxembourg (33).

L'Acte unique introduit également la possibilité pour le Conseil, sur proposition de la Cour, de modifier les règles de procédure contenues dans le statut de la Cour.

Une des caractéristiques du système juridique communautaire actuel consiste dans le fait que le traité ne prévoit pas de sanction en cas de non-exécution d'un arrêt par un Etat membre. L'efficacité du droit communautaire doit donc être assurée parallèlement par les tribunaux nationaux et par l'intermédiaire du recours préjudiciel (34). En règle générale, les Etats membres se conforment tôt ou tard à l'arrêt de la Cour, mais il arrive que la Cour doive prononcer, sur la requête de la Commission, un deuxième arrêt en manquement. Il arrive aussi que des Etats membres tardent à suivre la Cour dans le but d'obtenir au niveau politique l'établissement ou la modification de normes communautaires. Une généralisation de tels procédés risquerait d'ébranler les fondements mêmes de la Commu-

(33) Décision du Conseil (88/591/CECA, CEE, EURATOM) du 24 octobre 1988 (*JOCE* n° L 319 du 25 novembre 1988, p. 1).

(34) Cf. article 177 CEE.

nauté. Pour éviter cela, le traité de Maastricht introduit la possibilité, pour la Cour, d'infliger aux Etats membres fautifs le paiement d'une somme forfaitaire ou d'une astreinte. Il s'agit là d'une innovation majeure qui illustre l'importance que la CIG a attachée au renforcement de la Communauté de droit. D'autres modifications vont dans le même sens ; nous y reviendrons en détail plus tard (35).

Comme indiqué précédemment, le débat sur la subsidiarité a pris une place importante dans les deux CIG. A ce sujet, la question de savoir s'il fallait inscrire ce principe dans le préambule ou dans le corps du texte a longtemps divisé les esprits. La solution trouvée d'insérer un article (l'article 3 B) dans le traité CE fait évidemment que le principe de subsidiarité est justiciable. Ceci renforce le caractère de Cour constitutionnelle de la Cour.

(35) Cf. titre V, chapitre 5, section 1.

CHAPITRE III

LE THÈME MONÉTAIRE DANS L'UNIFICATION EUROPÉENNE

Division A. — Le traité de Rome

Dans le traité de Rome, l'essentiel des dispositions relatives aux volets économique et monétaire est concentré au titre II « La politique économique » de la troisième partie, « La politique de la Communauté », abstraction faite, d'une part, de l'article 6 qui souligne que les Etats membres, en étroite collaboration avec les institutions de la Communauté, coordonnent leurs politiques économiques respectives dans la mesure nécessaire pour atteindre les objectifs du traité, et, d'autre part, de l'article 145 qui charge le Conseil d'assurer la coordination des politiques économiques générales des Etats membres.

Ce titre II se compose de trois chapitres, à savoir « la politique de conjoncture » (article 103), « la balance des paiements » (articles 104 à 109) et « la politique commerciale » (articles 110 à 116).

L'unique article sur la politique de conjoncture (l'article 103) dispose notamment que les Etats membres considèrent leur politique de conjoncture comme une question d'intérêt commun.

Quant au volet monétaire, les Etats membres s'engagent à coordonner leurs politiques en matière monétaire (article 105) et à traiter leurs politiques en matière de taux de change comme un problème d'intérêt commun (article 107).

Ces engagements à caractère général sont complétés, d'une part, par un mécanisme de soutien financier à activer en cas de difficultés ou de menace de difficultés dans la balance des paiements d'un Etat membre (article 108) et, d'autre part, par la possibilité pour un Etat membre de prendre, « en cas de crise soudaine dans la balance des paiements », des mesures de sauvegarde (article 109).

Du point de vue institutionnel, il fut créé dès mars 1958 un comité monétaire (article 105) de caractère consultatif ayant une mission de coordination et de consultation en matière monétaire.

Force est donc de constater que le traité de Rome n'a pas été très disert sur le volet monétaire. Cela s'explique par le fait que la priorité absolue a été accordée à l'époque à la création d'un marché commun, la réalisation des quatre libertés fondamentales, l'abolition des tarifs douaniers à l'intérieur et la mise en place d'un tarif extérieur commun — et que le besoin d'une monnaie européenne était d'autant moins ressenti que le système monétaire international reposant sur les accords de Bretton Woods remplissait son rôle de stabilité monétaire d'une façon jugée satisfaisante.

Division B. — Le plan Werner

Dans un memorandum publié le 24 octobre 1963 sur le programme d'action de la deuxième étape du marché commun, la Commission avait inséré un chapitre sur les relations monétaires dans lequel elle constatait qu'après la période de transition vers le marché commun, il serait nécessaire d'avoir des taux de change fixes.

Bien que certaines des propositions de la Commission aient trouvé une réalisation concrète comme la création d'un comité des Gouverneurs des banques centrales des Etats membres, les dispositions monétaires étaient largement restées modestes.

En fait, il fallut attendre 1968 et le début des perturbations sur les marchés de change pour que le sujet de l'intégration monétaire redevienne d'actualité.

Le 12 février 1969, la Commission présenta un memorandum sur la coordination des politiques économiques et la coordination monétaire au sein de la Communauté, mieux connu sous le nom de plan Barre.

Le Sommet de La Haye de décembre 1969 fixa les étapes futures de la construction européenne. Il décida, d'une part, d'oeuvrer dans la direction d'un élargissement des Communautés européennes et, d'autre part, de s'efforcer d'achever définitivement le marché commun et d'élaborer un plan par étapes en vue de la création d'une Union économique et monétaire.

Dans l'intervalle entre le sommet de La Haye et le 6 mars 1970, date où le Conseil décida de créer un comité d'experts chargé d'élaborer un rapport permettant de dégager les options fondamentales d'une réalisation par étapes de l'Union économique et monétaire, divers gouvernements avaient pris l'initiative d'élaborer des propositions pour la mise en place d'une Union économique et monétaire. A son tour, la Commission publia un plan le 4 mars 1970, le deuxième plan Barre.

Le comité d'experts, constitué sous la présidence du Premier Ministre luxembourgeois Pierre Werner, démarra ses travaux le 20 mars 1970 (36).

Le rapport, ou plan Werner, remis le 15 octobre 1970 aux Ministres des Finances, est à bien des égards un rapport Delors avec 18 ans d'avance. Il conclut à la nécessité d'établir par étapes, avec un premier palier de trois ans, une Union monétaire entre les Etats membres à achever encore dans le courant de la décennie soixante-dix.

Le 22 mars 1971, le Conseil, dans une résolution, fit siennes les principales conclusions du rapport Werner. La première étape devait démarrer le 1er janvier 1971 et la deuxième le 1er janvier 1974 avec comme objectif final la réalisation de l'Union économique et monétaire dans la décennie.

Or, la deuxième étape ne vit jamais le jour. La détérioration de l'environnement international, monétaire d'abord et économique ensuite, et les perspectives ambitieuses voire trop audacieuses pour certains, d'une Union économique et monétaire telle que projetée, en sont probablement les principales raisons.

L'année 1971 devait en effet s'avérer une année particulièrement difficile sur le plan monétaire. Le 15 août 1971, le Président américain décida en effet de supprimer la convertibilité en or du dollar.

Un Conseil de Ministres de la CE réuni le 19 août ne réussit pas à réaliser un accord sur l'attitude à prendre en commun pour relever ce nouveau défi. Pour maintenir la cohésion du Benelux, les trois pays de cette union décidèrent toutefois de laisser flotter leurs monnaies vis-à-vis du dollar, tout en maintenant le rapport de l'une à l'autre dans la marge de fluctuation de ± 1,5 %.

En décembre de la même année, les membres du groupe des Dix (G-10) se réunirent à Washington au Smithsonian Institute pour définir une nouvelle grille de parité des monnaies.

(36) Cf. Pierre Werner, *Itinéraires luxembourgeois et européens*, Tome I et Tome II, Editions Saint Paul, Luxembourg.

Finalement, suite à une résolution du Conseil des Communautés européennes le 21 mai 1972, un accord entre les banques centrales des Etats membres fut signé à Bâle le 24 avril 1972 : selon cet accord, les monnaies européennes ne pourraient fluctuer entre elles que dans une limite de ± 2,25 % : c'était la naissance du « serpent (européen) » dans le tunnel, le régime spécial Benelux étant maintenu (« le ver dans le serpent ») pour être abandonné en mars 1975.

En octobre 1972, une réunion des Chefs d'Etat et de gouvernement à Paris précisa que l'Union économique et monétaire devrait être achevée au 31 janvier 1980 au plus tard.

Mais dans la foulée d'un accroissement des tensions monétaires, le système ne put tenir, et le serpent sortit du tunnel en mars 1973. Le 13 février 1973, les Etats-Unis avaient en effet procédé à une dévaluation de 10 % du dollar. Le 2 mars 1973, les banques centrales européennes décidèrent de cesser leurs achats en dollars et de fermer provisoirement leurs marchés de change.

Finalement, dans le cadre d'une conférence tenue à Bruxelles le 12 mars 1973, les Etats membres de la CEE décidèrent que leurs banques centrales cesseraient de soutenir le dollar : ce faisant, ils firent entrer leurs monnaies en flottement vis-à-vis du dollar tout en maintenant l'écart instantané maximal entre elles à 2,25 %.

En conséquence, les monnaies des pays de la CEE se retrouvaient dorénavant dans un système dit « *du serpent hors du tunnel* ».

Le 3 avril 1973 fut instauré le Fonds monétaire européen de coopération monétaire (FECOM) déjà prévu dans le rapport Werner. Le FECOM devait être l'embryon de la future Banque centrale européenne. Son siège fut fixé à Luxembourg.

Avant la fin de l'année 1973, le Conseil avait à se prononcer sur l'entrée dans la deuxième étape. Mais vu les divergences de vues qui subsistaient, il ne put réussir à se mettre d'accord pour déclarer l'entrée formelle dans la deuxième étape.

Division C. — Le Système monétaire européen

Vers 1977 cependant, après quelque 8 ans de difficultés croissantes et quelque 5 ans de détérioration manifeste, la Communauté prit conscience de la nécessité, face à l'absence d'un système monétaire international valable, de créer une zone de stabilité monétaire en Europe et d'aller au-delà du serpent européen qui, suite au flottement du dollar depuis mars 1973, avait fini par déboucher sur une zone mark regroupant autour de la RFA les pays du Benelux et le Danemark.

Le 7 juillet 1978, le Conseil européen de Brême, sous l'impulsion de la France et de la RFA, se mit d'accord sur les caractéristiques de ce qui allait être le Système monétaire européen.

Ce système entra en vigueur le 13 mars 1979 avec son propre mécanisme de change. A une phase initiale devait succéder dans un délai maximal de deux ans un système définitif. Ce dernier devait comporter la création d'un Fonds monétaire européen se substituant au FECOM et l'utilisation pleine et entière de l'ECU en tant qu'avoir de réserve et instrument de règlement.

Du point de vue de l'intégration monétaire proprement dite, le résultat est de nouveau resté en-deçà des espérances, voire des accords initiaux, le passage à la deuxième étape ne s'étant jamais produit. Il n'en reste pas moins que le SME a longtemps fait ses preuves. Malgré les nombreux réalignements du début, il a réussi à résister aux crises et à devenir, à partir de janvier 1987, autour du DM une ancre de stabilité monétaire, du moins jusqu'aux turbulences se produisant à partir du deuxième semestre 1992, suite notamment au « non » au referendum danois.

Division D. — L'Acte unique européen

Le Conseil européen de Milan des 29 et 30 juin 1985 devait décider de convoquer, sur la base de l'article 236 du traité, une conférence intergouvernementale chargée de faire progresser l'Union européenne. Si le mandat donné à cette conférence, qui finalement déboucha sur l'Acte unique européen — signé par les représentants de neuf pays membres le 17 février à Luxembourg et par les représentants des gouvernements du Danemark, de la Grèce et de l'Italie le 28 février à La Haye et entré en vigueur le 1er juillet 1987 — ne prévoyait pas de volet monétaire, il apparut très vite qu'il était impossible de faire l'impasse sur le lien entre réalisation du marché intérieur et l'édification d'une Union économique et monétaire.

Certes, *a priori*, le marché intérieur aurait été envisageable sans transfert des souverainetés monétaires nationales. Mais il était tout aussi clair à la majorité des observateurs que la réalisation concomitante des trois objectifs que sont la liberté totale des mouvements de capitaux, l'indépendance des politiques monétaires, et la stabilité des taux de change, serait impossible au seul niveau national.

L'alternative était donc entre un marché intérieur exposé au risque d'instabilité monétaire, celle-ci découlant de politiques monétaires autonomes, et un marché intérieur s'inscrivant dans une zone monétaire stable, c'est-à-dire à taux de change fixes.

L'Acte unique a fini par consacrer à l'Union économique et monétaire un article 102 A conférant à la Communauté une capacité monétaire. Même si la portée de cet article était limitée, sa seule existence reflétait la prise de conscience qu'une Union économique et monétaire devait être considérée comme un prolongement nécessaire au marché intérieur et qu'il était indispensable d'ajouter aux mesures à caractère microéconomique relatives au marché intérieur un cadre macroéconomique approprié à une véritable intégration des différentes économies nationales. Qui plus est, cet article s'est révélé par la suite décisif, ne serait-ce que parce qu'il évoquait la possibilité de modifications institutionnelles sur le plan économique et monétaire.

Très vite, après l'entrée en vigueur de l'Acte unique, des propositions concrètes dans ce sens allaient être mises sur la table, enclenchant le processus qui allait déboucher, en février 1992, sur la signature du traité de Maastricht (cf. le titre III, chapitre 1).

TITRE II

DE L'ACTE UNIQUE AUX CONFÉRENCES INTERGOUVERNEMENTALES DE 1991 : LES ANNÉES 1987 à 1990

INTRODUCTION

Comme nous l'avons vu au titre I, Maastricht doit être situé dans le contexte historique d'un processus d'intégration lancé dans les années 50. On ne peut, toutefois, qu'être frappé par l'accélération de l'histoire communautaire depuis 1985. Près de 30 ans séparent les traités de Rome et l'Acte unique européen, la première réforme d'ensemble de ceux-ci. Or, entre l'entrée en vigueur de l'AUE en 1987 et l'ouverture des CIG conduisant à Maastricht, moins de quatre ans se sont écoulés.

Pourquoi cette accélération de l'histoire ? Quelles sont les raisons qui ont poussé les douze Etats membres à remettre si rapidement sur le métier l'ouvrage communautaire ?

La première explication réside sans aucun doute dans le succès même de l'AUE, amplifié par l'intégration réussie de l'Espagne et du Portugal et par l'accord sur le futur système financier de la CE (paquet Delors 1) intervenu lors du Conseil européen extraordinaire réuni à Bruxelles en février 1988 (1).

(1) L'équilibre juridique, politique et institutionnel du régime financier de la Communauté, tel qu'il s'était réalisé au milieu des années 1970, s'était dégradé progressivement au cours de la décennie suivante. Cette période était, en effet, marquée par un fonctionnement de plus en plus difficile de la procédure budgétaire annuelle et une inadaptation croissante des ressources aux besoins communautaires. En février 1988, le Conseil européen réuni à Bruxelles, trouva un accord politique sur un paquet de réformes (paquet Delors I) portant sur les *ressources propres* (fixation d'un plafond global de crédits équivalent, en 1992, à 1,20 % du PNB communautaire), et la *discipline budgétaire* (notamment la mise en place, grâce à un accord interinstitutionnel entre la Commission, le Conseil et le Parlement européen, d'un cadre de référence des dépenses communautaires sous la forme de perspectives financières pour la période 1988-1992 et de la maîtrise des dépenses agricoles). Cet accord a été entériné par les Décisions du Conseil du 24 juin 1988 relatives au système des ressources propres des Communautés (88/376/CEE) et à la discipline budgétaire (88/377/CEE), *JOCE* n° L 185 du 15 juillet 1988, pp. 24 et 29.

L'Acte unique et le programme du grand marché unique ont créé une dynamique nouvelle après des années de stagnation et de querelles souvent stériles. Mais ils ont aussi et surtout provoqué une vertueuse réaction en chaîne, le succès appelant le succès, les réformes appelant d'autres réformes sur la voie de l'intégration.

L'élément déclencheur sera, paradoxalement, le débat sur l'UEM. Le paradoxe n'est qu'apparent : il n'existe que dans le sens où l'élément monétaire avait, à l'occasion des négociations sur l'AUE, été très faible, les esprits n'étant manifestement pas mûrs à l'époque. Ils ont mûri très vite, sous l'influence justement de la construction accélérée du grand marché unique et de la simple logique économique.

La marche vers l'UEM sera donc le thème du premier chapitre de ce titre. Nous passerons ensuite, dans un deuxième chapitre, à l'examen des origines de l'Union politique. La perspective de l'UEM va, en effet, très vite susciter la question d'une réforme plus vaste de la Communauté ; le mouvement sera accéléré et amplifié par l'évolution de la scène internationale, avec l'effondrement du bloc soviétique et la réunification allemande ; la décision de convoquer une deuxième CIG, elle relative à l'UP, sera prise à Dublin, en juin 1990.

Dans un troisième chapitre, nous examinerons la phase préparatoire des conférences qui s'étend de la décision du Conseil européen de Dublin (juin 1990) jusqu'à l'ouverture des deux CIG en décembre 1990.

CHAPITRE PREMIER

LA MARCHÉ VERS L'UNION ÉCONOMIQUE ET MONÉTAIRE

Division A. — L'impulsion du rapport Delors

La première initiative concrète visant à compléter le Marché unique par une véritable Union économique et monétaire émana du Ministre des Finances français, Edouard Balladur, qui fit distribuer, le 8 janvier 1988, un aide-mémoire à ce sujet. Un mois plus tard, l'Italie sortit à son tour un document allant dans le même sens.

Plus surprenante sans doute, vu les réticences allemandes dans le passé, fut la publication par le Ministre allemand des Affaires étrangères, Hans-Dietrich Genscher, d'un papier de discussion soulignant l'intérêt pour la Communauté et les Etats membres d'une zone monétaire européenne unique. M. Genscher suggéra que le Conseil européen de Hanovre, prévu pour juin 1988, donne un signal positif à cet effet, y compris en envisageant la création d'une Banque centrale européenne. Il proposa aussi de constituer un « groupe de sages » chargé de développer les principes d'une zone monétaire unique, un statut pour une future banque centrale et un programme pour les mesures à prendre lors de la période de transition.

Si un deuxième mémorandum allemand — publié le 15 mars 1988 par le Ministre des Finances Stoltenberg — était d'un contenu moins enthousiaste et dépourvu de propositions de procédure, la porte n'en avait pas moins été ouverte à une discussion sur l'avenir monétaire de l'Europe.

Le Conseil européen de Hanovre en juin 1988 confia, en effet, à un comité, présidé par le Président de la Commission Jacques Delors, la mission d'étudier et de proposer les étapes concrètes devant mener à une Union économique et monétaire dont les Etats membres, en adoptant l'Acte unique, avaient confirmé l'objectif.

Présenté le 17 avril 1989, le rapport Delors prévoyait la réalisation en trois étapes de l'Union économique et monétaire dont il traçait en même temps les contours définitifs. Le Conseil européen des

26 et 27 juin de la même année à Madrid souligna que le rapport Delors définissant un processus devant conduire par étapes à l'Union économique et monétaire répondait pleinement au mandat de Hanovre et que la réalisation de l'Union économique et monétaire, dont la première étape devait débuter le 1er juillet 1990, devrait tenir compte du parallélisme entre les aspects économiques et monétaires, respecter le principe de subsidiarité et répondre à la diversité des situations spécifiques.

A noter que cette dernière date correspond précisément à la date limite pour la mise en vigueur des mesures visant la libéralisation des mouvements de capitaux prévues par la directive du 24 juin 1988 pour la mise en œuvre de l'article 67 du traité.

Pour donner suite aux conclusions du Conseil européen de Madrid relatives à l'Union économique et monétaire, il fut décidé — suite au Conseil Ecofin informel de septembre à Antibes — de réunir un groupe à haut niveau présidé par Elisabeth Guigou (2) et composé de représentants personnels des ministres et de la Commission. La mission principale de ce groupe était d'identifier, d'analyser et de mettre sur pied les éléments qui pourraient être inclus, le moment venu, dans le traité sur l'Union économique et monétaire.

Le Conseil européen de Strasbourg en décembre 1989 — après avoir pris connaissance du rapport du groupe à haut niveau remis le 30 octobre 1989 (rapport Guigou) — retint que la majorité nécessaire était réalisée pour convoquer, conformément à l'article 236 du traité, une conférence intergouvernementale destinée à élaborer une modification du traité en vue des étapes finales de l'Union économique et monétaire, conférence qui devait se réunir fin 1990.

En vue de la préparation de la première étape, le Conseil prit le 12 mars 1990, d'une part la décision (90/141/CEE) relative à la réalisation d'une convergence des politiques et des performances économiques lors de la première étape de l'Union économique et monétaire et, d'autre part, la décision 64/1300/CEE concernant la collaboration entre les banques centrales des Etats membres de la CEE.

Le Conseil européen de Dublin d'avril 1990, tout en décidant qu'il y aurait deux conférences intergouvernementales parallèles, l'une portant sur l'Union économique et monétaire, l'autre sur l'Union politique, retint décembre de la même année pour l'ouverture de la

(2) A l'époque, conseillère du Président Mitterrand.

conférence sur l'Union économique et monétaire tout en précisant que la ratification des résultats devrait pouvoir se faire avant la fin de 1992.

Par la suite, le Conseil européen de Dublin II (juin 1990), confirma cette approche et fixa au 14 décembre 1990 le jour de l'ouverture de la conférence, tout en soulignant que la conférence devrait achever ses travaux rapidement en vue de la ratification de ses résultats par les Etats membres avant la fin 1992.

Entre-temps, les travaux de préparation allaient bon train. Le comité monétaire finalisa le 23 juillet 1990 son rapport d'orientation « L'UEM au-delà de la première étape », rapport qui devait inspirer les travaux de la conférence intergouvernementale dans une mesure non négligeable.

La Commission contribuait de son côté tout au long de l'année à clarifier les positions essentielles à travers des documents de travail qui devaient déboucher sur la communication du 21 août 1990 « Union économique et monétaire » constituant une synthèse de ses positions et visant à élargir le consensus en rapprochant autant que possible les opinions exprimées dans les instances chargées de préparer la conférence intergouvernementale.

Division B. — Le Conseil européen de Rome I (octobre 1990)

Un sommet extraordinaire, tenu à Rome les 27 et 28 octobre 1990, en esquissant les objectifs et le contenu de l'Union économique et monétaire, précisa le mandat de la conférence intergouvernementale, mandat qui fut souscrit par onze Etats membres à l'exception du Royaume-Uni, et fixa au 1er janvier 1994 le passage à la deuxième étape.

Eu égard à l'importance de ces conclusions, qui ont largement influencé les négociations futures, il est indiqué de les rappeler :

« Pour onze Etats membres, les travaux pour la modification du traité devront en particulier s'orienter pour le stade final de l'Union économique et monétaire sur les éléments suivants :

— pour l'Union économique, un système de marché ouvert qui conjugue la stabilité des prix avec la croissance, l'emploi et la protection de l'environnement ; qui vise à des conditions financières et budgétaires saines et équilibrées et à la cohésion économique et sociale. Dans ce but, la capacité d'action des institutions de la Communauté sera renforcée ;

— pour l'Union monétaire, la création d'une nouvelle institution, qui sera formée des banques centrales nationales et d'un organe central, et qui exercera la responsabilité entière de la politique monétaire. L'institution monétaire aura la tâche prioritaire d'assurer la stabilité des prix. Sans préjudice de cet objectif, elle soutiendra la politique économique générale de la Communauté. Elle, ainsi que les membres de son Conseil, seront indépendants de toute instruction. Elle fera rapport aux institutions politiquement responsables.

« Avec la réalisation de la phase finale de l'Union économique et monétaire, les taux de change seront irrévoquablement fixés. La Communauté aura une monnaie unique — un Ecu fort et stable — expression de son identité et de son unité. Durant la phase transitoire, l'Ecu sera renforcé et développé.

« La deuxième phase commencera le 1er janvier 1994, après que :

* le programme du marché unique aura été achevé,
* le traité aura été ratifié ; et en accord avec ses dispositions,
* aura été engagé un processus visant à l'indépendance des membres de la nouvelle institution monétaire au plus tard lorsque les compétences en matière monétaire auront été transférées,
* le financement monétaire des déficits budgétaires, ainsi que toute responsabilité de la Communauté ou des Etats membres vis-à-vis des dettes d'un autre Etat membre auront été exclus ;
* le plus grand nombre possible de pays aura rejoint l'accord de change du SME.

« Le Conseil européen rappelle que, pour passer à la nouvelle phase, d'autres progrès satisfaisants et durables dans la convergence réelle et monétaire devront être accomplis, en particulier en ce qui concerne la stabilité des prix et le redressement des finances publiques.

« Au début de la deuxième phase, la nouvelle institution de la Communauté sera créée. Ceci permettra notamment de :

* renforcer la coordination des politiques monétaires,
* mettre en place les instruments et les procédures nécessaires à la future conduite d'une politique monétaire unique,
* superviser le développement de l'Ecu.

« Au plus tard dans trois ans à partir de la deuxième phase, la Commission et le Conseil de l'institution monétaire feront rapport au Conseil Ecofin et au Conseil Affaires générales sur le fonctionnement de la deuxième phase, et en particulier sur les progrès réalisés en matière de convergence réelle, afin de préparer la décision relative au passage à la troisième phase qui interviendra dans un délai raisonnable. Le Conseil Affaires générales soumettra le dossier au Conseil européen.

« Le traité pourra prévoir des dispositions transitoires pour le passage aux étapes successives de l'Union économique et monétaire pour répondre à la situation des différents pays.

« Le *Royaume-Uni* n'est pas en mesure d'accepter la formule cidessus. Il convient toutefois que l'objectif premier de la politique monétaire doit être la stabilité des prix, que le développement de la Communauté devrait être fondé sur un système ouvert d'économie de marché, que des déficits budgétaires excessifs devraient être évités, qu'il ne devrait pas y avoir de financement monétaire des déficits et que la Communauté ou ses Etats membres ne doivent pas porter la responsabilité de dettes d'un Etat membre. Le Royaume-Uni, tout en étant disposé à aller au-delà de la première phase par la création d'une nouvelle institution monétaire et d'une monnaie communautaire commune considère que des décisions de fond relatives à ces mesures devraient précéder les décisions quant à leur calendrier. Il serait cependant disposé à ce que la formule qu'il préconise entre en vigueur le plus rapidement possible après la ratification de la disposition nécessaire du traité. »

A leur tour, les Gouverneurs des banques centrales des Etats membres, réunis au sein du comité des Gouverneurs des banques centrales des Etats membres de la Communauté économique européenne commencèrent à travailler sur un projet de statuts d'un « Système européen de banques centrales » devant regrouper les banques centrales nationales sous l'autorité d'une Banque centrale européenne, dont un premier texte fut finalisé le 27 novembre 1990.

Ainsi, de Conseil en Conseil, des progrès substantiels furent accomplis débouchant sur l'ouverture à Rome le 15 décembre 1990 de la conférence intergouvernementale sur l'Union économique et monétaire.

CHAPITRE II

LES ORIGINES DE L'UNION POLITIQUE

Section 1re. — Les raisons de faire l'Union politique

Division A. — La dynamique interne de la Communauté

La décision de convoquer une CIG sur l'UEM fut prise, nous l'avons vu, au Conseil européen de Madrid en juin 1989. Elle suscita une réflexion, diffuse d'abord, sur un volet plus politique ; cette réflexion tomba sur un sol d'autant plus fertile que le terrain était préparé de longue date. Il faut dire, en effet, que la dynamique du Marché unique appelait inévitablement des prolongements sur d'autres plans. Le plan monétaire, bien sûr, mais aussi le plan social. Le marché unique est d'inspiration libérale ; générateur de croissance, il peut comporter aussi, par les restructurations qu'il engendre, un coût social. Il y avait dès lors un risque de voir les travailleurs se détourner de l'Europe communautaire, vue comme un instrument de rationalisation économique utilisé par le patronat. Dans cette optique, l'article 118 A (3) inscrit dans le traité par l'AUE apparaissait très vite à la majorité des Etats membres comme insuffisant. Dès juin 1988, le Conseil européen de Hanovre se prononça en faveur de la création d'un véritable volet social. A Strasbourg, en décembre 1989, onze Etats membres adoptèrent une Charte sociale prévoyant un certain nombre de mesures concrètes. Mais les fortes réticences britanniques, couplées à une attitude restrictive sur l'interprétation de l'article 118 A, limitaient les perspectives de progrès notables. Dès lors, s'engageait une réflexion sur le meilleur moyen de vaincre le blocage du Royaume-Uni.

(3) L'article 118 A crée une base légale pour adopter, à la majorité qualifiée, des prescriptions minimales destinées à promouvoir l'amélioration, notamment du milieu de travail, pour protéger la sécurité et la santé des travailleurs.

D'autres domaines tels que l'environnement ou la recherche, introduits par l'AUE, prenaient également une importance croissante dans le contexte de l'achèvement du Marché unique.

De façon peu articulée au début, la conscience de devoir dépasser une approche essentiellement économique de l'intégration s'aiguisait.

La perspective d'une véritable UEM s'inscrivait dans cette optique d'une extension progressive des compétences communautaires. En même temps, elle accélérait la réflexion sur le devenir institutionnel de l'Europe des Douze. Peut-on, en effet, concevoir une UEM sans une contrepartie politique plus développée ? Cette question préoccupait de façon croissante le Chancelier allemand Helmut Kohl. Ce n'est guère surprenant dans la mesure où l'Allemagne était appelée à « sacrifier » sur l'autel de l'intégration communautaire le Deutschmark dont on connaît la valeur de symbole dans ce pays. L'idée de construire parallèlement à l'UEM une Union politique, aux contours certes flous à cette époque-là, doit aussi être vue dans ce contexte. Le PE, quant à lui, dans une résolution adoptée dès novembre 1989 (4), avait établi un lien explicite entre l'UEM et une réforme générale des traités. Il demanda que la CIG « ait également pour mandat de réviser le traité afin de renforcer l'efficacité et le caractère démocratique du pouvoir de décision au sein de la Communauté ... » ; y étaient donc repris deux nouveaux thèmes qui, avec l'extension des compétences, formeront l'ossature de ce qui sera connu peu à peu comme l'Union politique, complément de l'UEM : le fonctionnement des institutions et la légitimité démocratique de la Communauté.

Ces thèmes, ainsi que celui d'un volet extérieur rénové (cf. *infra*), seront repris dans un aide-mémoire belge du 20 mars 1990 sur lequel nous reviendrons un peu plus tard.

Division B. — Le facteur externe : l'écroulement du bloc soviétique

La deuxième raison pour une nouvelle révision des traités, si peu de temps après l'AUE, est liée à l'évolution internationale, et notamment à l'écroulement du système communiste à l'Est.

(4) Résolution sur la conférence intergouvernementale décidée au Conseil européen de Madrid (*JO* des CE n° C 323, pp. 111-112, 27 décembre 1989).

Face à l'instabilité générale engendrée en Europe centrale et orientale, la Communauté émergeait de plus en plus comme un havre de paix dans un continent tourmenté. Quel contraste saisissant, en effet, entre d'un côté, les ravages politiques, économiques, culturels engendrés par l'imposition brutale d'un système totalitaire à des peuples entiers, et de l'autre, les bienfaits d'une coopération librement consentie entre Etats démocratiques. Préserver, développer davantage encore la Communauté signifiait à la fois atténuer les ondes de choc émanant de la modification profonde du paysage européen et lui permettre d'être, au-delà d'un modèle et d'un espoir, un facteur actif de redressement et, un jour, un cadre d'accueil pour les pays d'Europe centrale et orientale.

S'il faut, pour pouvoir jouer ce rôle que dictent tant l'intérêt politique et économique que la morale, des institutions fortes et démocratiques et la maîtrise du devenir interne, il faut aussi une réelle capacité d'agir externe. Au fil des années, la Communauté est devenue un acteur de poids sur la scène internationale. Telle est du moins la perception qu'ont d'elle les pays tiers qui voient dans la Communauté, selon les cas, un partenaire influent ou un rival redouté. Mais l'Europe des Douze a été handicapée dans son action extérieure par la coupure artificielle entre l'économique et le politique et l'absence, trop souvent, d'une vision globale cohérente. Depuis des années se fait ressentir le besoin de dépasser cette coupure et de doter l'Europe, à côté des instruments commerciaux et économiques dont elle dispose, d'une véritable politique étrangère et de sécurité commune, politique qui aille au-delà d'une coopération politique utile, certes, mais largement réactive et déclaratoire. L'écroulement du système communiste et la nécessité de développer face aux pays libérés du joug soviétique une approche cohérente ont servi de catalyseur à une évolution devenue inéluctable. Ils ont précipité la réflexion sur la mise en place d'une politique étrangère commune qui allait constituer un volet crucial des futures négociations.

Division C. — La réunification allemande

Un troisième élément, lié directement à l'écroulement du communisme à l'Est, jouait un rôle essentiel dans ce contexte ; il s'agit de la réunification allemande. Rappelons que le Conseil européen spécial de Dublin d'avril 1990, qui lança véritablement le processus de l'Union politique, avait en fait été convoqué pour débattre de ce thème justement. Ce n'est pas un hasard que l'initiative Kohl-Mitterrand de construire l'Union politique se soit située à cette époque et que les premiers jalons de la future CIG sur l'UP aient été posés à ce moment-là.

Tant pour les Allemands que pour leurs partenaires, la réunification allemande devait se faire dans le cadre communautaire. Les événements de 1989-1991 ont montré qu'intégration européenne et réunification allemande n'étaient pas antinomiques et que la vision de Konrad Adenauer, qui pouvait paraître utopique à l'époque, avait été juste.

« Le choix d'une orientation résolument occidentale, qui risquait de faire passer à l'arrière-plan l'objectif d'une Allemagne réunifiée, s'inscrivait dans une perspective à long terme. Adenauer espérait, ou du moins affirmait espérer, que la création d'une alliance occidentale harmonieuse et puissante permettrait à terme de forcer l'URSS à donner son accord à une réunification aux conditions fixées par les Occidentaux. Pour lui, il ne saurait y avoir d'autre voie que celle d'une « réunification dans la paix et la liberté passant par l'intégration européenne » (5).

Le Chancelier Kohl, que l'on qualifie parfois de « petit-fils d'Adenauer », voulait, une fois l'objectif de la réunification en vue, donner un signal clair et net de sa volonté inébranlable de continuer sur la route d'une intégration européenne toujours plus poussée, cadre privilégié pour une Allemagne réunifiée.

Division D. — La perspective d'élargissements futurs

La perspective d'élargissements futurs n'a pas vraiment, en 1989/90, joué un rôle crucial dans la décision de convoquer une CIG/UP, même si elle était présente en filigrane dans les réflexions sur les réformes à adopter. Ce n'est qu'au fil des mois, avec la multiplication des demandes d'adhésion, réelles et potentielles, que cette question a pris de l'ampleur, suscitant d'ailleurs des réactions en sens contraire. Il y avait le camp de ceux qui estimaient que les modifications institutionnelles projetées dans le cadre des négociations sur

(5) Bournazel-Fritsch, Brigot, Cloos, *Les Allemands au coeur de l'Europe*, Les Sept Epées, les Cahiers de la Fondation pour les Etudes de Défense Nationale, Paris, 1983, p. 33

le traité sur l'Union n'étaient pas suffisantes pour absorber de nouveaux membres, qu'il aurait fallu dès Maastricht procéder à un véritable *aggiornamento* institutionnel avant d'envisager un quelconque élargissement. D'autres, en revanche, reprochaient aux négociateurs d'avoir, par des réformes trop ambitieuses, érigé une barrière infranchissable notamment pour les pays d'Europe centrale et orientale, d'avoir agi de façon égoïste et dans l'esprit d'une petite Europe des super-riches, se recroquevillant sur elle-même (6). Les réactions en question traduisent, évidemment, des conceptions tout-à-fait différentes sur les finalités de la Communauté que nous rencontrerons tout au long de cet ouvrage. Dans ces circonstances, suivre le conseil de ceux qui prônaient une meilleure prise en compte du facteur de l'élargissement aurait eu comme seul effet de ne pas réaliser le faisable et de rater une chance de faire avancer la Communauté.

Une autre observation doit être faite dans ce contexte. Au moment du lancement du processus menant vers l'Union politique, il n'était pas aussi évident que la question de l'élargissement allait se poser si rapidement et avec une telle acuité. Souvenons-nous, en effet, de l'initiative de l'Espace économique européen (EEE) avec les pays de l'Association européenne de libre-échange (AELE) (7) lancée par Jacques Delors dans un discours prononcé devant le Parlement européen en janvier 1989. Cette initiative visait justement à créer une « troisième voie » entre l'adhésion pure et simple de ces pays, jugée difficile voire peu souhaitable par certains, et le maintien du *statu quo*, rejeté par les pays de l'AELE qui craignaient de se voir écartés des bénéfices du grand Marché unique. L'idée était de négocier entre la Communauté et une AELE aux structures nettement renforcées un accord créant le plus grand marché du monde. Dans cette optique, l'Europe de l'an 2000 allait être organisée en cercles concentriques avec au centre, comme point d'ancrage, la Communauté renforcée par la mise en place de l'UEM et de l'Union politique. D'aucuns voyaient même l'AELE comme structure d'accueil pour les pays d'Europe centrale et orientale qui recherchaient

(6) On ne peut qu'être touché par tant de sollicitude pour ces pays. Ceux-ci, pourtant, n'en demandent pas tant car si l'appartenance à la CE est leur objectif à terme, ils ne veulent pas d'une Communauté au rabais. L'attrait de la CE réside, justement, dans son succès, son dynamisme, son haut degré d'ambition.

(7) Membres de l'AELE : Autriche, Finlande, Islande, Norvège, Suède, Suisse (et, depuis peu) Liechtenstein.

le rapprochement avec l'Europe occidentale. En réalité — nous le savons aujourd'hui — le lancement de l'initiative sur l'Espace économique européen allait contribuer à accélérer la prise de conscience du fait communautaire dans les pays de l'AELE et le dépôt de demandes d'adhésion de certains d'entre eux ; ceux-ci en venaient, en effet, très vite à estimer qu'il valait mieux être à l'intérieur d'un club dont il fallait, de toute façon, accepter la plupart des règles. L'EEE devenait donc moins une construction originale entre deux organisations qu'une étape transitoire avant l'absorption de l'une par l'autre. Il perdait du coup aussi tout attrait pour les pays d'Europe centrale et orientale qui, de toute façon, étaient intéressés, pour des raisons politiques autant qu'économiques, à entrer le plus rapidement possible dans la Communauté.

Section II. — Les principales étapes ayant conduit à la convocation de la CIG/UP

Division A. — Le rôle d'impulsion du PE

Dans la résolution précitée du 23 novembre 1989, le PE établit le premier un lien explicite entre l'UEM et une réforme générale. Le PE, dans une série de résolutions adoptées entre 1987 et 1989, n'avait pas arrêté de critiquer ce qu'il estimait être les failles de l'Acte unique et le caractère trop peu ambitieux de celui-ci.

Parmi les modifications au traité réclamées par le PE figuraient l'extension du vote à la majorité, particulièrement en matière d'environnement et pour toutes les questions sociales, l'accroissement des pouvoirs exécutifs de la Commission, et un renforcement très net de ses propres pouvoirs (codécision législative, droit d'initiative, droit de participer à la nomination des membres de la Commission, de la Cour de Justice et de la Cour des Comptes, droit d'enquête, pouvoir de ratifier les modifications constitutionnelles de la Communauté).

Dès le début de 1990, le PE établit un programme de travail ambitieux couvrant tous les domaines de la future Union. En mars, il adopta un premier rapport intérimaire du député travailliste Martin et une résolution sur la conférence intergouvernementale dans le cadre de la stratégie du PE pour l'Union européenne (8).

Dans cette résolution, il se prononça en faveur de la transformation rapide de la Communauté européenne « en Union politique, sur une base fédérale, au-delà du marché unique et de l'Union économique et monétaire ... » (considérant B). Il est intéressant de noter qu'à côté des réformes déjà préconisées en novembre, le thème des relations extérieures apparaît ici comme un volet à part. Le PE réclama « la rationalisation de l'instrument dont la Communauté dispose en matière de relations étrangères, notamment l'intégration complète de la coopération politique dans les structures communautaires, y compris l'octroi à la Commission de pouvoirs similaires à ceux qu'elle détient dans d'autres secteurs de la politique communautaire dans le but de mettre en place une politique étrangère et de sécurité commune au service de la paix ».

Sur le plan de la méthode, la stratégie du PE s'articulait autour des axes suivants (voir aussi les observations reprises au titre I, chapitre 1, section 2) :

a) il demandait à participer sur un pied d'égalité aux travaux préparatoires et proposait à cet effet de convoquer une conférence interinstitutionnelle préparatoire entre représentants du PE, du Conseil et de la Commission qui aurait pour but de fixer le mandat de la CIG et d'établir les conditions d'association du PE aux travaux mêmes de cette CIG. L'idée même d'une telle pré-conférence émanait en fait de propositions successives faites par Felipe Gonzales et François Mitterrand dans le contexte de la décision de convoquer la CIG/UEM, mais le PE lui assignait un but et une envergure bien plus ambitieux.

b) il suggérait également de tenir des Assises européennes durant le deuxième semestre 1990, regroupant des représentants du PE et des parlements nationaux pour délibérer des prochaines étapes de l'UE.

c) il exigeait que les propositions de la CIG soient soumises au PE et que les textes à soumettre aux ratifications nationales fassent l'objet d'un accord entre la CIG et le PE.

d) il réitérait, enfin, son engagement à préparer, à l'avenir, un projet de constitution européenne.

(8) *JO* des *CE* n° C 96, 114-118.

Division B. — L'aide-mémoire belge du 20 mars 1990

Le Conseil européen de Strasbourg (8 et 9 décembre 1989), qui convoqua formellement la conférence intergouvernementale destinée à élaborer une modification du traité en vue de créer l'UEM, précisa que la conférence établirait elle-même son ordre du jour. Si tel était le cas d'un point de vue formel, il n'en est pas moins vrai que le Coreper (9) commençait dès février à réfléchir sur la portée de la CIG qui devait se réunir avant la fin 1990. A ce sujet, deux tendances se dégageaient :

i) selon la première, la CIG devait se consacrer essentiellement à la mise sur pied de l'UEM et aux aspects institutionnels qui y étaient directement liés. Les Etats membres qui préconisaient cette approche craignaient, en effet, qu'un ordre du jour trop vaste et trop ambitieux ne risque de faire traîner en longueur les débats voire de mettre en péril les chances de succès dans le domaine monétaire. La position la plus restrictive à cet égard était celle du Royaume-Uni qui se voyait dans la position inconfortable de devoir appeler à se concentrer sur la seule UEM dont il ne voulait pas vraiment non plus !

ii) selon la seconde, il fallait saisir l'occasion de la conférence pour développer la Communauté dans d'autres domaines ; certaines délégations se prononçaient en faveur de progrès significatifs vers l'Union européenne. Dans ce contexte étaient citées les questions de l'accroissement des pouvoirs du PE et de la Commission, de l'amélioration du processus décisionnel par l'extension du vote majoritaire, d'une meilleure cohérence entre la coopération politique et les activités communautaires proprement dites.

La délégation belge adoptait à ce sujet une position en flèche. Le 20 mars, elle transmit à ses partenaires un aide-mémoire (10) destiné à alimenter la réflexion commune sur la perspective de l'Union politique.

Le Gouvernement belge part dans son document d'une triple constatation :

(9) Comité des Représentants Permanents des Etats membres auprès des CE (cf. article 151 du traité CEE) ; le COREPER, qui se réunit sur une base hebdomadaire, prépare les réunions du Conseil de Ministres.

(10) Reproduit dans *Agence Europe*, Europe Documents, n° 1608 du 29 mars 1990.

1. Face à la transformation de la scène politique en Europe et au climat d'incertitude qui s'ensuit, la Communauté, pôle d'ancrage, doit être fortifiée, tant sur le plan économique que sur le plan politique.

2. Le développement interne de la Communauté, notamment la réalisation du marché intérieur et de l'UEM, met en lumière le « déficit démocratique » (11) du cadre institutionnel actuel et impose une réforme dans le sens d'un transfert de pouvoir politique au niveau communautaire et d'une meilleure définition du principe de subsidiarité.

3. La Communauté doit, pour pouvoir assurer sa responsabilité particulière vis-à-vis des pays d'Europe centrale et orientale, se doter d'une capacité d'action extérieure efficace et cohérente.

De ce triple constat découle la nécessité de mener, à côté de la poursuite des objectifs déjà fixés, un effort parallèle dans le domaine institutionnel et politique.

Suivent un certain nombre de propositions concrètes visant à renforcer l'appareil institutionnel existant (recours accru à la majorité qualifiée, élection du Président de la Commission par le PE, recherche d'une meilleure exécution des arrêts de la Cour), à accroître la composante démocratique de cet appareil, notamment par l'octroi au PE d'une forme de codécision législative et par l'inscription dans le traité de nouveaux droits du citoyen, et, enfin, à développer la convergence entre la coopération politique et la politique communautaire.

L'aide-mémoire belge, qui laissait ouverte la question de savoir s'il convenait de convoquer une deuxième CIG ou de confier l'ensemble des travaux (UEM + UP) à une seule CIG, contribuait à mieux structurer les idées. Il contenait en filigrane la plupart des grands thèmes qui figureront au menu de la CIG/UP laquelle sera finalement convoquée par le deuxième Conseil européen de Dublin des 25 et 26 juin 1990.

(11) Le gouvernement belge fait sienne ici une expression qui émane du Parlement européen. Selon celui-ci, il y a « déficit démocratique » parce que le transfert de compétences au niveau communautaire ne s'accompagne pas d'un transfert correspondant de pouvoirs au Parlement issu des élections directes au suffrage universel, et que dès lors *il n'y a plus*, dans ce domaine, de contrôle parlementaire national et *pas encore* de contrôle parlementaire suffisant au niveau communautaire.

Division C. — L'initiative Kohl/Mitterrand et le Conseil européen du 28 avril 1990

Si le document belge a permis de structurer les idées, le véritable coup d'envoi politique du processus qui va mener à la convocation d'une seconde CIG fut, comme si souvent dans l'histoire communautaire, donné par une initiative franco-allemande, lancée, selon une pratique bien établie, quelques jours avant le Conseil européen extraordinaire de Dublin, prévu pour le 28 avril 1990.

Le Conseil européen avait été, rappelons-le, convoqué pour traiter de deux thèmes : l'unification allemande et ses conséquences pour la Communauté, les relations de la Communauté avec les autres pays européens, notamment les Etats d'Europe centrale et orientale. Dans un message conjoint (12) adressé au Président du Conseil européen, M. Haughey, le Chancelier Kohl et le Président Mitterrand proposèrent que le Conseil européen du 28 avril décide de lancer, à côté de la CIG/UEM déjà décidée, les travaux préparatoires à une deuxième CIG consacrée, elle, à l'Union politique. « Compte tenu des profondes transformations en Europe, de l'établissement du marché intérieur et de la réalisation de l'Union Economique et Monétaire », écrivirent-ils, « nous jugeons nécessaire d'accélérer la construction politique de l'Europe des Douze. Nous pensons que le moment est venu de « transformer l'ensemble des relations entre les Etats membres en une Union européenne et de doter celle-ci de moyens d'action nécessaires », ainsi que l'a prévu l'Acte unique ».

Selon Bonn et Paris, les deux CIG devaient se réunir parallèlement, avec l'objectif de faire entrer en vigueur les réformes envisagées le 1er janvier 1993.

Les thèmes à examiner dans ce contexte se recoupaient très largement avec ceux du memorandum belge :

— renforcer la légitimité démocratique de l'Union,
— rendre plus efficaces les institutions,
— assurer l'unité et la cohérence de l'action de l'Union dans les domaines économique, monétaire et politique.

S'y ajoutait, toutefois, l'objectif explicite de la définition et de la mise en oeuvre d'une politique étrangère et de sécurité commune.

(12) Dans *Agence Europe*, Bulletin n° 5238, du 20 avril 1990, p. 3.

Quant à une éventuelle extension des compétences de la CE, elle n'était plus mentionnée.

L'initiative franco-allemande reçut immédiatement un large écho et fit pencher la balance en faveur de ceux qui voulaient étendre le champ de la réforme à d'autres domaines que l'UEM.

Le Premier Ministre britannique Madame Thatcher ne cachait pas ses réticences face à cette initiative, mais elle savait aussi que la CIG pouvait être convoquée à la majorité simple (cf. le précédent de Milan en 1985) (13). Lors du Conseil européen de Dublin, elle axait ses interventions autour de la question de savoir ce que voulait réellement dire le concept d'Union politique. Elle avait des idées claires sur ce que celui-ci ne devait *pas* signifier :

— la remise en cause des identités nationales (Mme Thatcher évoquait même le spectre de l'abolition de la monarchie au Royaume-Uni !) ;
— la suppression des Parlements nationaux ;
— l'abandon des systèmes juridique et judiciaire nationaux ;
— la modification du rôle du Conseil de Ministres de la Communauté ;
— la centralisation des pouvoirs au bénéfice de la Communauté ;
— l'affaiblissement du rôle de l'OTAN ;
— la restriction du droit des Etats membres de mener une politique étrangère nationale.

Une fois ces limites acceptées, on pouvait, selon Madame Thatcher, examiner comment améliorer la coopération entre les Douze, notamment dans des domaines qui ont des implications transfrontalières. Dans ce contexte, il fallait aussi rendre le fonctionnement de la Communauté plus efficace, réexaminer l'équilibre des pouvoirs entre la Communauté et les Etats membres, renforcer le contrôle financier et assurer une meilleure application des décisions communautaires. Avant de décider s'il fallait convoquer une CIG, Madame Thatcher suggérait de charger les Ministres des Affaires étrangères d'une mission de clarification.

Les Chefs d'Etat ou de gouvernement la suivirent sur ce point et chargèrent les Ministres des Affaires étrangères d'entreprendre un

(13) Au Conseil européen de Milan des 29 et 30 juin 1985, la Présidence fit voter sur la convocation d'une conférence intergouvernementale en vue de réformer les traités : 7 Etats membres votèrent en faveur, trois Etats membres votèrent contre (Danemark, Grèce, Royaume-Uni). L'Espagne et le Portugal ne deviendront membres de la Communauté que le 1er janvier 1986.

examen détaillé sur « la nécessité d'apporter d'éventuelles modifications au traité en vue de renforcer la légitimité démocratique de l'Union, de permettre à la Communauté et à ses institutions de répondre efficacement et de manière effective aux exigences de la nouvelle situation et d'assurer l'unité et la cohérence de l'action de la Communauté sur la scène internationale ». Les trois grands thèmes de l'Union politique étaient ainsi tracés. Les Ministres des Affaires étrangères furent chargés en même temps d'élaborer des propositions « qui seront discutées lors du Conseil européen de juin en vue de parvenir à une décision sur la tenue d'une seconde conférence intergouvernementale dont les travaux se dérouleraient parallèlement à ceux de la conférence sur l'Union Economique et Monétaire, en vue d'une ratification par les Etats membres dans les mêmes délais ». Dès l'origine donc, le parallélisme entre l'UP et l'UEM était clairement établi.

Division D. — Le rapport des Ministres des Affaires étrangères et le Conseil européen de Dublin II (25 et 26 juin 1990)

La période entre Dublin I et Dublin II fut consacrée à l'exercice de clarification demandé par les Chefs d'Etat ou de gouvernement lors de leur réunion du 28 avril. Sous l'égide des Ministres des Affaires étrangères, le COREPER d'abord, puis à partir de début juin, les représentants personnels des Ministres (14), s'attelèrent à cette tâche : se fondant sur l'ossature esquissée par le Conseil européen, ils firent l'inventaire des idées et suggestions concrètes émanant des Etats membres (15), afin de mieux cerner le mandat futur de la CIG. Une conférence interinstitutionnelle préparatoire, organisée à Strasbourg le 17 mai 1990, permit pour la première fois dans l'histoire communautaire aux Institutions et aux Etats membres représentés au niveau ministériel de discuter, informellement, des perspectives de la construction européenne. Le PE put ainsi exposer

(14) Selon une pratique bien établie, les Ministres chargèrent un groupe *ad hoc* de hauts fonctionnaires de préparer leurs délibérations ; à cet effet, ils y déléguèrent des « représentants personnels ». En réalité, à une exception près (Portugal), il s'agissait à ce stade des Représentants permanents auprès des CE, donc des membres du COREPER.

(15) La plupart des apports des délégations se faisaient, à ce stade, oralement, en réunion. La délégation hellénique, quant à elle, déposa le 14 mai une contribution écrite à la réflexion engagée au sujet de l'UP.

directement ses idées aux futurs participants à la CIG. A côté des thèmes de la légitimité démocratique, de l'efficacité des institutions et de l'unité et de la cohérence de l'action de la Communauté sur la scène extérieure, la réflexion portait aussi sur l'objectif général de l'Union politique. Sous ce vocable étaient abordés tant les aspects institutionnels de l'Union (notamment le rôle du Conseil européen !) et les principes généraux qui la régissent, que l'étendue du champ des compétences de la Communauté et de l'Union. A cet égard, une suggestion du Premier Ministre espagnol, Felipe Gonzales, contenue dans une lettre adressée au Président du Conseil européen le 4 mai, rencontra un écho très positif : il s'agissait de la création d'une citoyenneté européenne, élément fondamental de l'UE à côté de l'UEM et de la PESC. Pour la première fois aussi fut évoquée lors de cette réunion la possibilité d'intégrer dans l'Union des domaines relevant actuellement de la coopération intergouvernementale, comme certains aspects de la libre circulation des personnes (lutte contre la drogue, coopération entre polices, coopération judiciaire).

Il apparut très vite aussi que le principe de subsidiarité occuperait dans les négociations à venir une place importante. Ce qui se cachait sous ce terme un peu obscur était en réalité toute la question des rapports entre l'Union et les Etats membres ; nous aurons à y revenir en détail plus tard.

La réunion informelle des Ministres des Affaires étrangères à Parknasilla en Irlande (18 et 19 mai) constitua une étape importante dans ce processus dans la mesure surtout où elle confirma très clairement l'approche pragmatique d'adaptation des traités déjà poursuivie à l'occasion de l'Acte unique. La Commission elle-même y souscrivait et parlait d'un « exercice d'Acte unique bis ».

C'est à la suite de Parknasilla que la Présidence irlandaise élabora une note devant servir de base à la contribution des Ministres des Affaires étrangères au débat qu'aurait le Conseil européen de Dublin. Cette note, qui se voulait réaliste et pragmatique, tentait de retenir un socle commun d'accord ; dans ce sens, elle se fondait véritablement sur le plus petit commun dénominateur. Dans la mesure où il ne s'agissait pas à ce stade de trouver un consensus, la plupart des représentants personnels, dans leur première réunion le 6 juin, préconisèrent une approche différente, un inventaire des idées, un exposé non consensuel des positions.

Le rapport final des Ministres, qui fut soumis au Conseil européen, revêtit donc une forme différente. Il rappelle les grands objectifs à poursuivre, puis énumère pour chacun d'entre eux un certain nombre d'options, de questions (16).

L'objectif général de l'Union politique est défini dans les termes suivants : « l'UP devra renforcer d'une manière globale et équilibrée la capacité de la Communauté et de ses Etats membres d'agir dans les domaines où ils ont des intérêts communs. L'unité et la cohérence des politiques et des actions devraient être garanties par des institutions fortes et démocratiques ». Il pose ensuite un certain nombre de questions relatives à l'étendue du champ de compétences de l'Union, aux aspects institutionnels et aux principes généraux qui devront la guider. Parmi ces principes, la subsidiarité est mentionnée explicitement ; le rôle du Conseil européen dans le cadre de la réalisation de l'Union l'est également.

Les Ministres examinent ensuite chacun des trois grands thèmes retenus à Dublin I.

En ce qui concerne la légitimité démocratique, la nécessité d'un renforcement des pouvoirs du PE est évoquée. Parmi les méthodes pour y parvenir, on cite une participation accrue du PE au processus législatif et un accroissement de ses pouvoirs de contrôle, mais aussi une plus grande implication des parlements nationaux dans le processus démocratique au sein de l'Union.

Quant à la « Réponse effective et efficace de la Communauté et de ses institutions », le rapport se concentre essentiellement sur le fonctionnement des institutions. Parmi les idées esquissées, nous retiendrons l'extension du vote majoritaire, la réduction du nombre des Commissaires et un meilleur respect des arrêts de la Cour de Justice.

Enfin, en ce qui concerne le volet extérieur, le rapport confirme la volonté d'aller au-delà de la coopération politique actuelle. Il soulève un certain nombre de questions relatives au champ d'application de la future politique commune, notamment sur la définition de la dimension de sécurité. La prise de décision, ensuite, devra être examinée sous l'angle de la méthode à utiliser, communautaire ou *sui generis*, du rôle de la Commission et de la mise en place d'une structure unique de décision. Il convient de noter que les formula-

(16) Reproduit dans l'*Agence Europe*, Europe Documents n° 1628 du 23 juin 1990.

tions choisies sous ce titre se caractérisent par une très grande prudence.

Comme prévu, le Conseil européen de Dublin des 25 et 26 juin 1990 décida que les CIG sur l'UEM et l'UP s'ouvriraient parallèlement le 14 décembre 1990 (17) et qu'elles devraient achever leurs travaux rapidement dans la perspective d'une ratification de leurs résultats par les Etats membres avant la fin de 1992.

Sur le plan de l'organisation, les Ministres des Affaires étrangères furent chargés de préparer la CIG sur l'UP, un dialogue suivi devant être maintenu avec le PE, tant pendant la phase préparatoire que pendant la conférence même. Le Conseil européen décida aussi que les travaux préparatoires reposeraient sur les résultats des délibérations des Ministres des Affaires étrangères joints en annexe à ses conclusions et sur les contributions des gouvernements nationaux et de la Commission.

Ainsi s'acheva la phase prémilinaire des travaux. Dorénavant, on entrait dans la phase active de la préparation des deux CIG.

(17) Elles vont finalement s'ouvrir le 15 décembre 1990.

CHAPITRE III

LA PHASE PRÉPARATOIRE AUX NÉGOCIATIONS

SECTION 1re. — LA CLARIFICATION DES IDÉES (DE DUBLIN II À ROME I)

Sous l'égide de la Présidence italienne, les travaux s'intensifièrent en automne 1990, l'objectif étant d'élaborer un mandat aussi précis que possible pour la future conférence. Le point de départ des réflexions était constitué par le rapport des Ministres des Affaires étrangères au Conseil européen de Dublin. Les contributions des différentes délégations ainsi que du PE et de la Commission affluèrent (18) ; peu à peu se dessinaient ainsi les contours de la négociation à venir, perçaient les intérêts et préoccupations des divers acteurs de la conférence.

La France et la République fédérale, mais aussi l'Espagne, la Belgique, la Grèce et le Luxembourg, attachaient une importance particulière à la PESC. Les pouvoirs du PE tenaient très à coeur aux délégations belge, néerlandaise, italienne et allemande. Les pays du Sud mettaient un accent spécial sur le thème de la cohésion économique et sociale. Le Benelux, mais aussi la France, l'Italie et l'Allemagne souhaitaient faire avancer le chapitre social. Le Danemark se concentrait sur les droits concrets des citoyens et sur l'environnement. Chacun des Etats membres poursuivait donc des objectifs propres, essayait de faire avancer ses idées. L'on s'acheminait ainsi inévitablement vers une révision globale des traités, et cela d'autant plus que, tant le PE que la Commission, adoptaient une approche thématique très large. En juillet, le PE adopta une série de quatre résolutions (19) :

(18) Nous y reviendrons dans le cadre de la deuxième partie de cet ouvrage consacré au contenu du traité sur l'Union.

(19) Reproduites dans « Europe Documents » de l'*Agence Europe* n° 1639/1640 du 19 juillet 1990.

— Résolution sur les orientations du Parlement européen relatives à un projet de constitution pour l'Union européenne (rapport Colombo) ;
— Résolution sur la conférence intergouvernementale dans le cadre de la stratégie du Parlement européen pour l'Union européenne (rapport Martin) ;
— Résolution sur la préparation de la rencontre avec les parlements nationaux sur l'avenir de la Communauté (« Assises ») (rapport Duverger) ;
— Résolution sur le principe de subsidiarité (rapport Giscard d'Estaing).

La résolution faisant suite au rapport Martin notamment contient toute une série de propositions concrètes couvrant tous les aspects de l'Union politique.

La Commission, quant à elle, adopta le 21 octobre 1990 son « Avis relatif au projet de révision du Traité instituant la CEE concernant l'Union Politique » (20). Dans cet avis, la Commission précisa de façon synthétique les grandes orientations qu'elle entendait défendre lors de la conférence intergouvernementale sur l'Union Politique.

Un mot doit être dit à ce stade de l'attitude du Royaume-Uni. Contrairement à ses partenaires, ce pays ne poursuivait pas vraiment d'objectif si ce n'est celui de préserver autant que possible le *statu quo*. Le gouvernement britannique n'avait pas été demandeur pour cette conférence et estimait, en effet, que le véritable problème de la CE était celui de ne pas bien utiliser l'outil existant. Cela ne l'empêchait pas de jouer le jeu et de se montrer coopératif, mais il reste que son approche était, à quelques rares exceptions près, essentiellement celle de « limiter les dégâts ». Cette particularité fit que la pratique du « donnant donnant », habituelle dans ce genre de négociation, ne pouvait pas véritablement être appliquée à l'un des négociateurs. On se retrouvait donc très vite dans un exercice où, pour la grande majorité des sujets abordés, le Royaume-Uni avait comme position de départ une opposition de principe ou, au mieux, une absence d'intérêt à adopter des modifications ; il s'en suivait que toute perspective d'un accord à Douze devait prendre en

(20) Reproduit dans *Bulletin des CE*, Supplément 2/91.

compte cette donnée fondamentale et que l'on était obligé de ramener les ambitions au seuil du tolérable pour Londres.

Pendant cette phase des travaux, un certain nombre de thèmes déjà connus se précisaient davantage, d'autres apparaissaient.

Parmi les premiers, on peut citer, à titre d'exemple, la citoyenneté : la délégation espagnole, dans un document du 24 septembre 1990, développa ses idées en énumérant un certain nombre de droits, de libertés et de devoirs qui se rattachent à cette notion. L'avis de la Commission relatif au projet de révision du traité fit sien le concept proposé par le Président Gonzales et suggéra une déclaration des droits et des devoirs portant sur les droits fondamentaux de l'homme par référence à la Convention de Strasbourg (21), les droits à consacrer directement dans le traité tels que le droit de séjour et de circulation et le droit de vote aux élections européennes et municipales, ainsi que la fixation d'objectifs en vue de l'octroi à terme de droits dans les domaines civil, économique et social.

L'importance qu'attachaient toutes les délégations, pour des raisons parfois diamétralement opposées d'ailleurs, au concept de subsidiarité se confirmait également. A côté de la résolution précitée du Parlement européen, il y a lieu de mentionner une contribution écrite à ce sujet de la délégation allemande et une autre de la Commission (cf. l'avis du 21 octobre 1990).

La question des relations futures entre les parlements nationaux et le PE fut posée avec netteté tant dans l'avis de la Commission que dans le rapport Duverger mentionné ci-dessus. La délégation française lança, dans ce contexte, l'idée d'une institutionalisation des assises entre le PE et les parlements nationaux sous forme d'un « Congrès ». Le Royaume-Uni, quant à lui, voyait dans une implication plus forte des élus nationaux dans le processus législatif communautaire la réponse la plus adéquate au « déficit démocratique » dénoncé par d'aucuns. D'autres, nous l'avons vu, voyaient la réponse à celui-ci plutôt dans un net renforcement des pouvoirs du PE. Les Allemands y ajoutaient un élément novateur : l'idée de créer un organe représentant les régions.

(21) Il s'agit de la Convention européenne de sauvegarde des droits de l'homme et des libertés fondamentales signée à Rome le 4 novembre 1950.

Une meilleure application du droit communautaire était réclamée par le PE, la Commission et diverses délégations. Pour la première fois, l'on évoqua la possibilité de sanctions en cas de non-respect d'arrêts de la Cour de Justice par des Etats membres.

La délégation italienne fit circuler un document de réflexion sur la « typologie des actes » ; l'idée était d'établir une nouvelle hiérarchie des actes communautaires (actes constitutionnels, actes législatifs, actes réglementaires ou exécutifs) et d'adapter les procédures de prise de décision en conséquence.

La Commission et un certain nombre d'Etats membres (Espagne et Pays-Bas surtout) avancèrent l'idée de profiter de la conférence pour réformer de façon substantielle le système financier et budgétaire de la Communauté en vue de l'adapter à la fois au degré plus avancé de l'intégration et aux nécessités de réduire les disparités régionales dans la Communauté. D'autres, en revanche, se prononcèrent contre un tel exercice puisqu'il risquait de trop charger la barque et de compliquer inutilement une négociation déjà difficile ; ils soulignèrent dans ce contexte, que la renégociation du paquet financier et budgétaire adopté en 1988 et qui allait arriver à expiration fin 1992 constituerait l'occasion appropriée pour aborder ces questions. La majorité des délégations partageait cette approche et entendait se limiter à ce stade à un réexamen du contrôle financier.

En ce qui concerne l'extension des compétences, il y avait ceux qui voulaient inscrire dans le traité de nouvelles compétences ; étaient citées dans ce contexte la culture, l'éducation, la santé, une politique des grands réseaux ; d'autres, en revanche, estimaient que mieux valait s'en tenir à l'instrument classique de l'article 235 CEE qui permet, au cas par cas, de prendre des dispositions « si une action de la Communauté apparaît nécessaire pour réaliser, dans le fonctionnement du marché commun, l'un des objets de la Communauté, ... sans que le traité ait prévu les pouvoirs d'action requis à cet effet ».

Section II. — Le Conseil européen de Rome I (27 et 28 octobre 1990)

La phase de clarification des idées s'acheva avec l'élaboration, par les représentants personnels, d'un rapport volumineux reflétant l'état des discussions sur les quatre chapitres définis par le Conseil européen de Dublin. Les Ministres des Affaires étrangères, réunis à Luxembourg le 22 octobre pour préparer le Conseil européen extraordinaire de Rome prévu pour les 27 et 28 octobre, constataient que les travaux avaient permis d'éclaircir un grand nombre de points.

La plupart des observateurs ne s'attendaient pas à des progrès spectaculaires à Rome, mais plutôt à un échange de vues général suivi de l'invitation aux Ministres de poursuivre leur travail. Pourtant, grâce à la ténacité de la Présidence italienne, grâce sans doute aussi à un mauvais choix tactique de la part de Madame Thatcher, le Conseil européen spécial des 27 et 28 octobre 1990 marquera une étape importante quant à l'Union politique (22) sur la route vers Maastricht. La Présidence, confortée par le caractère constructif qui avait régné au sein du groupe des représentants personnels, insista, en effet, pour que des engagements précis soient pris en ce qui concerne les résultats à obtenir par la conférence future sur l'Union politique. La délégation britannique, estimant que cela était prématuré, s'y opposa, mais elle fut isolée (23). Elle se vit finalement obligée de demander à la Présidence de préciser par des notes en bas de page que le Royaume-Uni « préfère ne pas préjuger le débat qui aura lieu lors de la conférence intergouvernementale » sur les objectifs suivants, dont la liste fit l'objet d'un accord de principe des onze autres délégations :

— l'extension des compétences de la future Union ;
— le développement du rôle du PE en matière législative ;
— la définition d'une citoyenneté européenne ;
— l'objectif d'une politique étrangère et de sécurité commune.

L'opposition très ferme du Premier Ministre britannique de l'époque n'empêcha donc pas les autres Etats membres d'aller de l'avant. En fait, elle cristallisa les positions et poussa les onze partenaires de Londres à faire preuve d'une cohésion qu'ils n'auraient peut-être pas manifestée dans d'autres circonstances.

Le Conseil européen de Rome I, qui sera suivi quelques jours plus tard de la démission de Madame Thatcher, permit donc de mieux

(22) Les résultats encore plus spectaculaires du Conseil de Rome I en ce qui concerne l'Union économique et monétaire sont indiqués ci-dessus au chapitre I du présent titre (*supra*, pp. 41, 42 et 43).

(23) L'isolement britannique fut plus net encore en ce qui concerne l'UEM où furent adoptées en fait des conclusions à onze.

cerner les objectifs de la conférence sur l'Union politique et de créer un premier socle commun pour les travaux futurs.

SECTION III. — DE ROME I (OCTOBRE 1990) À ROME II (DÉCEMBRE 1990)

Division A. — L'organisation des travaux

Au fur et à mesure que la date d'ouverture des conférences se rapprochait, les questions d'organisation concrète des travaux nécessitaient des réponses. Une première ébauche fut distribuée à titre informel par la Présidence italienne lors de la rencontre d'Asolo des Ministres des Affaires étrangères au début du mois d'octobre. Elle consistait à prévoir un secrétariat du type « Troïka » pour assister la conférence. Cette idée fut écartée parce que l'expérience de l'Acte Unique avait montré qu'une conférence de ce type est mieux gérée si la Présidence du moment est réellement en charge et garde une certaine marge de manoeuvre, sans oublier qu'elle peut se faire assister du Secrétariat Général du Conseil dont l'expérience et la compétence sont largement connues (24).

Surgit aussi à un certain moment l'idée de créer un comité de coordination pour chapeauter les deux conférences et assurer de la sorte la cohérence d'ensemble nécessaire. Le Conseil européen de Rome s'engagea dans une voie plus pragmatique et retint un schéma d'organisation qui ne s'écartait pas des procédures habituelles.

Il précisa que la composition des délégations nationales serait décidée par les gouvernements des Etats membres et que la Commission serait invitée à participer et disposerait de son propre représentant.

Conformément aux conclusions du Conseil européen de Dublin des 25 et 26 juin 1990, la cohérence nécessaire des travaux des deux conférences serait assurée par les Ministres des Affaires étrangères. Les Ministres des Affaires étrangères seraient assistés dans cette tâche par leurs représentants personnels à la conférence sur l'Union

(24) Notons aussi dans ce contexte que l'article 236 assigne au Président du Conseil la tâche de convoquer la réunion d'une conférence intergouvernementale. L'on peut en déduire qu'il appartient aussi à la Présidence d'en assurer la gestion. Le système de la Troïka, inventé dans le contexte de la coopération politique, n'existe d'ailleurs pas dans le cadre communautaire.

politique qui pourraient également participer aux travaux de la conférence sur l'Union économique et monétaire. Les travaux relatifs à celle-ci seraient menés sous la conduite des Ministres des Finances, assistés eux aussi de leurs représentants personnels. Le Président de la Commission désignerait également ses représentants à cet effet. La cohérence et le parallélisme des travaux seraient aussi assurés par des contacts réguliers entre le Président de la Commission et la Présidence des deux conférences.

En ce qui concerne l'association du Parlement européen aux travaux, les Chefs d'Etat ou de gouvernement retinrent que des réunions interinstitutionnelles auraient lieu durant les conférences. En plus des contacts réguliers entre le Président de la conférence, le Président de la Commission et le Président du Parlement européen, ce dernier pourrait demander d'être entendu par la conférence avant le début de certaines réunions de celle-ci.

Enfin, le Conseil européen chargea le Secrétariat Général du Conseil de prendre les dispositions nécessaires pour assurer le secrétariat des deux conférences.

Division B. — Les ultimes préparatifs

Dans les semaines qui suivirent Rome I, les représentants personnels, assistés d'un groupe informel nouvellement constitué (« Les Amis de la Présidence ») (25), poursuivaient leurs travaux en vue de soumettre à la conférence intergouvernementale un cadre de négociation aussi clair que possible. L'attention se concentrait dès lors sur les moyens adéquats pour réaliser les grands objectifs retenus par le Conseil européen. Sans entrer à ce stade véritablement en négociation, on essayait de rapprocher les positions là où c'était possible et d'élaborer des options claires sur des questions controversées. Sur un certain nombre de points spécifiques, tels que la subsidiarité, la citoyenneté, la typologie des actes communautaires, des analyses approfondies étaient effectuées qui furent annexées au rapport des représentants personnels établi fin novembre à l'intention des Ministres des Affaires étrangères. Y furent également annexés une série de *non-papers* émanant des différentes délégations qui entendaient ainsi concrétiser les idées plus générales avancées dans un premier stade.

(25) Cf. *infra*, titre III, chapitre 1, p. 73.

Réunis le 4 décembre 1990, les Ministres des Affaires étrangères décidèrent de transmettre au Conseil européen le rapport en question en tant que rapport des Ministres des Affaires étrangères, assorti des avis de la Commission (du 21 octobre) et du Parlement (26). A la veille du Conseil européen des 14 et 15 décembre, la situation globale se présentait comme suit :

En matière d'extension des compétences, la grande majorité des délégations estimait qu'il était nécessaire d'étendre (27) et/ou de redéfinir (28) les compétences de la Communauté dans certains domaines déterminés, sur la base d'un examen cas par cas au sein de la conférence. Il faudrait parvenir à un équilibre entre ce qui peut déjà être incorporé au traité dans le cadre de la révision de celui-ci et ce qui pourrait être couvert à l'avenir par d'autres moyens, notamment grâce à un remaniement de l'article 235.

Quant aux domaines actuellement couverts par la coopération intergouvernementale (immigration, drogue, contrôles aux frontières extérieures), leur inclusion éventuelle dans le champ d'application du nouveau traité de l'Union ainsi que le traitement à leur réserver restaient ouverts.

Toutes les délégations estimaient que la subsidiarité était un principe important qu'il conviendrait d'énoncer dans le traité dans la forme qui serait jugée adéquate. A ce stade, la plupart des délégations inclinaient plutôt vers son énoncé dans le préambule et l'inscription d'éventuels éléments de subsidiarité dans certains articles déterminés du traité.

En ce qui concerne la légitimité démocratique, une assez grande disponibilité se dessinait à envisager les mesures suivantes :

— l'association du Parlement à la nomination du Président de la Commission et à la nomination collective des autres membres de cette institution ;
— l'amélioration de la procédure de coopération et son extension à de nouveaux domaines ;

(26) Le Parlement rendit son avis formel prévu par l'article 236 CEE le 22 novembre.

(27) Le rapport des représentants personnels citait à cet égard les sujets possibles suivants : santé, protection des animaux, protection civile, culture, éducation, tourisme, protection des consommateurs, énergie, télécommunications, grandes infrastructures, coopération au développement.

(28) Etaient cités ici les sujets suivants : politique sociale, cohésion, environnement, recherche, fiscalité, formation professionnelle.

— l'extension de la procédure d'« avis conforme » (y compris dans le domaine des relations extérieures) ;
— l'accroissement des pouvoirs de contrôle du Parlement (contrôle budgétaire et responsabilité financière ; droit de pétition ; droit d'enquête ; ombudsman ; droit d'ester devant la Cour).

L'idée d'établir une citoyenneté européenne était, elle aussi, favorablement accueillie.

D'autres points étaient plus controversés, tant en ce qui concerne leur principe même que les modalités précises à adopter le cas échéant :

i) l'attribution au Parlement européen d'un pouvoir de codécision, le cas échéant limité à certains domaines précis du cadre législatif ;

ii) l'attribution au Parlement européen d'un rôle accru pour ce qui est de la procédure budgétaire et des moyens financiers ;

iii) le rôle des parlements nationaux pour garantir la légitimité démocratique de l'Union ;

Sous le titre de l'efficacité de l'Union, la principale question à trancher par la conférence allait être celle du vote à la majorité.

Le rôle futur du Conseil européen restait controversé. Il était clair que cette question ne pourrait être tranchée que par la conférence elle-même.

Enfin, en ce qui concerne la politique en matière de relations extérieures et de sécurité, la vocation de l'Union à traiter d'une manière soutenue et évolutive tous les aspects de la politique en matière de relations extérieures et de sécurité était assez largement reconnue. En même temps, toutefois, le fonctionnement du système futur des relations extérieures restait à définir. La même observation valait pour le rôle des institutions, même si la plupart des Etats membres souhaitaient clairement l'abolition de la coupure nette entre les mécanismes de la coopération politique et des affaires communautaires.

Les questions de sécurité et de défense étaient reconnues comme étant particulièrement difficiles. Une grande majorité de délégations pensait que tous les aspects de la sécurité (et pas seulement les aspects économiques, comme c'était le cas jusque-là dans le cadre de la coopération politique) devraient d'une façon ou d'une autre être couverts par la PESC.

Les aspects relatifs à la défense posaient, bien sûr, des problèmes particuliers à certaines délégations. La plupart des délégations estimaient qu'il était difficile d'établir une distinction nette entre la sécurité et la défense ou d'envisager une union politique dont on exclurait toute discussion de questions de défense. L'idée d'examiner le rôle ponctuel de l'Union de l'Europe occidentale était lancée dans ce contexte. Certaines délégations, toutefois, estimaient que les aspects relatifs à la défense ne devraient pas être inclus dans la politique commune en matière de relations extérieures et de sécurité.

Quelques jours avant le Conseil européen de Rome, comme ils l'avaient déjà fait dans le passé, le Président Mitterrand et le Chancelier Kohl transmirent à leurs collègues et à la presse une « position commune sur les objectifs et les éléments essentiels de l'Union politique ».

Ce texte frappe par l'accent net qu'il place sur le rôle du Conseil européen, dont il suggère de « confirmer et d'élargir le rôle et les missions » ; il est défini comme la « formation du Conseil réunie au niveau le plus élevé et ayant un caractère permanent ». Cette approche suscitera d'ailleurs une réaction assez vive du Premier Ministre néerlandais Lubbers et de son Ministre des Affaires étrangères Van den Broek, qui prirent l'initiative d'écrire à leur tour à la Présidence italienne. Dans cette lettre, ils exprimèrent leur désaccord très net sur l'idée d'accorder au Conseil européen une position prééminente au sein de l'Union politique. Fidèles en cela à une vieille tradition néerlandaise, ils insistèrent sur la nécessité de bâtir l'Union sur la base de et en pleine conformité avec la structure communautaire.

Le document franco-allemand portait aussi la griffe française en ce qui concerne le passage assez détaillé consacré à la PESC, qui aurait vocation à s'étendre à tous les domaines. Le Conseil européen devrait définir les domaines prioritaires de l'action commune. Il est fait explicitement référence à l'objectif, à terme, d'une défense commune et à une relation organique entre l'Union politique et l'Union d'Europe occidentale (UEO), sans que cela doive porter préjudice aux engagements pris envers les alliés de l'Alliance Atlantique.

La référence à l'extension du champ d'action de l'Union à des domaines tels que l'immigration, le droit d'asile et la politique des visas, reflétait surtout des préoccupations allemandes ; Bonn était, en effet, de plus en plus inquiet de l'afflux incontrôlé de ressortissants de pays tiers fuyant leurs propres pays et tenait beaucoup à une solution européenne à ce sujet.

Les Allemands obtinrent encore que la France accepte l'idée d'un renforcement des procédures législatives « dans le sens » d'une codécision du PE pour les actes de nature véritablement législative.

Division C. — Le Conseil européen de Rome II (14-15 décembre 1990)

Le Conseil européen de Rome des 14 et 15 décembre 1990 prit acte avec satisfaction de tous les travaux préparatoires. Après avoir énoncé un certain nombre de principes directeurs (solidarité, cohésion, juste équilibre entre les Etats membres de la Communauté, cohérence de l'ensemble des relations extérieures), les conclusions de la Présidence énuméraient, sous les têtes de chapitres « Légitimité démocratique », « PESC », « Citoyenneté européenne », « Extension et renforcement de l'action de la Communauté » et « Efficacité de l'Union », les éléments auxquels la CIG devrait accorder une attention particulière. Ces conclusions étaient fondées très largement sur les résultats des travaux des Ministres des Affaires étrangères et des représentants personnels tels qu'exposés plus haut.

Ainsi se termina la phase préparatoire des travaux. Plus tard dans la même journée, lors de l'ouverture de la CIG/UP, les questions de procédure furent à l'avant-plan.

La conférence disposait, avec les conclusions de Rome, d'un cadre assez clairement délimité. Il appartiendrait à la Présidence luxembourgeoise d'entamer les négociations véritables, de concrétiser les orientations générales dégagées en élaborant des textes précis de révision des traités.

TITRE III

LE DÉROULEMENT DES CONFÉRENCES INTERGOUVERNEMENTALES

CHAPITRE PREMIER
LA CIG SUR L'UNION POLITIQUE

Introduction

La conférence intergouvernementale sur l'Union politique s'ouvrit au Palais Montecitorio de Rome le 15 décembre 1990, en présence des Ministres des Affaires étrangères des 12 Etats membres.

Ce fut une réunion brève, mais solennelle ; elle donna le coup d'envoi officiel à la négociation véritable qui allait s'engager à partir de janvier 1991. Le Président du Conseil, le Ministre italien des Affaires étrangères Gianni de Michelis, en profita pour annoncer le programme de travail de la conférence, établi en étroite concertation avec la future Présidence luxembourgeoise.

Celle-ci devait présenter des contributions sur un certain nombre de thèmes, dont la PESC ; en même temps, il fut demandé à la Commission de fournir des projets de texte relatifs à l'extension de compétences.

Dans une note approuvée par les Ministres, le principe du parallélisme entre les deux conférences intergouvernementales était clairement affirmé. Les Ministres des Affaires étrangères se voyaient confier la responsabilité de la coordination et de la cohérence entre les deux conférences. A cet effet, on prévoyait pour leurs représentants personnels la possibilité d'assister également aux travaux de la conférence sur l'UEM.

Afin d'éviter une négociation éclatée entre différentes enceintes, les Ministres précisèrent, dans le même texte, que le comité politique (1) ne serait pas directement associé aux travaux de la conférence, mais que les représentants personnels pourraient solliciter son avis pour ce qui est du domaine de la PESC. Enfin, une date-limite,

(1) Le comité politique, composé des directeurs politiques des Douze, joue un rôle clé dans le cadre de la Coopération politique. Selon l'article 30 paragraphe 10c « les directeurs politiques se réunissent régulièrement au sein du comité politique afin de donner l'impulsion nécessaire, d'assurer la continuité de la coopération politique européenne et de préparer les discussions des Ministres ».

le 30 janvier 1991, fut fixée pour la présentation par les délégations de nouveaux thèmes de discussion autres que ceux arrêtés dans les conclusions du Conseil européen ; l'objectif de cette mesure était de permettre à la conférence d'entrer rapidement dans le stade de la véritable négociation.

Le nouveau Président du Conseil, le Ministre luxembourgeois des Affaires étrangères Jacques F. Poos, confia la Présidence du groupe des représentants personnels à l'Ambassadeur Joseph Weyland, qui, depuis de nombreuses années, était le Représentant permanent du Luxembourg auprès des Communautés. La plupart des autres pays désignèrent également leur Représentant permanent comme représentant personnel (2) ; le Danemark, la France et l'Italie nommèrent des personnalités autres que leur Représentant permanent (3).

La Commission était représentée par son Secrétaire général, David Williamson. Il était assisté de François Lamoureux, Chef de Cabinet adjoint du Président Delors.

La Présidence était épaulée par le Secrétaire général du Conseil, Niels Ersboell, qui avait réuni, à cet effet, une équipe très compétente et dynamique.

Le groupe des représentants personnels a joué un rôle crucial au cours de ces négociations. Grâce à leur connaissance des rouages communautaires, grâce aussi aux rapports de confiance qui les liaient à leurs Ministres respectifs, grâce enfin aux liens de confiance et d'amitié réciproques qui existaient entre eux, ils ont contribué de façon significative au succès final de Maastricht. De tempéraments différents, certes, ils étaient tous animés de la même volonté de

(2) Pays-Bas : Ambassadeur Pieter Nieman
Portugal : Ambassadeur José Paulouro
Royaume-Uni : Ambassadeur John Kerr
Belgique : Ambassadeur Philippe de Schoutheete
Allemagne : Ambassadeur Jürgen Trumpf
Grèce : Ambassadeur Alexandre Vayenas
Espagne : Ambassadeur Carlos Westendorp qui, en cours de négociation fut nommé Secrétaire d'Etat aux Affaires étrangères et remplacé par M. Xavier Elorza, Représentant permanent adjoint, puis Secrétaire général du Ministère.
Irlande : Ambassadeur John Campbell, remplacé plus tard par l'Ambassadeur Mac Kernan.

(3) Danemark : Ambassadeur Gunar Ribberholdt (ancien Représentant permanent) ; Ambassadeur du Danemark en France et auprès de l'OCDE.

France : Ambassadeur Pierre de Boissieu (Directeur général des affaires économiques au Quai d'Orsay). Le Représentant permanent de la France auprès des CE, l'Ambassadeur Jean Vidal, assistait à toutes les réunions.

Italie : le Ministre Conseiller Rocco Cangelosi. Le Représentant permanent de l'Italie, l'Ambassadeur Federico Di Roberto, assistait également aux réunions.

réussir le mandat qui leur était confié. Leurs débats, souvent dans un cadre relativement restreint, se déroulaient dans un climat de franchise et de grande liberté d'expression.

Déjà sous Présidence italienne, les représentants personnels avaient constitué un groupe de travail informel qui s'appelait les « Amis de la Présidence ». La Présidence luxembourgeoise allait utiliser de façon systématique ce groupe composé des assistants des représentants personnels et présidé par Jim Cloos, Conseiller à la Représentation permanente du Luxembourg (4). Se réunissant chaque fois que cela était nécessaire, parfois deux ou trois fois par semaine, il déblayait le terrain en posant les bonnes questions et en clarifiant les termes du débat.

La Présidence luxembourgeoise constitua, avec le Secrétaire Général du Conseil, une équipe de rédaction composée de fonctionnaires du Secrétariat général du Conseil et de la représentation permanente du Luxembourg auprès des Communautés. C'est au sein de ce groupe que les textes relatifs à l'Union politique furent rédigés. Contrairement à l'expérience de 1985, la Commission, bien qu'invitée à se joindre à ce groupe, préférait garder toute sa marge de manoeuvre et élaborer ses propres textes qu'elle soumettait directement à la conférence. M. Williamson ne vint donc que très rarement aux réunions du groupe de rédaction.

Il était clair au début de 1991 que les travaux sur l'Union politique, bien qu'ayant reçu une préparation adéquate sous Présidence italienne, connaissaient un retard important par rapport à ceux de l'UEM, qui avaient commencé deux ans plus tôt et qui avaient déjà abouti à la rédaction de plusieurs projets de traité. Le parallélisme entre les deux conférences, décidé par le Conseil européen, imposait à la Présidence de proposer un calendrier très serré pour les travaux.

D'emblée, il fut donc décidé que le groupe des représentants personnels devait se réunir au moins une fois par semaine, des accélérations n'étant pas à exclure. Les Ministres des Affaires étrangères, quant à eux, devaient se réunir en CIG au moins une fois par mois, en marge des Conseils « Affaires générales » mensuels.

(4) Les Amis se réunirent peu sous Présidence néerlandaise (Guus Borchardt) parce que le travail préparatoire était à ce moment là très largement achevé ; mais ils jouèrent de nouveau un rôle utile dans la mise au point, sous Présidence portugaise (Joao de Valera) du texte final du traité sur l'Union.

Les négociations se déroulèrent en plusieurs phases successives. Nous en distinguerons quatre :

— de janvier à avril 1991, la conférence procéda à une première lecture de tous les thèmes, ce qui permit à la Présidence luxembourgeoise d'élaborer un premier texte global de négociation (*non paper* du 17 avril) ;
— d'avril à juin, la conférence passa en revue article par article le texte du 17 avril qui servit de base de négociation. A l'issue de cette deuxième lecture, la Présidence rédigea son document de référence du 18 juin qui reflétait sur tous les points les tendances majoritaires qui s'étaient cristallisées au fil des semaines. Le Conseil européen de Luxembourg des 28 et 29 juin décida que le texte luxembourgeois allait être la base pour les négociations à venir qui devaient être menées à leur terme au Conseil européen de Maastricht ;
— de juillet à la fin septembre, les négociations connurent une pause dans la mesure où la Présidence néerlandaise se concentrait sur la rédaction d'un projet alternatif. Ce texte, prêt à la mi-septembre, fut rejeté par la conférence ministérielle du 30 septembre qui décida de revenir au projet antérieur ;
— d'octobre à décembre, la conférence mit les bouchées doubles pour rattraper le retard. La négociation s'engagea véritablement, et le Conseil européen de Maastricht des 9 et 10 décembre réussit, après des arbitrages politiques délicats, à résoudre les dernières difficultés.

La mise au point définitive des textes se fit entre décembre 1991 et février 1992, essentiellement sous Présidence portugaise. Le traité sur l'Union européenne fut finalement signé à Maastricht le 7 février 1992.

SECTION Ire. — LA PREMIÈRE LECTURE ET LA PRÉSENTATION DU *NON PAPER* LUXEMBOURGEOIS DU 17 AVRIL 1991

Division A. — Les travaux des représentants personnels

Les représentants personnels se réunirent pour la première fois le 8 janvier 1991. En vue de cette réunion, la Présidence avait préparé un document sur la subsidiarité. La Présidence avait choisi ce thème pour démarrer les travaux, parce qu'il semblait le mieux identifié par les travaux antérieurs et qu'il conditionnait aussi le sujet de l'extension des compétences. Dès la semaine suivante, les travaux s'engagèrent sur cette base.

Très tôt aussi, la Présidence élabora une note de réflexion sur la politique étrangère et de sécurité (16 janvier) ; il est vrai que les événements dramatiques dans la crise du Golfe étaient là pour rappeler à tous l'urgence d'un débat de fond sur ce thème.

Au rythme d'une réunion par semaine et parfois plus, les représentants personnels parcoururent l'ensemble des thèmes identifiés préalablement en les discutant un par un. Leurs débats s'appuyaient en général sur des documents préparés par la Présidence, mais aussi sur des contributions de différentes délégations. Là où c'était possible, on essayait de travailler directement sur la base de textes de nature juridique, sous forme d'articles de traité. Mais souvent, les thèmes n'avaient pas été clarifiés suffisamment pour permettre une rédaction d'articles de traité. Dans ces cas, la Présidence eut recours à la technique des questionnaires, qui s'avéra très productive. Le groupe des « Amis de la Présidence » était appelé à mettre au point ces questionnaires, sur des thèmes précis, qui contenaient des interrogations sur des aspects bien articulés auxquelles les délégations devaient réagir en précisant leur pensée. La technique présentait l'avantage de mettre en jeu les administrations des Etats membres en les associant directement à la négociation. La réaction de celles-ci fut très constructive et les rapports fournis furent substantiels. Les réponses étant le plus souvent orales et présentées par les représentants personnels, les Etats membres purent s'exprimer avec beaucoup plus de liberté, ce qui permit à la Présidence de bien sentir les sensibilités et les idées des différentes capitales et de rédiger ensuite des textes de nature juridique sous forme d'articles de traité.

Fin janvier 1991, les discussions au niveau des représentants personnels étaient bien engagées et on pouvait considérer que la CIG sur l'Union politique, après avoir pris un bon démarrage, avait trouvé son rythme de croisière.

Le déroulement des travaux devait d'ailleurs se poursuivre sans heurts jusqu'à la présentation du *non paper* luxembourgeois le 17 avril 1991. Tour à tour au fil des semaines, les représentants personnels devaient examiner les questions suivantes : subsidiarité, PESC, extension des compétences, pouvoirs du Parlement européen et légitimité démocratique, citoyenneté, comité des régions, questions financières.

Les débats se déroulaient normalement dans une atmosphère sereine et constructive. A deux reprises, toutefois, les esprits s'échauffèrent un peu. La première fois, lors de la réunion du 6 mars 1991, la présentation d'un texte par la Commission au sujet de la question dite de la hiérarchie des normes et de la nouvelle procédure législative appelée codécision, donna lieu à un débat agité. Si les idées de la Commission sur la codécision étaient relativement bien reçues — elles devaient d'ailleurs former la base de l'accord final — les propositions concernant la hiérarchie des normes, comportant l'introduction du nouveau concept de loi, furent en revanche très mal reçues par les Etats membres. Ceux-ci, y voyant une atteinte substantielle à leurs pouvoirs au profit de la Commission, craignaient une rupture de l'équilibre institutionnel. Les réactions furent véhémentes et montrèrent que les Etats membres n'étaient pas prêts à suivre la Commission sur la voie de réformes jugées trop ambitieuses.

Une réaction de même nature se produisit lors des débats du 13 mars consacrés à l'examen d'un document présenté par la Commission en ce qui concerne les relations extérieures de l'Union. Là encore, les critiques à l'adresse de la Commission furent vives ; on lui reprocha de vouloir s'arroger trop de pouvoirs dans une matière sur laquelle les Etats membres entendaient garder un certain contrôle.

Les Etats membres ne voulaient pas accorder à la Commission un rôle privilégié au sein de la CIG qui, comme son nom l'indique, réunit, à l'occasion d'une révision des traités, les représentants des gouvernements des Etats membres. L'article 236 est muet sur le rôle de la Commission, sauf pour ce qui est de l'avis que celle-ci peut être appelée à émettre sur la convocation de la conférence. La Commission jouit donc, juridiquement, d'un simple statut d'observateur à la CIG. Aucun Etat membre n'objecta, bien sûr, à ce que la Commission soumette des documents ; en fait, la Commission avait explicitement été invitée à le faire, surtout en ce qui concerne l'extension des compétences. Mais il est évident que les textes de la Commission n'avaient pas la même autorité que celle qu'ils ont dans le système communautaire en vertu du monopole de la Commission en matière d'initiative législative.

L'accueil réservé par la conférence aux deux textes mentionnés ci-dessus entraîna une certaine crispation de la part de la Commission qui se sentait mal comprise. Il fait peu de doutes que cette crispation explique en partie l'attitude rigide de la Commission dans le débat sur la structure du futur traité (cf. titre IV).

Division B. — Les travaux des Ministres des Affaires étrangères

Les Ministres engagèrent une première discussion de fond sur la PESC lors de leur réunion du 4 février 1991. La Présidence se bornait à ce stade à organiser des tours de table au cours desquels les Ministres étaient appelés à préciser leurs vues, sans qu'on essaie déjà d'engager une négociation, celle-ci étant jugée prématurée.

Le débat n'en fut pas moins intéressant puisqu'il mit clairement en évidence les principaux thèmes de la future négociation :

— la gradualité du processus devant mener à la mise en place d'une PESC (France, Espagne, Allemagne) ;
— la distinction entre des niveaux ou modes d'action différents ;
— la nécessité d'une inclusion de l'objectif de la défense commune (France, Allemagne) ;
— le rôle de l'UEO (Royaume-Uni) ;
— la nécessité de l'introduction de la majorité qualifiée dans les procédures de prise de décision (Belgique).

Ce fut l'occasion aussi pour le Royaume-Uni d'exposer la position qu'il devait répéter maintes fois par la suite. Selon les Britanniques, les mécanismes de la coopération politique avaient fait leurs preuves sur le plan de la méthode. Les difficultés rencontrées s'expliquaient par des différences de fond entre Etats membres qu'il était illusoire de vouloir régler par des changements de « mécanique ».

A l'issue de ces discussions, l'impression prévalait que, contrairement aux craintes exposées par maints observateurs de la scène communautaire, les divergences apparues entre Etats membres lors de la crise du Golfe n'étaient pas de nature à freiner le processus de réflexion sur la recherche d'une plus grande cohérence entre les Douze, bien au contraire.

Le deuxième débat ministériel, le 4 mars 1991, fut consacré au thème de la légitimité démocratique. En particulier, deux questions retinrent l'attention des Ministres : le rôle du Parlement dans la nomination des membres de la Commission et de son Président d'abord, la question d'une éventuelle codécision législative du PE, ensuite. Le débat révéla que les esprits étaient très ouverts en ce qui concerne la première de ces questions. Quant à la codécision, sujet délicat, il fit apparaître des clivages entre les délégations, mais aussi une disponibilité de la majorité des Etats membres à aller dans cette direction. Cette réunion fut suivie, le 5 mars 1991, par la première réunion interinstitutionnelle avec les représentants du Parlement européen et du Comité économique et social à avoir lieu depuis l'ouverture de la conférence. Ce fut l'occasion pour les représentants du Parlement de plaider avec force, au nom d'une plus grande légitimité démocratique, pour un renforcement des pouvoirs du Parlement, en particulier l'introduction d'une procédure de codécision.

Demandée par les Pays-Bas, une réunion informelle spéciale des Ministres des Affaires étrangères eut lieu à Senningen (Luxembourg) le 26 mars 1991 ; elle fut consacrée aux questions de sécurité et de défense. Elle donna l'occasion aux Ministres allemand et français MM. Genscher et Dumas, de lancer un vibrant appel pour des progrès substantiels en matière de défense. Le Ministre Genscher ne manqua pas de souligner avec beaucoup de conviction que le moment était venu de saisir la chance historique de doter la Communauté d'une dimension de défense et qu'il ne fallait pas la manquer. Ce fut l'occasion aussi pour les Ministres britannique et néerlandais MM. Hurd et van den Broek de réitérer leurs réticences, sans toutefois exclure certains progrès.

Les Ministres des Affaires étrangères reprirent leurs discussions concernant la PESC lors de la 3e session ministérielle de la CIG sur l'Union politique le 15 avril à Luxembourg. Les débats, qui se fondaient sur une nouvelle proposition de texte de la Présidence, n'apportèrent que peu d'éléments nouveaux. Les protagonistes de progrès importants en cette matière, tels l'Allemagne, la France, la Belgique, l'Italie, se voyaient confrontés une nouvelle fois aux réticences du Royaume-Uni, jugeant que le fonctionnement du système de la coopération politique était satisfaisant et qu'il conviendrait dès lors de se contenter de quelques aménagements techniques. Sur la question de la codécision, autre question à l'ordre du jour de la conférence, les mêmes divergences de vue existant antérieurement entre l'Allemagne, l'Italie, l'Espagne, favorables à des degrés divers au principe de la codécision et ceux opposés à ce principe, comme le Royaume-Uni et le Danemark, réapparaissaient. Le débat devait encore montrer que le concept de loi, même sous une forme fortement atténuée comme présentée par la Présidence, ne pouvait constituer une perspective d'accord.

Division C. — La présentation du non paper *luxembourgeois du 17 avril* (5)

Lors de la réunion des représentants personnels du 17 avril 1991 à Luxembourg, la Présidence présenta sous forme d'un *non paper* un projet d'articles de traité en vue de la mise en place d'une Union politique. Se fondant sur les travaux poursuivis au sein de la CIG sur l'Union politique pendant les mois précédents, la Présidence jugea qu'elle était en mesure de présenter ce document qui, sous forme d'articles de traité, reprenait les tendances majoritaires apparues au sein de la conférence.

Il était évident qu'en sortant à un stade si précoce un projet global, la Présidence s'exposerait à des critiques. Elle avait décidé de prendre ce risque pour plusieurs raisons. Il fallait d'abord, pour respecter le parallélisme avec la CIG sur l'UEM, rattraper le retard qui existait en début d'année 1991 ; la CIG sur l'UEM avait engagé ses discussions dès le début sur la base de textes d'articles de traité. Ensuite, après un passage en revue de tous les thèmes de la conférence, il fallait asseoir les travaux futurs sur une base de négociation concrète. Estimant que la phase des discussions générales et préliminaires était révolue, la Présidence prit ses responsabilités pour permettre à la négociation de démarrer réellement.

Le document présenté était une synthèse des travaux des mois précédents. Par honnêteté intellectuelle, la Présidence avait choisi de retenir dans ce document des positions appuyées par une majorité de délégations. Là où il fallait trancher, elle l'avait fait en âme et conscience pour pouvoir présenter un ensemble cohérent et rationnel. De toute façon, et ceci fut précisé lors de la présentation,

(5) Reproduit dans l'*Agence Europe*, Europe Documents, n° 1709-1710, du 3 mai 1991.

ce document était censé agir comme un révélateur obligeant les délégations à se définir clairement par rapport à lui.

L'accueil réservé au document de la Présidence au niveau des représentants personnels fut en fait plutôt encourageant. Aucune délégation ne s'y retrouva tout à fait, mais aucune délégation ne se sentit oubliée ou flouée. L'attitude la plus réservée fut celle de l'Espagne qui estimait que l'accent mis sur les tendances majoritaires ne conduisait pas forcément à un véritable équilibre global dans le paquet. Mais globalement, la méthode et la façon de procéder de la Présidence firent l'objet d'une large approbation.

La réception du *non paper* par le Parlement européen fut naturellement beaucoup plus critique. Par rapport aux demandes très ambitieuses des parlementaires, le papier ne pouvait qu'être en retrait. Mais là aussi, on sentait poindre sous les critiques une certaine appréciation des éléments de progrès contenus dans le document du 17 avril.

Plus surprenantes étaient les critiques formulées par la Commission. S'il était là aussi normal que la Commission, dans son rôle d'aiguillon de la conscience communautaire, se montre plus exigeante que les Etats membres, le ton employé pour formuler les critiques surprenait. Trois accusations revenaient comme un leitmotiv dans la bouche des responsables de la Commission :

i) la Présidence aurait adopté une approche minimaliste ;

ii) la structure du traité proposée (structure dite « par piliers ») risquerait d'engager la Communauté sur la route d'une atomisation du processus d'unification et fermer la porte à tout développement fédéral de l'Union ;

iii) les dispositions relatives aux procédures de coopération et de codécision remettraient en cause les prérogatives institutionnelles de la Commission.

Ces questions seront examinées dans la deuxième partie de cet ouvrage. Une observation doit, toutefois, être faite dès à présent en ce qui concerne le « manque d'ambition » de la Présidence. Différentes options tactiques se présentaient à celle-ci. Elle choisit, dès le départ, d'adopter une approche pragmatique et réaliste, qui consistait à engager le plus rapidement possible les négociations sur des bases solides et crédibles. Faire le contraire eût été source de retards et de tensions inutiles, comme le montrait d'ailleurs l'accueil réservé aux propositions de la Commission sur la typologie des actes et la politique extérieure. Cette approche avait été annoncée par le futur Président du Conseil, Jacques F. Poos, dès le Conseil européen de Dublin en juin 1990 : contrairement au Tour de France, avait-il déclaré, où l'on peut démarrer à 12 et arriver à 7, la CIG peut, certes, démarrer à 7 (cf. le précédent de Milan), mais elle ne peut être conclue qu'à 12. Il fallait dès lors dégager un consensus entre les 12 Etats membres, ce qui ne va pas sans faire des compromis.

Le texte proposé ne manquait pourtant pas d'ambition puisqu'il étendait de façon significative les compétences de la CEE, qu'il renforçait les pouvoirs du PE, qu'il esquissait une véritable politique étrangère et de sécurité commune, qu'il introduisait dans le giron de l'Union les affaires intérieures et de justice.

Une comparaison du résultat final de Maastricht avec le texte d'avril montre d'ailleurs que la Présidence luxembourgeoise avait visé assez juste à l'époque. Faut-il ajouter qu'au moment où ces lignes sont écrites, le problème auquel est confronté le traité de Maastricht réside moins dans son « approche minimaliste » que dans son haut niveau d'ambition.

SECTION II. — LA PRÉPARATION DU CONSEIL EUROPÉEN DE LUXEMBOURG DES 28 ET 29 JUIN 1991

A partir du 17 avril, s'ouvre la seconde étape des travaux sur l'Union politique. La conférence procède à un examen circonstancié des différents chapitres du *non paper* d'avril, en s'efforçant de rapprocher les points de vue et de définir de façon précise les questions de fond méritant un arbitrage politique.

Les Ministres des Affaires étrangères eurent leur traditionnelle réunion informelle à Mondorf-les-Bains au Luxembourg les 27 et 28 avril. Cette réunion fut essentiellement consacrée aux questions de sécurité et de défense.

Entretemps, les Américains s'étaient entretemps manifestés ; dans une note, le Secrétaire d'Etat Baker, tout en exprimant l'appui de ses autorités aux efforts des Européens d'assumer plus de responsabilités en matière de sécurité et de défense, y mit quelques conditions. L'ouverture américaine devait permettre dans les mois suivants de faire quelques progrès en cette matière.

Les Ministres des Affaires étrangères se réunirent une nouvelle fois le 13 mai en conférence intergouvernementale. A cette occasion, les Ministres délibérèrent de la politique sociale, de la citoyenneté ainsi que de la cohésion économique et sociale. Ces débats mirent surtout en évidence les très fortes réticences britanniques face à un quelconque progrès en matière sociale.

Lors de cette même réunion, les Ministres belge et néerlandais relayèrent les critiques de la Commission concernant la structure de traité, telle que proposée par la Présidence ; il fut dès lors convenu que les Ministres examineraient cette question lors de leur réunion extraordinaire de Dresde le 3 juin (6).

La réunion du 3 juin allait marquer une étape importante concernant la structure du futur traité. Ce thème étant traité plus en détail plus loin, qu'il soit permis de se borner ici à une brève esquisse des discussions.

C'est à Dresde que furent employées la métaphore de l'arbre à plusieurs branches, utilisée par le Ministre belge, M. Eyskens, pour désigner une structure plus communautaire et plus intégrée, et celle d'un temple grec construit avec différents piliers, reflétant la structure retenue dans le texte d'avril.

Les Ministres étaient effectivement divisés sur la structure. Certains se prononcaient clairement pour une structure plus unitaire (B, NL, GR, COM). D'autres, tout en partageant cette approche, laissaient entendre qu'ils pourraient néanmoins vivre avec la structure par piliers (IT, D, E). Le Ministre français des Affaires étrangères Roland Dumas, releva qu'il s'agissait essentiellement d'une querelle théologique, que le plus important était de progresser et de tracer une perspective d'avenir vers laquelle on tendrait progressivement. Plusieurs délégations (UK, P, DK, F) indiquèrent qu'elles ne pourraient en aucun cas accepter une structure unitaire et que la proposition de la Présidence était la seule voie possible.

Dans ses conclusions, qui ne furent pas contestées, le Président Jacques F. Poos indiqua une voie de sortie. Tout en maintenant la

(6) La Présidence luxembourgeoise avait accepté la demande de M. Genscher de tenir une réunion informelle des Ministres des Affaires étrangères dans cette ville de l'ex-RDA pour donner aux Est-Allemands le sentiment de vraiment appartenir à cette Communauté à laquelle ils venaient d'adhérer et qu'ils ne connaissaient guère.

structure par piliers, on renforcerait nettement le chapitre introductif pour mieux faire ressortir le caractère évolutif de l'Union, accentué d'ailleurs par l'insertion de clauses de révision. L'existence d'un cadre institutionnel unique serait aussi soulignée explicitement. Enfin, le respect intégral de l'acquis communautaire serait clairement réaffirmé.

Dans les semaines qui suivirent, la Présidence s'efforça de réviser son projet dans ce sens.

Le 18 juin 1991, elle put présenter un texte remanié de traité qui s'appelait désormais « Projet de traité sur l'Union européenne » (7). Depuis la présentation du premier document appelé « *non paper* » le 17 avril, les représentants personnels avaient engagé une lecture minutieuse, article par article, de ce projet de traité. Cet examen étant conclu, la Présidence était en mesure de présenter un nouveau texte remanié en partie et consolidé d'un projet de traité qui tenait le plus large compte des observations présentées par les Etats membres.

Le projet de traité présenté par la Présidence le 18 juin comportait la rédaction d'un chapeau, appelé dispositions communes, considérablement renforcé, contenant la référence à une vocation fédérale de l'Union. La mention même du terme « fédéral » déclencha au Royaume-Uni une violente campagne de presse et le « F-word », comme on l'appelait, alimenta les chroniques pendant les jours précédant le Conseil européen.

Dans son projet de texte, la Présidence luxembourgeoise avait incorporé également les textes relatifs à l'UEM. Dans un souci de cohérence et pour améliorer légèrement quelques rédactions, elle avait altéré quelques passages, ce qui, par la suite, fit l'objet de critiques de la part des représentants personnels des Ministres des Finances qui jugeaient qu'il s'agissait là d'une interprétation abusive du rôle de coordination dévolu aux Ministres des Affaires étrangères.

L'accueil du projet du 18 juin au sein de la conférence montrait que sur la plupart des sujets, le texte était très proche de ce que l'on pouvait raisonnablement attendre comme compromis final entre des positions divergentes. Au fil des mois et des semaines, s'étaient éga-

(7) Reproduit dans le supplément de l'*Agence Europe*, Europe Documents, n° 1722/3 du 5 juillet 1991.

lement cristallisées les grandes questions politiques qui allaient de toute façon requérir un arbitrage au niveau le plus élevé. Il s'agissait de :

— la défense,
— la cohésion,
— le domaine social,
— la codécision.

S'y ajoutait, dans la mesure où la Commission insistait, la structure.

La Présidence voulait concentrer les débats du Conseil européen sur ces points tout en obtenant une approbation tacite du reste du texte afin de consolider l'acquis. Dans son optique, il devait être possible de résoudre l'essentiel des questions à Luxembourg afin de pouvoir adopter le traité final en septembre/octobre.

Techniquement, c'était faisable. Politiquement, il allait se révéler dans les semaines qui précédaient le Conseil européen, que cela ne l'était pas. Peu à peu se constitua une coalition de tous ceux qui, pour des raisons diverses, souhaitaient disposer de plus de temps.

Les Britanniques d'abord, qui voulaient obtenir une période de grâce pour pouvoir influencer davantage la base de travail avant les véritables arbitrages politiques. Ils avaient aussi besoin de temps dans la mesure où le Premier Ministre Major venait seulement d'arriver au pouvoir. Les Allemands, ensuite, car le Chancelier Kohl ne voulait pas mettre trop de pression sur son collègue et ami Major.

Une autre raison expliquait sans doute l'attitude allemande : la position interne allemande n'était pas encore tout à fait arrêtée, et cela d'autant moins que Bonn était très occupée avec les suites de la réunification allemande.

La délégation espagnole, enfin, qui trouvait toujours que l'équilibre nécessaire n'avait pas encore été trouvé et qu'il fallait continuer à préparer le terrain pendant quelque temps.

S'y ajoutèrent les hésitations belges et néerlandaises, partagées par la Commission, sur la structure : peut-être, semblaient-ils dire, y avait-il encore une chance de retourner à « l'orthodoxie communautaire ».

A l'issue du conclave préparatoire des Ministres des Affaires étrangères réunis à Luxembourg le 23 juin 1991, il était clair que le Conseil européen de Luxembourg ne serait qu'une étape intermédiaire et que l'engagement serait pris de terminer les négociations au Conseil européen de Maastricht, sous Présidence néerlandaise, au mois de décembre 1991.

Le Conseil européen des 28 et 29 juin 1991 fut dominé par l'affaire yougoslave. Dès lors qu'il fut certain qu'aucune véritable décision sur le traité ne serait prise, les discussions se déroulèrent dans un climat de tranquille résignation. Le tour de table laissait toutefois transparaître qu'il y avait une majorité de délégations prêtes à accepter dans ces grandes lignes le projet de traité de la Présidence. Le Président Mitterrand dit même clairement qu'il pourrait accepter ce texte tel quel.

Parmi les réactions des autres délégations, il faut citer en particulier celle de l'Espagne qui critiquait les chapitres de la cohésion et de l'extension des compétences. Le Chancelier Kohl, sans se prononcer sur le texte du projet de traité, insista avec beaucoup de force sur la nécessité pour la future Union de se doter d'instruments adéquats pour faire face en commun aux problèmes qui se posaient aux Etats membres en matière d'immigration, de politique des visas et de lutte contre la criminalité. Il proposa à cette occasion la création d'Europol, service d'échange d'informations en matière pénale pour lutter contre la criminalité. Cette initiative fut accueillie très positivement par les membres du Conseil européen. Mais ce fut le Premier Ministre néerlandais qui causa la surprise, lorsqu'il contesta les conclusions du Président du Conseil européen, M. Santer, qui proposa à la fin du tour de table de considérer le projet de traité, présenté par lui, comme la base des futures négociations. Suivit alors une discussion des plus curieuses autour de la question de savoir si le projet luxembourgeois pouvait être considéré comme *la* base ou *une* base pour les futures négociations. M. Lubbers, appuyé par le Premier Ministre belge, menait une rude bataille pour la formule d'« *une* base de négociation ».

Cette formule ne passa pas, le Premier Ministre luxembourgeois, appuyé par les autres délégations, se montrant très ferme sur ce point ; il fit remarquer que six mois de négociations serrées avaient abouti à une plate-forme assez solide sur laquelle on pouvait désormais ériger la construction finale. Il fut donc décidé que le projet de traité luxembourgeois formerait *la* base des négociations futures qui devaient être conclues au Conseil européen de Maastricht au mois de décembre 1991.

Section III. — La péripétie du projet néerlandais

Le 29 juillet 1991, les Ministres se réunirent une nouvelle fois en conférence intergouvernementale à Bruxelles. Le Ministre van den Broek, au titre de la Présidence néerlandaise, annonça un programme de travail pour les mois à venir, fidèle aux conclusions du Conseil européen, à savoir que les travaux se poursuivraient sur la base du projet luxembourgeois ; il fit, toutefois, comprendre qu'il entendait revenir à la question de la structure du traité à un stade ultérieur.

Dès le début du mois de septembre, des rumeurs commençaient à circuler, indiquant que la Présidence néerlandaise aurait mis à profit l'interruption des travaux du mois d'août pour rédiger un nouveau projet de traité. Plusieurs réunions des représentants personnels furent d'ailleurs annulées au dernier moment. Enfin, le 23 septembre, le Gouvernement néerlandais présenta aux différentes délégations son projet en vue d'une discussion au niveau des Ministres des Affaires étrangères, lors de leur réunion prévue pour le 30 septembre (8).

L'objectif avoué de la Présidence néerlandaise fut d'améliorer la structure du traité, en la rendant plus communautaire, et de renforcer les pouvoirs du Parlement européen.

Durant les dix jours précédant la réunion du 30 septembre, la Présidence néerlandaise mena, à partir de La Haye, une série de consultations bilatérales avec ses partenaires. Le Secrétaire d'Etat Piet Dankert se déplaça lui-même dans certaines capitales pour y prendre la température.

Aux dires de la Présidence néerlandaise, ce tour de table inofficiel avait donné le résultat suivant : quatre délégations étaient favorables pour prendre le nouveau texte comme base de discussion, quatre délégations y étaient radicalement hostiles et quatre autres délégations étaient plutôt hésitantes.

Le 26 septembre 1991, les représentants personnels étaient appelés à se prononcer sur le nouveau texte néerlandais.

Le tour de table fut clair, une large majorité de délégations condamna la démarche de la Présidence, la considérant comme

(8) Voir le texte dans l'*Agence Europe*, Europe Documents, 3 octobre 1991, n°s 1733-1734.

contraire aux conclusions du Conseil européen, et formula des critiques quant au fond.

Dans ces conditions s'ouvrirent les discussions au niveau ministériel le 30 septembre 1991. En dépit de l'opposition qui lui avait été signalée, le Président du Conseil M. van den Broek maintenait son approche, mais le tour de table qui suivit fut clair. Toutes les délégations, à part la Belgique, refusèrent le texte néerlandais et demandèrent qu'on revienne au texte luxembourgeois. Avant la réunion, on avait pu avoir quelques hésitations sur l'attitude de l'Allemagne. Mais dans son intervention, le Ministre Genscher ne laissa pas de doute quant à son souhait de poursuivre les travaux sur base du projet du 18 juin. Le Président van den Broek demanda alors un délai de réflexion de 24 heures pour se concerter avec son gouvernement sur la marche à suivre, mais les jeux étaient faits : on reviendrait au texte luxembourgeois.

Il est difficile d'expliquer la démarche de La Haye, pourtant informée par les représentants néerlandais à Bruxelles du climat réel au sein de la CIG. Jugeant sans doute, comme certaines autres délégations d'ailleurs, que la structure retenue dans le projet luxembourgeois était insatisfaisante, la Présidence néerlandaise crut possible de revenir à une approche plus unitaire.

Les signaux reçus de la part des autres capitales semblent avoir été mal compris ; il est possible aussi que certains des partenaires des Pays-Bas aient hésité et ne se soient exprimés de manière plus claire que le 30 septembre.

Il est un fait aussi que les autres capitales s'étaient entretemps familiarisées avec le projet du 18 juin et qu'elles n'étaient dès lors pas prêtes à engager des négociations sur de nouvelles bases.

Le texte néerlandais n'était en soi pas mauvais, même s'il était inadéquat. Mais il est faux d'affirmer qu'il était tellement plus communautaire que le projet luxembourgeois et que son sujet témoignait du refus de la CIG de viser un objectif ambitieux. Il est certes vrai qu'il constituait une nette amélioration en ce qui concerne le rôle du Parlement européen — d'ailleurs le résultat final de Maastricht est bien plus proche du projet néerlandais sur ce point que du texte luxembourgeois. Mais l'inclusion de la PESC (inclusion de surcroît partielle !) dans le traité CE se payait au prix fort par un abaissement du niveau d'ambition notamment en matière de sécurité et de défense. La même remarque vaut pour la coopération en matière de justice et d'affaires intérieures.

La péripétie du projet néerlandais eut pour conséquence de donner au projet luxembourgeois une consécration inespérée et une consolidation au-delà de ce que certaines délégations, comme le Royaume-Uni, avaient entendu lui donner.

Ce que le Conseil européen de Luxembourg n'avait pas réussi à faire, la Présidence néerlandaise l'avait fait, en conférant au texte luxembourgeois une nouvelle autorité, et dès le début octobre, les discussions reprirent sur cette base.

SECTION IV. — LES NÉGOCIATIONS FINALES

Dès le 2 octobre 1991, les représentants personnels reprirent, sous la houlette de l'Ambassadeur Nieman, leurs travaux mis en veilleuse depuis quelques semaines. S'étant rendue aux arguments des autres Etats membres, la Présidence annonça un programme de travail serré, sur base du projet de traité luxembourgeois, visant à permettre une conclusion des négociations à Maastricht. Elle présenta, le 3 octobre, une version légèrement remaniée du texte luxembourgeois sur la PESC pour faire redémarrer les négociations.

Le 5 octobre, les Ministres se réunirent au Chateau de Haarzuilen, aux Pays-Bas, pour reprendre la discussion sur la PESC. Dans ce contexte, ils délibérèrent en particulier du concept même d'action commune et du principe de l'introduction de la majorité qualifiée et de la liste dite d'Asolo (9). Une nouvelle fois, le Royaume-Uni s'opposa à l'introduction du concept d'action commune en contestant son utilité.

La veille de cette réunion, les Ministres italien et britannique, MM. de Michelis et Hurd, avaient rendu publique une déclaration sur la sécurité et la défense européenne (10) qui fut considérée comme un progrès, mais qui était trop atlantiste au goût de certaines délégations.

Les Ministres des Affaires étrangères engagèrent une nouvelle discussion à ce sujet sur base du texte y relatif contenu dans le projet

(9) Cette liste contenait les sujets susceptibles de faire l'objet, dès l'entrée en vigueur du traité, d'une action commune.

(10) Voir son texte annexé à l'*Agence Europe*, Europe Documents du 5 octobre 1991, n° 1735.

luxembourgeois. Cette discussion enchaînant sur celle qui avait eu lieu à Mondorf-les-Bains au Luxembourg (27 et 28 avril 1991), fut jugée constructive.

Répondant au texte anglo-italien, l'Allemagne et la France reprirent l'initiative, en publiant le 11 octobre 1991 à Paris le texte d'une déclaration commune relative aux questions de sécurité et de défense. Dans cette déclaration, MM. Mitterrand et Kohl affirmèrent leur volonté de réaliser en commun et de manière complète une coopération militaire dans une perspective européenne, initiative ouverte à tout Etat membre qui le souhaiterait.

A relever aussi dans ce contexte la réunion convoquée le 19 octobre à Paris par le Gouvernement français, réunissant les Ministres des Affaires étrangères de l'Allemagne et de l'Espagne. Ce fut l'occasion pour ces Etats membres de réaffirmer la nécessité d'inscrire dans le texte du traité l'objectif de la défense commune.

La réunion ministérielle de la conférence intergouvernementale sur l'Union politique du 28 octobre 1991 à Luxembourg fut consacrée à deux thèmes : la légitimité démocratique et la cohésion économique et sociale. C'est à cette occasion qu'un accord put être trouvé sur la procédure de codécision, son champ d'application demeurant toutefois encore ouvert. En revanche, le tour de table sur la cohésion fit apparaître un clivage prononcé entre pays du Sud et du Nord.

Le 4 novembre, les Ministres des Affaires étrangères se réunirent, une nouvelle fois, à Bruxelles pour se consacrer aux thèmes des affaires de justice et intérieures ainsi que de la politique sociale.

Les débats sur la politique sociale mirent une nouvelle fois en évidence l'attitude irréductible du Royaume-Uni, qui, se fondant sur son expérience de plusieurs decennies en matière de relations sociales, s'opposait à toute innovation en la matière. Il laissait clairement entrevoir que ce dossier deviendrait l'un des plus difficiles pour les négociations finales.

Cette réunion fut suivie par une nouvelle réunion interinstitutionnelle le 5 novembre, réunissant les participants à la CIG et les représentants du Parlement européen et du Comité économique et social.

C'est les 12 et 13 novembre 1991 que les Ministres des Affaires étrangères se réunirent à Noordwijck en conclave pour préparer le Conseil européen de Maastricht. Ce fut à partir de cette réunion que la véritable négociation finale commença à se nouer au niveau politique sur les principales questions demeurées ouvertes.

Les Ministres engagèrent leur discussion sur base d'un nouveau projet de traité présenté par la Présidence néerlandaise en date du 8 novembre 1991. Pendant les deux jours de négociation, les Ministres parcoururent l'ensemble de ce document, enregistrant formellement de larges plages d'accord, rapprochant les points de vue sur des questions de divergence et identifiant les questions qui demeureraient pour un arbitrage politique au plus haut niveau. Les discussions qui, dans l'ensemble, furent très constructives, firent apparaître que deux Etats membres, l'Espagne et le Royaume-Uni, pour des raisons totalement différentes, avaient le plus de difficultés, les autres délégations pouvant se retrouver dans un large tronc commun de positions communes.

Il fut, dès lors, clair que les négociations ultimes devraient avoir lieu avec ces deux Etats membres pour les amener à rejoindre un consensus.

Le 2 décembre 1991, les Ministres des Affaires étrangères se réunirent une nouvelle fois en conclave au Palais d'Egmont à Bruxelles pour finaliser les préparations du Conseil européen. Ce fut une réunion laborieuse, un peu terne et n'apportant que peu de progrès.

Ni l'atmosphère, ni l'esprit n'étaient aux concessions. Il y en eut, mais l'essentiel des questions ouvertes le demeurèrent.

La Présidence néerlandaise soumit le 4 décembre un nouveau texte de projet de traité sur l'Union européenne, sur lequel le Conseil européen devrait engager les négociations ultimes.

Le Conseil européen de Maastricht débuta le 9 décembre à 9H15 au Provinciehuis à Maastricht par un exposé du Président du Parlement européen, M. Baron Crespo. Le Conseil européen entama ensuite ses discussions par le thème de l'UEM en présence des Ministres des Finances, ce qui fut sans doute une première dans l'histoire communautaire. Les Ministres des Finances se réunirent ensuite séparément pour mettre la dernière main au texte relatif à l'UEM.

Les membres du Conseil européen enchaînèrent sur leurs travaux, en discutant de la PESC.

Ce fut le moment pour le Premier Ministre Major de faire une première concession, fort remarquée, celle d'accepter la perspective d'une défense commune.

Durant l'après-midi, les Chefs d'Etat ou de gouvernement passèrent en revue tour à tour les autres thèmes restés ouverts : citoyenneté, rôle du Parlement européen et des parlements nationaux, affaires intérieures et de justice, extension des compétences, cohésion et politique sociale.

A la fin de cette journée, on pouvait constater que des progrès réels avaient été faits dans quelques domaines, et que notamment sur l'UEM et la PESC on semblait proche d'un accord.

C'est au cours de la deuxième journée qu'eut lieu la véritable négociation au sein du Conseil européen mais aussi, comme de tradition, dans les contacts bilatéraux entre délégations. Le Chancelier Kohl avait eu un entretien avec le Premier Ministre Gonzalez la veille. Ce contact semblait avoir débloqué le dossier de la cohésion. Grâce aux efforts inlassables du Président du Conseil européen, le Premier Ministre néerlandais M. Lubbers, des compromis furent progressivement construits pour trouver des solutions sur les dernières questions litigieuses. Parmi celles-ci, le volet social s'est avéré le plus difficile et ce n'est que dans la nuit du 11 décembre qu'un accord global put être trouvé.

Ainsi s'acheva une négociation longue et difficile. Une fois de plus, la Communauté avait prouvé à ses détracteurs qu'elle savait, dans les moments difficiles, surmonter les blocages et aller de l'avant. Les acteurs de cette négociation étaient, le matin du 11 décembre 1991, loin de se douter des passions et des critiques qu'allait soulever leur oeuvre dans les mois à venir.

CHAPITRE II

LE DÉROULEMENT DES TRAVAUX DE LA CIG/UEM

INTRODUCTION

Contrairement à la situation qui a prévalu pour les travaux sur l'Union politique, le domaine de l'UEM était profondément balisé au moment du démarrage de la CIG/UEM. Entre juin 1988 et décembre 1991, les principales facettes de l'UEM avaient été clarifiées voire codifiées dans un certain nombre de projets.

Parmi ceux-ci, le rapport Delors eut sans doute une importance fondamentale. Cependant, il ne convient pas de perdre de vue d'autres contributions importantes et rédigées sous forme d'articles de traité émanant notamment des délégations allemande, britannique, française et espagnole.

Grâce à ces travaux préparatoires, un grand nombre d'idées et de concepts étaient déjà acquis. Il en était ainsi par exemple de l'établissement de l'UEM en trois phases.

En ce qui concerne l'organisation des travaux de la conférence, les Ministres des Finances des Etats membres furent appelés à jouer un rôle crucial dans la négociation du traité. Dans leur tâche, ils étaient assistés par un groupe composé de leurs représentants personnels. Ceux-ci étaient en général les Directeurs du Trésor dans les différents Etats membres.

Le Ministre des Finances du Luxembourg, Monsieur Jean-Claude Juncker, avait désigné Yves Mersch, Directeur du Trésor, comme représentant personnel ; M. Mersch assura donc la présidence du groupe pendant la présidence luxembourgeoise (premier semestre 1991) (11).

Afin d'assurer une certaine cohérence entre les travaux de la CIG/Union politique et la CIG/UEM, les chefs d'Etat ou de gouverne-

(11) Au deuxième semestre 1991, la Présidence fut assurée par Cees Maas, représentant personnel du Ministre Kok.

ment avaient confié aux Ministres des Affaires étrangères un rôle de coordination entre les deux conférences. Cette idée fut traduite dans les faits par l'invitation adressée aux représentants personnels des Ministres des Affaires étrangères à assister aux travaux de la CIG/UEM.

D'emblée il fut décidé qu'au niveau ministériel, la CIG/UEM devait se réunir en marge de chaque Conseil Economie-Finances ; les représentants personnels quant à eux devaient se réunir au rythme de deux réunions mensuelles. C'est ainsi que les Ministres se sont réunis dix fois au cours de l'année 1991, et à trois reprises en réunion informelle.

Comme pour la CIG/Union politique, des réunions ministérielles avec des représentants du Parlement européen et du Comité économique et social furent prévues. Au cours de 1991, quatre sessions de ce type ont eu lieu.

SECTION Ire. — DE L'OUVERTURE DE LA CIG/UEM JUSQU'AU CONSEIL EUROPÉEN DE LUXEMBOURG DES 28 ET 29 JUIN 1991

La conférence intergouvernementale sur l'Union économique et monétaire fut ouverte officiellement à Rome le 15 décembre 1990. A cette occasion, il fut constaté que désormais la phase analytique était terminée et qu'une négociation concrète sur la base d'articles de traité devait être engagée. Dès lors les délégations furent invitées à présenter leurs contributions sous forme de projets d'articles de traité. En attendant, le projet de traité présenté par la Commission comme suite de sa communication du 21 août 1990 put servir de trame pour la discussion.

Alors que certaines délégations auraient préféré engager les travaux de la conférence par une discussion sur la période transitoire devant mener à l'UEM, la présidence luxembourgeoise, en se fondant sur les conclusions du Conseil européen du mois de décembre 1990, proposa de suivre comme séquence des travaux l'ordre des articles retenus dans le projet de traité de la Commission. Il fut ainsi décidé que l'on commencerait les travaux par l'examen des objectifs et des principes fondamentaux pour passer ensuite aux dispositions économiques, aux dispositions monétaires et enfin aux dispositions transitoires et aux questions horizontales.

La technique de négociation suivie par la Présidence luxembourgeoise consistait à effectuer une première lecture des principaux thèmes, suivant l'ordre indiqué ci-dessus, pour pouvoir engager ensuite une véritable négociation.

Dès la première réunion des représentants personnels du 15 janvier, la Présidence luxembourgeoise engagea la discussion sur les principes et les objectifs de l'UEM sur la base d'un texte se fondant sur la décision relative à la convergence économique des conclusions du Conseil européen tenu à Rome au mois d'octobre 1990 et du projet de traité proposé par la Commission. Les délégations furent appelées à se prononcer sur ces textes. Se fondant sur le résultat de ces délibérations, la Présidence élabora ensuite un premier « *non paper* » qu'elle soumit à la délibération des Ministres lors de leur réunion en conférence intergouvernementale à Bruxelles le 29 janvier 1991. Le débat au niveau ministériel servit essentiellement à confirmer les positions des délégations et à entériner les méthodes de travail proposées. Dès cette réunion, le comité monétaire (12) se vit confier un certain nombre de missions d'analyse complémentaires notamment en ce qui concerne les mouvements de capitaux et la conception d'un éventuel mécanisme d'assistance financière.

Lors de leurs réunions des 29 janvier et 19 février 1991, les représentants personnels engagèrent une discussion sur le contenu et la procédure de surveillance multilatérale, les conséquences d'un manquement aux disciplines fixées ainsi que sur un éventuel mécanisme de financement d'urgence en cas de choc externe.

Pour la réunion de la CIG au niveau ministériel à Bruxelles du mois de février (25 février), la Présidence put présenter un projet de texte au sujet des articles 2 à 4*bis* et 102 à 104.

(12) Le comité monétaire de caractère consultatif, composé de deux membres par Etat membre (plus la Commission) a été instauré par l'article 105 du traité de Rome. Il a pour mission :
— de suivre la situation monétaire et financière des Etats membres et de la Communauté, ainsi que le régime général des paiements des Etats membres et de faire rapport régulièrement au Conseil et à la Commission à ce sujet ;
— de formuler des avis, soit à la requête du Conseil ou de la Commission, soit de sa propre initiative, à l'intention de ces institutions.

Il est intéressant de retenir de ce débat qu'il consacra le principe de la subsidiarité dans l'UEM, à savoir qu'il n'y aurait pas de politique économique ni budgétaire communautaire, mais douze politiques nationales coordonnées à l'intérieur de grandes orientations et exécutées sous surveillance multilatérale. Dès cette réunion, les objectifs et les principes directeurs de l'UEM ainsi que son volet économique furent dégagés. Des divergences persistaient toutefois entre Etats membres sur la discipline budgétaire.

Dès la fin février, la CIG-UP put engager la discussion sur l'Union monétaire. A part un certain nombre de détails techniques, le débat révéla que la grande question, à propos de laquelle des divergences profondes devaient se manifester, allait être celle de la répartition des pouvoirs entre le Conseil des Ministres et la future Banque centrale en matière de politique monétaire externe.

Dès le 25 mars 1991, date de la diffusion d'un nouveau *non paper* de la Présidence, les discussions concernant la définition et la conception même de la 2e phase débutèrent. Ce débat devait d'ailleurs se poursuivre jusqu'à la fin de la négociation avant de recevoir une clarification définitive.

Fin avril 1991, le Comité des Gouverneurs avait complété les statuts du SEBC et de la BCE. Au même moment, le Comité monétaire compléta son rapport intérimaire sur les déficits excessifs.

S'appuyant sur tous ces travaux, la Présidence se sentit en mesure de présenter le 2 mai 1991 un *non paper* reprenant les conclusions de cette première phase de négociation.

Ce document fut soumis à la délibération des Ministres lors de leur réunion informelle à Luxembourg des 10 et 11 mai 1991. A cette occasion il fut décidé d'avancer le volet économique et de commencer les programmes de convergence dès 1991. En revanche, sur la conception de la 2e phase et la date de mise en place du SEBC, les divergences demeuraient. Dès cette réunion, il devenait clair aussi qu'on ne pourrait rallier le Royaume-Uni à un quelconque texte de traité que moyennant la possibilité d'un *opting out*.

Le 4 juin 1991, les représentants personnels tinrent leur dernière réunion sous Présidence luxembourgeoise ; le 12 juin, celle-ci présenta son dernier *non paper* en vue du Conseil européen. Ce document fut incorporé avec de légères altérations dans le texte global remanié du 18 juin 1991, appelé désormais « Projet de traité sur l'Union européenne ».

Dans son rapport du 25 juin 1991 au Conseil européen, Jean-Claude Juncker, Président de la CIG/UEM, souligna les larges plages d'accord atteintes en cours de négociation. Il lui incomba aussi de relever trois complexes de questions sur lesquelles les divergences persistaient :

— l'équilibre institutionnel entre la nouvelle institution monétaire et les autres instances ou institutions ;
— certains éléments de la deuxième phase tels que la réalisation de la convergence économique et la question de la cohésion économique et sociale ;
— le passage à la troisième étape.

Un arbitrage politique au niveau du Conseil européen permettant de conclure assez rapidement les négociations, était à ce moment-là tout à fait envisageable. Mais, comme il est précisé dans le chapitre relatif à la CIG sur l'Union politique, les Chefs d'Etat ou de gouvernement, lors du Conseil européen de Luxembourg des 28 et 29 juin 1991, décidèrent de remettre les arbitrages politiques à leur réunion prévue pour le mois de décembre à Maastricht.

Section II. — Des débuts de la Présidence néerlandaise jusqu'à la réunion informelle des Ministres à Apeldorn le 21 septembre 1991

Dès le surlendemain du Conseil européen, les représentants personnels reprirent leurs travaux sous la présidence de Cees Maas, Directeur du Trésor néerlandais. Le programme de la Présidence néerlandaise tel qu'annoncé devait se fonder sur le projet de texte luxembourgeois et approfondir essentiellement quatre points : le passage à la troisième phase, le contenu de la deuxième phase, la politique monétaire externe et les déficits excessifs.

Changeant quelque peu de technique de négociation, la Présidence néerlandaise choisit d'approfondir ces différents thèmes par des questionnaires plutôt que par des propositions de textes d'articles.

Fin août, la Présidence néerlandaise présenta un nouveau document sur l'état des négociations ; elle y formula un certain nombre de suggestions concrètes. La plus contestée sans doute parmi celles-ci fut le régime prévu pour chaque Etat membre pour l'entrée dans la troisième phase. Conçue pour rencontrer les réticences britanniques, cette proposition fut fortement critiquée par une majorité de délégations.

Ces mêmes critiques se manifestèrent lors de la réunion de la CIG au niveau ministériel à Bruxelles le 9 septembre. Face à ce tir de barrage, le Président du Conseil, le Ministre des Finances néerlandais M. Wim Kok, dut battre en retraite et promit de modifier les propositions néerlandaises, laissant entendre qu'elles n'étaient que l'émanation de services techniques.

Dans une lettre en date du 17 septembre 1991, le Ministre néerlandais acheva de corriger le tir et fit de nouvelles propositions.

La réunion informelle des Ministres des Finances à Apeldorn le 21 septembre 1991 contribua à clarifier quelques grandes questions comme la fixation du début de la deuxième phase au 1er janvier 1994, et à redonner ainsi une nouvelle impulsion aux négociations. Il fut agréé qu'un Institut Monétaire Européen serait mis en place à partir du 1er janvier 1994. Acceptant une proposition du Ministre belge des Finances, M. Maystadt, un accord put être trouvé sur les conditions de passage à la troisième phase et l'idée de dérogations temporaires pour les Etats qui ne seraient pas prêts à participer pleinement au mécanisme. En même temps, les Ministres décidèrent d'instituer un groupe de travail additionnel pour accélérer les négociations.

SECTION III. — LES NÉGOCIATIONS FINALES

Dès le 27 septembre, la Présidence néerlandaise présenta un projet de texte sur la politique monétaire externe et sur le passage à la troisième étape.

Lors de la session ministérielle du 7 octobre, le comité monétaire présenta son rapport sur les déficits excessifs, discuté antérieurement par les représentants personnels.

C'est le 28 octobre 1991 que la Présidence néerlandaise présenta un projet de traité complet. Se fondant largement sur le projet de la Présidence luxembourgeoise, ce texte le complétait et l'amendait en certains points.

Les représentants personnels engagèrent leurs discussions sur cette base, secondés par le groupe de travail nouvellement créé. Le résultat de ces travaux fut une version consolidée du texte de l'UEM en date du 28 novembre 1991.

Lors de leur réunion du 25 novembre en CIG, les Ministres des Finances approfondirent cinq questions : la procédure des déficits excessifs, les dispositions transitoires de la deuxième étape, la souscription du capital de la BCE, les questions institutionnelles et la politique monétaire extérieure.

Les Ministres des Finances entrèrent dans la phase finale et décisive de la négociation lors de leur réunion informelle à Scheveningen aux Pays-Bas le 30 novembre et du conclave à Bruxelles le 2 décembre. C'est surtout à l'occasion de cette dernière réunion qu'un grand nombre de questions purent être résolues et que de larges plages d'accord furent enregistrées.

Les résultats concrets permirent au Président de la CIG/UEM de préciser dans une lettre du 3 décembre les questions demeurées ouvertes et sujettes à discussion au niveau du Conseil européen de Maastricht des 9 et 10 décembre 1991.

Elles furent les suivantes :

— protocoles pour le Danemark et le Royaume-Uni qui ne pouvaient accepter l'irréversibilité du processus menant vers une véritable UEM ;
— la cohésion économique et sociale ;
— la question de l'avis conforme du Parlement européen pour des décisions prises à l'unanimité et ayant un caractère quasi-constitutionnel ;
— le siège des institutions monétaires.

Le Conseil européen de Maastricht des 9 et 10 décembre associa, pour la première fois dans l'histoire de la Communauté, les Ministres des Finances à ses discussions. Les Ministres se réunirent ensuite séparément pour mettre la dernière main aux textes sur l'UEM.

Curieusement, les questions fiscales ont à ce moment-là assez longuement occupé les Ministres des Finances, la Belgique, appuyée par l'Italie, faisant valoir avec insistance son point de vue pour une harmonisation plus poussée, sans toutefois rencontrer un soutien unanime.

L'accord final sur l'UEM constitue sans aucun doute un des résultats les plus remarquables de la négociation. Quelque vingt ans après le rapport Werner, la CE inscrit, enfin, dans un texte de traité la perspective de la réalisation de l'UEM et fixe en détail les modalités et les instruments pour y arriver. Mais les événements survenus depuis la signature du traité de Maastricht montrent aussi que tous les obstacles sur la route de la monnaie unique sont loin d'être éliminés et que le dispositif inscrit dans le nouveau traité devra faire ses preuves sur le terrain.

DEUXIÈME PARTIE

Le contenu du traité de Maastricht

TITRE IV

LA STRUCTURE DU TRAITÉ
LES TROIS PILIERS

Le débat sur la structure du traité plonge ses racines dans le passé de l'intégration européenne, caractérisée par l'opposition sans cesse renouvelée entre les tenants d'une approche communautaire voire supranationale et les tenants d'une approche intergouvernementale.

Il traduit des conceptions différentes de l'Union européenne et se prête dès lors à des controverses philosophiques et idéologiques. Nous décrirons dans un premier chapitre le déroulement des discussions au sein de la conférence intergouvernementale sur l'Union politique. Nous examinerons ensuite, dans un deuxième chapitre, la structure retenue en fin de compte, en accordant une attention particulière au fait que le cadre institutionnel de l'Union soit unique.

CHAPITRE PREMIER

LE DÉROULEMENT DU DÉBAT SUR LA STRUCTURE

SECTION 1re. — LES THÈSES EN PRÉSENCE : TEMPLE GREC OU ARBRE À PLUSIEURS BRANCHES ?

Le concept d'Union européenne est né dans le contexte de la réflexion sur l'extension du champ d'application de l'unification en Europe (cf. titre I). S'il existe depuis longtemps un consensus général sur la nécessité de dépasser une vision purement économique de l'Europe communautaire, les opinions divergent quant à la meilleure façon de réaliser cet objectif.

Dans le cadre des négociations de 1991, cette divergence de vues s'est cristallisée sur la question du traitement à accorder aux domaines de la future politique étrangère et de sécurité commune et de la coopération dans les domaines de la justice et des affaires intérieures. Les tenants de l'orthodoxie communautaire, la Commission en tête, plaidaient pour l'inclusion de ces sujets dans le traité CEE même qui se transformerait ainsi en traité de l'Union.

D'autres, tout particulièrement la France et le Royaume-Uni, préféraient à cette « structure de l'arbre à plusieurs branches » une approche par piliers (ou du « temple grec ») qui se distinguait par le fait que la PESC et la coopération en matière de justice et d'affaires intérieures seraient traitées dans deux chapitres ou piliers séparés qui s'ajouteraient aux trois traités de base (CEE,CECA et CEEA) pour former avec eux l'Union européenne.

Le débat sur la structure prit vite un tour passionnel. Cela peut se comprendre dans la mesure où il semblait engager tout l'avenir de l'intégration. En réalité, toutefois, il s'agissait plus d'un problème de présentation que de substance. Cela peut paraître paradoxal, mais l'est moins si l'on garde à l'esprit les prémisses du débat. La dénomination même donnée à l'approche « orthodoxe » par l'un des plus fervents partisans de celle-ci, le Ministre belge des Affaires étrangères M. Eyskens, livre les clés de l'énigme : le

Ministre belge parlait, en effet, d'un « arbre à plusieurs branches ». En réalité, il n'était question pour personne de communautariser, dans le plein sens du terme, la PESC, qui allait de toute façon être une branche distincte de l'arbre européen. Il était clair dès le début que la Commission n'allait pas bénéficier dans ce domaine d'un droit d'initiative exclusif et que la Cour de Justice n'allait pas être amenée à se prononcer sur un choix de politique étrangère fait par les Douze. De l'autre côté, même les plus intergouvernementalistes des négociateurs ne niaient pas la nécessité de dépasser la séparation institutionnelle nette entre les mécanismes communautaires et ceux de la coopération politique classique et de développer une vision d'ensemble cohérente de toutes les activités de l'Union.

Le choix n'était donc pas entre la communautarisation pure et simple de ces nouveaux domaines et une continuation de la situation actuelle ; il était en réalité entre, d'un côté, une intégration formelle dans le traité CEE, moyennant un certain nombre d'exceptions et de dérogations aux règles normales du traité, et de l'autre, une inclusion dans des chapitres ou piliers distincts régis selon des règles *sui generis*, mais reliés aux traités d'origine par des dispositions communes.

On peut, évidemment, débattre des mérites respectifs des deux branches de l'alternative décrite ci-dessus. Mais on ne devrait pas, comme cela s'est fait parfois à l'époque, opposer ici les « bons » Européens, adeptes de l'intégration, aux « mauvais » Européens, accusés de vouloir « polluer le communautaire par l'intergouvernemental ».

Il existe, en effet, des arguments parfaitement valables des deux côtés pour défendre, dans une optique communautaire, les deux approches.

SECTION II. — LE *NON PAPER* DU 17 AVRIL 1991 : L'APPROCHE PAR PILIERS

Dans son *non paper*, déposé sur la table des négociateurs le 17 avril 1991, la Présidence luxembourgeoise opta pour l'approche que l'on a qualifiée ensuite « d'approche par piliers ».

Il y a dans ce texte tout d'abord un chapeau qui précise le contenu de l'Union et contient quelques dispositions générales, comme par exemple le respect des droits et libertés fondamentaux ou le rôle du Conseil européen. Suivent ensuite les dispositions modifiant le traité CEE, la CEE devenant la Communauté européenne (CE). Pour mémoire, sont mentionnées les dispositions parallèles modifiant le cas échéant la CECA et l'EURATOM.

Viennent, enfin, deux chapitres séparés portant sur la PESC et la coopération dans les domaines des affaires intérieures et judiciaires.

C'est l'ajout de ces deux chapitres qui suscita les critiques notamment de la Commission. L'approche de la Présidence allait conduire, selon celle-ci, à un éclatement de la Communauté en piliers distincts, au détriment du volet communautaire. Mieux eût valu, toujours selon la Commission, intégrer toutes les nouvelles dispositions dans le traité de Rome et préserver ainsi la CE comme unique acteur.

Certaines délégations firent écho à la Commission ; la Belgique, la Grèce et les Pays-Bas exprimèrent leur préférence pour une structure unique.

D'autres délégations, en revanche (F, UK, DK, P), soutenaient explicitement l'approche de la Présidence. L'attitude italienne était intéressante et indiquait dès ce stade une piste qui allait être explorée par la suite. La délégation italienne souligna, en effet, que la Présidence avait produit un compromis raisonnable et réaliste, mais qu'il faudrait mieux préciser les finalités et la cohérence d'ensemble de l'Union.

Ces premières réactions publiques firent donc apparaître les lignes de partage, mais également des pistes intéressantes pour concilier les positions extrêmes.

Il est important à ce stade de rappeler les raisons du choix fait par la Présidence, choix qui s'est fondé sur les souhaits de la majorité des délégations au sein de la conférence. De ses contacts multiples avec les participants à la conférence, la Présidence avait acquis la conviction que la voie choisie était, à terme, la seule viable. Certaines délégations avaient très clairement indiqué qu'elles ne pourraient en aucun cas accepter d'inclure la PESC ou la coopération concernant des activités telles que la lutte contre la drogue, l'immigration ou la coopération policière dans le champ des compétences de la Communauté *stricto sensu*. En s'accrochant, pour des raisons optiques, à une approche en apparence unitaire, on aurait risqué de barrer la route à de réels progrès dans ces domaines absolument cruciaux pour l'unification européenne.

A côté des considérations politiques et d'opportunité, des arguments intrinsèques militaient également en faveur de la solution retenue. L'article 220 (1) de l'actuel traité CEE montre que l'on peut très bien faire de l'intergouvernemental dans le cadre communautaire. Il serait faux d'accorder le sceau de l'orthodoxie communautaire à toutes les dispositions imaginables pourvu qu'elles se trouvent dans le traité.

En fait, il était à craindre que la multiplication de dérogations aux règles du traité, qui accompagnerait inévitablement l'intégration dans celui-ci de la PESC (2), ne fasse tache d'huile et n'en vienne à pervertir d'autres domaines. Certaines innovations jugées nécessaires dans le cadre de la PESC ou de la coopération judiciaire, comme par exemple le droit d'initiative des Etats membres ou le recours un moment envisagé à des majorités spéciales, auraient pu « contaminer » les mécanismes classiques : dans une structure unique, il eût été plus difficile de rejeter d'emblée une extension des innovations à d'autres sujets « sensibles » (citoyenneté, affaires sociales, culture ...).

Une autre préoccupation concernait le rôle futur du Conseil européen. L'approche unitaire aurait, vu l'accent mis par certaines délégations sur la place prépondérante à accorder à cet organe dans le cadre de la PESC, inévitablement conduit à insérer le Conseil européen dans le système institutionnel communautaire, avec le risque de voir son rôle aller au-delà de son rôle classique d'impulsion et d'orientation politique générale.

Pour toutes ces raisons, la Présidence, dont la première option avait été une structure unitaire (cf. notamment son papier du 16.1.91 sur la PESC), y renonça et suivit la voie des piliers.

(1) Cet article prévoit des négociations *entre Etats membres* en vue d'assurer par voie de conventions un certain nombre de facilités en faveur de leurs ressortissants (protection des personnes, non-double imposition, etc).

(2) Sans oublier que cette approche était également compliquée sur le plan de la rédaction et de la technique juridique.

Section III. — La clarification de Dresde et le texte du 18 juin 1991

Les réactions très vives de la Commission, qui parla même de « dérive institutionnelle » (3), doivent être vues sur l'arrière-fond du débat philosophique sur la nature de l'Union. Mais elles étaient aussi dictées par des craintes tout à fait légitimes découlant d'une des lectures possibles du schéma proposé dans ce texte.

Il est indispensable d'avoir à l'esprit ces craintes pour comprendre la suite des opérations dans la mesure où la Présidence allait essayer, dans les semaines qui suivirent le dépôt de son avant-projet, de les apaiser en explicitant mieux la philosophie sous-jacente à l'approche retenue.

La Commission avançait trois raisons principales motivant son attitude. D'abord, elle voulait à tout prix éviter que la structure retenue ne ferme, à tout jamais, la possibilité d'avoir un jour une Europe fédérale. Or, le risque existait à ses yeux que l'approche par piliers ne solidifie pour de bon l'élément intergouvernemental dans la future Union.

Le deuxième argument avancé dans ce contexte avait trait à l'efficacité et la cohérence de l'action extérieure de l'Union. La Commission pensait, avec raison, qu'il n'était pas sain de maintenir une stricte séparation entre, d'un côté, la politique étrangère régie de façon intergouvernementale, et, de l'autre, la politique économique extérieure et la politique d'aide au développement. Pour cette raison, elle avait d'ailleurs soumis, au début mars, un papier très ambitieux sur une politique extérieure globale couvrant tous ces aspects dans le cadre du traité CEE. Cette tentative avait été rejetée par l'ensemble des Etats membres (4), estimant, à tort ou à raison, que la Commission voulait s'octroyer un rôle trop important en matière de politique étrangère en cherchant à amalgamer à la politique commerciale commune — où la Communauté a une compétence exclusive — la généralité de la politique économique extérieure, voire de la politique étrangère.

(3) Cf. les observations du Vice-Président Andriessen dans l'*Agence Europe* n° 5473 du 17 avril 1991, p. 4.

(4) Voir *Agence Europe* n° 5453 du 16 mars 1991, p. 6 et *Bulletin des CE*, Supplément n° 2/91, p. 85 ss.

La troisième raison avancée par la Commission pour critiquer l'approche par piliers avait trait à l'absence de personnalité juridique de l'Union dans celle-ci. Comment dans ces circonstances négocier des accords avec des parties tierces dans les domaines couverts par la PESC ? Il s'agit là effectivement d'un inconvénient par rapport à une approche unitaire où l'Union remplace simplement la CE et peut agir comme entité juridique sur la scène internationale. Inconvénient, mais non pas obstacle réel, car un accord de désarmement, par exemple, peut très bien faire l'objet d'une action commune de l'Union dans le cadre de la PESC, quitte à ce qu'à la fin des négociations, menées du côté de l'Union par la Présidence, tous les Etats membres y apposent leur signature.

Dans une lettre adressée au Président du Conseil le 21 mai en vue de la réunion informelle des Ministres des Affaires étrangères prévue à Dresde les 2 et 3 juin (5), le Président Delors suggéra d'apporter au projet du 17 avril deux ordres d'amendements, les uns en vue d'assurer la cohérence de la politique extérieure de l'Union, les autres en vue d'assurer l'unicité de la construction européenne reflétée dans la structure du traité.

L'intention de la conférence n'avait jamais été de nuire à la cohérence extérieure de l'Union ou de fermer toute fenêtre vers une Europe fédérale. Les chapitres PESC et « coopération judiciaire » n'étaient pas conçus dans un esprit de rigide séparation entre les différents piliers. La Présidence s'employait dès lors, en contact avec toutes les parties concernées, à trouver les moyens appropriés pour mieux faire ressortir la philosophie sous-jacente à l'approche par piliers et à dissiper ainsi les malentendus. La réunion de Dresde fut à cet égard une étape cruciale, un point tournant dans la discussion. Elle permit de constater tout d'abord qu'il existait en réalité un très large accord sur trois points essentiels :

i) la PESC ou la coopération contre le terrorisme ne pourraient pas fonctionner de la même façon que la politique agricole ou le marché intérieur. Il y aurait donc forcément des procédures et des méthodes de travail différentes ;

ii) l'ensemble des sujets couverts par l'Union devraient être traités dans un cadre institutionnel unique, y compris au niveau de

(5) Publiée dans *l'Agence Europe* n° 1715 du 31 mai 1991.

la préparation des débats du Conseil, et cela dans un souci de cohérence et d'efficacité ;

iii) le traité sur l'Union n'étant pas le point final de l'intégration européenne, il conviendrait de souligner le caractère évolutif de l'Union, étant entendu qu'il n'était pas question de remettre en cause l'acquis communautaire.

Vue sur cet arrière-fond, la controverse sur l'architecture du futur traité perdait en acuité. La Présidence proposa dès lors de maintenir la structure par piliers, mais de renforcer très notablement la partie introductive du texte (le chapeau) en insistant sur l'unicité du cadre institutionnel, en précisant mieux les objectifs de l'Union, et en soulignant clairement le caractère évolutif et fédéral de l'Union. Elle suggéra aussi, dans l'optique d'un renforcement de la cohérence d'ensemble, de transférer la clause de révision de l'article 236 CEE (et des articles correspondants CECA et CEEA) et les dispositions relatives à l'adhésion de nouveaux membres dans des dispositions finales couvrant l'ensemble de l'Union.

Le projet luxembourgeois du 18 juin reflète cette approche qui subsistera dans ses grandes lignes jusqu'à la conclusion des négociations en décembre 1991. Elle fut définitivement entérinée fin septembre quand la tentative de la Présidence néerlandaise de présenter un nouveau texte avec une structure unitaire échoua (6). Les dernières difficultés concernant la structure avaient trait à l'inclusion ou non, dans le chapeau, du mot « fédéral » (voir *infra*). Il s'agissait là en fin de compte plus d'une querelle de sémantique que de substance.

(6) Une analyse de ce texte confirme d'ailleurs que la « structure unitaire » ne l'était pas vraiment dans la mesure où la coopération politique subsistait à part ; elle montre aussi que l'inclusion de la PESC et de la coopération judiciaire dans le traité CE se payait d'un abaissement du niveau d'ambition des politiques en question (cf. titre III, chapitre 1, section 3).

CHAPITRE II

ANALYSE DE LA STRUCTURE DU TRAITÉ SUR L'UNION

Introduction

Le traité sur l'Union européenne comporte sept titres :

I Dispositions communes (articles A à F)

II Dispositions portant modification du traité instituant la Communauté économique européenne en vue d'établir la Communauté européenne (article G)

III Dispositions modifiant le traité instituant la Communauté européenne du charbon et de l'acier (article H)

IV Dispositions modifiant le traité instituant la Communauté européenne de l'énergie atomique (article I)

V Dispositions concernant une politique étrangère et de sécurité commune (articles J à J 11)

VI Dispositions sur la coopération dans les domaines de la justice et des affaires intérieures (articles K à K 9)

VII Dispositions finales.

Dans le présent chapitre, nous examinerons les titres I et VII qui entourent et relient entre eux les trois piliers que sont les titres II (+ III + IV), V et VI. Les titres II, V et VI feront l'objet d'une analyse approfondie plus loin. Quant aux titres III et IV, ils se bornent à introduire, de façon mécanique, dans les traités CECA et CEEA, les dispositions du traité CE qui concernent également ces deux traités, essentiellement des dispositions institutionnelles.

Le traité sur l'Union est complété par 17 protocoles (qui font partie intégrante du traité) et par 33 déclarations groupées dans un Acte final (plus une déclaration arrêtée postérieurement à la signature, le 1er mai 1992) (7) qui seront commentés dans les chapitres spécifiques auxquels ils se rapportent.

(7) Les textes adoptés par le Conseil européen d'**Edimbourg** (11 et 12 décembre 1992) pour venir à la rencontre de certaines demandes danoises, ne sont pas incorporés au traité. Il y est, toutefois, dans la suite fait allusion chaque fois que nécessaire (voir leur texte, *infra*, pp. 755 et s., spécialement p. 780).

L'Union, dans cette approche, est un concept politique bien plus que juridique, et elle ne dispose dès lors pas de la personnalité juridique. On n'est pas arrivé au stade où les Etats membres seraient prêts à transférer leurs compétences en matière de politique étrangère à une entité juridique distincte. Ils sont d'accord pour agir collectivement sur la scène internationale, mais non pas pour disparaître en tant qu'acteurs juridiquement distincts.

SECTION Ire. — LES DISPOSITIONS COMMUNES (« LE CHAPEAU »)

Le « chapeau » doit être vu sur l'arrière-fond du débat sur la structure. Dans l'approche par piliers retenue à Maastricht, il constitue un fronton reliant entre elles les différentes parties du traité sur l'Union. Dans le *non paper* d'avril, ce chapitre était toujours embryonnaire, ce qui a donné lieu à de multiples malentendus et des polémiques assez artificielles. Après la réunion informelle de Dresde, la décision fut prise de l'étoffer et de mieux faire ressortir la philosophie sous-jacente.

C'est ainsi que l'article A, 2e alinéa des dispositions communes, place le traité sur l'Union dans son contexte historique et ouvre une fenêtre sur l'avenir : « Le présent traité marque une nouvelle étape dans le processus créant une Union sans cesse plus étroite entre les peuples de l'Europe, dans laquelle les décisions sont prises le plus près possible des citoyens ». Le texte du 18 juin avait été plus explicite en parlant du « processus graduel menant à une Union à vocation fédérale ». La référence à un modèle fédéral, demandée par une majorité de délégations à Dresde, suscita un véritable tollé en Grande-Bretagne où le terme « fédéral » est souvent interprété comme signifiant « centralisateur » ; dans les Etats membres organisés selon une structure fédérale, il signifie bien entendu tout à fait le contraire ! A lire les objectifs de l'Union, il est difficile de nier qu'il y ait une évolution vers une Union « à vocation fédérale ». La référence explicite à la subsidiarité s'inscrit d'ailleurs tout à fait dans une optique fédérale dans le sens continental du mot.

Pour éviter un veto britannique, le Conseil européen de Maastricht consentit à laisser tomber le terme honni (« *The F-word* », comme la presse populaire britannique l'écrivait), lui substituant la formule mentionnée ci-dessus, inspirée du préambule du traité de

Rome. Sacrifiant à la mode de la subsidiarité, on y ajouta le bout de phrase sur les décisions qui « sont prises le plus près possible des citoyens ».

L'alinéa 3 de l'article A précise que l'Union est « fondée sur les Communautés européennes complétées par les politiques et formes de coopération instaurées par le présent traité ». Cette formulation, qui place au centre de l'Union les Communautés traditionnelles, est destinée à faire ressortir le caractère unitaire de l'ensemble.

L'article B énumère explicitement les objectifs de l'Union :

« — promouvoir un progrès économique et social équilibré et durable ;

— affirmer l'identité de l'Union sur la scène internationale ;

— renforcer la protection des droits et des intérêts des ressortissants de ses Etats membres ».

D'autres objectifs sont présentés comme des moyens à mettre en oeuvre :

« — la création d'un espace sans frontières intérieures ;

— le renforcement de la cohésion économique et sociale ;

— l'établissement d'une union économique et monétaire comportant, à terme, une monnaie unique ;

— la mise en oeuvre d'une politique étrangère et de sécurité commune, y compris la définition à terme d'une politique de défense commune, qui pourrait conduire, le moment venu, à une défense commune ;

— l'instauration d'une citoyenneté de l'Union ;

— le développement d'une coopération étroite dans le domaine de la justice et des affaires intérieures. »

A lire cette définition de l'Union, on constate que d'une façon ou d'une autre, les ingrédients classiques d'un Etat tels que le territoire, la citoyenneté, une monnaie et une politique étrangère et de sécurité commune sont présents ou annoncés, sans pour autant que l'Union, dépourvue de personnalité juridique, ne se substitue aux Etats membres.

Le débat sur la structure trouve un reflet dans la formulation alambiquée du 5e tiret : « de maintenir intégralement l'acquis communautaire et de le développer afin d'examiner, conformément à la procédure visée à l'article N, paragraphe 2, dans quelle mesure les politiques et formes de coopération instaurées par le présent traité devront être révisées en vue d'assurer l'efficacité des mécanismes et institutions communautaires ». La référence au maintien intégral de l'acquis y a été introduite pour apaiser toutes les craintes relatives à un processus de retour en arrière institutionnel au détriment de l'élément communautaire. Par ailleurs, il avait été entendu, dès le départ, que la PESC ne saurait être communautarisée dans le vrai sens du terme ; mais, pour de très nombreuses délégations, il ne fallait pas exclure, dans une perspective évolutive, une telle hypothèse. D'où ce renvoi à l'article N 2 et donc à une possible révision du dispositif, la formulation un peu obscure s'expliquant par le souci de ne pas heurter d'autres délégations qui ne voulaient pas du tout s'engager dans cette voie !

L'article B mentionne, *in fine*, le principe de subsidiarité tel que défini à l'article 3 B du traité instituant la Communauté européenne. S'agissant de l'Union, et notamment des volets « PESC » et « Coopération », puisque le traité CE contient de toute façon ce principe, on peut avoir des doutes sur l'utilité pratique d'une telle référence qu'il faut voir plutôt dans un sens politique : les Etats membres restent, en effet, les acteurs principaux dans ces domaines.

L'article C introduit le cadre institutionnel unique, élément essentiel de l'approche par piliers et qui fera l'objet d'une analyse détaillée plus loin. Loin de conduire à une atomisation du processus d'unification, l'insistance sur ce cadre unique permettra justement de renforcer le caractère unitaire et cohérent du processus. Pour mieux souligner cette philosophie, le texte de Maastricht confère à la Commission et au Conseil, institutions communautaires par excellence, le soin d'assurer « la cohérence de l'ensemble de son action extérieure dans le cadre de ses politiques en matière de relations extérieures, de sécurité, d'économie et de développement » (la phrase entre guillemets a été insérée par la Présidence luxembourgeoise à la demande du Président de la Commission).

L'article D introduit le Conseil européen dans le traité ; les formulations utilisées proviennent du Conseil européen de Stuttgart (1983) (8). Un des avantages de l'approche par piliers et du chapeau consiste justement dans la possibilité ainsi offerte d'introduire le Conseil européen dans l'Union sans en faire une institution communautaire à proprement parler.

(8) Mais l'article D ne reprend pas la référence au Conseil européen agissant dans les matières relevant des Communautés (cf. ci-dessus le chapitre 2, division C du titre I).

Vu l'importance des questions institutionnelles, nous leur consacrerons une section propre.

L'article F réitère le respect des identités nationales des Etats membres, précision utile dans un contexte de peurs parfois irrationnelles dans certains Etats membres. Il introduit, ensuite explicitement, le fondement démocratique des membres de l'Union. Il était toujours entendu que seuls des Etats démocratiques pouvaient appartenir à la CE, mais il n'est pas inutile, à un moment où l'Europe communautaire fait face à une multiplication de demandes d'adhésion, d'insérer cette exigence dans le texte du traité. L'article 237 actuel dit simplement que « Tout Etat européen peut devenir membre de la Communauté ».

Le deuxième paragraphe de l'article F, dans un esprit analogue, précise que « L'Union respecte les droits fondamentaux, tels qu'ils sont garantis par la Convention européenne de sauvegarde des droits de l'homme et des libertés fondamentales, signée à Rome le 4 novembre 1950, et tels qu'ils résultent des traditions constitutionnelles communes aux Etats membres, en tant que principes généraux du droit communautaire ».

Il convient de noter dans ce contexte que la question s'est longtemps posée de savoir s'il fallait inclure les droits fondamentaux de l'homme parmi les droits accordés aux citoyens de l'Union. Tant la Commission que l'Espagne souhaitaient s'y référer dans le chapitre « citoyenneté ». Mais comme les droits de l'homme concernent tous les hommes, qu'ils soient citoyens de l'Union ou non, il a été jugé plus logique d'y faire référence dans les dispositions communes (9). La Commission réclame, depuis longtemps, que la CE en tant que telle devienne membre de la Convention européenne de sauvegarde des droits de l'homme et des libertés fondamentales, ce qui est rejeté par certains Etats membres. La solution trouvée a été de qualifier à l'article F les droits fondamentaux par référence à cette convention (10). Dans la mesure où l'Union doit respecter ces droits, on peut se demander si la question d'une adhésion de la CE à la Convention ne devient pas superfétatoire.

Le troisième paragraphe, introduit à la demande notamment de l'Espagne, précise que « L'Union se dote des moyens nécessaires

(9) Voir aussi à ce sujet la section consacrée à la citoyenneté (titre V, chapitre 1, section 4).

(10) Le PE, quant à lui, plaidait pour l'introduction, dans le traité, d'une déclaration détaillée sur les droits de l'homme.

pour atteindre ses objectifs et pour mener à bien ses politiques ». Cette précision est à voir dans le contexte d'un débat plus général dans la Communauté sur le niveau des ressources à attribuer à la CE (11). Les pays du Sud reprochent souvent à leurs partenaires du Nord d'être plus avares en argent qu'en paroles ; ceci est particulièrement net, selon eux, en matière de cohésion (voir plus loin au titre V les développements consacrés à la « cohésion » ; voir aussi le chapitre consacré aux dispositions financières et budgétaires). Ils estimaient que l'élargissement du champ d'activité de la Communauté devait s'accompagner d'un accroissement des ressources propres de celle-ci.

L'Espagne proposait d'aller plus loin en inscrivant expressément dans le traité le « principe de l'adéquation des moyens ». Selon ce principe, toute extension éventuelle des compétences devait être examinée du point de vue de son effet potentiel sur les finances des Etats membres. Pour Madrid, cette question était liée aux modalités de prise de décision : si le financement d'une politique donnée était assuré par le budget communautaire, on pouvait passer au vote à la majorité. Si, par contre, tel n'était pas le cas, l'unanimité devait rester d'application (nous reviendrons à cette question lors de l'examen de la question du vote à la majorité qualifiée).

La conférence n'a pas voulu aller dans ce sens, mais a accepté de proclamer le principe général figurant à l'article F. Ceci étant, les dispositions relatives à la cohésion, et notamment la création du fonds de cohésion, répondent assez largement aux desiderata espagnols.

Section II. — Le cadre institutionnel unique

Introduction

Le reproche principal adressé à la structure par piliers a été, nous venons de le voir, celui de comporter le risque d'un éclatement du processus d'unification en éléments disparates.

(11) Cf. aussi plus loin le titre V, chapitre 5, section 2, § 3 sur « Les propositions non retenues en matière de systèmes financiers et budgétaires ». Il convient de noter dans ce contexte que le total des dépenses communautaires n'excède à l'heure actuelle pas 1,15 % du PIB communautaire, ce qui équivaut à 3 % seulement de l'ensemble des dépenses publiques des Etats membres.

Il serait en fait plus correct de parler du risque de perpétuer la situation existante, caractérisée par la juxtaposition de structures parallèles et une distinction artificielle entre affaires communautaires et coopération politique.

Parlant devant le Parlement européen le 12 juin 1991, le Président Jacques Delors évoqua cette situation dans les termes suivants :

« En ce qui concerne la politique étrangère, il me semble qu'il n'est pas possible que celle-ci soit distincte, séparée par un mur de la politique économique extérieure et de la politique d'aide au développement. Pourquoi ? Je vais vous en donner le dernier exemple. J'ai reçu, lundi, Monsieur Mandela. Il venait se plaindre du fait qu'on ne l'avait pas consulté avant de lever les sanctions contre l'Afrique du Sud. Quelles sanctions, Mesdames, Messieurs ? Celles prises par la Communauté en tant que telle ou celles prises par la coopération politique ? Qui peut y comprendre quelque chose ? C'est pourquoi nous maintenons notre proposition d'un bloc plus ou moins ambitieux — peut-être le nôtre était-il trop ambitieux — pour *qu'une seule instance, le Conseil des Ministres, ou le Parlement européen dans son pouvoir de consultation, traite du sujet de l'Afrique du Sud dans son entièreté*, comme il traitera des droits de l'homme dans le cadre de la Convention de Lomé ou, demain, du problème yougoslave si, par malheur, une tragédie intervenait. Sinon, nous restons dans un système schizophrénique et nous voyons s'élargir la zone grise où aucune décision n'est prise. »

Les participants à la conférence étaient conscients des risques invoqués par le Président de la Commission, même s'ils n'ont pas, pour les raisons évoquées plus haut, suivi celui-ci quant à la réponse exacte à apporter au problème. En prévoyant un cadre institutionnel unique, c'est-à-dire l'utilisation des institutions communautaires également par la PESC et la coopération dans les domaines de la justice et des affaires intérieures, ils ont voulu éviter la création d'un autre système institutionnel se rajoutant à celui en place, voire rivalisant avec lui. Le principe de « l'unicité » s'applique surtout au Conseil, au PE et à la Commission ; en revanche, la Cour de Justice, très présente dans le pilier communautaire, l'est nettement moins dans les deux autres piliers. Quant à la Cour des Comptes, devenue institution dans le nouveau traité, elle n'est pas vraiment concernée par le problème.

L'« unicité » est donc la présence du Conseil, du PE et de la Commission dans le mécanisme communautaire, aussi bien que dans la PESC et dans le 3e pilier ; ceci ne veut, toutefois, pas dire que le mécanisme communautaire institutionnel s'applique aux 2e et 3e piliers tel que dans le 1er, qu'il n'y ait pas de sérieuses variantes entre les trois ; au surplus, même au sein de la Communauté, le modèle institutionnel retenu pour l'UEM se caractérise par certains particularismes qui le distinguent du système classique (12).

Fait également partie de l'unicité institutionnelle le Conseil européen, en raison du rôle primordial que lui reconnaît le traité en tant qu'organe d'orientation et d'appel du Conseil des Ministres, et cela pour tous les domaines d'activités de l'Union.

Division A. — L'expression du principe de l'unicité institutionnelle dans les textes du traité

Au point de vue des textes, l'unicité institutionnelle s'exprime avant tout dans l'article C du chapeau, avec rappel dans cet article de la cohérence et de la continuité de l'action de l'Union et de la responsabilité qu'ont à cet égard le Conseil et la Commission.

Elle se reflète encore dans les articles J 11 et K 8 des piliers « PESC » et « coopération dans les domaines de la justice et des affaires intérieures » respectivement. Ces articles précisent, en effet, que les dispositions visées aux articles 137, 138, 139 à 142, 146, 147, 150 à 153, 157 à 163 et 217 du traité instituant la Communauté européenne sont applicables aux dispositions relatives à ces domaines.

Il s'agit des dispositions relatives au Parlement européen (137, 138, 139 à 142), au Conseil (146, 147, 150 à 153), à la Commission (articles 157 à 163) et au régime linguistique (217) (13).

(12) Le modèle institutionnel *sui generis* de l'UEM fait que l'on peut presque parler d'un pilier à part à l'intérieur du pilier communautaire. Bizarrement, les tenants de l'orthodoxie communautaire ne s'en sont guère émus.

(13) Cet article a été ajouté, à la demande pressante de la délégation allemande, très à cheval sur les questions de langues. Une déclaration de la conférence (n° 29) précise le fonctionnement du régime linguistique dans le domaine de la PESC. Le régime linguistique applicable est celui des Communautés européennes, mais, pour des raisons pratiques, dans les communications COREU (système de transmission de données reliant entre eux les 12 Ministères des Affaires étrangères), la pratique actuelle de la coopération politique européenne servira de modèle pour le moment (utilisation du français et de l'anglais). Tous les textes relatifs à la PESC qui sont présentés ou adoptés lors des sessions du Conseil européen ou du Conseil ainsi que tous les textes

Dans ce contexte, l'article 151 révisé revêt une importance particulière.

Il mentionne tout d'abord le rôle du comité des représentants permanents des Etats membres qui « a pour tâche de préparer les travaux du Conseil et d'exécuter les mandats qui lui sont confiés par celui-ci ». Cela n'est pas nouveau en soi, puisque ce texte figure déjà dans le traité actuel. Mais ce qui est nouveau est le fait que ce rôle du Coreper s'étendra aussi, dorénavant, aux domaines nouveaux, à savoir la PESC et la coopération judiciaire. C'est absolument crucial dans la mesure où la distinction artificielle entre affaires communautaires et coopération politique, qui commence depuis un certain temps déjà à s'estomper au niveau ministériel, disparaîtra à présent non seulement au niveau du Conseil même, mais aussi à celui de la préparation.

Cette disposition a, on l'imagine facilement, suscité de multiples interrogations, des controverses aussi. Qu'adviendra-t-il, en effet, d'organes aussi importants et influents que le comité politique, le comité monétaire ou le comité des coordinateurs qui, dans leurs domaines respectifs, sont pour le moment responsables directement pour la préparation des délibérations des Ministres ?

Il faut préciser d'emblée que l'intention a été non pas de substituer le Coreper à ces comités ou de diminuer le rôle de ceux-ci, mais d'assurer un maximum de cohérence dans la préparation des travaux du Conseil.

A l'heure actuelle, il arrive fréquemment que des dossiers complexes, comportant des éléments à la fois politiques, économiques, financiers et commerciaux, fassent l'objet de discussions parallèles dans les enceintes citées et que les Ministres soient saisis directement de rapports distincts, souvent non coordonnés, parfois contradictoires. Ou encore que les Ministres, réunis en coopération politique, prennent, sur base de considérations de politique étrangère, des décisions qu'il est ensuite difficile de convertir en décisions communautaires, qu'elles soient de nature budgétaire ou commerciale.

Tout cela nuit à l'équilibre et à la cohérence de l'action communautaire. Dans le système de Maastricht, les comités précités conti-

à publier, sont traduits immédiatement et simultanément dans toutes les langues officielles de la Communauté. Il s'agit là d'une innovation importante par rapport à la situation actuelle dans la coopération politique.

nueront de faire leur travail, selon les règles décrites aux articles 109 C (comité monétaire), J 8.5 (comité politique, K 4 (comité de coordination) (14), mais la tâche de coordonner la préparation reviendra au COREPER. Celui-ci ne va pas « corriger » le travail des autres comités, mais présenter au Conseil une vision d'ensemble d'un dossier pour que les Ministres puissent discuter en connaissance de cause.

La mention explicite du Secrétariat Général du Conseil dans l'article 151 est une innovation qui procède de la même logique (15). Le Secrétariat, dont le rôle très utile dans les affaires communautaires est connu, assistera dorénavant le Conseil dans toutes les activités de celui-ci. Il absorbera donc l'actuel Secrétariat de la Coopération politique tout en en renforçant considérablement l'équipe. Le Conseil disposera de la sorte d'un outil d'analyse et d'expertise commun tout à fait indispensable dans l'optique d'une politique étrangère ou d'une coopération dans les domaines de la justice et des affaires intérieures beaucoup plus ambitieuses qu'à l'heure actuelle.

Les articles J 11 et K 9 précités accentuent l'unicité institutionnelle également dans le sens qu'ils prévoient la prise en charge par le budget des Communautés européennes des dépenses administratives entraînées pour les institutions par les dispositions relatives à la PESC et la coopération judiciaire. En ce qui concerne les dépenses opérationnelles, elles peuvent soit être mises à charge du budget des Communautés européennes, si le Conseil en décide ainsi à l'unanimité, soit à la charge des Etats membres.

Division B. — De quelques particularismes institutionnels de l'Union et des Communautés

Si le principe du cadre institutionnel unique est donc fermement ancré dans le traité sur l'Union, il n'en reste pas moins vrai qu'il existe, à l'intérieur de ce cadre, un certain nombre de particularismes qui en affaiblissent le caractère unitaire.

(14) Ces articles seront examinés dans les chapitres respectifs.

(15) Cette mention a donné lieu à une protestation de la part du Président du PE qui, dans une lettre adressée au Président du Conseil le 7 janvier 1992, s'étonnait de ce traitement de faveur accordé au secrétariat d'une seule des institutions.

§ 1er. *Particularismes introduits dans le système communautaire par l'Union économique et monétaire*

Dans le cadre de l'UEM, il est difficile de dire que l'on ait entièrement respecté le système institutionnel communautaire classique. Certes, le Conseil, le Parlement et la Commission ainsi que le Conseil européen y interviennent, mais avec quelques règles spécifiques, voire quelques altérations de leurs pouvoirs ; par ailleurs, la BCE (Banque centrale européenne), agissant tant pour son compte propre qu'au nom du SEBC (Système européen des Banques centrales) joue un rôle d'institution, au sens classique du terme, c'est-à-dire qu'elle a un pouvoir autonome de décision et participe à l'UEM dans des conditions notamment d'initiative qui s'apparentent au rôle de la Commission dans le jeu institutionnel communautaire.

Le Conseil joue un rôle décisionnel important dans ce système UEM, mais avec des modalités particulières puisqu'il se réunit en deux compositions, celle des chefs d'Etat ou de gouvernement (16), c'est-à-dire dans la structure du Conseil européen, et celle, habituelle, des Ministres, évidemment ceux des Finances. Dans deux articles prévoyant la prise de décisions importantes, c'est le Conseil réuni au niveau des Chefs d'Etat ou de gouvernement qui intervient directement dans la procédure de décision ; ce sont les art. 109 J et K relatifs au passage à la 3e phase de l'UEM. Il convient de noter en outre que ce Conseil, lequel réuni à ce niveau statue à la majorité qualifiée, travaille sur « recommandation » du Conseil normal, c'est-à-dire des Ministres des Finances et reçoit des avis du PE. Autre tâche des Chefs d'Etat ou de gouvernement, ils exercent d'un commun accord, pas en Conseil européen mais en Conférence le pouvoir de nomination des membres du directoire de la BCE (et de l'IME) (art. 109 A.2 et 109 F.2).

Sans préjudice de son pouvoir de décision, le Conseil — au niveau des Ministres — a dans plusieurs cas un pouvoir de recommandation, d'abord pour préparer le travail du Conseil réunissant les Chefs d'Etat ou de gouvernement (art. 109 J et K, cf. *supra,* et art. 109 A,

(16) En outre, le Conseil européen se réunit lui aussi dans le cadre UEM, où il a un rôle de définition des grandes orientations de politique économique (article 103) ; l'article 103.2 prévoit que pour celles-ci, le Conseil de Ministres établit, sur recommandation de la Commission en statuant à la majorité qualifiée, un projet et fait rapport au Conseil européen ; celui-ci « débat d'une conclusion » sur la base de laquelle le Conseil de Ministres adopte toujours à la majorité qualifiée une « recommandation fixant les grandes orientations » et en informe le PE. A noter aussi que selon l'article 109 B le rapport annuel de la BCE est également adressé au Conseil européen.

désignation) ensuite en cas de déficit budgétaire excessif d'un Etat membre, pour recommander à celui-ci d'y remédier, voire pour le mettre en demeure d'y procéder (art. 104 C, § 7 et 9). Dans un autre cas encore, il a une sorte de pouvoir de proposition : l'art. 109 B 1.2 lui donne le pouvoir de faire soumettre par son Président une motion à la délibération du Conseil des gouverneurs de la BCE. D'autres dispositions assez disparates concernent la saisine du Conseil (niveau Ministres) : en général certes, il travaille sur base d'une proposition de la Commission, mais plusieurs articles ne prévoient pour le saisir qu'une recommandation de celle-ci, voire un avis ou un rapport (ce qui permet au Conseil de déroger aux modalités de sa prise de décision résultant de l'art. 148.2 puisqu'il pourra modifier le texte de la Commission à la majorité). En outre, dans certains cas, c'est la BCE qui propose et la Commission qui donne un avis, ou le contraire (p. ex. art. 73 F), ou soit l'un, soit l'autre et alors la majorité à utiliser par le Conseil n'est pas la même (voir deux exemples très typiques aux art. 106.5 et 109.1). La Commission ne garde donc pas partout son monopole du pouvoir d'initiative.

Concernant les rapports avec le PE, il n'existe pas dans l'UEM de cas d'emploi de la procédure de l'art. 189 B (codécision) ; en revanche, celle de l'art. 189 C (coopération) est utilisée quatre fois : art. 103.5, 104.A.2, 104.B.2 et 105.A.2 ; l'avis conforme est prévu par les articles 105.6 (missions spécifiques à conférer à la BCE en matière de contrôle prudentiel et 106.5 (modification des statuts du SEBC). Le Conseil qui doit consulter dans quelques cas le PE, lui adresse par ailleurs par l'intermédiaire de son Président en d'autres cas une information de ses décisions, de ses discussions ou examens (par ex. art. 103, 103 A, 104 C, 109, 109 B, 109 C, 109 J), le Président du Conseil pouvant être appelé à se présenter devant la commission parlementaire compétente.

Quant à la BCE qui, outre ses pouvoirs propres, gère par ses organismes, Conseil des gouverneurs et Directoire, le SEBC, elle a à ce titre un pouvoir d'adopter certains actes ; ceci est prévu par l'art. 108 A qui est calqué sur l'art. 189 CEE ; de plus les membres de ses organes voient leur indépendance par rapport tant aux autorités communautaires qu'aux gouvernements des Etats membres être assurée (art. 107 plus art. 7 du protocole sur les statuts du SEBC et de la BCE). Ils sont en effet chargés d'assurer la stabilité des prix dans la Communauté, de mettre en oeuvre la politique monétaire, de gérer les réserves de change, de promouvoir le bon fonctionnement du système de paiement ...

Un mot de la présence de la Cour de Justice dans l'UEM ; divers articles de la section relative à la Cour de Justice dans la partie institutionnelle du traité CEE (V^{e} partie, titre I, section 4) ont été modifiés pour tenir compte de l'existence de la BCE et du SEBC (art. 173, 175, 176, 177, 180 et 184), ce qui n'appelle pas d'observations ; en revanche on notera que la procédure en manquement contre un Etat membre pour violation de ses obligations ne s'applique pas dans le cadre de l'art. 104 C qui interdit aux Etats membres « les déficits publics excessifs » (voir art. 104 C.10), la constatation juridictionnelle d'un manquement n'ayant pas paru une sanction adéquate et étant peut-être une question requérant des talents autres que juridiques.

§ 2. *Particularismes introduits par le traité sur l'Union dans les domaines de la PESC et de la coopération dans les domaines de la justice et des affaires intérieures*

Les institutions de la Communauté « exercent leurs attributions dans les conditions et aux fins prévues » tant par les traités communautaires que par le traité sur l'Union (art. E). Ceci renvoie aux diverses dispositions institutionnelles des chapitres J et K.

a) Quant à la PESC, chapitre J, art. J à J 11, le Conseil est doté de la place majeure, sous l'autorité politique du Conseil européen évidemment. Les autres Institutions, hormis la Cour de Justice qui n'est même pas mentionnée au chapitre et est exclue de toute tâche en la matière par l'art. L, reçoivent du texte certaines attributions plus limitées.

Le rôle du Conseil européen, mentionné au chapitre J à deux reprises, est d'abord de « définir les principes et les orientations générales de la PESC » (art. J.8.1), fonction fort classique au regard des attributions naturelles de cet organe (art. D), mais qui est rappelée d'une manière plus spécifique quand il y a lieu à action commune (art. J.3.1).

Le Conseil (de Ministres) est véritablement l'agent de la PESC ; sur douze articles du chapitre J, huit le mentionnent expressément. Il est d'abord le forum de toutes les discussions et en premier rang de l'information mutuelle et de la concertation. Plus en aval, il veille à ce que les Etats membres appuient la PESC et ne prennent pas des attitudes divergentes. Les Etats membres et la Commission peuvent « le saisir de toute question relevant de la PESC et (lui) soumettre des propositions ». Par ailleurs, il est investi du pouvoir de prendre « les décisions nécessaires à la définition et à la mise en oeuvre de la PESC » et doit « veiller à l'unité, à la cohérence et à l'efficacité de l'action de l'Union » (voir aussi art. C).

Dans le cas où l'Union adopterait et mènerait une *action commune* (art. J 3), le rôle du Conseil est essentiel puisqu'il est appelé, après orientation générale du Conseil européen, à décider qu'une question fera l'objet d'une action commune et à en fixer ensuite la portée précise, les objectifs généraux et particuliers que s'assigne l'Union dans la poursuite de cette action ainsi que les moyens, procédures, conditions et si nécessaire la durée applicable à sa mise en oeuvre.

La seconde grande tâche spécifique du Conseil dans le cadre de la PESC a trait aux questions de sécurité de l'Union européenne et à la définition à terme d'une politique de défense commune. A l'égard de ces questions, le Conseil n'a toutefois pas d'ores et déjà un pouvoir de décider, mais de préparer (art. J.4). Les dispositions évoquées ci-dessus quant aux actions communes ne sont pas ici d'application (§ 3). Comme toutefois c'est à l'UEO (Union de l'Europe occidentale) « d'élaborer et de mettre en oeuvre les décisions et les actions de l'Union qui ont des implications dans le domaine de la défense », le Conseil CE, « en accord avec les institutions de l'UEO, adopte les modalités pratiques nécessaires ». Si ces termes de « modalités pratiques nécessaires » visent plutôt une sorte de pouvoir préparatoire, en revanche le § 6 de l'art. J.4, en liant la mise en oeuvre de cet article à la révision de 1996 (voir art. N.2), confirme le caractère préparatoire de la tâche du Conseil qui doit alors faire un rapport sur base d'une « évaluation des progrès réalisés et de l'expérience acquise ».

Le Conseil, ou plutôt sa présidence, a un rôle dans la représentation à l'extérieur de l'Union (article J.5). Il ne s'agit là que d'institutionnaliser une pratique ancienne des Communautés au sein des organisations internationales qui, chaque fois que les Etats tiers n'étaient pas disposés à admettre la représentation de la Communauté par la Commission, ne pouvaient s'opposer en revanche à une démarche commune des Etats membres représentés en tant que de besoin par la Présidence.

La Commission étant constamment associée au travail du Conseil (rappel de l'art. J.9), elle ne reçoit pas de tâches spécifiques dans la mise en oeuvre de la PESC, sauf dans le cadre de la représentation extérieure (art. J.5.3) et dans les rapports avec le PE où elle épaule la Présidence dans sa tâche d'information.

Un article, l'art. J.7, est consacré au rôle du PE dans la PESC. Celui-ci est consulté par la Présidence sur les principaux aspects et les choix fondamentaux et est tenu informé de l'évolution de la PESC. La Présidence veille à ce qu'il soit tenu compte de ses avis. Le PE peut poser des questions au Conseil, lui adresser des recommandations et une fois par an, avec le Conseil, organiser un débat sur les progrès réalisés dans le cadre de la PESC.

Il convient de noter, toutefois, que l'article 144 CE relatif à la possibilité, pour le PE, de voter une motion de censure sur la gestion de la Commission, n'est pas d'application dans le cadre de la PESC. Cela paraît normal dans la mesure où la Commission, bien qu'étant associée à toutes les activités de la PESC, n'est pas en charge de la gestion de celle-ci. Quant à l'hypothèse d'une motion de censure contre le Conseil voire le Conseil européen, elle est difficilement envisageable dans le système communautaire actuel.

Lors de la révision du traité sur l'Union prévue pour 1996, outre une discussion sur le développement de la politique de sécurité et de défense (art. J.4.6), tous les autres aspects relatifs à la PESC pourront être examinés.

On relèvera enfin que, afin d'assurer l'efficacité des actions communes dans le cadre de la PESC, les dépenses opérationnelles que celles-ci engendreraient pourront être prises en charge par le budget communautaire (dans le cadre de la procédure budgétaire courante) ou réparties entre les Etats membres (art. J.11). On notera aussi qu'il a été pourvu aux problèmes se posant si « une position commune ou une action commune » adaptée dans le cadre de la PESC est susceptible d'avoir des incidences dans la Communauté : par exemple, si une telle position ou action aboutit à ce que les relations économiques avec des pays tiers doivent être interrompues ou réduites, le Conseil prend les mesures urgentes adéquates (majorité qualifiée sur proposition de la Commission — art. 228 A, applicable également sur base de l'art. 73 G pour ce qui concerne les mouvements de capitaux et les paiements).

b) *La coopération dans les domaines de la justice et des affaires intérieures*

Là encore le travail est dominé par le Conseil. On notera en revanche que le Conseil européen n'est pas mentionné ; que le rôle du PE est identique à celui qu'il a au sujet de la PESC (art. K.6) ; que la Commission est « pleinement associée aux travaux » (formule habituelle art. K.4.2) mais que si elle partage le droit d'initiative avec les Etats membres dans certains cas, elle en est exclue dans d'autres (art. K.3.2) ; que la Cour de Justice a expressément vocation à recevoir certaines attributions (art. K.3.2 c et L b) ; que le texte prévoit en outre la possibilité d'adoption par le Conseil de positions communes, d'actions communes et de conventions (à ratifier par les Etats membres) (art. K.3.2) avec, enfin, la disposition que les dépenses opérationnelles engendrées par des actions communes peuvent être mises à la charge du budget de la Communauté ou à celui des Etats membres, à la diligence du Conseil (art. K.8.2).

On soulignera encore trois dispositions particulières :

— l'existence d'un organe spécial de coopération, le « Comité de coordination de hauts fonctionnaires » chargé de conseiller et d'assister le Conseil (art. K.4.1 et 100 D) (17) ;

— la communautarisation dès à présent des problèmes de visa pour les ressortissants des pays tiers qui sont traités non pas dans le chapitre K, mais dans l'art. 100 C ;

— l'existence d'une clause évolutive d'une nature *sui generis* permet que d'autres matières relevant de la coopération intergouvernementale soient le moment venu communautarisées (par décision du Conseil soumis à l'adoption des Etats membres, conformément à leurs règles constitutionnelles respectives, art. K.9 plus art. 100 C 6).

Il ressort clairement de ce qui précède que de l'avis des auteurs du traité la coopération dans le domaine de la justice et des affaires intérieures pourrait être communautarisée à terme. En attendant, l'utilisation du cadre institutionnel unique permettra d'accroître de façon significative l'efficacité et la cohérence de l'action de l'Union dans ce domaine important.

(17) Cette disposition ne fait en réalité qu'entériner la création, en décembre 1988 par le Conseil européen de Rhodes, d'un comité des coordinateurs.

Section III. — Les dispositions finales

Les dispositions finales font l'objet du titre VII du traité sur l'Union (articles L à S). Leur localisation n'est pas innocente : on a voulu, de la sorte, indiquer très clairement que l'Union, fondée sur les différents traités et les piliers, forme un tout. Les nouveaux adhérents potentiels deviendront membres de l'Union (art. N), et non pas simplement de la CE.

L'article L, qui est à voir en relation avec l'analyse du cadre institutionnel unique, précise que la Cour de Justice exerce sa compétence essentiellement dans le cadre des traités d'origine et en ce qui concerne les dispositions finales. Elle peut se voir attribuer des compétences limitées dans le cadre du pilier « coopération dans le domaine de la justice et des affaires intérieures » (l'article K.3 paragraphe 2 point c), mais est absente de la PESC sauf dans le cas où le budget des Communautés européennes est mis à contribution ; dans ces cas, la procédure budgétaire prévue au traité CE s'applique, et cette procédure pourrait éventuellement être soumise au contrôle de la Cour.

L'article M est destiné à éviter toute crainte d'une « pollution » directe ou indirecte des traités instituant les Communautés européennes par les dispositions relatives à la PESC ou la coopération judiciaire. Il précise, en effet, que, sous réserve des dispositions portant modification des trois traités de base, « aucune disposition du présent traité n'affecte les traités instituant les Communautés européennes ni les traités et actes subséquents qui les ont modifiés ou complétés ».

L'article N qui remplace l'ancien article 236 du traité CEE (et les articles 96 CECA et 204 CEEA) concerne la révision des traités.

Il comporte trois modifications par rapport à l'article 236. En premier lieu, il couvre naturellement tous les traités sur lesquels est fondée l'Union, y compris, même si cela n'est pas dit explicitement, les dispositions relatives à la PESC et à la coopération dans le domaine de la justice et des affaires intérieures.

En second lieu, il prévoit, dans le cas de modifications institutionnelles dans le domaine monétaire, la consultation de la Banque centrale européenne au même titre que le PE et la Commission.

En troisième lieu, le paragraphe 2 de l'article N prévoit d'ores et déjà la convocation d'une nouvelle conférence intergouvernementale en 1996, « pour examiner, conformément aux objectifs énoncés aux articles A et B des dispositions communes, les dispositions du présent traité pour lesquels une révision est prévue ». Rappelons qu'il s'agit des dispositions relatives au champ d'application de la procédure de l'article 189 B (« codécision ») et aux questions de sécurité et de défense (articles J 4 et 10) ; la conférence devra aussi examiner la question de l'introduction éventuelle dans le traité de titres relatifs à l'énergie, le tourisme et la protection civile (voir la déclaration n° 1) ainsi que la question de la hiérarchie des actes communautaires (voir la déclaration n° 16). Le libellé de cet article semble à première vue exclure la révision d'autres dispositions à cette occasion, mais tel ne nous semble pas être le cas dans la mesure où le paragraphe 1 peut toujours être mis en application.

La fixation, à brève échéance, d'un nouveau rendez-vous a été décidée pour souligner le caractère évolutif de l'Union et pour rassurer ceux qui voulaient, sur les deux articles mentionnés au 2e paragraphe notamment, aller plus loin à Maastricht.

Il convient de noter, finalement, que la procédure même de révision reste inchangée (18) Le PE, malgré de nombreuses interventions, n'a pas réussi à obtenir une modification dans le sens d'une plus grande association de sa part au processus ; il n'a pas non plus été suivi en ce qui concerne la soumission des résultats des futures conférences à l'avis conforme du PE.

L'article O qui remplace les articles 237 CEE, 98 CECA et 205 CEEA traité de la procédure d'adhésion. Il reprend mot à mot les termes de l'article 237 CEE, en remplaçant simplement « Communauté » par « Union ». Il faut noter que l'article O, comme avant lui l'article 237, prévoit l'avis conforme du PE, contrairement aux articles correspondants des traités CECA et CEEA.

Le remplacement des articles spécifiques relatifs à l'adhésion aux trois Communautés traditionnelles par un article général couvrant l'ensemble de l'Union écarte tout risque d'une adhésion à la carte. Les pays candidats devront dès lors souscrire à toutes les composantes de l'Union et accepter l'acquis existant qui comportera dorénavant, outre l'acquis communautaire, les nouvelles politiques des

(18) Du moins par rapport à celle prévue dans les traités CEE et CEEA. La procédure de l'article 96 CECA est légèrement différente ; elle ne prévoit pas la consultation du PE pour la convocation de la CIG. Quant à l'avis favorable du Conseil, il requiert la majorité des deux tiers, et non pas la majorité simple.

titres V et VI et les objectifs de l'Union décrits aux dispositions communes. Cela est particulièrement important à un moment où un certain nombre d'Etats neutres frappent à la porte de l'Europe communautaire (19).

Rappelons aussi que l'article F des dispositions communes doit également être vu dans le contexte du débat à venir sur de nouveaux élargissements : il a toujours été admis que seules les démocraties et les Etats respectant les droits de l'homme peuvent postuler à l'adhésion, mais l'article F, en faisant référence explicitement aux principes démocratiques et à la Convention européenne de sauvegarde des droits de l'homme et des libertés fondamentales, en fait une condition constitutionnelle.

L'article P est une adaptation des textes introduite pour des raisons de technique juridique. En raison de l'article C relatif au cadre institutionnel unique, les articles 2 à 7 et 10 à 19 du traité instituant un Conseil unique et une Commission unique des Communautés européennes sont devenus caducs ; ils sont donc abrogés.

La même observation vaut pour les articles 2, 3 paragraphe 2 et le titre III de l'Acte unique, rendus obsolètes par l'article D (Conseil européen), C et E (cadre institutionnel unique) des dispositions communes et par l'instauration d'une PESC (titre V).

L'article Q précise, comme le faisaient les articles 240 CEE et 208 CEEA, que le présent traité est conclu pour une durée illimitée. A noter que le traité CECA expirera, selon son article 97, en 2002. On aurait peut-être dû le spécifier à l'article Q.

L'article R concerne la ratification et surtout l'entrée en vigueur du traité sur l'Union, prévue pour le 1er janvier 1993, « à condition que tous les instruments de ratification aient été déposés, ou, à défaut, le premier jour du mois suivant le dépôt de l'instrument de ratification de l'Etat signataire qui procédera le dernier à cette formalité ».

(19) Sur le plan juridique se pose une question intéressante en ce qui concerne les pays tiers ayant déjà déposé leur demande d'adhésion en vertu de l'article 237 CEE (98 CECA et 205 CEEA). Pour certains d'entre eux, la Commission a d'ores et déjà rendu son avis prévu à ces articles. Faudra-t-il demander aux pays concernés de refaire une demande d'adhésion (à l'Union, cette fois-ci) une fois que le traité sur l'Union européenne sera entré en vigueur ? Ou pourra-t-on dire que la demande sur la table sera simplement considérée comme valant demande d'adhésion à l'Union et que l'on se bornera à substituer « en cours de route » la nouvelle base juridique aux anciennes bases ? C'est en tout cas dans cette voie que l'on s'est engagé au début de 1993 en ouvrant les négociations avec l'Autriche, la Finlande, la Norvège et la Suède.

Cet article, qui s'inspire directement des articles correspondants des traités CEE (article 247) et CEEA (article 224) et qui semble, par la référence dans le premier paragraphe aux hautes parties contractantes, conditionner l'entrée en vigueur du traité par la ratification dans les douze Etats membres signataires, n'a pas donné lieu à controverse ni même à discussion. On a pu, bien sûr, reprocher, après le « non » au referendum danois du 2 juin 1992, aux participants aux deux conférences leur « imprévoyance ». Mais il faut bien voir que même si on avait envisagé l'hypothèse danoise, il est peu probable qu'on aurait à l'époque prévu explicitement la possibilité d'une entrée en vigueur après un nombre limité de ratifications seulement, comme l'ont réclamé par après ceux auxquels l'expérience confère la sagesse. Pourquoi ? D'abord parce que les traités de Rome ne l'ont pas fait (20) ; le faire pour le traité sur l'Union européenne aurait dès lors donné le mauvais signal politique, celui de vouloir s'engager dans une Europe à deux vitesses. Maastricht, ne l'oublions pas, consacre, malgré l'exception regrettable du domaine social, le principe d'une approche unitaire. Même dans le domaine de l'UEM, où des transitions et des dérogations temporaires sont prévues, l'objectif final reste celui d'entraîner tous les Etats membres sur la route de l'Union.

La deuxième raison pour ne pas prévoir une solution de ce type était liée aux difficultés pratiques et juridiques qu'elle aurait entraînées inévitablement, comme les discussions autour du problème danois l'ont montré.

En refusant de ratifier Maastricht, un Etat membre ne vote pas contre la Communauté telle qu'elle existe à ce moment. Dans le cas du Danemark, le vote négatif au référendum du 2 juin 1992 n'a pas été interprété comme l'expression de la volonté de quitter la Communauté actuelle. Or, le traité de Maastricht modifie sur de nombreux points le traité de Rome ; comment envisager, dès lors,

(20) Cf. les articles 247 CEE et 224 CEEA. L'article 99 du traité CECA est, il est vrai, plus précis sur ce point. Il stipule, en effet, que « Au cas où tous les instruments de ratification n'auraient pas été déposés dans un délai de six mois à dater de la signature du présent traité, les gouvernements des Etats ayant effectué le dépôt se concerteraient sur les mesures à prendre ».

Mais le traité ne précise pas les mesures qui pourraient être prises dans une telle éventualité même s'il n'exclut sans doute pas la mise en place d'une Communauté à cinq ou quatre Etats membres. La situation, à l'époque, n'était de toute façon pas comparable à celle qui prévaut 40 ans plus tard : en 1952, la question était simplement de savoir si l'on allait lancer le processus d'intégration à six ou à moins de six ; ceux qui auraient refusé la CECA, se seraient exclus du processus d'intégration européenne. Tel ne serait pas le cas aujourd'hui, car même en rejetant Maastricht, un Etat membre resterait, juridiquement, membre des traités CEE, CECA, CEEA.

concrètement, l'application par un ou plusieurs Etats membres des dispositions actuelles et par les autres des dispositions introduites par Maastricht ? C'est pour cette raison que les douze Etats membres ont cherché ensemble une solution commune au problème du « non » danois, solution qui n'était pas facile à trouver et pour laquelle il a fallu déployer, des deux côtés, des trésors d'imagination et de bonne volonté politique (21).

Cette solution a finalement été trouvée au Conseil européen d'**Edimbourg** des 11 et 12 décembre 1992 moyennant une décision concernant certains problèmes soulevés par le Danemark à propos du traité sur l'Union européenne, deux déclarations du Conseil européen, deux déclarations unilatérales du Danemark indiquant qu'il n'appliquerait pas certaines dispositions et une déclaration finale (voir les textes y relatifs à la page 780 ; il sera également fait référence à ces textes par des notes en bas de page aux endroits appropriés) (22).

(21) La situation aurait d'ailleurs été en pratique la même si les auteurs du traité de Maastricht avaient eu recours à la formule plus prudente de l'article 99 du traité CECA à un détail près : la concertation se serait faite sans le Danemark, ce qui, pour les raisons évoquées ci-dessus, aurait été politiquement mauvais et juridiquement source d'impasse.

(22) Un second référendum danois a finalement eu lieu sur cette nouvelle base le 18 mai 1993. Il est évident qu'un second « non » aurait constitué un rejet de la Communauté en tant que telle dans la mesure où les autres Etats membres, à l'exception peut-être du Royaume-Uni, avaient clairement laissé entendre qu'ils étaient politiquement déterminés à aller de l'avant sans le Danemark, même si cela aurait posé des difficultés réelles sur le plan juridique. Le vote positif du peuple danois (57 % de « oui ») le 18 mai 1993 a permis d'éviter cette éventualité.

TITRE V

LA NOUVELLE COMMUNAUTÉ EUROPÉENNE

INTRODUCTION : UN CHANGEMENT DE DÉNOMINATION SIGNIFICATIF

Le préambule du traité de Paris proclamait la volonté de fonder, « par l'instauration d'une communauté économique les premières assises d'une communauté plus large et plus profonde ». Maastricht, bien plus encore que l'Acte unique européen, s'inscrit dans cette logique.

La Communauté issue du traité de Rome, qui est et restera le noyau de l'intégration européenne, change de dénomination : de Communauté économique européenne elle devient Communauté européenne, elle perd donc son caractère essentiellement économique. L'instauration d'une citoyenneté de l'Union reflète peut-être de la façon la plus symbolique cette volonté d'étendre le champ d'application communautaire à d'autres aspects de la vie des hommes. Le renforcement du principe de la cohésion économique et sociale dénote le même état d'esprit : le marché en tant que tel, fût-il unique, ne fait pas le bonheur de tous les citoyens ; sans freins, sans correctifs à la fois régionaux et sociaux, il risquerait même d'accentuer les disparités tant sociales que régionales qui existent dans la Communauté.

De nouvelles compétences sont attribuées à la Communauté : la culture, la santé, l'éducation, l'industrie, les réseaux, la protection des consommateurs. D'autres sont renforcées, telle que l'environnement, la recherche, la politique sociale.

La conférence a hésité entre l'extension sectorielle des compétences par l'ajout de nouveaux chapitres ou la généralisation du recours à un article 235 libéré de son orientation strictement économique (1). Si elle a finalement opté pour la première solution, c'est essentiellement par souci de clarté juridique. Mieux vaut préciser exactement dans le traité quels sont les objectifs et moyens en matière de santé ou de culture plutôt que de recourir à un instrument général et plutôt vague, donc sujet à controverses, comme l'article 235.

Nous touchons ici à un point crucial pour la compréhension du traité sur l'Union. En élargissant le champ des compétences, la conférence n'a nullement eu pour objectif de créer un super-Etat communautaire, entourant de ses bras tentaculaires toutes les sphères de la vie des citoyens des Etats membres. Elle a, au contraire, voulu clarifier les relations entre la CE et les Etats membres, en créant des bases juridiques solides pour des domaines qui requièrent d'évidence une intervention au niveau communautaire (2), tout en essayant de limiter le degré de cette intervention au strict nécessaire. C'est ici qu'intervient le fameux principe de la subsidiarité qui a fait et continuera à faire couler beaucoup d'encre. Le terme est assez obscur et sujet aux interprétations les plus diverses, comme nous allons le voir plus loin ; l'état d'esprit, toutefois, qui se cache derrière est fondamental pour l'avenir de la construction européenne. La Communauté doit pouvoir intervenir là et seulement là où elle apporte un plus par rapport à l'action nationale, voire régionale ou locale.

Le premier chapitre de ce titre sera consacré aux *trois grands principes* que nous venons d'évoquer et qui parcourent le traité sur l'Union comme autant de fils rouges : la subsidiarité, la citoyenneté et la cohésion. Nous examinerons ensuite en détail l'*UEM* (chapitre 2) et les *autres politiques* (chapitre 3). Le quatrième chapitre portera sur le thème de la *légitimité démocratique*. Les nouveaux pouvoirs accordés au PE revêtent à cet égard une importance fondamentale ; la CE restera cet ensemble *sui generis* que nous avons décrit au premier titre, mais elle acquiert progressivement et parallèlement à l'extension de ses compétences une structure plus démo-

(1) L'article 235 CEE dans sa version actuelle se lit comme suit :
« Si une action de la Communauté apparaît nécessaire pour réaliser, dans le fonctionnement du marché commun, l'un des objets de la Communauté, sans que le présent traité ait prévu les pouvoirs d'action requis à cet effet, le Conseil, statuant à l'unanimité sur proposition de la Commission et après consultation du Parlement européen, prend les dispositions appropriées ».

(2) En fait, l'examen de ces nouveaux domaines révélera qu'ils *ont*, dans le passé, fait l'objet d'interventions communautaires, sur la base de l'article 235.

cratique. Celle-ci se traduit aussi par une reconnaissance du rôle des parlements nationaux, la création d'un Comité des régions, la « revalorisation » du Comité économique et social et le débat sur la publicité des actes.

Un cinquième chapitre, enfin, sera consacré à l'*efficacité des institutions et des procédures*. Nous y examinerons tant la question du respect du droit communautaire que les dispositions financières et budgétaires. Une section sur le thème du vote à la majorité qualifiée et une autre sur le rôle de la Commission compléteront ce chapitre.

CHAPITRE PREMIER
PRINCIPES ET RÈGLES DE BASE

SECTION 1re. — LES OBJECTIFS ET LES ACTIONS DE LA CE

La nouvelle rédaction de l'article 2, fixant les missions et les objectifs de la CE, reflète les modifications apportées par le traité sur l'Union : il en est ainsi notamment de la mention de l'UEM qui devient un des instruments privilégiés pour réaliser les objectifs fixés. Il s'agit de promouvoir (3) :

— un développement harmonieux et *équilibré* des activités économiques dans l'ensemble de la Communauté ;
— *une croissance durable et non inflationniste respectant l'environnement* (une expansion continue et équilibrée) ;
— *un fort degré de convergence des performances économiques* (une stabilité accrue) ;
— *un niveau d'emploi et de protection sociale élevé* ;
— le relèvement (un relèvement accéléré) du niveau *et de la qualité* de vie ;
— *la cohésion économique et sociale* ;
— *la solidarité entre les Etats membres* (des relations plus étroites entre les Etats qu'elle réunit).

Les tirets 4 et 6 rectifient en réalité une omission lors de la rédaction de l'Acte unique, dans la mesure où celui-ci avait introduit le concept de cohésion et renforcé les dispositions sociales.

La même remarque pourrait être faite concernant la référence, au second tiret, au respect de l'environnement.

La croissance durable est un concept en vogue depuis quelques années : il s'agit, plutôt que d'encourager une « expansion continue », de concilier croissance et respect de l'environnement, croissance et utilisation rationnelle de l'énergie, croissance et absence

(3) En *souligné*, les concepts nouveaux ; entre parenthèses, les formulations correspondantes anciennes.

d'inflation notable. « L'esprit UEM » se traduit également dans le troisième tiret : un haut degré de convergence est, en effet, indispensable si on veut arriver à une monnaie unique.

La nouvelle sensibilité écologique, sous-jacente au concept de croissance durable, se reflète encore dans l'accent mis sur le relèvement, non seulement du niveau, mais aussi de la qualité de vie.

Enfin, « la solidarité entre les Etats membres » a une connotation plus positive que « des relations plus étroites ». La cohésion économique et sociale est une des composantes de cette solidarité.

A l'instar de l'article 2, l'article 3, qui énumère les actions de la CE destinées à réaliser les missions énumérées à l'article 2, est révisé pour tenir compte des modifications intervenues depuis l'AUE (4). Les *litteras* j, k et m se réfèrent en fait à ce dernier, alors que les *litteras* d, l, n, o, p, q, s et t reflètent les nouvelles compétences communautaires introduites par le traité de Maastricht. Il convient de noter que le langage choisi varie selon le degré de communautarisation des domaines concernés : si on parle de « politique » dans le domaine de l'environnement, on évoque, subsidiarité oblige, plus modestement « une contribution à la réalisation d'un niveau élevé de protection de la santé ». L'énergie (5), la protection civile (6) et le tourisme (7), quant à eux, ont seulement droit à « des mesures » ; les chapitres distincts relatifs à ces domaines, qui figuraient dans le projet de juin, ont été éliminés dans la version finale. Une déclara-

(4) On notera que le nouveau *littera* « b » ne parle plus de l'établissement d'un tarif douanier commun dans la mesure où celui-ci est en place depuis 1970.

(5) L'élimination du chapitre « énergie » peut paraître surprenante, si l'on pense à l'importance industrielle, économique et environnementale de ce secteur. Un projet belge en date du 29 janvier 1991 avait lancé le débat, mais, trop ambitieux, trop dirigiste aussi aux yeux de nombreuses délégations, il avait rapidement été écarté. La Commission soumit un autre texte le 30 janvier, proposant l'insertion d'une disposition spécifique concernant l'énergie dans le traité CE, tout en laissant les traités CECA et CEEA inchangés. Son objectif était d'introduire dans le traité la notion de sécurité des approvisionnements de la CE et d'affirmer la nécessité de réaliser le marché intérieur également dans ce domaine. Elle souhaitait aussi clarifier la situation en ce qui concerne l'application des règles de concurrence au secteur de l'énergie. Une majorité de délégations se montrèrent favorables à l'insertion d'un chapitre « énergie », et la Présidence luxembourgeoise élabora un texte de compromis, selon un schéma analogue à celui utilisé dans d'autres nouvelles compétences (subsidiarité, description des grands objectifs, base légale pour des actions, etc). L'opposition radicale de deux délégations (NL, UK), la tiédeur de certaines autres et de la Commission elle-même dans la défense de ce chapitre, aboutirent au résultat connu ; la décision de supprimer ce texte, comme les deux autres mentionnés ci-dessus, tomba à Noordwijk les 12 et 13 novembre 1991.

(6) Une proposition italienne du 1er février 1991 était à l'origine du texte inclus dans le projet de juin.

(7) Des projets de texte avaient été proposés par la Grèce (25 janvier 1991) et l'Italie (20 février 1991)

tion de la conférence relative à ces domaines précise, toutefois, que la CIG d'ores et déjà prévue pour 1996, examinera la question de l'introduction dans le traité de titres spécifiques à cet égard.

Un mot doit être dit ici au sujet de la suppression de l'ancien *littera* « j » qui évoquait « l'institution d'une Banque européenne d'investissement, destinée à faciliter l'expansion économique de la Communauté par la création de ressources nouvelles ».

Pour refléter de façon adéquate l'importance de la BEI (8) qui est, dans le cadre communautaire, à la fois une banque et une institution *sui generis* avec son statut particulier et ses propres organes de délibération, de décision et de contrôle, la conférence a décidé de lui consacrer un nouvel article à part (article 4 B).

En même temps et dans le même esprit, les articles qui décrivent la composition et les missions de la BEI (articles 129 et 130 CEE) sont transférés de la partie consacrée à « La politique de la Communauté » à la partie consacrée aux institutions de la Communauté (articles 198 D et 198 E CE). Ces deux articles sont identiques aux anciens articles 129 et 130 si on fait abstraction d'un changement au premier alinéa de l'article 198 D et de l'ajout d'un alinéa à l'article 198 E, alinéa qui sera évoqué plus loin parmi les dispositions relatives aux fonds structurels.

SECTION II. — LE PRINCIPE DE SUBSIDIARITÉ

Division A. — Les termes du débat sur la subsidiarité

Le débat sur le principe de subsidiarité, qui a occupé une place très importante dans les négociations, doit être vu sur l'arrière-fond des succès de l'intégration européenne.

L'extension des compétences communautaires, et donc le transfert de compétences nationales vers la Communauté, suscite l'inquiétude non seulement des Etats membres, mais aussi de certaines régions d'Europe. Ne risque-t-on pas ainsi de priver, au bénéfice d'un super-Etat européen, les Etats membres et les échelons inférieurs de leurs prérogatives et de causer ainsi un glissement institu-

(8) La BEI, installée à Luxembourg, est, grâce à la solidité de son organisation et la rigueur de sa gestion, considérée comme la première institution financière du monde.

tionnel vers la « bureaucratie bruxelloise » ? Glissement d'autant plus pernicieux que le transfert de souveraineté ne s'accompagne pas, aux yeux de beaucoup, d'un transfert concomitant du contrôle démocratique vers le Parlement européen. (cf. chapitre 4 sur le thème de la « légitimité démocratique »). Pour certains Etats membres, toute avancée de l'intégration doit dès lors s'accompagner d'une réflexion approfondie sur les rapports entre le niveau communautaire et les niveaux nationaux et régionaux : qui doit faire quoi ? Telle est, exprimée en termes simples, la vraie question qui se pose. Cette question, qui se pose depuis toujours à l'intérieur de chaque Etat, et tout particulièrement dans les Etats fédéraux, n'est évidemment pas nouvelle dans le contexte communautaire ; le principe de subsidiarité imprègne le traité qui repose sur le système des compétences d'attribution. Mais il restait implicite dans la mesure où l'approche fonctionnelle et sectorielle suivie pendant très longtemps donnait aux Etats membres l'impression de bien contrôler le système de dévolution de souveraineté à la Communauté.

On peut dire, en paraphrasant Molière, que les pères des traités ont, en attribuant de façon sélective et fonctionnelle des compétences à la CE, fait de la subsidiarité comme Monsieur Jourdain faisait de la prose.

C'est avec le passage vers une approche plus globale que la problématique du partage des compétences émerge dans toute son acuité. Ce n'est pas un hasard si la première définition explicite de la subsidiarité se trouve dans le projet de traité élaboré par le PE en 1984, sous l'égide de Monsieur Spinelli.

L'article 12, paragraphe 2 de ce projet précise, en effet, que « L'Union n'agit que pour mener les tâches qui peuvent être entreprises en commun de manière plus efficace que par les Etats membres agissant séparément, en particulier celles dont la réalisation exige l'action de l'Union parce que leurs dimensions ou leurs effets dépassent les frontières nationales ».

Cette définition indique deux choses : d'abord que l'Union agit à titre subsidiaire par rapport aux Etats membres, qu'elle n'agit que si son action apporte un plus. Mais en même temps, elle postule que l'action de l'Union est exigée dans certains cas.

La définition de M. Spinelli est la traduction en termes communautaires d'un concept qui remonte à Aristote, mais qui a trouvé sa formulation moderne dans l'encyclique « Quadragesimo anno » parue en 1931.

« On ne peut enlever aux particuliers, pour les transférer à la communauté, les attributions dont ils sont capables de s'acquitter de leur seule initiative et par leurs propres moyens ; aussi ce serait commettre une injustice, en même temps que troubler d'une manière très dommageable l'ordre social, que de retirer aux groupements d'ordre inférieur, pour les confier à une collectivité plus vaste et d'un rang plus élevé, les fonctions qu'ils sont en mesure de remplir eux-mêmes ». (9)

Comme l'indique M. Servent dans l'article cité, la notion de subsidiarité est, toutefois, à double sens : « Ce niveau 'supérieur' se doit de respecter les prérogatives du niveau 'inférieur', mais il se doit également de lui venir en aide s'il se trouve dans la difficulté ».

Dans le cadre communautaire, il n'est évidemment pas question de « retirer » de façon autoritaire aux Etats membres les fonctions qu'ils sont en mesure de remplir eux-mêmes. Quand les auteurs du traité ont décidé de créer une politique agricole commune, ils l'ont fait de leur libre arbitre parce qu'ils estimaient que les objectifs poursuivis exigeaient une action en commun.

Le problème n'est donc pas là. Il naît quand le centre est perçu comme s'appropriant de manière subreptice des compétences que les Etats membres *n'ont pas voulu* céder. Nous arrivons ici à une distinction cruciale qu'il faut avoir bien à l'esprit pour comprendre le débat. L'utilité du principe de subsidiarité ne s'épuise pas avec la décision d'un transfert de compétences. En d'autres termes : la subsidiarité n'est pas seulement un principe politique à invoquer lors de l'attribution de compétences. Elle est aussi et surtout un concept qui doit présider à la mise en oeuvre des compétences transférées. Dans le contexte communautaire, en effet, de nombreuses compétences sont mixtes, ou concurrentes : les Etats membres exercent leurs compétences dans un domaine donné tant que la CE n'a pas exercé la sienne. Prenons l'exemple de l'Acte unique : il crée une nouvelle compétence en matière d'environnement, mais il ne s'agit nullement d'une compétence communautaire exclusive.

(9) Cité par Pierre SERVENT, « La subsidiarité contre le Moloch bureaucratique », dans *Le Monde* du 30 juin 1992, p. 11.

L'article 130 R paragraphe 4, en sa rédaction résultant de l'Acte unique, contient, en effet, la première définition explicite de la subsidiarité dans un texte de traité (même si le terme même n'apparaît pas) :

« La Communauté agit en matière d'environnement dans la mesure où les objectifs visés au paragraphe 1 peuvent être mieux réalisés au niveau communautaire qu'au niveau des Etats membres pris isolément ».

Les Etats membres reconnaissent donc que la Communauté a un rôle à jouer dans ce domaine, mais ils veulent circonscrire ce rôle, ils veulent éviter que la Communauté ne se mêle de tout et les spolie de leurs rôles respectifs. Mais la formulation même de ce texte fait apparaître la difficulté de l'entreprise : comment savoir si une action est « mieux réalisée » au niveau communautaire qu'au niveau national ? Qui décidera en fin de compte ?

La Commission, naturellement, avait plutôt tendance à privilégier le niveau communautaire (10). D'où les inquiétudes et craintes des Etats membres évoquées plus haut, d'autant plus qu'avec l'ajout de nouvelles compétences la zone grise et les risques de controverses institutionnelles s'étendent. Et que la Cour de Justice, traditionnellement, tend à aller plutôt dans le sens de la Commission.

Le débat sur la subsidiarité dans le contexte de Maastricht tourne en réalité autour de cette difficulté : comment faire pour diminuer les risques d'une expansion communautaire inconsidérée, comment réduire les effets de la zone grise existant en matière de compétences mixtes ?

Le Conseil européen de Rome II a reconnu explicitement l'importance que revêt le principe de subsidiarité, « non seulement lorsqu'il s'agit d'étendre les compétences de l'Union, mais aussi pour la mise en oeuvre des politiques et décisions de l'Union ».

Pour certains Etats membres, la solution était l'inscription explicite dans le traité d'une définition aussi précise que possible de la subsidiarité. Dans cette exigence, partisans et adversaires d'une Europe fédérale se retrouvaient : la subsidiarité réunissait Allemands et Anglais. Ce n'est paradoxal qu'à première vue, et seule-

(10) Mais il faut préciser que le Président Delors, conscient des risques de dérapages et de divorce entre l'opinion publique et la CE, a été un des premiers à réfléchir sur le thème de la subsidiarité et à préconiser l'introduction du concept dans les textes communautaires.

ment si on oublie que derrière le mot « fédéral » se cachent des interprétations radicalement opposées : si ce mot est intimement lié au concept de décentralisation chez les uns, il est interprété par les Britanniques comme signifiant une centralisation extrême. Tant Londres que Bonn étaient d'avis que l'Union devait s'occuper uniquement des questions qui ne peuvent être résolues de façon satisfaisante au niveau national ou, pour les Allemands, au niveau national ou régional. Des divergences fondamentales les séparaient, évidemment, quant à la définition de ces questions, ce qui montre la difficulté de transformer la subsidiarité en règle opérationnelle.

Si la subsidiarité ne saurait être, en matière d'attribution de compétences, autre chose qu'un principe de philosophie politique qui inspire les auteurs des traités, la situation se présente différemment dès lors que l'on se place sur le terrain de la mise en oeuvre des compétences. La question d'un contrôle juridictionnel se pose bien dans cette hypothèse, ce qui appelle à son tour une réflexion sur des critères aussi objectifs que possible pour apprécier le respect ou non du principe.

La conférence intergouvernementale s'est donc longuement penchée sur les moyens pour garantir le respect de la subsidiarité par les institutions dans la mise en oeuvre des compétences. A la demande notamment du Royaume-Uni, s'est ajouté un autre niveau de réflexion : comment assurer que la Communauté, dans l'exercice de ses compétences, qu'elles soient exclusives ou partagées, se limite à une intervention raisonnable et adaptée aux objectifs recherchés. Cette interprétation de la subsidiarité assimile celle-ci au principe de proportionnalité que reconnaît déjà la jurisprudence de la Cour.

La première question à résoudre concernait la définition du principe de subsidiarité. De très nombreuses rédactions furent présentées tant par les délégations des Etats membres que par la Commission et le PE (rapport Giscard d'Estaing). Elles s'inspiraient toutes, de près ou de loin, du projet de traité sur l'Union européenne, élaboré en 1984 par le PE. Il existait, toutefois, des nuances assez fortes entre différentes versions, selon que l'on mettait l'accent soit sur le critère de la « nécessité » (une action de la CE est nécessaire parce qu'elle ne peut pas être réalisée de façon satisfaisante sur le plan national) soit sur celui de « l'efficacité » (une action de la CE est indiquée parce qu'elle peut être prise de manière plus efficace sur ce niveau). Toutes se référaient à la dimension géographique de l'action proposée : si ses effets dépassent les frontières nationales, il y a une forte présomption en faveur de la mise en oeuvre d'une compétence communautaire.

La volonté d'éviter toute remise en cause de l'acquis communautaire et toute atteinte au degré d'intégration auquel la CE est parvenue était largement partagée. Cette volonté explique la distinction faite, dans la définition du PE (rapport Giscard d'Estaing), entre les compétences exclusives et les compétences partagées (11).

Le texte final, que nous analyserons un peu plus loin, est le fruit d'approximations successives ; sans être parfait, il constitue sans doute le maximum de ce que l'on pouvait faire dans un exercice par nature délicat : il n'est pas facile de définir un concept plus politique que juridique, plus subjectif qu'objectif, plus évolutif que stable.

Le caractère spécifique du concept de subsidiarité explique aussi pourquoi la conférence a longuement hésité entre son inscription au préambule ou dans le corps du traité. La première solution en faisait plutôt un principe directeur, essentiellement politique, la seconde le rendait sans nul doute possible justiciable (12). Tant la Commission que le PE et la Republique fédérale ainsi que le Royaume-Uni insistaient beaucoup sur cette deuxième approche.

Longtemps, la thèse des « préambulistes » semblait l'emporter, une majorité de délégations craignant dans le cas contraire un glissement vers un « gouvernement des juges ». Si c'est finalement l'autre thèse qui a été retenue, c'est essentiellement pour des raisons politiques. Face aux craintes suscitées par l'avancée communautaire, il fallait faire de la subsidiarité un principe clairement justiciable. Il reste à voir comment la Cour s'acquittera de cette nouvelle tâche. L'expérience du passé indiquerait plutôt que les espoirs de ceux qui entendent utiliser la subsidiarité pour renationaliser des compétences risquent d'être déçus.

Le contrôle par la Cour se fera *a posteriori*, en vertu des articles 173 et 177 du traité CE. A un certain moment, la question

(11) « Au cas où des compétences ne sont pas exclusivement ou pas complètement dévolues à la Communauté, celle-ci, dans la mise en oeuvre de son action, agit dans la mesure où la réalisation de ces objectifs exige son intervention parce que leurs dimensions ou leurs effets dépassent les frontières des Etats membres ou peuvent être entrepris de manière plus efficace par la Communauté que par les Etats membres oeuvrant séparément ».

(12) En réalité, il nous semble que même figurant au préambule, le principe de subsidiarité aurait pu être invoqué devant la Cour de Justice.

a été posée de savoir si on devait, en plus de ce contrôle juridictionnel, prévoir un niveau de recours supplémentaire sous forme d'un « avis préalable » de la Cour. Une première hypothèse avancée dans ce contexte concernait la possibilité, un peu à l'instar de ce que prévoit l'article 228 CEE pour les accords internationaux, de recueillir l'avis de la Cour avant ou pendant l'examen d'une proposition de la Commission.

Une deuxième hypothèse, émanant du PE, était de prévoir la consultation de la Cour après l'adoption définitive d'un acte et avant son entrée en vigueur avec, comme conséquence, en cas d'avis négatif de la Cour, l'obligation de recourir à la révision du traité (cf. article 238 CEE).

Ces idées n'ont pas été retenues, la CIG estimant qu'il ne fallait pas trop alourdir les procédures de prise de décision. Pour des raisons analogues, elle a également écarté l'idée, avancée par d'aucuns, de prévoir des voies de contrôle politique *a priori*, soit par le Conseil européen, soit par des organes extérieurs, tels que par exemple une instance de conciliation *ad hoc* composée de représentants des gouvernements et/ou des parlements nationaux, ou un Comité des sages, voire le « Congrès » (13).

Estimant qu'une responsabilité particulière incombe à la Commission, initiatrice des propositions législatives, la Présidence luxembourgeoise avait, dans son *non paper* du 7.1.1991, suggéré d'inscrire dans le traité une disposition liant plus particulièrement la Commission dans la formulation de ses propositions.

Cette suggestion n'a pas non plus été retenue dans la mesure où l'inscription d'un article spécifique dans le dispositif du traité lie de toute façon toutes les institutions. Mais le Président Delors lui-même, lors du Conseil européen de Lisbonne de juin 1992, a indirectement repris cette idée en promettant que dorénavant la Commission motiverait ses propositions aussi au regard du principe de subsidiarité.

Division B. — Analyse et commentaire de la solution retenue

Le traité de Maastricht inscrit donc le principe de la subsidiarité, d'abord à l'article B des dispositions communes, ensuite et surtout

(13) La question du Congrès sera examinée au chapitre 4.

à l'article 3 B du traité CE. Les formulations précises retenues dans les dispositions particulières conférant à la CE des compétences traduisent par ailleurs également ce principe : nous citerons, à titre d'exemple, l'article 126 relatif à l'éducation :

> « La Communauté *contribue* au développement d'une éducation de qualité en *encourageant la coopération* entre Etats membres et, *si nécessaire*, en *appuyant* et en *complétant* leur action ... »

Inscrit parmi les principes énumérés à la première partie du traité (article 3 B) et défini par référence à des critères accessibles à une appréciation objective, le principe de subsidiarité devient non seulement un élément d'interprétation, mais aussi un moyen d'annulation ou d'exception pouvant être dirigé contre tout acte fondé sur les dispositions particulières du traité. Il est clair que le caractère largement politique du principe ne rendra pas facile d'une manière générale sa mise en application et plus particulièrement la tâche de la Cour. Comme dans le cas du principe de la proportionnalité, également de connotation politique et qui est depuis longtemps pris en compte par la Cour pour la délimitation des compétences permettant aux institutions d'imposer des obligations aux citoyens communautaires (14), la Cour, tout en reconnaîssant sans doute aux institutions une large marge d'appréciation, exercera son contrôle par la censure des mesures prises en cas d'erreur manifeste.

La première phrase de l'article 3 B rappelle le principe d'attribution des compétences qui sous-tend le processus communautaire : « la Communauté agit dans les limites des compétences qui lui sont conférées et des objectifs qui lui sont assignés par le présent traité ».

Il convient de rappeler au sujet de l'attribution globale de compétences faite par l'article 3 B que l'article 235 CEE introduit dans le traité un élément de flexibilité puisqu'il permet à la CE d'agir si une action « apparaît nécessaire pour réaliser, dans le fonctionnement du marché commun, l'un des objets de la Communauté, sans que le présent traité ait prévu les pouvoirs d'action requis à cet effet ». La

(14) Afin d'établir si une disposition de droit communautaire est conforme au principe proportionnalité, la Cour a déclaré qu'il « importe de vérifier si les moyens qu'elle met en oeuvre sont aptes à réaliser l'objectif visé, et s'ils ne vont pas au-delà de ce qui est nécessaire pour l'atteindre (cf. entre autres Arrêt du 23 février 1983, Affaire 66/82, *Fromançais contre FORMA*, *Recueil* 1983, p. 395, point 8). Lorsqu'un choix s'offre entre plusieurs mesures appropriées, « il convient de recourir à la moins contraignante et les inconvénients ne doivent pas être démesurés par rapport aux buts visés » (cf. entre autres arrêt du 13 novembre 1990, Affaire C-331/88, *the Queen contre FEDSA et autres, Recueil* 1990, p. 4063, point 13).

question s'est posée de savoir s'il fallait, dans l'esprit d'une approche plus globale, délier l'article 235 de sa finalité économique. On aurait ainsi, arguaient certains, pu faire l'économie des chapitres introduisant de nouvelles compétences, étant entendu qu'une référence explicite à la subsidiarité à l'article 235 rénové devrait empêcher tout abus institutionnel. La CIG a finalement adopté une approche politiquement plus courageuse et juridiquement plus transparente en inscrivant explicitement dans le traité les objectifs et moyens des politiques nouvelles.

L'article 3 B reprend ensuite la suggestion du PE de limiter l'application du principe de subsidiarité en tant que principe justiciable aux domaines qui ne relèvent pas de la compétence exclusive de la Communauté. On a voulu ainsi éviter de porter, par une définition inadéquate, atteinte à l'acquis communautaire. On n'allait tout de même pas imposer à la Communauté d'apporter la preuve, avant de fixer les prix agricoles, que cela ne peut pas être fait de façon satisfaisante au niveau national.

Il est donc clair qu'il n'est question ici que de domaines où le transfert de compétences vers la CE est partiel, et où il pourrait dès lors y avoir un risque d'abus de pouvoir de la part du centre, un glissement vers une ingérence exagérée allant au-delà des intentions des auteurs du traité.

Le texte précise ensuite que la Communauté « *n'intervient que* si et dans la mesure où les objectifs qui lui sont assignés *ne peuvent pas* être réalisés de façon suffisante par les Etats membres et peuvent donc, en raison des dimensions ou des effets de l'action envisagée, être mieux réalisés au niveau communautaire ».

La double négation dans la première partie de la phrase va dans le sens des délégations allemande et britannique puisqu'elle montre clairement que l'action de la CE est subsidiaire par rapport à l'action des Etats membres et qu'elle ne peut s'envisager que si les Etats membres ne peuvent pas réaliser les objectifs fixés de façon suffisante.

Avec cette formule, qui renverse la charge de la preuve au détriment de la CE, le risque existe de voir certains Etats membres être tentés d'utiliser l'article 3 B pour dénier à la CE le droit d'intervenir dans bon nombre de dossiers où elle agit à l'heure actuelle.

Le texte des projets d'avril et de juin était moins restrictif puisqu'il donnait une définition positive de l'action communautaire :

> « ... la Communauté n'intervient que si et dans la mesure où les objectifs qui lui sont assignés peuvent être mieux réalisés au niveau communautaire ... »

Dans la version de Maastricht, le critère de l'efficacité (« peuvent donc ... être mieux réalisés ») est défini par l'élément du début de la phrase : il faut d'abord démontrer que l'action nationale n'est pas suffisante et satisfaisante. Si tel est le cas, on peut alors en conclure que les objectifs à atteindre peuvent être mieux réalisés au niveau communautaire.

Une autre observation s'impose ici. La définition précise que la CE « n'agit que si et dans la mesure où ... ». Elle ne règle donc pas seulement le principe d'une action, mais également la façon d'agir. Ceci va tout à fait dans le sens de la délégation britannique qui a toujours considéré la subsidiarité également comme un principe directeur dans l'exercice d'une compétence communautaire donnée. C'est d'ailleurs à sa demande que la dernière phrase de l'article 3 B, qui exprime la même idée et qui inscrit en fait dans le traité le principe de la proportionnalité évoqué plus haut, a été rajoutée dans le texte de Maastricht.

Il sera intéressant de voir l'application concrète de l'article 3 B dans la vie de la CE. S'il devait être invoqué de façon répétée devant la Cour, on risque effectivement d'aboutir à un gouvernement des juges invoqué par certains. La définition est, par la force des choses, suffisamment vague pour permettre une telle évolution. Par la force des choses, car la subsidiarité est, qu'on le veuille ou non, un concept politique plutôt que juridique. Peut-on en vérité établir juridiquement si une action déterminée peut ou ne peut pas être réalisée de façon suffisante au niveau national ?

Si le rôle de la Cour dans cette matière reste incertain, il est clair que sur le plan politique, le débat ouvert aux CIG aura des prolongements importants. Toutes les institutions communautaires devront réfléchir sur le principe de subsidiarité. D'ores et déjà, le Conseil européen de Lisbonne des 26 et 27 juin 1992 a souligné la nécessité d'une application stricte à la législation existante et future du principe de la subsidiarité par toutes les institutions. Il a invité la Commission et le Conseil à engager d'urgence des travaux sur les mesures à prendre sur le plan de la procédure et sur le plan pratique pour mettre en oeuvre le principe en question (15).

A travers la subsidiarité se pose tout le problème de la nature de la construction européenne, des liens entre la Communauté et les Etats membres et les régions. Dans ce sens, Maastricht aura suscité une réflexion salutaire et un véritable débat politique, débat qui a peut-être fait défaut dans le passé.

Section III. — La cohésion économique et sociale

Division A. — Les enjeux

Le développement du principe de la cohésion économique et sociale consacré par l'Acte Unique, constitua pour les pays les moins développés de la Communauté l'un des principaux enjeux de la négociation. Le Conseil européen de Rome des 14 et 15 décembre 1990 avait demandé à la conférence intergouvernementale sur l'Union politique de tenir compte de la « cohésion économique et sociale entre les Etats membres » au titre de l'extension et du renforcement de l'action de la Communauté.

Au départ, l'approche des pays du Sud était fondée essentiellement sur la constatation que la cohésion telle qu'inscrite dans l'Acte Unique ne reflétait qu'une « optique limitée ». Les innovations introduites à l'époque étaient jugées insuffisantes pour répondre aux exigences découlant de la perspective de réalisation de l'Union économique et monétaire.

Dès lors, il convenait d'amender et de compléter ces textes par un certain nombre de dispositions nouvelles.

Les discussions au sein de la conférence intergouvernementale sur l'Union politique se déroulèrent autour de quatre axes :

(15) Le Conseil européen d'**Edimbourg** des 11 et 12 décembre 1992 a arrêté, sur base d'un rapport des Ministres des Affaires étrangères, une approche globale concernant l'application du principe de subsidiarité (cf. *infra*, pp. 756, 760 et 766). Il a aussi invité le Conseil à rechercher un accord interinstitutionnel entre le Parlement européen, le Conseil et la Commission sur l'application effective de l'article 3 B par toutes les institutions. Il a, enfin, pris acte de l'intention de la Commission de retirer ou de modifier certaines propositions et de faire des propositions visant à modifier certains textes législatifs existants.

§ 1er. *Les amendements aux textes du traité*

Les demandes des pays du Sud concernant le renforcement des dispositions du traité peuvent être résumées comme suit :

— l'exigence, qui allait de soi, de réparer un oubli des rédacteurs de l'Acte unique et d'inscrire la cohésion économique et sociale parmi les objectifs de l'Union (articles 2 et 3) ;
— la prise en compte des objectifs de la cohésion économique et sociale, non seulement lors de la mise en oeuvre des politiques et actions de la Communauté, mais aussi au moment de leur formulation. L'idée était de lier davantage encore la Commission au stade de l'élaboration des politiques ;
— la présentation d'un rapport périodique sur les progrès accomplis en matière de cohésion économique et sociale, assorti le cas échéant de propositions appropriées ;
— une nouvelle base juridique permettant d'engager des actions spécifiques pour compléter l'action des fonds structurels et des autres politiques de la Communauté ;
— une base juridique spécifique pour permettre la création de nouveaux fonds à finalité structurelle ;
— l'insertion d'un passage créant un lien spécifique entre la cohésion économique et sociale et l'Union économique et monétaire.

§ 2. *La création de nouveaux fonds spéciaux*

Partant de la constatation que les fonds structurels existants étaient insuffisants pour répondre aux besoins découlant de la réalisation des Unions politique et économique et monétaire, les pays du Sud demandèrent la création de nouveaux fonds en dehors de ceux qui existaient déjà. Dans leur conception de ces fonds, les idées divergeaient et plusieurs propositions furent faites :

— création d'un fonds européen de cohésion « destiné à rapprocher toutes les composantes de l'espace communautaire dans une perspective de cohésion, notamment en vue de la création et du développement de réseaux transeuropéens » (document de travail portugais du 26 mars 1991) ;
— création d'un fonds européen de péréquation financière inter-étatique « qui viserait à promouvoir la formation du capital physique et humain dans le territoire de ceux des Etats membres où le revenu par habitant est en-dessous de 90 % de la moyenne

communautaire » (propositions espagnoles du 5 mars 1991 et du 7 mai 1991) ;

— création d'un fonds européen de cohésion « en vue de réaliser dans la Communauté une plus grande cohésion économique et sociale dans le cadre de l'Union économique et monétaire. Ce fonds aidera les Etats membres à mettre en oeuvre les politiques et actions communes de la Communauté et permettra de financer des projets et programmes supplémentaires, en particulier dans les domaines qui ne peuvent pas bénéficier de l'aide des fonds à finalité structurelle » (proposition grecque du 5 septembre 1991).

Fut également évoquée la possibilité de la création d'un fonds de l'environnement pour financer des investissements dans les pays les moins développés en matière de protection de l'environnement pour compenser en quelque sorte les coûts inhérents à certaines mesures d'harmonisation en cette matière au niveau communautaire. Dernière idée, enfin, la création d'un fonds pour lutter contre la désertification dont les interventions auraient été essentiellement réservées à l'Espagne, qui s'était plainte de l'insuffisance de l'impact des dépenses structurelles sur son territoire.

§ 3. *La réforme du système des ressources propres*

Dans son mémorandum du 5 mars 1991, la délégation espagnole formula l'exigence d'une augmentation substantielle des ressources à partir du 1er janvier 1994. Elle introduisit ensuite dans un document du 7 mai 1991 l'idée du principe de la « suffisance (adéquation) des moyens », à savoir que tout engagement politique pour une action communautaire devrait entraîner la mise à disposition de moyens financiers appropriés. Les ressources propres « doivent être suffisantes pour couvrir les dépenses découlant de l'application des politiques et des actions communautaires ».

Par ailleurs, dans cette même contribution du 7 mai 1991, l'Espagne proposa de faire préciser à l'article 200 du traité que les ressources propres provenant des différents Etats membres devraient être proportionnelles à leur prospérité relative et devraient respecter le principe de progressivité. Elle demanda en outre une modification de l'article 201 pour l'adapter aux réalités nouvelles.

§ 4. *L'assouplissement des critères d'intervention des fonds structurels existants*

Dans son mémorandum du 5 mars 1991, l'Espagne posa aussi l'exigence d'une réforme des mécanismes structurels existants, essentiellement sur deux points :

— « révision des critères d'éligibilité pour les adapter aux besoins concrets des régions bénéficiaires et aux possibilités des Etats dont ils font partie » ;
— « relèvement des taux du cofinancement communautaire et modulation de ceux-ci en fonction de la gravité des problèmes spécifiques, de la prospérité relative de l'Etat membre, des caractéristiques propres aux actions envisagées, de l'intérêt particulier qu'elles revêtent sur le plan communautaire et régional ».

Division B. — Le déroulement des négociations

Dès le début des négociations, l'importance de la cohésion économique et sociale fut mise en évidence par les pays du Sud, qui étaient soucieux de compléter et de développer cette dimension de la solidarité communautaire, inscrite dans le traité par l'Acte unique.

La délégation irlandaise présenta en date du 16 janvier 1991 une note consacrée à ce thème. Répondant à ce document, la Présidence soumit à la conférence, le 11 février 1991, un questionnaire pour mieux orienter les discussions. Les premières discussions firent apparaître de fortes réticences de la part des pays du Nord, non convaincus de la nécessité d'un réaménagement du texte du traité.

Le 28 février 1991, la délégation grecque présenta également une contribution sur la cohésion.

Mais la bataille fut menée de manière très engagée par l'Espagne qui, en date du 5 mars 1991, présenta une proposition qui exposait de manière articulée les idées espagnoles. Le document constatait que la dimension de cohésion inscrite dans l'Acte unique avait été mise en oeuvre de manière insuffisante. Les critiques formulées s'adressaient essentiellement aux volumes financiers mis à disposition, qui n'avaient pas atteint le seuil critique pour avoir un impact significatif sur les économies des pays du Sud: Par ailleurs, était formulé le reproche de ne pas avoir tenu suffisamment compte de l'objectif de la cohésion dans les autres politiques développées par la Communauté, telles la PAC, la recherche, l'environnement, etc.

L'Espagne estimait en outre que les disciplines accrues qu'imposerait l'UEM aux pays du Sud en ce qui concerne la conduite de leurs politiques de finances publiques, rendrait nécessaire un renforcement de la dimension cohésion. Cette discipline allait limiter les capacités de financement des Etats membres les moins riches ; un effort de solidarité accrue s'imposait dès lors.

De cette analyse, l'Espagne tira plusieurs conclusions opérationnelles. Il faudrait d'abord augmenter de manière substantielle le budget communautaire consacré à la cohésion. En même temps, il conviendrait de moduler les ressources budgétaires pour introduire une plus grande progressivité, pour mieux tenir compte de la prospérité relative des Etats membres. L'idée maîtresse avancée par l'Espagne fut, toutefois, celle de la création d'un nouvel instrument financier, c'est-à-dire un fonds de compensation inter-étatique. Inspiré par le fonctionnement de certains Etats fédéraux, comme l'Allemagne fédérale, cet instrument devait servir à instaurer des mécanismes de péréquation financière entre Etats membres, et à assurer aux Etats les plus nécessiteux des transferts financiers pour rééquilibrer des situations de développement économique divergentes.

Ces idées furent complétées par quelques suggestions d'aménagements ponctuels à apporter aux mécanismes existants de la cohésion tels la révision des critères d'éligibilité, le relèvement des taux de cofinancement communautaires, une modulation de la politique communautaire d'aides publiques en fonction des critères de cohésion.

Inutile de relever que les idées exposées dans le document espagnol reçurent de la part des pays du Nord un accueil plus que réservé. Les demandes espagnoles furent jugées exorbitantes. Les pays du Nord refusaient d'établir un quelconque lien avec l'UEM. L'idée même d'un fonds de péréquation fut jugée inacceptable dans la mesure où elle allait à contre-courant des principes de la Communauté en matière de politiques structurelles, à savoir que tout mécanisme d'intervention financière ne pouvait avoir qu'une finalité régionale, voire compléter certaines actions des Etats membres. Par la suite la délégation espagnole exigea une nouvelle rédaction des articles 200 et 201 du traité CEE, pour y introduire le principe de la suffisance des moyens, et la prise en compte de la prospérité relative des Etats membres pour l'établissement des ressources propres. Ces propositions de textes d'articles, dans la lignée des idées développées précédemment, constituaient de la part de la délégation espagnole un durcissement de sa position. Elle entendait ainsi réagir aux critiques qui lui étaient adressées et signifier clairement que pour elle cette exigence était impérative pour un succès des négociations.

Le Portugal présenta également en date du 26 mars une contribution sur la cohésion économique et sociale.

A son tour, la Commission fournit une contribution en date du 10 avril 1991. D'une rédaction prudente, cette contribution comportait pour principale innovation l'idée d'introduire dans le traité une définition précise des objectifs des politiques structurelles, renvoyée par l'Acte unique au règlement-cadre adopté en 1988.

Le *non paper* de la Présidence luxembourgeoise du 17 avril tenta d'accommoder quelque peu ces exigences, mais les premières discussions au niveau ministériel le 13 mai montrèrent qu'il ne saurait constituer la base d'un accord.

Dans son texte de projet de traité du 18 juin 1991, la Présidence luxembourgeoise ajusta légèrement le texte relatif à la cohésion pour tenir compte de certaines observations de fond présentées par les délégations. En particulier, ce texte prévoyait une nouvelle base juridique pour la création de nouveaux fonds à finalité structurelle.

Au Conseil européen de Luxembourg, le 28 juin 1991, le Président Delors fit un exposé remarqué sur le thème de la cohésion. Le Président de la Commission dressa d'abord un bilan, il est vrai provisoire, de l'application de l'Acte unique en ce domaine. Il affirma que plutôt que d'avoir eu un effet de concentration de la richesse dans les pays prospères, la réalisation du marché unique aurait provoqué un accroissement spectaculaire des flux d'investissements privés vers les pays les moins prospères. Aux dires du Président, ces flux auraient, par rapport à 1986, été multipliés par deux pour la Grèce et l'Irlande, par quatre pour l'Espagne et par dix pour le Portugal. Les programmes de développement mis en oeuvre dans le cadre du paquet Delors en 1988 auraient considérablement amélioré le niveau de vie des pays intéressés. Dans son analyse, le Président Delors reconnut que l'Espagne posait un problème particulier. En effet, en raison de l'importance de sa population et du fait que toutes les régions n'étaient pas considérées comme des régions en retard, ce pays bénéficiait moins des interventions structurelles prévues. En même temps, l'Espagne était quelque peu pénalisée par le système des ressources propres. Enchaînant sur cette analyse, le Président Delors traça plusieurs pistes de réflexion possibles pour venir à la rencontre des pays du Sud. En outre, il lança l'idée d'un fonds spécial pour l'environnement.

Le Conseil européen prit note de ces réflexions et demanda qu'on les approfondisse.

Durant les mois qui suivirent, différentes idées émergèrent. L'Espagne s'étant plainte de certaines rigueurs que lui imposaient sur le plan financier les mesures d'harmonisation en matière d'environnement, on explorait l'idée d'un fonds pour l'environnement, dont les interventions serviraient précisément à soulager l'impact de certaines de ces mesures.

L'Espagne ayant par ailleurs fait valoir qu'elle tirait des interventions structurelles un avantage inférieur aux autres Etats du Sud, on imagina la création d'un fonds pour lutter contre la désertification. Toutes ces idées restèrent cependant en un état embryonnaire.

Au fil des discussions, il s'avérait progressivement que l'idée de la création d'un fonds spécial pour l'environnement, sans être de nature à donner entière satisfaction, pouvait contribuer à un accord. Il n'en était pas de même de l'idée d'un fonds pour lutter contre la désertification, qui aurait exclusivement bénéficié à l'Espagne et ainsi rompu la solidarité entre les pays du sud.

Le dossier de la cohésion fut repris au niveau ministériel le 28 octobre 1991. D'emblée, le Président Delors plaça le dossier dans le cadre plus général des réformes financières devant intervenir en 1992. Il mentionna la possibilité de la création d'une cinquième ressource plus progressive tenant mieux compte de la prospérité relative des Etats membres. Le débat ne fut pas approfondi ; l'Espagne, une fois de plus, mit en garde ses partenaires contre les risques d'un échec à Maastricht si une solution satisfaisante sur ce dossier n'était pas trouvée.

Ce n'est qu'au conclave de Noordwijk que le dossier de la cohésion prit une nouvelle tournure. Reprenant l'initiative, le Président Delors avança trois idées :

— il faudrait introduire une plus grande flexibilité dans la gestion des fonds structurels pour donner à la Commission une plus grande souplesse d'action ;
— contrairement à ses prises de position antérieures, le Président fit sienne l'idée d'un fonds de convergence, dont les interventions seraient destinées à la solidarité entre Etats membres ;
— l'article 200 du traité de Rome relatif aux ressources propres devrait être réaménagé pour mieux tenir compte de la prospérité relative des Etats membres ; l'une de ces ressources serait calculée de manière progressive.

Ces idées reçurent bien entendu un accueil favorable du côté des pays du Sud, alors que ceux du Nord estimaient toujours que les amendements de la Présidence constituaient le maximum de ce qui était acceptable.

Il fallut attendre le Conseil européen de Maastricht pour avoir une clarification définitive. L'attitude déterminée de l'Espagne devait s'avérer payante comme en témoigne le résultat de la négociation. Mais il convient de souligner que sans l'intervention constructive du Chancelier Kohl au Conseil européen, ce dossier n'aurait pas trouvé un dénouement aussi facile.

Division C. — Les éléments du compromis

§ 1er. *Les modifications au texte du traité*

Par rapport à l'Acte unique, le traité de Maastricht introduit un certain nombre d'éléments nouveaux dans le texte du traité qui s'articulent de la manière suivante (15*a*).

D'abord, dans les dispositions générales du traité sur l'Union, la cohésion figure dorénavant comme l'un des objectifs de l'Union (article B). La cohésion économique et sociale figure également dans les principes gouvernant la Communauté (art. 2 et 3).

Le titre XIV, remplaçant l'ancien titre V introduit par l'Acte unique dans le traité, est modifié à plusieurs endroits :

— Les zones rurales ont été introduites à la demande de la Commission au deuxième alinéa de l'article 130 A parmi les régions les

(15*a*) Il convient de noter dans ce contexte que dans une déclaration (n° 26, p. 749), la conférence prévoit la possibilité de l'adoption de mesures spécifiques en faveur des régions ultra périphériques de la Communauté (DOM français, Açores, Madère et Iles Canaries) qui subissent un retard structurel important aggravé par plusieurs phénomènes tels que l'éloignement et l'insularité.

moins favorisées. Ceci fut fait en anticipation de la réforme à venir de la PAC, qui allait s'orienter vers un système de paiements d'aides directes à des producteurs désavantagés, touchés par les baisses de prix rendues indispensables.

— L'article 130 B introduit l'exigence que déjà au moment de la formulation de politiques et d'actions de la Communauté, on prenne en compte les objectifs de la cohésion. Ce fut à la demande de l'Irlande que cet amendement fut introduit. Celui-ci vise essentiellement la Commission. En effet, chaque fois que celle-ci fera des propositions, elle devra dûment tenir compte de la dimension cohésion. Par cette mention, on avance le moment de la prise en considération de la cohésion pour l'introduire déjà au stade de la conception des propositions législatives. Cette rédaction répond à l'objection présentée par les pays du Sud selon laquelle dans la pratique l'article 130 B n'avait pas eu suffisamment d'effet sur la mise en oeuvre des politiques communautaires, telles les politiques des transports, de la recherche, de l'environnement.

— L'idée, reprise dans le 2e alinéa de l'article 130 B, de la présentation tous les trois ans par la Commission, d'un rapport sur les progrès accomplis dans la réalisation de la cohésion, constitue une innovation. Elle vise à introduire à intervalles réguliers un examen sur les résultats obtenus par les différentes politiques et le cas échéant à dégager de nouvelles propositions de nature à améliorer la situation. La future Union sera donc appelée tous les trois ans à faire le constat de ces résultats et à cette occasion, la Commission pourra également faire des propositions appropriées.

— Le 3e alinéa de l'article 130 B prévoit une base juridique pour permettre des actions ponctuelles spécifiques, en dehors des fonds, afin de pouvoir corriger des écarts exceptionnels qui s'ouvriraient entre régions ou de réduire des développements trop divergents. Cet alinéa vient à la rencontre des délégations qui estiment que la cohésion économique et sociale ne se limite pas à l'action des fonds.

Il ressort, toutefois, des discussions au sein de la conférence intergouvernementale, qu'il s'agit là d'un instrument exceptionnel, dont l'emploi ne saurait être généralisé, et dont l'usage doit être réservé à des circonstances spécifiques, par exemple pour venir au secours de zones sinistrées.

— Le premier alinéa de l'article 130 D, qui modifie légèrement l'ancien article 130 D, part de l'idée de la nécessité d'une meilleure coordination entre les différents fonds structurels pour améliorer leur efficacité. Cette coordination devrait inclure les autres instruments financiers existants. On y énonce également la possibilité de définir les règles générales applicables à tous ces instruments financiers. L'article 130 D mentionne par ailleurs la possibilité d'un regroupement des fonds à finalité structurelle. Ces mesures seraient prises sur avis conforme du Parlement.

— L'innovation majeure de l'article 130 D, 2e alinéa, réside dans l'engagement de créer avant le 31 décembre 1993, un fonds de cohésion dont les interventions seraient destinées « à la réalisation de projets dans le domaine de l'environnement et dans celui des réseaux transeuropéens en matière d'infrastructure des transports ». Pour mieux comprendre la conception même de ce fonds, il convient de se reporter au protocole sur la cohésion économique et sociale annexé au traité de Maastricht (voir *infra*). Les interventions de ce nouveau fonds sont soumises à trois conditions limitatives : elles sont destinées à ceux des Etats membres dont le PNB (15*b*) par habitant est inférieur à 90 % de la moyenne communautaire. Il s'agit donc d'interventions financières, non plus, comme c'était le cas antérieurement en faveur de *régions* déterminées, mais en faveur des *Etats* les moins prospères.

  Les interventions sont, toutefois, limitées dans leur destination, puisqu'elles sont réservées à des projets relatifs à l'environnement et aux réseaux transeuropéens.

  Le protocole impose une condition supplémentaire aux Etats récipiendaires, à savoir qu'ils aient « mis en place un programme visant à satisfaire aux conditions de convergence économiques visées à l'article 104 C du traité ».

  Cette troisième condition est une application de l'idée de sanctions contenues dans ce même article pour forcer un Etat membre à se conformer aux exigences de la convergence économique. La création du fonds de cohésion sera soumise à l'avis conforme du Parlement européen.

(15*b*) Le recours au PNB peut étonner dans la mesure où dans le cadre de l'UEM on se réfère systématiquement au PIB.

— L'article 130 E introduit, pour toutes les décisions d'application relatives au Fonds européen de développement régional, la procédure de l'article 189 C, à savoir la procédure de coopération.

Notons aussi que le titre relatif à la cohésion comporte — sur le plan procédural — une autre innovation, puisqu'il introduit dans la procédure de décision la formalité d'un avis du Comité des régions, organe nouvellement créé par le traité de Maastricht.

Un mot doit, enfin, être dit au sujet de l'article 92 du traité qui, dans une optique de cohésion, prévoit à son paragraphe 2c que soient compatibles avec le marché commun « les aides octroyées à l'économie de certaines régions de la République Fédérale d'Allemagne affectées par la division de l'Allemagne, dans la mesure où elles sont nécessaires pour compenser les désavantages causés par cette division ». Cette dérogation devait, dans l'esprit de la plupart des délégations, tomber alors que la division de l'Allemagne était définitivement surmontée. Mais la délégation allemande s'y opposait dans la mesure où les désavantages économiques causés par la division persistent bien après l'unification et qu'il était dès lors justifié de maintenir à ce stade la dérogation en faveur des régions concernées. Elle réussit à convaincre ses partenaires du bien-fondé de cet argument ; dès lors, le texte de l'article 92.2 c resta inchangé.

§ 2. *Le protocole sur la cohésion économique et sociale*

Le protocole sur la cohésion économique et sociale annexé au traité est le fruit d'un compromis politique conclu au niveau du Conseil européen de Maastricht.

L'Espagne n'a pas pu faire passer ses propositions de modification des articles 200 et 201. Le protocole, qui fait partie intégrante du traité, contient toutefois l'énumération d'un certain nombre d'engagements politiques de nature à lui procurer satisfaction. Parmi ceux-ci, il convient de retenir les suivants :

— la BEI devra consacrer la majorité de ses ressources à la cohésion, les Etats membres étant même disposés à en augmenter le capital, s'il en était besoin,
— on réaffirme la nécessité de procéder à une évaluation complète du fonctionnement et de l'efficacité des fonds structurels en 1992 et de réexaminer à cette occasion le volume de ceux-ci,
— la décision d'un fonds de cohésion dans les conditions décrites ci-dessus est rappelée,

— les Etats membres déclarent leur intention de permettre une plus grande flexibilité dans l'octroi de crédits en provenance des fonds structurels pour mieux tenir compte des besoins spécifiques,
— les Etats membres se déclarent disposés à moduler les niveaux de la participation communautaire aux projets des fonds structurels, afin d'éviter des augmentations excessives des dépenses budgétaires dans les Etats récipiendaires,
— les Etats membres affirment leur intention de tenir davantage compte de la capacité contributive de chaque Etat membre dans le système de ressources propres et, suivant une formule prudente, d'étudier les moyens permettant de corriger pour les Etats membres les moins prospères les éléments « régressifs » du système actuel (16).

Le recours à une décision sous la forme d'un protocole annexé au traité se justifiait, puisqu'à part la décision portant sur la création d'un fonds de cohésion, d'ailleurs reprise dans le texte même du traité, tous les autres engagements souscrits dans ce texte peuvent être mis en oeuvre par des mesures ponctuelles d'un caractère législatif secondaire et non constitutionnel.

Section IV. — La citoyenneté de l'Union

Introduction

La citoyenneté de l'Union est peut-être devenue dans le traité sur l'Union européenne un concept juridique, mais, en la lançant, les Etats membres ont essentiellement eu une idée politique, mobilisatrice et de participation. Mobilisatrice, pour renforcer l'identité européenne et pour développer l'idée d'appartenance à un groupe dont tous les membres pourraient circuler et se fixer partout sur l'aire communautaire et qui seraient défendus par les autorités de l'un ou l'autre Etat membre quand ils se trouveraient à l'étranger. De participation, en faisant de tous les individus des citoyens européens appelés, en quelque lieu qu'ils résident dans la Communauté, à être électeurs et éligibles tant aux élections européennes qu'aux

(16) Voir aussi les conclusions du Conseil européen d'**Edimbourg** des 11 et 12 décembre 1992 sur le financement de la Communauté pour la période allant de 1993 à 1999. Tant la nouvelle structure des ressources propres que le renforcement très net des dépenses structurelles et les modalités de la mise en oeuvre du Fonds de cohésion reflètent les débats relatifs à la cohésion qui ont eu lieu dans le cadre des négociations menant à Maastricht.

élections municipales. Au sujet de l'idée de citoyenneté européenne avec les prérogatives que nous venons d'indiquer, il ne saurait être trop insisté sur le rôle fondamental joué dans son développement et sa mise au point par le Premier Ministre espagnol, Monsieur Felipe Gonzales ; après l'avoir lancée en juin 1990 au Conseil européen de Dublin et après avoir fait déposer un aide-mémoire espagnol le 24 septembre 1990, M. Gonzales la porta à bout de bras aux deux Conseils européens de Rome.

Le terme d'« Europe des citoyens » était certes apparu dans le vocabulaire courant de la Communauté il y a une petite dizaine d'années. Il y couvrait toutefois quelque chose d'assez différent de la citoyenneté de l'Union, car s'il visait la libre circulation des personnes, liberté fondamentale dans le traité de Rome, insérée dans l'article 8 A du traité par l'Acte unique ainsi que l'élimination des frontières physiques intracommunautaires, il englobait en même temps tout ce qui concerne le bien-être de l'individu dans la Communauté, qu'il s'agisse de la politique culturelle, de l'action audiovisuelle, de la protection des données à caractère personnel, voire de la santé publique ... (à ce sujet voir les XXIV et XXVèmes rapports généraux de la Commission à la rubrique « Europe des citoyens »). Ainsi les travaux préparatoires de l'Acte unique, et notamment le rapport du comité Adonnino, adopté au printemps 1985, parlent-ils certes comme droits spéciaux des citoyens d'électorat et d'éligibilité et de droit de pétition, mais il y est aussi beaucoup question de culture et de communication et de simplification des franchissements de frontières. En revanche, dans le projet de traité Spinelli de 1984 (art. 3), donc immédiatement antérieur au rapport Adonnino, les seules conséquences attachées à la citoyenneté étaient la participation à la vie politique et les droits et obligations prévus par les traités. Quant au Livre Blanc de juin 1985, il ignore le thème de la citoyenneté et ne cite d'ailleurs même pas le terme d'Europe des citoyens que, peu après, adoptera toutefois la Commission avec le sens que l'on a indiqué.

Si la citoyenneté de l'Union est ainsi distincte du concept d'Europe des citoyens, elle n'a par ailleurs pas vraiment de connexité avec la notion de libertés fondamentales. Certes l'Union respecte les droits fondamentaux de la Convention européenne des Droits de l'homme ainsi que ceux de la tradition constitutionnelle des Etats membres (art. F 2), mais elle les respecte tant au profit de ses citoyens qu'également à celui des ressortissants des pays tiers : la protection des droits fondamentaux n'est donc pas quelque chose de propre au citoyen de l'Union et il n'est dès lors pas utile que le titre relatif au citoyen de l'Union reçoive un contenu de droits fondamentaux. On remarquera, toutefois, que sur cette question de l'inclusion des libertés fondamentales parmi les conséquences de la citoyenneté se sont produites dans la négociation de Maastricht quelques divergences de méthode. Par exemple, la Commission, dans sa proposition de février 1991 (17), évoque « les droits et obligations que tirent de leur qualité de citoyens d'un Etat membre » les citoyens de l'Union (art. X 1), puis avant d'insister sur certains devoirs et obligations qui sont précisés, mentionne les droits « garantis par la Convention européenne de sauvegarde des droits de l'homme ». Note également divergente de la part du PE pour qui devront être adoptées dans le futur « des mesures visant à développer des formes communes de citoyenneté européenne, *incluant* la jouissance de tous les droits fondamentaux énumérés dans le présent traité et *en particulier* le droit des citoyens de la Communauté de participer aux élections locales et européennes » (art. 8 F nouveau de son avis du 22 nov. 1990) (18).

C'est en février-mars 1991, sur base des idées de la délégation espagnole et de la Commission que les textes vont prendre tournure. Un texte ayant la même charpente que le texte signé mais non la même rédaction figurera au document du 17 avril 1991, il sera remanié au début du mois de mai pour prendre rapidement (après une nouvelle réunion ministérielle de la CIG/Union politique en mai) une forme très proche du texte signé. C'est donc pendant la période de fin février à début mai 1991 que toute l'argumentation sera développée. Avant d'examiner les dispositions retenues, on relèvera quelques idées générales sur la citoyenneté de l'Union.

Division A. — Les caractéristiques générales de la citoyenneté de l'Union

Nous voudrions relever ces caractéristiques autour de deux idées : d'abord la place dans le traité de l'Union des dispositions relatives à la citoyenneté de l'Union ainsi que le sens des termes de citoyen-

(17) Supplément 2/91 au *Bulletin des Communautés européennes* sur les conférences intergouvernementales, pp. 81-84

(18) En fait, c'est le PE qui le premier avait utilisé l'expression de citoyen communautaire dès 1977, voir Rés. du 16 nov. 1977, *JOCE* C 299 du 12 déc. 1977, p. 26.

neté de l'Union ensuite le lien de cette citoyenneté avec la nationalité des Etats membres.

§ 1er. *La citoyenneté de l'Union : place dans le traité et signification du terme*

Avec une appellation de « citoyenneté de l'Union » on s'attendrait à ce que les dispositions y relatives figurent dans un des articles relatifs à l'Union, mais certainement pas dans l'art. G modifiant le traité de Rome. C'est pourtant le cas ; en outre, on a bousculé la numérotation des textes pour que la citoyenneté prenne place parmi les articles liminaires du traité CE.

Plusieurs raisons militaient, en effet, pour ce choix. Il y a d'abord le fait que certains des droits octroyés aux citoyens de l'Union (liberté de séjour et de circulation) existent d'ores et déjà dans le traité CEE en faveur de certaines catégories de la population communautaire. Les inclure dans un pilier en dehors du traité CE eût été une régression. Il s'y ajoute une autre considération : pour être réellement opérationnels, ces droits doivent pouvoir être invoqués devant la Cour de Justice de Luxembourg. En incluant la citoyenneté dans le traité CE, les dispositions y relatives deviennent automatiquement justiciables, c'est-à-dire pourront être réclamées devant la Cour de justice, ce qu'elles n'auraient pu — ou du moins n'auraient pu que sur base de dispositions spéciales — si elles avaient figuré dans un chapitre tel le chapitre PESC ou celui sur la coopération intergouvernementale en matière judiciaire. Elles vont par ailleurs avoir un « effet direct », c'est-à-dire être invocables sans obligatoirement devoir faire l'objet de mesures d'application communautaires ou nationales ; toutefois cela n'est exact que pour certains de ces effets : on comprend que par exemple le droit de vote des ressortissants étrangers requiert pour son application des mesures de mise en oeuvre.

Revenons sur l'appellation. On aurait pu parler de nationalité de l'Union. Deux arguments s'y opposaient. L'Union n'a pas de personnalité juridique internationale, ce qui empêche qu'il y ait une nationalité de l'Union ; par ailleurs on a ainsi évité un conflit avec les Etats membres dont les ressortissants sont eux liés par cette allégeance de nationalité (cf *infra* § 2 le lien entre citoyenneté de l'Union et nationalité des Etats membres). Pour maintenir le caractère politique de l'institution, on ne va toutefois pas aller jusqu'à parler de citoyenneté de la Communauté même si beaucoup de conséquences de la citoyenneté se produisent à l'égard de la Communauté, (cf. à cet égard *infra*, Division B § 2).

On n'a pas voulu faire figurer la citoyenneté, en raison de son caractère concret, dans la première partie vouée aux objectifs et autres règles générales ; on a entendu par ailleurs qu'elle précède les quatre libertés : échanges commerciaux, personnes, services et capitaux ; on lui a taillé un contenant, une nouvelle 2e partie intitulée : Citoyenneté de l'Union, s'insérant entre « les Principes » et « les Politiques » de la Communauté.

§ 2. *Lien entre la citoyenneté de l'Union et la nationalité des Etats membres*

Le texte — l'art. 8 § 1 alinéa 2 — est précis et ne laisse place à aucune hésitation, ni sur le caractère subordonné de la citoyenneté de l'Union à la nationalité d'un Etat membre (19) — ce n'est que si une personne physique a la nationalité d'un des Etats membres qu'elle est citoyen de l'Union — ni sur la conséquence en résultant pour l'octroi de cette citoyenneté — celui qui acquiert par naturalisation la nationalité d'un Etat membre, qui perd celle-ci par déchéance, condamnation, mariage, etc. acquiert ou perd la citoyenneté de l'Union.

La Déclaration n° 2 « relative à la nationalité d'un Etat membre », jointe à l'Acte final de signature du traité du 7 fév. 1992, est formelle pour préciser ce lien. Elle se lit ainsi : « La conférence déclare que, chaque fois que le traité instituant la Communauté européenne fait référence aux ressortissants des Etats membres, la question de savoir si une personne a la nationalité de tel ou tel Etat membre est réglée uniquement par référence au droit national de l'Etat concerné. Les Etats membres peuvent préciser, pour information, quelles sont les personnes qui doivent être considérées comme leurs ressortissants aux fins poursuivies par la Communauté en déposant une déclaration auprès de la présidence ; ils peuvent, le cas échéant, modifier leur déclaration ».

(19) Dès lors on peut considérer comme presque superfétatoires dans les conclusions de la Présidence du Conseil européen d'**Edimbourg** du 12 décembre 1992, la Section A sur la citoyenneté (cf. *infra*, p. 781) ainsi que les déclarations unilatérales du Danemark sur le même sujet (*infra*, p. 783). En réalité, ces textes sont plus politiques que juridiques et ont dans la perspective du second référendum danois un propos cosmétique.

La première phrase de cette déclaration ne pose pas de véritable problème : elle indique en effet clairement que c'est par « référence au droit national » de l'Etat membre concerné et à celui-ci seul que sera tranchée la question de savoir si une personne a la nationalité de cet Etat membre et dès lors s'il peut prétendre être considéré comme son ressortissant pour l'application du traité CE. Par ailleurs, bien que cette première phrase ne le dise pas expressément, c'est aux tribunaux de cet Etat membre qu'il reviendrait de connaître tout litige sur la nationalité de ses ressortissants.

La seconde phrase se rapporte au règlement de problèmes d'application plus compliqués : elle ouvre, en effet, à tout Etat membre la possibilité de préciser par une notification faite à la Présidence du Conseil quelles sont les personnes qui doivent être considérées comme ses ressortissants aux fins poursuivies par la Communauté ; on notera que cette notification, qui n'a pas pour objet de régler des cas individuels, vise plutôt à préciser, à l'instar d'une déclaration faite en 1972 lors de son adhésion par le Royaume-Uni sur ses ressortissants, si certaines catégories de personnes ayant un lien avec un Etat membre doivent être considérées au sens (ou pour l'application) du traité CE comme ses ressortissants.

Division B. — Les effets de la citoyenneté

Plutôt que de rédiger, comme le proposait le Parlement européen, une Charte ou une Déclaration des droits et devoirs réservés aux citoyens européens (20), ou même comme le lui proposait la Commission de prévoir une liste assez longue de droits, devoirs ou interdictions soit généraux, soit concrets (21), la CIG UP a préféré d'une manière précise reconnaître au citoyen de l'Union, outre l'ensemble des droits et devoirs prévus au traité CE (voir l'art. 8 § 2), quatre droits spécifiques : art. 8 A (circulation et séjour), art. 8 B (élections), art. 8 C (protection à l'extérieur), art. 8 D (protection

(20) Voir Résolution du 22 nov. 1990, pp. 77 et s., du volume intitulé *1993, Les nouveaux Traités*.

(21) Voir au Supplément 2/91 du *Bulletin des Communautés européennes*, pp. 81 et s. la proposition de la Commission et notamment l'interdiction de toute discrimination (art. X 3), le droit pour les étrangers de participer aux associations et groupements politiques de leur lieu de résidence (art. X 5), le droit à participer à l'expression de la culture (art. X 6), le droit à l'environnement (art. X 7), voire « le droit à l'égalité des chances et de traitement et le bénéfice de droits sociaux ..., la prise en considération d'une obligation de solidarité ..., le respect de la dignité, et le rejet de toute forme d'exclusion, le droit ... à la protection de la santé ... » (art. X 11).

juridique) ; enfin elle a établi une clause évolutive spéciale : art. 8 E.

Dans l'ensemble, on notera qu'il s'agit de droits qu'en général on qualifie de civiques, qu'à l'inverse le texte laisse de côté les droits sociaux et économiques qui en fait sont souvent couverts par l'une ou l'autre disposition du traité. Peut-être relèvera-t-on qu'on ne fait pas allusion au caractère égalitaire de la situation des citoyens ; c'est toutefois négliger qu'au chapitre précédant celui concernant la citoyenneté, figure une disposition relative à l'interdiction de toute discrimination, interdiction qui est la formulation communautaire de l'idée d'égalité (voir art. 6 CE qui reprend en en modifiant le second alinéa l'art. 7 CEE originaire). On notera aussi l'absence au texte de dispositions générales ou particulières relatives spécialement aux devoirs du citoyen (sauf mais avec un contenu spécifique à l'art. 8 § 2 CE).

L'art. 8 § 2 CE, en indiquant que « les citoyens de l'Union jouissent des droits et sont soumis aux devoirs prévus par le (présent) traité », soumet les citoyens de l'Union à l'ensemble du traité et du droit dérivé, spécialement au droit directement applicable.

Il importe en outre à cet égard de préciser que ce ne sont pas uniquement les droits et obligations impliquant directement les ressortissants des Etats membres qui sont ici visés, mais toutes les règles juridiques communautaires susceptibles de produire des effets pour les individus.

§ 1er. *Le droit de circuler et de séjourner librement (art. 8 A CE)*

Avec l'art. 8 A nous nous trouvons devant un droit ou une liberté d'une double nature. Il est d'abord un droit fondamental de l'homme de ne pouvoir être détenu ou astreint à résidence ... et donc de pouvoir circuler, mais ce droit n'est assuré que dans le cadre territorial de l'Etat dont il est ressortissant, les autres Etats n'étant pas tenus d'accueillir un étranger sur leur territoire, et pouvant dans une certaine mesure apporter des restrictions à son séjour. En même temps ces droits sont dans le système communautaire une liberté de base (voir art. 3 lettre c du traité CEE), nécessaire à la réalisation du marché commun ou intérieur, et organisée par le traité CEE sous la forme de la libre circulation des travailleurs, de la liberté d'établissement et de prestation des services, mais ainsi ils ne sont assurés qu'aux opérateurs économiques.

A. *Rappel de travaux antérieurs*

Dans le développement de la Communauté, deux problèmes avaient été abordés spécialement depuis quelques années au sujet de la liberté de circulation et de séjour.

a) Alors que le droit d'établissement pour les professionnels et la libre circulation des travailleurs salariés, prévus par le traité, avaient largement assuré la libre circulation des personnes dans la Communauté, il restait une faille : le problème des « inactifs » était pendant longtemps resté sans solution. Par ce vocable, on vise le cas de personnes dont le sort n'est pas directement résolu en application du traité, par exemple après cessation définitive de leurs occupations professionnelles, le droit des salariés et autres professionnels dont on se demande s'ils ont le droit de « demeurer » où ils ont travaillé, ou encore celui des personnes de leur famille à accompagner le bénéficiaire du droit d'établissement ou de la libre circulation des travailleurs ; par assimilation on pourrait évoquer encore la situation des étudiants et même celle des touristes (encore qu'en stricte analyse juridique, ces deux dernières catégories puissent être considérées comme bénéficiaires d'une prestation de services) ; enfin celle des inactifs purs, c'est-à-dire des personnes désirant s'établir dans un Etat membre autre que le leur, en dehors de toute préoccupation professionnelle ou économique ; s'ils ont des ressources suffisantes, il n'y a pas trop de problème, mais inversement, le problème des marginaux pose une difficulté particulière et il y a souvent de leur fait un risque de prise en charge financière de dépenses sociales.

Trois directives arrêtées en 1990 après de longues négociations ont résolu le problème (22). Sans les commenter, disons très succinctement que pour bénéficier dans un Etat membre autre que le leur

(22) Ces directives sont :

— la directive 90/364 du Conseil, du 28 juin 1990, fondée sur l'article 235, relative au droit de séjour des personnes qui n'en bénéficient pas en vertu d'autres dispositions du droit communautaire, *JOCE*, n° L 180 du 13 juillet 1990, p. 26 ;
— la directive 90/365 du Conseil, du 28 juin 1990, fondée sur l'article 235, relative au droit de séjour des travailleurs salariés et non salariés ayant cessé leur activité professionnelle, *JOCE*, n° L 180 du 13 juillet 1990, p. 28 ;
— la directive 90/366 du Conseil, du 28 juin 1990, fondée sur l'article 235, relative au droit de séjour des étudiants, *JOCE*, n° L 180 du 13 juillet 1990, p. 30.

Les Etats membres doivent se conformer à ces trois directives au plus tard le 30 juin 1992.

Toutefois, la dernière de ces directives fut annulée par la Cour de justice (arr. 7 juillet 1992, C 295/90) au motif que la base juridique correcte eût été l'art. 7, § 2 CEE ; la Cour néanmoins maintint les effets de la directive ; l'adoption d'une directive reprenant la substance de la directive annulée mais sur une base juridique appropriée est en cours.

d'origine du droit de séjour, les intéressés doivent apporter la preuve d'avoir soit une assurance-maladie soit des ressources suffisantes, soit les deux.

b) Depuis l'Acte unique se posait par ailleurs le problème de l'abolition totale aux frontières intérieures de tout contrôle. Selon l'art. 13 de l'Acte unique (devenu art. 8 A CEE et désormais 7 A CE), « Le marché intérieur comporte un espace sans frontières intérieures dans lequel la libre circulation ... des personnes ... est assurée selon les dispositions du traité ».

De là le développement dans la Communauté de tout ce qui fut appelé l'abolition des frontières physiques et, en marge de la Communauté, de travaux entre Etats membres, concernant l'immigration, la sécurité aux frontières, le franchissement de celles-ci ...

Quoi qu'il en soit, l'opinion publique était à l'égard de l'ensemble du problème de la liberté de circulation et de séjour partagée. Indéniablement existait au nom de la liberté un sentiment favorable à reconnaître des définitions généreuses ; en même temps, des préoccupations de sécurité, voire de démographie et d'emploi condamnaient à une démarche prudente (23).

B. *Analyse des dispositions de l'art. 8 A CE*

On remarquera d'emblée qu'il n'y a pas de définition précise ni du droit de circuler, ni de celui de séjourner, sauf que l'un et l'autre doivent être libres ; en un temps, on avait proposé d'assortir le droit de séjour de la mention « sans limitation de durée ». Doit-on conclure de la non-reprise de ces mots que l'on a prétendu ne donner au séjour qu'une durée limitée ? Certainement pas. La fin du § 1er, en ce qu'il indique que le droit de séjour s'effectue « sous réserve des limitations et conditions prévues par le (présent) traité et par les dispositions prévues pour son application », montre qu'on a eu à l'idée les mêmes problèmes que lors de l'adoption des directives concernant les inactifs, c'est-à-dire l'existence chez le demandeur de séjour de ressources suffisantes et d'une couverture sociale,

(23) Tant et si bien qu'au 31 décembre 1992, les dispositions destinées à assurer la suppression des frontières physiques et l'abolition totale des contrôles n'étaient pas entièrement prêtes. N'étaient notamment pas arrêtées les dispositions relatives au franchissement des frontières extérieures (absence d'équivalence pour les personnes physiques avec ce qu'est le TDC pour les marchandises). Dès lors l'art. 8 A CEE (7 A CE) n'a pas, au grand dam de la Commission, reçu application au 1er janvier 1993. Ceci ne dispense pas le législateur communautaire et les Etats membres de prendre dans un délai raisonnable toute mesure appropriée pour que le résultat recherché par l'art. 8 A soit pleinement atteint.

exonérant la collectivité d'accueil du poids d'une solidarité financière non due et possiblement lourde. Est-ce à dire alors que le droit de séjour n'est pas d'application directe et qu'un texte sera nécessaire pour assurer sa mise en oeuvre ? Pas tout à fait dans le sens que les directives sur les inactifs citées plus haut et qui sont entrées en vigueur antérieurement au traité de Maastricht peuvent être considérées comme « les dispositions prises pour son application ».

Le texte a donné par ailleurs au droit de séjour et de circulation une possibilité d'ouverture, puisque le § 2 prévoit que « le Conseil peut arrêter des dispositions visant à *faciliter* l'exercice des droits » de circulation et séjour. A cet égard, le fait qu'il ne soit pas dit à ce § 2 le Conseil arrête ..., mais le Conseil *peut* arrêter ... nous paraît se répercuter sur le § 1er et s'ajoutant au mot « librement » (qui au vrai n'avait rien ici d'indispensable) et aux mots « sous réserve » (en ce qu'ils impliquent que tant qu'il n'y a pas de « limitation ou conditions prévues », le droit de circuler et de séjourner existe) nous paraît reconnaître un effet direct aux libertés en cause.

Au point de vue procédural, on notera que les mesures de facilitations du § 2 requièrent une proposition de la Commission et l'unanimité du Conseil, et que le Parlement doit rendre un avis conforme sur le texte (art. 8 A 2 *in fine*). Quant à leur contenu, il semble que les mesures pour lesquelles la procédure du § 2 est prévue sont des mesures visant à faciliter la libre circulation et le libre séjour sur toute l'aire communautaire des citoyens, ce qui les distingue des « limitations et conditions » du § 1er qui, elles, résultent du traité lui-même et des mesures prises pour l'appliquer, mais pas de la procédure du § 2.

§ 2. *Le droit de vote et d'éligibilité (art. 8 B CE)*

C'est la disposition qui réalise la plus importante innovation politique et qui, si elle était depuis de nombreuses années revendiquée dans beaucoup d'Etats membres par les milieux de l'immigration, n'en pose pas moins à certains Etats membres des problèmes, tant ces droits sont liés à l'exercice de la souveraineté nationale. Par ailleurs, cette question pose en certains lieux de la Communauté des problèmes spécifiques : il existe des communes ayant une majorité de résidents étrangers ; au surplus un élu municipal peut avoir à exercer des fonctions officielles, par ex. d'officier de l'état-civil, ce qui est réservé en général aux nationaux. En revanche, rappelons-le, en ordre dispersé, certains Etats membres avaient déjà admis, tant pour les élections municipales que les élections européennes, le vote et l'éligibilité des étrangers (24).

Le cas des élections municipales et des élections européennes est réglé par deux paragraphes distincts, mais entre lesquels existe un certain parallélisme : chacun reconnait le droit de vote et celui d'éligibilité du citoyen de l'Union résidant dans un autre Etat membre que celui dont il est le ressortissant, au lieu de sa résidence, dans les mêmes conditions que les ressortissants de celui-ci. Ces conditions concerneront l'âge, l'absence de condamnation pénale, l'existence d'un domicile ou d'une résidence ... Le texte prévoit en outre que les modalités de l'exercice de ces droits sont arrêtées par le Conseil, statuant à l'unanimité sur proposition de la Commission et après consultation du PE, ces modalités « peuvent prévoir des dispositions dérogatoires lorsque des problèmes spécifiques à un Etat membre le justifient » (25) ; de telles dispositions ne sont pas de caractère temporaire ou intérimaires, au contraire leur adoption à l'unanimité et simultanément pour tous les Etats membres constitue une garantie pour ceux-ci ; elles doivent être arrêtées d'ici fin 1994 pour les élections municipales et dès avant fin 1993 (26), pour les élections européennes (dont on rappellera qu'elles doivent intervenir pour la prochaine fois en juin 1994) (27).

Il est évident, spécialement pour les dispositions concernant les élections municipales, que l'élaboration de ces modalités, comme au

(24) Le 24 juin 1988, la Commission avait déposé une proposition de directive (*JOCE* C 246 du 29 sept. 1988), relative au droit de vote et à l'éligibilité aux élections municipales, sous réserve d'une période minimale de résidence égale à la durée du mandat municipal (deux mandats pour l'éligibilité). Cette proposition en outre excluait l'éligibilité aux fonctions de « maire », et la participation de l'élu à une élection parlementaire ; un plafond maximum de 25 % d'élus étrangers était prévu ; des dispositions dérogatoires pouvaient intervenir si un Etat membre comptait plus de 20 % de résidents étrangers communautaires (cas du Luxembourg). Ces textes étaient toutefois restés en panne.

(25) Est visé ici tout spécifiquement le cas du Luxembourg où la part des ressortissants d'autres Etats membres s'élève à 28 % du total de la population.

(26) Les retards intervenus dans le processus de ratification du traité de Maastricht pourraient remettre en cause cet objectif ; dans cette hypothèse, la nouvelle règle ne pourrait s'appliquer qu'aux élections de 1999 ! Sur demande du Conseil, la Commission a, en anticipant sur l'entrée en vigueur de Maastricht, adopté le 23 juin 1993 une proposition de directive fixant les modalités de l'exercice du droit de vote et d'éligibilité au PE dans l'Etat membre de résidence ; ceci permet de faire démarrer d'ores et déjà les travaux au Conseil et de minimiser ainsi le risque d'un report jusqu'en 1999.

(27) Le § 2, concernant le droit de vote et d'éligibilité aux élections européennes rappelle que celui-ci s'exerce « sans préjudice des dispositions de l'art. 138 § 3 du traité et des mesures prises pour son application » (concernant l'établissement d'une procédure uniforme de ces élections ; signalons encore que cet art. 138 § 3 est modifié par le traité de Maastricht).

surplus celle des mesures à introduire dans le droit national de chaque Etat membre, voire dans sa Constitution, sera délicate. La première de ces modalités pourrait concerner pour l'étranger l'exigence d'une durée spéciale de résidence là où il veut voter alors que pareille exigence ne concerne pas le national. Bien qu'il semble résulter du texte de l'art. 8 B que les conditions du droit de vote et de celui d'éligibilité doivent être les mêmes pour les uns et les autres (« dans les mêmes conditions que les ressortissants de cet Etat », dit le texte) on doit relever que, au titre des modalités d'exercice de l'art. 8 B, des dérogations sont possibles, « lorsque des problèmes spécifiques à un Etat membre le justifient ». Devra-t-on demain tout en ouvrant aux étrangers l'éligibilité municipale les exclure de la possibilité d'être élu maire ou de celle d'être désigné pour remplir certaines fonctions particulières, comme par exemple en France, celle d'électeur sénatorial ? Ceci semble tout à fait possible : ni le fait d'être élu maire, ni celui d'une désignation ultérieure à une fonction quelconque ne sont une conséquence directe de l'élection comme conseiller municipal mais d'une désignation distincte et ultérieure.

§ 3. *Le droit à la protection des citoyens à l'étranger (hors CE) (art. 8 C CE)*

Ce droit, qui est prévu par l'art. 8 C au profit du citoyen de l'Union, n'a pas fait l'objet de controverses entre Etats membres. En revanche sa formulation technique a posé problème. Tout le monde était d'accord pour aboutir à une protection identique des citoyens, quel que soit leur Etat membre de nationalité, cette protection devant être efficace même si leur Etat membre de nationalité n'était pas là pour l'assurer ; encore fallait-il bien le formuler.

On notera d'abord qu'il ne s'agit pas d'une protection par l'Union, ce qu'on aurait bien voulu mais qui n'était pas possible, puisque celle-ci ne possède pas la personnalité internationale (28), mais d'une protection de la part des autorités diplomatiques et consulaires de tout Etat membre, exactement d'un Etat membre autre que celui dont le protégé est ressortissant.

(28) Mais ne serait-il pas concevable *in futuro* que ce droit fasse l'objet d'une action commune dans le cadre de la PESC ? (voir le chapitre consacré à celle-ci).

S'agit-il de la « protection diplomatique » ? On sait que par ce vocable le droit international public entend une fonction étatique aux contours très spécifiques, comportant la possibilité pour un Etat de faire valoir, devant un tribunal international ou un arbitre que seuls les Etats peuvent saisir, une réclamation contre un autre Etat tendant à la défense des intérêts d'un de ses ressortissants lésé à l'étranger et d'ailleurs, auparavant, de l'avoir représenté dans les négociations de défense de ces droits et intérêts auprès de l'administration de cet autre Etat présumé responsable d'une atteinte à ceux-ci ; dans ces conditions l'utilisation du terme même de protection diplomatique aurait été ambiguë. L'expression protection consulaire de son côté est moins usuelle et manque de spécificité.

Il était finalement difficile d'en dire plus dans le texte signé à Maastricht qui ne concernait que les relations entre les Etats membres, alors que cette protection aura à s'exercer hors frontières communautaires, dans les relations avec des pays tiers. Certes l'exercice de la protection par les autorités diplomatiques et consulaires fait notamment (29) l'objet des Conventions de Vienne de 1961 et 1963 sur les relations diplomatiques et sur les relations consulaires, mais la protection relève dans ces actes de l'Etat accréditeur, alors qu'ici on veut une protection du national d'un Etat membre, exercée par les autorités de n'importe quel autre Etat membre. D'où une évolution du droit à envisager dans le futur, grâce à des négociations prévues par la seconde phrase de l'art. 8 C et évoquées à l'art. J. 6.2. ; elles doivent être engagées avant fin 1993.

Entre Etats membres aussi des règles amplificatives seront nécessaires et devront être établies d'ici fin 1993. Nous pensons notamment au fait que puisque la protection de l'art. 8 C ne concerne que les personnes physiques, c'est-à-dire les citoyens, il faudra prolonger la disposition en assurant, outre la sauvegarde du citoyen actionnaire d'une société commerciale, celle de la société elle-même.

(29) Notamment mais pas uniquement car la protection des ressortissants relève aussi du droit coutumier et a en outre fait l'objet d'une abondante jurisprudence internationale ; à noter également, notamment dans le cadre du Benelux et de l'U.E.B.L., une abondante pratique conventionnelle avec plusieurs conventions de coopération consulaire, par ex. convention entre le Grand Duché de Luxembourg et le Royaume de Belgique en date du 30 septembre 1965 ; d'autres exemples proviennent de la coopération nordique.

§ 4. *Le droit de pétition des citoyens et leur droit d'avoir recours à un médiateur (art. 8 D CE)*

Ces droits, prévus par l'art. 8 D qui renvoie aux articles 138 D et E, seront examinés dans le cadre de ces articles.

§ 5. *L'extension* in futuro *des droits dont le citoyen de l'Union bénéficie (art. 8 E CE)*

L'art. 8 E prévoit la possibilité d'une extension des droits visés par les art. 8 A à 8 D.

En un premier temps l'application de ces articles fait l'objet d'un rapport triennal de la Commission au PE, au Conseil et au Comité économique et social (1er rapport avant fin 1993). Ce rapport doit tenir compte — à la demande de la délégation espagnole très attachée à tout ce qui concerne la citoyenneté — du développement de l'Union, c'est-à-dire de l'approfondissement des droits du citoyen.

Toujours sur suggestion de la délégation espagnole, le Conseil, sur base de ce rapport, peut arrêter des dispositions s'ajoutant à celles concernant les droits actuellement prévus. Il se prononce à l'unanimité, sur proposition de la Commission et après consultation du Parlement. Les dispositions arrêtées par le Conseil doivent être approuvées par les Etats membres « conformément à leurs règles constitutionnelles respectives », formule habituelle pour les adjonctions au traité s'analysant en réalité comme des modifications de celui-ci et ici demandée spécialement par le Royaume Uni et le Danemark (30). Cette clause de révision joue « sans préjudice des autres dispositions du traité ».

(30) Le dernier Etat membre a en outre fait une déclaration confirmant sa position lors du Conseil européen d'**Edimbourg**, cf. *infra*, pp. 781 et 783.

CHAPITRE II

L'UNION ÉCONOMIQUE ET MONÉTAIRE

Introduction

L'Union européenne, une fois le traité de Maastricht ratifié, reposera sur trois piliers : la Communauté européenne succédant à l'actuelle Communauté économique européenne, la politique étrangère et de sécurité commune et la coopération dans les domaines de la justice et des affaires intérieures.

L'Union économique et monétaire (UEM) est une composante majeure de la Communauté européenne. L'approche qui a fini par prévaloir est celle de l'institutionnalisme progressif. Plutôt que de compléter, d'étendre et de renforcer le système monétaire européen (SME), il a été décidé de passer à la création d'un cadre institutionnel ayant la vocation de finaliser et de structurer le progrès vers une UEM et ceci précisément par la voie d'amendements à apporter au traité de Rome.

L'UEM sera constituée de deux volets : le volet économique et le volet monétaire. Ces deux volets seront mis en place selon un calendrier de trois phases et en fonction d'une architecture et d'un rythme prétracés et propres à chacun des deux volets. Le processus de mise en place de l'UEM sera un processus graduel et unifié qui revêtira un caractère communautaire.

Du côté monétaire, la troisième et dernière phase se caractérisera par une politique monétaire et une politique de change uniques sur fond d'une monnaie unique.

La responsabilité de la définition et de l'exécution de la politique monétaire de la Communauté relèvera exclusivement du futur Système européen des banques centrales (SEBC) — composé de la Banque centrale européenne (BCE) et des banques centrales nationales des Etats membres participants — lequel, en toute indépendance, définira et mettra en oeuvre cette politique avec l'objectif prioritaire de la stabilité des prix. Quant à la politique de change unique, dont l'objectif prioritaire est également la stabilité des prix, un dosage fin la fait relever dans des proportions variables tant du Conseil (31) que de la BCE.

Du côté économique, l'intégration sera moins profonde en troisième phase que l'intégration monétaire tout en devançant cette dernière en intensité au cours de la deuxième phase. Ce volet sera organisé autour de principes tels que la subsidiarité, la décentralisation et l'obligation de résultats plutôt que de moyens. Les politiques économiques nationales seront certes coordonnées et des règles précises de discipline budgétaire seront d'application, mais il n'en demeure pas moins que les Etats membres resteront *in fine* responsables de leurs politiques économiques nationales.

Une première section sera consacrée à l'analyse thématique du contenu des trois phases et aux conditions de passage entre celles-ci. Dans une deuxième section, nous procèderons au commentaire détaillé des articles constitutifs de l'UEM. Il est à noter que nous n'avons pas essayé de réécrire l'histoire du traité à la lumière des événements monétaires récents (les turbulences au sein du SME et l'élargissement des bandes de fluctuation à ± 15% décidé le 1er août 1993). Nous nous sommes efforcés de tracer de façon aussi objective que possible les arguments et raisonnements qui ont fini par prévaloir lors de la rédaction du traité (*).

SECTION Ire. — LE CONTENU DES TROIS PHASES : ANALYSE THÉMATIQUE

Division A. — La première phase de l'UEM

La première phase de l'UEM a démarré le 1er juillet 1990, conformément aux conclusions du Conseil européen de Madrid des 26 et 27 juin 1989. Le choix de cette date n'est pas fortuit puisqu'elle coïncide avec l'entrée en vigueur de la directive du 24 juin 1988 concernant la mise en vigueur de l'article 67 du traité de Rome, qui

(31) Quand on parle du Conseil tout court, est visé le Conseil de Ministres de la Communauté européenne, c'est-à-dire le Conseil de l'article 145 et, plus particulièrement dans le cas de l'UEM, le Conseil dans la composition des Ministres de l'Economie et des Finances (Conseil Ecofin). Selon la déclaration n° 3 adoptée par les conférences intergouvernementales, pour les questions relevant de l'UEM, la politique habituelle selon laquelle le Conseil se réunit dans la composition des Ministres chargés de l'Economie et des Finances sera poursuivie.

(*) Pour une bibliographie d'ouvrages récents sur l'U.E.M., voir *infra*, p. 787.

fixe le calendrier et les modalités de réalisation de la libéralisation complète des mouvements de capitaux au sein de la Communauté.

Strictement parlant, cette première phase se compose de deux sous-phases, une première s'échelonnant entre le 1er juillet 1990 et l'entrée en vigueur du traité de Maastricht — prévue lors de sa signature pour le 1er janvier 1993 — et une deuxième entre cette dernière date et le 1er janvier 1994, date fixée pour le démarrage de la deuxième phase.

Destinée à créer le soubassement pour une plus grande convergence des économies nationales jugée essentielle pour la mise en place et le bon fonctionnement de l'UEM, cette première phase revêt un caractère largement économique.

§ 1er. *La première sous-phase : recherche de la convergence économique et coordination* ex-ante *des politiques monétaires nationales*

A. *Volet économique : la recherche de la convergence*

En vue de la préparation et du déroulement projetés de la première phase, le Conseil a pris la décision du 12 mars 1990 (32) relative à la réalisation d'une convergence progressive des politiques et des performances économiques pendant la première étape (33) de l'UEM. Conformément à cette décision, les Etats membres procèdent au moins deux fois par an à un exercice de surveillance multilatérale qui porte notamment sur la situation, les perspectives et les politiques économiques dans la Communauté et dans ses Etats membres, ceci en vue de réaliser dans la Communauté une croissance soutenue non inflationniste, un niveau d'emploi élevé et le degré de convergence économique nécessaire pour le succès de la première étape de l'UEM. Le Conseil peut autoriser son Président à rendre publics les résultats de ses délibérations. De surcroît, cet exercice peut déboucher sur l'examen approfondi et circonstancié d'un Etat membre dans le cas où les études effectuées pays par pays par la Commission montrent que la politique de cet Etat présente un risque potentiel ou effectif pour la stabilité et la cohésion économiques de la Communauté. Dans pareil cas, le Conseil peut émettre

(32) *JOCE* n° L 78 du 24 mars 1990.

(33) Le traité de Maastricht ne mentionne nulle part cette première étape qui figurait dans les conclusions du Conseil européen de Madrid. La décision du Conseil du 12 mars 1990 en constitue donc en quelque sorte la consécration légale. A noter par ailleurs que le traité n'utilise pas le terme d'« étape » mais celui de « phase ».

des recommandations ayant pour objet d'encourager les corrections nécessaires à la politique économique de l'Etat membre visé. Afin de promouvoir la cohérence entre la politique monétaire et la politique économique, le Président du comité des Gouverneurs des banques centrales des Etats membres participe aux sessions pertinentes du Conseil.

Cet examen qui, selon la pratique actuelle, est effectué deux fois par an, devrait s'affiner progressivement par un processus de « *learning by doing* ».

Il devrait faire progresser le consensus autour de la nécessité d'une convergence des résultats économiques notamment sur le plan de la stabilité des prix et des finances publiques et renforcer la compréhension mutuelle entre Etats membres quant aux problèmes spécifiques de chacun.

Si la surveillance multilatérale s'exerce pendant cette première phase dans un dialogue plutôt informel, son caractère systématique et le consensus politique autour du « maître-mot » de la convergence limiteront inéluctablement la liberté de manoeuvre de chaque Etat membre, soucieux de ne pas s'attirer les critiques des autres partenaires. En consacrant l'objectif de la convergence, le traité de Maastricht trace le sentier étroit de la vertu économique.

Est ainsi progressivement mis en place un mécanisme communautaire incitant chaque pays à renchérir, du moins en paroles, sur l'autre en orthodoxie économique afin d'éviter que le moindre doute ne s'installe quant à sa volonté et sa capacité de mener une politique économique orientée vers les exigences de bonnes performances économiques.

Cette finalité se trouve encore renforcée à la lumière de l'accord politique intervenu au Conseil ECOFIN informel des 10 et 11 mai 1991 à Luxembourg d'anticiper l'exécution d'une disposition qui a été insérée par la suite au traité de Maastricht et demandant à chaque pays d'arrêter, si nécessaire avant le démarrage de la deuxième phase, des programmes pluriannuels destinés à assurer la convergence nécessaire à la réalisation de l'UEM, appelés « programmes de convergence » dans le jargon communautaire (34). Cet accord a été consacré par le Conseil européen de Luxembourg des 26 et 27 juin

(34) Cf. article 109 E, paragr. 2 a), deuxième tiret. Il est piquant de noter que ces programmes étaient, dans un premier stade, appelés « crash programmes ».

1991 qui prit note de l'intention de plusieurs gouvernements de présenter à bref délais des programmes pluriannuels spécifiques destinés à assurer le progrès requis en matière de convergence et qui a encouragé d'autres gouvernements à en faire de même.

Le premier programme fut présenté au Conseil ECOFIN du 11 novembre 1991 par l'Italie, suivi par les programmes irlandais, allemand, portugais, espagnol, néerlandais, belge, grec et britannique. (Situation fin juillet 1993).

La présentation de tels programmes est devenue un élément-clé de l'exécution de la première phase, voire au-delà dans la mesure où il n'est pas exclu que d'autres pays présentent un programme et qu'il faudra de toute façon assurer un suivi adéquat et systématique des programmes en cours.

Ceux-ci ont un caractère essentiellement structurel puisqu'ils ont pour objet de s'attaquer aux inefficacités et rigidités sur tous les plans de la politique économique et budgétaire et du fonctionnement microéconomique des marchés.

L'exercice de surveillance multilatérale et la présentation et l'exécution des programmes de convergence devraient de la sorte contribuer à la mise en oeuvre de l'UEM et constituer l'essence même de la première sous-phase.

B. *Volet monétaire : coordination* ex-ante *des politiques monétaires nationales*

Notons que le Conseil a également pris, à la date du 12 mars 1990, une décision révisant le mandat du comité des Gouverneurs des banques centrales des Etats membres de la Communauté économique européenne créé en 1964 et appelé ci-après comité des Gouverneurs (35).

En vue de l'objectif de la réalisation progressive de l'UEM, cette décision eut pour objet d'étendre et de renforcer la mission et le rôle du comité des Gouverneurs. En particulier, l'accent fut mis encore davantage sur l'action en faveur d'une coordination *ex ante* des politiques monétaires nationales, notamment par le biais d'un examen annuel des intentions des autorités monétaires nationales.

(35) Décision du Conseil du 12 mars 1990 modifiant la décision 64/300/CEE concernant la collaboration entre les banques centrales des Etats membres de la Communauté économique européenne (*JOCE*, n° L 78 du 24 mars 1990).

Cet exercice *ex ante* consiste à déterminer dans quelle mesure ces intentions sont compatibles entre elles avant même que les autorités monétaires n'aient définitivement arrêté le cours de leur politique monétaire pour l'année à venir, le tout sans préjudice de la responsabilité définitive des autorités nationales pour la définition et l'exécution des politiques monétaires nationales.

Rappelons également que la libéralisation des mouvements de capitaux, qui était longtemps restée lettre morte, a connu, dans le sillage du programme de mise en place du marché intérieur, une véritable percée avec la directive précitée de 1988 sur la libéralisation des mouvements de capitaux.

Conformément à celle-ci, les mouvements de capitaux à l'intérieur de la Communauté ne sont en principe plus soumis à des restrictions à partir du 1er juillet 1990.

Des dispositions de sauvegarde ont, toutefois, été prévues ; par ailleurs, l'Espagne, le Portugal, la Grèce et l'Irlande ont pu maintenir des restrictions au sujet de certains mouvements jusqu'au 31 décembre 1992 au plus tard, avec une prorogation possible de cette dérogation pour trois ans supplémentaires dans le cas du Portugal et de la Grèce. Le Portugal, contrairement à la Grèce, n'a pas fait usage de cette possibilité.

Quant à la liberté des mouvements de capitaux avec les pays tiers, la directive prévoit à l'article 7 que les Etats membres doivent s'efforcer d'atteindre, dans le régime qu'ils appliquent avec les pays tiers, le même degré de libération que celui applicable aux opérations avec les résidents des autres Etats membres.

§ 2. *La deuxième sous-phase* (36) *: adoption d'orientations économiques générales et gel de l'Écu*

A. *Le volet économique : l'adoption d'orientations générales et la notion de convergence*

L'UEM, telle que définie dans le traité, comprend des dispositions relatives à la politique économique complétées par des dispositions

(36) Les retards constatés dans la ratification du traité risquent de raccourcir, voire d'éliminer, cette deuxième sous-phase. Dans ce cas, les dispositions décrites ne seront appliquées qu'à partir de la deuxième phase débutant le premier janvier 1994.

additionnelles et spécifiques à un aspect particulier de la politique économique, à savoir la politique budgétaire (articles 102 A à 104 C).

a) Quant à la politique économique en général, les Etats membres, dès l'entrée en vigueur du traité de Maastricht, considèrent leurs politiques économiques comme une question d'intérêt commun, les coordonnent au sein du Conseil et les conduisent, dans le contexte des grandes orientations à définir par le Conseil, en vue de contribuer à la réalisation des objectifs de la Communauté tels que définis à l'article 2 (37). Ce faisant, les Etats membres et la Communauté doivent agir dans le respect d'une économie de marché ouverte où la concurrence est libre, favorisant une allocation efficace des ressources, conformément aux principes directeurs qui sont : des prix stables, des finances publiques et conditions monétaires saines et une balance des paiements stable.

Les orientations générales (38) autour desquelles s'articulera la coordination et la conduite des politiques économiques nationales sont élaborées sur recommandation de la Commission par le Conseil qui les présente au Conseil européen. Ce dernier en débat (39), mais c'est le Conseil qui, en dernière instance, les adopte sous forme de recommandation, c.-à-d. d'un acte ne comportant pas d'obligation légale mais revêtant le caractère d'un engagement politique. De surcroît, le Conseil doit informer le Parlement européen du contenu de sa recommandation.

Ce dispositif est complété par un mécanisme de surveillance multilatérale — inspiré du mécanisme mis en place par la décision précitée du 12 mars 1990 (v. p. 180) — qui prévoit, sur la base de rapports à présenter par la Commission, la surveillance par le Conseil de l'évolution économique dans chacun des Etats membres et dans la Communauté ainsi que de la conformité des politiques économiques avec les grandes orientations, ceci dans le double but d'assurer

(37) Voir plus loin commentaire de l'article 2.

(38) Le traité ne fournit pas de précision sur ce qu'il faut entendre par « orientations générales ». Il est toutefois entendu qu'il ne s'agit pas de développer ou d'imposer un « modèle économique communautaire » ou de fixer des objectifs quantitatifs précis. Le traité ne se prononce pas non plus sur le rythme selon lequel ces orientations sont déterminées ou révisées.

(39) Conformément à une déclaration adoptée par la conférence intergouvernementale (n° 4), « le Président du Conseil européen invite les Ministres des Affaires économiques et des Finances à participer aux sessions du Conseil européen lorsque ce dernier examine les questions relatives à l'Union économique et monétaire ».

une étroite coordination des politiques économiques et une convergence soutenue des performances économiques des Etats membres.

b) La notion de convergence suscite trois interrogations.

Vise-t-on une convergence des résultats économiques et/ou des politiques économiques ? La convergence se rapporte-t-elle à des grandeurs nominales et/ou réelles ? Faut-il entendre par convergence le rapprochement d'une grandeur envisagée vers une sorte de moyenne communautaire ou plutôt vers la ou les meilleures performances réalisées au niveau des Etats membres ?

La réponse à la première question est sans équivoque. Le traité vise exclusivement la convergence des résultats économiques et non pas un rapprochement, voire une harmonisation, des politiques économiques (40) .

Quant aux performances visées, on peut conclure à la lumière des critères de convergence définis pour le passage à la troisième phase, que le traité défend plutôt une notion de convergence nominale. Aucune référence explicite n'est faite à la convergence de grandeurs macroéconomiques réelles comme la croissance réelle ou l'emploi, ceci sans préjudice, toutefois, d'une part, de l'article 2 du traité qui prévoit des objectifs à caractère réel et, d'autre part, du protocole sur la cohésion économique et social qui introduit le PNB par tête comme critère d'accès aux contributions financières du fonds de cohésion à créer.

Enfin, en ce qui concerne la troisième question relative au niveau des performances visées, la convergence se définit généralement par rapport aux meilleures performances, sauf pour le critère de la dette publique par rapport au PIB, où les 60 % retenus s'inspirent plutôt de la moyenne communautaire existant au moment de la négociation du traité.

c) Dans l'hypothèse où le Conseil est amené à constater que les politiques économiques d'un Etat membre ne sont pas conformes aux grandes orientations ou qu'elles risquent de compromettre le bon fonctionnement de l'UEM, il peut, sur recommandation de la Commission, adresser les recommandations nécessaires à l'Etat membre concerné, voire décider, cette fois-ci sur proposition de la

(40) Contrairement à l'intitulé de la décision précitée du 12 mars 1990 et aux formulations de l'article 102 A introduit par l'Acte Unique et non repris dans le traité amendé, exception faite de certaines dispositions que l'on retrouve au nouvel article 109 M.

Commission, de les rendre publiques, les deux décisions étant à prendre à la majorité qualifiée (cf. article 103 § 4).

En cette matière, le droit d'initiative de la Commission subsiste, mais soit le Conseil, soit un Etat membre peut demander à la Commission de formuler, selon le cas, une recommandation ou une proposition (article 109 D). La Commission est tenue d'examiner cette demande et de présenter ses conclusions au Conseil sans délai.

Ces recommandations constituent la seule sanction prévue dans le cadre des dispositions relatives à la politique économique.

Ne sont donc pas prévues de sanctions légales contrairement aux souhaits de ceux qui défendaient la mise en place d'un pôle économique plus centralisé. L'absence de sanctions légales ne doit toutefois pas conduire à sous-estimer l'impact des recommandations, notamment une fois rendues publiques. Cette publicité pourra d'ailleurs être renforcée par la faculté, accordée au Parlement européen, d'inviter le Président du Conseil à se présenter devant la commission compétente du Parlement européen dans le cas où le Conseil a décidé de rendre publiques ses recommandations.

La sanction est donc économique car les marchés ne tarderont pas à réagir, qu'il s'agisse des marchés des capitaux qui exigeront une prime de risque en cas d'octroi de crédits à un pays dont la capacité de bonne gestion est ouvertement mise en doute, ou qu'il s'agisse de décisions d'investissements d'entreprises qui risqueront de se détourner d'un pays dont la stabilité économique est jugée précaire et préoccupante.

Elle est aussi politique, puisqu'un gouvernement critiqué pour sa politique économique risquera de voir entamée sa crédibilité politique aussi bien sur le plan international que sur le plan national, ce qui peut déboucher, dans des cas extrêmes, à une mise en cause de sa stabilité politique, voire même de sa survie politique.

d) Sur le plan de la politique budgétaire, qui fait partie intégrante de la politique économique, les dispositions et interdictions additionnelles prévues par le traité (article 104 C) ne s'appliquent formellement qu'avec le début de la deuxième phase. Il appartient toutefois aux Etats membres de prendre, dès la mise en vigueur du traité, les mesures nationales nécessaires au respect de ces dispositions. Il en est ainsi de l'interdiction du financement monétaire des dépenses publiques (article 104) et de l'interdiction de l'accès privilégié des Etats aux institutions financières (article 104 A). Dans le premier cas, le Conseil peut, avant le démarrage de la deuxième phase, préciser dans une législation dérivée, les définitions en vue de son application (article 104 B 2) ; dans le second cas, il doit le faire (article 104 A 2).

B. *Le volet monétaire : le gel de l'Écu*

Sur le plan monétaire, à part le gel de la composition de l'Écu (41) qui intervient dès la mise en vigueur du traité, aucune mesure institutionnelle ou opérationnelle n'est prévue à ce stade.

Au cours de la CIG/UEM, plusieurs options quant au sort à réserver à l'Écu lors de la période précédant la troisième phase furent avancées. Elles peuvent se résumer comme suit :

Une première option avancée par le Royaume-Uni comportait le remplacement de l'Écu panier par un Écu abstrait, monnaie parallèle dont la gestion serait à confier à une institution monétaire nouvelle. Cet Écu entrerait en concurrence avec les monnaies nationales.

Selon une deuxième option, l'Écu panier serait à assortir d'une garantie de non dévaluation vis-à-vis des monnaies les plus fortes. Dans cette configuration, à chaque réalignement, la composition en monnaies nationales de l'Écu devrait être changée de sorte à assurer que l'Écu ne soit pas dévalué par rapport à la monnaie ou les monnaies les plus fortes. En conséquence, plus une monnaie se dévaluerait, moins sa présence dans le panier deviendrait importante.

Enfin, une troisième option prévoyait la fixation définitive de la composition de l'Écu. Dans cette optique, l'Écu continuerait à être dévalué lors d'un réalignement par rapport à la ou les monnaies les plus fortes. Seraient toutefois exclues les révisions quinquennales de même que les révisions sur demande dans le cas où le poids d'une monnaie quelconque dans l'Écu aurait changé de 25 % (42). Dans ce cas de figure, le poids des monnaies les plus fortes dans l'Écu se renforcerait petit à petit en cas de dévaluations de certaines monnaies.

(41) Pour l'écriture du terme Écu, cf. dans la deuxième section le commentaire relatif à l'article 109 G.

(42) Cf. le point 2.3 de la résolution du Conseil européen du 5 décembre 1978 concernant l'instauration du Système monétaire européen (SME) et des questions connexes qui prévoit cette possibilité.

Finalement, c'est cette dernière option qui fut retenue, la conférence estimant qu'elle n'entraînerait pas de complications institutionnelles et qu'elle assurerait la continuité, trouvant ainsi la préférence des marchés. Autre avantage, le remplacement de l'Écu panier par un Écu monnaie à part entière et monnaie unique ne nécessite pas un changement de caractère de l'Écu avant la troisième phase.

La composition de l'Écu ne sera donc plus modifiée une fois le traité entré en vigueur.

Comme la prochaine révision quinquennale est prévue pour la mi-1994 et qu'il est peu probable qu'une révision spéciale sur la base de la règle des 25 % ait lieu avant l'entrée en vigueur du traité, la composition actuelle de l'Écu devrait rester inchangée jusqu'à la troisième phase et jusqu'à son remplacement par un Écu monnaie unique et à part entière et donc sans référence aucune à d'autres monnaies.

Il convient encore de souligner que les textes n'excluent pas l'élargissement du panier de l'Écu suite à une éventuelle entrée d'autres monnaies au SME et à son mécanisme de change.

Cependant, un tel élargissement ne pourra se faire que par le biais d'une disposition afférente dans un traité d'adhésion, traité qui appelle l'unanimité des Etats membres, qu'ils participent ou non au mécanisme de change du SME (43).

Il est à noter que le traité n'exclut pas des réalignements au sein du SME au cours des première et deuxième phases.

D'autres propositions relatives au SME n'ont pas été retenues. Ainsi, l'obligation pour tous les Etats membres de participer au mécanisme de change, voire à la bande normale — c.-à-d. étroite — dès l'entrée en vigueur du traité ou, pour le moins, dès le démarrage de la deuxième phase, a été finalement rejetée. Il en fut de même d'une proposition de réduire la bande de fluctuation normale de ± 2,25 % à ± 1,5 %.

Quant au statut du SME, il n'a pas été décidé, contrairement à certaines propositions, de l'insérer dans le traité en annexant les dispositions y relatives.

(43) Voir dans ce contexte la déclaration n° 5 relative à la coopération monétaire avec les pays tiers.

Il en résulte que la mise en vigueur du traité et le passage à la deuxième phase n'affecteront pas le fonctionnement institutionnel du SME qui, lors de la période précédant la troisième phase, continuera à fonctionner selon les règles tracées dans la résolution du Conseil européen du 5 décembre 1978 et dans l'accord du 13 mars 1979 entre les banques centrales des Etats membres de la CEE. Le SME devrait donc rester un système avant tout intergouvernemental, qui ne s'insère pas directement dans le cadre institutionnel communautaire.

D'éventuels réalignements continueront à être décidés d'un commun accord selon une procédure commune à laquelle participeront les pays appartenant au mécanisme de change du SME ainsi que la Commission, et ceci à un niveau intergouvernemental en dehors du Conseil proprement dit.

Division B. — La deuxième phase

§ 1er. *Le passage à la deuxième phase : automatique et collectif*

La deuxième phase (44) de la réalisation de l'UEM commence le 1er janvier 1994, date déjà proposée dans les conclusions du Conseil européen de Rome I (article 109 E).

Avant cette date, chaque Etat membre est appelé à en préparer le terrain. Aussi doit-il, en cas de besoin, prendre au niveau national les mesures permettant de se conformer aux dispositions portant sur la liberté des mouvements de capitaux et de respecter les interdictions du financement monétaire des dépenses publiques et de l'accès privilégié aux institutions financières.

Au surplus, chaque Etat s'engage à adopter, si l'insuffisance de ses performances économiques l'exige, un programme pluriannuel dont le rôle et l'importance capitale pour le processus de convergence viennent d'être explicités ci-dessus (article 109 E 2 a)).

Quant au Conseil, il doit évaluer avant la date de démarrage, les progrès, d'une part, en matière de convergence économique et monétaire (45), et, d'autre part, en matière de mise en oeuvre de la législation relative au marché unique (article 109 E 2 b)).

(44) Dans le projet de traité de la Présidence luxembourgeoise, cette phase était encore qualifiée de « transitoire ».

(45) Le qualificatif « monétaire » signifie que le Conseil devra notamment faire le point sur la situation monétaire prévalant fin 1993.

Nonobstant ces exigences, la rédaction du traité est telle que le démarrage de la deuxième phase est automatique et collectif, aucune décision formelle n'étant prévue sur l'opportunité d'un tel passage ou sur la capacité de participation d'un Etat membre.

La double évaluation a un caractère de procédure plutôt que de contenu, le passage n'étant pas lié à des exigences de résultats, puisque le traité ne prévoit pas de critères ou de règles d'appréciation dont la réalisation conditionnerait le passage en deuxième phase.

Si le démarrage de la deuxième phase est donc automatique, il en est de même pour la participation individuelle de chaque Etat membre. Certes, le non-respect par un Etat, par exemple du principe de l'interdiction du financement monétaire des dépenses publiques, mettrait l'Etat en question d'office en situation d'infraction susceptible de déclencher une action en manquement à l'initiative de la Commission (article 169) ou, le cas échéant, d'un autre Etat membre (article 170).

Au-delà de l'aspect légal, un tel événement affecterait la crédibilité de l'UEM ou pour le moins, mettrait l'Etat concerné dans une position d'isolement politique. Même si un tel cas de figure est théoriquement possible, il ne devrait pourtant pas se présenter dans la pratique.

En conséquence, le démarrage sera automatique et communautaire, tous les Etats y participant sur un pied d'égalité, à deux exceptions près. Le protocole relatif au Royaume-Uni permet, en effet, à ce dernier de ne pas se conformer à l'interdiction du financement monétaire des dépenses publiques (46), alors que le protocole n° 9 sur le Portugal permet à ce dernier de maintenir la faculté conférée aux régions autonomes des Açores et de Madère de bénéficier de crédits sans intérêts auprès de la Banco de Portugal.

Les conditions de passage de même que le contenu et la durée de cette phase ont fait l'objet de longues controverses.

Cette automaticité a finalement été acceptée, en contrepartie de l'accord que, du point de vue du contenu monétaire de la deuxième phase, il devrait être assuré qu'il n'y aurait au cours de cette deuxième phase de transfert ni partiel ni progressif des prérogatives

(46) Point 11 du protocole (n° 11) sur certaines dispositions relatives au Royaume-Uni de Grande-Bretagne et de l'Irlande du Nord. Malgré la non participation du Danemark à la troisième phase de l'UEM annoncée le 12 décembre 1992 à **Edimbourg**, cette exception ne s'applique pas à celui-ci.

monétaires nationales à un niveau supranational ou communautaire.

§ 2. *Le contenu de la deuxième phase*

A. *Volet économique : obligation d'une saine gestion budgétaire et procédure de surveillance spéciale*

Le dispositif précédemment décrit, comprenant la définition d'orientations générales pour les politiques économiques nationales et un mécanisme de surveillance multilatérale et devant démarrer dès la mise en vigueur du traité, devrait à ce stade remplir pleinement son rôle de machine à convergence et de mécanisme de discipline au niveau de la mise en oeuvre des politiques économiques nationales. S'y ajouteront l'exécution et le suivi des programmes de convergence.

Ces dispositions qui s'appliquent à la politique économique en général, y compris la politique budgétaire (47), seront complétées, à partir du 1er janvier 1994, par l'obligation imposée aux Etats membres de respecter certains principes de saine gestion budgétaire et par une procédure de surveillance spéciale portant sur les résultats budgétaires.

En conséquence, les politiques budgétaires seront gouvernées par les principes (48) décrits ci-après :

a) L'abolition de toute facilité de financement monétaire des dépenses publiques. En clair, il est interdit aux banques centrales des Etats membres et à la future BCE, d'accorder des découverts à tout Etat membre. De même est-il interdit aux banques centrales nationales d'acquérir directement auprès d'un Etat membre des instruments de sa dette. Il ne sera donc plus possible de monétiser directement la dette publique. Les banques centrales garderont toutefois la faculté d'acquérir, par le biais de la politique d'*open market*

(47) Les interprétations divergent quant à la question de savoir si les politiques budgétaires font également partie de l'exercice de surveillance multilatérale (article 103), c'est-à-dire peuvent se voir imposer de grandes orientations et sont sujettes à des recommandations, ou si au contraire elles font exclusivement l'objet de la procédure des déficits excessifs (article 104 C). L'esprit et la lettre du traité sont pourtant univoques. La politique budgétaire est partie intégrante de la politique économique et est soumise à l'article 103. L'article 104 C, qui n'utilise par ailleurs pas le terme de « politique budgétaire », ajoute des dispositions particulières portant sur les situations budgétaires.

(48) Ces principes figuraient déjà assez largement dans le rapport Delors qui avait proposé une restriction supplémentaire, non reprise dans le traité, à savoir le recours limité à l'emprunt extérieur en monnaies non communautaires.

notamment, sur le marché secondaire des titres publics dans la limite permise par l'obligation prioritaire de la stabilité des prix. De plus, les banques commerciales peuvent toujours déposer de tels titres en nantissement auprès des banques centrales et plus tard auprès de la BCE en contrepartie d'un crédit accordé. Toutefois, ces sources de création monétaire sont contrôlées par les banques centrales et relèvent de leurs décisions autonomes dans le contexte de la mise en oeuvre des instruments monétaires à leur disposition ;

b) L'entière et exclusive responsabilité de chaque Etat pour sa dette publique (règle du *no bail out*, article 104 B). En vertu de cette règle, aucun Etat n'aura le droit de secourir financièrement un autre Etat qui aurait pratiqué une politique mettant en péril sa propre solvabilité. Afin de rendre crédible l'engagement mutuel de non-assistance, les Etats s'imposent mutuellement par le biais du traité une autocontrainte constitutionnelle (49) ;

c) L'interdiction de tout accès privilégié à des institutions financières, ceci afin d'éviter que les gouvernements ne puissent imposer à des institutions financières la détention de titres publics et par là disposer de « preneurs captifs » de la dette publique qui, en l'occurrence, ne seraient plus libres quant à la composition de leurs actifs ;

d) L'évitement de tout déficit public excessif et en cas d'existence d'un tel déficit, l'obligation de le corriger.

Ce dernier principe constitue un des piliers de l'UEM. Le traité définit ce que l'on entend par déficit public excessif et établit une procédure de surveillance des situations budgétaires des Etats membres. En ayant à l'esprit que la non-existence d'un déficit excessif est une des conditions d'éligibilité à la troisième phase, on mesure facilement l'importance d'un tel mécanisme de contrôle.

La notion de déficit excessif (article 104 C)

Deux critères sont retenus pour définir le déficit excessif, un critère de flux et un critère de stock.

Un déficit est excessif :

— si le rapport entre le déficit public prévu ou effectif et le produit intérieur brut dépasse 3 %, à moins que :

(49) Bien sûr, une telle règle constitutionnelle ne saurait dissiper tout risque et constituer une garantie absolue contre tout dérapage ; le risque subsiste de voir un Etat miser sur le fait qu'en cas de problème grave, l'intérêt communautaire pourrait être tel qu'un *bail out* serait le moindre mal.

* le rapport n'ait diminué de manière substantielle et constante et atteigne un niveau proche de la valeur de référence,
* ou que le dépassement de la valeur de référence de 3 % ne soit qu'exceptionnel et temporaire et que ledit rapport reste proche de la valeur de référence de 3 % ;

— ou si le rapport entre la dette publique et le produit intérieur brut dépasse 60 % à moins que ce rapport ne diminue suffisamment et se rapproche de la valeur de référence de 60 % à un rythme satisfaisant.

En clair, le traité implique qu'un Etat dont le stock de la dette est non soutenable doit réduire l'encours de cette dernière. Dans le cas où le taux d'intérêt moyen sur sa dette est supérieur au taux de croissance nominal du PIB, il doit dégager un budget primaire (50) d'autant plus excédentaire (51), que la différence entre le taux d'intérêt et le taux de croissance est grande et que la différence entre le stock existant et le montant de référence est importante.

Un Etat qui respecte le critère du stock ne s'en trouve pas pour autant à l'abri d'un constat d'indiscipline budgétaire puisque son déficit public ne saurait dépasser 3 % du PIB et ceci quel que soit l'encours des dettes.

L'interaction de ces deux critères devrait assurer que les Etats dont la dette est trop élevée s'engagent dans un processus de désendettement et que, parallèlement, les Etats dont le stock ne dépasse pas 60 %, ne sauraient absorber de façon démesurée l'épargne privée.

Si donc les résultats budgétaires ne respectent pas l'un des deux critères, et *a fortiori* les deux, il y a présomption d'indiscipline budgétaire.

En conséquence, une procédure est déclenchée qui commence avec un rapport de la Commission étant donné que celle-ci a reçu

(50) Le budget primaire se définit comme les recettes moins les dépenses hors charges d'intérêts.

(51) Il convient de noter que les grandeurs du déficit public et de la dette publique sont définis par rapport au « gouvernement général », c'est-à-dire les administrations centrales, les autorités régionales ou locales et les fonds de sécurité sociale. Les Etats membres sont responsables des déficits de leur « gouvernement général » (cf. le protocole n° 5 sur la procédure concernant les déficits excessifs).

la tâche de surveiller l'évolution de la situation budgétaire ; en cas de problèmes, elle doit élaborer un rapport à l'attention du Conseil.

Ce rapport doit également examiner dans quelle mesure le déficit excède les dépenses publiques d'investissement (52) et prendre en compte tous les autres facteurs pertinents, y compris la position économique et budgétaire à moyen terme de l'Etat membre.

Il convient de souligner que la Commission peut également élaborer un rapport si les critères sont respectés mais qu'elle estime qu'il existe un risque de déficit excessif.

Cette faculté de jugement fait ressortir le fait que les critères chiffrés ne caractérisent pas une politique budgétaire optimale ou sont à interpréter comme des « seuils de déficits légitimes » mais reflètent plutôt des exigences minimales. Ainsi, dans l'esprit du traité, tout mouvement soutenu dans la direction des 3 % pourrait être considéré comme préjudiciable.

Une fois établi, le rapport est soumis pour avis au comité monétaire (53) avant que la Commission ne décide définitivement de l'opportunité de saisir le Conseil.

(52) La prise en compte de cette « *golden rule* » comme élément d'appréciation a été controversée. Une partie des Etats membres voulaient la voir figurer parmi les critères de base déclenchant la procédure, arguant qu'un déficit même inférieur à une limite comme celle de 3 % ne saurait se justifier que s'il s'explique par le fait que les recettes, après couverture des dépenses courantes, ne sont pas suffisantes pour couvrir l'ensemble des dépenses d'investissement.

D'autres plaidaient contre la prise en compte d'un tel critère, soulignant qu'il serait difficile de mettre en oeuvre ce dernier en raison de la difficulté d'établir une démarcation claire entre dépenses courantes et dépenses d'investissement ; par ailleurs, le recours à ce critère inviterait à des tendances dépensières au niveau des investissements.

Ces deux positions ont pu être conciliées par la prise en compte implicite de la « *golden rule* » non pas comme un des « critères déclencheurs », mais comme élément devant être pris en compte dans le rapport même pour disposer d'une évaluation complète de la situation. Le rôle de la « *golden rule* » fut de ce fait renversé. Si cette règle avait figuré parmi les critères de base, son non-respect aurait déclenché la procédure. Selon la formulation retenue, elle peut contribuer à renverser la présomption d'un déficit excessif. En effet, un Etat qui pourrait justifier par des investissements indispensables un déficit de plus de 3 % sur une ou plusieurs années pourra s'attendre à un Conseil plus compréhensif.

A noter que la prise en compte de la situation à moyen terme a été ajoutée à la demande d'Etats membres estimant qu'il ne se recommande pas de faire reposer l'analyse sur un résultat ponctuel, mais qu'il faudrait l'insérer dans le temps et tenir compte d'éventuels cycles conjoncturels. Rétrospectivement, l'introduction de cette disposition apparaît comme superfétatoire puisque les critères tels que finalement retenus revêtent déjà un caractère dynamique.

(53) Le comité monétaire, qui a été institué par le traité de Rome (ancien article 105), voit ses compétences élargies (article 109 C). La Commission n'est pas liée par l'avis du comité monétaire. En revanche, l'avis de ce dernier n'est pas destiné exclusivement à la Commission mais sera également communiqué au Conseil étant donné que le comité monétaire a pour mission de contribuer aux travaux de ce dernier.

Il appartient alors au Conseil de décider, à la majorité qualifiée et sur recommandation de la Commission, après une évaluation globale, s'il y a ou non déficit excessif (54).

Comme il ressort des développements ci-dessus, le déclenchement de la procédure est, en raison des critères chiffrés, relativement automatique nonobstant le fait que les critères contiennent une certaine marge d'appréciation à cause de leur caractère dynamique plutôt que statique. On notera les formulations prudentes et flexibles utilisées dans ce contexte : « n'ait diminué de manière substantielle », « dépassement exceptionnel temporaire », « rythme satisfaisant ».

Par conséquent, le Conseil disposera d'une capacité d'appréciation politique certaine, mais limitée par l'existence de critères chiffrés et la nécessité d'assurer et de maintenir la crédibilité de l'exercice.

Il importe également de noter que les critères portent sur les soldes de la politique budgétaire. Les Etats garderont leurs degrés de liberté quant au niveau et à la structure aussi bien des dépenses publiques que des recettes publiques et resteront responsables de la définition et des conséquences de leurs politiques des finances publiques qui continueront à ressortir des prérogatives des Parlements nationaux. Ils doivent toutefois veiller à ce que les procédures nationales en matière budgétaire leur permettent de remplir les obligations qui leur incombent dans ce domaine en vertu du traité (55).

Le traité ne va pas au-delà de cet engagement des Etats puisque la mise en place d'une procédure budgétaire « harmonisée », voire même de règles procédurales communes, a été considérée comme contraire au principe de subsidiarité et comme une ingérence inacceptable dans le droit et les pratiques budgétaires des Etats membres.

Si le Conseil décide qu'il existe un déficit excessif, la procédure se poursuit selon le principe de la pression graduelle. Le Conseil adresse tout d'abord des recommandations à l'Etat membre concerné comportant entre autres un délai dans lequel un terme doit être mis à la situation incriminée.

(54) Cf. *infra*, discussion de l'article 104 C dans la section 2, notamment quant au choix d'une recommandation de la Commission plutôt que d'une proposition de décision du Conseil et de la limitation du droit d'initiative exclusif de la Commission, telle qu'elle résulte de l'article 109 D.

(55) Voir l'article 3 du protocole n° 5 sur la procédure concernant les déficits excessifs.

Dans l'hypothèse où aucune action suivie d'effets n'a été prise en réponse à ses recommandations, le Conseil peut décider de les rendre publiques.

Durant la deuxième phase, les recommandations publiques constituent le point limite de la procédure. Ce n'est qu'à partir de la troisième phase que celle-ci pourra se poursuivre jusqu'à aboutir à des sanctions à caractère légal. Par ailleurs, tout au cours de la deuxième phase, l'engagement d'éviter les déficits excessifs ne revêt pas le caractère d'une règle ayant force de loi mais d'une déclaration d'intention politique (56).

En conclure que cette constellation enlève à la procédure sa crédibilité et risque de n'exercer qu'un effet insignifiant sur les choix budgétaires nationaux serait méconnaître la mécanique du traité.

En deuxième phase, il existe la sanction politico-économique suprême qui est celle de la non-éligibilité à la troisième phase en cas d'un déficit excessif. Il est en effet plus efficace de prévoir qu'un pays indiscipliné ne pourra pas participer à la phase finale que de prévoir des dispositions à caractère contraignant.

Une fois entré en troisième phase, le problème se posera dans des termes tout à fait différents. A partir de ce moment, il faut que la communauté des Etats membres, une fois le mariage consommé, dispose des instruments contraignants nécessaires pour dissuader chaque membre de pratiquer des politiques laxistes dans l'espoir d'en engranger la majorité des bénéfices et de répercuter la majorité des coûts sur l'ensemble des autres membres participants, et ceci à travers une inflation renforcée suite à des dépenses publiques exagérées et à travers des taux d'intérêt plus élevés suite au recours excessif à l'emprunt.

B. *Volet monétaire : la préparation de la troisième phase*

1. *Création de l'Institut monétaire européen (IME)*

Avec le démarrage de la deuxième phase, sera créée avec l'Institut monétaire européen (IME) une nouvelle institution monétaire (article 109 F). Le Conseil européen de Rome I avait prévu la création à cette date d'une institution nouvelle en se prononçant comme

(56) Selon le traité, (article 109 E,5), au cours de la deuxième phase, « les Etats membres s'efforcent d'éviter des déficits publics excessifs ». Avec le démarrage de la troisième phase (article 104 C.1), le traité dispose que « les Etats membres évitent les déficits excessifs ».

suit : « Au début de la deuxième phase, la nouvelle institution de la Communauté sera créée. »

Forts de ces conclusions, certains Etats plaidaient pour la mise en place, dès le 1er janvier 1994, de la Banque centrale européenne (BCE) en insistant que les conclusions parlent non pas d'« une » institution mais de « la » nouvelle institution, sans préjudice toutefois d'un développement progressif des compétences de celle-ci.

D'autres par contre estimaient que la BCE ne saurait être créée avant le transfert des souverainetés monétaires nationales prévu à partir de l'entrée dans la troisième phase. La création antérieure de l'institution finale en ferait au départ une coquille vide ayant perdu toute crédibilité au moment où elle en aurait le plus besoin, c'est-à-dire lors du démarrage de la troisième phase. Il serait, dès lors souhaitable, d'étendre les prérogatives du comité des Gouverneurs, voire, pour marquer un changement institutionnel par rapport à la première phase, de le rebaptiser Conseil des Gouverneurs.

Finalement, le compromis a été trouvé avec le principe d'un passage automatique à la deuxième phase contrebalancé par la reconnaissance de la nécessité d'éviter tout conflit de compétence monétaire et, partant, de renoncer à tout transfert des pouvoirs monétaires à un niveau supranational lors de la deuxième phase.

Sur le plan institutionnel, cet accord s'est concrétisé par la création inconditionnelle d'une nouvelle institution qui se distinguerait, d'une part, du comité des Gouverneurs afin de bien marquer que la deuxième phase est plus qu'une première phase déguisée et, d'autre part, de la future BCE pour bien marquer les différences fondamentales sur le plan monétaire entre les deuxième et troisième phases et pour éviter par là des zones grises sur les plans institutionnel et monétaire.

Avec cette architecture, il est acquis qu'en deuxième phase, la politique monétaire restera entre les mains des autorités monétaires compétentes des Etats membres (56*a*).

L'IME sera donc créé dès le 1er janvier 1994. Ses statuts sont annexés au traité (57).

(56*a*) L'article 109 F 7 prévoit, toutefois, la possibilité pour le Conseil de confier d'autres tâches à l'IME pour la préparation de la troisième phase.

(57) Trois options s'offraient : premièrement une incorporation dans une législation dérivée, deuxièmement leur insertion dans un chapitre du protocole des statuts du SEBC et de la BCE, et, troisièmement un protocole à part faisant partie intégrante du traité. C'est cette dernière option qui a été retenue.

A part la fixation du siège et la désignation du Président, aucune décision séparée n'est requise pour la mise en place de l'IME, ce qui ne fait que souligner le caractère irréversible de la deuxième phase une fois le traité ratifié par les Etats signataires (58).

a) *Les missions de l'IME*

L'IME se substituera aussi bien au Fonds européen de coopération monétaire, créé en 1973, dont il reprendra les fonctions, qu'au comité des Gouverneurs, créé en 1964.

Il aura pour objectif de contribuer à la réalisation des conditions nécessaires au passage à la troisième phase de l'UEM. A cette fin, cette nouvelle institution est investie de certaines tâches et fonctions.

Il aura en premier lieu pour tâche de renforcer la coordination des politiques monétaires des Etats membres en vue d'assurer la stabilité des prix.

En exécution de cette fonction, il tient des consultations régulières concernant l'orientation des politiques monétaires et l'utilisation des instruments de politique monétaire de même qu'il est normalement consulté par les autorités monétaires nationales avant même que celles-ci ne s'apprêtent à prendre des décisions sur l'orientation de leurs politiques monétaires respectives, consultation qui s'insère dans le contexte d'un cadre commun de coordination *ex ante*.

De surcroît, l'IME peut, notamment dans le cadre de ses fonctions consultatives, adresser, à la majorité qualifiée des 2/3, des recommandations aux autorités monétaires des Etats membres concernant la conduite de leur politique monétaire. Il peut même décider, à l'unanimité cette fois-ci, de les rendre publiques.

Une autre mission consiste à assurer la préparation nécessaire à l'instauration du Système européen des banques centrales (SEBC), à la conduite de la politique monétaire unique et à la création d'une monnaie unique.

Pour le 31 décembre 1996 au plus tard, l'Institut doit avoir précisé le cadre réglementaire, organisationel et logistique dans lequel

(58) Rappelons qu'il n'en avait pas été de même pour la deuxième phase prévue dans le cadre du SME. L'instauration du Fonds monétaire européen prévue pour 1981, mais jamais intervenue, ne reposait que sur une déclaration d'intention insérée dans une résolution du Conseil européen.

devra opérer le SEBC. Le travail de l'IME n'a toutefois qu'un caractère préparatoire puisqu'il sera soumis pour approbation à la BCE dès la date d'établissement de cette dernière (59).

Sur le plan de l'Écu, l'IME a pour mission d'en surveiller le développement, d'en faciliter l'usage, y compris le bon fonctionnement du système de compensation en Écus de même qu'il lui appartient de superviser le fonctionnement du SME.

Deux principes généraux guident l'IME dans l'accomplissement des missions qui lui sont conférées. Il doit les exécuter, d'une part, sans préjudice de la responsabilité des autorités monétaires pour la conduite de la politique monétaire dans les Etats membres, d'autre part, toujours avec la stabilité des prix comme objectif ultime.

D'un point de vue institutionnel, l'IME est un organe de la Communauté composé des banques centrales des Etats membres et disposant de la personnalité juridique.

b) *La structure de l'IME*

Une des questions les plus controversées tournait autour de la structure de l'IME.

Le comité des Gouverneurs, dans le projet de statuts de l'IME qu'il avait fait parvenir à la conférence intergouvernementale sur l'UEM, n'avait pas pu dégager en son sein une position unanime à ce sujet mais avait retenu deux possibilités (60).

Une première version, soutenue par une majorité des délégations, proposait que l'IME soit dirigé par un Conseil composé exclusivement des Gouverneurs des banques centrales et présidé par un de ses membres à désigner par le Conseil même de l'IME. Les défenseurs de cette approche n'excluaient cependant pas la désignation d'un « *managing director* » sans que pour autant un consensus ait jamais existé quant à sa procédure de nomination et son rôle précis à assumer au sein de l'IME.

(59) Précisons que la BCE sera mise en place soit dès qu'aura été prise la décision fixant la date à laquelle commence la troisième phase, soit, au plus tard, après le 1er juillet 1998.

(60) Le projet de statuts élaboré par le comité des Gouverneurs pour le SEBC et proposé à la conférence intergouvernementale sur l'UEM n'avait aucunement un caractère contraignant, et n'était qu'une proposition parmi d'autres ; il n'en est pas moins vrai que les textes du comité des Gouverneurs ont inspiré dans une très large mesure la rédaction finale des deux protocoles, celui relatif aux statuts du SEBC et de la BCE, et celui relatif aux statuts de l'IME.

Une deuxième version prévoyait que le Conseil serait présidé par un Président et un Vice-Président choisis parmi des personnalités extérieures et nommés par le Conseil européen.

A titre de compromis, il a été décidé au niveau de la conférence intergouvernementale que le Conseil de l'IME, pour visualiser le saut institutionnel, devrait se composer d'un Président — choisi en dehors des Gouverneurs et nommé « par les gouvernements au niveau des Chefs d'Etat ou de gouvernement » — et des douze Gouverneurs des banques centrales dont l'un occuperait le poste de Vice-Président (61). De surcroît, tous les membres du Conseil de l'IME, y compris donc le Président, disposent d'une voix, les décisions étant prises, en règle générale, à la majorité simple des membres.

Le Président, qui exerce sa fonction à temps plein, et le Vice-Président sont nommés pour 3 ans. Cette durée s'explique par le fait qu'une date possible de l'entrée en vigueur de la troisième phase et, partant, de la liquidation de l'IME, est le 1er janvier 1997. Comme il ne s'agit pourtant que d'une date possible, il a été décidé en vue d'assurer la continuité des travaux et pour pouvoir éviter, le cas échéant, une procédure de renomination pour une période courte, de ne pas exclure le renouvellement du mandat.

Même si l'IME se distingue à bien des égards de la future BCE, il n'en est pas moins vrai qu'il constitue un pas important dans la voie de l'UEM et se distingue sous bien des aspects du comité des Gouverneurs au point même de préfigurer sur certains aspects la BCE.

Ceci ne ressort pas uniquement des dispositions sur son Président (personnalité extérieure, nomination par les gouvernements) mais apparaît aussi à travers d'autres spécificités dont il convient de présenter succinctement les plus importantes :

— l'IME est doté de ses propres ressources dont le montant précis doit être déterminé par le Conseil de l'IME en fonction des fonds nécessaires pour couvrir les dépenses administratives. Les res-

(61) Comme le Conseil européen, organe d'impulsion qui n'adopte pas en principe des actes juridiques, ne saurait nommer le Président et comme il a été jugé en revanche qu'une nomination au niveau du Conseil ne serait pas compatible avec l'indépendance de l'IME, la formule retenue fut celle de la nomination par les gouvernements au niveau des Chefs d'Etat ou de gouvernement, applicable également par après pour le Directoire de la BCE. Rappelons à titre de comparaison que la nomination du Président et des membres de la Commission se fait par les représentants des gouvernements des Etats membres sans précision du niveau de ceux-ci.

sources proviennent de contributions des banques centrales qui sont déterminées en fonction de la même clé qui sera appliquée à la détermination des apports respectifs à la BCE (62). Ses ressources ne proviennent pas du budget communautaire comme c'est le cas des institutions communautaires classiques (63) ;

— l'IME est un organisme indépendant. Son Conseil ne peut solliciter d'instructions. Toutefois, puisque la responsabilité monétaire reste auprès des autorités monétaires nationales, il est reconnu que les Gouverneurs sont les représentants de leurs institutions respectives. Ceci ne porte cependant pas atteinte à l'indépendance de l'IME puisqu'il est simultanément précisé que les membres du Conseil agissent sous leur propre responsabilité dans le cadre de leurs activités au sein de l'IME (64) ;
— l'IME est autorisé à détenir et à gérer des réserves en devises pour le compte d'un Etat membre tout en devant assurer que les opérations effectuées dans ce cadre n'affectent pas la politique monétaire et la politique de change menées par l'autorité monétaire d'un Etat membre quelconque et que ces opérations respectent l'objectif d'un bon fonctionnement du mécanisme de change du SME (article 6.4. du protocole n° 4 sur les statuts de l'IME) ;
— l'IME peut adresser des recommandations aux autorités monétaires des Etats membres concernant la conduite de leur politique monétaire et est consulté, dans les limites à préciser par le Conseil des Ministres, par les autorités des Etats membres sur tout projet de réglementation dans le domaine relevant de sa compétence ;
— l'IME peut, outre des actes qui ne lient pas, prendre des décisions qui sont obligatoires dans tous leurs éléments pour les destinataires qu'elles désignent ;
— l'IME a un siège au sein du territoire communautaire contrairement au comité des Gouverneurs qui se réunit à Bâle dans les bâtiments de la Banque des Règlements Internationaux ;

(62) Le terme « capital » ne fut pas employé dans le traité pour ménager les susceptibilités de ceux qui se prononçaient contre le principe de ressources propres. Le comité des Gouverneurs de son côté avait proposé comme ressources de l'IME des contributions des banques centrales selon une clé à déterminer par le Conseil de l'IME avec, de surcroît, la faculté pour ce dernier de décider, si jugé opportun, d'apports en capital.

(63) Cf. article 4 A du commentaire des articles.

(64) Il est donc possible que le Gouverneur d'une Banque centrale, qui ne jouit pas sur le plan national de l'indépendance, puisse au sein du Conseil de l'IME soutenir une recommandation de politique monétaire adressée aux autorités monétaires de son Etat de provenance.

— l'efficacité de la gestion de l'IME est contrôlée par la Cour des Comptes tandis que la Cour de Justice peut connaître des actes ou omissions de l'IME ou peut être saisie de leur interprétation.

2. *Les relations de change en deuxième phase*

L'avènement de la deuxième phase ne s'accompagnera pas de modifications du cadre institutionnel et légal sur le plan des politiques de change des Etats membres. Ceux-ci restent en dernière instance responsables des politiques de change sans préjudice des obligations contractées, à des degrés divers selon les pays, dans le cadre du SME lequel restera sans véritable ancrage institutionnel et dépourvu de la personnalité juridique.

Le traité se contente de déclarer que lors de la deuxième phase les Etats doivent considérer leur politique de change comme un problème d'intérêt commun et, ce faisant, tenir compte des expériences acquises grâce à la coopération dans le cadre du SME (65).

Il faut toutefois s'attendre à ce qu'au cours de la deuxième phase la participation au mécanisme de change du SME s'élargisse ou se modifie.

D'abord, l'adhésion de nouveaux Etats membres à la Communauté européenne est à prévoir.

Ensuite, la situation dans le SME de certains Etats membres devrait changer. Un des critères de convergence à la lumière desquels sera jugée l'aptitude individuelle d'un pays d'adhérer à la troisième phase prévoit notamment que l'Etat membre doit avoir respecté les marges normales de fluctuation prévues par le mécanisme de change du SME et ceci pour deux ans au moins avant l'examen d'entrée.

3. *L'indépendance des banques centrales nationales*

Au cours de la deuxième phase, un Etat membre, dont la législation nationale n'assure pas l'indépendance de sa banque centrale nationale, doit prendre les mesures nécessaires pour réaliser la compatibilité de sa législation nationale avec les statuts du SEBC et ceci au plus tard, pour la mise en place du SEBC.

(65) La formule de l'« intérêt commun » fut transférée de l'ancien article 107 relatif à la politique de change au nouvel article 109 M, de même que celle relative au SME qui provient de l'ancien article 102 A introduit par l'Acte Unique.

Une réalisation anticipée de cette mesure serait d'ailleurs souhaitable pour renforcer la crédibilité du processus communautaire. Il ne suffit pas en effet de mettre en place une procédure sophistiquée de progression juridique et institutionnelle par étapes ; encore faut-il remplir un tel cadre par des actions soutenant un véritable processus d'intégration (66).

4. *Les dispositions relatives aux mouvements de capitaux*

A partir du 1er janvier 1994, les articles 67 à 73 portant sur les mouvements de capitaux, de même que la législation dérivée (67), sont remplacés par les articles 73 B à 73 G. A partir de cette date (article 73 A), la liberté des mouvements de capitaux et des paiements aussi bien entre les Etats membres — une des quatre libertés fondamentales du traité de Rome — qu'entre les Etats membres et les pays tiers, constituera une disposition directement applicable (article 73 B).

Les seules exceptions au principe de l'interdiction de toutes les restrictions aux mouvements de capitaux et paiements, d'un côté, entre Etats membres et, de l'autre, entre les Etats membres et les pays tiers, sont celles limitativement formulées dans le chapitre portant sur les mouvements de capitaux.

Pour clarifier les choses, il convient de distinguer entre la liberté au sein de la Communauté et la liberté en relation avec les pays tiers (*erga omnes*).

a) Sur le plan de la liberté des mouvements de capitaux entre Etats membres, il faut relever les exceptions suivantes :

— les Etats membres peuvent prendre toutes les mesures indispensables pour faire échec aux infractions à leurs lois et règlements notamment en matière fiscale ou en matière de contrôle prudentiel des établissements financiers, prévoir des procédures de déclaration des mouvements de capitaux à des fins d'information administrative ou statistique, ou prendre des mesures justifiées par des motifs liés à l'ordre public ou à la sécurité. Il s'agit en fait d'une clause d'exception prévue pour des raisons se

(66) Notons que la France a adopté une loi allant dans le sens de l'indépendance de la Banque de France.

(67) Du moins pour les dispositions incompatibles avec la nouvelle rédaction du traité.

situant hors du secteur des mouvements de capitaux *stricto sensu* (article 73 D b)) (68)

— les Etats membres qui bénéficieront le 31 décembre 1993 d'une dérogation en vertu du droit communautaire en vigueur sont autorisés à maintenir, au plus tard jusqu'au 31 décembre 1995, les restrictions aux mouvements de capitaux existant à cette date.

En considérant que la première exception ne découle pas de limitations économiques et étant donné que la seconde est géographiquement limitée et surtout temporaire, il n'est pas téméraire de conclure qu'au 1er janvier 1994 la liberté des mouvements au sein de la Communauté sera totale, condition d'ailleurs nécessaire pour le fonctionnement efficace d'une zone monétaire unifiée.

b) Sur le plan des mouvements de capitaux avec les pays tiers, le traité est plus nuancé. Le principe de base de la liberté « *erga omnes* » directement applicable se trouve encadré par une série de clauses d'exception et de sauvegarde qu'il convient d'énoncer succinctement tout en faisant l'économie des détails :

— les restrictions existant au 31 décembre 1993 en vertu du droit national en ce qui concerne les mouvements de capitaux avec les pays tiers peuvent être maintenues lorsqu'elles concernent des investissements directs y compris les investissements immobiliers, l'établissement, la prestation de services financiers ou l'admission de titres sur les marchés de capitaux (article 73 C 1) ;

— les restrictions existant au 31 décembre 1993 en vertu du droit communautaire en ce qui concerne les mêmes mouvements avec les pays tiers peuvent également être maintenues (article 73 C 1). Toutefois le Conseil peut, à la majorité qualifiée, prendre des mesures dans le sens restrictif ou dans le sens de la libéralisation sur le plan desdits mouvements avec les pays tiers. Dans le cas où de telles mesures constituent un pas en arrière par rapport au droit communautaire, elles requièrent l'unanimité (69) (article 73 C 2) ;

(68) A noter que ce passage s'inspire largement de l'article 4 de la directive du 24 juin 1988 pour la mise en oeuvre de l'article 67 du traité CEE.

(69) *A contrario*, la référence au « droit communautaire » pourrait vouloir dire que le Conseil peut, à la majorité qualifiée, prendre des mesures communautaires plus restrictives que celles en vigueur dans un ou plusieurs Etats membres. Sur ce point, le traité constitue un pas en arrière si on le compare à l'ancien article 70, paragraphe 1 introduit par l'Acte Unique.

— si dans des circonstances exceptionnelles, les mouvements de capitaux en provenance ou à destination de pays tiers causent ou menacent de causer des difficultés graves pour le fonctionnement de l'UEM, le Conseil peut, à la majorité qualifiée, prendre à l'égard des pays tiers des mesures de sauvegarde pour une période ne dépassant pas six mois (article 73 F) ;
— dans le cas de sanctions économiques à l'égard de pays tiers prises dans le cadre de la politique extérieure et de sécurité commune, des mesures portant sur des restrictions des mouvements de capitaux peuvent être prises par le Conseil, voire sous certaines conditions, par un Etat membre (article 73 G).

Certains pays avaient une préférence pour l'applicabilité directe de la libération *erga omnes* et pour un minimum de dispositions limitatives ; selon eux, une future monnaie unique ne saurait devenir une monnaie forte qu'à condition que sa convertibilité externe soit assurée et que cet engagement soit concrétisé par le renoncement dans le traité à des clauses de sauvegarde ou d'exception. D'autres pays, en revanche, soutenus par la Commission, estimaient que l'applicabilité directe ne serait acceptable qu'à condition de prévoir la possibilité d'en limiter la portée en cas de besoin et pour éviter de se lier les mains dans des négociations au niveau international en matière de libération des mouvements de capitaux.

Division C. — La troisième phase

§ 1er. *Le passage à la troisième phase : la date butoir de 1999*

La troisième phase commencera au plus tard le 1er janvier 1999 sans préjudice de la possibilité d'un démarrage antérieur.

Si le traité pris à la lettre ne prévoit pas de date à laquelle le passage de la deuxième à la troisième phase pourrait se faire au plus tôt, il n'est toutefois guère concevable pour des raisons notamment de préparation technique et conceptuelle, que ce passage se situe avant le 1er janvier 1997.

Pour être précis, le traité prévoit (article 109 J) deux procédures alternatives de passage se succédant dans le temps, la deuxième étant appelée à se substituer à la première pour le cas où celle-ci, plus restrictive, n'aboutirait pas.

Dans le contexte de la première procédure, le Conseil ne décide pas seulement pour chaque Etat membre s'il remplit les conditions nécessaires pour l'adoption d'une monnaie unique, mais encore faut-il qu'une majorité des Etats soit éligible. Si tel est le cas, il appartient au Conseil de juger de l'opportunité du passage de la Communauté en troisième phase et, dans l'affirmative, de fixer la date d'entrée en vigueur.

Si avant la fin de 1997 une date n'a pas été fixée selon les dispositions de cette première procédure, cette dernière sera remplacée par la deuxième qui prévoit que le passage se fera automatiquement au 1er janvier 1999, avec les Etats éligibles selon les mêmes conditions que précédemment mais quel que soit leur nombre, c.-à-d. indépendamment d'une condition de masse critique.

Il s'agit donc d'un processus irréversible vers un objectif prédéfini et dans un intervalle de temps limité par la date butoir du 1er janvier 1999.

Pour le dire avec Grégoire Brouhns : « C'est là un des apports majeurs du Sommet de Maastricht. En effet, jusqu'à la veille du Sommet, le passage à la phase trois relevait d'une décision politique des organes communautaires. Celle-ci pouvait intervenir à partir de 1997.

A défaut de décision favorable en 1997, la procédure devait être reprise au moins tous les ans. Aucun terme n'était cependant assigné à ce processus susceptible de repousser, à un horizon indéterminé, le commencement de l'Union monétaire » (70).

Le caractère irréversible se trouve encore renforcé par la suppression d'une disposition d'« *opting out* » généralisée initialement prévue dans le projet soumis aux délibérations de la conférence intergouvernementale tenue à Scheveningen et à Bruxelles du 30 novembre au 4 décembre 1991.

Conformément à cette clause, chaque Etat membre aurait pu décider, avant que le Conseil ne se prononce, de ne pas participer à la troisième phase.

Une telle clause aurait été contraire au caractère communautaire de l'entreprise. Pour bien marquer ce caractère, il a encore été ajouté un protocole (n° 10) sur le passage à la troisième phase dans

(70) G. Brouhns, *La conférence intergouvernementale sur l'UEM*, Institut d'études européennes, ULB, février 1992.

lequel tous les Etats membres, qu'ils remplissent ou non à ce moment les conditions nécessaires au passage, s'engagent d'ores et déjà à respecter la volonté que la Communauté entre rapidement dans la troisième phase et qu'aucun Etat n'empêche l'entrée dans celle-ci.

Avec l'entrée en vigueur du traité, il y a dès lors double irréversibilité, d'abord quant au démarrage automatique de la troisième phase et, ensuite, quant à l'impossibilité pour un Etat jugé éligible par le Conseil, de décider de rester en dehors de l'UEM (71).

A. *Première procédure*

La Commission et l'IME doivent, chacun de leur côté, élaborer un rapport à l'attention du Conseil sur les progrès faits par les Etats membres dans l'accomplissement de leurs obligations contractées à travers le traité pour la réalisation de l'UEM.

Ces rapports examinent notamment :

— si la législation de chaque Etat membre, y compris les statuts de sa banque centrale nationale, est compatible avec l'exigence de l'indépendance du SEBC et de la BCE telle que définie dans le traité. Chaque Etat s'est engagé à entamer si nécessaire le processus conduisant à l'indépendance de sa banque centrale au cours de la deuxième phase et s'est engagé à ce que ceci soit fait au plus tard à la date de la mise en place du SEBC. Or, la mise en place du SEBC ne saurait se faire qu'après une décision du Conseil sur la date de démarrage. Cette ambiguïté inhérente aux textes est en fait un choix délibéré face à l'impossibilité de trouver une rédaction cohérente satisfaisant toutes les parties ;

— si un degré élevé de convergence durable est réalisé en analysant dans quelle mesure chaque Etat membre a satisfait aux quatre « critères de convergence » décrits un peu plus loin ;

— le développement de l'Écu, les résultats de l'intégration des marchés, la situation et l'évolution des balances de paiements courants et l'évolution des coûts salariaux unitaires et celle d'autres indices des prix. Il s'agit en fait d'éléments d'appréciation supplémentaires qui revêtent un rôle de « critères auxiliaires ».

(71) Mais le Royaume-Uni et le Danemark sont exempts de cette obligation (cf. les Protocoles n°s 11 et 12).

L'analyse des performances économiques nationales à la lumière des quatre critères de convergence constitue le volet le plus important de ces rapports. Les résultats de cet examen auront un impact sans doute déterminant — même si non-automatique d'un point de vue légal — sur les décisions à prendre par le Conseil.

Il est donc analysé si un Etat satisfait aux quatre critères suivants (72) :

a) il n'a pas un taux d'inflation moyen dépassant de plus de 1,5 % celui des trois Etats membres, au plus, présentant les meilleurs résultats en matière de stabilité des prix (critère d'un degré élevé de stabilité des prix). L'inflation sera calculée au moyen de l'indice des prix à la consommation sur une base comparable, compte tenu des différences dans les définitions nationales. Il ne sera donc pas procédé à une harmonisation communautaire des indices des prix, mais seulement à des ajustements *ex post* pour les besoins de l'exercice.

A noter que la stabilité des prix n'est pas un critère absolu qui pourrait écarter tous les Etats membres, mais un critère *relatif* sans que pour autant le traité n'apporte la dernière précision quant au calcul précis de la valeur de référence à prendre en compte. S'agira-t-il de la moyenne des trois meilleures performances ou par contre, va-t-on se baser exclusivement sur la meilleure performance, voire même la deuxième ou troisième meilleure performance (72*b*) ? Ce sera à la législation secondaire prévue par le protocole (article 6) d'apporter les précisions indispensables à l'application de ce critère ;

b) il n'a pas un taux d'intérêt nominal à long terme — à calculer sur la base d'obligations d'Etat à long terme ou de titres comparables — dépassant de plus de 2 % celui des trois Etats membres ayant les meilleures performances en matière de stabilité des prix et non pas comme souvent affirmé, en matière de taux d'intérêt.

Comme les taux d'intérêt à court terme sont des instruments de politique monétaire et donc susceptibles de différences entre Etats membres tout au long de la deuxième phase, il a été décidé de se référer aux seuls taux d'intérêt à long terme qui sont largement

(72) Tels qu'ils résultent des dispositions de l'article 109 J.1 et du protocole n° 6 sur « les critères de convergence visés à l'article 109 J du traité instituant la Communauté européenne ».

(72*b*) A noter que dans le cas où la moyenne des trois Etats membres les plus performants serait appliqué, il serait statistiquement possible que deux de ces Etats — et notamment celui qui aura la troisième meilleure performance ne remplisse pas le critère.

déterminés par les marchés reflétant les attentes des opérateurs quant aux performances futures en matière de stabilité des prix.

La différence de 2 % s'explique par le fait qu'une marge suffisamment grande a été jugée indispensable pour tenir compte notamment de différences structurelles et fiscales entre les Etats membres ;

c) il n'est pas en situation de déficit excessif (critère du caractère soutenable des finances publiques). Autrement dit, il faut que le Conseil, dans le cadre de la procédure de surveillance des résultats des finances publiques, n'ait pas constaté la présence d'un déficit excessif ;

d) il a respecté les marges normales de fluctuation du mécanisme de change du SME au moins les deux années précédant l'examen de passage et ceci sans connaître de tensions graves. Est notamment considéré comme preuve de l'absence de tensions graves, le fait qu'un Etat n'a pas dévalué le taux central bilatéral de sa monnaie par rapport à la monnaie d'un autre Etat membre au cours du même intervalle de deux ans.

Notons que ce critère devrait poser en pratique plus de problèmes que sa formulation n'en fait apparaître. D'abord la notion de « tension grave » n'est pas définie de façon univoque. Ensuite, il ne sera pas toujours évident de préciser d'où vient l'initiative d'une dévaluation d'autant plus, qu'*ex post*, toute dévaluation d'une ou de plusieurs monnaies est, par définition, une réévaluation d'une ou de plusieurs autres monnaies. Notons par ailleurs que selon ce critère, une réévaluation d'une monnaie par rapport à toutes les autres ne poserait pas de problème si l'initiative pouvait être attribuée aux pays réévaluant mais exclurait l'ensemble des autres pays s'il s'agissait d'une initiative « conjointe » de ceux-ci. En fait, la justification de ce critère devrait résider *in fine* dans son utilisation pour déceler les « erreurs manifestes » de politique de change d'un Etat membre.

A noter que les quatre critères doivent être satisfaits un par un, aucune compensation n'étant prévue.

En raison de l'existence de ces critères servant de garde-fous, les marges d'appréciation et de marchandage politiques sont fortement restreintes sans pour autant être éliminées. Les formulations du traité constituent la voie médiane entre, d'une part, des seuils-couperets réduisant la décision politique à la simple comparaison entre valeurs de référence et résultats nationaux et, d'autre part, des décisions exclusivement politiques sans valeur de référence aucune.

Il est évident que les commentateurs du traité, selon leurs convictions ou intérêts, insistent, soit sur l'automaticité de ces critères, soit sur la marge d'appréciation politique. Cela n'est pas un défaut du traité, au contraire. C'est la latitude indispensable à tout accord où des Etats membres conviennent de s'engager plusieurs années à l'avance sur des procédures dont le résultat collectif est connu mais où le sort individuel de chaque Etat membre est affecté d'une incertitude plus ou moins grande.

Les rapports sont adressés au Conseil qui évalue, à la majorité qualifiée sur recommandation de la Commission, lesquels, parmi les Etats membres, remplissent les conditions nécessaires pour l'adoption d'une monnaie unique, et si une majorité des Etats membres remplit ces conditions (73).

Le Conseil transmet ensuite ses conclusions au Conseil réuni au niveau des Chefs d'Etat ou de gouvernement (74). Celui-ci, avant le 31 décembre 1996, après avoir dûment pris en considération les rapports de la Commission et de l'IME et l'avis du Parlement européen, décide à la majorité qualifiée si une majorité d'Etats remplit les conditions et s'il est opportun de constituer l'Union monétaire. Dans l'affirmative, il fixe la date du début de la troisième phase (75).

(73) A noter que tous les membres du Conseil participent à ce vote, y compris les représentants du Danemark et du Royaume-Uni dans le cas où ces pays auraient antérieurement fait valoir leur droit de ne pas entrer en phase finale. Comme le total de votes de ces deux Etats s'élève à 13 (3 + 10), on n'est pas loin d'une minorité de blocage qui est de 23. De surcroît, ces deux pays ne faisant dans ce cas pas partie de la majorité requise, il faut que sept autres Etats soient jugés éligibles. Il est vrai que la disposition prévue dans les protocoles relatifs au Danemark et au Royaume-Uni selon laquelle ces pays ne sont pas inclus dans la majorité requise pourrait s'interpréter dans le sens que ces pays ne sont pas à inclure dans le groupe des pays par rapport auquel la majorité est calculée. Dans ce cas, la majorité serait de six Etats membres sur dix en supposant que ni le Danemark, ni le Royaume-Uni ne participent à la troisième phase. Cette interprétation est toutefois contraire aux intentions des négociateurs.

(74) Il s'agit ici d'une innovation institutionnelle. Il a été jugé qu'une question d'une importance politique aussi cruciale que le passage à la phase finale devrait ressortir du plus haut niveau politique. Certains Etats y voyaient un autre avantage : celui de voir les Chefs d'Etat ou de gouvernement être plus soucieux d'éviter des confrontations politiques et donc plus enclins aux arbitrages et aux compromis politiques que les Ministres des Finances. Comme le Conseil européen ne peut pas arrêter des actes juridiques, il fallait passer outre au principe de l'unicité du Conseil et transformer pour les besoins de la cause le Conseil européen en un Conseil « spécial ».

(75) Une question posée par les commentateurs est de savoir s'il est possible, dans le contexte de cette première procédure, de décider d'une date de démarrage se situant au-delà de celle du 1er janvier 1999. Il est vrai que le traité n'exclut pas *expressis verbis* cette possibilité ; l'article 109 J.3. retient uniquement que « le Conseil fixe la date d'entrée en vigueur de la troisième phase » sans ajouter que cette date ne saurait se situer au-delà du 1er janvier 1999. Comme le traité prévoit, immédiatement après la décision fixant la date, l'institution du SEBC et de la BCE, on pourrait donc assister à la création du cadre institutionnel de la 3e phase sans que pour autant les transferts de souverainetés monétaires ne s'opèrent. En fait, il s'agit d'une possibilité plus théorique que réelle, d'autant plus qu'un tel événement serait contraire à l'esprit du traité.

Finalement, le Conseil intervient de nouveau pour décider, à la majorité qualifiée, quels Etats membres ne peuvent pas participer à la troisième phase. A ces Etats il est accordé (76) le statut d'« Etats membres faisant l'objet d'une dérogation », ce qui fait que ces Etats restent en règle générale en dehors du champ des obligations et des droits relatifs à la phase finale.

Immédiatement après, les gouvernements des Etats membres participants nomment le Président, le Vice-Président et les autres membres du Directoire de la BCE. Dès que le Directoire est nommé, le SEBC et la BCE sont institués pour exercer pleinement leurs compétences à compter du premier jour de la troisième phase.

En conclusion et à la lumière du contenu de cette procédure, il faut s'attendre à ce que dans la pratique les quatre critères de convergence déterminent le jugement de base portant sur l'aptitude d'un Etat membre à participer à la troisième phase.

Ce jugement sera cependant complété et étayé par la prise en compte des critères auxiliaires ainsi que par des considérations relatives aux tendances récentes, aux efforts accomplis dans le passé et aux circonstances du moment, le tout assorti de considérations d'opportunité politique.

B. *Deuxième procédure*

Si la première procédure n'aboutit pas à la fixation d'une date de démarrage, elle fait place à une seconde procédure. Il ne sera plus question d'une majorité d'Etats membres devant satisfaire les conditions de passage et d'un jugement sur l'opportunité d'un tel passage ; il ne reste qu'à déterminer quels sont les Etats qui sont à même d'entrer dans la phase finale de l'UEM et ceci à la lumière des mêmes critères que précédemment (77).

(76) La procédure est donc hautement complexe impliquant d'abord le Conseil, qui émet une recommandation, puis le Conseil au niveau des Chefs d'Etat ou de gouvernement qui décide, le cas échéant, de la date, pour repasser enfin au Conseil qui décide du sort à réserver à chacun des Etats membres. Cette dernière étape est plus formelle qu'autre chose car l'on s'imagine mal le Conseil Ecofin ne pas suivre les conclusions des Chefs d'Etat ou de gouvernement.

(77) Est-il concevable que la troisième phase démarre sans qu'aucun Etat membre n'y participe ? L'on ne saurait exclure *a priori* qu'aucun Etat membre ne remplisse les quatre critères de convergence, même si cela paraît peu probable dans la mesure où les deux critères-clés (stabilité des prix et taux d'intérêt) sont des critères relatifs, c'est-à-dire par définition automatiquement remplis par un ou plusieurs Etats. Si toutefois la divergence économique était trop grande, il n'est pas exclu que l'on décide à l'unanimité de remettre le passage à une date ultérieure.

Avant le 1er juillet 1998, le Conseil réuni au niveau des Chefs d'Etat ou de gouvernement est saisi d'une recommandation du Conseil ; sur la base de celle-ci, il doit confirmer à la majorité qualifiée quels sont les Etats qui remplissent les conditions nécessaires pour l'adoption d'une monnaie unique. Il appartient encore au Conseil de confirmer les Etats qui remplissent les conditions nécessaires, les autres étant des Etats membres faisant l'objet d'une « dérogation ».

Immédiatement après le 1er juillet 1998, le Directoire est mis en place, suivi par le SEBC et la BCE qui deviennent pleinement opérationnels le 1er janvier 1999, un vendredi.

Ces procédures de passage reflètent le compromis politique entre deux thèses qu'on a pris l'habitude depuis les travaux préparatoires du rapport Werner de qualifier, l'une, d'« *économiste* » et, l'autre, de « *monétariste* ».

Selon le point de vue « économiste », il faut une convergence des performances économiques aussi poussée que possible et des critères stricts et d'application automatique permettant de juger si la convergence nécessaire est remplie. La monnaie unique n'est pas l'instrument de la convergence mais un résultat de celle-ci. La version la plus extrême est celle du « couronnement », selon laquelle la monnaie unique ne saurait être introduite qu'après une convergence quasi totale. Cette version dénie donc tout rôle de convergence et d'intégration à la monnaie.

Le point de vue « monétariste » défend par contre l'idée que la monnaie peut et doit jouer un rôle d'intégration, c'est-à-dire que l'Europe doit se construire par la monnaie et non pas l'inverse. Comme l'Union monétaire serait la meilleure machine à converger, il faudrait mettre en place aussi rapidement que possible les institutions nécessaires dans le but de soutenir ce processus. Une version extrême de ce point de vue considère que la deuxième phase est superflue, voire même contreproductive de sorte qu'il se recommanderait de démarrer aussi rapidement que possible la phase finale.

L'approche retenue par le traité s'inspire des deux approches.

La tendance « économiste » a eu satisfaction par l'établissement de critères de convergence précis appliqués pays par pays pour juger de l'éligibilité de chaque Etat.

La tendance « monétariste » se reflète par contre dans l'établissement d'une date butoir et d'un processus institutionnel irréversible avec la mise en place de l'IME.

Quant au Royaume-Uni, il préconisait toujours une approche pragmatique et évolutive en recommandant aux Etats membres de ne pas se lier d'office les mains quant à la date d'entrée et au contenu d'une troisième phase. Tout en n'arrivant pas à rallier au cours des négociations d'autres pays à ce point de vue, le Royaume-Uni a toutefois réussi à se voir accorder un régime fait sur mesure portant les traits de l'approche préconisée.

Strictement parlant, on pourrait finir par avoir quatre groupes d'Etats lors du démarrage de la troisième phase. Premièrement, les Etats participant à cette phase, deuxièmement, les « Etats à dérogation », troisièmement, le Royaume-Uni qui a obtenu le droit de réserver à son gouvernement et au Parlement la future décision sur l'opportunité d'entrer en troisième phase et, quatrièmement, le Danemark à qui a été accordé un statut d'exemption en raison de ses contraintes constitutionnelles. A noter toutefois que pour le Danemark, le statut d'exemption revient en pratique à ce que le Danemark soit traité comme un Etat à dérogation (78).

§ 2. *Le contenu de la troisième phase*

A. *Volet économique : trois ajouts de substance*

La troisième phase est par excellence celle de l'Union monétaire. Pour ce qui est du volet économique de l'UEM, les piliers économique et budgétaire auront largement été érigés au cours des deux premières phases mais s'inscriront et s'appliqueront dorénavant dans un environnement monétaire foncièrement différent.

Pour les Etats membres participants ces dispositions doivent assurer le bon fonctionnement de cette phase ultime tandis que, pour les Etats ayant un statut dérogatoire, elles doivent contribuer au développement d'une discipline et d'une convergence accrues.

(78) Dans le protocole danois (signé à Maastricht), il est question d'exemption et non pas d'exonération (« exemption » dans le texte anglais, « Freistellung » dans le texte allemand). Il est vrai que le texte français parle d'exonération, mais il s'agit là d'une erreur de traduction. La Décision d'**Edimbourg** (section B) qui prend acte de la non participation du Danemark à la troisième phase a pour effet de rapprocher beaucoup cet Etat membre de la situation du Royaume-Uni. Cf. p. 781.

Toutefois, sur le plan économique, trois ajouts de substance sont prévus : le premier, le plus important, concerne l'extension et le renforcement concomitant de la surveillance mutuelle en matière des finances publiques, le deuxième concerne la création d'un nouveau mécanisme d'assistance financière au niveau de la Communauté (article 103 A) et le troisième a trait à la représentation extérieure de la Communauté en matière économique (article 109.4.).

1. *L'extension et le renforcement de la surveillance des situations budgétaires nationales.*

Quant à la procédure de surveillance budgétaire, elle peut être prolongée au-delà des recommandations publiques.

Lorsque le Conseil constate qu'aucune action suivie d'effets n'a été prise en réponse à ses recommandations, il peut mettre en demeure l'Etat membre concerné de prendre, dans un délai déterminé, des mesures ayant pour objet la réduction du déficit dans la mesure jugée nécessaire par le Conseil.

Aussi longtemps qu'un Etat ne se conforme pas aux décisions du Conseil prises dans le cadre de la mise en demeure, celui-ci peut prendre, ou selon le cas, renforcer, des mesures ayant le caractère de sanctions légales (79) qui sont au nombre de quatre (cf. *infra*).

L'idée d'une clause habilitant le Conseil à envisager des sanctions non prévues par le traité n'ayant pas été retenue, les sanctions auxquelles le Conseil peut recourir sont énoncées limitativement dans le traité (article 104 C 11).

La possibilité de prévoir des sanctions a été jugée indispensable pour rendre effectives et crédibles les prescriptions relatives à la discipline budgétaire, non seulement parce qu'en troisième phase il est facile pour un Etat de répercuter les coûts de l'indiscipline sur les autres à travers une hausse des prix ou des taux d'intérêt de la zone monétaire unifiée, mais également parce que certaines conséquences négatives liées à des politiques laxistes (comme par exemple des pertes de réserves nationales du fait des contraintes actuelles du SME) ne joueront plus.

Aussi le Conseil peut-il :

(79) Le texte n'utilise pas le terme « sanctions », mais « mesures ». A noter également que dès la troisième phase, les Etats membres sont obligés d'éviter de tels déficits (article 104 C, premier paragraphe).

— exiger de l'Etat qu'il publie des informations supplémentaires, à préciser par le Conseil, avant d'émettre des obligations et des titres. Cette sanction est appelée à signaler aux marchés que l'Etat en question est en difficulté ce qui affectera son accès aux prêts ;
— inviter la Banque européenne d'investissement à revoir sa politique de prêts à l'égard de l'Etat membre concerné ;
— exiger que l'Etat concerné fasse, auprès de la Communauté, un dépôt d'un montant approprié ne portant pas intérêt et remboursable si le déficit excessif est corrigé ;
— imposer des amendes — donc des paiements non remboursables d'un montant approprié.

Ces sanctions sont toutes d'ordre financier. D'autres types de sanctions en discussion ne furent pas retenus comme la suspension de paiements effectués à travers les fonds structurels ou des sanctions à caractère politique prévoyant par exemple la suspension temporaire des droits de vote au Conseil.

2. *Le nouveau mécanisme d'assistance financière.*

Un nouveau mécanisme d'assistance financière sera mis en place.

Dans ses propositions initiales, la Commission avait défendu un mécanisme prenant la forme d'un programme de soutien assorti d'une intervention budgétaire ou de prêts spéciaux dont pourraient bénéficier les Etats mettant au point une stratégie nationale d'ajustement vers une convergence accrue.

Cette approche a été catégoriquement rejetée par une majorité de pays. Ceux-ci considéraient que la convergence relève de la responsabilité de chaque Etat membre et que l'on ne saurait la lier à des contributions financières de la Communauté, sans préjudice des mesures à prendre dans le cadre de la cohésion économique et sociale et des fonds structurels.

Le texte retenu n'écarte pas l'idée d'un tel mécanisme mais en verrouille fortement l'accès.

Il faut qu'un Etat connaisse des difficultés ou une menace sérieuse de graves difficultés en raison d'événements exceptionnels pour que le Conseil puisse envisager à l'unanimité une assistance financière. Dans le seul cas de catastrophe naturelle, le Conseil peut décider à la majorité qualifiée.

3. *La représentation externe de l'UEM.*

Finalement, relevons que dans une Union économique et monétaire se posera inévitablement le problème de la représentation de l'Union.

C'est au Conseil de statuer à l'unanimité sur la représentation de la Communauté au niveau international, c'est-à-dire aussi bien dans des organisations internationales comme le FMI qu'au niveau de groupes à caractère moins formel comme le G7, tout en devant respecter la répartition des compétences en matière économique fondée sur les principes de subsidiarité et de responsabilité nationale et, en matière monétaire, sur le principe d'une politique monétaire unique de la Communauté.

Quant aux positions (points de vues) à exprimer par la Communauté au niveau international, sur des questions qui revêtent un intérêt particulier pour l'Union économique et monétaire, c'est au Conseil d'en décider à la majorité qualifiée.

Sans préjudice des compétences et des accords communautaires dans le domaine de l'UEM, les Etats membres peuvent négocier dans les instances internationales et conclure des accords internationaux.

En conclusion, on peut retenir que, contrairement à la politique monétaire, les Etats membres resteront en troisième phase dans une large mesure libres de leurs choix économiques puisque les fonctions de politique économique continueront à relever du domaine réservé aux Etats membres.

Face au porteur exclusif d'une politique monétaire unique, il y a donc douze porteurs nationaux de politiques économiques.

C'est en cela que réside une des originalités du modèle de l'UEM. Toute autre solution n'aurait pas pu trouver le consensus nécessaire. Un gouvernement économique européen est aujourd'hui encore une chose irréaliste.

D'abord, les Etats ne sont pas disposés à accorder à la Communauté les ressources budgétaires suffisantes pour la mise en place d'une autorité centrale responsable de la politique économique.

Ensuite, les différences économiques, sociales, politiques et culturelles entre Etats membres sont tout simplement trop importantes pour qu'il puisse être fait abstraction de la possibilité et de la nécessité de pratiquer des politiques économiques nationales différentes. Il faut que les Etats membres puissent — dans le cadre de la discipline budgétaire nécessaire et de la coordination prévue de leurs politiques — recourir aux instruments de politique économique adaptés aux spécificités des circonstances nationales.

Enfin, il ne faut pas perdre de vue que la dynamique économique ne dépend pas seulement de la concurrence entre entreprises, mais également de celle entre systèmes. L'existence d'espaces nationaux différenciés par le biais de politiques économiques et budgétaires différentes mais respectant des exigences communautaires strictes de discipline budgétaire et de saine gestion économique peut être un élément propice à la croissance soutenue de la Communauté.

B. *Volet monétaire : le passage à la monnaie unique*

Avec le démarrage de la troisième phase, les ingrédients constitutifs d'une Union monétaire seront réunis, à savoir des taux de change irrévocablement fixés et une institution indépendante responsable de la définition et de l'exécution de la politique monétaire unique à laquelle sont transférées les souverainetés monétaires nationales. Plutôt que de parler d'un transfert des souverainetés monétaires, il serait plus approprié de parler d'une mise en commun de celles-ci en vue d'un exercice partagé.

En fait, on passe d'une situation où chaque Etat exerce, *de jure*, une souveraineté non-partagée sur son territoire à une situation d'exercice partagé d'une souveraineté monétaire communautaire couvrant l'ensemble du territoire des Etats participants (79*a*).

Or dès aujourd'hui, les souverainetés monétaires nationales sont, dans la large majorité des cas, plutôt une construction juridique qu'une réalité économique.

Les auteurs du traité ont estimé que *de facto*, il n'y aura donc — du moins pour une très large majorité des Etats membres — guère de pertes de souveraineté nationale, mais au contraire un renforcement. D'une part, par la création d'une zone monétaire plus large, devant entraîner une efficacité accrue de la politique monétaire. D'autre part, par un renforcement de la position des Etats participants, à travers le pouvoir monétaire communautaire vis-à-vis d'autres monnaies d'importance, comme p.ex. le dollar ou le yen.

(79*a*) Voir, toutefois, le protocole n° 13 qui permet à la France d'émettre des monnaies dans ses territoires d'outre-mer selon les modalités établies par sa législation nationale. La France est aussi seule habilitée à déterminer la parité du franc CFP. Voir aussi la déclaration n° 6 sur les relations monétaires avec Saint-Marin, le Vatican et Monaco.

Le premier jour de la troisième phase, le Conseil, statuant à l'unanimité des Etats membres ne faisant pas l'objet d'une dérogation :

— arrête les taux de conversion auxquels les monnaies participantes sont irrévocablement fixées entre elles ;
— arrête le taux irrévocablement fixé auquel l'Écu remplace ces monnaies et « l'Écu sera une monnaie à part entière » (80) ;
— prend les autres mesures nécessaires à l'introduction rapide de l'Écu en tant que monnaie unique des Etats participants (81).

Ces dispositions suscitent deux commentaires. D'abord, on pourrait estimer, *a priori*, que le recours à l'unanimité peut donner la possibilité à un Etat de bloquer, *in fine*, le démarrage de la troisième phase.

Or, il s'agit de rappeler dans ce contexte le protocole (n° 10) sur le passage à la troisième phase de l'Union économique et monétaire qui, à travers la disposition « qu'aucun Etat membre n'empêchera l'entrée dans la troisième phase » peut être interprété comme enlevant à tout Etat membre la possibilité de disposer d'un droit de veto.

Ensuite, il convient de noter que la séquence et le contenu du passage de la forme minimale de l'Union monétaire avec des taux de change irrévocablement fixés vers la forme maximale d'une monnaie unique n'est pas très explicite.

Plusieurs scénarios sont théoriquement envisageables, toujours évidemment sur fond de taux de change irrévocablement fixés et sans préjudice du fait que l'Écu devrait en principe perdre dès le début de la troisième phase son caractère actuel de monnaie-panier.

D'abord, le traité n'exclut pas que l'Écu devienne, dès le premier jour, la monnaie unique. Un autre scénario pourrait être que, soit après un certain temps, soit dès le premier jour, l'Écu devienne

(80) Le bout de phrase « et l'Écu sera une monnaie à part entière » appelle deux remarques. En premier lieu, la notion de « monnaie à part entière » n'est pas définie. Une interprétation plausible est qu'il faut entendre par là que l'Écu devient une monnaie *per se*, c'est-à-dire notamment directement émise et ayant cours légal, cette dernière caractéristique se concrétisant entre autres par l'existence de signes monétaires.

En deuxième lieu, il convient de noter que le texte utilise avec « sera » le futur, auquel correspond l'anglais « *will* », à ne pas confondre avec « *shall* » réservé au « présent légal ». En conséquence, le traité n'exclut pas que l'Écu ne revêtira le caractère de monnaie à part entière qu'à partir d'une date postérieure au démarrage même de la troisième phase.

(81) L'article 109 L, paragraphe 4 précise encore que la valeur externe de l'Écu ne sera pas changée. Cette disposition s'inspire du paragraphe 2.3 de la résolution du 5 décembre 1978 du Conseil européen concernant l'instauration du système monétaire européen (SME) et des questions connexes. Une interprétation possible de cette disposition est qu'il faut assurer que l'Écu, au moment du démarrage de la troisième phase, ne change pas de valeur par rapport aux monnaies des Etats participants et des Etats tiers.

d'abord une monnaie à part entière pour devenir, de nouveau après un certain délai, la monnaie unique. En effet, une monnaie à part entière n'est pas nécessairement une monnaie unique, l'inverse étant par contre vrai. Finalement, il est également possible qu'après un certain bout de temps l'Écu devienne monnaie unique, et partant, par définition, monnaie à part entière.

Quoiqu'il en soit, il reste que l'objectif final est la monnaie unique. Même si l'on avait pu concevoir de se limiter à la forme minimale et par là éviter des opérations coûteuses de recalcul et de remplacement de signes monétaires, il a été jugé préférable d'aller jusqu'au bout de l'intégration monétaire, la monnaie unique une fois en place ayant entre autres les avantages d'une crédibilité renforcée de l'union et de l'économie de coûts de transaction.

Le maintien et la gestion de taux de change irrévocablement fixés ne sont guère envisageables en l'absence d'une politique monétaire unique et en dehors d'un cadre institutionnel approprié pour la définition et l'exécution de celle-ci.

Il est donc créé un Système européen de banques centrales (SEBC) (82) qui se compose de la Banque centrale européenne (BCE), dotée de la personnalité juridique et des banques centrales des Etats membres participants. Ce sont ces mêmes banques centrales qui sont les détenteurs exclusifs du capital de cinq milliards d'Écus dont est doté la BCE (83), la participation de chaque banque centrale étant égale à la somme de 50 % de la part de l'Etat membre concerné dans la population de la Communauté et de 50 % de la part de l'Etat membre concerné dans le produit intérieur brut de la Communauté au prix du marché (84).

On devrait assister ainsi à une véritable révolution copernicienne monétaire avec le transfert des souverainetés monétaires nationales vers le SEBC, pôle monétaire indépendant.

Si dans le passé, les organisations monétaires ont toujours pris, *de jure* ou *de facto*, la forme d'un pays ou groupe de pays dominants et de pays dominés, qu'il s'agisse du système de Bretton Woods, du

(82) La proposition, avancée notamment par la Commission, de dénommer cette institution Eurofed, n'a pas trouvé de consensus.

(83) Une demande de prévoir que les Etats membres peuvent devenir actionnaires de la BCE, n'a pas trouvé un écho favorable.

(84) A titre d'exemple, la banque centrale d'un Etat dont la population représenterait 10 % de la population communautaire et 15 % du PIB communautaire aurait une participation de $0,5 \times 10 + 0,5 \times 15 = 12,5$ % dans le capital de la BCE.

SME ou de l'association monétaire belgo-luxembourgeoise, les textes de Maastricht constituent une innovation de taille dans la mesure où ils consacrent une forme nouvelle d'organisation monétaire qui concilie la fixité des taux de change et la symétrie des décisions monétaires.

En effet, les banques centrales nationales, les seuls actionnaires, participent sur un pied d'égalité à la définition de la politique monétaire de la Communauté.

De même que les membres du Directoire, chaque Gouverneur de banque centrale dispose au Conseil des Gouverneurs d'une voix, indépendamment de la part de sa banque centrale dans le capital de la BCE. Les décisions relatives à la définition de la politique monétaire à exécuter sont prises à la majorité simple, seules des décisions d'ordre financier (capital exigible, apport de réserves supplémentaire, etc.) étant prises à la majorité qualifiée (85).

Toute autre forme de majorité aurait été contraire au principe de l'indépendance et au principe d'une politique monétaire unique et indivisible couvrant l'ensemble de la zone monétaire unifiée et faisant abstraction de considérations nationales ou régionales.

1. *Les missions du SEBC*

Une des missions fondamentales du SEBC sera de définir et de mettre en oeuvre la politique monétaire de la Communauté ou politique monétaire unique (article 105.2).

Outre cette mission, le SEBC a d'autres missions fondamentales, à savoir de conduire les opérations de change, de détenir et de gérer les réserves officielles de change des Etats membres participants et de promouvoir le bon fonctionnement des systèmes de paiements.

Ces missions, le SEBC doit les exécuter dans le respect de son objectif principal qui est le maintien de la stabilité des prix (article 105.1). Sans préjudice de cet objectif, le SEBC peut apporter son soutien aux politiques économiques générales dans la Communauté et ceci en vue de contribuer à la réalisation des objectifs de cette dernière tels qu'ils sont définis dans l'article 2 modifié du traité de Rome. Parmi ces objectifs, l'on retrouve entre autres celui de la croissance, mais le traité prend soin de préciser que cette croissance doit notamment être non-inflationniste.

(85) Vote favorable représentant au moins 2/3 du capital souscrit et au moins la moitié des actionnaires.

Les textes ne prévoient donc pas la possibilité d'un arbitrage entre l'objectif de la stabilité des prix et d'autres objectifs traditionnellement résumés par le fameux carré magique de la politique économique. La stabilité des prix constitue donc l'objectif prioritaire.

Le traité ne propose toutefois pas une formulation directement opérationnelle de cet objectif. Il n'est nulle part précisé de façon chiffrée ce qu'il faut entendre par stabilité des prix.

Certes, prise à la lettre, la stabilité des prix de même que la croissance non-inflationniste, signifient une augmentation nulle de l'indice des prix à la consommation. Or ceci ne saurait être un objectif réaliste. On arrive toutefois à dégager une référence implicite du traité qui se situe au niveau d'un des quatre critères de convergence, à savoir celui du degré élevé de stabilité des prix.

En application de ce critère, un Etat, pour participer à la troisième phase, doit réaliser un degré élevé de stabilité des prix ce qui ressortira d'un taux d'inflation proche des taux les plus bas réalisés au niveau des différents Etats membres, sans que l'on ne puisse, à l'heure actuelle, en prédire le niveau. Ces « taux d'entrée à la troisième phase » pourraient servir de guide au SEBC dans son objectif qui est de maintenir la stabilité des prix.

La primauté réservée à la stabilité des prix n'est pas concevable sans indépendance concomitante des organismes responsables de la mise en oeuvre de la politique monétaire. Aussi la BCE et les banques centrales nationales sont-elles investies d'une large indépendance personnelle (mandat de huit ans non-renouvelable), opérationnelle (p.ex. la BCE ne peut se voir imposer un financement monétaire des dépenses publiques), financière (p.ex. capital propre) et institutionnelle (cf. ci-dessous).

Le caractère prioritaire de l'objectif de la stabilité des prix et l'indépendance des organismes du SEBC sont le produit d'un double consensus qui a progressivement émergé au cours des années 80 et qui a fini par faire l'unanimité lors des négociations.

Il peut se résumer comme suit. La stabilité des prix n'est pas uniquement importante *per se* et pour assurer le fonctionnement microéconomique efficace d'une économie de marché, elle est également une condition *sine qua non* pour une croissance soutenue.

Par ailleurs, cet objectif est le mieux assuré par une institution indépendante dont les décisions peuvent s'orienter aux besoins de la stabilité des prix sans être exposées à des considérations de court terme ou d'ordre politique.

A noter finalement que la question de savoir quelles compétences il y a lieu de réserver à la BCE en matière de surveillance prudentielle du secteur financier a été âprement débattue.

Il a été retenu en fin de compte que le SEBC doit contribuer à la bonne conduite des politiques menées par les autorités compétentes en ce qui concerne le contrôle prudentiel des établissements de crédit et la stabilité du système financier (article 105.5 et 105.6).

Le SEBC a donc un rôle de consultation, voire d'intermédiaire, sans pour autant pouvoir mettre en place une législation propre en la matière. Ceci aurait été difficilement concevable puisque cela aurait comporté un désistement des législateurs nationaux respectivement du Conseil. Toutefois, une clause d'habilitation a été incluse en vertu de laquelle le Conseil peut, à l'unanimité sur proposition de la Commission, après consultation de la BCE et sur avis conforme du Parlement européen, confier des missions spécifiques sur ce plan à la BCE.

2. *Architecture interne du SEBC*

Quant à l'architecture de la BCE qui coiffe les banques centrales nationales au sein du SEBC, elle se caractérise par l'existence de deux organes de décision, le Conseil des Gouverneurs et le Directoire. Le Conseil des Gouverneurs se compose des Gouverneurs des banques centrales et des six membres du Directoire. Les membres du Directoire doivent être ressortissants d'un Etat membre de la Communauté qui, de surcroît, doit participer à la troisième phase.

Le Président et le Vice-Président du Conseil des Gouverneurs sont en même temps Président et Vice-Président du Directoire. Dans le souci d'assurer leur indépendance personnelle, les membres de Directoire auront un mandat de huit ans non-renouvelable, formule qui a été préférée à celle d'un mandat renouvelable de cinq ans.

En qui concerne le mandat des Gouverneurs des banques centrales nationales, les statuts de leurs banques centrales ne peuvent pas prévoir un mandat dont la durée serait moins que cinq ans. De surcroît, un Gouverneur ne peut être relevé de sa fonction que s'il ne remplit plus les conditions à l'exercice de celle-ci ou s'il a commis une faute grave.

Les relations d'une part entre le Conseil des Gouverneurs et le Directoire et, d'autre part, entre la BCE et les banques centrales nationales ont également fait l'objet d'un certain nombre de dispositions :

- le Conseil des Gouverneurs arrête les orientations et prend les décisions nécessaires à l'accomplissement des missions confiées au SEBC. Il définit en particulier la politique monétaire de la Communauté y compris, le cas échéant, les décisions concernant les objectifs monétaires intermédiaires, les taux d'intérêt directeurs et l'approvisionnement en réserves dans le SEBC ;

Le Directoire met en oeuvre la politique monétaire conformément aux orientations et décisions arrêtées par le Conseil des Gouverneurs et, en conséquence, donne les instructions nécessaires aux banques centrales nationales ;

- les banques centrales, dont, dans la plus grande majorité des cas les Etats membres sont les seuls actionnaires, font, à leur tour, partie intégrante du SEBC et agissent conformément aux orientations et aux instructions de la BCE, dont les organes de décisions dirigent le SEBC.

La BCE va recourir — dans la mesure jugée possible et adéquate selon les termes du traité — aux banques centrales nationales pour l'exécution des opérations qui font partie des missions du SEBC (86). Les décisions-clés sont donc centralisées au niveau de la BCE tandis que pour leur exécution une décentralisation est en principe prévue. Quant aux fonctions autres que celles spécifiées dans le traité dont sont investies actuellement des banques centrales nationales, celles-ci peuvent continuer à les exercer ou s'en adjoindre de nouvelles à moins que le Conseil des Gouverneurs ne décide que ces fonctions n'interfèrent avec les objectifs et missions du SEBC (article 14.4. des statuts).

3. *Les instruments de la politique monétaire*

La BCE dispose de l'arsenal traditionnel des instruments de la politique monétaire. Elle peut prendre des décisions sur les taux

(86) Il ne ressort pas du traité si c'est le Conseil des Gouverneurs ou le Directoire qui décidera du recours aux banques centrales nationales.

d'intérêt directeurs, mettre en oeuvre une politique d'*open market* et effectuer des opérations de crédits avec des établissements de crédits.

Elle est également habilitée à imposer aux établissements de crédits, établis dans les Etats membres, la constitution de réserves obligatoires auprès d'elle ou auprès des banques centrales nationales.

Avant de pouvoir recourir à cet instrument, il faut que les modalités d'application de cette habilitation de la BCE soient fixées par le Conseil. Ce dernier, à la majorité qualifiée, détermine la base de ces réserves et les rapports maxima autorisés.

Il ressort toutefois aussi bien explicitement qu'implicitement des dispositions du traité que les réserves doivent être rémunérées (87), et qu'elles ne sauraient donc être une taxe, ce qui ne leur enlève en rien leur rôle macromonétaire de régulation de la masse monétaire.

Enfin, le Conseil des Gouverneurs peut, à la majorité qualifiée, décider de recourir à d'autres méthodes opérationnelles de contrôle monétaire qu'il juge opportunes. Si ces méthodes entraînent toutefois des obligations pour des tiers, le Conseil doit, à la majorité qualifiée, en définir la portée.

Finalement, quant à l'émission de billets de banque dans la Communauté, le Conseil des Gouverneurs est seul habilité à en autoriser l'émission par la BCE et les banques centrales nationales. Ces billets sont par ailleurs les seuls à avoir cours légal (article 105 A.1). Toutefois, la BCE doit respecter autant que possible les pratiques existantes notamment en ce qui concerne l'émission de billets de banque. Est visée par là, entre autres, l'émission de billets de banque par des banques privées en Ecosse (trois banques) et au Luxembourg (une banque).

Pour ce qui est de l'émission de pièces qui relève le plus souvent du champ de compétence des Trésors nationaux, le traité prévoit la faculté pour les Etats membres de maintenir cette émission sous leur responsabilité, sous réserve cependant de l'approbation par la BCE du volume de l'émission (article 105 A.2).

(87) Cf. commentaire de l'article 19 des statuts.

4. *Relations interinstitutionnelles*

Les relations entre la BCE, d'une part, et le Parlement européen, le Conseil et la Commission, d'autre part, ont également été fixées dans le traité (article 109 B).

Afin que le Conseil et la Commission soient continuellement informés des discussions au sein du Conseil des Gouverneurs, le Président en exercice du Conseil et un membre de la Commission ont le droit de participer, sans voix délibérative, aux réunions du Conseil des Gouverneurs. Le président du Conseil peut par ailleurs soumettre des motions à la délibération du Conseil des Gouverneurs.

Les réunions du Conseil des Gouverneurs sont confidentielles mais celui-ci peut décider de rendre public le résultat de ses délibérations (88).

A son tour, le Conseil doit inviter le Président de la BCE à participer à ses réunions lorsqu'il délibère sur des questions relatives aux objectifs et aux missions du SEBC.

Enfin, la BCE doit adresser un rapport annuel sur les activités du SEBC et sur sa politique monétaire au Parlement européen, au Conseil, à la Commission et au Conseil européen.

Le Président de la BCE doit présenter ce rapport aussi bien au Conseil qu'au Parlement européen, ce dernier pouvant tenir sur cette base un débat général. A noter que sur le plan de la publicité, la BCE doit également publier au moins trimestriellement un rapport sur ses activités et chaque semaine une situation financière consolidée du SEBC.

Ces dispositions destinées à assurer la responsabilité et le contrôle démocratique de la BCE peuvent aux yeux de certains apparaître comme utiles mais insuffisantes.

Il faut reconnaître que les objectifs de l'indépendance et du contrôle démocratique ne sont pas toujours faciles à concilier.

Dans le traité, en cas de conflit, la balance a fini par pencher, le plus souvent, du côté de l'indépendance ce qui ne doit pas étonner, eu égard à l'importance que le comité des Gouverneurs a attaché à cet objectif, comme il est ressorti de son projet de statuts du SEBC et de la détermination avec laquelle l'Allemagne notamment, s'est

(88) La question de la compatibilité du caractère confidentiel des réunions avec le droit des représentants du Conseil et de la Commission d'informer leurs institutions respectives n'a pas été abordée dans les textes.

opposée à toute dilution de ce principe dans ses différentes facettes (89).

Aussi la BCE est-elle plus indépendante du Parlement européen que ne le sont actuellement les banques centrales devant leur Parlements nationaux, y compris pour ce qui est de la relation entre le Parlement allemand (Bundestag) et la banque centrale allemande (Bundesbank).

Si les Parlements nationaux peuvent modifier les lois constitutives de leurs banques centrales respectives et déterminer les droits et devoirs de celles-ci, les textes constitutifs de la BCE font en revanche partie intégrante du traité. En conséquence, la modification de ces textes nécessite — selon la procédure de l'article N — une modification du traité par un commun accord au sein d'une conférence des représentants des gouvernements des Etats membres. Dans cette procédure, le Parlement européen de même que la BCE sont consultés sur l'opportunité d'une telle conférence mais non pas sur ses résultats (90).

5. *Les Etats membres à dérogation*

Les Etats qui doivent provisoirement rester en dehors de la troisième phase conservent leurs compétences dans le domaine de la politique monétaire conformément au droit national.

Ils bénéficient au moins tous les deux ans ou expressément à leur requête d'un réexamen de leur situation. Afin que soit assuré un traitement égal des Etats à travers le temps et que soit évitée toute possibilité d'exclusion arbitraire, les conditions nécessaires qu'un Etat doit satisfaire pour passer en troisième phase ne changent pas par rapport à l'examen initial (article 109 K.2).

La question de la place exacte à réserver à ces Etats dans le cadre institutionnel de la troisième phase fut longuement débattue.

Il fallait chercher l'équilibre acceptable entre deux positions.

(89) A ceux qui estiment que l'indépendance ne va pas suffisamment loin, il faut répondre que l'indépendance absolue n'existe pas. On ne saurait créer une institution qui se reproduirait et fonctionnerait hors de tout circuit extérieur, et selon ses propres règles.

(90) A noter qu'une procédure simplifiée de modification des statuts est prévue à l'article 106.5 ; elle s'applique à des articles limitativement énumérés et nécessite, soit l'unanimité du Conseil si elle se fait sur la base d'une proposition de la Commission, soit la majorité qualifiée si elle se fait sur la base d'une recommandation de la BCE, le Parlement européen devant dans les deux cas émettre un avis conforme. Il convient également de souligner qu'un avis conforme du Parlement européen est également nécessaire dans le cas où la BCE devrait se voir attribuer des missions spécifiques en matière de contrôle prudentiel des établissements financiers.

Selon la première, il fallait une séparation institutionnelle claire et nette entre les Etats participants et les autres. En conséquence, les Gouverneurs des banques centrales ne participant pas au SEBC ne devraient pas participer aux réunions du Conseil des Gouverneurs, même une participation sans voix délibérative étant à exclure. Ils devraient rencontrer les Gouverneurs des Etats participants au sein d'un organe séparé qui devrait être présidé par un Président différent de celui du Conseil des Gouverneurs. De surcroît, il devrait être exclu que les banques centrales non participantes puissent souscrire au capital de la BCE.

Selon la deuxième position, les institutions et organes devraient être les mêmes pour tous les Etats membres de la Communauté, qu'ils participent ou non à la troisième phase. Ceci serait le meilleur garant pour éviter une institutionnalisation d'une Europe à deux ou plusieurs vitesses. Il serait toutefois concevable que les droits de vote au Conseil des Gouverneurs soient suspendus pour les questions relatives à la définition et à l'exécution de la politique monétaire et à la politique de change uniques. De surcroît, les banques centrales non participantes devraient souscrire, dès le départ, au capital de la BCE sans pour autant le libérer.

Finalement, en reconnaissance du fait que les Etats ne participant pas à la troisième phase sont dans une situation transitoire qui s'apparente à une deuxième phase prolongée et appelle, de ce fait, un traitement différencié, mais aussi dans le souci d'éviter d'exclure ces Etats totalement de la BCE et de souligner que leur entrée à la troisième phase n'est que différée, il a été décidé de créer transitoirement un troisième organe de décision de la BCE, le Conseil général (article 45 des Statuts). Ce dernier se compose du Président et du Vice-Président de la BCE ainsi que des Gouverneurs de toutes les banques centrales nationales. Les autres membres du Directoire peuvent assister aux réunions du Conseil général sans droit de vote.

Les responsabilités du Conseil général sont énumérées de manière exhaustive dans les statuts du SEBC et se limitent largement à des fonctions consultatives.

Le Conseil général ne participe pas à la direction du SEBC, qui relève exclusivement du Conseil des Gouverneurs et du Directoire, et il n'a aucune prérogative en ce qui concerne la politique monétaire et la politique de change uniques.

Par cette association institutionnelle, le passage des Etats membres à la troisième phase sera facilité. Aussi n'y aura-t-il pas une Europe à plusieurs vitesses au sens strict mais un processus d'intégration à géométrie et à rythmes variables prenant dûment en compte les potentialités et les possibilités de chaque Etat tout comme ses résultats en matière de convergence.

6. *Politique de change et compétence monétaire externe*

Les dispositions portant sur la compétence monétaire externe ont été un champ de confrontation de deux thèses difficilement conciliables et un compromis n'a pu se dégager qu'au prix d'un article touffu, difficilement lisible et qui pourrait se prêter à l'avenir à bien des discussions d'interprétation (art.109).

Une des thèses en présence était que la politique monétaire (*Geldpolitik*) et la politique de change (*Wechselkurspolitik*) doivent toutes les deux être orientées vers la stabilité des prix et, pour ce faire, ne sauraient être confiées à deux unités de décision séparées. Il ne serait donc pas acceptable que la politique de change puisse être menée de façon autonome et avec l'objectif d'influencer les taux de change en vue de renforcer la compétitivité de la Communauté. Une telle politique serait source d'inflation et ceci pour deux raisons. Les interventions pour soutenir les monnaies tierces, notamment le dollar, pourraient entraîner une création monétaire inflationniste, alors que la dépréciation de la monnaie unique aurait pour conséquence directe une inflation importée.

La thèse opposée était que la politique de change doit avoir une existence à part, précisément pour pouvoir servir à réaliser d'autres objectifs de politique économique. Cette thèse voulait que les transferts des politiques monétaires vers une institution indépendante — c'est-à-dire la fusion monétaire totale — soient contrebalancés par un « centre de décision économique », une sorte de « gouvernement économique » (91).

Le traité a pris l'option de considérer la politique monétaire unique et la politique de change unique comme deux politiques séparées tout en obligeant les responsables de ces politiques de les défi-

(91) Proposé d'ailleurs dans le rapport Werner.

nir et de les conduire avec la stabilité des prix comme objectif principal (article 3.A.2. CE).

Deux procédures sont prévues en matière de compétence monétaire externe, c'est-à-dire de politique de change de la monnaie unique vis-à-vis des monnaies non communautaires. Ne sont pas visées par les explications qui suivent, les relations entre la monnaie unique et les monnaies des Etats membres de la Communauté qui, le cas échéant, ne participeraient pas à la troisième phase.

L'éventuelle négociation et la conclusion d'accords formels (92) portant sur un système de taux pour l'Écu vis-à-vis des monnaies non communautaires relèveront de la responsabilité du Conseil qui doit statuer à l'unanimité, soit sur la base d'une recommandation de la BCE, soit sur la base d'une recommandation de la Commission et après consultation de la BCE. Ceci ne fait que refléter la situation actuelle au niveau de tous les Etats membres où les décisions portant sur le régime à appliquer en matière de taux de change relèvent du pouvoir politique. A noter toutefois le droit d'initiative de la BCE.

Dans ce même contexte, le Conseil, cette fois-ci à la majorité qualifiée, mais selon la même procédure que précédemment, a la faculté d'adopter, de modifier ou d'abandonner les cours centraux de l'Écu dans le système de taux de change en place.

Dans les deux cas et avant de prendre une décision, le Conseil doit consulter la BCE en vue de parvenir à un consensus compatible avec la stabilité des prix si la recommandation émane de la Commission. Il s'agit d'une obligation de faire plutôt que de résultat, de sorte que le Conseil, à défaut d'un tel consensus, peut prendre néanmoins des décisions.

En l'absence d'un tel système de change vis-à-vis d'une ou de plusieurs monnaies non communautaires, il appartient au Conseil de décider à la majorité qualifiée, après consultation de la BCE, s'il estime utile de formuler les orientations générales de politique de change. En y procédant, le Conseil doit prendre soin que ces orientations, qui n'ont pas valeur de loi vis-à-vis de la BCE, n'affectent pas l'objectif principal du SEBC, le maintien de la stabilité des prix.

(92) Les conférences ont adopté la déclaration n° 8 dans laquelle il est souligné que le terme « accords formels » n'a pas pour but de créer une nouvelle catégorie d'accords internationaux au sens du droit communautaire.

Si aucun accord formel relatif à un système de change n'est intervenu et aussi longtemps que le Conseil s'est abstenu ou n'a pas réussi à formuler des orientations générales, la BCE peut exercer la politique de change en dehors de toute contrainte extérieure de nature notamment politique.

Les interventions sur les marchés des changes se font sous la responsabilité directe de la BCE (article 105.2). A cette fin, le SEBC — donc la BCE et les banques centrales nationales — détient et gère dès la troisième phase les réserves officielles de change des Etats membres participants (article 105.2), à l'exception de la possibilité pour les Etats membres de détenir un fonds de roulement en devises sans que l'ampleur autorisée d'un tel fonds ne soit précisée (article 105.3). Les banques centrales, proportionnellement à leur part dans le capital de la BCE, transféreront au départ des réserves pour un montant total de 50 milliards d'Écus à la BCE (article 30 des statuts). Le restant des réserves demeure auprès des banques centrales mais les opérations les concernant sont soumises à l'autorisation de la BCE afin d'assurer la cohérence avec la politique de change et la politique monétaire de la Communauté (article 31 des statuts).

Pour ce qui est des relations entre la monnaie unique et les monnaies des Etats membres restant en dehors de la troisième phase, le traité ne contient pas de dispositions explicites. On peut toutefois en dégager certaines indications qui portent à croire que ces relations continueront à être organisées dans le cadre de relations de change du type SME.

En effet, les quatre critères d'entrée en troisième phase continueront à s'appliquer aux Etats membres à dérogation (article 109 K.2.). Un des critères prévoit le respect des marges normales de fluctuations dans le mécanisme de change du SME. Par ailleurs, les Etats membres à dérogation doivent continuer à traiter leur politique de change comme relevant de l'intérêt commun et, ce faisant, tenir compte des expériences acquises dans le cadre du SME (article 109 H). Enfin, la BCE devra continuer les tâches de l'IME, qui en raison des dérogations dont un ou plusieurs Etats membres peuvent faire l'objet, doivent encore être exécutées pendant la troisième phase, sans que pour autant ces tâches ne soient explicitées dans le traité (article 44 des statuts du SEBC).

Section II. — Analyse des différents articles relatifs à l'UEM

Introduction

L'Union économique et monétaire constitue un des éléments clés du traité sur l'Union européenne.

Le préambule prévoit que les Etats signataires sont « résolus à renforcer leurs économies, ainsi qu'à assurer la convergence et à établir une UEM, comportant, conformément aux dispositions du présent traité, une monnaie unique et stable ».

Ce principe est réaffirmé dans le corps même du traité, à savoir à l'article B du titre I « Dispositions communes » où il est retenu que « L'Union se donne pour objectif de promouvoir un progrès économique et social équilibré, notamment par la création d'un espace sans frontières intérieures, par le renforcement de la cohésion économique et sociale et par l'établissement d'une UEM comportant, à terme, une monnaie unique, conformément aux dispositions du présent traité ».

Les dispositions détaillées relatives à l'UEM figurent au titre II « Dispositions portant modification du traité instituant la Communauté européenne ».

Dans ce titre II, les passages concernant l'UEM se retrouvent aux articles 2, 3a et 4a (*infra,* division A), puis dans le chapitre portant sur les capitaux et les paiements, aux articles 73 A à 73 H (division B) et enfin dans le nouveau titre VI de la 3e partie du traité CE concernant la politique économique et monétaire aux articles 102 A à 109 M (division C). Ce titre comprend quatre chapitres respectivement intitulés la politique économique (art. 102 A à 104 C), la politique monétaire (art. 105 à 109), dispositions institutionnelles (art. 109 A à 109 D) et dispositions transitoires (art. 109 E à 109 M).

D'autres articles ont été amendés, entre autres, en vue de tenir compte de l'existence d'une Banque centrale européenne, à savoir les articles 173, 175, 176, 177, 180, 184 et 215. Notons encore que l'article N du traité prévoit que dans le cas de modifications institutionnelles dans le domaine monétaire, le Conseil de la BCE est également à consulter.

Ces textes sont complétés par toute une série de protocoles et de déclarations relatifs à l'UEM ; les protocoles font partie intégrante du traité (ces protocoles et ces déclarations sont annexés au texte du traité publié à la fin de cet ouvrage).

Les protocoles et déclarations ne seront pas commentés à part sauf en ce qui concerne les articles les plus importants des statuts du SEBC (cf. division D).

Division A. — Les principes (articles 2, 3 A et 4 A)

Article 2 (93)

1. Le texte actuel de l'article 2 du traité de Rome est remplacé dans le traité de Maastricht par un nouveau texte. Ce dernier s'inspire d'éléments contenus dans les propositions de la Commission, du paragraphe 16 du rapport Delors, du paragraphe 3 du rapport Guigou, des conclusions du Conseil européen de Rome I d'octobre 1990, de même qu'il tient compte de propositions déposées et de demandes exprimées par les délégations nationales notamment pour ce qui est de la cohésion économique et sociale et de la solidarité entre Etats membres.

2. Cet article énumère les objectifs de la Communauté et définit la mission de la Communauté comme étant la promotion desdits objectifs à travers le recours à des moyens ou instruments clés. Un de ces instruments clés est l'établissement de l'UEM et la mise en oeuvre dans le cadre de celle-ci de politiques et d'actions communes visées à l'article 3 A, article qui, à son tour, définit les actions des Etats et de la Communauté sur le plan des deux volets, économique et monétaire, de l'UEM.

3. L'introduction d'une référence à l'UEM dès l'article 2 n'est pas un hasard. Deux autres options se présentaient. D'une part, il aurait été concevable d'ajouter un article à part, p.ex. 2 A, consacré exclusivement à l'UEM. D'autre part, on aurait très bien pu s'abstenir d'apporter une référence quelconque à l'UEM dans la première partie « Les principes » du traité de Rome pour ne l'introduire que dans la troisième partie « Les politiques de la Communauté » au titre relatif à la politique économique et monétaire. Ces deux options furent écartées pour éviter de faire apparaître l'UEM comme un élément à part, voire comme un pilier séparé du traité de Rome.

(93) Cf. aussi l'analyse générale de cet article dans le titre V, chapitre 1, section 1.

4. Quant aux objectifs figurant à l'article 2, il importe d'être conscient des modifications apportées par rapport au texte du traité actuel, modifications qui se dégagent de la comparaison des textes en question.

Version de 1957

« La Communauté a pour mission, par l'établissement d'un marché commun et par le rapprochement des politiques économiques des Etats membres, de promouvoir un développement harmonieux des activités économiques dans l'ensemble de la Communauté, une expansion continue et équilibrée, une stabilité accrue, un relèvement accéléré du niveau de vie et des relations plus étroites entre les Etats membres qu'elle réunit ».

Version de 1992

« La Communauté a pour mission, par l'établissement d'un marché commun et d'une union économique et monétaire et par la mise en œuvre des politiques ou des actions communes visées aux articles 3 et 3A, de promouvoir un développement harmonieux et équilibré des activités économiques dans l'ensemble de la Communauté, une croissance durable et non inflationniste respectant l'environnement, un haut degré de convergence des performances économiques, un niveau d'emploi et de protection sociale élevé, le relèvement du niveau de vie et de la qualité de vie, la cohésion économique et sociale et la solidarité entre les Etats membres. »

On ne parle plus d'une « expansion continue et équilibrée », mais de « croissance durable et non inflationniste respectant l'environnement ».

Le remplacement de la notion d'« expansion » par celle de « croissance » va au-delà d'un simple ajustement de vocabulaire pour refléter la conviction qu'il faut s'insérer dans une perspective non pas à court mais à moyen et long terme.

Ce changement de perspective ressort également du fait que le traité de Rome amendé n'inclut plus de référence à la politique de conjoncture à laquelle était consacré un chapitre au traité de Rome initial.

Mais le changement de perspective n'est pas la seule innovation dans la mesure où cette croissance doit satisfaire à trois caractéristiques.

D'abord, elle doit être durable ; il ne s'agit donc pas de rechercher une augmentation importante mais éphémère du PIB communautaire ou des PIB nationaux au prix de déséquilibres macroéconomiques futurs.

Ensuite, elle doit être non inflationniste. La stabilité des prix est l'objectif ultime de la politique monétaire et de la politique de change uniques (94). Il aurait été incohérent de ne pas encadrer l'objectif de la croissance par un objectif en matière de stabilité des prix.

Finalement, elle doit respecter l'environnement. L'introduction de l'environnement prévue déjà dans les conclusions du Conseil européen de Rome I, reflète la volonté des Etats signataires de tenir dûment compte d'une des préoccupations actuelles les plus importantes de la société européenne.

L'objectif d'un haut degré de convergence des performances économiques ne fait que traduire, au niveau des objectifs finaux, l'importance clé qui est assignée dans l'ensemble des dispositions relatives à l'UEM, à l'objectif de la convergence des performances économiques. A noter qu'il n'est pas question de la convergence des politiques économiques, mais uniquement des résultats économiques.

Le niveau d'emploi élevé a également été érigé en objectif final. Dans le traité initial, mention en a été faite à l'article 104 en tant qu'objectif de la politique économique de chaque Etat membre. La proposition émanant notamment de l'Irlande de prévoir le « plein emploi » n'a pas été retenue parce que jugée trop ambitieuse.

Si les ajustements précédents ont facilement fait l'objet d'un consensus, tel n'a pas été le cas pour l'ajout « d'un niveau de protection sociale élevé » qui a donné lieu à bien des contestations.

Selon certains pays, il est difficile tout à la fois de réaliser un marché intérieur, de mettre en place une monnaie unique enlevant par là la possibilité de corriger des déséquilibres par des ajustements des taux de change et de garantir en même temps un niveau identi-

(94) Il est important de noter que le terme « uniques » est utilisé ici au pluriel.

que de protection sociale eu égard aux différences structurelles et de productivité existant entre les différentes économies nationales.

Mais il faut bien voir que l'article 2 prévoit la promotion, c'est-à-dire la réalisation progressive de ces objectifs. Il a donc un caractère dynamique plutôt que statique, ce qui a fini par convaincre ceux qui avaient des doutes sur le caractère réaliste des objectifs esquissés.

5. Deux remarques finales. Les versions française et anglaise de l'article 2 ne concordent pas tout à fait, ce qui était d'ailleurs déjà le cas dans l'ancien article 2. Dans la version française les termes « dans l'ensemble de la Communauté » ne se rapportent qu'à l'objectif du développement harmonieux et équilibré, tandis que dans le texte anglais cette mention se rapporte à tous les objectifs énumérés.

Article 3 A

1. Avec l'article 3 A, l'UEM se voit réserver parmi les objectifs de la Communauté un article distinct. La proposition de la Commission d'insérer ces dispositions dans l'article 3 n'a pas été retenue. Dans un souci de cohérence, l'article 3 ne comporte par ailleurs plus de références aux volets économique et monétaire de la Communauté européenne.

2. L'article 3 A se compose de trois paragraphes consacrés respectivement :

— aux fondements de l'Union économique,
— aux fondements de l'Union monétaire,
— aux principes directeurs communs à la mise en place et au fonctionnement des deux volets de l'Union.

Le paragraphe premier précise qu'aux fins énoncés à l'article 2, l'action des Etats membres et de la Communauté comporte, dans les conditions et selon les rythmes prévus par le traité, l'instauration d'une politique économique fondée (i) sur l'étroite coordination des politiques économiques des Etats membres, (ii) sur le marché intérieur et (iii) sur la définition d'objectifs communs.

Cette politique économique doit être conduite conformément au respect du principe d'une économie de marché ouverte où la concurrence est libre.

Il ressort clairement de ce paragraphe que le fondement de la politique économique à mener dans le cadre de l'Union économique repose sur les politiques économiques des Etats membres, conformément au principe de subsidiarité.

Cette politique économique est à conduire dans le cadre du respect d'une économie de marché ouverte où la concurrence est libre ; ceci souligne la volonté des Etats signataires de construire une Europe où l'accès aux marchés est libre et où l'activité économique peut se développer en dehors de restrictions artificielles.

La proposition allemande de compléter ce principe par l'énumération de dispositions comme l'interdiction de toute indexation, l'engagement des Etats à s'efforcer de procéder à la privatisation des entreprises publiques et à s'engager à assurer une formation libre des prix en fonction de la seule interaction entre offre et demande, n'a pas été accueillie favorablement. On a considéré, en effet, cette proposition comme difficilement conciliable tant avec le principe de subsidiarité qu'avec le principe selon lequel les choix des instruments de politique économique relèvent des Etats membres, à condition que les performances économiques en résultant ne donnent pas lieu à contestation.

Le deuxième paragraphe énonce deux principes :

a) le principe de taux de change irrévocablement fixés conduisant à l'instauration d'une monnaie unique, l'Écu. Trois observations s'imposent ici.

Premièrement, le traité prévoit, en utilisant le terme « conduisant », la possibilité qu'entre la fixation irrévocable des taux de change et l'instauration d'une monnaie unique, il s'écoule un certain laps de temps sans précision cependant quant à la durée de celui-ci.

Deuxièmement, le traité parle clairement d'une monnaie unique et non pas d'une monnaie commune, une monnaie commune des Etats membres n'étant pas nécessairement la monnaie unique de ceux-ci.

Troisièmement, quant à l'écriture du terme « Écu », il a été décidé de reprendre, pour les différentes langues, les libellés de l'article 102 A introduit par l'Acte Unique, c'est-à-dire en français « Écu » et en allemand et en anglais « ECU ». Ce choix incohérent s'explique par l'impossibilité de dégager un accord sur une écriture unique. Certains pays, comme la France, insistaient sur l'écriture

« écu », préfigurant ainsi le nom commun de la future monnaie ; d'autres, en revanche, et tout particulièrement l'Allemagne, plaidaient pour retenir le sigle de « European Currency Unit » (ECU) afin justement de laisser ouverte à ce stade la question de la dénomination de la future monnaie unique.

En tolérant des libellés divergents, les auteurs du traité n'ont donc pas voulu préjuger, d'un point de vue légal, la dénomination future de la monnaie unique ;

b) le principe de la définition et de la conduite d'une politique monétaire unique et d'une politique de change unique, l'objectif principal des deux étant de maintenir la stabilité des prix et, sans préjudice de cet objectif, de soutenir les politiques économiques générales *dans* (et non pas de) la Communauté.

Le traité fait donc une distinction entre la politique monétaire, d'une part, et la politique de change unique, d'autre part, tout en les soumettant au même objectif principal qui est la stabilité des prix.

Ce faisant, il souligne le caractère prioritaire de la stabilité des prix en excluant l'obligation d'un arbitrage dans les cas où un conflit existerait entre les différents objectifs des politiques économique et monétaire.

Le troisième paragraphe énumère les principes directeurs à respecter dans la mise en place et lors du fonctionnement définitif de l'UEM, à savoir des prix stables, des finances publiques saines, des conditions monétaires saines et une balance des paiements stable.

Ces principes directeurs reçoivent un contenu opérationnel à différents endroits du traité. La stabilité des prix se retrouve comme objectif dans maints endroits, la mise en place d'une surveillance spéciale des résultats des finances publiques reflète le principe de finances publiques saines et la stabilité exigée dans le cadre du mécanisme de change du SME est une concrétisation du principe de conditions monétaires saines.

Si le traité parle d'une balance des paiements au singulier, il vise la situation de la troisième phase où il n'existe plus qu'une balance des paiements communautaire, du moins à partir du moment où tous les Etats membres participent à cette phase. Il va de soi que pour la période antérieure, sont visées ici les balances de paiements des différents Etats membres.

3. Il faut noter que l'ancien article 6 qui prévoyait que les Etats membres, en étroite collaboration avec les institutions de la Communauté, coordonnent leurs politiques économiques respectives dans la mesure nécessaire pour atteindre les objectifs du traité, a été supprimé.

Article 4 A

1. Par cet article est institué, selon les procédures prévues par le traité :

— un Système européen de banques centrales (SEBC),
— une Banque centrale européenne (BCE).

2. A noter que :

— le SEBC n'aura pas la personnalité juridique. L'article 106 précise que le SEBC est composé de la BCE et des banques centrales des Etats membres, appelées banques centrales nationales. La BCE sera, par contre, investie d'une personnalité juridique propre (article 106.2.), tandis que les banques centrales nationales continuent à disposer de la personnalité juridique telle que définie dans le cadre de leurs législations nationales ;
— ni le SEBC, ni la BCE ne sont institués par l'article 4 relatif aux institutions de la Communauté — liste à laquelle fut d'ailleurs ajoutée la Cour des Comptes — mais par un article à part.

En conséquence, la BCE n'est pas une institution communautaire proprement dite, mais une quasi institution ou une institution communautaire *sui generis* ; elle se distingue des institutions classiques notamment par le fait qu'elle a une personnalité juridique propre, contrairement aux institutions créées par l'article 4 qui, faisant partie intégrante de la Communauté européenne — dotée elle de la personnalité juridique — n'ont pas de personnalité juridique propre.

Aussi le traité, à plusieurs endroits (p.ex. article 109 et article 177), parle-t-il des institutions de la Communauté et de la BCE, et aucune section à part du traité n'est consacrée à la BCE, contrairement à ce qui se passe pour le Parlement européen, le Conseil, la Commission, la Cour de Justice et la Cour des Comptes. En revanche, un protocole faisant partie intégrante du traité définit les statuts du SEBC et de la BCE.

La raison de cette façon de procéder découle de la volonté unanime d'assurer une indépendance maximale à la BCE ;

L'Institut monétaire européen (IME) ne figure pas à cet article, mais à l'article 109 F, puisqu'il s'agit d'une institution à caractère temporaire qui est appelée à disparaître avec la mise en place de la BCE. En effet, l'article 109 L2. prévoit que dès que la BCE est instituée, l'IME est liquidé. Les modalités de cette liquidation sont prévues à l'article 23 du protocole sur les statuts de l'IME, annexé au traité et en font partie intégrante.

Division B. — Les capitaux et les paiements (articles 73 A à 73 H)

Les commentaires ci-après n'ont qu'un caractère sommaire étant donné que l'essentiel a déjà été dit à la section 1 de ce chapitre.

Article 73 A

Cet article dispose qu'à partir du 1er janvier 1994, donc au moment de l'entrée en vigueur de la deuxième phase de la réalisation de l'UEM, les articles 63 à 73 actuels du traité cessent d'être d'application et sont remplacés par les articles nouveaux 73 B à 73 G.

Article 73 B

Cet article revêt un caractère directement applicable. Il stipule que toutes les restrictions aux mouvements de capitaux (premier paragraphe) et aux paiements (deuxième paragraphe) sont interdites aussi bien entre les Etats membres (95) qu'entre les Etats membres et les pays tiers.

Article 73 C

Cet article tempère quelque peu le principe de la liberté des mouvements des capitaux (il ne vise pas les paiements) à destination ou en provenance d'Etats tiers.

Au premier paragraphe, qui s'inspire du deuxième alinéa du premier paragraphe de l'article 7 de la directive du 24 juin 1988, il est introduit une clause de « standstill ». En effet, il est disposé que l'article 73 B ne porte pas atteinte à l'application, aux pays tiers, des

(95) En vertu du protocole n° 1 sur l'acquisition de biens immobiliers au Danemark, ce pays est toujours autorisé à maintenir en vigueur la législation en matière d'acquisition de résidences secondaires et qui vise à éviter que des non-résidents ne rachètent massivement des biens immobiliers au Danemark !

restrictions existant le 31 décembre 1993, soit en vertu du droit national, soit en vertu du droit communautaire en ce qui concerne les mouvements de capitaux avec les pays tiers lorsque ces mouvements impliquent des investissements directs, y compris les investissements immobiliers, l'établissement, la prestation de services financiers ou l'admission de titres sur les marchés des capitaux.

Au paragraphe deux, il est prévu que le Conseil peut, à la majorité qualifiée et sur proposition de la Commission, adopter des mesures relatives aux mouvements de capitaux visés au premier paragraphe. Toutefois, l'unanimité est requise pour l'adaptation de telles mesures si celles-ci constituent un pas en arrière dans le droit communautaire.

Article 73 D

1. L'article 73 D dispose au paragraphe 1 a) que l'article 73 B ne porte pas atteinte aux droits qu'ont les Etats membres d'appliquer les dispositions pertinentes de leur législation fiscale qui établissent une distinction entre les contribuables qui ne se trouvent pas dans la même situation en ce qui concerne, soit leur résidence, soit le lieu où leurs capitaux sont investis.

Les conférences ont adopté une déclaration (n° 7) — donc un acte dont la valeur est politique plutôt que juridique — annexée au traité à l'Acte final qui affirme que le droit des Etats membres d'appliquer les dispositions pertinentes de leur législation fiscale visée à l'article 73 D, paragraphe 1 a) porte uniquement sur les dispositions qui existent à la fin de 1993. Toutefois, il est ajouté dans cette déclaration que celle-ci n'est appliquée qu'aux mouvements de capitaux et de paiements entre les Etats membres.

2. Le paragraphe 1 b) reprend une disposition qui s'inspire largement de l'article 4 de la directive du 24 juin 1988 précitée.

3. Le paragraphe 3 à son tour s'inspire *mutatis mutandis* de la dernière phrase de l'article 36 du traité.

Article 73 E

L'article 73 E dispose que les Etats membres qui bénéficient au 31 décembre 1993 d'une dérogation en vertu du droit communautaire en vigueur sont autorisés à maintenir, au plus tard jusqu'au 31 décembre 1995, les restrictions aux mouvements de capitaux autorisées par les dérogations existant à la date précisément du 31 décembre 1993.

Article 73 F

Cet article prévoit la possibilité pour le Conseil de prendre, à la majorité qualifiée et sur proposition de la Commission et après consultation respectivement de l'IME ou de la BCE — des mesures de sauvegarde si les mouvements de capitaux en provenance ou à destination de pays tiers causent, voire menacent de causer, des difficultés graves pour le fonctionnement de l'UEM. Cependant, ces mesures ne sauraient être prises que pour autant qu'elles soient strictement nécessaires. De surcroît, leur période d'application ne saurait dépasser six mois.

Article 73 G

Cet article introduit la faculté pour le Conseil de prendre dans le cas où des sanctions économiques sont envisagées sous l'égide de l'article 228 à l'égard de pays tiers des mesures consistant à interdire ou à limiter les mouvements de capitaux vers ou en provenance de pays tiers. A noter que conformément à la déclaration n° 3 relative au rôle du Conseil Ecofin dans les matières de l'UEM, ce sera le Conseil dans sa composition des Ministres des Affaires économiques et des Finances qui sera en charge de l'exécution de cet article.

De surcroît cet article définit également les conditions auxquelles un Etat membre peut prendre en la matière des mesures unilatérales.

Article 73 H

Pour éviter tout vide juridique entre la mise en vigueur du traité et l'application des articles 73 B à 73 G, il a été jugé utile d'insérer cet article qui reprend les dispositions de l'ancien article 106.

Division C. — La politique économique et monétaire (articles 102 A à 109 M)

§ 1er. *La politique économique*

Article 102 A

1. L'article 102 A dispose que les Etats membres conservent la responsabilité ultime de leurs politiques économiques nationales tout en devant les conduire en vue de contribuer à la réalisation des

objectifs de la Communauté tels que définis à l'article 2 et dans le contexte des grandes orientations visées à l'article 103, paragraphe 2.

De surcroît, les actions des Etats membres de même que celles de la Communauté doivent être conformes au principe d'une économie de marché ouverte où la concurrence est libre afin que soit favorisée une allocation efficace des ressources.

2. Cet article entre en vigueur dès la mise en oeuvre du traité.

Article 103

1. L'article 103 dispose tout d'abord, dans son paragraphe premier, que les Etats membres doivent considérer leurs politiques économiques comme une question d'intérêt commun et précise qu'ils doivent les coordonner au sein de l'institution communautaire qu'est le Conseil. Il en découle que les compétences en matière de politique économique restent en dernière instance nationales.

A rappeler que dans l'ancien article 103.1., il appartenait aux Etats membres de considérer leurs politiques de conjoncture comme question d'un intérêt commun.

L'article 145, qui dispose entre autres que le Conseil assure la coordination des politiques économiques générales des Etats membres, reste d'application.

2. Le paragraphe 2 met en oeuvre une procédure par étapes devant déboucher sur l'adoption de grandes orientations des politiques économiques des Etats membres et de la Communauté.

D'abord, le Conseil élabore un projet pour de telles orientations. Il doit le faire à la majorité qualifiée, sur recommandation de la Commission. Le traité réserve le droit d'initiative à la Commission, le Conseil ne pouvant statuer qu'une fois saisi d'une recommandation de la Commission (96).

Comme la majorité qualifiée est prévue et qu'il s'agit de décider sur la base non pas d'une proposition mais d'une recommandation de la Commission, il faut que le Conseil décide avec cinquante-

(96) Le choix d'une *recommandation* plutôt que d'une *proposition* de la Commission s'explique par la volonté des auteurs du traité d'accroître la marge de manoeuvre du Conseil ; celui-ci peut, en effet, modifier une recommandation de la Commission à la majorité qualifiée, alors qu'en vertu des règles normales du traité il a besoin de l'unanimité pour amender une proposition de la Commission.

quatre voix exprimant le vote favorable d'au moins huit membres du Conseil.

Quant à la notion de « grandes orientations » (« *Grundzüge der Wirtschaftspolitik* » et « *broad guidelines* » selon respectivement les textes allemand et anglais), le traité n'apporte pas de précisions supplémentaires. Il ressort toutefois de l'esprit et de l'architecture générale de l'Union économique qu'il ne s'agit pas d'objectifs quantitatifs ou, a fortiori, d'objectifs prescriptifs. Ces grandes orientations peuvent porter sur l'ensemble des politiques économiques y compris sur les politiques des finances publiques.

Le Conseil fait rapport de son projet au Conseil européen qui, sur cette base, « débat d'une conclusion sur les grandes orientations ».

Il appartient finalement au Conseil d'adopter, sur la base des conclusions du Conseil européen, à la majorité qualifiée, une recommandation fixant ces grandes orientations.

Eu égard à l'importance politique de telles orientations, il a été jugé indispensable de faire intervenir le Conseil européen. Comme ce dernier n'est toutefois pas une institution communautaire au sens de l'article 4 et, en conséquence, ne peut arrêter formellement des actes communautaires, il fallait prévoir que le Conseil intervienne une nouvelle fois.

On pourrait remarquer que cette construction ouvre théoriquement la possibilité pour le Conseil de ne pas suivre les conclusions du Conseil européen. En pratique, un tel cas de figure ne devrait guère se présenter et ceci pour deux raisons.

D'abord, les Ministres de l'Economie et des Finances, qui constituent le Conseil pour les questions relevant de l'UEM (cf. la déclaration n° 3 relative à la troisième partie, titres III et VI du traité instituant la Communauté européenne) sont invités à participer aux sessions du Conseil européen lorsque celui-ci débat des grandes orientations (voir la déclaration n° 4 relative à la troisième partie, titre VI du traité instituant la Communauté européenne).

Ensuite, il n'est pas concevable, politiquement, qu'un Conseil ne suive pas les conclusions du Conseil européen qui se compose, conformément à l'article D du traité sur l'Union européenne, des Chefs d'Etat ou de gouvernement des Etats membres ainsi que du Président de la Commission.

Le Conseil informe le Parlement européen de sa recommandation fixant les grandes orientations des politiques économiques des Etats membres et de la Commission. Cette recommandation est, précisons-le, conformément à l'article 189, un acte qui ne lie pas.

3. Dans ses paragraphes 3 et 4, l'article 103 instaure une procédure de surveillance multilatérale. Celle-ci porte sur l'évolution économique dans chacun des Etats membres et de la Communauté, sur la conformité des politiques économiques avec les grandes orientations et prévoit que le Conseil procède régulièrement à une évaluation d'ensemble. Elle peut aboutir à l'adoption de recommandations à l'attention de l'un ou l'autre Etat membre.

4. Cette surveillance poursuit le double objectif d'assurer à la fois une coordination plus étroite des politiques économiques et une convergence soutenue des performances économiques des Etats membres. Elle se fait sur base de rapports présentés par la Commission qui, pour ce faire, doit surveiller systématiquement les économies nationales.

A cette fin, les Etats membres doivent transmettre à la Commission des informations non pas sur l'ensemble de leurs mesures de politique économique, mais sur celles qu'elles considèrent être les plus importantes. Par ailleurs, les Etats membres sont appelés à transmettre à la Commission toute autre information qu'ils jugent nécessaire pour cette dernière.

5. Lorsque le Conseil, dans le cadre de la surveillance de l'évolution économique de chacun des Etats membres, constate — à la majorité simple conformément à l'article 148 qui stipule que, sauf dispositions contraires, les délibérations du Conseil sont acquises à la majorité simple des Etats membres — que les politiques économiques d'un Etat membre, soit ne sont pas conformes aux grandes orientations, soit risquent de compromettre le bon fonctionnement de l'UEM, il a la faculté — sans y être obligé — d'adresser à l'Etat membre concerné les recommandations qu'il juge nécessaires.

En toute logique, il n'est pas prévu dans ce contexte que le Conseil puisse émettre des recommandations à l'égard de la Communauté, étant donné que la politique économique de la Communauté se fonde très largement sur les politiques économiques nationales.

Si le Conseil adopte des recommandations, il doit le faire à la majorité qualifiée sur recommandation de la Commission. Toutefois, conformément à l'article 109 D, le Conseil, voire un Etat membre, peut demander à la Commission de formuler une recommandation et la Commission doit examiner cette demande et présenter ses conclusions au Conseil avec diligence.

Donc, dans le cas où la Commission s'abstiendrait de faire une recommandation, le Conseil, ou un Etat membre, peut déclencher un débat sans pour autant qu'il lui soit possible de « forcer » la Commission à présenter une recommandation, indispensable pour une recommandation subséquente du Conseil.

Le contenu de ces recommandations (qui ne lie pas juridiquement l'Etat membre destinataire) relève *in fine* du jugement du Conseil, le traité ne parlant que de « recommandations nécessaires ».

Le Conseil peut, par ailleurs, décider, et cette fois-ci sur *proposition* de la Commission, de rendre publiques ces recommandations.

Il appartient au Président du Conseil et à la Commission de faire rapport au Parlement européen sur les résultats de la surveillance multilatérale sans que le traité ne précise les conditions notamment de confidentialité dans lesquelles ceci doit se faire, par exemple quand, dans le cadre de la surveillance multilatérale, le Conseil a pris une recommandation non publique.

Le Président du Conseil peut être invité à se présenter devant la commission compétente du Parlement européen si le Conseil a rendu publiques ses recommandations.

6. Selon le paragraphe 5 de l'article 103, le Conseil, s'il le juge utile et nécessaire, peut arrêter les modalités de la procédure de surveillance multilatérale. Cette décision doit être prise conformément à la procédure visée à l'article 189 C, dite de « coopération » avec le Parlement européen.

7. L'article 103 s'applique dès la mise en vigueur du traité.

Article 103 A

1. Le premier paragraphe, qui s'inspire partiellement de l'ancien article 103, paragraphes 2 et 4, prévoit que le Conseil peut décider des mesures appropriées à la situation économique, tout en donnant un exemple d'un tel cas de figure, à savoir de grandes difficultés survenant dans l'approvisionnement en certains produits.

La rédaction de l'article 103 A est tellement générale que ce dernier peut servir de base juridique à toute une gamme d'actions pour faire face aux situations les plus diverses.

Cette finalité ouverte est toutefois contrebalancée par les conditions strictes auxquelles est lié le recours à ce mécanisme. Le Conseil doit, en effet, décider à l'unanimité et sur la base d'une proposition de la Commission.

Ce paragraphe s'applique dès la mise en vigueur du traité.

2. Le paragraphe 2 introduit un nouveau mécanisme d'assistance financière auquel, conformément à l'article 109 E.3., on peut recourir dès le début de la troisième phase.

Il est prévu qu'un Etat membre qui, en raison d'événements exceptionnels échappant à son contrôle, connaît des difficultés ou est exposé à une menace sérieuse de graves difficultés, peut se voir accorder par le Conseil une assistance financière communautaire.

Une telle décision ne peut être prise qu'à l'unanimité et sur proposition de la Commission.

L'octroi et les modalités de cette aide sont en outre soumis à « certaines conditions » sans que le traité fournisse des détails quant à cet ajout et sans qu'il se prononce sur la nature précise de cette aide.

Comme toutefois une législation secondaire n'est pas explicitement prévue, force est de constater que ce paragraphe risque de faire l'objet de discussions futures.

Si les difficultés permettant de déclencher la procédure prévue à cet article peuvent avoir des origines de nature différente, soit politique soit économique, un accès facilité au mécanisme est prévu s'il s'agit d'une catastrophe naturelle. Dans pareil cas, il suffit que le Conseil statue à la majorité qualifiée sans que, par ailleurs, une recommandation ou une proposition de la Commission soit formellement exigée.

Article 104

1. L'article 104 entre en vigueur conformément à l'article 109 E.3. premier alinéa dès le début de la deuxième phase pour tous les pays. Toutefois, le Royaume-Uni, en vertu du point 11 du protocole sur certaines dispositions relatives au Royaume-Uni de Grande-Bretagne et d'Irlande du Nord, dispose d'une dérogation qui permet au gouvernement du Royaume-Uni de conserver la ligne de crédit « *Ways and Means* » dont il dispose auprès de la Banque d'Angle-

terre et ceci aussi longtemps que le Royaume-Uni ne passe pas à la troisième phase (voir aussi le protocole n° 9 sur le Portugal).

2. Cet article est directement applicable. Le Conseil peut, au besoin, conformément à l'article 104 B.2., préciser les définitions pour l'application de l'interdiction contenue dans cet article. Les Etats membres, à leur tour, doivent, conformément à l'article 109 E.2.a) premier tiret, adopter, en cas de besoin, les mesures appropriées sur le plan de leur législation ou pratique nationale pour se conformer à l'interdiction de l'article 104.

3. L'article 104 prévoit une double interdiction.

D'abord, il interdit à la BCE et aux banques centrales des Etats membres d'accorder (97) des découverts ou tout autre type de crédit (i) aux institutions ou organes de la Communauté, (ii) aux administrations centrales, aux autorités régionales ou locales, aux autres autorités publiques et (iii) aux autres organismes ou entreprises publics des Etats membres.

Ensuite, il interdit à la BCE et aux banques centrales nationales d'acquérir directement auprès des autorités précédemment énumérées sub (i) à (iii) des instruments de leur dette (98).

Ceci n'exclut pas que la BCE ou les banques centrales détiennent à l'actif de tels titres, mais ils ne peuvent les acquérir que sur le marché secondaire. L'acquisition directe est interdite.

4. Le deuxième paragraphe de l'article 104 a pour objet d'éviter que des établissements publics de crédits ne finissent par être discriminés — en vertu du premier paragraphe — par rapport à des établissements privés de crédits pour ce qui est de l'accès à la BCE.

5. L'article 104 n'exclut pas (cf. article 21.2 des statuts) que des banques centrales puissent intervenir en tant qu'agent fiscal, pour le compte des entités visées au premier paragraphe.

(97) Les textes français et anglais diffèrent légèrement. La version française (« *accorder* ») n'implique pas que des découverts existant au 1er janvier 1994 doivent être supprimés. Le texte anglais, en revanche, semble plus strict sur ce point, car il précise que « *overdraft facilities ... shall be prohibited* » (et non pas : « *The granting of ... shall be prohibited* »).

(98) Strictement parlant, cette disposition n'interdit pas seulement à la banque centrale d'un pays A d'acquérir directement des titres de la dette du pays B, mais également d'acquérir les titres de la dette d'un autre Etat membre. Dans le cas où cette discipline, logique pour la troisième phase, serait jugée excessive en deuxième phase à la lumière des besoins en matière de gestion des réserves de change des banques centrales, il faudrait apporter les correctifs nécessaires dans la législation secondaire.

Article 104 A

1. Selon le premier paragraphe de l'article 104 A, est interdite toute mesure — à moins qu'elle ne repose sur des considérations d'ordre prudentiel — qui établit un accès privilégié des mêmes entités que celles énumérées déjà à l'article 104 aux institutions financières.

Dans une version antérieure de ce paragraphe, cette interdiction portait aussi sur l'accès privilégié aux *marchés financiers*. Cette formulation fut toutefois remplacée dans la mesure où plusieurs pays voulaient notamment éviter une mise en question de leurs régimes d'épargne populaire.

2. L'article 104 A, comme le dispose l'article 109 E.3., s'applique dès le début de la deuxième phase et ceci à l'ensemble des pays.

Toutefois, le Conseil doit, avant le début de la deuxième phase, en statuant conformément à la procédure de l'article 189 C, préciser les définitions en vue de l'application de l'interdiction visée par cet article. Des précisions devront ainsi sans doute être apportées pour ce qui est des concepts d'« accès privilégié », de « considérations prudentielles », d'« institutions financières » et d'« entreprises publiques ».

Article 104 B

1. L'article 104 B est directement applicable et ce, dès le début de la deuxième phase.

2. Dans son paragraphe premier, il dispose que ni la Communauté ni un Etat membre n'ont le droit de répondre des engagements — voire de les prendre en charge — des entités déjà visées aux articles 104 et 104 A (règle du « *no bail out* »).

Le texte prévoit une seule exception qui vise les cas où sont en cause des garanties financières mutuelles pour la réalisation en commun d'un projet spécifique. Si initialement étaient seuls visés des projets économiques spécifiques, le qualificatif « économique » fut toutefois supprimé dans la version finale parce que jugé trop restrictif.

Il convient encore de noter que, dans des formulations initialement en discussion, la règle du « *no bail out* » fut encore plus extensive puisqu'il était même proposé que les Etats membres ne puissent pas non plus répondre des engagements, ou les prendre en charge, de la Communauté et de ses organes.

3. Conformément au deuxième paragraphe, le Conseil a la faculté, mais non pas l'obligation, de préciser au besoin les définitions pour l'application de la règle du « *no bail out* » (cf. paragraphe 2 de l'article 104 B).

Article 104 C

1. L'article 104 C définit la procédure dite des « déficits excessifs ».

Avant la troisième phase, le paragraphe premier n'est pas d'application, la règle pertinente étant celle de l'article 109 E.4. qui se lit : « Au cours de la deuxième phase, les Etats membres *s'efforcent d'éviter* des déficits publics excessifs ».

Ce n'est qu'à partir de la troisième phase que devient opérationnelle la rédaction propre du paragraphe premier de l'article 104 C, à savoir « Les Etats membres *évitent* des déficits excessifs ». Cette rédaction s'applique à tous les Etats membres, qu'ils participent ou non à la troisième phase (article 109 K.3.), sauf pour ce qui est du Royaume-Uni et du Danemark s'ils restent en dehors de celle-ci.

Conformément donc aux deux versions successivement applicables de ce paragraphe, l'évitement des déficits publics excessifs constitue en deuxième phase un engagement politique pour devenir en troisième phase une obligation juridique.

2. Le deuxième paragraphe (99) définit les critères qui, s'ils ne sont pas satisfaits, déclenchent l'élaboration d'un rapport de la Commission (cf. discussion à la section 1).

3. Le troisième paragraphe énumère de façon non limitative d'autres éléments dont la Commission doit tenir compte dans son rapport.

De même, il dispose que la Commission peut élaborer un tel rapport même si les critères sont satisfaits mais qu'elle estime qu'il existe un risque de déficit excessif.

4. Le quatrième paragraphe prévoit que ce rapport est à soumettre pour avis au comité monétaire qui, au début de la troisième phase, est remplacé par le comité économique et financier (article 109 C). Si la Commission n'est pas liée par cet avis, le

(99) A lire en relation avec le protocole n° 5 sur la procédure concernant les déficits excessifs.

comité monétaire, à son tour, peut passer l'avis directement au Conseil puisqu'il a pour mission de contribuer à préparer les travaux du Conseil.

5. Si donc la Commission, sur la base de son rapport et à la lumière de l'avis du comité monétaire, estime qu'il existe un déficit excessif, elle adresse un avis accompagné d'une recommandation au Conseil.

6. Selon le paragraphe 6, le Conseil décide, d'une part, après une évaluation globale aussi bien de la situation de l'Etat concerné que des travaux de la Commission et de l'avis du comité monétaire et, d'autre part, après avoir entendu les observations de l'Etat membre concerné, s'il existe ou non un déficit excessif.

Il prend cette décision sur la base de la recommandation de la Commission et à la majorité qualifiée. En l'occurrence cela signifie avec cinquante-quatre voix exprimant le vote favorable d'au moins huit membres.

Il convient de souligner que le Conseil ou un seul Etat membre, s'il juge, contrairement à la Commission, qu'un Etat membre est en situation de déficit excessif, peut demander à la Commission de formuler une recommandation. Celle-ci est alors tenue d'examiner cette demande et de présenter ses conclusions au Conseil sans délai, sans préjudice du fait que la Commission reste maître de la décision de saisir ou non le Conseil d'une recommandation.

7. Si le Conseil décide qu'un déficit excessif existe, il adresse des recommandations non publiques (100) à l'Etat membre concerné, afin que celui-ci mette un terme à cette situation dans un délai fixé par le Conseil (paragraphe 7).

8. Le Conseil peut rendre publiques ses recommandations, s'il constate qu'aucune action suivie d'effets n'a été prise dans le délai prescrit en réponse à ses recommandations (paragraphe 8).

9. A partir de la troisième phase, le Conseil peut aller plus loin. Si un Etat membre persiste à ne pas donner une suite aux recommandations du Conseil, celui-ci peut décider de mettre l'Etat concerné en demeure, de prendre, de nouveau dans un délai déterminé, des mesures visant à la réduction du déficit jugée nécessaire pour remédier à la situation.

(100) Ce qui présuppose un degré de confidentialité considérable.

Simultanément, il peut demander à l'Etat concerné de présenter des rapports selon un calendrier précis, afin de pouvoir examiner les efforts d'ajustement consentis par cet Etat (paragraphe 9).

10. Le paragraphe 10 dispose qu'aussi bien avant que pendant la troisième phase les droits de recours prévus aux articles 169 et 170 du traité ne peuvent être exercés dans le cadre des paragraphes 1 à 9 de l'article 104 C, c'est-à-dire que la Cour de Justice ne peut être saisie, soit par la Commission, soit par un Etat membre, des manquements d'un Etat en déficit excessif aux exigences qui lui sont imposées par le Conseil.

11. Aussi longtemps qu'un Etat membre ne se conforme pas à une décision prise dans le cadre de la mise en demeure, le Conseil a la faculté de prendre ou, le cas échéant, d'intensifier, une des quatre mesures limitativement énumérées, à savoir :

— exiger de l'Etat membre concerné qu'il publie des informations supplémentaires à préciser par le Conseil, avant d'émettre des obligations et des titres ;

— exiger de l'Etat membre concerné qu'il fasse auprès de la Communauté un dépôt ne portant pas intérêt d'un montant approprié jusqu'à ce que, de l'avis du Conseil, le déficit excessif ait été corrigé ;

— imposer des amendes d'un montant approprié ;

— inviter la Banque européenne d'investissement à revoir sa politique à l'égard de l'Etat membre concerné.

Même si le texte ne prévoit pas de base légale pour une législation secondaire en matière de ces « sanctions », il est toutefois difficilement concevable que certaines d'entre elles soient mises en place sans précisions de leurs modalités. Il en est ainsi certainement en ce qui concerne les dépôts ne portant pas intérêt où il faudra préciser les dispositions de collecte et de gestion de ces fonds.

12. Le paragraphe 12 précise les mesures d'abrogation que le Conseil doit prendre si la situation du déficit excessif a été corrigée.

13. Une fois un déficit excessif constaté, le Conseil prend ses décisions prévues aux paragraphes 7 à 9 et 11 et 12, sur recommandation de la Commission et à la majorité des deux tiers des voix des membres du Conseil pondérées conformément à l'article 148, paragraphe 2, les voix du représentant de l'Etat membre concerné étant exclues (paragraphe 13).

Cela signifie par exemple que si l'Etat membre dont le déficit est jugé excessif dispose de dix voix au Conseil, les décisions le concernant doivent réunir au moins quarante-quatre voix, ce qui, dans ce cas de figure, implique le vote favorable d'au moins cinq Etats membres.

Si par contre l'Etat membre en cause ne dispose que de trois voix, il faut au moins cinquante et une voix favorables, c.-à-d. le vote favorable d'au moins six pays.

14. Le paragraphe 14, qui s'applique dès la mise en vigueur du traité, retient :

— que des dispositions complémentaires à la mise en oeuvre de la procédure de l'article 104 figurent dans le protocole sur la procédure applicable en cas de déficit excessif annexé au traité ;

— que le Conseil doit, en statuant à l'unanimité sur proposition de la Commission et après consultation du Parlement européen, arrêter les dispositions appropriées qui remplacent ledit protocole, sans pour autant fixer un délai dans lequel ceci doit se faire, ce qui réserve au Conseil l'appréciation de l'opportunité d'un remplacement du protocole par une législation dérivée.

Cette disposition revêt un double caractère de clause d'habilitation et de clause de sauvegarde ; clause d'habilitation, puisqu'elle permet de modifier certaines dispositions du traité par une procédure simplifiée dérogeant à la règle générale de l'article N du traité sur l'Union européenne applicable en cas de modification du traité sur l'Union européenne ; clause de sauvegarde puisqu'elle n'exclut pas la possibilité d' ajustement futur des valeurs de référence ;

— que le Conseil doit, avant le 1er janvier 1994, fixer les modalités et les définitions en vue de l'application des dispositions dudit protocole.

Cette décision du Conseil doit être prise à la majorité qualifiée sur proposition de la Commission, donc conformément aux articles 148 et 189 A.1. du traité CE (ex 149.1. du traité CEE) et après consultation du Parlement européen.

15. Le *protocole* sur la procédure concernant les déficits excessifs :

— fixe les valeurs de référence pour le rapport entre le déficit prévu ou effectif et le PIB aux prix du marché et pour le rapport entre la dette publique et le PIB aux prix du marché à respectivement 3 % et 60 % (article premier) ;

— fournit un certain nombre de définitions (article 2), à savoir, précise qu'il faut entendre par

public, ce qui est relatif au gouvernement général, c.-à-d. les administrations centrales, les autorités régionales ou locales et les fonds de sécurité sociale, à l'exclusion des opérations commerciales, telles que définies dans le système européen des comptes économiques intégrés (SEC) ;

déficit, le besoin net de financement tel que défini dans SEC. A noter qu'il s'est inséré dans cette définition une erreur matérielle puisqu'il aurait fallu parler du besoin de financement, le SEC ne connaissant pas le terme « besoin net de financement » ;

investissement, la formation brute de capital fixe telle que définie dans le SEBC ;

dette, le total des dettes brutes, à leur valeur nominale, et consolidées à l'intérieur des secteurs du gouvernement général ;

— dispose (article 3) que, premièrement, les Etats membres sont responsables des déficits du gouvernement général, deuxièmement, qu'ils doivent veiller à ce que leurs procédures nationales en matière budgétaire leur permettent de remplir les obligations qui leur incombent dans ce domaine en vertu du traité et, troisièmement, qu'ils doivent notifier rapidement et régulièrement à la Commission leurs déficits prévus et effectifs ainsi que le niveau de leur dette.

Il convient de noter que le traité s'abstient de prévoir des règles communes pour les procédures budgétaires nationales en n'imposant qu'une obligation de résultat en ce sens que les Etats ne sauraient invoquer des problèmes nationaux de procédure pour échapper à leurs engagements et obligations.

16. Pour l'ensemble des décisions à prendre par le Conseil dans le cadre de l'article 104 C, à l'exception de celles relatives au paragraphe 14, l'article 109 D s'applique. Cet article prévoit que le Conseil ou un Etat membre peut demander à la Commission de formuler, selon le cas, une recommandation ou une proposition et que la Commission doit examiner cette demande et présenter ses conclusions au Conseil sans délai.

17. Il se recommande de récapituler pour les différents paragraphes le moment de leur début d'application, de même que le champ couvert d'Etats membres.

Le début d'application des quatorze paragraphes constitutifs de cet article varie en fonction de la phase concernée, voire en troisième phase, en fonction des statuts respectifs des différents Etats membres.

La liste ci-après indique pour chaque paragraphe le début d'application et le champ de pays couverts :

— le paragraphe 1 s'applique dès le début de la troisième phase (cf. article 109 E.4.) ;

— les paragraphes 2 à 8 s'appliquent dès le début de la deuxième phase ;

— le paragraphe 9 s'applique dès le début de la troisième phase et aux seuls Etats membres participant à celle-ci (articles 109 E.3. et 109 K.3.) ;

— le paragraphe 10 s'applique dès le début de la deuxième phase ;

— le paragraphe 11 s'applique dès le début de la troisième phase à tous les Etats participants ;

— les paragraphes 12 et 13 s'appliquent dès le début de la deuxième phase ;

— le paragraphe 14 s'applique dès la mise en vigueur du traité.

§ 2. *La politique monétaire*

Article 105

1. Dès le premier paragraphe, il est souligné que l'objectif principal du SEBC est la stabilité des prix. Comme la politique monétaire ne saurait toutefois se concevoir en faisant abstraction complète d'autres objectifs de politique économique, il est ajouté que, sans préjudice de l'objectif de la stabilité des prix, le SEBC apporte son soutien aux politiques économiques générales dans la Communauté en vue de contribuer à la réalisation des objectifs de celle-ci, tels que définis à l'article 2.

Les actions du SEBC doivent toujours respecter le principe d'une économie de marché ouverte où la concurrence est libre, en favorisant une allocation efficace des ressources. Cet ajout impose notamment à la BCE de prendre soin que la mise en oeuvre de ses instruments monétaires n'affecte pas le fonctionnement efficace des marchés communautaires, aussi bien économiques que monétaires et financiers. Aussi retrouve-t-on notamment une référence à ce principe aux articles 19 et 20 des statuts de la BCE, articles traitant du recours à certains instruments de politique monétaire.

2. Au deuxième paragraphe sont énumérées les quatre missions fondamentales qui relèvent du SEBC (101). Ainsi appartient-il au SEBC :

— de définir et de mettre en oeuvre la politique monétaire de la Communauté. Il y a lieu de remarquer tout d'abord que le terme « politique monétaire de la Communauté » et celui de « politique monétaire unique » utilisé à d'autres endroits du traité, comme par exemple à l'article 3 A, sont interchangeables. Par ailleurs, il convient d'avoir à l'esprit que si le traité précise sans équivoque l'objectif final prioritaire de la politique monétaire unique — la stabilité des prix — et s'il énumère les différents instruments de la politique monétaire auxquels la BCE peut recourir (102), le traité ne se prononce par contre pas sur l'articulation précise de la politique monétaire unique. Aussi ne se prononce-t-il ni sur les choix en matière d'objectifs monétaires intermédiaires à viser, ni sur les modalités et les dosages du recours aux différents instruments de la politique monétaire potentiellement disponibles. Autrement dit, et de façon simplifiée, le traité ne tranche pas entre une politique de masse monétaire, une politique de taux d'intérêt et une politique de liquidité.

— de conduire les opérations de change conformément à l'article 109. Il est rappelé que dans l'article 3 A, définissant entre autres le volet monétaire de l'UEM, deux politiques uniques sont prévues, la politique monétaire unique et la politique de change unique. Les modalités de définition et d'exécution de cette dernière, de même que la répartition des compétences à ce sujet entre le Conseil et la BCE, sont définies à l'article 109 ;

— de promouvoir le bon fonctionnement des système de paiement. L'article 22 des statuts du SEBC et de la BCE apporte des précisions à ce sujet en disposant que la BCE et les banques cen-

(101) Le texte anglais est plus précis à ce sujet puisqu'il parle de missions « *to be carried out through the ESCB* ».

(102) Cf. les articles relevants des statuts du SEBC et de la BCE qui prévoient la politique d'*open market* (art. 18), les réserves obligatoires (art. 19), sous certaines conditions d'autres instruments jugés nécessaires par la BCE (art. 20), les taux directeurs (« *key interest rates* », « *Leitzinssätze* ») et l'approvisionnement en réserves dans le SEBC (« *supply of reserve* », « *Bereitstellung von Zentralbankgeld* ») (article 12.1).

trales nationales sont autorisées à mettre à disposition des infrastructures appropriées et que la BCE peut arrêter des règlements, en vue d'assurer l'efficacité et la solidité des systèmes de compensation et de paiements au sein de la Communauté et avec les pays tiers.

Ces dispositions, en toute logique, devraient viser à ce qu'il existe à terme un système de paiement au sein de la Communauté aussi performant que les systèmes de paiement nationaux actuels.

— de détenir et gérer *les* (la totalité) et non pas *des* (une partie) réserves de change des Etats membres.

En règle générale, les réserves de change officielles des Etats membres sont donc à mettre à la disposition du SEBC, pour être détenues, pour partie, par les banques centrales nationales et, pour partie, par la BCE selon les règles et proportions définies à l'article 30 des statuts.

L'utilisation du verbe « détenir » s'explique par le fait que n'est pas visé un transfert automatique de propriété des réserves des Etats membres vers les banques centrales nationales ou la BCE, et, *a fortiori* vers la Communauté.

3. A cette dernière disposition relative aux réserves officielles de change, il est apporté une exception par le paragraphe 3. En effet, les Etats membres peuvent détenir et gérer des fonds de roulement en devises. Le texte ne précise pas l'ampleur que peut prendre un tel fonds de roulement. Cette possibilité a été introduite pour permettre aux Etats membres d'avoir p.ex. des comptes en devises pour le paiement d'opérations commerciales qui entraînent des paiements en monnaies non communautaires.

A noter que, selon l'article 31.2. des statuts, les transactions effectuées par les Etats avec les fonds de roulement sont soumises — au delà d'un certain montant que le Conseil des Gouverneurs de la BCE doit fixer — à l'autorisation de la BCE, ceci afin d'assurer la cohérence avec la politique de change et la politique monétaire de la Communauté.

4. Le paragraphe 4 précise les situations et les conditions dans lesquelles la BCE est à consulter respectivement par le Conseil ou les autorités nationales de même qu'il précise les cas où la BCE peut décider de soumettre de sa propre initiative des avis aux institutions ou aux organes communautaires appropriés ou aux autorités nationales.

5. Conformément au paragraphe 5, le SEBC peut contribuer à la bonne conduite des politiques menées par les autorités compétentes nationales sur le plan du contrôle prudentiel des établissements de crédits et de la stabilité du système financier.

Il résulte de ce paragraphe — qui fait implicitement référence à la fonction de prêteur en dernier ressort — que, sans préjudice des compétences nationales, le SEBC peut offrir ses bons offices en la matière.

Dans ce contexte, il est également habilité, conformément à l'article 25.1. des statuts, à donner des avis et à être consulté par le Conseil, la Commission et les autorités compétentes des Etats membres sur la portée et l'application de la législation communautaire concernant précisément le contrôle prudentiel et la stabilité du système financier.

6. Le sixième paragraphe comporte une clause d'habilitation réservant la possibilité au Conseil de confier à la BCE des missions spécifiques ayant trait aux politiques en matière de contrôle prudentiel des établissements de crédit et d'autres établissements financiers, à l'exception des entreprises d'assurance.

L'octroi d'une telle mission ne peut cependant se faire que sur la base d'une décision unanime du Conseil, à prendre sur proposition de la Commission, après consultation de la BCE et sur avis conforme du Parlement européen. Ce dernier dispose donc, comme tout Etat membre, d'un « droit de *veto* » en la matière.

7. Il résulte de l'article 109 K.3. que les paragraphes 1, 2, 3 et 5 de l'article 105, qui s'appliquent dès le début de la troisième phase, ne sont pourtant pas applicables aux Etats membres ne participant pas à la troisième phase.

Article 105 A

1. L'article 105 A, dans son premier paragraphe, fixe les conditions et modalités de l'émission de billets de banques lors de la troisième phase.

Il dispose que seule la BCE, et plus particulièrement le Conseil des Gouverneurs de celle-ci (cf. article 16 des statuts), est habilitée à autoriser l'émission de billets de banque dans la Communauté.

Quant à l'émission de tels billets, il est retenu que la BCE et les banques centrales peuvent y procéder. Cette formulation laisse ouverte la possibilité, comme cela ressort d'ailleurs clairement de l'article 16 des statuts, que la BCE autorise des banques privées, qui, au moment de l'entrée en vigueur du traité, émettent des billets de banque, à continuer cette pratique (ceci vise trois banques en Ecosse et une au Luxembourg).

Les billets émis par la BCE et les banques centrales nationales sont toutefois les seuls à avoir cours légal sur le territoire communautaire.

L'exécution pratique de cet article est à voir en relation avec celle de l'article 109 L portant sur la fixation irrévocable des taux de change.

2. Le deuxième paragraphe règle l'émission de pièces. En soulignant que les Etats membres peuvent émettre des pièces, il préserve les droits d'émission actuels de certains Trésors nationaux en la matière, sans pour autant exclure que la BCE et les banques centrales nationales puissent de leur côté également procéder à l'émission de pièces.

Comme les pièces font partie intégrante de la base monétaire, la BCE se voit également attribuer le droit de fixer le volume de l'émission de ces pièces.

De surcroît, le Conseil peut adopter des mesures pour harmoniser les valeurs unitaires et les spécifications techniques de l'ensemble des pièces destinées à la circulation dans la mesure où cela s'avère nécessaire pour assurer la bonne circulation de celles-ci dans la Communauté.

On peut s'étonner que le traité ne prévoie pas une harmonisation obligatoire étant donné que la réduction des coûts de manipulation, qu'entraînerait l'existence de pièces homogènes, devrait être un des atouts psychologiques de la monnaie unique. Force est également de constater que ce texte est muet quant aux règles régissant le caractère de cours légal de ces pièces.

3. L'article 105 A s'applique dès le début de la troisième phase aux Etats participants.

Article 106

1. En vertu du premier paragraphe, le SEBC se compose de la BCE et des banques centrales nationales.

Le terme « SEBC » désigne en quelque sorte la coexistence de la BCE et des banques centrales nationales et l'ensemble des règles qui régissent leurs rapports.

Quant à la répartition des compétences au sein du SEBC entre la BCE et les banques centrales, il faut se référer aux statuts du SEBC et de la BCE.

Il appartient à la BCE de veiller à ce que les missions conférées au SEBC, en vertu de l'article 105 paragraphe 2, 3 et 5 du traité, soient exercées par elle-même ou par les banques centrales nationales (article 9.2. des statuts), celles-ci, tout en faisant partie intégrante du SEBC, agissant conformément aux orientations et aux instructions de la BCE (article 14.3. des statuts).

La BCE doit, dans la mesure jugée possible et adéquate, recourir aux banques centrales nationales pour l'exécution des opérations faisant partie des missions du SEBC (article 12.1., troisième alinéa des statuts). Le statut n'explicite pas s'il appartient au Conseil ou au Directoire de prendre de telles décisions.

De surcroît, le Conseil de la BCE dispose vis-à-vis des banques centrales nationales des mêmes pouvoirs que ceux que l'article 169 du traité confère à la Commission vis-à-vis des Etats membres.

En conséquence, le Conseil de la BCE peut saisir la Cour de Justice s'il estime qu'une banque centrale nationale n'a pas exécuté les obligations résultant du traité ou des statuts. Si la Cour de Justice reconnaît qu'une banque centrale a manqué à une des obligations qui lui incombent, cette banque est tenue de prendre les mesures que comporte l'exécution de l'avis de la Cour de Justice (article 180 du traité et article 35.6. des statuts).

2. Conformément au deuxième paragraphe, la BCE est dotée de la personnalité juridique. Tel n'est pas le cas pour le SEBC, tandis que les banques centrales nationales ont la personnalité juridique en fonction de leurs lois constitutives nationales.

La BCE jouit donc dans chacun des Etats membres de la capacité juridique reconnue aux personnes morales par la législation nationale et peut notamment acquérir ou aliéner des biens mobiliers et immobiliers et ester en justice (cf. article 9.1. des statuts).

3. Le troisième paragraphe dispose que le SEBC est dirigé par les organes de décision de la BCE que sont le Conseil des Gouverneurs et le Directoire. Quant à la répartition des compétences au sein de

la BCE entre le Conseil des Gouverneurs et le Directoire, il faut se référer aux statuts.

L'article 12.1. dispose que le Directoire met en oeuvre la politique monétaire conformément aux orientations et aux décisions arrêtées par le Conseil des Gouverneurs. Dans ce cadre, le Directoire donne les instructions nécessaires aux banques centrales nationales.

Par ailleurs, le Directoire peut recevoir délégation de certains pouvoirs du Conseil des Gouverneurs. Enfin, il convient de noter que le Directoire est responsable de la gestion courante de la BCE.

Si tous les Etats membres ne participent pas à la troisième phase, il est institué, au sein de la BCE, un troisième organe de décision qui est le Conseil général, conformément à l'article 34 des statuts. Ce dernier ne participe toutefois pas à la direction de la BCE. Les fonctions de ce Conseil général sont énumérées de façon exhaustive à l'article 47 des statuts.

4. Le paragraphe 4 précise que les statuts du SEBC sont définis dans un protocole annexé au traité. Ce protocole fait partie intégrante du traité de sorte que d'un point de vue juridique les dispositions qu'il contient et celles du corps de traité se valent.

5. Le cinquième paragraphe prévoit une possibilité d'amendement simplifié pour certains articles des statuts, notamment ceux à caractère technique. Une telle possibilité a été jugée nécessaire pour pouvoir, le cas échéant, ajuster des dispositions aux besoins de la situation sans passer par la procédure lourde de l'article N s'appliquant en règle générale en matière de modification du traité.

En fait, le paragraphe s'inspire d'une procédure similaire à celle prévue à l'article 188 pour ce qui est d'une partie des statuts de la Cour de Justice.

Il comprend une liste limitative des articles susceptibles de faire l'objet d'une révision qui peut se faire selon deux procédures.

D'un côté, le Conseil peut décider à la majorité qualifiée sur recommandation de la BCE et après consultation de la Commission, une révision de l'un ou l'autre article. Force est donc de constater que l'on est en présence d'un cas de figure où une modification du traité est possible sans que l'unanimité des Etats membres ne soit requise.

Il convient toutefois de souligner que la recommandation de la BCE, dans le cadre de son droit d'initiative, doit être prise à l'unanimité des membres du Conseil des Gouverneurs (article 41.2. des statuts).

D'un autre côté, le Conseil peut également prendre une décision de révision, cette fois-ci à l'unanimité sur proposition de la Commission et après consultation de la BCE.

Les amendements sont donc soumis à des conditions moins restrictives dans le cas où l'initiative est prise par la BCE. En effet, dans cette constellation, la majorité qualifiée suffit tandis que si la Commission fait une proposition, l'unanimité est d'application.

Dans les deux procédures, il faut un avis conforme du Parlement européen.

6. Le sixième paragraphe définit la procédure selon laquelle le Conseil doit adopter la législation secondaire complémentaire nécessaire à la mise en oeuvre des articles des statuts prévoyant une décision d'exécution du Conseil.

Dans ce contexte, le Conseil doit statuer à la majorité qualifiée, soit sur recommandation de la BCE, soit sur proposition de la Commission, le Parlement européen et respectivement la Commission ou la BCE étant consultés selon le cas de figure.

Article 107

1. Cet article traite de l'indépendance du SEBC dans le traité.

2. Sont visés aussi bien la BCE, les banques centrales nationales et les membres des organes de décisions de la BCE qui ne peuvent solliciter ni accepter des instructions des institutions ou organes communautaires. La référence aux organes communautaires vise notamment le Conseil européen.

Ces institutions et organes, de même que les gouvernements des Etats membres, s'engagent de leur côté à respecter le principe précédent et à ne pas chercher à influencer les membres des organes de décision de la BCE ou des banques centrales nationales dans l'accomplissement de leurs missions.

3. Cet article qui entre en application dès le début de la troisième phase est similaire, sans pour autant être identique, à l'article 157 relatif aux statuts des membres de la Commission.

Article 108

1. L'article 108 impose à chaque Etat membre de veiller à la compatibilité de sa législation nationale, y compris les statuts de sa banque centrale, avec le traité et les statuts du SEBC y annexés. Cette obligation doit être remplie au plus tard au moment de la mise en place du SEBC qui se fait, selon l'article 109 L.1. dès que le directoire est nommé pour exercer pleinement ses compétences à compter du premier jour de la troisième phase.

Aussi les statuts des banques centrales nationales doivent-ils prévoir, en particulier, que la durée du mandat du gouverneur d'une banque centrale nationale n'est pas inférieure à cinq ans et que celui-ci ne peut être relevé de ses fonctions que s'il ne remplit plus les conditions nécessaires à l'exercice de sa fonction ou s'il a commis une faute grave (article 14.2. des statuts).

2. L'article 108 est à lire en relation avec l'article 109 E.5. et l'article 109 J.1.

L'article 109 E.5. prévoit, qu'au cours de la deuxième phase, chaque Etat membre entame, si nécessaire, le processus conduisant à l'indépendance de sa banque centrale conformément à l'article 108.

L'article 109 J.1. prévoit qu'un des éléments à examiner dans les rapports respectifs de la Commission et l'IME en vue des décisions portant sur le passage à la troisième phase, consiste à analyser la compatibilité de la législation nationale de chaque Etat membre, y compris de sa banque centrale nationale, aussi bien avec les articles 107 et 108, qu'avec les statuts du SEBC.

Il existe un léger conflit, d'une part, entre les articles 108 et 109 E.5. et, d'autre part, l'article 109 J.1. puisqu'en vertu des deux premiers articles, l'indépendance doit être réalisée après la décision de passage à la troisième phase, plus précisément au moment où le SEBC est constitué, tandis qu'en vertu de l'article 109 J.1, l'indépendance est un des éléments d'appréciation lors de l'examen en vue de prendre les décisions respectives de passage à la troisième phase.

3. L'indépendance des banques centrales nationales doit être réalisée par tous les Etats membres, qu'ils participent ou non à la troisième phase, à l'exception du Royaume-Uni qui n'y est pas contraint tant qu'il reste en dehors de cette dernière.

En effet, l'article 109 K.3. n'énumère pas l'article 108 parmi ceux qui ne s'appliquent pas aux Etats à dérogation.

Cette décision s'explique par le fait qu'il a été jugé qu'une telle obligation généralisée contribuerait à une réalisation accélérée des conditions nécessaires d'entrée en troisième phase des pays dont le passage est différé.

Article 108 A

1. L'article 108 A énumère la panoplie d'actes juridiques que la BCE peut arrêter, définit leur caractère et précise leurs domaines d'application respectifs.

D'après le premier paragraphe, la BCE peut arrêter des règlements, prendre des décisions et émettre des recommandations et des avis.

Les règlements sont arrêtés d'abord, lors de l'accomplissement d'une des missions fondamentales de la BCE, à savoir la définition et la mise en oeuvre de la politique monétaire de la Communauté. Ils le sont ensuite, dans le cadre de l'article 22 des statuts qui prévoit explicitement cette faculté, et, finalement, dans le cadre des articles 19.1. et 25.2. des statuts qui ne deviennent toutefois applicables que moyennant une décision antérieure du Conseil. Il est à noter aussi que le Conseil, en prenant les décisions nécessaires à l'application des articles énumérés à l'article 106.6., peut retenir explicitement la possibilité pour la BCE de prendre des règlements.

La BCE peut prendre des décisions si elles sont nécessaires à l'accomplissement des missions qui lui sont confiées.

2. La rédaction du deuxième paragraphe est reprise mot par mot d'une partie de l'article 189, de sorte que les règlements, les décisions, les recommandations et les avis que la BCE peut adopter, ont les mêmes caractéristiques que les actes correspondants adoptés par les institutions communautaires classiques.

La BCE ne peut toutefois pas arrêter des directives.

En toute logique, les actes obligatoires sont soumis aux mêmes obligations de motivation, de notification ou de publication et ont la même force exécutoire que ceux adoptés par les institutions communautaires visées à l'article 189.

Il en résulte notamment que la BCE doit motiver ses règlements en matière de politique monétaire unique.

Les actes de la BCE ne sont *ex ante* soumis à aucune approbation d'une autre institution de la Communauté.

Par contre, la Cour de Justice peut connaître de son côté des actes ou omissions de la BCE ou être saisie de leur interprétation dans les cas et selon les conditions fixées par le traité, de même que la BCE peut former des recours dans les cas et selon les conditions fixées par le traité (article 35.1. des statuts). En conséquence, les articles 173, 175, 176, 177, 180 et 184, relatifs aux prérogatives de la Cour de Justice ont été complétés par des références appropriées à la BCE.

Article 109

1. Cet article vise notamment à régler les questions relatives à la compétence monétaire externe une fois en place la troisième phase.

Il convient, avant de commenter l'article en question, de rappeler dans ce contexte l'article 105.2 qui dispose que deux des missions fondamentales relevant du SEBC sont de conduire les opérations de change conformément à l'article 109 et de détenir et gérer les réserves officielles de change des Etats membres.

Au premier paragraphe, il est disposé que — par dérogation au principe de la procédure unique (article 228) en matière de conclusion d'accords internationaux — le Conseil a la faculté de conclure à l'unanimité des accords formels (103) portant sur un système de taux de change pour l'Écu vis-à-vis de ou des monnaies non communautaires.

Le Conseil doit prendre sa décision soit sur recommandation de la Commission, après consultation de la BCE en vue de parvenir à un consensus compatible avec l'objectif de la stabilité des prix et après consultation du Parlement européen, soit sur recommandation de la BCE et après consultation du Parlement européen.

La conclusion de tels accords doit se faire selon la procédure définie au paragraphe 3.

De surcroît, il appartient au Conseil, le cas échéant, d'adopter, de modifier ou d'abandonner, à la majorité qualifiée, les cours centraux de l'Écu dans un tel système des taux de change.

(103) Voir au sujet de la notion d'« accord final » la déclaration (n° 8) relative à l'article 109 du traité instituant la Communauté européenne.

Ces décisions sont à prendre soit sur recommandation de la BCE, soit sur recommandation de la Commission et après consultation de la BCE en vue de parvenir à un consensus compatible avec l'objectif de la stabilité des prix.

Il s'ensuit que l'initiative pour la mise en place d'un système des taux de change ne saurait venir directement du Conseil, sans préjudice toutefois de l'article 109 M qui s'applique également à l'article 109.

2. Le deuxième paragraphe s'applique aux monnaies non communautaires qui ne sont pas couvertes par un tel système de taux de change.

Dans pareille situation, le Conseil a la faculté — non pas l'obligation — de formuler à la majorité qualifiée les orientations générales (*allgemeine Orientierungen, general orientations*) de politique de change vis-à-vis de ou des monnaies non communautaires.

Dans le cas où le Conseil formule de telles orientations, il ne peut le faire que, soit sur recommandation de la Commission et après consultation de la BCE, soit sur recommandation de la BCE.

Ces orientations ne doivent toutefois pas affecter — et il s'agit là d'une obligation à respecter par le Conseil — l'objectif principal du SEBC (cf. article 105.1) qui est le maintien de la stabilité des prix.

A noter qu'il n'est pas précisé qui va décider si les orientations générales sont oui ou non compatibles avec le respect du maintien de la stabilité des prix.

Il convient de remarquer finalement qu'aussi longtemps que le Conseil s'abstient de devenir actif dans le contexte des compétences qui lui sont attribuées, respectivement par les paragraphes 1 et 2, la BCE peut définir, en toute liberté, la politique de change.

Par contre, à partir du moment où le Conseil aura utilisé ses compétences, la marge de manoeuvre de la BCE sera rétrécie, non seulement en matière de politique de taux de change, mais *de facto* également sur le plan de la politique monétaire puisque des contraintes reposant sur la politique de change se répercuteraient inévitablement sur la politique monétaire de par leur impact sur l'offre monétaire.

3. Le troisième paragraphe dispose que — de nouveau par dérogation à l'article 228 — le Conseil décide à la majorité qualifiée,

sur recommandation de la Commission et après consultation de la BCE, des arrangements relatifs aux négociations et à la conclusion d'accords sur des questions se rapportant au régime monétaire ou de change (104) qui doivent faire l'objet de négociations entre la Communauté d'une part, et un ou plusieurs Etats ou organisations internationales, d'autre part.

Dans le cadre de tels arrangements, il doit être assuré que la Communauté exprime une position unique au niveau de ces négociations auxquelles la Commission est pleinement associée.

De tels accords sont contraignants pour les institutions de la Communauté, la BCE et les Etats membres.

4. Le quatrième paragraphe dispose que le Conseil, sous réserve du paragraphe 1, décide à l'unanimité de sa représentation — dans le respect de la répartition des compétences en matière de politiques économiques (article 103) et de la politique monétaire unique (article 105) — au niveau international en ce qui concerne des questions qui revêtent un intérêt particulier pour l'Union économique et monétaire ; le Conseil décide à la majorité qualifiée de la position à exprimer par la Communauté dans pareilles circonstances.

Ces décisions sont à prendre sur proposition de la Commission et après consultation de la BCE.

5. Le cinquième paragraphe restreint en quelque sorte les compétences des Etats membres en matière de négociations internationales dans la mesure où il dispose que les Etats membres ne peuvent continuer à négocier dans les instances internationales et conclure des accords internationaux que dans les limites autorisées par les compétences communautaires et les accords communautaires dans le domaine de l'Union économique et monétaire.

A noter que la déclaration n° 10 de la conférence relative aux articles 109, 130 B et 130 Y du traité CE précise que les dispositions de l'article 109 paragraphe 5 n'affectent pas les principes résultant de l'arrêt AETR rendu par la Cour de Justice.

(104) La notion de « régime monétaire de change » est plus vaste que celle de « système des taux de change ».

§ 3. *Les dispositions institutionnelles*

Article 109 A

1. D'après le premier paragraphe, le Conseil des Gouverneurs de la BCE se compose des membres du Directoire de la BCE et des Gouverneurs des banques centrales nationales à l'exception toutefois des Gouverneurs des banques centrales nationales des Etats membres ne participant pas à la troisième phase (cf. article 43.4. des statuts du SEBC).

2. Le Directoire se compose du Président, du Vice-président et de quatre autres membres.

Il s'ensuit que le Conseil des Gouverneurs peut, abstraction faite d'un éventuel élargissement de la Communauté, comprendre au maximum dix-huit membres.

Ce nombre n'est pas nécessairement atteint dès le début de la troisième phase. D'abord il n'est pas exclu que certains Etats membres n'y participent pas ; ensuite, l'article 50 des statuts prévoit que, lors des nominations initiales, le nombre des membres du Directoire peut être inférieur à six, mais en aucun cas inférieur à quatre.

Le Président, le Vice-président et les autres membres du Directoire sont nommés d'un commun accord par les gouvernements des Etats membres au niveau des Chefs d'Etat ou de gouvernement, sur recommandation du Conseil et après consultation du Parlement européen et respectivement du Conseil des Gouverneurs de la BCE ou du Conseil de l'IME selon qu'il s'agit de la nomination initiale ou non.

Les membres du Directoire sont à choisir parmi des personnes dont l'autorité et l'expérience professionnelle, soit dans le domaine monétaire, soit dans le domaine bancaire, sont reconnues.

Le mandat des membres du Directoire est de huit ans et n'est pas renouvelable. En vertu de l'article 50, lors de la nomination initiale, il peut être dérogé à cette disposition de durée. Ainsi le Vice-président est-il nommé pour quatre ans et les autres membres du Directoire pour un mandat d'une durée pouvant varier entre cinq et huit ans. Cette disposition permet de « déphaser » les différents mandats pour éviter qu'il ne faille, dans des intervalles de huit ans, procéder à un remplacement complet du Directoire ce qui serait fortement préjudiciable au fonctionnement de la BCE et à la continuité de sa politique.

3. Quant à la nationalité des membres du Directoire, aucun critère de répartition entre nationalités n'est prévu ; procéder autrement aurait été contraire au principe de l'indépendance de la BCE chargée de mettre en oeuvre une politique monétaire unique et indivisible couvrant l'ensemble du champs monétaire communautaire.

Par contre il est prévu que les membres du Directoire doivent être ressortissants (*nationals* dans le texte anglais, *Staatsangehöriger* dans le texte allemand) d'un Etat membre qui, en vertu de l'article 43.3. des statuts, participe à la troisième phase.

4. Les modalités de vote au sein aussi bien du Conseil des Gouverneurs que du Directoire sont explicitées aux articles 10 et 11 des statuts.

Article 109 B

1. Si la BCE exerce ses missions et tâches en totale indépendance, il n'en reste pas moins que dans le double souci d'assurer une « responsabilité démocratique » et d'éviter des erreurs manifestes au niveau du « *policy mix* » entre une politique monétaire unique et des politiques économiques nationales certes étroitement coordonnées mais dont les Etats membres restent les responsables, il faut assurer un équilibre institutionnel, instaurer un dialogue régulier et organiser une information mutuelle entre la BCE, d'une part, et le Conseil, la Commission et le Parlement européen, d'autre part, tout ceci dans le respect des compétences respectives.

Aussi le premier paragraphe prévoit-il que le Président du Conseil et un membre de la Commission disposent d'un droit d'observation puisqu'ils peuvent participer aux réunions du Conseil des Gouverneurs de la BCE. Ces réunions sont confidentielles. En revanche, il n'y a pas de disposition de participation prévue pour les réunions du Directoire. Toutefois, ni le Président du Conseil, ni le membre de la Commission ne disposent d'une voix délibérative au Conseil de la BCE, car cela aurait manifestement été contraire à l'indépendance de la BCE.

2. Dans le souci de la mise en place dans les instances de décision d'un système de « participations croisées », le Président de la BCE est invité à participer aux réunions du Conseil lorsque celui-ci délibère sur des questions relatives aux objectifs et aux missions du

SEBC. Par contre, tel n'est pas le cas, ou du moins ce n'est pas formellement prévu, pour les discussions en la matière au sein du Conseil européen.

3. La BCE adresse un rapport annuel sur les activités du SEBC et sur la politique monétaire de l'année précédente et de l'année en cours au Parlement européen. Sur cette base, ce dernier peut tenir un débat général. Le texte ne précise pas explicitement que ce rapport doit également porter sur la politique de change unique. Il s'agit en l'occurrence plutôt d'un oubli que d'un choix délibéré.

Enfin, le Président de la BCE et les autres membres du Directoire peuvent, à la demande du Parlement européen ou de leur propre initiative être entendus par les commissions compétentes du Parlement européen.

Article 109 C

1. L'ancien article 105 du traité de Rome avait institué dans son paragraphe 2 un comité monétaire de caractère consultatif avec pour mission :

— de suivre la situation monétaire et financière des Etats membres et de la Communauté, ainsi que le régime général des paiements des Etats membres et de faire rapport régulièrement au Conseil et à la Commission à ce sujet ;

— de formuler des avis, soit à la requête du Conseil ou de la Commission, soit de sa propre initiative, à l'intention de ces institutions.

Il s'agit du seul comité à vocation économico-monétaire directement créé par les rédacteurs du traité de Rome. D'autres dispositions relatives à ce comité se retrouvent à l'ancien article 69 et à l'ancien article 102 A introduit par l'Acte Unique.

Les statuts du comité monétaire ont été arrêtés par le Conseil (décision du Conseil du 18 mars 1958 modifiée par la décision du Conseil du 2 avril 1962, par l'article 29 de l'acte d'adhésion du 22 janvier 1972 et par la décision du Conseil du 25 mars 1976).

Etant donné l'importance de ce comité et la volonté des Etats membres d'élargir ses compétences, les rédacteurs du traité sur l'Union européenne ont jugé utile de lui consacrer — dans le cadre du chapitre 3 portant sur les dispositions institutionnelles — avec l'article 109 C un article à part.

Ce comité a quatre missions essentielles :

— de suivre la situation monétaire et financière des Etats membres et de la Communauté, ainsi que le régime général des paiements des Etats membres et de faire rapport régulièrement au Conseil et à la Commission à ce sujet (cf. ancien article 105) ;

— de formuler des avis, soit à la requête du Conseil ou de la Commission, soit de sa propre initiative, à l'intention de ces institutions (cf. ancien article 105) ;

— de contribuer, sans préjudice de l'article 151 (105), à la préparation des travaux du Conseil visés aux articles 73 F et 73 G, à l'article 103 paragraphes 2, 3, 4 et 5, aux articles 103 A, 104 A, 104 B et 104 C, à l'article 109 E paragraphe 2, à l'article 109 F paragraphe 6, aux articles 109 H et 109 I, à l'article 109 J paragraphe 2 et à l'article 109 K paragraphe 1.

Il en résulte de cette liste qu'un rôle-clé a été attribué au comité monétaire pour ce qui est de la préparation de la quasi-totalité des travaux relatifs à l'Union économique et monétaire,

— de procéder, au moins une fois par an, à l'examen de la situation en matière de mouvements de capitaux et de liberté des paiements, tels qu'ils résultent de l'application du présent traité (cf. articles 73 B à 73 H du traité) et des mesures prises par le Conseil ; cet examen porte sur toutes les mesures relatives aux mouvements de capitaux et aux paiements ; le comité fait rapport à la Commission et au Conseil sur les résultats de cet examen.

Il appartient à chaque Etat membre et à la Commission, de nommer chacun en ce qui le concerne, deux membres du comité monétaire.

2. Au début de la troisième phase, le comité monétaire est dissous pour être remplacé par le comité économique et financier (106). Ce dernier reprend, sur une base plus élargie, les compétences du comité monétaire.

Aussi a-t-il pour mission :

— de formuler des avis, soit à la requête du Conseil ou de la Commission, soit de sa propre initiative, à l'intention de ces institu-

(105) Cet article a trait à la composition et au fonctionnement du COREPER.

(106) Comme la compétence monétaire relève en troisième phase du SEBC indépendant, il a été jugé approprié d'éliminer le qualificatif « monétaire » dans le nom de ce comité.

tions. Cette formulation est identique à celle que l'on trouve au niveau des missions du comité monétaire ;

— de suivre la situation économique et financière des Etats membres et de la Communauté et de faire rapport régulièrement au Conseil et à la Commission à ce sujet, notamment sur les relations financières avec des pays tiers et des institutions internationales. Cette formulation est également identique à celle retenue pour le comité monétaire à l'exception de l'ajout du suivi des relations financières avec des pays tiers et des institutions internationales ;

— sans préjudice de l'article 151, de contribuer à la préparation des travaux du Conseil visés aux articles 73 F et 73 G, à l'article 103 paragraphes 2, 3, 4 et 5, aux articles 103 A, 104 A, 104 B et 104 C, à l'article 105 paragraphe 6, à l'article 105 A paragraphe 2, à l'article 106 paragraphes 5 et 6, aux articles 109, 109 H, 109 I paragraphes 2 et 3, à l'article 109 K paragraphe 2 et à l'article 109 L paragraphes 4 et 5 et d'exécuter les autres missions consultatives et préparatoires qui lui sont confiées par le Conseil. Par ailleurs, une clause d'habilitation est prévue permettant une extension des missions de consultation et de préparation du comité économique et financier ;

— de procéder, au moins une fois par an, à l'examen de la situation en matière de mouvements de capitaux et de liberté des paiements, tels qu'ils résultent de l'application du traité et des mesures prises par le Conseil ; cet examen porte sur toutes les mesures relatives aux mouvements de capitaux et aux paiements, et le comité fait rapport à la Commission et au Conseil sur les résultats de cet examen. Cette formulation de nouveau est identique à celle utilisée pour le comité monétaire.

3. Conformément au paragraphe 3, le Conseil, sur proposition de la Commission et après consultation de la BCE et du comité monétaire, doit arrêter les modalités relatives à la composition précise du comité économique et financier. Dans ce contexte, le Conseil doit toutefois respecter la disposition insérée *in fine* du paragraphe 2, à savoir que les Etats membres, la Commission et la BCE nomment chacun *au maximum* deux membres du comité.

4. Le paragraphe prévoit une disposition transitoire applicable dans le cas où il y aura des Etats membres disposant d'une dérogation quant à l'entrée en troisième phase.

Article 109 D

Si les décisions du Conseil sont à prendre sur la base d'une recommandation ou d'une proposition de la Commission, celle-ci dispose d'un droit d'initiative exclusif.

L'article 109 D, sans affecter ce droit, introduit toutefois pour des articles limitativement énumérés, un mécanisme permettant, soit au Conseil, soit à un Etat membre, de demander à la Commission de formuler, selon le cas, une recommandation ou une proposition. La Commission est tenue d'examiner cette demande et de présenter sans délai des conclusions.

Il résulte de cette formulation que la Commission reste *in fine* maître de la procédure, puisqu'elle n'est pas obligée de donner suite à une telle demande.

L'article 100 C.4. introduit d'ailleurs une disposition similaire en matière de visas.

A noter également qu'une disposition comparable, mais non pas identique, existe déjà à l'article 152 du traité.

§ 4. *Les dispositions transitoires*

Article 109 E

1. La deuxième phase de l'UEM commence le 1er janvier 1994. Ce démarrage est automatique et couvre l'ensemble des Etats membres et ceci nonobstant les dispositions du deuxième paragraphe. Il est renvoyé au premier chapitre pour une discussion plus détaillée de ce passage.

2. Le deuxième paragraphe retient qu'avant le 1er janvier 1994 chaque Etat membre doit avoir adopté, en tant que de besoin, les mesures appropriées pour que soient respectées,

— premièrement, les interdictions prévues sur le plan de l'article 73 B prévoyant une applicabilité directe du principe de l'interdiction, sauf disposition contraire, de toutes les restrictions aux mouvements de capitaux et aux paiements entre les Etats membres et entre les Etats membres et les pays tiers,
— deuxièmement, l'interdiction du financement monétaire des dépenses publiques (prévue à l'article 104),

— troisièmement, l'interdiction d'un accès facilité aux institutions financières (article 104 A.1.).

De même, chaque Etat membre doit arrêter, si nécessaire, des programmes pluriannuels, dits programmes de convergence, destinés à assurer la convergence durable nécessaire à la réalisation de l'UEM.

Quant au Conseil, il doit, avant cette date, procéder à une évaluation des progrès en matière de convergence et dans l'achèvement de la mise en oeuvre de la législation communautaire relative au marché intérieur. Il est renvoyé au premier chapitre pour des commentaires plus détaillés.

3. Le troisième paragraphe détermine les articles qui ne s'appliquent que dès le début de la deuxième phase ou dès le début de la troisième phase.

4. Le quatrième paragraphe de l'article 109 E contient le texte se substituant transitoirement jusqu'au début de la troisième phase au paragraphe premier de l'article 104 C.

5. Pour le paragraphe 5, il est renvoyé au commentaire de l'article 108.

Article 109 F

1. Cet article (107) porte, dans son premier paragraphe, création de l'Institut monétaire européen (IME), institution intermédiaire entre le comité des Gouverneurs et la future BCE et enceinte aussi bien de l'apprentissage des futures décisions collectives à prendre en troisième phase que de préparation de l'architecture et de l'articulation de la future politique monétaire unique.

L'IME, dont les membres sont les banques centrales des Etats membres — y compris l'IML, l'Institut Monétaire Luxembourgeois (108) — est appelé à exercer ses tâches et ses fonctions dès sa création, à savoir dès le début de la deuxième phase.

Il doit le faire en vue de contribuer à réaliser les conditions nécessaires au passage à la troisième phase (article 2 des statuts), sans préjudice toutefois de la responsabilité des autorités compétentes pour la conduite de la politique monétaire dans les Etats membres

(107) Cf. également le protocole (n° 4) sur les statuts de l'IME.

(108) On peut noter à titre anecdotique que le nom d'IME s'inspire de l'appellation de la « banque centrale » luxembourgeoise.

respectifs (article 3.1 des statuts). Il résulte notamment de cette dernière formulation qu'il n'y a pas de transfert en deuxième phase des compétences monétaires nationales vers l'IME.

L'IME doit se limiter notamment à renforcer la coordination des politiques monétaires des Etats membres en vue d'assurer la stabilité des prix, à superviser le fonctionnement du SME, tout comme il est normalement consulté, dans le contexte du cadre commun de coordination *ex ante*, par les autorités nationales avant que celles-ci ne prennent des décisions sur l'orientation de la politique monétaire.

2. L'IME a la personnalité juridique. Il est dirigé et géré par le Conseil de l'IME, qui est l'unique organe de l'Institut. Le poste de Vice-président est occupé par un des douze Gouverneurs des banques centrales nationales, choisi par le Conseil de l'IME à la majorité simple de ses membres.

Le Président est nommé d'un commun accord par les Gouverneurs des Etats membres au niveau des Chefs d'Etat ou de gouvernement et ceci sur recommandation du comité des Gouverneurs ou, si la nomination d'un nouveau Président s'imposait par après, sur recommandation du Conseil de l'IME. Le Parlement européen et le Conseil sont consultés.

Si les nominations des membres du Directoire de la BCE se font donc sur la base d'une recommandation du Conseil et après consultation du Conseil de l'IME, force est de constater que pour la nomination du Président de l'IME, les rôles respectifs sont renversés.

Le Président, qui ne saurait être un des Gouverneurs de banque centrale en fonction, est à choisir parmi les personnes dont l'autorité et l'expérience professionnelle dans le domaine monétaire ou le domaine bancaire sont reconnues.

Il doit être, de surcroît, ressortissant d'un des douze Etats membres.

Dès la création de l'IME, le comité des Gouverneurs est dissous.

3. Le paragraphe 2 énumère les tâches principales de l'IME. Ainsi l'IME doit-il :

— renforcer la coopération entre les banques centrales nationales ;

— renforcer la coordination des politiques monétaires en vue d'assurer la stabilité des prix. Force est donc de constater que les actes de l'IME, dans son rôle de coordination, sont conditionnés par l'objectif de la stabilité des prix ;

— superviser le fonctionnement du SME ;

— procéder à des consultations sur des questions qui relèvent de la compétence des banques centrales nationales et affectent la stabilité des établissements et marchés financiers ;

— reprendre les fonctions jusqu'alors assumées par le Fonds européen de coopération monétaire qui est dissous, les modalités de dissolution étant fixées dans les statuts de l'IME et notamment aux articles 1.3, 6.1, 6.2 et 6.3 ;

— faciliter l'utilisation de l'Écu et surveiller son développement y compris le bon fonctionnement du système de compensation en Écus.

L'IME doit, pour le 31 décembre 1996 au plus tard, préciser le cadre réglementaire, organisationnel et logistique dont le SEBC a besoin pour exercer ses tâches lors de la troisième phase, conformément au principe d'une économie de marché ouverte où la concurrence est libre. Ce cadre est soumis pour décision à la BCE à la date de sa mise en place.

Dans ce contexte, l'IME peut adopter — selon la terminologie de l'article 15.3. des statuts — des directives fixant les méthodes de mise en oeuvre des conditions nécessaires au SEBC pour accomplir ses tâches lors de la troisième phase. Ces directives ne lient pas, mais elles sont soumises à la BCE pour décision. A noter que le terme « directive » est mal choisi dans la mesure où il prête à confusion avec les directives du Conseil. Les textes anglais et allemand évitent cette confusion, parlant respectivement de « *guidelines* » et de « *Leitlinien* ».

4. Aux paragraphes 4 et 5 sont énumérés les avis ou recommandations que l'IME peut, de sa propre initiative, et par décision à la majorité qualifiée des deux tiers des treize membres de son Conseil, soumettre aux gouvernements et au Conseil ou adresser aux autorités monétaires des Etats membres.

Les avis et recommandations de l'IME ne lient pas conformément à l'article 15.2. des statuts de l'IME.

5. L'IME peut rendre publics ces avis et recommandations s'il en décide ainsi à l'unanimité.

6. Le sixième paragraphe introduit une obligation pour le Conseil de consulter l'IME sur tout acte communautaire proposé dans le domaine relevant de sa compétence.

Si cette disposition est directement applicable, il n'en est pas de même pour la consultation de l'IME par les autorités des Etats membres sur tout projet de réglementation dans le domaine relevant de sa compétence. Sur ce plan, le Conseil doit, à la majorité qualifiée, définir les limites des conditions de cette consultation. Malgré l'absence d'une précision quant à la date limite d'une décision en ce sens, il est difficile d'imaginer que l'on ne s'efforce pas de prendre une telle décision avant la mise en place de l'IME, donc avant le premier janvier 1994.

7. Le septième paragraphe contient une clause d'habilitation donnant au Conseil la possibilité de décider à l'unanimité, si le besoin s'en faisait sentir en cours de route, de confier à l'IME d'autres tâches pour la préparation de la troisième phase.

8. Le huitième paragraphe dispose que les passages attribuant un rôle consultatif respectivement à l'IME et à la BCE s'appliquent, avant les constitutions respectives de ces institutions, respectivement au comité des Gouverneurs et à l'IME.

9. Le paragraphe 9 assure que les références relatives à la BCE dans le cadre des dispositions relatives à la Cour de Justice s'appliquent au cours de la deuxième phase à l'IME.

10. Il résulte de l'article 10 des statuts de l'IME que chaque membre du Conseil de l'IME dispose d'une voix et que, sauf disposition contraire, les décisions du Conseil de l'IME sont prises à la majorité simple. Contrairement à ce qu'il en est pour les organes de la BCE, la voix du Président de l'IME n'est pas prépondérante en cas de partage des voix, situation qui, avec le nombre actuel des Etats membres, ne peut d'ailleurs pas se présenter.

11. L'IME est liquidé dès la création de la BCE. Les dispositions relatives à cette liquidation sont précisées à l'article 23 des statuts. Toutefois, dans le cas où il existera des Etats membres faisant l'objet d'une dérogation pour le passage à la troisième phase, la BCE assurera vis-à-vis de ces pays les tâches auparavant exécutées par l'IME.

Article 109 G

1. L'article 109 entre en vigueur dès la mise en vigueur du traité.

2. Dès cet instant, la composition en monnaies du panier de l'Écu ne peut plus changer, les montants monétaires nationaux qui composent à ce moment le panier de l'Écu n'étant plus réagencés. Ceci n'exclut pas que suite à l'adhésion de nouveaux pays, les monnaies de ceux-ci puissent entrer dans le panier de l'Écu. Ceci devrait se faire à travers les traités d'adhésion.

3. Le deuxième alinéa précise que dès le début de la troisième phase, la valeur de l'Écu est irrévocablement fixée, formulation somme toute étrange, puisque l'Écu, à partir de ce moment, n'est plus une monnaie-panier et, de ce fait, n'a pas de valeur proprement dite.

4. A noter qu'aucune référence n'est faite dans cet article au SME.

5. Rappelons qu'il n'y a pas eu consensus sur l'écriture du terme « Ecu » et que l'on a dès lors gardé l'orthographe utilisée dans l'ancien article 102 A (« *ECU* » en anglais et en allemand, « Écu » en français).

Article 109 H

1. Les paragraphes 1 à 3 ne sont rien d'autre que l'ancien article 108, dont les dispositions restent d'application au cours de la deuxième phase.

2. Le quatrième paragraphe précise que cet article n'est plus applicable à partir de la troisième phase, puisqu'il n'y aura plus, par définition, de problèmes au niveau des balances des paiements des Etats membres. Comme tel n'est cependant le cas que pour les Etats participants, cet article continue à s'appliquer aux Etats faisant l'objet d'une dérogation, comme il résulte de l'article 109 K.6.

Article 109 I

Le commentaire de l'article 109 H s'applique, *mutatis mutandis*, à l'article 109 I.

Article 109 J

Cet article fixe la procédure de décision à suivre en vue de l'entrée en troisième phase et les conditions de passage à la troisième phase.

Il est renoncé à un commentaire de cet article étant donné que les dispositions y figurant ont déjà fait l'objet d'une explication extensive dans la section 1.

Article 109 K

1. Cet article définit notamment le statut des Etats membres qui n'entrent pas, dès son démarrage, dans la troisième phase. Conformément au premier paragraphe, ces Etats membres sont dénommés « Etats membres faisant l'objet d'une dérogation ».

2. Le deuxième paragraphe fixe la procédure à suivre et les conditions à respecter pour qu'il puisse être mis fin à la dérogation de tel ou tel Etat membre.

3. Les troisième et quatrième paragraphes définissent de plus près le caractère de cette dérogation. A cette fin, ils énumèrent les articles qui ne s'appliquent pas à un Etat membre à dérogation.

Quant aux dispositions d'exclusion d'un tel Etat membre et de sa banque centrale nationale des droits et obligations dans le cadre du SEBC, elles sont précisées au chapitre IX des statuts du SEBC et de la BCE et notamment à l'article 43 desdits statuts.

A noter par exemple qu'en ce qui concerne l'article 104 C, les paragraphes 9 et 11 ne s'appliquent pas aux Etats membres avec dérogation. Par contre, même ces Etats sont liés dès la troisième phase par l'obligation légale mentionnée au paragraphe premier d'éviter des déficits excessifs.

4. Le cinquième paragraphe dispose que les droits de vote des Etats membres faisant l'objet d'une dérogation sont suspendus pour un certain nombre de décisions énumérées limitativement. En conséquence, il est également dérogé aux articles 148 et 189 A paragraphe 1 pour ce qui est de la définition aussi bien de la notion de majorité qualifiée que de celle d'unanimité.

5. Conformément au sixième paragraphe, les articles 109 H et 109 I, qui en principe ne s'appliquent plus à partir de la troisième phase, restent d'application pour les Etats membres à dérogation.

Article 109 L

1. Selon l'article 109 L, premier alinéa, dès qu'aura été prise la décision fixant la date à laquelle commence la troisième phase (ou, le cas échéant, immédiatement après le 1er juillet 1998) :

— le Conseil doit adopter les dispositions visées aux articles 4, 5.4, 19.2, 20, 28.1, 29.2, 30.4 et 34.3 des statuts du SEBC, dispositions devant permettre notamment au SEBC de remplir dès la troisième phase, ses missions de façon efficace ;

— les gouvernements des Etats membres au niveau des Chefs d'Etat ou de gouvernement — à l'exception des Etats membres faisant l'objet d'une dérogation — doivent nommer, sur recommandation du Conseil et après consultation du Parlement européen et du Conseil de l'IME, le Président, le Vice-président et les autres membres du Directoire de la BCE (109).

Dans le cas où il y a des membres faisant l'objet d'une dérogation, le nombre des membres composant le Directoire de la BCE peut être inférieur à six, mais en aucun cas inférieur à quatre.

Dès la nomination du Directoire, le SEBC et la BCE sont institués pour finir par exercer pleinement leur compétence à compter du premier jour de la troisième phase.

2. Au moment de sa mise en place, la BCE reprend, au besoin, les tâches de l'IME. Par ailleurs, elle doit également assurer, le cas échéant (article 44 des statuts) les tâches de l'IME, qui, en raison des dérogations dont un ou plusieurs Etats membres font l'objet, doivent encore être exécutées pendant la troisième phase.

Quant à l'IME, il est liquidé dès qu'est instituée la BCE. Les modalités de cette liquidation figurent aux statuts de l'IME (protocole n° 4), et notamment à l'article 23 desdits statuts.

3. Le troisième alinéa précise que dans le cas où il existe un ou plusieurs Etats membres faisant l'objet d'une dérogation et aussi longtemps que cet état persiste, il est institué un troisième organe de décision de la BCE, le Conseil général de la BCE (cf. notamment dans les statuts, l'article 45 pour ce qui est de la composition de ce Conseil général, l'article 46 pour son règlement intérieur et l'article 47 pour ses responsabilités).

4. Le quatrième paragraphe précise les mesures relatives, d'une part, à la fixation irrévocable des taux de conversion entre les monnaies participantes, et entre celles-ci et l'Écu et, d'autre part, à la mise en place de l'Écu comme monnaie unique.

(109) Ni le Royaume-Uni (article 7 du protocole n° 11), ni le Danemark (article 2 du protocole n° 12), ne participent à cette nomination s'ils ne participent pas à la troisième phase.

Article 109 M

1. L'ancien article 107 dans son premier paragraphe avait disposé que « chaque Etat membre traite sa politique en matière de taux de change comme un problème d'intérêt commun ». Cette disposition est prorogée par la première phrase de l'article sous revue et ceci jusqu'au début de la troisième phrase.

La deuxième phrase de ce premier paragraphe trouve son origine au paragraphe premier de l'ancien article 102 A — introduit par l'Acte Unique — dont il est utile de rappeler le contenu :

> « 1. En vue d'assurer la convergence des politiques économiques et monétaires nécessaires pour le développement ultérieur de la Communauté, les Etats membres coopèrent conformément aux objectifs de l'article 104. Ils tiennent compte, ce faisant, des expériences acquises grâce à la coopération dans le cadre du système monétaire européen (SME) et grâce au développement de l'Écu, dans le respect des compétences existantes.
>
> 2. Dans la mesure où le développement ultérieur sur le plan de la politique économique et monétaire exige des modifications institutionnelles, les dispositions de l'article 236 seront appliquées. En cas de modifications institutionnelles dans le domaine monétaire, le comité monétaire et le comité des Gouverneurs des banques centrales seront également consultés ».

2. Le deuxième paragraphe retient que le paragraphe 1 continue à s'appliquer par analogie et au-delà de la troisième phase, à tout Etat membre faisant l'objet d'une dérogation.

Division D. — Le protocole sur les statuts du SEBC et de la BCE

On se limitera à commenter les articles apportant des éléments qui n'ont pas encore fait l'objet d'une discussion ou d'une analyse à la section 1 ou lors du commentaire détaillé des articles.

Article 1

Le premier article rappelle que le SEBC et la BCE sont institués en vertu de l'article 4 A du traité et précise que le SEBC est composé de la BCE et des banques centrales nationales.

De plus, il est précisé que l'Institut monétaire luxembourgeois est la banque centrale du Luxembourg.

Cet ajout s'explique par le fait qu'actuellement le Luxembourg est en association monétaire avec la Belgique. Il a été jugé opportun de souligner que le Luxembourg peut participer à la troisième phase, sur un pied d'égalité avec les autres Etats membres et avec les mêmes droits et obligations (110).

Article 5

Comme une information statistique adéquate est une condition nécessaire à la conduite efficace d'une politique monétaire, l'article 5 prévoit une compétence pour la BCE en matière de collecte des statistiques.

Conformément au principe de subsidiarité, ce sont les banques centrales nationales qui doivent exécuter, dans la mesure du possible, cette fonction.

Comme la collecte statistique impose une obligation d'information pour des tiers, il faut une législation secondaire à prendre par le Conseil pour définir les obligations de déclaration et le régime de confidentialité.

Article 6

L'article 6 précise que, dans le domaine de la coopération internationale concernant les missions confiées au SEBC, la BCE va décider de la manière dont le SEBC est représenté, c.-à-d. notamment si c'est par elle-même et/ou par les banques centrales nationales.

La BCE et, sous réserve de son accord, les banques centrales sont habilitées à participer aux institutions monétaires internationales.

L'ensemble des dispositions de l'article 6 ne doivent toutefois pas porter atteinte aux dispositions de l'article 109, paragraphe 4 relatif à la représentation internationale de la Communauté en matière de l'UEM.

Article 10

L'article 10, entre autres, précise les modalités de vote au sein du Conseil des Gouverneurs. Chaque membre dispose d'une voix et sauf disposition contraire, les décisions du Conseil des Gouverneurs sont prises à la majorité simple. En cas de partage des voix, celle du Président est prépondérante.

Les dispositions contraires à cette règle de vote sont les suivantes :

— sont à prendre, à la majorité qualifiée, les décisions dans le cadre des articles 28, 29, 30, 32, 33 et 51 des statuts, c.-à-d. des articles notamment à caractère financier. Une décision requérant la majorité qualifiée est adoptée si les suffrages exprimant un vote favorable représentent au moins 2/3 du capital souscrit de la BCE et

(110) Il faut noter les nuances de cette formulation en comparaison avec celle figurant à l'article 1.2 du protocole sur les statuts de l'IME où il est dit que « *aux fins de l'application des présents statuts, l'Institut monétaire luxemburgeois est considéré comme la banque nationale du Luxembourg* ».

au moins la moitié des actionnaires. Dans ce contexte, les suffrages des membres du Conseil des Gouverneurs sont pondérés conformément à la répartition du capital souscrit de la BCE entre les banques centrales nationales, les membres du Directoire n'ayant pas de suffrages. Les exceptions à cette définition de la majorité qualifiée se situent sur le plan d'une décision éventuelle du Conseil des Gouverneurs dans le cadre de l'article 14.4. et de l'article 30 où la majorité qualifiée est définie comme les deux tiers des suffrages exprimés.

— est à prendre à l'unanimité (article 41.2. des statuts), la recommandation éventuelle à faire dans le cadre de la procédure de révision simplifiée de certains articles des statuts prévue à l'article 106, paragraphe 5.

Article 11

Au sein du Directoire, chaque membre dispose d'une voix. Sauf disposition contraire, les décisions du Directoire sont prises à la majorité simple des suffrages exprimés, la voix du Président étant prépondérante en cas de partage des voix.

Article 14

L'article 14 contient certaines dispositions relatives aux liens entre la BCE et les banques centrales nationales ; il décrit aussi les mesures à respecter par les Etats membres pour ce qui est de leurs banques centrales nationales (110*a*).

Remarquons notamment que le paragraphe 4 dispose que les banques centrales nationales peuvent exercer d'autres fonctions que celles spécifiées dans les statuts du SEBC, à moins que le Conseil des Gouverneurs ne décide que ces fonctions interfèrent avec les objectifs et les missions du SEBC.

Ces fonctions, les banques centrales les exercent, dans l'esprit du principe de subsidiarité, sous leur propre responsabilité et à leurs propres risques. En conséquence, ces fonctions ne sont pas considérées comme faisant partie des fonctions du SEBC.

Il en résulte, par exemple, que des banques centrales peuvent, le cas échéant, continuer à remplir des fonctions sur le plan de la surveillance prudentielle des institutions financières.

Article 18

Cet article définit les modalités de la mise en oeuvre de la politique d'*open market*.

(110*a*) Selon le protocole n° 8 sur le Danemark, les dispositions de l'article 14 n'affectent pas le droit de la Banque nationale de ce pays d'exercer les tâches qu'elle assume actuellement à l'égard des territoires du Royaume qui ne font pas partie de la Communauté.

Article 19

1. L'article 19 habilite la BCE à imposer aux établissements de crédit établis dans les Etats membres la constitution de réserves obligatoires auprès de la BCE et des banques centrales nationales et ceci conformément aux objectifs en matière de politique monétaire.

Aux fins de l'application de cet article, il appartient au Conseil de définir d'abord — à la majorité qualifiée, soit sur proposition de la Commission et après consultation du Parlement européen et de la BCE, soit sur recommandation de la BCE et après consultation du Parlement européen et de la Commission — la base des réserves obligatoires et les rapports maxima autorisés entre ces réserves et leur base.

Selon l'article 108 A du traité, la BCE peut arrêter des règlements dans la mesure nécessaire à l'accomplissement de l'article 19.1.

2. Les réserves obligatoires doivent, en principe, être rémunérées comme il ressort des articles 19.1. et 32.4. des statuts.

D'abord, l'article 19.1. précise que la BCE est habilitée à imposer des réserves obligatoires sous réserve de l'article 2 des statuts. L'article 2 dispose que le SEBC doit agir, conformément au principe d'une économie de marché ouverte où la concurrence est libre, en favorisant une allocation efficace des ressources et, de surcroît, en respectant les principes fixés à l'article 3 A du traité.

Des réserves obligatoires non-rémunérées seraient une « taxe » sur les banques affectant leur rentabilité et, partant, leur compétitivité par rapport aux banques localisées en dehors de la Communauté. De plus, une telle « taxe » renchérirait le prix des crédits et, partant, serait source d'inflation. Ceci serait contraire à la fois au principe d'une économie de marché où la concurrence est libre et à l'obligation de la BCE de favoriser une allocation efficace des ressources.

Qui plus est, le SEBC doit, en devenant actif sur le plan de l'article 19.1., respecter les principes fixés à l'article 3 A du traité. Un de ces principes est une balance des paiements saine de la Communauté. Or, l'imposition de réserves obligatoires non-rémunérées affecterait la compétitivité des places financières européennes et entraînerait des sorties de capitaux préjudiciables et contraires à l'objectif d'une balance des paiements saine.

Il en résulte que l'éventuelle mise en oeuvre de réserves obligatoires ne saurait se faire que moyennant rémunération reflétant les conditions du marché, d'autant plus que ceci n'affecterait en rien la finalité des réserves qui n'est pas celle d'être une taxe mais de permettre de contrôler la base monétaire et, partant, la masse monétaire.

Si donc l'article 19 prévoit implicitement la rémunération des réserves obligatoires, l'article 32.4. est sans équivoque, étant donné qu'il dispose « que le revenu monétaire de chaque banque centrale nationale est réduit de toute charge d'intérêt payée par cette banque centrale sur les engagements résultant des dépôts constitués par les établissements de crédit conformément à l'article 19 ».

Notons finalement que l'on peut, dans ce contexte, également s'interroger sur la portée de l'article 104 A.

En effet, cet article, entre autres, interdit l'accès privilégié des organes communautaires aux institutions financières. Comme la BCE peut se ranger dans la catégorie des « organes communautaires », on peut s'interroger si l'article 104 A n'a pas de conséquences en matière de réserves obligatoires, dans la mesure où celles-ci se traduisent pour les banques par une obligation affectant leurs libres décisions quant à la composition de leurs actifs respectifs.

Article 20

Cet article prévoit que le Conseil des Gouverneurs peut décider, à la majorité des deux tiers des suffrages exprimés, de recourir à d'autres méthodes opérationnelles de contrôle monétaire qu'il jugera opportunes.

Ces méthodes doivent toutefois être compatibles avec les objectifs du SEBC et de la BCE définis à l'article 2 des statuts.

De surcroît, s'il s'avérait que ces méthodes entraîneraient des obligations pour des tiers, il faudrait que le Conseil (Ecofin) définisse préalablement la portée de ces méthodes.

Article 28

1. Le capital de la BCE s'élève initialement à cinq milliards d'Écus, mais peut être augmenté par la suite.

2. Uniquement les banques centrales nationales peuvent être actionnaires de la BCE.

3. Le traité ne précise pas la forme dans laquelle le capital doit être versé. Mais il est entendu qu'en principe cela doit se faire par un recours des banques centrales nationales à leurs actifs et non pas par des engagements nouveaux.

Article 29

1. L'article 29 définit les règles en matière de répartition du capital entre les banques centrales nationales actionnaires. Il est à noter d'emblée que chaque banque centrale nationale se voit attribuer, selon la méthode explicitée ci-dessus, une part dans le capital, indépendamment du fait que les Etats membres respectifs participent ou

non à la troisième phase. Toutefois les banques centrales des Etats membres faisant l'objet d'une dérogation ne libèrent pas le capital souscrit, à moins que le Conseil général de la BCE ne décide qu'un pourcentage minimal est à libérer.

2. La part de chaque banque centrale est égale au montant résultant du calcul ci-après :

— 50 % de la part de l'Etat membre concerné dans la population de la Communauté l'avant-dernière année précédant la mise en place du SEBC + 50 % de la part de l'Etat membre concerné dans le produit intérieur brut de la Communauté aux prix du marché, telle qu'elle a été constatée au cours des cinq années précédant l'avant-dernière année avant la mise en place du SEBC.

Donc à titre d'exemple, un Etat dont la population atteindrait 15 % de la population de la Communauté et dont le PIB national s'élèverait, pour la période sous considération, à 17 % du PIB communautaire, obtiendrait une part de 0,5 × 15 % + 0,5 × 17 % = 16 % du capital de la BCE.

Il est à noter que dans les calculs à effectuer, aussi bien pour les deux parts concernées que pour le résultat final découlant de la moyenne arithmétique desdites parts, les pourcentages sont à arrondir à la demi-décimale supérieure.

Il résultera de ce choix délibéré que, premièrement, la part d'aucune banque centrale ne saurait jamais être inférieure à 0,05 % et que, deuxièmement, le total des parts exprimées en pourcentage dépassera 100 %. Il appartient au Conseil de régler ce dernier problème dans le cadre de la législation secondaire qu'il doit prendre en vertu de l'article 29.2.

2. Le volume est adapté, par ailleurs, tous les cinq ans pour refléter, le cas échéant, les changements au niveau des deux critères — PIB et population — retenus.

3. La part dans le capital détermine par ailleurs la contribution de chaque banque centrale nationale aux avoirs de réserve de change dont la BCE sera dotée (article 30), la part de chaque banque centrale dans le revenu monétaire dégagé par l'ensemble des banques centrales (article 32.5.) et la pondération des suffrages des membres du Conseil de la BCE pour les décisions à prendre à la majorité qualifiée énumérées à l'article 10.3. des statuts.

4. Le choix des deux critères s'explique par la volonté de disposer de critères objectifs et facilement calculables. Le critère « population » est du point de vue économique un critère *input*, et le critère « PIB », un critère *output*. L'attribution d'un poids égal, à savoir 50 %, reflète le compromis politique de ne pas favoriser un des deux éléments. Des propositions visant à élargir le nombre de critères,

p.ex. en ajoutant des critères financiers, voire à ne pas prévoir de critères objectifs du tout mais à fixer les parts dans le cadre de négociations exclusivement politiques n'ont pas fait l'objet d'un consensus.

Article 30

1. D'après l'article 105.2., les réserves officielles de change des Etats membres sont — sans préjudice de la faculté introduite par l'article 105.3. de détenir des fonds de roulement en devises — transférées au SEBC.

Plus précisément, elles sont transférées par chaque Etat à sa banque centrale. Les banques centrales nationales doivent ensemble apporter à la BCE des avoirs de réserve de change — autres que des monnaies des Etats membres, des Écus et des positions de réserve auprès du FMI et de DTS — jusqu'à concurrence d'un montant équivalent à cinquante milliards d'Écus. La contribution de chaque banque centrale est fixée proportionnellement à sa part dans le capital de la BCE.

Par après, des réserves supplémentaires peuvent être appelées par la BCE selon les conditions à fixer par le Conseil. Cette disposition s'explique par le fait qu'il est impossible, *a priori*, de déterminer, de façon précise et une fois pour toute, le montant des réserves dont la BCE aura besoin. Cela dépendra entre autres des dispositions relatives à la politique de change de l'Écu vis-à-vis des autres monnaies, ainsi que de la répartition précise entre BCE et les banques centrales quant aux actions sur le plan des interventions dans les marchés des changes et au niveau de la gestion des réserves transférées au SEBC.

Article 32

1. Cet article précise les règles permettant de déterminer le revenu dégagé par les banques centrales nationales dans l'exercice des missions de politique monétaire du SEBC, ainsi que les règles régissant la répartition de ce revenu, appelé « revenu monétaire ».

Ce revenu monétaire représente le rendement d'actifs portant intérêts qui sont la contrepartie des billets de banque en circulation et des dépôts par des établissements de crédits auprès des banques centrales nationales, bref ce que l'on peut appeler le droit de seigneuriage.

Comme ce revenu provient de l'activité du SEBC sur le plan de la politique monétaire, il est considéré de prime abord comme le revenu monétaire commun de l'ensemble du SEBC pour être distribué par la suite en fonction de la part de chaque banque centrale nationale dans le capital de la BCE. Donc, les différentes banques centrales nationales ne retiennent pas le revenu monétaire qui se dégage directement de leur propre activité, mais obtiennent une partie de l'ensemble du revenu monétaire résultant de la mise en commun des revenus monétaires individuels.

2. Comme il est possible que les différences dans les bilans des différentes banques centrales ne permettent pas une application directe de la méthode de calcul de l'article 32.2., l'article 32.3. prévoit la faculté pour le Conseil des Gouverneurs de décider, à la majorité qualifiée, une méthode alternative de calcul pour une période ne dépassant pas cinq ans.

3. L'article 32.4. prévoit la possibilité de déduire certains coûts spécifiques du revenu monétaire avant « mise en commun » et allocation subséquente. Premièrement, le revenu monétaire de chaque banque centrale est déduit des intérêts payés sur des dépôts obligatoires des établissements de crédits dans le contexte de l'article 19 des statuts. Deuxièmement, le Conseil des Gouverneurs peut indemniser les banques centrales nationales notamment pour les frais encourus à l'occasion de l'émission de billets.

4. L'article 32.5. détermine clairement que le revenu monétaire des banques centrales est mis en commun pour être réparti proportionnellement aux parts libérées dans le capital de la BCE.

5. Comme il ne saurait être exclu que l'application de l'article 32 entraînera un changement important dans le revenu monétaire des banques centrales nationales par rapport à la situation antérieure à la mise en vigueur du SEBC, l'article 52 a été introduit aux statuts pour prévoir la possibilité d'arrangements transitoires valables pour une période maximale de cinq ans.

Article 33

Cet article détermine l'affectation du bénéfice net de la BCE. Une partie de ce dernier est transférée à un fonds de réserve. La partie effectivement transférée à ce fonds ne peut dépasser 20 % du bénéfice net annuel sans préjudice du fait que ce fonds de réserve ne saurait dépasser à aucun moment 100 % du capital.

Le bénéfice net annuel restant, c'est-à-dire dans tous les cas de figure au moins 80 % du bénéfice net total, est distribué aux banques centrales nationales, de nouveau proportionnellement aux parts qu'elles ont libérées.

Article 36

Cet article dispose que le Conseil des Gouverneurs arrête, sur proposition du directoire, le régime applicable au personnel de la BCE. La déclaration n° 33 relative aux litiges entre la BCE (ou l'IME) et ses agents précise que le Tribunal de première instance devrait connaître de ce type de recours et invite les institutions a adapter en conséquence les dispositions pertinentes.

Article 40

Cet article prévoit que la BCE (l'IME) jouit sur le territoire des Etats membres des privilèges et immunités nécessaires à l'accomplissement de ses missions, selon les conditions définies au protocole n° 7 modifiant le protocole sur les privilèges et immunités des CE.

Division E. — La législation secondaire sur l'U.E.M.

Sous Présidence belge, le Conseil a pris au cours du deuxième semestre 1993 les actes de législation secondaire relatifs au démarrage de la deuxième phase et ceci conformément aux dispositions relatives à l'U.E.M.

Il s'agit plus précisément des actes ci-après (cf. *J.O.*, L 332 du 31 décembre 1993) :

* règlement (CE) n° 3603/93 du Conseil précisant les définitions nécessaires à l'application des interditions à l'article 104 et à l'article 104 B paragraphe 1 du traité ;
* règlement (CE) n° 3604/93 du Conseil précisant les définitions en vue de l'application de l'interdiction de l'accès privilégié énoncée à l'article 104 A du traité ;
* règlement (CE) n° 3605/93 du Conseil relatif à l'application du protocole sur la procédure concernant les déficits excessifs annexé au traité instituant la Communauté européenne ;
* décision du Conseil relative aux données statistiques à utiliser pour la détermination de la clé de répartition des ressources financières de l'Institut monétaire européen (sur la base des articles 16.1 et 16.2 du protocole sur les statuts de l'Institut monétaire européen annexé au traité) ;
* décision du Conseil relative à la consultation de l'Institut monétaire européen par les autorités des Etats membres au sujet de projets de réglementation (sur la base de l'article 109 F paragraphe 6 et de l'article 5.3 du protocole sur les statuts de l'Institut monétaire européen, annexé au traité).

Il convient également de noter que le Conseil, conformément à l'exercice prévu à l'article 103 paragraphe 2, a pris en date du 22 décembre 1993 une recommandation concernant les grandes orientations des politiques économiques des Etats membres et de la Communauté.

CHAPITRE III

LES AUTRES POLITIQUES DE LA CE

Introduction

Dans ce chapitre, nous allons examiner les nouvelles compétences communautaires ainsi que les compétences redéfinies par le traité sur l'Union. Les différentes politiques concernées ont été regroupées dans trois sections : la compétitivité de l'industrie européenne (industrie, recherche, réseaux, transports) ; la politique sociale ainsi que l'éducation, la formation professionnelle et la jeunesse ; et enfin les questions de société (environnement, santé, culture, protection des consommateurs) (111). Une quatrième section est consacrée à la question importante des aspects extérieurs (la politique commerciale commune, la coopération au développement, la conclusion d'accords internationaux, la question des « sanctions » contre les pays tiers et la question des exportations d'armes).

Un mot doit être dit ici de la fiscalité. La question de l'harmonisation des impôts indirects a, en effet, fait l'objet de discussions, tant dans la conférence sur l'UP que dans celle consacrée à l'UEM. Plusieurs délégations se prononçaient en faveur d'un recours à la majorité qualifiée dans ce domaine ; elles estimaient que dans un marché unique où la plupart des décisions se prennent à la majorité, il n'y a pas de raison de maintenir l'unanimité pour les questions fiscales (cf. aussi le débat au sein de l'UEM). Les autres délégations, majoritaires, s'y opposaient fermement, soucieuses de préserver l'unanimité dans un domaine aussi sensible. Pendant longtemps, une voie de compromis, suggérée par la Présidence luxembour-

(111) Une brève analyse du protocole relatif à la question de l'avortement en Irlande figure également dans cette section (division E).

geoise, semblait être d'ajouter au début de l'article 99 (112) les mots :

« Sans préjudice des dispositions de l'article 101 ... ». Cet ajout, qui aurait en fait rétabli le texte d'avant l'Acte unique, devait permettre d'avoir recours à l'article 101 en matière de fiscalité indirecte. L'article 101 traite des cas de disparités entre les dispositions législatives, réglementaires ou administratives des Etats membres qui faussent les conditions de concurrence sur le marché commun et provoquent, de ce fait, une distorsion qui doit être éliminée. Il permet à la Commission de faire des propositions de directives à cette fin, le Conseil statuant à la majorité qualifiée. Le recours à ce dispositif aurait donc permis, dans certaines conditions, d'introduire la majorité qualifiée par l'arrière-porte. Ceci a finalement été refusé par un certain nombre de délégations (D, IRL, UK) et l'ajout à l'article 99 a disparu au Conseil européen de Maastricht.

Section Ire. — La compétitivité de l'industrie européenne

Division A. — L'industrie (article 130)

Il ne saurait être caché que l'élaboration de l'article 130, relatif à l'industrie, a donné lieu à beaucoup de controverses entre les délégations et que sa rédaction finale a été le fruit de compromis qui apparaissent vite à sa lecture. Certes, la Communauté, depuis sept ou huit ans déjà, avait conduit, en ordre dispersé, des actions sectorielles en faveur de certaines industries, sans pour autant avoir une politique industrielle. En outre, en 1990, le Conseil avait approuvé une communication de la Commission relative à la politique industrielle de la Communauté dans les années 1990 (voir notamment le supplément 3/91 du *Bulletin des CE* qui consacre 60 pages au sujet). Mais les conclusions du Conseil européen de Rome II traçant le mandat de la CIG/UP, notamment quant à l'extension et à la redéfinition des compétences de la Communauté (les « nouvelles compétences »), ne mentionne pas l'industrie. Quand, au début de 1991,

(112) L'article 99 prévoit l'adoption, à l'unanimité, de dispositions touchant à l'harmonisation des législations relatives aux taxes sur le chiffre d'affaires, aux droits d'accises et aux impôts indirects dans la mesure où cette harmonisation est nécessaire pour assurer l'établissement et le fonctionnement du marché intérieur.

la délégation belge présente à la CIG un document de travail sur la question, il est relativement mal reçu ; cinq Etats membres voire la Commission lui adressent d'assez vives critiques et rejettent l'inclusion au traité d'un tel chapitre. Il faut reconnaître que ce document reposait sur une philosophie plutôt interventionniste : établissement d'une stratégie industrielle, mesures d'orientation des investissements, actions de développement des industries de pointe ... idées que ne pouvaient accepter certains Etats membres. Dès lors, le *non paper* du 17 avril 1991 ne contient pas de disposition et ce n'est qu'en juin qu'apparaît dans le document de la présidence luxembourgeoise une rédaction au demeurant assez proche de celle signée à Maastricht.

La réticence des Etats membres opposants, l'Allemagne, le Royaume-Uni, le Danemark, les Pays-Bas, s'appuyait d'abord sur le fait que depuis longtemps la Communauté mène des actions industrielles sectorielles sans qu'il y ait un chapitre « industrie » dans le traité. Diverses dispositions de l'Acte unique permettent de s'occuper de certains secteurs de l'industrie : celle-ci, par exemple, n'est pas absente de la politique de recherche et de développement puisque le mot « industrie » figure dans la première phrase de l'article 130 F : le titre relatif à la cohésion économique et sociale parle également des « régions industrielles en retard » (art. 130 C) ; les dispositions relatives à la BEI, au Fonds social européen n'esquivent pas le sujet ; enfin, une politique de normalisation industrielle a vu le jour à l'ombre du rapprochement des législations. Mais consacrer une disposition expresse à la politique industrielle de la Communauté était un développement qui paraîssait au mieux inutile à certains Etats de tradition libérale et qui n'ont en général pas chez eux de Ministère de l'Industrie, et au pire dangereux car porteur de protectionnisme et de dirigisme. A l'opposé, les délégations française, italienne et belge, appuyaient l'insertion d'une disposition, instrument indispensable à leurs yeux pour que l'industrie européenne puisse tenir son rang dans un monde hautement compétitif. L'exemple du MITI japonais était souvent cité dans ce contexte.

Il s'agit là d'un vieux débat sur le rôle des autorités publiques dans le domaine industriel. Selon la thèse libérale, l'Etat doit se limiter à créer un environnement général propice aux activités de l'industrie. Fait partie de cet environnement une politique de la concurrence rigoureuse qui doit assurer la saine concurrence entre les acteurs industriels.

Selon l'autre école, plus interventionniste, l'Etat a aussi un rôle d'orientation à jouer, pouvant consister à privilégier des objectifs sectoriels dans des secteurs stratégiques.

Mais la tendance dominante dans la Communauté est plutôt de prôner une approche globale et non pas sectorielle.

Le Parlement européen, sans se prononcer sur l'insertion au traité d'une disposition spécifique, dans une importante résolution adoptée en juillet 1991, suivait plutôt la thèse de la Commission exposée dans sa communication de novembre 1990 et qui prône une attitude non dirigiste. L'Union des Confédérations de l'Industrie et du Commerce européen (UNICE) préconisait elle aussi une définition générale et non sectorielle de ce que serait une politique industrielle.

Le fait qu'à Maastricht la conférence ait trouvé un accord sur l'insertion d'un article « Industrie » dans le traité témoigne de l'esprit de compromis qui règne dans la Communauté. En acceptant le principe d'un tel article, les Etats « libéraux » ont fait un réel effort. En contrepartie, ils ont demandé et obtenu une formulation prudente, tant dans les objectifs énoncés qui mettent l'accent sur la création d'un environnement favorable et d'un système de marchés ouverts et concurrentiels, que dans les moyens d'action qui restent modestes.

§ 1er. *Objectifs de la politique industrielle*

C'est le § 1er de l'article 130 qui expose les objectifs de la politique industrielle. Disons d'emblée que c'est un article pour l'application duquel le principe de subsidiarité pourrait être invoqué : « la Communauté *et* les Etats membres », sont dès le premier mot appelés à concourir pour poursuivre l'objectif. En outre, c'est un article de conception libérale, car il comporte des obligations tant pour les Etats membres que pour les entreprises.

Il est difficile de présenter sous forme d'un tout cohérent les quelques lignes de ces objectifs. Il s'agit de la synthèse de deux textes présentés respectivement par les délégations belge et française, allégée et corrigée par des idées libérales. On en soulignera quelques mots ou idées clés. Il y a d'abord le rappel de la recherche de la compétitivité de l'industrie communautaire. Puis vient la référence à un système de marchés ouverts et concurrentiels, idée libérale que l'on retrouve dans l'article liminaire de la politique économique (art. 102 A) et un peu partout dans l'UEM. On notera par ailleurs comme objectif particulier, l'exigence d'accélérer l'adaptation de l'industrie aux changements structurels (112*a*) ; d'encourager « un environnement favorable à l'initiative et au développement des entreprises, notamment les petites et moyennes entreprises » et d'« encourager un environnement favorable à la coopération entre entreprises » (dans chacun de ces objectifs particuliers on retiendra cette idée néo-libérale d'« encourager un environnement favorable au bénéfice des entreprises ») ; le dernier objectif particulier consiste à « favoriser une meilleure exploitation du potentiel industriel des politiques d'innovation, de recherche et de développement technologique », disposition à la rédaction un peu touffue mais qui vise à établir un pont entre recherche appliquée et exploitation.

§ 2. *Les moyens d'action de la politique industrielle*

Deux paragraphes de l'article 130 sont consacrés aux moyens d'action, mais on ne peut considérer ceux-ci comme très dynamiques. Il s'agit, en effet, d'abord de consultation, voire de coordination ; par ailleurs d'un renvoi aux autres dispositions du traité ; enfin de quelques mesures spécifiques d'appui, mais qui doivent être décidées à l'unanimité, ce qui est une concession faite aux Etats libéraux assurés ainsi de pouvoir s'opposer à toute mesure d'inspiration dirigiste ou protectionniste.

Le § 2 est relatif à une consultation mutuelle des Etats membres, en liaison avec la Commission ; à un second degré, les Etats membres coordonnent leur action, mais il ne s'agit pas d'une coordination institutionnalisée et porteuse d'un acte exécutoire comme prévue à l'article 57 § 2 et 3 (coordination de dispositions législatives, réglementaires ou administratives nationales) mais d'une coordination-concertation. Quoi qu'il en soit, la Commission est appelée à s'entremettre pour promouvoir cette coordination, sans qu'on la dote à cette fin de moyens spécifiques.

Assez révélateur d'un désir de ne pas doter la politique industrielle de moyens trop puissants, se trouve être le § 3 qui renvoie la Communauté pour la mise en oeuvre des objectifs du § 1er aux dispositions d'autres articles ou chapitres du traité. Ainsi, ce n'est pas

(112*a*) Le terme d'« accélérer » a suscité une controverse entre Français et Allemands lors de la révision du texte par les juristes-linguistes. Les Allemands y ont vu une connotation trop volontariste et ont insisté sur le terme « faciliter ». C'est ce dernier terme qui a été retenu dans la version allemande ! (cf. aussi les 2 écritures d'Écu (ECU).

sur la base juridique de l'article 130 que les objectifs établis au § 1er de celui-ci seront poursuivis, c'est au titre ou dans le cadre de la politique de recherche et de développement technologique, de la cohésion économique et sociale, des fonds structurels, des réseaux transeuropéens, voire de l'environnement que la Communauté agira. Un tel renvoi amenuisera singulièrement les réalisations de la politique industrielle.

La suite du texte n'en prévoit pas moins une base juridique propre permettant d'adopter non pas des actions communautaires, mais des mesures spécifiques destinées à appuyer les actions menées dans les Etats membres vers les objectifs du § 1er ; le Conseil les arrête sur proposition de la Commission à l'unanimité, après simple consultation du Parlement européen et du Comité économique et social. Peut-être l'avenir développera-t-il le recours à de telles mesures ; elles partent toutefois avec un certain handicap volontairement inscrit dans le texte.

On notera enfin que dans la mise en oeuvre de l'article 130, la Communauté ne saurait adopter de mesures entraînant une distorsion de concurrence, ce qui constitue un ultime garde-fou contre toute velléité protectionniste.

Division B. — Recherche et développement technologique (articles 130 F à 130 P)

Le nouveau titre XV de la IIIe partie du traité CE consacré à la recherche et au développement technologique concerne une question introduite dans le traité CEE par l'Acte unique. C'est dans un but de cohérence et d'amélioration de l'efficacité des dispositions de 1986 que le travail est remis sur le métier six ans plus tard.

Sans vouloir exposer d'une manière trop approfondie le texte de 1986, indiquons quelques-uns de ses principaux points : le lien avec le développement de l'industrie et l'accroissement de la compétitivité de celle-ci, son ouverture vers l'entreprise, les PME notamment, ainsi que vers l'Université et ses organes et centres de recherche, le caractère complémentaire (113) de la recherche communautaire par rapport à celle entreprise par les Etats membres, la coordination entre la Communauté et les Etats membres portant sur les plans de recherche de ceux-ci. Au point de vue opérationnel, la principale disposition était l'adoption d'un programme-cadre plu-

(113) Caractère complémentaire, donc application du principe de subsidiarité.

riannuel qui n'était plus seulement comme antérieurement indicatif, mais contraignant. Ce programme-cadre devait être mis en oeuvre par des programmes spécifiques propres à une action donnée et des programmes complémentaires financés par la Communauté pour partie et par un groupe d'Etats membres pour le surplus.

Dans son avis du 21 octobre 1990 sur la révision du traité à entreprendre, suivi de sa proposition de texte de février 1991, la Commission invitait non pas à un chambardement, mais à une « réécriture du texte ... dans le but d'accroître l'efficacité des actions menées par la Communauté ». Les textes existants auraient généré des lourdeurs et des retards (114), notamment dans le domaine financier. Que l'on examine cette proposition ou que l'on examine les vues des autres délégations, les débats de la CIG ou encore le texte retenu, deux voies doivent être indiquées : l'accent mis, d'une part, sur la globalité et la cohérence, d'autre part, sur la recherche d'une plus grande efficacité par un certain rééquilibrage institutionnel.

§ 1er. *Une approche plus cohérente et plus globale*

Le nouveau texte va au-delà du simple accent mis sur la compétitivité industrielle comme c'était le cas dans le texte de 1986. Il élargit le champ d'action de la recherche communautaire et soumet toutes les actions de recherche menées sur le plan communautaire aux mêmes règles reprises dans les articles 130 F à 130 P.

a) L'ajout d'un dernier membre de phrase à l'article 130 F § 1 s'inscrit dans la logique du dépassement de l'orientation purement économique (compétitivité de la Communauté) constatée lors de la discussion des articles 2 et 3 notamment : la Communauté se donne dès lors aussi comme objectif « de promouvoir la recherche nécessaire au titre d'autres chapitres du traité ».

L'on pourra donc dorénavant promouvoir la recherche également dans des domaines tels que l'environnement, la santé, etc ... où l'objectif premier n'est pas forcément le développement de la compétitivité internationale de l'industrie européenne.

Certaines délégations avaient suggéré le caractère prioritaire selon elles de l'action de recherche dans certains secteurs ou certaines

(114) Ainsi, le programme-cadre de recherche quinquennal 1990-1994, qui avait été arrêté en mai 1990, a, du fait de lenteurs dans l'adoption de ses quinze programmes spécifiques, vu ceux-ci adoptés entre juin 1991 et début 1992, c'est-à-dire au tiers de la période au cours de laquelle ils s'appliquent.

directions : préservation de l'environnement (diverses délégations), formation des chercheurs et recherche pure (Danemark), cohésion économique et sociale et application de la recherche au bénéfice des économies en retard (Grèce).

On s'est abstenu de suivre cette voie, tant parce que l'établissement d'une telle liste aurait été très difficile que parce qu'il fallait éviter de figer dans le traité les perceptions d'aujourd'hui qui pouvaient très bien être dépassées dans dix ans. La rédaction retenue est flexible et permet justement une utilisation pluri-sectorielle et diversifiée des efforts de recherche.

b) Le dernier paragraphe de l'article 130 F est également nouveau. Apparu très tôt dans la négociation, il a pour objectif d'empêcher la dispersion et l'émiettement des diverses actions de recherche entreprises en vertu du 1er paragraphe : toutes les actions dans le domaine de la recherche et du développement obéissent désormais aux mêmes règles conformément aux dispositions du titre XV ; ainsi une véritable politique de la recherche, liée, répétons-le, à l'effort industriel, devrait-elle devenir possible. Ceci accroîtra la cohérence de la recherche communautaire.

c) Un certain nombre de délégations avaient souhaité inscrire dans le chapitre « recherche » une référence explicite à la cohésion (cf. *supra*). D'autres, en revanche, trouvaient que les dispositions des articles 130 A à 130 E suffisaient amplement. Finalement on se mit d'accord sur une modification d'un article du chapitre cohésion, l'article 130 B, lequel précise que « la formulation et la mise en oeuvre des politiques et actions de la Communauté ainsi que la mise en oeuvre du marché intérieur prennent en compte les objectifs visés à l'article 130 A et participent à leur réalisation ».

Mentionner la cohésion aussi dans le présent chapitre aurait au surplus comporté le risque de faire de la politique de recherche, dont l'objectif premier doit être l'excellence et la meilleure qualité possible, un instrument de développement régional.

Le débat sur la cohésion trouve son reflet, toutefois, au paragraphe 2 de l'article 130 F, puisqu'on y ajoute la référence que l'on encourage les entreprises « dans l'ensemble de la Communauté ». En même temps, il est précisé que les efforts de recherche doivent être de « haute qualité ».

d) On relèvera enfin la suppression du dernier paragraphe à l'article 130 F tel qu'il résultait de l'Acte unique et qui reliait la recherche à l'établissement du marché intérieur et des autres politiques communautaires (concurrence et échanges notamment). Peut-être cette disposition s'imposait-elle dans l'optique qui était celle de 1986, à savoir la réalisation du marché intérieur. En 1992, son rappel était moins prioritaire, d'autant qu'elle faisait un peu double emploi avec certaines dispositions du § 2 de l'article 130 F.

e) L'Acte unique prévoyait une *coordination* entre les Etats membres, mais celle-ci — effectuée en liaison avec la Commission qui pouvait prendre toute initiative utile à cet égard — ne concernait que les politiques nationales (article 130 H). La nouvelle disposition prévoit la coordination entre les Etats membres *et* la Commission de façon à assurer « la cohérence réciproque des politiques nationales et de la politique communautaire ». Quand on voit combien une politique de recherche peut conjuguer des crédits communautaires et des crédits nationaux, une telle ampleur donnée à la coordination semble une garantie d'efficacité.

§ 2. *La recherche d'une plus grande efficacité par un rééquilibrage institutionnel des procédures*

Les anciennes procédures étaient particulièrement lourdes et lentes, un double niveau de décision étant requis : unanimité du Conseil après consultation du PE, pour l'adoption du programme-cadre pluriannuel (ainsi que pour la constitution d'entreprises communes) suivie de l'adoption à la majorité qualifiée des programmes spécifiques et des programmes complémentaires après consultation également du PE. En raison de ce double degré de décision, la mise en oeuvre du second programme-cadre (1990-1994) avait connu des retards considérables.

L'ambition réformatrice de la Commission était grande puisqu'elle estimait que devait lui revenir la mise en oeuvre du programme-cadre, c'est-à-dire l'adoption des programmes spécifiques alors que le programme-cadre, lui, relèverait du domaine de la codécision, PE plus Conseil, ce dernier utilisant la majorité qualifiée pour se prononcer.

C'était compter sans le désir des Etats membres de rester très présents dans le domaine de la RDT et ceci aux deux niveaux de décision : pour l'adoption du programme-cadre ainsi que de la création des entreprises communes, le Conseil conserve l'unanimité (article 130 I § 1 et 130 O) ; pour celle des programmes spécifiques et des programmes complémentaires, le Conseil, après consultation du PE, se prononce à la majorité qualifiée (article 130 I 4 et 130 O 2).

Le Parlement, en revanche, acquiert un rôle accru dans le processus de décision : pour les programmes-cadre, codécision ou plus exactement procédure de l'article 189 B ; pour les programmes complémentaires, coopération ou plus exactement procédure de l'article 189 C ; pour les programmes spécifiques, ainsi que pour la constitution des entreprises communes, consultation du PE seulement. Le seul élément tempérant l'accroissement du pouvoir du PE concerne la procédure d'adoption du programme-cadre ; elle se fait par voie de codécision, mais le rôle du PE risque d'être contrarié puisqu'ici, contrairement aux autres cas de codécision, le Conseil se prononce à l'unanimité et que cela rend particulièrement étroite la marge d'accord entre les institutions et diminue donc le rôle du PE.

Enfin, la présentation au Parlement européen d'un rapport annuel portant notamment « sur les activités menées en matière de recherche et de développement technologique et de diffusion des résultats durant l'année précédente et sur le programme de travail de l'année en cours » (article 130 P) contribue à rehausser le rôle du Parlement.

Division C. — Les réseaux transeuropéens (articles 129 B à 129 D)

Dans l'exposé des motifs qui accompagnait son projet de texte sur les réseaux transeuropéens en date du 14 janvier 1991, la Commission soulignait que la réalisation du marché intérieur prévue par l'article 8 A ajouté au traité de Rome par l'Acte unique ne requérait pas seulement des mesures juridiques de libéralisation mais aussi des actions structurelles, indispensables en raison des entraves constituées « par des chaînons manquants, des goulets d'étranglement et des réseaux manquants dans des secteurs essentiels pour la libre circulation ». L'existence de réseaux transeuropéens devait faciliter les communications en « resserrant l'espace communautaire dans une perspective de cohésion ». Trois secteurs de communications étaient visés : les transports, les télécommunications, l'énergie ; en outre, des actions de formation professionnelle dans ces secteurs devaient compléter les actions structurelles.

Pour remonter plus avant, les Conseils européens de décembre 1989 à Strasbourg et de juin 1990 à Dublin, avaient évoqué ce problème et souhaité l'adoption de lignes directrices. Une communication de la Commission en date du 19 juillet 1990 (COM (90) 585 final) avait posé les premiers jalons. Dans la partie des conclusions de la Présidence du Conseil européen de décembre 1990 (Rome) relative à l'Union politique et spécialement à la redéfinition des compétences de la Communauté, il était demandé à la CIG de tenir compte de « la mise en place, dans la Communauté, de grandes infrastructures, afin de permettre également l'achèvement d'un réseau transeuropéen ».

Les négociations s'engageront rapidement en janvier 1991 ; la Commission et plusieurs délégations déposeront des avant-projets ; le texte luxembourgeois (*non paper*) du 17 avril 1991, reposant sur la même charpente que le projet de la Commission, puis celui de la Présidence luxembourgeoise en date du 18 juin se rapprocheront progressivement du résultat de Maastricht. Seules quelques qualifications seront modifiées par les représentants personnels en bénéficiant des progrès réalisés dans d'autres secteurs des négociations.

Les trois articles 129 B, C et D formeront le titre XIII intitulé les réseaux transeuropéens de la IIIe partie (115). Le premier de ces articles caractérise l'action prévue (§ 1), le second indique les moyens mis en oeuvre (§ 2), le troisième les procédures (§ 3).

§ 1er. *La tâche de la Communauté dans le domaine des réseaux européens*

C'est dans l'article 129 B que cette tâche est exposée ; quatre idées ont été retenues par les rédacteurs de ce texte.

1. La première est que l'action de la Communauté est additionnelle à des efforts qui seront réalisés dans le cadre des Etats membres et de leurs collectivités ou opérateurs. Ceci résulte des mots : « la Communauté contribue à l'établissement et au développement de réseaux transeuropéens ». Il ne pouvait en être autrement. Des réseaux transeuropéens ne sont que la jonction de réseaux nationaux ; même si on insiste sur la primauté de leur caractère de jonction, ils ne sont pas une entreprise purement com-

(115) Signalons encore à l'article 3 l'ajout d'un *littera* n : « l'encouragement à l'établissement et au développement de réseaux transeuropéens ».

munautaire puisqu'à la fois ils utilisent des infrastructures nationales et ils servent à mettre en contact des économies qui, même s'il n'y a plus de frontières entre elles, n'en restent pas moins dans le cadre des Etats membres.

L'action communautaire a donc un caractère subsidiaire par rapport aux efforts des Etats et de leurs instances compétentes.

2. La seconde idée concerne les secteurs intéressés. Ce sont ceux « des infrastructures du transport, des télécommunications et de l'énergie ». Certaines délégations au cours de la négociation ainsi que l'UNICE (Union des Confédérations de l'Industrie et du Commerce européen) se prononcèrent pour un traitement différencié de ces trois secteurs dont les problèmes ne seraient absolument pas les mêmes ; la délégation danoise insistait sur les télécommunications ; la délégation allemande privilégiait les problèmes de transports et estimait que le lieu pour en parler était le titre du traité relatif aux transports ; l'UNICE considérait que les dispositions à adopter devaient être beaucoup plus développées et différenciées selon les secteurs. La CIG opta pour des dispositions communes aux trois secteurs et de nature normative, sans entrer dans aucun détail spécifique de mise en oeuvre.

Le projet de la Commission joignait aux trois secteurs ci-dessus indiqués un quatrième secteur : la formation professionnelle ; il ne s'agissait toutefois pas de la formation professionnelle dans les trois secteurs matériels indiqués, mais d'assurer « la transparence des systèmes nationaux de formation, la valorisation des expériences et l'amélioration des méthodes utilisées » ; Erasmus même était évoqué ; les délégations grecque et espagnole appuyaient cette démarche et demandaient en outre que soit créé un lien avec l'article 102 A relatif à la politique économique (le premier article du titre relatif à l'UEM). La CIG ayant consacré à la formation professionnelle l'article 127 CE se substituant à l'article 128 CEE, le projet à cet égard échoua.

3. L'objectif général de l'action communautaire est inscrit dans les premiers mots de l'article 129 B :« contribuer à la réalisation des objectifs visés aux articles 7 A et 130 A » (7 A est la nouvelle numérotation de l'article 8 A inséré au traité par l'Acte unique et relatif à la complète réalisation au 1er janvier 1993 du marché intérieur avec ses quatre libertés ; 130 A est — avec quelques légères modifications par rapport à son libellé de 1986 — l'article de base du titre

relatif à la cohésion économique et sociale). En mentionnant ces deux articles, le traité indique clairement dans quel cadre l'établissement de réseaux transeuropéens se place ; au surplus, l'idée est développée par la suite de la phrase : « permettre aux citoyens de l'Union, aux opérateurs économiques ainsi qu'aux collectivités régionales et locales de bénéficier pleinement des avantages découlant de la mise en place d'un espace sans frontières intérieures ».

4. Des objectifs particuliers se déployant de trois manières sont indiqués par le § 2 de l'article 129 B. D'abord l'action de la Communauté « vise à favoriser l'interconnexion et l'interopérabilité des réseaux nationaux ainsi que l'accès à ces réseaux » ; malgré l'emploi de termes très techniques, voire de néologismes, la signification, compte tenu de ce qui a été dit quant aux secteurs intéressés, est très claire. Par ailleurs, l'action doit prendre en considération tout spécialement « les régions insulaires, enclavées et périphériques » de la Communauté et la « nécessité de (les) relier aux régions centrales de la Communauté ». Cet ajout n'est pas fortuit quand on pense par exemple aux difficultés que rencontre un pays comme le Portugal pour obtenir, via l'Espagne, un accès direct au réseau électrique français. Enfin, cette action se place dans le « cadre d'un système de marchés ouverts et concurrentiels » ce qui ne figurait certes pas dans le projet de la Commission mais est une des idées de base de l'UEM (voir notamment les articles 3 A et 102 A).

§ 2. *Les moyens d'action*

L'article 129 C est consacré à ceux-ci. Cinq moyens y sont énoncés.

1. La Communauté doit d'abord établir des orientations concernant les réseaux (article 129 C § 1, 1er tiret) ; ces orientations discernent les objectifs, les priorités et les grandes lignes ; plus précisément elles « identifient des projets d'intérêt commun », sans pour autant que ce qualificatif de projet d'intérêt commun ait dans la suite du texte une conséquence financière ou juridique ; en revanche, la notion d'intérêt commun est à rattacher aux idées de cohésion et d'interconnexion exposées ci-dessus.

Le mot finalement retenu d'orientations dénote bien le caractère non-contraignant de l'action ; il a remplacé celui assez vague de « cadre de référence » initialement proposé par la Commission, celui plus précis de « schéma directeur » envisagé au cours des premières négociations, enfin celui de « schéma indicatif » proposé par la suite.

2. La Communauté va par ailleurs mettre en oeuvre toute action nécessaire (article 129 C 1, 2e tiret) ; ceci pourrait concerner notamment des actions dans le domaine de l'harmonisation des normes techniques et là nous retrouvons une des préoccupations constantes de la Communauté depuis une dizaine d'années ayant donné lieu dans l'Acte unique à l'insertion de l'article 100 A.

3. Un troisième moyen d'action sera l'appui aux efforts financiers des Etats membres. La place des mots n'est pas innocente : on ne parle pas d'appui financier aux efforts des Etats membres, mais d'appui aux efforts financiers des Etats membres, ceci afin de limiter l'envergure des dépenses. Cet appui, qui concernera les projets d'intérêt commun identifiés dans le cadre des orientations (cf. *supra* § 1), se réalisera d'ailleurs par voie soit d'études de faisabilité, soit de garantie d'emprunts ou de bonification d'intérêts (article 129 C 1, 3e tiret). Autre condition limitative, il est précisé que dans les études de faisabilité, il faut en toute état de cause tenir compte de la « viabilité économique potentielle des projets »(article 129 C 1 *in fine*).

Ce n'est que dans le cadre du Fonds de cohésion à constituer sur base de l'article 130 D, qu'un financement en matière d'infrastructures de transports peut être envisagé. Il s'agissait là essentiellement d'une préoccupation espagnole.

4. Le paragraphe 2 de l'article 129 C est une disposition concernant la coordination entre Etats membres, en liaison avec la Commission, de leurs politiques nationales pour les matières en cause ; elle porte sur l'impact de la réalisation des objectifs visés à l'article 129 B, c'est-à-dire l'impact de toutes les actions nationales et communautaires en matière de réseaux transeuropéens et de leurs déficiences, sur la réalisation du marché intérieur ainsi que sur la cohésion économique et sociale de la Communauté. Au surplus, la Commission peut, en étroite collaboration avec les Etats membres, prendre toute initiative utile pour promouvoir cette coordination.

5. Le paragraphe 3 de l'article 129 C, enfin, introduit une dimension relations extérieures dans l'action communautaire, tant il est vrai qu'en ce qui concerne les réseaux transeuropéens, limiter la coopération aux frontières de la Communauté peut être illusoire : la Communauté peut décider de coopérer avec les pays tiers.

§ 3. *Les procédures (article 129 C)*

Les orientations visées à l'article 129 C 1, 1er tiret sont arrêtées par la voie de la codécision (procédure de l'article 189 B) ; le Comité économique et social et le Comité des régions sont consultés.

Les autres mesures prévues à l'article 129 C 1, c'est-à-dire l'harmonisation des normes techniques et le financement (2e et 3e tirets) relèvent de la procédure de la coopération (article 189 C) ; même consultation du Comité économique et social et du Comité des régions.

Enfin, toute orientation ou tout projet concernant le territoire d'un Etat membre requiert l'approbation de celui-ci, ce qui se comprend dans la mesure où il est le premier intéressé par ce qui se passe sur son territoire.

Division D. — La politique des transports (articles 74 à 84)

Le domaine des transports ne fit pas l'objet de grands débats lors de la conférence. La raison en est sans doute que le traité de Rome avait — quant aux transports entre Etats membres — dès l'origine été plutôt ambitieux et que le véritable problème a dans le passé consisté plutôt dans la mise en oeuvre de la politique commune des transports décrite aux articles 74 à 84 du traité (116).

La seule modification intervenue au titre IV (transports) résulte d'une initiative luxembourgeoise : elle consiste à ajouter à l'article 75 un nouveau *littera* « e » relatif à des « mesures permettant d'améliorer la sécurité des transports ». Dans une note en date du 26 février 1991, le Luxembourg attira l'attention de la CIG sur la situation préoccupante en matière de sécurité (d'insécurité !) routière : 50.000 vies humaines perdues par an, un coût économique de 70 milliards d'Ecus. Or, comme l'article 75 ne mentionnait pas explicitement la sécurité routière parmi les objectifs de la politique commune des transports et que le traité de Rome ne visait pas les transports internes à un Etat membre, certains Etats membres (l'Allemagne, le Danemark et le Royaume-Uni) avaient dans le passé empêché l'adoption de textes légaux communautaires dans ce domaine. Le Luxembourg proposa donc de modifier l'article 75 dans

(116) A tel point que le Conseil a été condamné dans le passé par la Cour de Justice en application de l'article 175 du traité (recours en carence).

ce sens afin de clarifier la situation juridique et de rendre possible une action communautaire en matière de sécurité routière. La CIG y souscrivit, tout en élargissant le champ d'action de la CE à la sécurité des transports en général.

Section II. — La politique sociale, l'éducation, la formation professionnelle et la jeunesse (117) (Titre VIII, art. 117 à 127)

Introduction

S'il n'y avait eu un accident, on aurait pu croire que le chapitre Politique sociale allait être dans le traité de l'Union européenne une réussite, marquant dans le développement de la matière un progrès significatif. Las, il ne lie que onze Etats membres et pas douze, consacrant pour la première fois et par une solution ratifiée la pratique de l'Europe à deux vitesses longtemps évitée par la Communauté. Côté réussite technique, il consacre l'Europe sociale, avec une nette avancée, devant déboucher sur des « prescriptions minimales », adoptées par voie de directives et progressivement mises en oeuvre conjointement avec les partenaires sociaux, d'une manière équivalente dans chaque Etat membre et par lesquelles l'Europe communautaire serait en progrès sur le reste du monde ; côté échec diplomatique, le Royaume Uni ne s'est pas joint à ses partenaires et après une mêlée longue et confuse, le décrochage (en langue anglaise on a dit le « *opting out* », bien que nous ne soyons pas sûr que le terme soit juridiquement adéquat à la solution retenue) a été la seule issue pour que Maastricht tout entier ne soit pas un échec.

Avant Maastricht, le titre III de la IIIe partie du traité de Rome, était consacré à la Politique sociale. Compte tenu de deux articles ajoutés par l'Acte unique (articles 118 A et B), il comportait qua-

(117) La Confédération des Organisations Familiales de la CE (COFACE) s'est à plusieurs reprises adressée aux participants à la CIG/UP pour que celle-ci intègre la notion de *famille* dans le nouveau traité. Dans le passé, le thème de la famille a fait l'objet de débats au Conseil Affaires sociales ainsi qu'au PE. La délégation allemande, soutenue par la délégation luxembourgeoise, soumit à ses partenaires un projet de texte à cet effet en octobre 1991. La conférence ne l'a pas suivie, estimant qu'une mention à part de ce thème ne se justifiait pas, pour des raisons de subsidiarité d'abord, ensuite parce qu'il lui paraissait possible de réaliser l'objectif poursuivi dans le cadre des politiques existantes telles que la politique sociale, l'environnement, la santé, la citoyenneté.

torze articles (articles 117 à 128) se divisant en deux chapitres : dispositions sociales et fonds social européen. Simultanément à ces articles, on évoquera ceux relatifs à la libre circulation des travailleurs (chapitre 1 du titre III de l'ex IIe partie, art. 48 à 51). Toute cette charpente n'est pas fondamentalement modifiée. Elle continue à s'appliquer — avec des modifications certes (118) — à l'ensemble de la Communauté, c'est-à-dire aux douze (on l'analysera ci-après en division D). Ce qui est plus typiquement nouveau, c'est qu'en supplément va intervenir le Protocole sur la Politique sociale, le 14ème, lequel comporte une importante annexe conclue sous forme d'accord mais seulement entre onze Etats membres ; son nom est plein de regrets : « Accord sur la Politique sociale des Etats membres de la CE à l'exception du Royaume-Uni » ; son contenu est analysé ci-après en division C. Avant d'analyser les dispositions à douze et à onze, on examinera l'histoire et la négociation (division A), puis la structure des dispositions résultant du dualisme auquel on a abouti (division B).

Division A. — Le développement des idées jusqu'à Maastricht

L'histoire ne s'est pas écoulée qu'en 1991. Dans les conclusions du 2e Conseil européen de Rome (décembre 1990), la dimension sociale était mentionnée au titre des « Extension et renforcement de l'action de la Communauté » comme devant comprendre un nécessaire dialogue social (plus la promotion de l'éducation).

Mais dès avant cela, et sans remonter aux travaux en juin 1988 du Conseil européen de Hanovre, on ne saurait ignorer l'existence d'un acte communautaire déjà adopté par onze Etats membres seulement, les 8 et 9 décembre 1989 au Conseil européen de Strasbourg, la Charte des droits sociaux fondamentaux. L'objectif de celle-ci était double : garantir partout dans la Communauté que les droits sociaux fondamentaux soient communs, par ailleurs élaborer des droits sociaux adéquats à l'ouverture complète du grand marché de

(118) En réalité, à part deux changements procéduraux aux articles 49 et 118 A, sont abrogés ou modifiés le régime de gestion du Fonds social qui devra faire l'objet de nouvelles dispositions à arrêter par voie réglementaire (nouvel art. 125) et le système concernant la formation professionnelle (nouvel art. 127) ; sont ajoutés un article sur l'éducation (nouvel art. 126), plus un article sur la culture (nouvel art. 128, qui forme à lui seul le titre IX, en dehors du titre politique sociale). Notons encore une mutation d'appellation : le titre III devenu titre VIII s'appelle « Politique sociale, éducation, formation professionnelle et jeunesse ».

1993. Décrire dans le détail le contenu de la Charte serait fastidieux ; en réalité, il s'agit, selon une pratique communautaire usuelle, d'un programme de travail, d'un catalogue de quarante-cinq propositions, de règlements ou de directives le plus souvent, parfois de recommandations aux Etats membres, car il n'est pas sûr (euphémisme) que la matière soit en tous points de la compétence communautaire (où est par exemple la compétence communautaire permettant de réglementer le droit de grève ?).

Pour tâcher de rallier le Royame-Uni à leur propos, les autres Etats membres avaient quelque peu aménagé leur texte initial. Mais en vain, car à Strasbourg l'opposition de Mme Thatcher avait été d'ordre presque plus idéologique que politique, l'explication dernière de celle-ci étant que récemment, c'étaient « les politiques de déréglementations qui avaient en plusieurs pays permis de créer des emplois, dont certains seraient menacés si l'on imposait aux entreprises des contraintes superfétatoires ».

Quand la CIG/UP aborda au début de l'année 1991 le sujet, il n'est pas étonnant qu'elle ait rapidement été saisie de multiples propositions (spécifiques à la matière ou générales) de plusieurs Etats membres, de la Commission et du PE ainsi que de représentants économiques et sociaux comme la Conférence européenne des syndicats et l'Union des Confédérations de l'industrie et du commerce européen (UNICE). Trois textes successifs de la Présidence résulteront des discussions de l'année : deux luxembourgeois, ceux des 17 avril et 18 juin 1991, un néerlandais, celui du 8 novembre 1991 soumis au conclave de Noordwijk des 12-13 novembre 1991.

Résumer une dizaine de propositions des Etats membres ayant de nombreux points communs, mais aussi des divergences est difficile ; certains sont plus ambitieux (Allemagne, par exemple, craignant le « dumping social » d'Etats membres dotés d'une législation sociale moins avancée), d'autres plus timorés (Portugal par exemple, redoutant la charge pour son économie de réformes qui auraient dû peut-être être plus nombreuses chez lui qu'ailleurs). Quelques idées nous retiendront, allant du général au plus spécifique. D'abord celle de la promotion du dialogue social, de la consultation, de l'accord avec les partenaires sociaux, ou entre ceux-ci, à tous les niveaux (entreprises, secteurs d'activités, régions ou Etats membres) pouvant aboutir à des relations conventionnelles y compris des accords. Puis la reconnaissance de l'importance dans le présent domaine du principe de subsidiarité, mais d'une subsidiarité un peu différente de ce qui est normalement entendu par ce mot, car ne comportant pas seulement une limite de l'action communautaire devant l'action des Etats membres dont il convient de respecter les solutions particulières, mais aussi une limite devant l'action conjointe des partenaires sociaux plus aptes que les administrations à intervenir, et aussi une limite pour assurer une certaine sauvegarde de la compétitivité économique des entreprises, notamment des petites et moyennes entreprises. Ensuite, tendance à l'élargissement du rôle de la majorité qualifiée, voire de celui du PE et du Comité économique et social, avec reconnaissance toutefois que certains problèmes (par ex. la sécurité sociale) doivent rester régis par l'unanimité et que d'autres doivent rester exclus de la compétence communautaire. Importance par ailleurs d'affirmer une identité européenne dans le progrès social. Lutte contre le dumping social intracommunautaire et rappel de l'interdiction des mesures entraînant des distorsions de concurrence. Utilisation de la technique de dispositions sinon communes, du moins minimales pour les Etats membres et les partenaires. Ensuite, problèmes plus spécifiquement européens, tels ceux des entreprises touchées par une opération transfrontalière (fusion, OPA ...) ou la question de la création d'une société européenne, ou encore tous les problèmes résultant de la mobilité intracommunautaire des travailleurs, avec en tant que de besoin examen des problèmes de circulation des ressortissants de pays tiers (à condition qu'ils soient entrés légalement dans la Communauté). Combinaison de la parfaite égalité entre salariés masculins féminins devant l'embauche et la rémunération, mais avec l'éventualité de mesures de promotion ou de compensation des activités professionnelles des femmes. Enfin, au titre des moyens, possibilité de décider des actions communautaires pour contribuer à la mise en oeuvre des objectifs ci-dessus, ainsi que d'assortir celles-ci d'aides financières, par exemple, pour la création d'emplois, la formation et la reconversion des intéressés ...

On n'insistera pas sur ce foisonnement d'idées. Ce qu'on en retiendra c'est leur soubassement politique : quelques Etats membres faisaient avec insistance de l'insertion de dispositions sociales de cette nature une condition *sine qua non* de la réussite de la négociation.

Toutes ces idées étaient mal acceptées par la délégation britannique dont le problème était le même qu'en 1989 lors du débat sur la

Charte sociale. La position britannique était inspirée essentiellement par deux ordres de considérations, d'une part des raisons tenant à la philosophie même de la politique économique et d'autre part, des justifications tirées de l'expérience historique des relations industrielles vécues dans un passé récent. D'inspiration néo-libérale, la politique économique britannique ne pouvait que difficilement s'accommoder de concepts interventionnistes, d'où le rejet de toute velléité d'harmonisation dans un domaine où on préférait laisser agir les forces du marché. D'autre part, les négociateurs britanniques rappelaient volontiers les souvenirs de relations industrielles troublées, vécues dans un passé récent, mettant aux prises gouvernement, patronat et syndicats et aboutissant à des blocages et grèves répétés. Ils n'entendaient pas remettre en cause un nouvel équilibre retrouvé récemment dans ces relations et qui s'était traduit par une baisse spectaculaire des grèves et un accroissement de la productivité.

Pour un Premier ministre, certes plus européen que son prédécesseur, mais n'ayant peut-être pas encore une liberté de manoeuvre lui permettant d'accepter ce qui avait été il y a peu rejeté, s'ajoutait qu'il avait, rappelons-le, au sujet d'autres secteurs du texte présenté au Conseil européen de Maastricht quelques importantes réserves. Si plusieurs de ces difficultés s'aplanirent dans le mois entre Noordwijk et Maastricht, il n'en était pas ainsi dans le domaine social ; même l'adoption de dispositions particulières prévoyant un engagement différé ne convenait pas, car le Royaume-Uni n'entendait aucunement, même dans un futur incertain, se rallier au texte accepté par ses partenaires dont il réprouvait les principes.

Dans les jours ayant précédé Maastricht on parlait certes dans le domaine de la politique sociale d'une « clause d'exemption » au profit du Royaume-Uni, mais c'était pour la condamner en raison des « inacceptables distorsions de concurrence entre les Etats membres » qui en résulteraient (J. Delors, in *Le Monde* du 9.XII.1991). C'est toutefois cette solution qui fut retenue par l'insertion ultime d'un protocole à douze (le 14ème), autorisant les onze à appliquer entre eux le régime élaboré depuis plusieurs mois, et dont le contenu est déterminé par un accord à onze annexé à ce protocole.

Division B. — Le décrochage à Maastricht, le protocole à douze et l'accord à onze

Le protocole est un texte relativement bref, un préambule et trois paragraphes, en tout vingt-cinq lignes, autorisant les onze à appliquer et développer un autre système ; l'accord lui-même, quatre fois plus long, contient les dispositions de fond applicables par les onze avec deux déclarations relatives à ces dispositions.

On examinera à la *division C* le contenu de l'accord ; on va ici examiner le dualisme de normes existantes puis les dispositions procédurales par lesquelles les onze mettront en application le régime de l'accord, et enfin évoquer l'éventualité d'une solution pour mettre un terme au décrochage.

§ 1er. *Le dualisme de normes*

Deux régimes de droit coexistent. Le *premier* est celui du traité CEE, tel que modifié en 1986 par l'Acte unique. Il est indiqué, en effet, dans le préambule du protocole que ni celui-ci ni l'accord à onze, « ne portent atteinte aux dispositions du traité, notamment à celles relatives à la politique sociale » ; il est en outre précisé que ces dispositions (celles du traité et notamment les art. 117 et s., sous réserve des quelques modifications acceptées à douze à Maastricht et portant sur les articles 118, 123, 125 à 128, cf. *infra* Division D) « font partie intégrante de l'acquis communautaire ».

Cet appel à l'acquis communautaire est quelque peu ésotérique : usuellement cette formule est employée dans les accords d'adhésion à la Communauté pour obliger l'Etat adhérent à souscrire non seulement au traité, mais aussi à ses développements ultérieurs, en l'espèce le droit dérivé. La formule est également employée dans certains accords renouvelables d'association ou de coopération, telles les conventions de Lomé, où l'acquis est constitué par les dispositions d'un précédent accord qu'on consolide et sur la base desquelles on progresse dans la voie de la coopération. Ici, la formule signifie encore autre chose : tous les Etats membres sont tenus par cet acquis qui reste en vigueur, mais certains Etats membres, les onze — et c'est là le second régime de droit applicable — progressent au-delà, exactement poursuivent, dans la voie tracée par la Charte sociale de 1989 en mettant en oeuvre celle-ci chez eux et entre eux, par la voie de l'accord à onze. Cette formule a une double implication : le Royaume-Uni n'est tenu que par les dispositions antérieures, alors que les onze, qui restent tenus par ces dispositions, vont s'engager en outre par l'accord à mettre en oeuvre, à partir de l'acquis communautaire (voir le préambule de l'accord), certaines dispositions énumérées à l'accord.

Nous n'aurons pas l'imagination de poser la question d'une éventuelle incompatibilité entre les obligations du traité modifiées par l'Acte unique et un peu par le traité de l'Union, d'une part, et celles contenues à l'accord à onze d'autre part ; nous ne nous poserons pas le problème pourtant possible de la requête (jusqu'où va l'imagination des plaideurs ?) par un ressortissant des onze de se voir appliquer les premières et pas les secondes. Il nous semble que l'emploi dans les deux préambules, celui du protocole à douze et celui de l'accord à onze, du terme d'acquis communautaire aurait justement pour effet d'impliquer que le second droit procède du premier et donc prévaut sur lui chez les onze.

En toute analyse, on relèvera le § 3 du protocole qui, indiquant que celui-ci « est annexé au traité instituant la Communauté européenne », intègre dès lors protocole et accord dans le système institutionnel et judiciaire de la Communauté, tout en n'en assurant l'application que chez les onze.

§ 2. *La mise en oeuvre de l'accord à onze*

Le compromis élaboré à Maastricht prévoit que si le Royaume-Uni n'est pas tenu par les dispositions de l'accord, il ne participe pas à l'élaboration et à l'adoption des mesures nécessaires à cette mise en oeuvre. Ceci résulte de deux dispositions ; d'abord les onze sont « autorisés » à élaborer un droit dérivé *ad hoc* (§ 1er), ensuite un mécanisme procédural est prévu à cette fin (§ 2). Par l'autorisation du § 1er, le Royaume-Uni reconnaît le droit des onze d'agir ainsi et accepte aussi que le droit ainsi créé ne lui soit pas opposable. Quant au § 2, il comporte deux dispositions : l'absence du Royaume-Uni des délibérations du Conseil lors de l'adoption des futurs textes établissant ce droit dérivé spécial (on ne parle pas des parlementaires britanniques de Strasbourg), la création d'une majorité qualifiée *ad hoc* (119) : 44 voix au lieu de 54 sur un total de 66 (76 avec le

(119) A noter que la minorité de blocage reste inchangée (23 voix) dans ce système, ce qui pourrait réserver des surprises désagréables à l'un ou l'autre Etat membre !

Royaume-Uni), enfin la prise en charge financière des dépenses administratives causées par l'adoption des actes à onze, mais pas celle des dépenses opérationnelles. S'engageant dans la procédure qu'ils choisissaient, il était normal que les Etats membres aboutissent à ces solutions dont on ne peut que déplorer le précédent d'Europe à 2 vitesses qu'il constitue. Le montage fait honneur à l'ingéniérerie juridique des onze, sinon à l'orthodoxie communautaire, mais c'était le prix à payer pour obtenir un accord global à Maastricht. Reste la question de savoir comment ce système va fonctionner en pratique.

§ 3. *L'éventualité d'une solution permettant de mettre un terme au décrochage*

Nous ne pensons évidemment qu'à l'éventualité où le Royaume-Uni se rallierait aux dispositions adoptées par les onze, c'est-à-dire renoncerait unilatéralement à la dérogation d'une nature très particulière à laquelle le protocole aboutit en lui permettant de ne pas appliquer le régime contenu dans l'accord ; il est évident en effet que si ce ralliement se produisait par une modification négociée des dispositions de fond de l'accord, il serait plus expédient de fusionner les articles 117 et suivants du traité et les dispositions de l'accord à onze, en éliminant en tant que de besoin les doubles emplois, ce qui nécessiterait évidemment des ratifications par les douze Etats membres. En revanche, le Royaume-Uni pourrait-il, par un acte approprié de ratification, se reconnaître comme lié par les dispositions de fond de l'accord, celles de nature procédurale du protocole devant alors être considérées comme caduques ? Aucune hypothèse d'un arrangement pragmatique ne doit évidemment être exclu. L'avenir seul indiquera les voies d'un rapprochement de fond.

Division C. — La politique sociale,
telle que prévue par l'accord à onze

Trois idées majeures dominent le contenu de l'accord : d'abord la large extension des compétences communautaires en la matière : le pouvoir réglementaire de la Communauté va s'exercer sous les aspects les plus variés de la politique sociale, avec des finalités amplement exposées ; toutefois, les textes font un appel important à l'idée de subsidiarité : la Communauté doit respecter la diversité des systèmes nationaux, elle ne fait que contribuer, que soutenir et compléter l'action des Etats membres ; ensuite un recours plus fréquent à la majorité qualifiée que dans l'Acte unique, étant toutefois entendu que certaines matières relèvent de l'unanimité, voire sont exclues de l'action communautaire ; corrélativement, la participation du Parlement européen au processus législatif n'est plus la seule consultation, mais est la coopération de l'art. 189 C ; enfin, par une sorte d'esprit décentralisateur, une large délégation est octroyée aux partenaires sociaux : d'abord au stade de l'élaboration de la politique sociale, ensuite, et c'est ce qui est le plus original, à celui de la mise en oeuvre : le dialogue entre eux peut conduire à des relations conventionnelles, c'est-à-dire à quelque chose s'approchant de conventions collectives conclues et exécutées sur le plan européen, le cas échéant sous le contrôle de la Cour de Justice des Communautés.

Une autre remarque à relier à ce qui est dit plus haut sur la négociation du protocole et de l'accord est l'absolue identité de texte entre ce qui figurait dans le dernier projet de la Présidence néerlandaise, celui du 8 novembre 1991, précédant immédiatement le conclave de Noordwijck et constituant le terme des travaux de représentants personnels, avec le texte de l'accord à onze ; on ajoutera que beaucoup de ces dispositions se trouvaient déjà exprimées dans le projet de la Présidence luxembourgeoise en date du 18 juin 1991 ; toutefois les dispositions concernant le dialogue social et la « délégation » aux partenaires sociaux ont fait l'objet d'une rédaction en octobre 1991 par les soins de ceux-ci dont la CIG a repris la substance et même souvent la lettre.

Avant cette rédaction d'octobre 1991, les représentants personnels avaient discuté sur base de propositions de textes de diverses délégations, notamment belge, italienne, espagnole, française, allemande et portugaise, et d'une rédaction danoise, propositions qui avaient après discussion fait l'objet fin mars 1991 d'une rédaction des services de la Commission, puis de nouvelles rédactions de la Présidence en avril et en mai. A Maastricht, lors de la négociation sur « l'*opting out* » anglais, on a utilisé le texte négocié par les représentants personnels auquel le représentant anglais s'était opposé et on en a fait le texte à onze : il en résulte même une formule de rédaction un peu exceptionnelle dans les actes communautaires : la première phrase du préambule de l'accord parle des « Onze Hautes Parties contractantes » de celui-ci, à savoir ...(les onze Etats membres sont énumérés), puis indique qu'ils seront « ci-après dénommés Etats membres », ce qui est inhabituel et non pas « les Etats membres », ce qui est la formule courante, mais aurait eu évidemment une signification inexacte et déplacée puisque le Royaume-Uni reste Etat membre sans être Etat Partie à l'accord.

Nous présenterons quelques observations au sujet des différents articles.

Article 1. Il concerne les *objectifs*. Dans le projet du 8 novembre, il se substituait à l'art. 117 ancien dont il est très différent par l'esprit, les termes employés, les priorités retenues ... Quant à l'esprit d'abord, par le fait que ce ne sont plus des objectifs des seuls Etats membres mais de la Communauté *et* de ceux-ci ; par ailleurs on relèvera dans cet art. 1 l'absence d'une disposition analogue au second alinéa de l'art. 117 (qui reste en revanche applicable à douze) où les Etats membres faisaient confiance au fonctionnement du marché commun pour promouvoir une amélioration sociale, idée peut-être très libérale mais aux antipodes d'une politique sociale dynamique sur laquelle les onze, notamment depuis la Charte sociale de 1989, entendaient se placer. Dans un autre ordre d'idées, on relèvera l'abandon dans tout le texte du mot « main-d'oeuvre », présentant une phraséologie peu compatible avec l'évolution vers le partenariat et le dialogue. Très important aussi nous paraît être que « la promotion de l'emploi » occupe la première place parmi les objectifs, que l'on vise expressément la protection sociale, qu'on parle de « dialogue social », de « développement des ressources humaines », et encore de « niveau d'emploi élevé et durable », qu'on désire qu'une place soit faite à « la lutte contre les exclusions » (sur initiative italienne reprenant une idée de la Commission). Deux idées replacent les objectifs de la politique sociale dans le cadre plus général des principes de base de la Communauté : tenir compte de la diversité des pratiques nationales, notamment dans le domaine des relations conventionnelles et maintenir la compétitivité de l'économie de la Communauté.

Article 2. Il concerne les *moyens d'action* et *les domaines* et aurait remplacé les art. 118 et 118 A ; on rappellera le fait que selon cet article 2, l'action de la Communauté « soutient et complète » celles des Etats membres. On indiquera d'autre part que ces actions sont les unes poursuivies à la majorité qualifiée, les autres à l'unanimité et que quelques questions sont exclues de la compétence communautaire. En cinq tirets, le § 1 énonce les domaines de l'action communautaire. Il s'agit des problèmes majeurs du travail et des travailleurs : amélioration du milieu du travail, des conditions du travail, de l'information et de la consultation des travailleurs, de l'égalité hommes-femmes, de l'intégration des exclus (en rappelant le rôle de la formation professionnelle). Reprenant au § 2 une formule introduite par l'Acte unique, le Conseil arrête, par voie de directive, « des prescriptions minimales applicables progressivement en tenant compte des conditions de réglementations techniques existant dans chaque Etat membre » (sur ces prescriptions minimales, voir aussi plus loin ce qui a trait selon le § 5 à la possibilité de mesures de protection plus strictes) ; ces mesures ne doivent pas « imposer des contraintes administratives, financières et juridiques telles qu'elles contrarieraient la création et le développement des petites et moyennes entreprises », ce qui est répété par une déclaration commune jointe à l'accord.

La procédure d'adoption est celle de la coopération (avec consultation du Comité économique et social) (§ 2.2). Toutefois, l'unanimité est requise au sein du Conseil (§ 3) dans cinq domaines : la sécurité sociale (120) et la protection des travailleurs (question qui autrefois était, sauf en ce qui concerne les travailleurs migrants, exclue de la compétence communautaire — origine française de cette proposition) ; la protection des travailleurs en cas de résiliation de leur contrat de travail ; la représentation et la défense collective des intérêts des travailleurs et des employeurs, y compris la cogestion, cette question pouvant toucher à certains problèmes exclus de la compétence communautaire ; les conditions d'emploi des ressortissants des pays tiers se trouvant en séjour régulier sur le territoire de la Communauté (question appuyée par la délégation italienne et à rapprocher de certaines dispositions du traité de Maastricht concernant ces mêmes étrangers, art. K 1 notamment) ; les contributions financières visant la promotion de l'emploi et la création d'emplois, en liaison avec les dispositions relatives au Fonds social et plus généralement la cohésion économique et sociale (initiatives des délégations espagnole et italienne qui auraient sou-

(120) Il est quelque peu ironique de constater que le Rapport Spaak (Comité intergouvernemental créé par la conférence de Messine, Rapport des chefs de délégation aux Ministres des Affaires étrangères, Bruxelles, 21 avril 1956, pp. 60 à 63) mentionne comme exemple d'une « distorsion de concurrence devant être éliminée » entre les futurs Etats membres de la CEE « une disparité dans le financement des prestations sociales ».

haité un large financement d'actions communautaires en faveur de l'emploi).

Le paragraphe 4 contient une disposition particulière de mise en oeuvre des directives arrêtées sur la base des deux paragraphes dont le contenu vient d'être analysé ; cette mise en oeuvre peut en effet, à l'instigation de tout Etat membre, être confiée, à condition que ceux-ci en soient d'accord, aux partenaires sociaux ; l'Etat membre reste alors responsable de cette mise en oeuvre et doit intervenir si nécessaire pour assurer une exécution adéquate desdites directives. Rappelons que ce texte — comme celui de l'art. 4 — a été rédigé par les partenaires sociaux au niveau de la Communauté et repris tel quel dans les textes communautaires. Rappelons aussi que cette idée d'une participation des partenaires sociaux à la mise en oeuvre de la politique sociale était particulièrement chère aux délégations danoise et belge.

Il est par ailleurs rappelé que si des mesures arrêtées sur base des §§ 2 et 3 ont le caractère de prescription minimale, les Etats membres peuvent « maintenir ou établir des mesures de protection plus strictes compatibles avec le traité ». Cette disposition figurait déjà à l'art. 118 A (art. 2 § 5).

Enfin est exclu de la compétence communautaire tout ce qui concerne les rémunérations et les droits d'association, de grève et de lock-out (art. 2 § 6).

Article 3 : il se substituait à l'art. 118 B et concerne la consultation des partenaires sociaux et leur dialogue. Lui aussi résulte d'une rédaction des partenaires sociaux très proche des idées débattues par les représentants personnels. C'est à la Commission qu'il importe de consulter au niveau communautaire les partenaires sociaux ; elle prend toute mesure utile pour faciliter leur dialogue et veille « à un soutien équilibré des parties ». Elle procède à cette consultation à deux stades : celui des orientations possibles (§ 2), celui de sa proposition (§ 3), les partenaires sociaux émettant un avis ou « le cas échéant, une recommandation ». Cette consultation leur permet de faire part à la Commission de leur volonté de mettre en place des relations conventionnelles. Dans un tel cas, la consultation ne doit pas constituer un facteur de retard et à cette fin doit se réaliser sauf exception endéans un délai de 9 mois.

Article 4 — La grande nouveauté introduite à l'initiative de la délégation belge est due à la réunion les 30 et 31 octobre 1991 des partenaires sociaux, c'est-à-dire de la Confédération européenne des syndicats, de l'UNICE (Union des Confédérations de l'Industrie et du Commerce européens) et du CEEP (Centre européen de l'entreprise publique). Elle consiste en une officialisation des relations conventionnelles, c'est-à-dire d'accords auxquels sont parvenus les partenaires sociaux. En cela le texte s'inspire d'une pratique belge par laquelle « le Roi peut rendre obligatoires des conventions collectives conclues entre les partenaires sociaux » selon une certaine procédure. Les textes de mai-juin 1991, assez généraux, prévoyaient que ces accords seraient ou bien mis en oeuvre dans le cadre de chaque Etat membre, ou bien intégrés par le Conseil dans l'ordre juridique communautaire. Le texte final (§ 2), qui résulte, rappelons-le, de l'accord et d'une rédaction des partenaires sociaux, reprend lui aussi l'option entre d'une part, — et cela pour les matières relevant de l'article 2 — l'entérinement communautaire de ces accords dans les conditions de procédure de l'art. 2 §§ 2 et 3 et d'autre part une mise en oeuvre « selon les procédures et pratiques propres aux partenaires sociaux et aux Etats membres » ; par une déclaration jointe à l'accord, il est en outre prévu qu'un Etat membre ne peut dans le cas de la première hypothèse se voir contraint d'introduire dans sa législation cet accord ou de modifier en fonction de lui sa législation. Malgré l'accord actif et la satisfaction de tous les partenaires sociaux sur cette formule, on attendra ses premières mises en oeuvre pour la juger.

Article 5 relatif à la *coopération entre Etats membres* et à la coordination de leur action ; il s'agit au-delà de l'extension de la compétence communautaire dans le domaine social et de l'importance reconnue au dialogue social, d'un rappel de la coopération entre Etats membres, ceux-ci étant, puisque la compétence communautaire est subsidiaire, les principaux responsables.

Article 6, égalité de la rémunération entre *travailleurs masculins et féminins*, ce texte qui reprend textuellement l'art. 119 CEE y ajoute un paragraphe (suggéré notamment par la délégation française) autorisant les Etats membres à maintenir ou établir des mesures destinées à « faciliter l'exercice d'une activité professionnelle par les femmes ou à prévenir ou compenser des désavantages dans leur carrière professionnelle ». Il répond ainsi à certaines lacunes révélées par la jurisprudence de la Cour de Justice.

Article 7, un *rapport annuel* sera établi à l'adresse du PE, du Conseil et du Comité économique et social sur l'évolution de la réalisation des objectifs de l'accord, y compris la situation démographique de la Communauté. Il se surajoute pour les onze au « chapitre spécial » du rapport général prévu par l'art. 122 CEE en lui donnant une ampleur bien plus grande.

Division D. — Quelques autres dispositions liant les douze dans le domaine social et dans les domaines de l'éducation et de la formation professionnelle

Un accord à douze ayant été réalisé sur quelques questions, le traité de Maastricht (et évidemment pas le protocole ni l'accord à onze) modifie en conséquence le traité CE.

1. D'abord, et bien que formellement cela n'appartienne pas à la politique sociale, mais au chapitre « les travailleurs », on notera que l'art. 49 sur la libre circulation des travailleurs sera mis en oeuvre non plus en coopération avec le PE mais par la voie de la codécision (procédure de l'art. 189 B).

2. Le titre III « la politique sociale » qui faisait partie de la IIIe partie « la politique de la Communauté » devient le titre VIII intitulé « Politique sociale, éducation, formation professionnelle et jeunesse » de la IIIe partie, intitulée « les politiques de la Communauté » (120*a*).

3. Modification très formelle à l'art. 118 A § 2 où on parle de procédure visée à l'art. 189 C et non plus de procédure de coopération.

4. A l'art. 119 inchangé se rapporte un protocole (le 2ème) relatif à la notion de rémunération.

Il s'agit là en fait d'une initiative émanant essentiellement des délégations néerlandaise et britannique pour limiter les effets rétroactifs d'un important arrêt de la Cour du 17 mai 1990 (*Barber c/Guardian Royal Exchange Assurance Group*).

Dans cet arrêt, la Cour a dit pour droit que les pensions versées par un régime professionnel privé de sécurité sociale entrent dans le champ d'application de l'article 119 du traité qui prévoit « l'égalité

(120*a*) Une déclaration, n° 23, rappelle l'importance pour la réalisation des objectifs de la politique sociale d'une coopération entre la Communauté et les organismes non-gouvernementaux de solidarité ou à objectifs sociaux.

de rémunération, sans discrimination fondée sur le sexe ». Dès lors, il devient illégal de prescrire qu'un homme licencié pour cause économique ne peut prétendre qu'à une pension différée à l'âge normal de la retraite, alors qu'une personne (une femme) se trouvant dans les mêmes conditions a droit à une pension de retraite immédiate du fait de l'application d'une condition d'âge variable selon le sexe.

Au-delà des implications fondamentales de doctrine de cet arrêt, l'effet *ex tunc* des dispositions du traité soulevait la question du caractère rétroactif de l'arrêt de la Cour. Pour certains pays, où les régimes professionnels sont les éléments les plus importants dans le cadre de la protection vieillesse (Royaume-Uni, Pays-Bas, Danemark), les enjeux financiers pour les régimes concernés pouvaient être énormes. Pour éviter cela, la conférence a adopté le protocole n° 2 qui se lit comme suit :

> « Aux fins de l'application de l'article 119, des prestations en vue d'un régime professionnel de sécurité sociale ne seront pas considérées comme rémunération si et dans la mesure où elles peuvent être attribuées aux périodes d'emploi antérieures au 17 mai 1990, exception faite pour les travailleurs ou leurs ayants droit qui ont, avant cette date, engagé une action en justice ou introduit une réclamation équivalente selon le droit national applicable ».

5. A l'art. 123 relatif à la création et aux objectifs du Fonds social, sont ajoutés quelques mots : l'ancien texte ne parlait que d'aider à la promotion de l'emploi et à la mobilité géographique, idées qui avaient paru très importantes en 1957 ; il s'agit maintenant, en outre, de « faciliter l'adaptation aux mutations industrielles et à l'évolution des systèmes de production, notamment par la formation et la reconversion professionnelles ».

6. Au surplus le chapitre Fonds social européen est très allégé : les trois articles 125, 126 et 127 qui avaient trait au fonctionnement du fonds et aux conditions de son concours sont remplacés par un nouvel art. 125 qui investit le Conseil, en coopération avec le PE (procédure de l'art. 189 C) du soin d'adopter les décisions d'application. Ceci doit être lu en liaison avec les art. 130 A à 130 E relatifs à la cohésion économique et sociale qui traitent des fonds communautaires « à finalité structurelle », c'est-à-dire outre le Fonds social, du Fonds européen d'orientation et de garantie agricole, section orientation, du Fonds européen de développement régional et du nouveau Fonds de cohésion, sans préjudice de la possibilité de regroupement de ces fonds.

7. Le nouvel art. 126 figurant dans le chapitre relatif à l'éducation, la formation professionnelle et la jeunesse est surtout consacré à l'éducation. Le manque de toute disposition dans le traité CEE n'avait pas empêché depuis 1976 les Ministres de l'Education des Etats membres soit de se rencontrer en réunion formelle du Conseil, soit de se réunir « au sein du Conseil » et d'adopter un programme d'action et des résolutions notamment en vue d'intensifier et d'améliorer entre Etats membres la coopération éducative et de mettre en place un réseau d'information (Eurydice) sur l'éducation. Dès lors il était normal qu'en février-mars 1991 pas moins de cinq textes soient déposés par les délégations irlandaise, italienne, grecque, espagnole et allemande, sur l'éducation, y compris pour certains la jeunesse et la science, plus un second texte espagnol sur l'enfance. Toutes ces propositions, tenant compte du développement de la dimension européenne et de ses répercussions sur les problèmes de l'éducation et de la jeunesse, d'un nécessaire décloisonnement en la matière, de la mobilité des enseignés autant que des enseignants, du problème de la diversité des langues au sein de la Communauté, appelaient à la coopération entre Etats en vue d'une scolarisation et d'une éducation de qualité pour tous, à la reconnaissance des diplômes et périodes d'études, etc. Tous soulignaient le caractère subsidiaire de l'action communautaire mais aussi la nécessité que la Communauté puisse adopter des programmes d'actions communes en matière d'éducation. Une seule note réticente dans le texte, due à la délégation allemande laquelle, en raison des compétences des *Länder*, ne souhaitait pas des règlements et des directives mais des recommandations.

A la CIG, très rapidement le texte prendra forme puisque dans la version du 17 avril 1991 la structure finale se trouve déjà indiquée ; le texte du 18 juin 1991 est quasi identique au texte signé (à l'exception du dernier paragraphe qui reprendra certains soucis allemands).

Le § 1 souligne le caractère subsidiaire de l'action communautaire et son caractère d'appui ou de complément à celle des Etats membres.

Le § 2 prévoit pour l'action communautaire six voies : développer la dimension européenne dans l'éducation, y compris le problème des langues ; favoriser la mobilité des enseignants et des étudiants y compris par la reconnaissance des diplômes et périodes d'enseignement ; promouvoir la coopération entre établissements d'enseignement ; développer l'échange d'informations et d'expériences sur les systèmes d'enseignement ; favoriser les échanges de jeunes (ceci est la seule mention des jeunes au texte) ; encourager le développement de l'enseignement à distance.

Le § 3 vise à favoriser la coopération de la Communauté et des Etats membres avec les pays tiers et les organisations internationales, notamment le Conseil de l'Europe.

Le § 4 prévoit les moyens de la Communauté pour contribuer aux objectifs du § 2. Le Conseil peut d'abord adopter des actions d'encouragement, il le fait selon la procédure de codécision, et après consultation du Comité économique et social et du Comité des régions (y entendra-t-on la voix des *Länder* ?). Il ne peut procéder à des opérations d'harmonisation des législations ; ceci rejoint la demande de la délégation allemande et vise à éviter que la règle de la subsidiarité soit tournée. Il peut aussi adopter à la majorité qualifiée des recommandations.

8. L'article 127 qui remplace l'art. 128 a trait à la formation professionnelle. L'art. 128 ne parlait que de l'établissement par le Conseil des principes généraux d'une politique commune de formation professionnelle et puisqu'il n'y était pas fait indication d'une majorité, c'était la majorité simple qui était d'application ; sur cette base, des principes généraux avaient été arrêtés en 1963 (Décision 63/266/CEE du 2 avril 1963) et des propositions de résolutions présentées au début de 1980 par la Commission ; celles-ci s'étaient enlisées, en raison notamment de la difficulté allemande tenant à la compétence des *Länder*, mais aussi de la réticence d'autres délégations à un développement trop important de la compétence communautaire. La matière de la formation professionnelle avait en outre fait l'objet de plusieurs arrêts de la Cour, notamment affaire *Gravier* (n° 293/83) du 13 février 1985 assimilant la formation professionnelle aux matières où la règle de non-discrimination entre Etats membres s'applique et ouvrant donc celle-ci aux étrangers (d'autres arrêts dont certains ayant de substantielles implications financières étaient en outre intervenus). Dans la proposition allemande relative à l'éducation perce une certaine rancoeur de cette délégation à l'égard de cette jurisprudence. Enfin, des programmes connexes à la formation avaient vu le jour, notamment le programme Petra.

Le texte adopté s'inscrit dans ce contexte.

Le § 1er souligne le caractère subsidiaire de l'action de la Communauté.

Le § 2 donne à l'action communautaire cinq voies : l'adaptation aux mutations industrielles, notamment par la reconversion ; l'amélioration de la formation, y compris le problème de la réinsertion et le problème de la formation continue ; l'accès à la formation y compris les problèmes de mobilité et de formation des jeunes ; la coopération entre établissements d'enseignement ou de formation et entreprises ; l'échange d'informations.

Le § 3 concerne la coopération avec les pays tiers et les organisations internationales.

Le § 4 relatif aux moyens d'action prévoit essentiellement l'adoption (selon la procédure de coopération de l'art. 189 C) « de mesures pour contribuer à la réalisation des objectifs » du § 2. Il exclut comme l'article précédent toute mesure d'harmonisation des législations.

Section III. — Les questions de société

Division A. — L'environnement (articles 130 R, 130 S et 130 T)

Il s'agit du remaniement d'un titre ajouté à la partie III du traité de Rome par l'Acte unique comme titre VII et qui est devenu dans le traité sur l'Union le titre XVI de cette IIIe partie, elle même élargie ; il comporte trois articles : 130 R, 130 S et 130 T ; on évoquera en outre quatre déclarations annexées à l'acte final de signature de Maastricht. (121)

Ce qui en 1986 avait paru une nouveauté, est en 1992 passé dans les moeurs et la protection de l'environnement est devenue une des préoccupations majeures de la Communauté ; dès lors le traité sur l'Union a essentiellement pour souci d'améliorer le texte en le rendant plus efficace. S'il ne fallait retenir qu'une idée de ce souci d'efficacité, ce serait le passage pour les décisions de l'unanimité à la

(121) Indiquons aussi que les délégations britannique et allemande souhaitaient inclure dans le traité un chapitre relatif à la protection des animaux. D'autres délégations, et notamment l'Espagne, s'y sont opposées, craignant l'interférence de la CE dans des domaines considérés comme relevant profondément de leur culture et de leur mode de vie. La conférence s'est dès lors bornée à inviter, dans la déclaration n° 24, « le Parlement européen, le Conseil et la Commission, ainsi que les Etats membres, à tenir pleinement compte, lors de l'élaboration et de la mise en oeuvre de la législation communautaire dans les domaines de la politique agricole commune, des transports, du marché intérieur et de la recherche, des exigences en matière de bien-être des animaux ».

majorité qualifiée qu'on signalerait ; en fait, les améliorations sont bien autrement nombreuses, on en détectera peut-être une vingtaine ; on regroupera le tout en deux sections, selon qu'elles concerneront le cadre et les objectifs (§ 1) ou les actions et les procédures (§ 2).

§ 1er. *Le cadre et les objectifs de la politique communautaire de l'environnement*

Sans doute ce cadre et ces objectifs négociés en deux occasions peuvent-ils sembler disparates et est-il difficile de décrire les corrections de 1992, si l'on ne connait pas le texte de 1986.

Une première remarque consistera à relever que tandis qu'en 1986 on parlait d'action de la Communauté, le texte vise en 1992 une politique de la Communauté. Cette modification d'appellation traduit une nette prise d'importance de ce qui est entrepris.

On relèvera par ailleurs qu'avant comme depuis, la Communauté est soumise à la règle de la subsidiarité ; toutefois, alors qu'en 1986, l'environnement était le seul domaine du traité où s'appliquait expressément cette règle (cf. l'article 130 R.4 ajouté au traité CEE par l'Acte unique et qui renvoie expressément à cette règle, subordonnant l'action communautaire à ce qu'elle aboutisse à une meilleure réalisation que l'action isolée des Etats membres), dorénavant celle-ci se trouve exprimée à titre général au nouvel article 3 B et disparaît du texte de l'article 130 R.

Un autre signe de l'importance prise par les règles concernant l'environnement est le fait qu'elles ne figurent pas seulement parmi les mécanismes opérationnels du traité révisé, mais qu'elles sont mentionnées parmi les missions et objectifs de la Communauté (cf. articles 2 et 3). Ainsi relèvera-t-on que parmi les missions de la Communauté (art. 2), l'environnement est mentionné en liaison avec la croissance et qu'est en outre mentionnée la qualité de la vie (« une croissance durable et non inflationniste respectant l'environnement, le relèvement du niveau et de la qualité de la vie », — voir en outre la 20e déclaration faite à Maastricht). Par ailleurs, l'article 3 fixe à la lettre « *k* » parmi les objectifs de la Communauté celui d'avoir : « une politique dans le domaine de l'environnement » (voir aussi le 7e alinéa du préambule du traité sur l'Union). Sans doute de telles mentions pourraient ne paraître que des mots, mais vu l'importance qu'attache aux principes la Cour de Justice quand elle a à juger une action communautaire, on ne peut sous-estimer leur signification.

Pourrait-on rattacher à ces idées que « la politique de la Communauté dans le domaine de l'environnement vise un niveau de protection élevé » (phrase ajoutée au début de l'article 130 R 2) ? On indiquera par ailleurs aussi que par un affinement non purement verbal, la politique de la Communauté n'obéit pas qu'aux principes d'action préventive, de correction et de réparation (pollueur-payeur), mais qu'elle doit en outre respecter le principe de précaution, principe ajouté sur suggestion belge dans la 2e phrase de l'article 130 R.2.

On soulignera par ailleurs toujours dans le sens d'une prise d'importance de la préoccupation environnement, son intégration parmi les règles de base de la Communauté. Nous voulons parler de la dernière phrase du paragraphe 2 de l'article 130 R et du fait qu'elle se soit substituée à une phrase moins forte figurant antérieurement au même endroit. Selon le texte nouveau, « les exigences en matière de protection de l'environnement doivent être intégrées dans la définition et la mise en oeuvre des autres politiques de la Communauté », ce qui signifie clairement que la préoccupation environnement ne doit jamais être négligée, alors que l'ancienne formule était plus floue : « les exigences en matière de protection de l'environnement sont une composante de ces autres politiques ». Outre le fait que l'ancien texte avait donné lieu à une interprétation assez controversée de la Cour de Justice (affaire C 300/89, § 22), le nouveau indique clairement l'importance de l'action environnement. Toutes les délégations appuyèrent ce nouveau texte.

Rappelons aussi qu'au cours de la négociation, le Royaume-Uni proposa que chaque proposition de la Commission soumise au Conseil soit accompagnée d'une « fiche sur l'environnement », exposant ses éventuelles conséquences en la matière ; bien qu'approuvée par tous dans son principe, cette idée, en raison de son coût potentiel et des retards qu'elle entraînerait, ne fut reprise que par une brève déclaration jointe à l'acte final de signature (la 9ème).

Moins couronnée de succès fut l'idée présentée notamment par la Commission, mais aussi par l'Italie, l'Espagne (au nom d'une règle de l'adéquation des moyens), voire le Danemark, de doter la Communauté de moyens financiers lui permettant de mieux contribuer en la matière à la réalisation de sa politique. Cette idée, qui se trouve indiquée par exemple dans l'avis de la Commission en date du 21 octobre 1990, aurait dû selon celle-ci avoir comme conséquence la suppression de la dernière phrase de l'article 130 R.4 ancien (122). Mais la majorité des Etats membres exigèrent le maintien de celle-ci qui, sur suggestion espagnole, devint le 130 S.4 nouveau ; tout au plus certains financements peuvent-ils faire l'objet d'une péréquation entre Etats membres (voir la dernière phrase de l'article 130 S).

On relèvera encore comme élément à prendre en considération au titre de l'environnement qu'il doit être tenu compte de la dimension régionale des problèmes (dernier tiret ajouté à l'article 130 R.1), c'est-à-dire que l'action n'a pas pour cadre uniquement le territoire communautaire, mais qu'on peut faire face à des pollutions localisées dans la Communauté et dans des pays tiers voisins. On parla aussi, sur initiative grecque au cours de la négociation, mais sans s'y attarder, de la protection contre la pollution des mers régionales (Méditerranée, Mer du Nord). En ajoutant en revanche la dimension planétaire de l'environnement (même disposition), on vise des actions comme celle de la protection de la couche d'ozone.

La dimension régionale (et transfrontière) de la lutte contre les pollutions doit être distinguée du problème de la diversité des régions dans la Communauté comme élément à prendre en compte dans la lutte pour l'environnement ; cette lutte ne saurait en effet être uniforme, on doit tenir compte de la diversité des régions (nouvelle première phrase de l'article 130 R.2 qui fait presque double emploi avec une disposition sise plus loin, au 2e tiret de l'article 130.R.3).

Ne sont pas modifiées les autres dispositions de l'article 130 R, c'est-à-dire le § 3 concernant les paramètres à prendre en compte lors de l'élaboration de la politique : données scientifiques, diversité régionale, avantages et charges de l'action, développement équilibré de l'économie et des régions, ainsi que le § 4 relatif à la possibilité d'accords communautaires avec des pays tiers et des organisations internationales, ceci ne préjugeant pas de la possibilité d'accords passés directement par les Etats membres ; une déclaration (la

(122) « Sans préjudice de certaines mesures ayant un caractère communautaire, les Etats membres assurent le financement et l'exécution des autres mesures » c'est-à-dire des mesures non « actionnées » par la Communauté.

10ème) rappelle que ce paragraphe n'affecte pas les principes résultant de l'arrêt rendu par la Cour de Justice dans l'affaire *AETR* (123).

§ 2. *Les actions et procédures en matière d'environnement*

L'Acte unique avait au moins un mérite, celui de la simplicité : décision à l'unanimité, avec possibilité de passer à la majorité qualifiée pour les mesures d'exécution (article 130 S), possibilité pour un Etat membre d'appliquer des « mesures de protection renforcées compatibles avec le traité » (article 130 T).

Le traité sur l'Union est autrement plus diversifié et compliqué. A la base déjà, il y a trois cas différents :

— les « actions » pour lesquelles le Conseil se prononce selon la procédure de l'article 189 C ; dans certains domaines, toutefois, le Conseil décide à l'unanimité, après consultation du Parlement européen ;
— il y a par ailleurs des règles spéciales pour les « programmes d'action à caractère général » fixant des objectifs prioritaires à atteindre où s'applique la procédure de l'article 189 B ;
— enfin, il y a quelques situations particulières.

a) Quant aux « *actions* à entreprendre par la Communauté en vue de réaliser les objectifs visés à l'article 130 R », la règle est simple : procédure de l'article 189 C (c'est-à-dire procédure dite de coopération), avec en outre consultation du Comité économique et social (article 130 S.1) ; ceci est valable tant pour la décision d'adoption de l'action que pour sa mise en oeuvre (voir § 3 alinéa 2).

Par dérogation, toutefois, l'unanimité du Conseil (après consultation du Parlement européen et du Comité) est requise (article 130 S.2) dans trois cas : s' il s'agit de mesures « essentiellement de nature fiscale » ; s'il s'agit de « mesures concernant l'aménagement du territoire, l'affectation des sols, à l'exception de la gestion des déchets et des mesures à caractère général, ainsi que la gestion des ressources hydrauliques » ; s'il s'agit de « mesures relatives au choix entre les différentes sources d'énergie ou relatives à l'approvisionne-

(123) Voir aussi *infra*, à ce sujet la section 4, division C.

ment énergétique » (124). Le maintien de l'unanimité est, dans ces trois domaines, tempéré de deux manières : possibilité qu'après une mesure générale, les mesures d'exécution soient prises à la majorité qualifiée (dernier alinéa du § 2) et possibilité de prendre des mesures de rapprochement des législations sur base de l'article 100 A (donc à la majorité qualifiée et en codécision avec le PE) (sur ces mesures de rapprochement, voir ci-après la 3e division de la lettre c).

b) Des « *programmes d'action* à caractère général fixant les objectifs prioritaires à atteindre » sont adoptés par le Conseil selon la procédure de codécision (article 189 B), le CES étant en outre consulté (voir article 130 S 3, 1er alinéa). Cette disposition comporte toutefois une rédaction qui la rend ambiguë : on ne voit pas très bien le sens, au tout début du § 3, des mots « dans d'autres domaines » ; veut-on dire qu'il est exclu que de tels programmes interviennent dans les trois domaines d'exception indiqués ci-dessus sous lettre a), ce qui tendrait à souligner la spécificité des mesures visées sous cette lettre et la sauvegarde qu'à leur égard les Etats membres entendent tirer de l'unanimité ? Il nous semble plutôt résulter du second alinéa de l'article 130 S.3, que les programmes en cause peuvent concerner tant les domaines prévus à l'article 130 S.2 que ceux de l'article 130 S 1, puisque tour à tour ce § 3 alinéa 2 renvoie pour les mesures de mise en oeuvre des programmes aux §§ 1er et 2 ; on peut dès lors penser que les programmes sont arrêtés en général selon la procédure de l'article 189 B, mais que quand ils portent sur les domaines du § 2, l'unanimité du Conseil est requise avec simple consultation du PE. Quoi qu'il en soit, même si on adopte cette interprétation, l'ensemble de l'article 130 S est quelque peu touffu. En réalité, les dispositions du titre environnement ont été arrêtées dans le dernier mois de la négociation (le texte du 8 novembre 1991 les contient sous une forme différente), ce qui explique leur déficience de rédaction, même si finalement on peut en comprendre la substance.

c) des *situations particulières*, au nombre de trois :

i) Le § 5 de l'article 130 S vise le cas où une action de la Communauté implique pour un Etat membre « des coûts jugés dispropor-

(124) Le maintien partiel de l'unanimité est dû surtout à l'insistance espagnole ; l'Espagne craignait, en effet, de se voir imposer par les Etats membres du nord, plus avancés en la matière, des contraintes difficiles à respecter (voir aussi au chapitre 5 la section 3 consacrée au vote à la majorité qualifiée). Voir aussi dans le contexte la déclaration n° 11 sur les dérogations accordées à l'Espagne et le Portugal jusqu'à la fin 1999 en vertu de la directive relative à la limitation des émissions de certains polluants dans l'atmosphère en provenance des grandes installations de combustion.

tionnés », le Conseil peut alors en même temps qu'il adopte l'action, accorder à cet Etat une dérogation temporaire, et/ou lui accorder un soutien financier du Fonds de cohésion (article 130 D) ; ce fut à la suite d'une suggestion espagnole, insistant sur l'adéquation des moyens aux finalités des politiques que cette disposition fut insérée.

ii) Reste sans changement ou presque, l'article 130 T qui autorise un Etat membre à prendre individuellement des mesures de protection renforcées, à condition qu'elles soient compatibles avec le traité ; elles doivent en outre être notifiées à la Commission.

iii) Une dernière mesure concerne la possibilité de mesures d'harmonisation des législations prises pour des motifs d'environnement (article 130 R.2, 2e alinéa) ; dans un tel cas, un Etat membre peut faire insérer, « pour des motifs environnementaux non économiques », une clause de sauvegarde provisoire dans les mesures d'harmonisation décidées par le Conseil. Ces mesures de sauvegarde, à l'instar de ce qui est indiqué à l'article 100.A.5, sont soumises à une procédure communautaire de contrôle.

Division B. — La santé publique (art. 129)

Un nouveau titre consacré à cette question et portant le n° X, s'inscrit parmi les politiques de la Communauté (IIIe partie du traité CEE) ; ce titre ne contient qu'un article, l'article 129 (l'ancien article 129 qui était relatif à la Banque européenne d'investissement prend désormais place au sein de la Ve partie relative aux institutions de la Communauté, articles 198 D et E).

S'il fallait réduire cet article à deux idées essentielles, on retiendrait l'objectif indiqué dans la première phrase : « la Communauté contribue à assurer un niveau élevé de protection de la santé publique » et comme action essentielle, la prévention des grands fléaux.

On examinera successivement l'origine puis le contenu de la disposition.

§ 1er. *Origine et élaboration de l'article 129*

Depuis longtemps, la Communauté se préoccupait de santé publique, bien que l'idée qu'il s'agisse formellement d'une question de sa compétence ne soit pas partagée par tous les Etats membres. Certes, depuis 1977 existait un Conseil réunissant les Ministres de la Santé, mais au départ les seuls actes adoptés étaient des décisions des

Etats membres réunis au sein du Conseil, c'est-à-dire des accords entre Etats membres ou encore des résolutions sans force obligatoire. La régularité semestrielle (une session par Présidence du Conseil) n'était au surplus pas assurée.

Depuis la signature de l'Acte unique (février 1986), même si celui-ci n'avait pas reconnu formellement une compétence santé, intervinrent, comme conséquence de la prise en considération dans le cadre de l'Europe des citoyens des problèmes de personnes physiques, un assez grand nombre de résolutions, conclusions, déclarations, accords « sur une communication de la Présidence », tous actes au statut incertain, mais en général adoptés sinon à l'unanimité ou d'un commun accord, du moins sans opposition. On a ainsi connu des textes sur la drogue, le sida, le cancer, la toxicologie, les maladies cardio-vasculaires, le dopage, la nutrition, ... On a aussi dressé une carte sanitaire européenne d'urgence. On comprendra néanmoins qu'aux yeux de certains, ce qui manquait à une vraie politique en matière de santé publique, c'était au sens formel une base juridique.

Il n'est dès lors pas étonnant qu'au cours des Conseils européens de 1990, quand on parle d'extension des compétences de la Communauté, on cite souvent la santé publique, notamment sous l'angle de la lutte contre les grands fléaux ou les grandes maladies.

A l'aube de 1991, la Présidence luxembourgeoise demandera sur toutes les questions d'extension des compétences aux autres délégations de lui fournir des propositions de rédaction. En peu de jours, pour ce qui concerne la santé, des textes émanant de six Etats membres et de la Commission arriveront : sauf à relever qu'une partie de ceux-ci se retrouvera dans le texte final, nous ne pouvons tous les analyser ; tout au plus pouvons-nous tracer quelques idées communes : celle de la subsidiarité d'abord, celle (non reprise mais évidente) qu'un Etat membre peut assurer à ses ressortissants (plus exactement sur son territoire) une politique de protection de la santé plus poussée que celle de ses partenaires, celle des liens avec la recherche, celle de la nécessité d'une meilleure information. Peut-être les suggestions espagnoles étaient-elles celles qui semblaient les plus ambitieuses en ce qu'elles envisageaient le plus ouvertement des mesures opérationnelles et que les suggestions allemandes étaient les plus réticentes ..., car il y a les *Länder* et leur compétence en la matière. Quoiqu'il en soit, le texte progresse au cours de l'année 1991, pour aboutir à l'article 129.

§ 2. *Le contenu de l'article 129*

Quatre idées nous retiendront.

a) *Principe de subsidiarité et objectifs de la Communauté*

Bien que le texte de l'article 129 ne mentionne pas la règle de la subsidiarité, celle-ci s'applique en matière de santé publique, puisqu'il résulte d'une manière claire du premier alinéa du § 1 que la Communauté a comme rôle d'encourager la coopération des Etats membres, et si nécessaire seulement d'appuyer leur action ... mais n'a pas de compétence propre ; même si au § 4, elle peut adopter des actions, celles-ci se caractérisent comme une « contribution à la réalisation des objectifs visés au présent article » et ne font qu'encourager les efforts des Etats membres.

b) *Domaine matériel de l'action communautaire*

On mentionnera d'abord au début du traité une nouvelle lettre « o » à l'article 3 qui confère à l'action communautaire parmi ses objectifs : « Une contribution à la réalisation d'un niveau élevé de protection de la santé ». Ceci est répété au début de l'article 129. Puis l'alinéa 2 du § 1er de l'article 129 se fait plus précis et indique vraiment la direction : « prévention des maladies, et notamment des grands fléaux, y compris la toxicomanie », en disant en outre que l'action communautaire se fera afin de « favoriser la recherche sur leurs causes (de ces maladies et fléaux), et leur transmission ainsi que l'information et l'éducation en matière de santé ».

Quant à la disposition de l'alinéa 3 selon laquelle « les exigences en matière de protection de la santé sont une composante des autres politiques de la Communauté », il ne s'agit pas là d'une formule inventée par le traité de Maastricht : elle avait déjà été utilisée dans l'Acte unique (pour l'article 130 R § 2 du traité CEE sur l'environnement) et comme telle interprétée par la Cour de Justice des Communautés : dans l'arrêt C-300/89 du 11 juin 1991, *Commission contre Conseil*, dit affaire du dioxyde de titane, voir le considérant 22. Sa signification serait que si une action donnée est « une composante des autres politiques de la Communauté », elle peut être poursuivie non seulement sur la base juridique prévue, mais aussi dans le cadre d'autres politiques. Autrement dit, une action communautaire en matière de santé pourrait se réaliser non seulement sur la base de l'article 129, mais aussi dans le cadre et sur la base d'une autre politique, telle la politique sociale (s'il s'agissait par exemple d'une proposition tendant à la réduction de l'exposition des travailleurs à certains produits nocifs), ou encore la politique agricole (pour une interdiction d'adjuvants douteux dans des aliments).

c) *Moyens et obligations de la politique de santé publique*

Ceux-ci figurent aux §§ 2 et 4 : les Etats membres doivent se coordonner sur leurs politiques et programmes, ils le font en liaison avec la Commission ; celle-ci « peut prendre, en contact étroit avec les Etats membres, toute initiative utile pour promouvoir cette coordination « (§ 2).

Le Conseil, par ailleurs, outre la possibilité d'adopter (sur proposition de la Commission et à la majorité qualifiée) des recommandations, peut également adopter des actions d'encouragement ; le texte n'en dit pas plus sur ces actions, on peut toutefois en revenant au § 1 alinéa 1, indiquer qu'elles peuvent encourager la coopération entre les Etats membres et appuyer leurs efforts ; quant à la procédure, ces actions sont adoptées selon l'article 189 B, c'est-à-dire selon la procédure dite de codécision, après consultation du Comité économique et social et du Comité des régions.

Comme restriction importante à l'action communautaire, on relèvera que ces actions d'encouragement ne peuvent consister en des mesures « d'harmonisation des dispositions législatives et réglementaires des Etats membres ». Cette restriction, suggérée par l'Allemagne, conforte la règle de subsidiarité et empêche une intervention trop directe dans les Etats membres.

d) *Action internationale*

Selon le § 3, la Communauté et les Etats membres favorisent la coopération avec les pays tiers et les organisations internationales.

Division C. — La culture (article 128)

Le traité de Maastricht ajoute au traité de Rome un titre IX, intitulé « Culture » et ne comportant qu'un article, l'article 128.

Dans ce domaine comme dans bien d'autres nouvelles compétences, l'action communautaire avait en vérité débuté dès le milieu des années 1980 par une « première session du Conseil et des Ministres responsables des affaires culturelles réunis au sein du Conseil », avec examen notamment de problèmes audiovisuels et de cinématographie. Plus de trente décisions, résolutions ou conclusions du Conseil, du Conseil et des Ministres ou des Ministres seuls interviendront jusqu'à fin 1991, le choix entre ces trois formules répondant à des considérations juridiques sur le contenu matériel des actes.

Le Conseil européen de Rome des 14 et 15 décembre 1990 demanda à la conférence intergouvernementale sur l'Union politique de tenir compte, entre autres, de « la sauvegarde de la diversité du patrimoine européen et de la promotion des échanges culturels et de l'éducation ».

Sur la base de cinq propositions de textes déposées en janvier-février 1991 par des délégations des Etats membres, la CIG/UP, dans les quatre textes successifs qu'elle examinera au cours de l'année 1991 dégagera progressivement la substance de l'article 128 et de quelques autres textes (125). Six remarques seront formulées sur ces textes.

§ 1er. *Le caractère subsidiaire de l'action communautaire en matière culturelle*

Le fait que la politique de la culture de la Communauté a un caractère subsidiaire par rapport à celles des Etats membres apparait clairement à lire les paragraphes 1 et 2 de l'article 128 : « la Communauté *contribue* à l'action des Etats membres, elle *encourage* la coopération entre Etats membres ; elle *appuie* et *complète* leur action ... ». Ceci se comprend car avec la culture, il ne s'agissait vraiment pas d'un domaine où il ait pu y avoir de la part de la Communauté de revendication d'une compétence exclusive.

(125) Outre l'article 128, mentionnons une partie de la lettre p) de l'article 3 CE sur les objectifs de la Communauté : « p) une contribution à ... l'épanouissement des cultures des Etats membres » ; rappelons aussi que l'article 36 CEE (inchangé) parle de la « protection des trésors nationaux ayant une valeur artistique, historique ou archéologique ... » dans les échanges commerciaux entre Etats membres et qu'enfin, à l'article 92, le traité de Maastricht a ajouté un alinéa sur les « aides destinées à promouvoir la culture et la conservation du patrimoine » ; ce texte est analysé ci-après sous § 6.

§ 2. *Le domaine de la politique culturelle*

Il est défini dans le cadre des paragraphes 1 et 2 ; à lire ceux-ci, on soulignera combien ils sont délicats à exposer ; au surplus ne doit-on pas commenter, outre leur contenu, leurs silences, en les comparant éventuellement avec ce que d'aucuns eussent voulu y voir figurer ?

Evidemment, le premier paragraphe comporte une définition magnifique de l'objectif : « contribuer à l'épanouissement des cultures des Etats membres », en l'assortissant d'un bémol et d'un dièze : respecter « la diversité nationale et régionale » de ces cultures, d'une part, et mettre en évidence qu'il y a un « héritage culturel commun »,d'autre part.

Tout ceci est par la suite complété au paragraphe 2 par quatre tirets qu'il convient d'examiner en quelques mots. Le premier est consacré à l'amélioration de la connaissance et de la diffusion de la culture et de l'histoire des peuples européens, celles-ci étant et restant bien distinctes.

Le second tiret se rapporte à quelque chose de commun, le patrimoine culturel d'importance européenne qu'il s'agit de conserver et de sauvegarder. Il est à noter que les auteurs du traité ont, pour des raisons évidentes, utilisé l'expression « européenne » plutôt que « communautaire » ici.

Le troisième tiret concerne « les échanges culturels non commerciaux » ; il se réfère essentiellement aux échanges entre Etats membres, car la coopération avec les pays tiers est évoquée au paragraphe 3 de l'article 128. L'ajout du qualificatif « non commerciaux » mérite une explication ; il y figure à la demande de la délégation espagnole qui voulait écarter tout risque d'interférence avec l'article 36 du traité CE(E) qui permet aux Etats membres d'introduire des interdictions ou restrictions d'importation et d'exportation de biens justifiées, entre autres, par des raisons de « protection des trésors nationaux ayant une valeur artistique, historique et littéraire ».

Le quatrième tiret a trait à la « création artistique et littéraire, y compris dans le secteur de l'audiovisuel ». A l'origine, l'idée était de mentionner simplement le secteur de l'audiovisuel. La Communauté agit, depuis des années, dans ce secteur selon trois axes : le premier concerne la libre circulation des programmes (cf. la directive « Télévision sans frontières » adoptée en 1989 sur base des articles 57.2 et 66 du traité CEE), le second, le domaine des mesures techniques de diffusion et de réception (cf. les directives de 1986 et 1992 relatives à l'adoption de normes pour la diffusion par satellite de signaux de télévision, adoptées sur base de l'article 100 A), le troisième, enfin, relatif à la création de programmes (cf. le programme Media adopté sur base de l'article 235 en 1990).

La plupart des délégations n'ont pas souhaité traiter à l'article 128 consacré à la culture de toutes ces composantes d'une politique audiovisuelle. La conférence a dès lors décidé de mentionner le secteur de l'audiovisuel dans le contexte d'une référence générale à la création artistique et bilatérale.

§ 3. *Les moyens de la politique culturelle*

Les moyens se caractérisent par une double limitation qui se conjugue avec le fait que nous sommes dans un domaine où la compétence de la Communauté est limitée par la règle de la subsidiarité ; tout ceci risque de fortement amenuiser la politique culturelle commune.

Ces deux entraves sont l'interdiction que l'article 128 soit utilisé comme base pour faire du rapprochement des législations (demande allemande) et par ailleurs le très strict emploi de l'unanimité au sein du Conseil (demande britannique et allemande) pour l'adoption d'actions communes (l'un et l'autre au § 5, premier tiret).

De la première (non emploi de l'article pour faire du rapprochement des législations), il est aussi question dans trois autres dispositions voisines dans le traité, l'article 126 relatif à l'éducation, l'article 127 relatif à la formation professionnelle et l'article 129 relatif à la santé publique. Dans ces quatre articles qui se suivent, c'est l'Allemagne qui, afin de ne pas entrer en conflit avec les *Länder* prioritairement compétents dans ces domaines, a voulu renforcer le principe de subsidiarité en interdisant la création d'une compétence communautaire rampante qui s'exercerait par la voie de l'harmonisation.

Quant à l'unanimité, on soulignera combien elle est renforcée dans l'article 128 : le Conseil se prononce sur les actions d'encouragement à la culture selon la procédure appelée de codécision où il partage avec le Parlement le pouvoir de décider ; mais le Conseil —

à l'inverse de la douzaine d'autres cas où cette procédure est employée — ne peut ici décider qu'à l'unanimité. Ceci a pour conséquence qu'entre le PE qui peut toujours (à quatre reprises au cours de la procédure) écarter la proposition et le Conseil qui ne va en tout état de cause se prononcer qu'à l'unanimité, la marge de manoeuvre sera étroite ; on relèvera encore que c'est à l'unanimité également que le 2e tiret du § 5 prévoit que le Conseil peut adopter des recommandations. Comme on le voit, les Etats membres se sont montrés parcimonieux dans l'octroi à la Communauté d'une compétence en matière de culture.

§ 4. *Rapports de la politique culturelle et des autres politiques communautaires*

Ces rapports font l'objet d'une disposition assez spécifique, le § 4 : dans son action au titre de dispositions du traité CE autres que l'article 128, la Communauté « doit tenir compte des aspects culturels ». Ceci est rédigé sous une forme différente de dispositions semblables utilisées ailleurs, tels à l'article 129.1, troisième alinéa (santé publique : « les exigences en matière de protection de la santé sont une composante des autres politiques de la Communauté ») ou l'article 130 R.2 dans son texte résultant de l'Acte unique (environnement), qui comportait la même disposition laquelle a disparu en 1992. Cette nouvelle rédaction semble signifier que si l'objectif culturel ne doit pas être négligé dans le cas des autres politiques communautaires, les actions culturelles n'en relèvent pas moins essentiellement de l'article 128 ; ainsi a-t-on cherché à contrecarrer l'interprétation donnée de l'ancien article 130 R 2, environnement (voir ci-dessus) par la Cour de Justice.

§ 5. *Relations internationales*

Le paragraphe 3 de l'article 128 enjoint « à la Communauté et aux Etats membres » de favoriser la coopération avec les pays tiers et les organismes internationaux compétents en la matière ; parmi ceux-ci, il mentionne tout particulièrement le Conseil de l'Europe, en raison de l'action de celui-ci depuis 1954, date de création de son Fonds culturel et surtout depuis 1959 où il reprit les compétences culturelles de l'Union de l'Europe occidentale.

On notera par ailleurs que fut omise une proposition néerlandaise de rappel que les Etats membres restaient compétents pour conclure eux-mêmes des traités culturels ; il est évident que de tels accords pourraient être signés, tant par la Communauté, dans le cadre de sa compétence, que par les Etats membres.

§ 6. *Aides culturelles*

Pour mémoire, on signalera par ailleurs que dans l'article 92 § 3 relatif aux aides publiques accordées par les Etats membres à leurs ressortissants est ajoutée, à l'initiative des Pays-Bas, appuyés par le Danemark, la France et la Belgique, sous forme d'un nouvel alinéa d) à insérer avant celui existant qui devient e), une phrase déclarant compatible avec le traité « les mesures destinées à promouvoir la culture et la conservation du patrimoine quand elles n'altèrent pas les conditions de la concurrence dans la Communauté dans une mesure contraire à l'intérêt commun ».

Division D. — La protection des consommateurs (article 129 A)

Sans doute l'action de la Communauté pour la protection des consommateurs date-t-elle de longtemps, bien avant que celle-ci n'ait reçu les pouvoirs spécifiques pour l'assurer. La Communauté avait, notamment dans le domaine de la politique agricole commune, protégé les consommateurs, par exemple dans les secteurs agro-alimentaires, spécialement quant aux colorants, aux additifs ... Par ailleurs, dès 1976, des principes, presque plutôt des droits fondamentaux des consommateurs, étaient définis. Ce n'est toutefois qu'à la charnière des années 1989-1990, dans le cadre des premiers travaux de la Commission désignée en janvier 1989,(2e Commission Delors), autour d'une résolution du Conseil de novembre 1989 et d'un Plan d'action présenté en mars 1990 par la Commission, qu'une nouvelle stratégie est définie : d'une part, mise en place d'une représentation des consommateurs et d'un système d'information de ceux-ci et, d'autre part, action normative dans le cadre du grand marché en vue d'assurer la sécurité des transactions et des produits ; la tâche n'est à ce jour pas achevée.

Plus près de nous, le Conseil européen de Rome II ne mentionna pas dans l'énumération des nouvelles compétences à prévoir la protection des consommateurs ; néanmoins dès les premiers mois de 1991, des textes circulent, émanant du Danemark, de l'Espagne, du Parlement européen aussi. Le *non paper* d'avril 1991 contient une disposition précise sur certains points, floue sur d'autres. Le texte de la Présidence luxembourgeoise de juin 1991 est nettement plus complet, quasi identique au texte signé à Maastricht, sauf sur les problèmes de procédure d'adoption des décisions, car pour celle-ci la rédaction doit attendre les résultats plus généraux de la négociation quant à la procédure décisionnelle.

Finalement, l'article 129 A constitue, avec ses trois paragraphes, le titre XI intitulé Protection des consommateurs, de la nouvelle troisième partie du traité CE.

L'action de la Communauté contenue au texte signé à Maastricht s'énonce autour des objectifs et caractéristiques de l'action communautaire et de ses moyens et procédures.

§ 1er. *Objectifs et caractéristiques*

Peut-être en la version préparatoire d'avril 1991, les objectifs étaient-ils plus clairement énoncés qu'au texte définitif ; l'article 129 A n'en est pas moins assez clair : on parle de la « réalisation d'un niveau élevé de protection des consommateurs » (première phrase de l'art. 129 A.1) ; on parle aussi, dans le cadre d'actions spécifiques, « de protéger la santé, la sécurité et les intérêts économiques des consommateurs » (lettre b du § 1).

Plus diffuses vont être les caractéristiques de l'action communautaire. D'abord au regard de la subsidiarité : non expressément mentionnée selon la pratique générale, elle n'en est pas moins d'application évidente : « la Communauté *contribue* » (premiers mots du § 1), ses « actions spécifiques *appuient* et *complètent* la politique menée par les Etats membres » (§ 2, lettre b).

Par ailleurs les Etats membres peuvent « maintenir ou établir des mesures de protection plus strictes » que les mesures communautaires ; ces mesures doivent être compatibles avec le traité CE et être notifiées à la Commission ; si nécessaire, celle-ci engagera une action en manquement (§ 3).

§ 2. *Moyens et procédure*

Deux voies distinctes sont prévues par l'article 129 A § 1.

Par une disposition assez inhabituelle dans les traités communautaires, le § 1 lettre a) renvoie expressément à une autre base juridique, l'article 100 A, pour toutes mesures consistant en un rapprochement des dispositions législatives, réglementaires et administratives des Etats membres concernant la réalisation du marché intérieur quand il y a lieu de protéger les consommateurs. Au vrai, il ne fait ainsi que consacrer une pratique habituelle depuis 25 ans, que par ailleurs l'Acte unique avait confirmée en 1986 puisque l'article 100 A § 3 indique que les propositions de la Commission en matière de rapprochement des législations doivent reposer sur un niveau élevé de protection des consommateurs.

Par ailleurs, le § 1 lettre b) indique que le Conseil pourra adopter des « actions spécifiques » qui, telle est rédigée la disposition, sont des compléments ou des appuis à des mesures des Etats membres et qui ont soit comme objet de s' inscrire dans les objectifs de l'article 129 A (protection « de la santé, de la sécurité et des intérêts économiques des consommateurs ») et seront dès lors des mesures communautaires normatives voire opérationnelles, soit encore viseront à assurer aux consommateurs une « information adéquate ». Ces actions spécifiques sont arrêtées (§ 2) par le Conseil statuant selon la procédure dite de l'article 189 B (codécision), avec en supplément consultation du Comité économique et social.

De fait se trouve ainsi réalisé un compromis entre ceux qui voulaient une action directe de la Communauté et ceux qui, estimant que la matière n'était pas séparable de la réalisation du marché intérieur, préféraient une action indirecte de rapprochement des législations.

Division E. — Le protocole relatif à l'article 40.3.3 de la Constitution de l'Irlande

Lors des négociations sur le traité de Maastricht, la question s'est posée en Irlande de savoir si celui-ci n'allait pas vider de sa substance l'article 40.3.3. de la Constitution de l'Irlande interdisant l'avortement. Afin d'éviter que cette question émotionnelle ne devienne un enjeu dans le débat irlandais sur le nouveau traité et ne soit utilisée par les détracteurs du traité, le Gouvernement irlandais proposa à ses partenaires l'adoption d'un protocole relatif à l'article 40.3.3. La conférence adopta donc le protocole n° 17 qui se lit comme suit :

« Aucune disposition du traité sur l'Union européenne, des traités instituant les Communautés européennes ni des traités et actes modifiant ou complétant lesdits traités n'affecte l'application en Irlande de l'article 40.3.3 de la Constitution de l'Irlande. »

Les choses en seraient restées là si, au printemps 1992, le cas douloureux d'une fille mineure, enceinte après avoir été violée, n'avait pas soulevé des interrogations sur les possibles effets pervers de ce protocole. La Cour suprême de l'Irlande avait, dans un jugement remarqué, décidé d'autoriser, dans ce cas précis, la fille mineure à partir en Angleterre pour se faire avorter. Le protocole n° 17 n'allait-il pas en fait empêcher à l'avenir ce genre de solution ? Dans la mesure où le protocole contient expressément les mots « en Irlande », une telle interprétation ne semble vraiment pas à craindre. Mais afin de couper court à ce genre de spéculations, le gouvernement irlandais demanda aux autres Etats membres de préciser expressément que le protocole en question ne pouvait en aucun cas remettre en cause la liberté de circulation dans la Communauté ni le droit à l'information sur des services légalement offerts dans d'autres Etats membres.

Les partenaires de l'Irlande n'avaient évidemment aucune objection quant à la substance de la proposition irlandaise. Mais ils n'étaient pas prêts à reconvoquer une conférence intergouvernementale pour amender le traité (dont le protocole fait partie), craignant, en effet, que dans une telle hypothèse, d'autres Etats membres voudraient en profiter pour demander d'autres modifications.

Les Etats membres ont dès lors opté pour une solution moins compliquée, à savoir l'adoption d'une déclaration solennelle interprétative du protocole n° 17. Cette déclaration, adoptée à Guimaraes (Portugal) le 1er mai 1992, se lit comme suit :

« Les Hautes Parties contractantes au Traité sur l'Union européenne, signé à Maastricht le 7 février 1992,

ayant examiné les termes du Protocole n° 17 dudit Traité sur l'Union européenne, annexé à ce traité et aux traités instituant les Communautés européennes

donnent l'interprétation juridique suivante :

leur intention était et demeure que le Protocole ne limite pas la liberté de se déplacer entre Etats membres ou, conformément aux conditions qui peuvent être arrêtées en conformité avec le droit communautaire par la législation irlandaise, d'obtenir ou de fournir en Irlande des informations concernant des services que la loi autorise dans les Etats membres.

En même temps, les Hautes Parties contractantes déclarent solennellement que, dans l'hypothèse d'une future révision de la constitution de l'Irlande qui porte sur l'objet de l'article 40.3.3. de ladite constitution et qui ne soit pas contraire à l'intention des Hautes Parties contractantes exprimées ci-dessus, elles seront favorables, à la suite de l'entrée en vigueur du Traité sur l'Union européenne, à une modification dudit Protocole visant à en étendre l'application à la disposition de la constitution ainsi révisée si l'Irlande le demande. »

Section IV. — Relations extérieures et accords internationaux

Introduction

Si la volonté de doter l'Union d'une véritable politique étrangère et de sécurité commune est clairement établie dès 1990, la démarche exacte à suivre reste longtemps controversée. Une des questions clés dans ce contexte concernait la relation à établir entre cette PESC, issue de la coopération politique européenne, et les aspects extérieurs liés aux activités de la Communauté européenne : comment assurer de la façon la plus efficace l'unité et la cohérence de l'action de l'Union sur la scène internationale ?

Mais en même temps, la conférence a dû examiner la problématique de l'action extérieure de la CE en tant que telle, la situation actuelle étant, à cet égard, caractérisée par une prise en compte très partielle de ces aspects extérieurs dans les traités d'origine : n'y sont visés, en effet, que la politique commerciale commune et les accords d'association. Cette situation a dans le passé été source de controverses multiples et d'une jurisprudence abondante. L'Acte unique a certes innové en la matière en ajoutant des références aux relations extérieures dans les nouveaux chapitres consacrés à l'environnement et la recherche, mais sans pour autant vraiment clarifier les choses.

Dans son document de travail du 27 février 1991 consacré à la politique extérieure commune de l'Union, la Commission essaya de répondre aux deux interrogations esquissées ci-dessus à la fois. Elle proposa, en effet, d'introduire dans le traité révisé (126) un nouveau

(126) Dans l'optique de la Commission, la structure devait être unitaire, l'Union se substituant à la Communauté économique européenne (cf. le titre IV).

titre, « la politique extérieure commune » comportant à la fois la future PESC, la politique économique extérieure et la politique de coopération au développement.

Dans le document précité, des procédures de décision particulières étaient prévues pour la PESC où notamment le Conseil européen se voyait reconnaître un rôle fondamental pour la délimitation des compétences de l'Union.

Pour ce qui était des autres domaines, les compétences de l'Union étaient assises sur des bases juridiques claires et figuraient expressément dans le traité.

Comme nous l'avons vu, la conférence n'a pas voulu s'engager dans cette voie et a préféré adopter l'approche par piliers. Dans le cadre de celle-ci, la création d'un cadre institutionnel unique et l'affirmation du principe de la cohérence de l'ensemble de l'action extérieure de l'Union sont censées éviter tout risque d'un éclatement de l'action de l'Union en composantes totalement distinctes, voire contradictoires.

En ce qui concerne les relations extérieures liées aux activités de la CE, nous allons tout d'abord retracer les discussions relatives à la politique commerciale commune. A cet égard, il convient de noter d'emblée que les tenants du *statu quo* l'ont largement emporté.

Une deuxième division sera consacrée à la coopération au développement. Ce domaine, dans lequel la Communauté est active depuis longtemps, a enfin été doté d'une base légale claire dans le traité CE, et non pas, comme certaines délégations le souhaitaient, dans le pilier PESC.

Nous examinerons, ensuite, les nouvelles dispositions de l'article 228 concernant la négociation et la conclusion d'accords internationaux dans les domaines communautaires. Sur ce point, le traité sur l'Union représente un progrès significatif dans l'établissement de règles à la fois plus claires et plus cohérentes. Il faut, toutefois, souligner dès à présent que les règles régissant les relations extérieures en matière monétaire font l'objet d'un traitement *sui generis* (cf. article 109 du traité).

Nous évoquerons aussi la problématique des « sanctions » économiques vis-à-vis des pays tiers ; afin d'éviter les querelles du passé sur la base juridique à utiliser dans des cas de sanctions, la conférence a introduit un article spécifique dont la mise en oeuvre dépend d'une décision prise dans le cadre de la PESC (article 228 A).

Enfin, la question des exportations d'armes sera brièvement examinée. Cette question a, en effet, suscité un débat intéressant qui n'a pas, toutefois, abouti à des modifications du traité.

Division A. — La politique commerciale commune (articles 110 à 116)

Dans la version finale du nouveau traité, les articles relatifs à la politique commerciale sont très largement identiques au texte actuel du traité. Deux articles concernant la période transitoire ont été supprimés (articles 111 et 114) : il s'agit là d'un nettoyage juridique du texte.

L'article 113, élément clé de cette partie du traité, s'est enrichi d'une simple référence à l'article 228. Seule autre modification : alors que l'actuel traité parle « d'accords avec des pays tiers », le traité sur l'Union mentionne « des accords avec un ou plusieurs pays tiers ou des organisations internationales ».

L'article 115, relatif à des mesures de protection contre des détournements de trafic, a été ré-écrit partiellement.

L'article 116 relatif aux organisations internationales de caractère économique, enfin, a été abrogé.

Pourtant, le thème de la politique commerciale a fait l'objet d'intenses débats et de nombreuses propositions de modification. La portée même de l'article 113 est, en effet, très controversée : la CIG aurait donc pu être l'occasion de clarifier les choses. Mais de rédaction en rédaction, on est progressivement revenu vers le texte actuel qui, il faut le dire, a généré une abondante jurisprudence que les délégations étaient finalement réticentes à bouleverser. Elles ont donc préféré camper sur leurs interprétations respectives, quitte à laisser la Cour de Justice trancher les différends.

§ 1er. *La portée de l'article 113*

Le principal problème qui s'est posé au sujet de cet article avait trait aux *services* dans le cadre de la politique commerciale commune.

En l'absence de dispositions spécifiques dans le traité, la jurisprudence de la Cour va dans le sens d'une interprétation large de l'article 113. Ainsi, celui-ci couvre-t-il non seulement les biens et marchandises, mais également les services liés aux échanges de biens et de marchandises (127). L'article 113 peut par ailleurs servir de base juridique à des mesures de type commercial qui poursuivent aussi un objectif de protection de la santé (128) ou d'aide au développement (129).

La Cour avait antérieurement jugé que la Communauté dispose de compétences extérieures si et dans la mesure où des engagements extérieurs peuvent affecter ses règles internes (130). Mais cela n'implique pas forcément que de telles compétences, dans le domaine touchant au commerce des services, doivent être exercées sur base de l'article 113 qui est surtout axé sur les questions tarifaires et commerciales ; un certain nombre d'Etats membres y sont en tout cas fermement opposés. La pratique actuelle consiste d'ailleurs plutôt à conclure l'engagement extérieur sur la base juridique sur laquelle est ou doit être fondée la disposition interne affectée par cet engagement extérieur.

Il faut noter ici que la Commission a une interprétation différente sur ce point ; elle estime, en effet, que l'article 113 couvre d'ores et déjà l'ensemble des relations avec les pays tiers pour tous les domaines des services. Elle se fonde essentiellement sur l'évolution de la conception contemporaine de la « politique commerciale », notamment dans le cadre de l'Uruguay round.

La Commission proposa, dans sa note précitée du 27 février, un article Y 17 dont le premier paragraphe se lisait comme suit :

> « L'Union conduit une politique commune en matière de relations économiques extérieures en ce qui concerne
>
> — les échanges, y inclus les régimes de crédits à l'exportation et d'assurance-crédit ;
>
> — les mesures économiques et commerciales en matière de services, de capitaux, de propriété intellectuelle, d'investissement, d'établissement et de concurrence. »

Ce texte fit l'objet de critiques sévères de la part des Etats membres, accusant la Commission de vouloir s'arroger ainsi de nou-

(127) Cf. avis 1/75, *Arrangement concernant une norme pour les dépenses locales*, *Recueil*, 1975, p. 1355

(128) Arrêt *Tchernobyl*, affaire 62/88, *Recueil*, 1990, p. 1527

(129) Arrêt *SPG*, affaire 45/86, *Recueil*, 1987, p. 1493

(130) Arrêt *AETR*, affaire 22/70, *Recueil*, 1971, p. 263

velles compétences et de trancher les différends existants dans un sens tout à fait favorable aux thèses les plus osées en la matière.

Dans son *non paper* d'avril, la Présidence luxembourgeoise, dans un souci de clarification et d'efficacité, faisant sienne la thèse de la Commission en matière de services, suggéra de remplacer le paragraphe 1 de l'article 113 par le texte suivant :

> « La Communauté conduit une politique commune en ce qui concerne les échanges internationaux de marchandises et de services ».

Dans le même esprit, elle proposa de parler non plus de « politique commerciale » mais de « politique économique extérieure ». A l'article 110, la « promotion des intérêts économiques de la Communauté sur le plan international dans les domaines de sa compétence » fut ajoutée parmi les objectifs de cette politique.

Cette approche fut également rejetée par une majorité de délégations ; l'inconvénient majeur, aux yeux de celles-ci, concernait l'incohérence entre les majorités requises au Conseil pour l'adoption de règles internes et pour la négociation et la conclusion d'accords avec des pays tiers, sauf si toutes les règles internes étaient adoptées à la majorité qualifiée.

La Présidence se lança dès lors dans la recherche d'une solution moins radicale. Une première piste consistait à inclure en principe les services, mais d'exclure un certain nombre d'entre eux : cela concernait notamment le domaine des transports régi à l'heure actuelle par les dispositions des articles 75 à 84. Plusieurs délégations, essentiellement pour des raisons de répartition interne de compétences, insistaient, en effet, pour que l'article 113 ne s'y appliquât pas. La difficulté d'établir une liste d'exceptions fit que cette hypothèse fut vite abandonnée.

Une autre piste, plus prometteuse à première vue, consistait à consolider tout d'abord dans le texte du traité la jurisprudence en matière de services directement liés à des échanges de marchandises. Le texte du 18 juin reflète cette approche (nouvel article 110, 2e paragraphe) :

> « La Communauté conduit une politique commerciale commune, qui porte sur les échanges internationaux des marchandises, ainsi que sur les services directement liés à ces échanges ».

Le texte poursuit :

> « La politique commerciale commune s'étend aussi aux autres services pour autant et dans la mesure où la Communauté est compétente pour arrêter des règles internes dans le domaine en cause. »

Pour éviter l'inconvénient de voir s'installer une incohérence entre les majorités requises pour des dispositions internes et pour la conclusion d'accords internationaux, il était par ailleurs précisé à l'article 113 que si les mesures nécessaires à la mise en oeuvre de la politique commerciale commune « concernent des services qui ne sont pas directement liés à des échanges de marchandises, le Conseil statue à l'unanimité lorsque l'unanimité est requise pour l'adoption de règles internes ».

Même cette approche, qui avait l'avantage de la clarté et de la logique institutionnelle, se heurta aux objections de plusieurs délégations ; celles-ci craignaient, en effet, qu'en consolidant dans le traité la jurisprudence de la Cour, l'on ne jette les bases pour un nouveau « saut qualitatif » en matière de jurisprudence. Par ailleurs, certains Etats membres, pour des raisons de répartition interne des compétences, refusaient de soumettre certains services, notamment en matière de transports, à l'article 113 et donc à l'emprise des administrations responsables des questions de commerce extérieur.

Devant ces résistances, la Présidence néerlandaise préféra, pour éviter un débat difficile, revenir au *statu quo* ; le texte issu de Maastricht ne contient donc aucune référence aux services dans l'article 113. La question reste dès lors ouverte, et les controverses à ce sujet vont continuer à être arbitrées par la Cour de Justice.

§ 2. *La procédure de l'article 113*

Dans l'optique de la Présidence luxembourgeoise, les négociations devaient être mises à profit pour rationaliser la procédure de la négociation et de la conclusion d'accords internationaux. Tel était l'objet de la modification de l'article 228 qui, dans cette optique, devait décrire la procédure à suivre dans tous les cas (sauf en matière monétaire), y compris donc dans le domaine commercial. Le *non paper* d'avril prévoit dès lors à l'article 113 un renvoi aux dispositions de l'article 228 lorsque la mise en oeuvre de la politique commerciale nécessite la conclusion d'accords avec des pays tiers.

Cette proposition, banale en soi, se heurta pourtant à l'opposition farouche de certaines délégations inquiètes du sort du comité 113.

Ce comité, prévu à l'actuel article 113, est devenu avec le temps un organe semi-autonome qui traite non seulement des accords avec les pays tiers, mais de toutes les questions de politique commerciale.

Si on reléguait ce comité parmi les « comités spéciaux » mentionnés audit article 228, n'allait-on pas le confiner dans un rôle réduit, limité aux seuls accords internationaux ? Sans parler du fait qu'il allait perdre son nom ! On avait beau arguer du fait que dans le traité actuel, le texte limite le rôle du comité 113 au suivi des négociations d'accords avec des pays tiers. Or, si avec ce texte, le comité 113 avait réussi à s'approprier un rôle plus important portant sur la politique commerciale en général, pourquoi ne continuerait-il pas à le faire avec le nouveau texte ? Mais rien n'y fit. Le poids du passé et les pesanteurs bureaucratiques l'emportèrent et le comité 113 resta tel quel. On se limita donc en fin de compte à faire simplement une référence à l'article 228 au paragraphe 3 de l'article 113 :

> « Les dispositions pertinentes de l'article 228 sont applicables ».

Une suggestion plus substantielle émanant de la Commission concernait le moment de l'intervention du comité 113. La Commission proposait, en effet, de remplacer les termes « en consultation » par « après consultation » dans la phrase suivante :

> « Ces négociations sont conduites par la Commission *en consultation* [après consultation] avec un comité spécial désigné par le Conseil ... » (130*a*).

Cette modification aurait accru la marge de manoeuvre de la Commission qui aurait pu se contenter de consulter le comité 113 une seule fois au début d'une négociation. Les Etats membres n'ont pas voulu aller dans ce sens, estimant que le suivi régulier des négociations par le comité 113 était indispensable, si l'on voulait éviter de mauvaises surprises au moment de la conclusion des négociations.

§ 3. *La représentation extérieure*

Une autre modification, ou plutôt une précision, suggérée à l'article 113 par la Présidence luxembourgeoise n'a pas non plus trouvé grâce aux yeux des délégations. Elle consistait à dire explicitement que « dans les matières couvertes par le présent article et sans préju-

(130*a*) On parle souvent de « mandat de négociation » donné à la Commission. En fait, il s'agit des « directives que le Conseil *peut* lui adresser » (voir le troisième paragraphe, deuxième alinéa, de l'article 113).

dice de l'article 228, la position de la Communauté est exprimée par la Commission dans les relations avec les pays tiers, au sein des organisations internationales et dans le cadre des conférences internationales ».

Cet alinéa, qui pourtant va de soi dans un domaine de pure compétence communautaire, disparut dans le dernier texte (début décembre) soumis au Conseil européen de Maastricht.

L'argument utilisé pour cette suppression était justement qu'il n'était pas nécessaire d'écrire explicitement ce qui allait de soi. La vraie raison est évidemment à chercher dans le climat de suspicion à l'égard de la Commission en matière commerciale : certains Etats membres craignaient, en effet, que la Commission, épaulée par la Cour de Justice, ne tire profit de la moindre occasion pour faire avancer ses thèses, ambitieuses, dans ce domaine.

§ 4. *L'article 115*

L'article 115 traite des cas de détournements de trafic ou de difficultés économiques dans un ou plusieurs Etats membres dues à des disparités dans les mesures de politique commerciale prises. Logiquement, cet article aurait dû disparaître avec l'achèvement du marché unique ; on voit mal, en effet, de quels détournements de trafic il peut s'agir une fois que tous les contingents nationaux auront été abolis. C'est du moins le cas en théorie ; en pratique, des arrangements d'auto-limitation (des exportations japonaises vers la CE) comme celui avec les constructeurs japonais d'automobiles empêchent de raisonner en termes d'orthodoxie pure.

On s'est donc borné à apporter deux modifications au texte actuel. La première concerne l'autorisation accordée à un Etat membre de prendre les mesures de protection nécessaires quand les recommandations de la Commission à l'adresse des autres Etats membres pour résoudre le problème d'un détournement de trafic ne donnent pas de résultats : cette autorisation devient facultative. « A défaut, elle [la Commission] *peut* autoriser [autorise, dans l'ancien texte] les Etats membres à prendre les mesures de protection nécessaires dont elle définit les conditions et modalités ». La seconde modification a trait à l'alinéa 2 qui règle les cas d'urgence. Dans le traité actuel, en cas d'urgence, les Etats membres « peuvent prendre eux-mêmes les mesures nécessaires », quitte à respecter certaines conditions. Mais cette possibilité est prévue seulement « pendant la période de transition » qui est révolue depuis longtemps. Le texte de Maastricht, en biffant la référence à la période de transition, rétablit donc en fait cette possibilité, mais en contre-partie, il enjoint aux Etats membres intéressés de demander *d'abord* l'autorisation de la Commission.

§ 5. *L'article 116*

La disparition de cet article revêt une certaine importance et mérite une explication un peu plus circonstanciée. Derrière cette suppression se cache un débat compliqué qui agite les juristes depuis un certain temps. A l'origine, cet article avait été inclus dans le traité dans l'optique du passage progressif vers une politique commerciale commune. Il devait servir tout d'abord tant que celle-ci n'était pas réalisée totalement ; c'est le sens du dernier alinéa qui se lit comme suit :

> « Pendant la période de transition, les Etats membres se consultent en vue de concerter leur action et d'adopter, autant que possible, une attitude uniforme » (131).

Mais l'article 116 gardait une fonction après la fin de la période de transition : « Pour toutes les questions qui revêtent un intérêt particulier pour le marché commun, les Etats membres ne mènent plus, à partir de la période de transition, qu'une action commune dans le cadre des organisations internationales de caractère économique. A cet effet, la Commission soumet au Conseil, qui statue à la majorité qualifiée, des propositions relatives à la portée et à la mise en oeuvre de cette action commune ».

Il est évident que l'action commune ne peut pas se rapporter à des actions commerciales puisque celles-ci relèvent par définition de la seule compétence de la CE. L'article 116 ne peut donc s'appliquer que dans des domaines où il n'y a pas de compétence communautaire clairement établie (132). En fait, de l'avis du Service juridique du Conseil, il ne peut être utilisé que là où il n'y a pas de compétence communautaire. Dans cette optique, le recours à la majorité qualifiée pose évidemment problème : on risque, en effet, de voir

(131) La suppression de cet alinéa n'a jamais été contestée, bien sûr.

(132) Pour cette raison, la Présidence luxembourgeoise avait initialement proposé de sortir l'actuel article 116 du contexte de la politique commerciale et d'en faire un nouvel article 228 A.

un ou des Etats membres minorisés dans des domaines où il n'existe pas de compétence communautaire.

Un certain nombre de délégations ont voulu écarter toute possibilité de gêne et ont plaidé en faveur de l'abrogation de l'article 116. C'est ce qui fut finalement décidé par la conférence, au grand regret de la Commission qui, elle, plaidait pour son maintien, estimant qu'un instrument de ce type pouvait s'avérer utile dans certaines circonstances.

Division B. — La coopération au développement (articles 130 U à 130 Y)

La coopération au développement n'est abordée dans le traité CEE que sous l'angle de l'association des pays et territoires d'outre-mer entretenant avec un certain nombre des Etats membres des relations particulières (quatrième partie du traité). Pourtant, la Communauté a développé au fil des ans, de façon pragmatique, une politique de coopération au développement comportant une panoplie très diversifiée d'instruments couvrant de nombreux champs d'application. Ses interventions, qui, en dehors de certains cas d'association (art. 238), ont dû pour l'essentiel être fondées sur l'article 235 du traité, s'appliquent en faveur de la plupart des pays en développement, mais avec des intensités, des approches et des combinaisons d'instruments qui varient de façon notable selon les régions concernées (133).

Lors des négociations sur l'Acte unique européen, la délégation néerlandaise avait plaidé pour une consolidation de la pratique dans le traité, mais elle n'avait à l'époque pas été suivie.

Les conclusions du Conseil européen de Rome I (octobre 1990) reprennent cette idée sous une autre forme ; elles soulignent la nécessité, dans l'action internationale de la Communauté, d'accorder une place importante à la politique de développement. Celle-ci est donc vue ici comme un aspect de l'action extérieure de la Communauté.

Il n'est dès lors pas surprenant que certaines délégations aient envisagé d'inclure ce domaine dans le chapitre réservé à la PESC.

(133) Convention de Lomé pour les pays d'Afrique, des Caraïbes et du Pacifique, accords d'association avec les pays méditerranéens, accords de coopération avec les pays d'Asie et d'Amérique latine ...

La conférence a pourtant écarté cette voie, optant plutôt pour l'inclusion de la coopération au développement dans le traité CE en tant que domaine autonome de la politique communautaire ; dans le traité de Maastricht, elle figure au titre XVII, parmi les compétences communautaires.

Deux raisons peuvent être avancées pour justifier ce choix :

i) la coopération au développement n'est pas considérée, dans la tradition communautaire, comme un simple appendice de la politique étrangère, voire comme un instrument de celle-ci. Elle comporte, au contraire, des objectifs et des spécificités qui lui sont propres ;

ii) même sans base juridique spécifique, la Communauté a progressivement mis en place, à côté des politiques nationales, une politique propre en matière de développement, utilisant des instruments communautaires existants tels que la politique commerciale ou créant, grâce à l'article 235, des moyens d'action *ad hoc*.

Inscrire la coopération au développement dans la PESC, donc en dehors du traité CE, aurait en réalité constitué une régression par rapport à la situation existante.

C'est une note de la délégation néerlandaise, en date du 10 janvier 1991 qui lança véritablement le débat sur ce thème. Cette note, qui plaidait en faveur d'une base légale claire dans le traité CE, reçut d'emblée un accueil largement favorable. Peu de temps après, les Néerlandais, encouragés par leurs partenaires, diffusèrent un texte concret d'articles de traité qui servit de première base de discussion.

§ 1er. *Les objectifs*

L'article 130 U commence par préciser que la politique de la Communauté dans le domaine de la coopération au développement est complémentaire de celles menées par les Etats membres. Il n'a jamais été question d'accorder à la CE une compétence exclusive en la matière. Il ne faut pas oublier, en effet, que l'aide publique au développement gérée au niveau communautaire représente moins de 15 % de l'apport global d'aide des Etats membres (134).

Sont énoncés ensuite trois grands objectifs de la politique communautaire, définis en termes assez généreux :

(134) Il convient de noter que l'APD européenne (Etats membres + CEE) représente plus de 40 % de l'aide mondiale !

— le développement économique et social durable des pays en voie de développement et plus particulièrement des plus défavorisés d'entre eux ;
— l'insertion harmonieuse et progressive des pays en développement dans l'économie mondiale ;
— la lutte contre la pauvreté dans les pays en développement.

L'accent mis sur le développement *durable* reflète la nouvelle sensibilité écologique qui s'est imposée ces dernières années. La même notion se retrouve d'ailleurs à l'article 2 du traité CE qui énonce les objectifs internes de la Communauté (« une croissance durable »). La référence aux « plus défavorisés » des pays en développement est conforme à la politique des Nations Unies visant à faire un effort particulier en faveur des pays les moins avancés. Elle a fait l'objet de certaines hésitations de la part de l'Espagne dans la mesure où elle pourrait être utilisée pour justifier la concentration géographique actuelle de l'aide communautaire. Pour des raisons historiques, celle-ci privilégie plutôt les anciennes colonies des membres fondateurs de la CE et du Royaume-Uni. L'Espagne a d'ailleurs essayé de consacrer dans le traité le principe d'un rééquilibrage géographique de l'aide communautaire. A cette fin, elle proposa d'insérer le texte suivant :

> « L'action de la Communauté s'inscrit dans le cadre de ses liens historiques avec les pays en voie de développement. A cette fin, l'effort de la Communauté devra s'orienter d'une façon équilibrée d'un point de vue géographique vers toutes les régions du monde en développement ayant des liens historiques avec les Etats membres ».

Les autres délégations furent réticentes à s'engager dans cette voie, estimant que l'action communautaire doit pouvoir se diriger en principe vers tous les pays en développement et garder une certaine flexibilité.

« L'insertion harmonieuse et progressive des pays en développement dans l'économie mondiale » constitue un objectif à long terme ; elle doit éviter que les pays en question ne soient transformés en assistés permanents.

L'accent particulier mis sur « la lutte contre la pauvreté » traduit la crainte de voir la misère engendrer une instabilité politique croissante dont les effets ne manqueraient pas de se faire sentir en Europe même.

Afin de clairement montrer que cet objectif concerne la situation à l'intérieur de chaque pays en développement, et non pas une répétition en d'autres termes du premier objectif, on a ajouté les mots « dans les pays en développement ».

A côté de ces objectifs économiques et sociaux, le texte mentionne également « l'objectif général de développement et de consolidation de la démocratie et de l'Etat de droit, ainsi que l'objectif du respect des droits de l'homme et des libertés fondamentales ». La formulation retenue (« la politique de la Communauté dans ce domaine contribue à l'objectif général ... ») semble à première vue être une simple constatation de fait. Mais il est clair que dans l'esprit des auteurs du traité, une certaine conditionnalité est sous-entendue ici. La Communauté, ces dernières années, insiste de façon croissante sur l'inscription de clauses « droits de l'homme » dans les accords qu'elle conclut avec des pays tiers. La quatrième convention de Lomé en est un récent exemple.

Il convient d'ajouter que l'objectif politique repris ici se retrouve également, dans des termes pratiquement identiques, parmi les objectifs de la PESC (article J 1, paragraphe 2).

Le dernier paragraphe de l'article 130 U s'adresse à la CE et aux Etats membres eux-mêmes : ils « respectent les engagements et tiennent compte des objectifs qu'ils ont agréés dans le cadre des Nations Unies et des autres organisations internationales compétentes ». L'on pense ici inévitablement à l'objectif — ou était-ce même un engagement ? — des pays industrialisés de porter leur ADP au taux de 0,7 % de leur PIB. La plupart des Etats membres n'ont pas encore réalisé cet objectif ; il est clair que le texte visé plus haut, tout en laissant une certaine marge de flexibilité (« et tiennent compte des objectifs »), va accroître la pression sur eux de faire des efforts supplémentaires.

L'article 130 V doit être vu dans le même contexte. Il stipule que la Communauté tient compte des objectifs visés à l'article 130 U dans les politiques qu'elle met en oeuvre qui sont susceptibles d'affecter les pays en développement. Des décisions en matière agricole ou commerciale notamment, ont souvent des répercussions directes sur les pays en développement ; cet article incite les décideurs communautaires à dépasser une vision purement sectorielle des choses. Des dispositions analogues de « sensibilisation » figurant ailleurs dans le traité, concernent par exemple la culture (article 128.4), l'environnement (130 R 2), la santé (129.1).

Dans des versions antérieures, l'article 130 V contenait une référence à la cohérence à assurer entre la politique de développement et la politique étrangère et de sécurité commune. On a pu la laisser tomber ici dans la mesure où l'article C des dispositions communes contient un passage général sur la cohérence de l'ensemble de l'action extérieure de l'Union.

§ 2. *Les instruments*

Les articles 130 W et 130 X concernent les instruments qui sont à la disposition de la Communauté pour réaliser les objectifs mentionnés à l'article 130 U. Ils comportent deux types d'instruments qui reflètent en fait l'existence de compétences mixtes ; comme nous l'avons vu plus haut, la politique de la CE est complémentaire de celle des Etats membres. L'article 130 W crée la base juridique nécessaire pour arrêter des mesures communautaires. L'article 130 X, quant à lui, prévoit la coordination des politiques communautaire et nationales.

Comme indiqué précédemment, la politique de la CE s'est développée de façon pragmatique et *ad hoc*, se fondant tant sur l'article 235 (voire, parfois, sur le traité en tant que tel) que, dans des cas spécifiques, sur des dispositions précises du traité telles que l'article 113 relatif à la politique commerciale. A l'origine, l'intention de la conférence avait été d'énumérer ici les moyens d'action existants — l'aide alimentaire et humanitaire, la coopération financière et technique, des actions dans le domaine de la politique commerciale — tout en prévoyant la possibilité d'adopter « des mesures spécifiques visant à favoriser le développement ».

On y a renoncé dans le texte final dans la mesure où cela aurait nécessité de l'introduction dans cet article de procédures différentes : il est clair, en effet, que l'on ne pouvait pas traiter les aspects de politique commerciale, qui est une compétence exclusive de la CE, de la même façon que la coopération financière et technique.

Le texte de Maastricht règle ce problème de façon élégante. Il prévoit une base légale et une procédure (majorité qualifiée et coopération avec le Parlement européen) pour les « mesures nécessaires à la poursuite des objectifs visés à l'article 130 U » ; ainsi, les mesures de coopération au développement qui, jusque là, se prenaient, en l'absence d'une base juridique spécifique, sur base de l'article 235 ou par simple renvoi au traité (« vu le traité CEE ») (135), vont dorénavant être adoptées sur base de l'article 130 W.

Mais en même temps, on a préservé la possibilité de recourir, dans un objectif de coopération au développement, à d'autres dispositions spécifiques du traité telles que l'article 113 en introduisant à l'article 130 W les mots « sans préjudice des autres dispositions du présent traité ... ».

Les mesures prises en vertu de l'article 130 W « peuvent prendre la forme de programmes pluriannuels ». Dans son projet de texte du 7 février, la délégation néerlandaise avait évoqué l'idée de « programmes sectoriels concernant l'aide alimentaire et l'aide d'urgence ».

La conférence a repris l'idée de programmes, mais dans une optique plus générale : dans un premier temps, il était envisagé de les prévoir « pour des régions et des problèmes spécifiques », puis il fut décidé, dans un souci de flexibilité, de ne pas les qualifier du tout.

Les programmes pluriannuels doivent permettre à la Communauté d'avoir à la fois une optique de moyen et de long terme et une vision d'ensemble des objectifs et des différents moyens d'action.

Les programmes seront adoptés selon la même procédure que les mesures individuelles. Dans le projet de juin, une distinction avait été faite à ce sujet, les programmes devant être arrêtés par la loi (136) et les mesures spécifiques selon la procédure de coopération (189 C).

La Présidence luxembourgeoise avait aussi proposé l'adoption (par loi) de « règles générales » concernant la coopération financière et technique et l'aide alimentaire et humanitaire, confiant ensuite à la Commission le souci d'arrêter les mesures nécessaires pour la mise en oeuvre de la loi, en consultation avec un comité désigné par le Conseil. La conférence n'a pas estimé utile de garder cette notion de règles générales, considérée comme superflue. L'autre raison pour le rejet de cette construction était liée au rôle particulier qu'elle aurait

(135) Donc à l'unanimité ! Le passage à la majorité qualifiée constitue un très net progrès.
(136) Cf. le chapitre consacré à la légitimité démocratique.

conféré à la Commission : les Etats membres entendaient garder le contrôle du Conseil sur toutes les phases de la prise de décision.

Le second paragraphe de l'article 130 W reconnaît le rôle important joué d'ores et déjà par la Banque européenne d'investissement dans le domaine de la coopération au développement. La BEI intervient, en effet, dans les zones Lomé et Méditerranée Sud et Est avec des prêts sur ressources propres. Elle peut aussi, depuis peu, financer des projets spécifiques dans les pays d'Amérique latine et d'Asie.

Le paragraphe 3 peut paraître surprenant : n'est-il pas paradoxal d'exclure la coopération avec les pays ACP dans le cadre de la convention ACP-CEE du champ d'application de cet article ? Ce paragraphe est un reflet d'une vieille querelle à l'intérieur de la CE concernant le financement des Fonds européens de développement (FED) créés dans le cadre des conventions ACP-CEE. A l'heure actuelle, le FED est financé par des contributions nationales. Or, tant la Commission que le PE et certains Etats membres réclament depuis des années, dans un souci de cohérence et de transparence budgétaire, la budgétisation du FED.

Les opposants à cette thèse, France et Royaume-Uni en tête, craignaient qu'en l'absence de précision de ce type, le texte de l'article 130 W ne fasse triompher celle-ci. Pour bien marquer ce dont il s'agit, la conférence a adopté une déclaration (n° 12) selon laquelle « le Fonds européen de développement continuera à être financé par des contributions nationales conformément aux dispositions actuelles ».

L'article 130 X consacre dans le traité le principe de la coordination des politiques de la CE et des Etats membres et de la concertation sur les programmes d'aide respectifs.

A l'heure actuelle, ce processus est facultatif ; les résolutions du Conseil « Développement » à ce sujet sont, certes, utiles mais des progrès sensibles peuvent encore être faits. La Commission se voit accorder le droit de prendre toute initiative utile pour prévoir cette coordination, ce qui renforce nettement sa position face aux Etats membres.

Au-delà de la simple coordination, l'article 130 X prévoit la possibilité d'actions conjointes CE/Etats membres, ce qui renforcera l'efficacité et l'impact des interventions. Dans le même sens, il est fait référence à la contribution, si nécessaire, des Etats membres à la mise en oeuvre des programmes d'aide communautaires.

La Commission a beaucoup insisté sur ce point dans la mesure où elle ne dispose pas elle-même, par exemple, de moyens de transport pour l'acheminement de l'aide.

L'article 130 Y, enfin, introduit une référence aux relations avec les pays tiers et les organisations internationales. La formulation choisie se retrouve dans d'autres chapitres du traité. Nous en commenterons la teneur dans les pages consacrées à l'article 228.

Division C. — La conclusion d'accords internationaux (article 228)

Les relations conventionnelles de la Communauté avec les pays tiers ont pendant longtemps posé un double problème : d'abord celui, interne à la CE, de savoir si la Communauté avait la compétence pour conclure des accords portant sur telle ou telle matière, ensuite celui de la reconnaissance de la Communauté comme partie contractante par les Etats tiers ou les organisations internationales.

Ces problèmes ont sans doute été aggravés par le caractère sommaire des dispositions du traité de Rome. L'article 228 évoque certes la conclusion d'accords entre la Communauté et des pays tiers, mais il le fait de façon peu claire et en renvoyant à des dispositions hypothétiques du traité. Dans les 30 ans qui ont suivi 1958, les problèmes évoqués ci-dessus furent l'un après l'autre résolus pragmatiquement, ceux d'ordre interne dans la foulée de l'arrêt *AETR*, ceux d'ordre international, avec, par exemple, dès 1959 l'admission *de facto* de la Communauté au GATT en raison de l'évidence de ses compétences douanières, puis en décembre 1984, avec la signature par la Communauté d'une Convention universelle des Nations Unies, celle de Montego Bay sur le droit de la mer, enfin en décembre 1991 avec l'admission de la Communauté à la FAO par transformation du statut de celle-ci.

La démarche de la conférence intergouvernementale a été inspirée par un triple souci :

- — d'abord celui de rationaliser, en les groupant dans une disposition unique, l'ensemble des normes de procédure relatives à la négociation et à la conclusion d'accords internationaux ;
- — ensuite, celui de clarifier un certain nombre de problèmes spécifiques en tenant compte de la pratique et de la jurisprudence ;
- — enfin, celui d'accroître le rôle du PE dans ce domaine.

Une rapide analyse de l'article 228 montre que le résultat de Maastricht sur ce point représente un progrès réel dans l'établissement de règles plus claires, mais aussi que ce progrès reste partiel.

§ 1er. *Le principe d'une procédure unique*

Il convient de préciser d'emblée que cette procédure concerne les seules affaires communautaires ; d'éventuels accords relevant de la PESC ne tombent pas sous l'emprise de l'article 228. Nous rappellerons aussi que les accords internationaux à conclure sur des questions se rapportant au régime monétaire et de change seront régis, par dérogation à l'article 228, par l'article 109. Le début du paragraphe 1 de l'article 228 révisé reprend la formulation actuelle du traité :

> « Dans les cas où les dispositions du présent traité prévoient la conclusion d'accords entre la Communauté et un ou plusieurs Etats membres ou organisations internationales, la Commission ... ».

Une première observation s'impose ici.

La Présidence luxembourgeoise avait essayé d'élargir le champ d'application de l'article 228 par une formulation plus générale qui se lisait comme suit :

> « Si des accords avec un ou plusieurs Etats tiers ou organisations internationales doivent être négociés *dans les domaines couverts par* le présent traité, ... ».

La CIG ne l'a pas suivie sur ce point, un certain nombre d'Etats membres craignant qu'une telle formulation n'aille au-delà de la jurisprudence actuelle et ne se traduise par un net renforcement de la position de la Commission au détriment de celle des Etats membres.

Elle a, toutefois, multiplié les cas où les dispositions du traité prévoient la conclusion d'accords, contrebalançant ainsi quelque peu cette frilosité.

L' AUE avait ajouté des références aux relations extérieures dans les titres « recherche » et « environnement ». Le traité sur l'Union prévoit, dans la plupart des titres introduisant de nouvelles compétences, une disposition de ce type qui se lit de la façon suivante :

> « La Communauté et les Etats membres favorisent la coopération avec les pays tiers et les organisations internationales compétentes en matière ... (dans le domaine) de ... ».

(A ce sujet, voir les titres VIII.3 (Education, formation professionnelle), IX (Culture), X (Santé publique), et, sous une forme légèrement amendée, XII (Réseaux transeuropéens).

Il convient de préciser, toutefois, qu'une telle disposition, contrairement à celle utilisée à l'article correspondant du titre « recherche » (repris lui-même tel quel de l'AUE), n'établit pas de référence explicite à la possibilité de conclure des accords. Faut-il en conclure que dès lors cette possibilité n'existe pas dans la généralité de ces cas et que partant l'article 228 ne s'applique pas à ces titres ?

Sans doute pas ; il n'était certes pas dans l'intention des auteurs du traité de fermer cette possibilité, au contraire. L'explication pour la rédaction retenue réside plutôt ailleurs. Les textes relatifs à ces titres ont été rédigés alors que la formulation de l'article 228 sur la table était celle proposée par la Présidence luxembourgeoise (cf. ci-dessus).

Quand on est revenu, plus tard, au texte actuel de l'article 228 sur ce point, on n'a plus pensé à (ou pas voulu) revenir sur la rédaction des titres en question, ce qui explique la légère ambiguïté mentionnée plus haut.

Une autre observation s'impose ici. La rédaction de l'article 130 R 4 dans le titre « Environnement » n'a pas été, comme la logique l'aurait commandé, mise en harmonie avec les articles correspondants dans les autres titres relatifs aux compétences. Ce qui plus est, elle a même été étendue à l'article 130 Y réglant la question des relations extérieures en matière de coopération au développement qui se lit comme suit :

> « Dans le cadre de leurs compétences respectives, la Communauté et les Etats membres coopèrent avec les pays tiers et les organisations internationales compétentes. Les modalités de la coopération de la Communauté peuvent faire l'objet d'accords entre celle-ci et les tierces parties concernées qui sont négociés et conclus conformément à l'article 228.
>
> L'alinéa précédent ne préjuge pas la compétence des Etats membres pour négocier dans les instances internationales et conclure des accords internationaux ».

Le 2e alinéa aurait logiquement dû être abandonné dans la mesure où son libellé, issu de l'AUE, donne l'impression erronée que les Etats membres gardent une compétence pour conclure des accords même dans des domaines où la CE a exercé elle-même une compétence. C'est pourquoi d'ailleurs la conférence ayant approuvé en 1985-86 l'Acte Unique avait dû adopter une déclaration jointe à l'acte final (la neuvième) (137) pour contrebalancer cette interprétation et pour confirmer que ces dispositions « n'affectent pas les principes résultant de l'arrêt de la Cour de Justice dans l'affaire *AETR* » (138).

Ceci annihilait la portée du 2e alinéa. L'alinéa 1er aurait dû être suffisant pour rassurer les délégations qui craignaient que l'article en question ne puisse être interprété comme conférant, à lui seul, une compétence extérieure exclusive à la Communauté dans tout le domaine couvert par le titre. Ceci n'est évidemment pas le cas, cet alinéa 1er commençant par les mots :

> « Dans le cadre de leurs compétences respectives ... ».

Malheureusement, certaines délégations ne se sont pas laissé convaincre, et on est revenu vers la fin des négociations au texte cité plus haut. La Commission a dès lors insisté pour que la conférence déclare là aussi que « les dispositions de l'article 109 paragraphe 5, de l'article 130 R 4 deuxième alinéa et de l'article 130 Y n'affectent pas les principes résultant de l'arrêt rendu par la Cour de Justice dans l'affaire *AETR* » (déclaration n° 10).

Les débats autour de la politique commerciale commune et l'article 113 sont traités ailleurs. Qu'il suffise de rappeler ici que la crainte des titulaires de l'actuel comité 113 d'être spoliés de leurs prérogatives ont empêché la solution logique qui aurait consisté à renvoyer simplement à l'article 228 pour la conclusion des accords commerciaux.

On a donc maintenu le texte actuel à l'article 113 tout en y rajoutant un renvoi à l'article 228 : « Les dispositions de l'article 228 sont applicables ».

§ 2. *La procédure de l'article 228 : analyse*

La procédure décrite à l'article 228 est inspirée de celle de l'article 113 actuel : « La Commission présente des recommandations au Conseil, qui l'autorise à ouvrir les négociations nécessaires. Ces négociations sont conduites par la Commission, en consultation avec des comités spéciaux désignés par le Conseil pour l'assister dans

(137) Cf. p. 1073 du *Recueil* du traité (édition 1987, 1er volume).
(138) Affaire 22/70 du 31 mars 1971.

cette tâche et dans le cadre des directives que le Conseil peut lui adresser ».

Le deuxième alinéa du premier paragraphe ne fait qu'exprimer explicitement la pratique actuelle : la règle de vote au Conseil pour l'autorisation de l'ouverture de négociations et l'adoption de directives de négociation est celle dont relèvera ultérieurement l'adoption de l'acte portant conclusion de l'accord (139).

Or, comme l'indique le paragraphe 2, il s'agit là de la majorité qualifiée, sauf si l'accord porte sur un domaine pour lequel l'unanimité est requise pour l'adoption de règles internes ainsi que s'il s'agit d'un accord de l'article 238.

Le paragraphe 3 précise et élargit le rôle du Parlement européen dans la conclusion des accords. Outre que son avis conforme sera requis pour les accords internationaux les plus importants (alinéa 2, cf. *infra*), le PE sera, en effet, appelé à donner un avis consultatif sur l'ensemble des accords à conclure par la Communauté.

Une seule exception, mais elle est de taille, à cette règle : le PE continuera à ne pas être consulté en matière de politique commerciale. Cette exception, glissée dans le texte vers la fin des négociations et résultant de l'insertion dans l'article 228 paragraphe 3 des mots « sauf pour les accords visés à l'article 113, paragraphe 3, ... », illustre une nouvelle fois l'extrême sensibilité des Etats membres en matière de politique commerciale.

Une autre précision importante figure dans le texte : la simple consultation du PE s'applique aussi dans les cas où l'accord porte sur un domaine pour lequel la procédure visée à l'article 189 B ou celle visée à l'article 189 C est requise pour l'adoption de règles internes. Le traité actuel a pour conséquence, par le biais tant des dispositions expresses du traité que de la jurisprudence *AETR*, que la conclusion des accords internationaux touchant des domaines régis sur le plan intérieur par la procédure de coopération devrait

(139) Il faut préciser ici, toutefois, que souvent, la décision finale sur la base juridique correcte pour l'adoption de l'acte portant conclusion de l'accord, ne peut être prise qu'à l'issue des négociations quand on connaît vraiment le contenu exact de l'accord. Dès lors, les directives de négociation sont adoptées par simple référence au traité (« vu le traité ... »), et d'un commun accord.

être soumise à la même procédure. En vertu des mêmes principes, les accords à conclure dans des domaines relevant, sur le plan interne, de la nouvelle procédure de codécision (art. 189 B), devraient quant à eux être soumis à celle-ci. Pour écarter cette hypothèse qui serait source de complications et de lourdeurs peu compatibles avec les nécessités en matière de conclusion d'accords internationaux, la CIG/UP a dès lors introduit dans le texte la règle énoncée ci-dessus.

Afin d'éviter que le PE n'utilise son droit d'être consulté pour exercer des pressions indues sur le Conseil en refusant de rendre son avis, celui-ci a la possibilité de fixer un délai au PE ; en l'absence d'avis dans ce délai, il peut statuer.

Comme indiqué plus haut, l'alinéa 2 du paragraphe 3 prévoit l'avis conforme du Parlement européen pour les accords visés à l'article 238, ainsi que les autres accords qui créent un cadre institutionnel spécifique organisant des procédures de coopération, les accords ayant des implications budgétaires notables pour la Communauté et les accords impliquant une modification d'un acte adopté selon la procédure visée à l'article 189 B. Une analyse détaillée de l'article 228.3 alinéa deux sera faite au titre V, chapitre 4, division A consacrée au rôle législatif du PE.

Le paragraphe 4 vise à résoudre un problème constaté à plusieurs reprises dans le passé. En effet, de nombreux accords en matière de pêche ou d'environnement par exemple prévoient que les représentants des parties contractantes peuvent, en cas de besoin, approuver immédiatement certaines adaptations techniques ou mineures de l'accord, sans qu'il soit nécessaire à cet effet de modifier l'accord lui-même selon une procédure lourde. Dans ce cas, alors que les Etats membres qui sont parties contractantes peuvent, par une simple signature de leur représentant sur place, s'engager, la Commission est tenue de demander au préalable l'autorisation du Conseil, ce qui est parfois source de retards et de complications inutiles. La CIG a dès lors décidé de prévoir dans le traité la possibilité que le Conseil habilite la Commission à approuver les modifications de ce type, en assortissant éventuellement cette habilitation de conditions spécifiques.

Les paragraphes 5, 6 et 7 sont repris *mutatis mutandis* du traité actuel.

§ 3. *Idées alternatives de la Commission*

Comme nous l'avons vu plus haut, la Commission aurait souhaité profiter de cette CIG/UP pour réformer de façon profonde tout le système des relations extérieures de l'Union.

En ce qui concerne plus particulièrement l'article 228, elle fit un certain nombre de suggestions concrètes qui n'ont pas été retenues. Il est pourtant utile d'y consacrer quelques lignes car il paraît à peu près certain que ces idées vont ressurgir lors de la prochaine conférence.

En ce qui concerne l'*ouverture des négociations*, la Commission suggérait que la majorité qualifiée soit la règle unique de vote au Conseil pour l'autoriser à ouvrir des négociations et pour lui donner des directives de négociation. Cette approche éviterait, certes, des difficultés au moment de l'adoption des directives de négociation, mais les difficultés risqueraient de réapparaître au moment de la conclusion de l'accord si celle-ci nécessite l'unanimité. La Commission, logique avec elle-même, proposa donc d'appliquer aussi le vote à la majorité qualifiée à la conclusion de tous les accords. Les délégations ne la suivirent pas sur ce point, car elles n'étaient pas prêtes à accepter la majorité qualifiée en matière externe là où les textes internes requièrent l'unanimité.

Pour la *conduite des négociations*, la Commission souhaitait pouvoir les mener « après » consultation d'un des comités spéciaux désignés par le Conseil. Actuellement, la règle applicable, basée sur l'article 113 du traité mais utilisée dans tous les cas, est que les « négociations sont conduites par la Commission *en* consultation avec un comité ». La Commission proposait ainsi que le rôle du comité soit limité à la période antérieure au début des négociations. Cette innovation aurait donné à la Commission plus de liberté pendant la négociation. Cependant, il convient de relever que ces dernières années, la consultation des Etats membres tout au long des négociations et souvent leur présence physique n'a pas causé de difficultés. Au contraire, elle a permis à la Commission et aux Etats membres d'interpréter de façon pragmatique et flexible les directives de négociation et donc d'assurer le succès des négociations.

En ce qui concerne la *conclusion des accords*, la Commission, outre qu'elle proposait la généralisation du recours à la majorité qualifiée, suggérait que le traité confère au Conseil le pouvoir d'autoriser la

Commission à conclure elle-même certains accords au nom de l'Union, ce que le Conseil n'est pas autorisé à faire par le traité actuel. La CIG/UP n'a pas voulu aller jusque là ; elle a tout au plus prévu la possibilité d'habiliter, au cas par cas, la Commission à accepter des adaptations mineures (cf. *supra*).

La Commission proposait, enfin, de lui conférer la *gestion* des accords conclus par l'Union. Mais cette notion est en soi imprécise. S'agirait-il de l'adoption par la Commission seule de toute législation interne à la Communauté nécessaire pour la mise en oeuvre des accords internationaux ou de donner l'exclusivité à la Commission pour assurer la représentation de la Communauté dans les organes mixtes créés par les accords ? De lui donner pleins pouvoirs pour arrêter puis défendre la position de la Communauté au sein de ces organes ainsi que pour la mise en oeuvre de leurs décisions par la suite ? La CIG/UP n'a pas voulu s'engager dans un débat nécessairement difficile à ce sujet.

Le texte élaboré par la Commission doit aussi être examiné à la lumière de sa *proposition d'ensemble* sur la « politique extérieure commune ».

La Commission partait, en effet, de l'hypothèse qu'il faut une base juridique générale et unique pour la négociation et la conclusion de tous les accords portant sur des domaines relevant de l'Union, y compris la PESC, quitte à ce que les modalités pratiques diffèrent selon les matières (cf. le titre IV relatif à la structure du traité).

Division D. — La prise de « sanctions » contre des pays tiers (article 228 A)

Une des innovations importantes de Maastricht dans le domaine des relations extérieures est le nouvel article 228 A qui opère une jonction entre la PESC et les relations économiques extérieures de la Communauté : cet article fournira dorénavant une base juridique spécifique pour la mise en oeuvre, au plan communautaire, de sanctions économiques décidées au niveau politique dans le cadre de la PESC.

Dans le passé, en raison de difficultés de délimitation de compétences entre la CE et les Etats membres, la décision d'imposer des sanctions a souvent donné lieu à des controverses juridiques sur le plan communautaire, sources de retards et de frictions inutiles. Tel fut de cas, notamment en été 1990, à l'occasion de l'invasion du Koweit par l'Irak. Pour des raisons d'urgence (140), les Etats membres ont finalement accepté d'utiliser l'article 113 comme base juridique, y compris pour les services, ce qui est contraire à l'interprétation du Conseil en la matière (cf. ci-dessus la division A consacrée à la politique commerciale commune). Une déclaration du Conseil fut donc adoptée en même temps qui précisait que cette décision ne saurait constituer un précédent à cet égard.

En 1981, quand en réponse à l'imposition de la loi martiale en Pologne, la CE avait voulu suspendre les exportations de blé vers l'URSS, elle avait eu recours aux moyens de la PAC : la Commission avait dans ce cas précis été invitée à supprimer, dans le cadre de sa fonction de gestion de la PAC, la restitution à l'exportation vers ce pays. A l'époque, cette approche avait été tournée en dérision par certains commentateurs ; d'aucuns avaient même contesté que ce montage juridique puisse être assimilé à une sanction.

L'article 228 A a donc été introduit pour éviter à l'avenir ce genre de querelles. Il précise clairement que la décision de base d'imposer des sanctions est politique et relève de la PESC. Une fois cette décision prise, le Conseil prend, à la majorité qualifiée, les mesures urgentes nécessaires qui, il faut le souligner, portent sur « les relations économiques avec un ou plusieurs pays tiers » ; cette formule très générale couvre donc tant les marchandises que les services et permet d'adopter dans un acte global toutes les sanctions économiques que l'on veut envisager. Cela couvre aussi les mouvements de capitaux et de paiements, comme il est indiqué explicitement à l'article 73 G du traité.

L'article 228 A, à l'instar de l'article 113, ne prévoit pas la consultation du PE, ce qui s'explique par la nécessité de réagir très vite en cas de crise. Cela n'empêche pas, bien sûr, le PE d'être informé ou consulté selon les procédures habituelles prévues au chapitre PESC sur la décision politique qui sera à l'origine de la procédure de l'article 228 A.

(140) Rappelons que l'article 113 ne prévoit pas la consultation du PE.

Division E. — Les exportations d'armes

La question des exportations d'armes a suscité un débat intéressant, même si non conclusif, lors de la conférence. Un certain nombre de voix (141) s'étaient, en effet, levées pour réclamer l'instauration d'un régime commun de contrôle de ces exportations. Quatre raisons étaient avancées en soutien à cette demande :

i) la constitution par l'Irak d'un arsenal hypertrophié d'armements conventionnels devait faire réfléchir les démocraties occidentales ;

ii) la disparition de la tension Est-Ouest et la baisse concomitante d'achats d'armes dans le Nord risquaient de déclencher une course effrénée aux ventes d'armes au Sud ;

iii) l'absence de règles communes créait des distorsions de concurrence au détriment des Etats « vertueux » et de leurs industries ;

iv) la disparition prochaine des contrôles aux frontières intérieures de la CE, avec l'achèvement du marché unique en 1993, allait transférer ces contrôles aux frontières extérieures. Or, sur un plan pratique, on peut s'imaginer que les contrôles à effectuer par les douaniers du pays communautaire d'où partent les exportations vers un pays tiers risqueraient d'être difficiles à réaliser en présence de douze régimes différents.

Le Conseil européen de décembre 1990 avait, quant à lui, mentionné parmi les matières relevant de la sécurité commune pour lesquelles l'extension progressive des compétences de l'Union devrait être envisagée la coordination de la politique en matière d'exportation des armements et de non-prolifération.

§ 1er. *La situation actuelle*

La situation actuelle est caractérisée par l'existence de l'article 223 du traité CEE qui, à son paragraphe 1 lettre b, prévoit que le traité ne fait pas obstacle à ce que tout Etat membre puisse « prendre les mesures qu'il estime nécessaires à la protection des

(141) Cf. par exemple les déclarations du Vice-Président de la Commission M. Bangemann dans « *Les Echos* » du 8 mars 1991, l'initiative du Président de Daimler-Benz, Edzard Reuter, qui écrivit une lettre à ce sujet au Président Delors (23 mars 1991) et à d'autres personnalités, un certain nombre de questions orales émanant du PE.

intérêts essentiels de sa sécurité et qui se rapportent à la production ou au commerce d'armes, de munitions et de matériel de guerre ».

Contrairement à ce que l'on peut parfois entendre, cet article ne signifie nullement que les armements soient soustraits au champ d'application du traité ; il permet simplement aux Etats membres de déroger aux règles du traité dans certaines conditions. La liste des produits qui peuvent faire l'objet des mesures visées au point b de l'article 223 doit d'ailleurs être arrêtée par le Conseil statuant à l'unanimité ; cette liste fut arrêtée dès 1958 et ne fut par la suite jamais modifiée, même si une proposition allant dans ce sens est à l'heure actuelle sous examen. L'article 223 précise encore que les mesures prises aux termes du point b « ne doivent pas altérer les conditions de la concurrence dans le marché commun en ce qui concerne les produits non destinés à des fins spécifiquement militaires ». Si tel devait pourtant être le cas, l'article 225 enjoint à la Commission d'examiner, avec l'Etat intéressé, « les conditions dans lesquelles ces mesures peuvent être adaptées aux règles établies par le présent traité ».

Le deuxième alinéa de cet article 225 permet à la Commission ou à tout Etat membre de saisir directement la Cour de Justice, par dérogation aux articles 169 et 170 du traité, s'il estime qu'un autre Etat membre « fait un usage abusif des pouvoirs prévus aux articles 223 et 224 ».

L'article 224 invite les Etats membres à se consulter « en vue de prendre en commun les dispositions nécessaires pour éviter que le fonctionnement du marché commun ne soit affecté par les mesures qu'un Etat membre peut être appelé à prendre en cas de troubles intérieurs graves affectant l'ordre public, en cas de guerre, ou pour faire face aux engagements contractés par lui en vue du maintien de la paix et de la sécurité internationale ».

Cet article permet donc à un Etat membre de prendre des mesures dans ces circonstances, mais, bizarrement, confie la tâche d'éviter une perturbation du fonctionnement du marché commun aux Etats membres, sans l'intervention de la Commission. L'article 225 précité redresse toutefois cette anomalie, comme nous l'avons vu.

L'article 223 a en pratique, sinon en droit, soustrait la question des exportations d'armes au contrôle communautaire, chaque Etat membre appliquant son propre régime en la matière. La question peut être posée de savoir si tout ce qui a trait à la production ou au commerce d'armes relève véritablement de la « protection des intérêts essentiels de la sécurité » des Etats membres, mais cette question n'a jamais été posée en termes si crus.

Ceci n'a pas, toutefois, empêché les Etats membres de se pencher dans le cadre de la coopération politique sur le problème du trafic illicite d'armes ; à cet effet, un groupe *ad hoc* a été institué en 1990 qui procède régulièrement à des échanges d'informations en la matière.

§ 2. *Les réflexions de la conférence*

La question s'est posée de savoir s'il fallait aller plus loin en matière de coopération dans le contrôle des exportations des armements et mettre en place un système commun au niveau de la CE.

Certaines délégations (NL, D, COM) y étaient très favorables. Mais si l'on voulait s'engager dans cette voie, fallait-il pour cela modifier le traité ? Ou, en termes différents : ne pouvait-on pas adopter un tel régime sur base des dispositions actuelles du traité CEE ? Juridiquement, il eût sans doute été envisageable d'avoir recours à l'article 113, soit directement, en acceptant une interprétation extensive de cet article (142), soit indirectement, en suivant le précédent utilisé en matière de sanctions dans le passé (cf. par exemple les sanctions contre l'Irak, où l'on a visé l'article 113 à la fin du préambule tandis que les considérants ont fait référence à la décision politique distincte et immédiatement préalable). Mais l'article 113 est d'un maniement délicat et son emploi a, nous l'avons vu, dans le passé donné lieu à des controverses multiples. Dès lors, le fait d'y avoir recours dans un domaine aussi sensible que les ventes d'armes serait sans doute téméraire (143).

Une autre idée a circulé à un certain moment : pourquoi ne pas créer, à l'instar de l'article 228 A couvrant d'éventuelles sanctions,

(142) Mais nous avons vu à la division A à quel point les opinions divergent sur la portée de l'article 113 !

(143) Il convient de noter, toutefois, que le Conseil a été saisi, en été 1992, d'un projet de règlement relatif au contrôle de l'exportation de certains biens et technologies à double usage et de certains produits et technologies nucléaires. Ce projet, fondé sur l'article 113, a pour but d'assurer, sur la base de normes communes, l'application par les Etats membres des contrôles nécessaires à l'exportation ou à la réexportation hors de la CE de biens et de technologies susceptibles d'avoir une destination tant civile que militaire. Les travaux à ce sujet sont en cours ; aucun Etat membre n'a fait part d'une objection de principe face à ce genre de règlement.

un article 223 A qui aurait pu servir de base juridique pour instaurer un contrôle, une limitation ou une interruption des exportations d'armes vers un ou plusieurs pays tiers après une décision politique prise dans le cadre de la PESC ?

La Présidence luxembourgeoise, quant à elle, envisageait d'inscrire un nouvel article dans le traité inspiré de l'article 27 CEE qui prévoit que « les Etats membres procèdent, dans la mesure nécessaire, au rapprochement de leurs dispositions législatives, réglementaires et administratives, en matière douanière », la Commission adressant à cette fin des recommandations aux Etats membres.

Il faut souligner que toutes ces solutions présupposaient l'accord des douze Etats membres de ne pas invoquer l'article 223 pour s'opposer à une action communautaire dans ce domaine. La délégation néerlandaise, quant à elle, allait plus loin en voulant modifier l'article 223 pour écarter toute obstruction possible de ce genre à l'avenir. A cette fin, elle proposa, dans une note du 13 mars 1991, de prévoir, avant la fin de 1997, de supprimer la liste des produits auxquels les dispositions de l'article 223 paragraphe 1b s'appliquent. En même temps, elle suggéra que dans un nouvel article 223 A soient arrêtées, au cours de la même période et à la majorité qualifiée, les mesures de nature à permettre l'applicabilité intégrale des dispositions du traité à la production et au commerce d'armes.

La conférence ne réussit pas à se mettre d'accord sur une des solutions esquissées. La question reste donc ouverte. Les travaux entamés dans le cadre de la coopération politique vont se poursuivre, la plupart des Etats membres privilégiant une approche consensuelle dans un domaine aussi délicat. Rien n'exclut, bien sûr, l'adoption d'actions communes dans le cadre de la PESC. Il nous paraît aussi que l'article 228 A relatif aux sanctions économiques pourrait être utilisé pour interdire des exportations d'armes vers des zones en guerre ou à des régimes peu recommandables.

CHAPITRE IV
LA LÉGITIMITÉ DÉMOCRATIQUE

Section 1re. — Un rôle croissant pour le Parlement européen

Maastricht constitue sans aucun doute une étape importante sur la voie d'un renforcement progressif des pouvoirs du PE. A faire la somme des améliorations ponctuelles consenties en faveur du Parlement, on se rend compte du fait que celui-ci est probablement l'institution qui a le plus gagné dans l'exercice. Son rôle a été nettement renforcé dans trois domaines :

— le processus législatif ;
— la nomination de la Commission ;
— la défense des intérêts des citoyens.

Il faut ajouter à cela l'accroissement des pouvoirs déjà considérables du PE en matière budgétaire (cf. aussi ci-après le chapitre V section 2 sur les dispositions financières et budgétaires) et un rôle naissant dans des secteurs jusque-là strictement intergouvernementaux tels que la PESC et la coopération judiciaire ; il n'est dès lors pas exagéré de dire que le PE constituera dorénavant un interlocuteur de poids sur la scène européenne, à condition, bien sûr, qu'il sache utiliser ses pouvoirs avec efficacité et discernement.

Avant d'examiner en détail les trois domaines cités plus haut, il peut être utile de dire quelques mots au sujet des articles 137 et 138 a dans la mesure où ils apportent une solution à des problèmes horizontaux.

Dans le traité actuel, l'article 137 précise que le PE « composé de représentants des Etats réunis dans la Communauté, exerce les pouvoirs de *délibération et de contrôle* qui lui sont attribués par le présent traité ». Il fallait modifier cette formulation dans la mesure où le PE obtenait de nouveaux pouvoirs, y compris législatifs. Il y eut à ce sujet de longs débats sur le libellé exact de ces pouvoirs, avant que l'on ne trouve la solution toute simple qui consiste à parler des « pouvoirs qui lui sont attribués par le présent traité ». Dans la mesure où ces pouvoirs sont définis dans le traité, il n'est en effet pas nécessaire de les qualifier ici.

La délégation allemande avait proposé de préciser que le PE « était composé de représentants des citoyens de l'Union », pour tenir compte de l'insertion d'un chapitre « citoyenneté » dans le traité. Cette suggestion ne fut pas retenue dans la mesure où elle aurait pu préjuger l'issue du débat sur le nombre de députés allemands (144) ; en laissant tomber, en effet, la référence aux Etats membres, on aurait plaidé indirectement pour une adéquation mathématique entre le nombre de députés européens et le nombre de citoyens des différents Etats membres.

L'article 138a a été ajouté à un stade très avancé des travaux sur demande à la fois du Président du PE et des grandes familles politiques. La consécration du rôle des partis politiques au niveau européen va de pair avec le renforcement du rôle du PE et la création d'une citoyenneté européenne.

L'organisation nationale des partis empêche très souvent l'émergence d'un vrai débat démocratique au niveau européen. Une autre considération mérite d'être retenue ici : la référence au rôle des partis en tant que facteur d'intégration dans l'Union peut être vue comme une incitation à éviter la constitution de listes nationales à la suite de l'octroi à tous les citoyens communautaires du droit de vote et d'éligibilité aux élections locales et du PE dans leur pays de résidence. Cette crainte est particulièrement vive dans un pays comme le Luxembourg où les citoyens issus des 11 autres Etats membres représentent 28 % de la population totale.

(144) Nous rappellerons ici que la République fédérale demandait que le nombre de députés allemands dans le PE soit porté de 81 à 99 pour tenir compte de la réunification allemande. Cette demande, appuyée d'ailleurs par le PE lui-même, connut un assez large soutien, mais le Conseil européen de Maastricht décida de reporter l'examen de cette question, comme d'ailleurs de celle relative au nombre de Commissaires. Dans une déclaration annexée au traité (déclaration n° 15), la conférence « convient d'examiner les questions relatives au nombre de membres de la Commission et au nombre des membres du Parlement européen à la fin de 1992 au plus tard, en vue d'aboutir à un accord qui permettra d'établir la base juridique nécessaire à la fixation du nombre des membres du Parlement européen en temps voulu pour les élections de 1994. Les décisions seront prises, notamment, compte tenu de la nécessité de fixer le nombre total des membres du Parlement européen dans la Communauté élargie ».

A **Edimbourg** (cf. *infra*, p. 759) une nouvelle répartition a été établie par le Conseil européen, pour valoir « à partir de 1994 (et) pour tenir compte de l'unification de l'Allemagne et dans la perspective de l'élargissement ».

Division A. — Le rôle législatif du PE

La place du PE dans le processus législatif a constitué un des thèmes majeurs de la CIG/UP. Dans le traité CEE, le PE disposait d'un simple rôle consultatif. En 1975, une nouvelle procédure dite « de concertation » fut instaurée par les moyens d'une déclaration commune du Parlement, du Conseil et de la Commission pour les propositions ayant des implications financières.

Mais le premier pas décisif vers un pouvoir législatif du PE fut franchi avec l'Acte unique qui introduisit deux nouvelles procédures : l'« avis conforme » et la « coopération ».

Le débat de 1991 s'inscrit donc dans un contexte historique précis et constitue, à bien des égards, la suite des négociations de 1985. Des innovations proposées à l'époque et jugées alors trop hardies ont fait leur réapparition lors de la CIG/UP et ont parfois, comme l'idée de la conciliation, été adoptées sans trop de problèmes. Maastricht constitue une étape importante sur la voie tracée déjà en 1972 dans le rapport Vedel (145). Sans constituer le saut qualitatif souhaité par le PE lui-même et certaines délégations, le nouveau traité renforce nettement les pouvoirs législatifs du PE, et cela tant par l'extension notable du champ d'application de l'avis conforme et de la coopération que par l'instauration d'une nouvelle procédure connue, du moins inofficiellement, sous le nom de « codécision » (146). Est également à mentionner dans ce contexte l'octroi au PE d'un droit indirect d'initiative ou d'un droit d'évocation (art. 138 b).

§ 1er. *La « codécision » (article 189 B)*

a) *La codécision et la hiérarchie des normes*

Le document sur l'Union politique annexé aux conclusions du Conseil européen de Dublin de juin 1990 mentionne, parmi les

(145) Le rapport Vedel est un rapport établi par un groupe de juristes présidé par le doyen Georges Vedel et chargé par la Commission de réfléchir sur le rééquilibrage des relations entre les institutions. Il préconisait notamment la *codécision* en matière législative entre le Conseil et le PE et l'investiture par le PE du Président de la Commission (*Bull. CE, suppl. 4/72*).

(146) Inofficiellement, car, dans un accès de pudibonderie avancée, la conférence a décidé, en novembre 1991, de bannir le mot afin de ne pas trop froisser certaines susceptibilités ; pour rester logique, on a en même temps éliminé le terme de coopération. Cette concession verbale faite aux amis britanniques notamment a été consentie par les délégations favorables aux thèses du PE parce qu'elles estimaient que la « procédure de l'article 189 B », comme on l'appelle à présent, ne méritait de toute façon pas tout à fait le vocable de codécision !

mesures à prendre pour renforcer le contrôle démocratique dans la CE, « la participation accrue du PE au processus législatif, y compris éventuellement par des formes de codécision ». La même idée se retrouve dans les conclusions de Rome 1 (27/28 octobre 1990) et surtout celles de Rome 2 (14/15 décembre 1990), plus précises ; sous le titre de « légitimité démocratique », le Conseil européen demande à la conférence d'examiner « l'extension et l'amélioration de la procédure de coopération et l'extension de la procédure d'avis conforme aux accords internationaux qui requièrent l'approbation unanime du Conseil ». En même temps, se référant à son débat sur des « réformes d'une plus grande portée », le Conseil européen demande à la conférence « d'envisager le développement de procédures de codécision pour les actes de nature législative dans la hiérarchie des actes communautaires ».

Cette dernière précision introduit un élément intéressant dans le débat qui mérite une explication. Quand, en juillet 1990, à la suite du Conseil européen de Dublin, les réflexions s'engageaient au niveau des représentants personnels sur la possibilité d'introduire la codécision, plusieurs délégations soulignaient que tout en étant ouvertes face à cette possibilité, elles refuseraient un système où l'application d'une procédure aussi lourde à des actes même d'importance secondaire conduirait à l'asphyxie législative. Il fallait, en d'autres termes, limiter le champ d'application d'une éventuelle codécision à des actes vraiment importants. C'est dans ce contexte que s'engageait la réflexion sur la hiérarchie des normes ou la typologie des actes. Cette réflexion tomba sur un sol d'autant plus fertile que le système de l'article 189 (147) soulevait de toute façon des interrogations dans le chef de certaines délégations.

Dans une note de réflexion en date du 20 septembre 1990, la délégation italienne remit en cause le système en question qui, à ses yeux, ne satisfaisait plus aux exigences accrues de l'action de la Communauté ; elle en voulait comme preuves la pratique des dernières années consistant à multiplier les actes atypiques (conclusions, déclarations, décisions, etc) et l'érosion progressive de la distinction entre le règlement et la directive. L'Italie proposa dès lors d'abandonner le système des actes identifiés selon leur nom juridique et organisés d'une manière rigide au bénéfice d'un système qui

(147) L'article 189 du traité CEE définit les actes juridiques qui sont arrêtés par le Conseil et la Commission (règlements, directives, décisions, recommandations et avis).

distinguerait les actes selon leur fonction — constitutionnelle, législative ou réglementaire : on aurait ainsi des lois constitutionnelles, des lois ordinaires, des dispositions de nature réglementaire, des actes administratifs.

Cette nouvelle typologie conditionnerait aussi le processus décisionnel. Les actes de rang constitutionnel seraient soumis à des procédures lourdes (codécision intégrale ou avis conforme, éventuellement avec la participation d'instances parlementaires nationales ou régionales). Pour les actes législatifs, on pourrait envisager des procédures telles que la codécision atténuée ou la coopération. Pour les actes dits de gestion, les possibilités citées allaient, selon les cas, d'une procédure de consultation du PE à une délégation institutionnalisée de pouvoirs à la Commission seule.

C'est à la suite de cette note qu'un lien étroit s'installa dans les esprits entre la typologie des actes et le débat sur la codécision, lien qui est reflété dans les conclusions de Rome. La Commission, quant à elle, dans son avis du 21 octobre 1990, reprit la même idée dans la mesure où elle suggéra de modifier la procédure de coopération dans le sens de la codécision, tout en la limitant aux actes de nature législative.

Dans une note en date du 27 février 1991, la Commission soumit à la CIG un texte concret relatif à la hiérarchie des normes et la codécision. Ce texte, très ambitieux, remit en cause de façon fondamentale tant la typologie existante que les processus de prise de décision dans la CE. Il proposa de distinguer entre le traité, où le rôle du Conseil resterait prépondérant, la loi, où s'appliquerait la codécision entre Conseil et PE, et les actes secondaires ou d'application soumis à des procédures allégées, confiées soit à la Commission, soit aux autorités nationales. La directive, qualifiée d'instrument hybride et de statut ambigu, serait éliminée.

La loi, nouvelle catégorie d'acte communautaire, se définissait, dans la conception de la Commission, tant par la forme de son adoption — acte du législateur commun Conseil/PE — que par son contenu — elle devait déterminer les principes généraux et les orientations ainsi que les éléments essentiels des matières à régler — et ses effets — caractère obligatoire, primauté et applicabilité directe.

Le PE, quant à lui, défendait une position proche de celle de la Commission. Dans une « Résolution sur la nature des actes communautaires », adoptée le 18 avril 1991 sur base du rapport Bourlanges, il souligna la nécessité de prévoir une typologie claire des actes qui distinguerait notamment les actes constitutionnels, les actes budgétaires, les actes législatifs et les actes réglementaires. Dans l'optique du PE, le pouvoir réglementaire devait être attribué à la Commission alors que les autres actes feraient l'objet d'une véritable codécision entre Conseil et PE. Contrairement à la Commission, toutefois, le PE proposait de préserver la distinction entre directives et règlements, parce qu'elle « est adaptée aux besoins de la construction communautaire et répond aux exigences du principe de subsidiarité ». La résolution prévoyait donc non seulement une distinction entre actes législatifs et réglementaires, mais aussi, entre actes qui s'apparentent aux actuelles directives (lois-cadres et actes réglementaires-cadres) et les actes qui s'apparentent aux actuels règlements (lois et actes réglementaires).

L'accueil réservé par les délégations à l'approche de la Commission fut réservé. Lors d'une réunion des représentants personnels du 6 mars, tous les Etats membres jugeaient l'approche de la Commission trop ambitieuse, trop théorique aussi. L'impression générale était que la Commission voulait enlever au Conseil une très grande partie de ses prérogatives, législatives au bénéfice du PE, exécutives au bénéfice de la Commission. Au-delà de cette réaction épidermique et politique, un certain nombre de critiques plus ponctuelles étaient adressées à l'approche de la Commission accusée de

— remettre en cause la jurisprudence existante de la Cour ;
— faire disparaître la directive, instrument pourtant original et très utile ;
— mélanger plusieurs objectifs ;
— engendrer des difficultés pratiques, notamment en ce qui concerne la délimitation des différents niveaux ;

Certaines délégations faisaient remarquer que l'introduction de la codécision ne nécessitait pas forcément une modification de l'article 189. Le lien étroit entre typologie et codécision commençait dès lors à être remis en cause, devant les difficultés que soulevait la modification de la typologie actuelle. D'autres délégations, tout en partageant les critiques dirigées contre l'approche de la Commission, persistaient toutefois à croire que la hiérarchie des normes restait un concept utile pour limiter de façon non arbitraire le champ d'application de la codécision. Si la réunion du 6 mars sonna donc le glas de l'idée d'une modification radicale de l'article 189, elle ne mit pas fin à la recherche d'un lien objectif, rationnel, entre la hiérarchie des normes et le champ d'application de la codécision.

La Présidence luxembourgeoise, tirant les conclusions de la réunion du 6 mars, allait s'engager dans cette voie. Dans un *non paper* du 15 mars, elle constata que si une refonte radicale de la hiérarchie des normes n'était pas envisageable, une orientation favorable existait en revanche pour envisager certains aménagements de la typologie actuelle. Elle fit référence à l'idée d'identifier, au-dessous du niveau constitutionnel que représente le traité, des « lois » qui relèveraient d'une procédure associant plus étroitement le PE (codécision) et qui fixeraient les principes généraux et les règles essentielles dans un domaine donné. Le recours à la loi, acte normatif général, ne serait pas laissé à l'appréciation des institutions, mais devrait être expressément prévu par les articles du traité attribuant des compétences spécifiques à la Communauté.

Cette orientation se retrouva dans l'avant-projet d'avril qui ajouta aux actes prévus à l'article 189 la loi, définie par sa procédure d'adoption et par son contenu.

Le texte d'avril constitua donc une tentative de sauver quelque chose de la hiérarchie des normes tout en trouvant un critère objectif pour définir la catégorie d'actes à soumettre à la codécision.

Mais même cette modification relativement modeste de l'article 189 continuait de poser problème. Comment, en effet, délimiter à l'intérieur d'une matière donnée les principes fondamentaux ou les règles générales des mesures d'application ? Ne risquait-on pas de faire naître d'innombrables foyers de querelles institutionnelles ? Que signifiait concrètement l'octroi à la loi d'une « valeur juridique supérieure à celle des autres actes » comme prévu dans le projet d'avril ? Comment allaient s'agencer les lois et les textes d'application nécessaires à leur mise en oeuvre ? Quel allait être dans leur adoption le rôle respectif du Conseil, de la Commission et du Parlement européen ? Voilà quelques-unes des questions qui furent posées dans ce contexte.

Peu à peu, sous l'effet de ces interrogations, le lien entre champ d'application et typologie des actes se distendait. La délégation allemande soumit une proposition qui gardait le concept de loi tout en le définissant de façon fonctionnelle ; il s'agirait d'un acte (directive ou règlement) adopté par codécision. Le projet de juin reprit cette approche. Assez logiquement, la Présidence NL décida ensuite, avec l'accord de tous, de laisser tomber le concept en tant que tel qui n'était plus qu'une coquille vide, un nom. La CIG adopta, toutefois, une déclaration relative à la hiérarchie des actes communautaires qui précise que la CIG qui sera convoquée en 1996 examinera dans quelle mesure il serait possible de revoir la classification des actes communautaires en vue d'établir une hiérarchie appropriée entre les différentes catégories de normes (déclaration n° 16).

b) *Le champ d'application de la codécision*

Des divergences de vues assez profondes existaient entre les délégations au sujet du champ d'application de la codécision. Si certains Etats membres refusaient l'idée même de codécision, d'autres, suivant en cela la Commission et le PE, auraient souhaité l'étendre à tous les actes législatifs ou à la plupart d'entre eux. Dans l'optique de la Commission et du PE, la codécision devait se substituer à la coopération, son application s'étendant bien au-delà du champ d'application de celle-ci. Il était clair dès le début que le compromis final se situerait entre les deux extrêmes, qu'il y aurait donc une nouvelle procédure de codécision et qu'elle s'appliquerait à un nombre limité de domaines. Comment déterminer ceux-ci ? Comme nous l'avons vu en parlant de la typologie des actes, la première piste explorée consistait à établir un lien direct entre la hiérarchie des actes et la procédure de prise de décision. L'avant-projet d'avril était inspiré de cette philosophie. La Présidence y indiqua, à titre illustratif, un certain nombre de matières qui se prêteraient à l'adoption d'une loi telle que définie à l'article 189 :

— *la cohésion* : les missions et objectifs prioritaires des fonds à finalité structurelle, les règles générales applicables aux fonds et les dispositions nécessaires pour assurer leur efficacité et la coordination des fonds entre eux et avec les autres institutions financières existantes, ainsi que la création de nouveaux fonds ;
— *la recherche* : les programmes-cadre pluriannuels ;
— *l'environnement* : les programmes d'action ;
— *la coopération au développement* : les règles générales et les programmes pluriannuels.

Il y avait dans cette approche une certaine logique, la codécision s'appliquant à de grandes décisions politiques, fixant un cadre général, parfois pluriannuel, pour l'action de la CE.

Après avril, le lien objectif entre hiérarchie des actes et champ d'application de la codécision se distendant, on retomba dès lors sur l'approche pragmatique suivie en ce qui concerne la procédure de coopération lors des négociations sur l'AUE, à savoir une approche qui consistait à décider de façon *ad hoc*, politique, les domaines où s'appliquerait la nouvelle procédure.

Dans le document de référence de juin, la Présidence, sans établir de lien avec la typologie, n'en poursuivit pas moins la logique suivie en avril et proposa les mêmes quatre domaines plus les grands réseaux (adoption des schémas indicatifs).

Dans une note soumise aux Ministres le 28 octobre 1991, la Présidence néerlandaise proposa un champ d'application différent : si la cohésion et la coopération au développement, jugées trop sensibles, disparurent de la liste, la protection des consommateurs et les articles 100 A et 100 B y accédèrent. La codécision fit donc son entrée dans le domaine du marché intérieur, à l'instigation de la délégation ... britannique. Londres avait, en effet, laissé entendre que la codécision, si elle devait un jour être acceptée, devrait s'appliquer au marché intérieur, où l'introduction de la coopération par l'AUE s'était révélée utile. Plusieurs délégations, dont la Commission, étaient très réticentes à ce sujet, estimant que l'article 100 A servait souvent de base à des propositions très techniques, qui ne se prêtent pas vraiment à une procédure si lourde. Mais rien n'y fit : comment refuser une offre des Britanniques dans un domaine où ils étaient d'ordinaire plutôt réservés ? Pour faire bonne mesure, le texte soumis au conclave de Noordwijk étendit la liste en y incluant aussi les articles 49 (libre circulation des travailleurs), 54, par. 2 (liberté d'établissement), 56 et 57 (accès aux activités non salariées et reconnaissance mutuelle des diplômes), c'est-à-dire des articles liés eux aussi au marché intérieur.

Il est à noter que dans le cas de la recherche, la Présidence proposa de conjuguer la codécision avec l'unanimité, ce qui fut fortement contesté par plusieurs délégations, estimant qu'une telle conjugaison ne pouvait qu'aboutir à des blocages. Le texte de compromis soumis au Conseil européen de Maastricht donna raison à ces délégations et rétablit la majorité qualifiée, mais le Conseil européen devait en décider autrement (voir *infra*). Il élargit par ailleurs une nouvelle fois le champ d'application, l'étendant à la santé publique et la culture. En même temps, une clause de révision fut ajoutée au paragraphe 8 de l'article 189 B, à la demande notamment des délégations allemande, italienne et belge.

Le résultat de Maastricht est très proche de ce texte et est repris ci-dessous. Il appelle les commentaires suivants :

i) l'application de la codécision à quinze articles, dont certains très importants, constitue une avancée considérable pour les pouvoirs du PE, et cela d'autant plus à la lumière de la clause de révision reprise à l'article 189 B.

ii) la juxtaposition codécision/unanimité réintroduite à Maastricht pour la recherche et la culture (à la demande notamment des Allemands, en raison des compétences des *Länder*) est porteuse de blocages. Elle risque de perturber l'équilibre de la procédure en défaveur de la Commission (148) et d'entraver le rapprochement des points de vue qui est la raison d'être de la procédure.

iii) l'application de la codécision à des actions d'encouragement (éducation, culture, santé) peut surprendre. La codécision nous paraît avoir plus sa place dans le cadre d'actes législatifs.

iv) l'élimination de la codécision en matière de cohésion et de coopération au développement est regrettable ; il s'agit là, en effet, de domaines importants qui de surcroît se prêteraient bien à un dialogue direct entre PE et Conseil. Le fait que des intérêts financiers y soient en jeu plaiderait plutôt en faveur de la codécision dans la mesure où le PE est une des branches de l'autorité budgétaire.

v) la codécision ne s'appliquera dans aucune des dispositions relatives à l'UEM.

Voici le champ d'application de l'article 189 B tel qu'il ressort de Maastricht :

- art. 49	: libre circulation des travailleurs
- art. 54	: droit d'établissement
- art. 56, 1, 2e phrase	: *idem*
- art. 57, 1	: *idem*
- art. 57, 2, 2e phrase	: *idem*
- art. 66	: services
- art. 100 A	: marché intérieur (rapprochement des législations)

(148) Cette solution ne devrait pas non plus faire plaisir au Parlement et à la Cour de Justice, laquelle, dans un arrêt récent (aff. C 300/89 du 11 juin 1991, voir ses §§ 18-19), avait, au sujet d'une procédure de coopération, jugé que l'unanimité vidait celle-ci de toute substance.

- art. 100 B	: *idem*
- art. 126	: éducation (actions d'encouragement)
- art. 128	: culture (actions d'encouragement ; unanimité au Conseil)
- art. 129	: santé (actions d'encouragement)
- art. 129 A	: consommateurs
- art. 129 D	: réseaux transeuropéens (orientations)
- art. 130 I, 1	: recherche ; programme-cadre pluriannuel (unanimité au Conseil)
- art. 130 S, 3	: environnement : programme d'action à caractère général.

c) *La procédure de l'article 189 B*

Tant le PE, dans la résolution Martin (149) adoptée le 22 novembre 1990, que la Commission étaient en faveur du remplacement de la coopération par la codécision. Cette suggestion se heurta au refus de celles des délégations qui étaient en principe opposées à la codécision, mais qui laissaient entendre qu'elles pourraient s'y résigner dès lors que le champ d'application serait strictement délimité. Les réflexions allaient donc plutôt dans le sens d'une nouvelle procédure qui se juxtaposerait à celle introduite par l'AUE. Quant au mécanisme à mettre en place, il s'agissait moins de créer quelque chose de radicalement nouveau que d'envisager un système fondé sur la procédure de coopération enrichie d'éléments de codécision.

Parmi les éléments envisagés à un moment ou un autre, il y a lieu de citer les suivants :

a) la proposition connue sous le nom « d'amendement Tindemans-Delors » faite déjà en 1985 et qui prévoyait qu'une proposition modifiée de la Commission, suite à la première lecture du PE, serait réputée adoptée sauf si le Conseil la rejetait à la majorité simple ;

b) la transmission des propositions de la Commission pour une première lecture au PE, le Conseil délibérant ensuite sur base d'un projet issu du PE ;

c) la possibilité pour le PE d'annuler des actes adoptés par le Conseil ;

(149) *J.O.C.E.* C 324 du 24 décembre 1990.

d) l'instauration d'une procédure de conciliation qui permettrait au PE d'exposer directement au Conseil ses amendements et au Conseil de se prononcer à la majorité qualifiée sur ces amendements.

La proposition Tindemans-Delors fut relativement vite écartée dans la mesure où, aux yeux de plusieurs délégations, elle aurait bouleversé l'équilibre interinstitutionnel au profit de la Commission.

Il faut savoir que cette proposition avait été faite en 1985 pour éviter tout risque de blocage dans les cas où il n'y aurait au Conseil ni une majorité qualifiée pour adopter, ni l'unanimité pour rejeter des amendements du PE acceptés par la Commission. Or, depuis l'entrée en vigueur de l'AUE, une telle situation ne s'est jamais présentée.

La seconde suggestion, figurant dans le rapport Martin, a rencontré également de fortes objections dans la mesure où elle aurait modifié profondément le système classique de la CE où le Conseil est l'organe législatif.

L'idée consistant à accorder au PE le droit d'annuler des actes législatifs adoptés par le Conseil, figurait dans l'aide-mémoire belge d'avril 1990. Elle rencontra un accueil plus ouvert, même si un certain nombre de délégations étaient par principe opposées à accorder au PE le dernier mot (UK, DK, P notamment).

D'autres, en revanche, et notamment les délégations italienne et allemande, estimaient que l'octroi d'un simple droit de veto pour le PE n'était ni suffisant ni conforme à l'esprit d'une véritable codécision.

Quant à la dernière idée, elle fut d'abord suggérée par la délégation française qui reprit, en fait, une formule proposée en 1985 par la RFA pour éviter que les amendements du PE ne tombent dans le vide. Elle consistait à introduire entre les institutions concernées une procédure de conciliation permettant au PE d'engager un dialogue direct avec le Conseil. Comme le droit de veto, cette idée allait faire son chemin et se retrouver dans le texte final.

Plusieurs délégations soulevaient la question des délais ; ne faudrait-il pas introduire des délais endéans desquels le PE doit réagir afin d'éviter des blocages ? Tout le monde s'accordait pour dire que cela est une nécessité en deuxième lecture, comme c'est d'ailleurs déjà le cas dans la procédure de coopération. Mais ne pourrait-on pas envisager des délais aussi en première lecture ? Il y a eu des cas dans le passé où le PE a essayé de conditionner sa participation au processus législatif, en établissant des liens avec d'autres dossiers, ce qui était perçu par certaines délégations comme étant une forme de chantage. Il convient d'observer que déjà en 1985, une question analogue s'était posée. La conférence avait à l'époque répondu par la négative pour éviter que la même revendication ne soit adressée au Conseil.

Les différents éléments évoqués ci-dessus se retrouvaient, à des degrés divers, dans quatre propositions concrètes faites par le PE (rapport Martin), l'Allemagne, l'Italie et la Commission.

Toutes ces propositions envisageaient un système de navette et une procédure de conciliation. Les différences concernaient surtout la première phase de la procédure — 1re lecture du Conseil sur base de la proposition de la Commission ou sur base du texte issu de la première lecture du PE ? et le stade final — droit de veto pour le PE ou totale égalité entre les deux branches législatives ? A noter que le PE et la délégation allemande proposaient un droit d'initiative pour le PE.

A la lumière des discussions approfondies intervenues à ce sujet, la Présidence élabora alors un texte de compromis qui se retrouva dans l'avant-projet d'avril. La procédure figurant dans ce texte et qui sera finalement très proche du résultat final de Maastricht, se caractérisait par les éléments suivants :

1. une navette comportant au minimum deux et au maximum trois lectures pour le Conseil et le PE. Le Conseil, statuant à la majorité qualifiée, après avis du PE, arrête une position commune. En cas d'approbation de la position commune du Conseil par le PE, le Conseil arrête définitivement l'acte dès sa 2e lecture. En cas de rejet de la position commune par le PE, la procédure prend fin (150). Si le PE propose des amendements à la position commune, le Conseil arrête l'acte s'il approuve tous les amendements du PE ; sinon, un comité de conciliation est convoqué.

2. le maintien du droit d'initiative de la Commission tout au long de la procédure. Mais, et il s'agit là d'une nouveauté importante, le Conseil peut se prononcer à la majorité qualifiée sur les amende-

(150) Le texte final prévoit, dans ce cas, le renvoi au comité de conciliation afin de préserver les chances de trouver un accord (art. 189 B.2.c).

ments du PE, même lorsque la Commission ne les a pas repris à son compte (151).

3. la convocation, en cas de désaccord entre le Conseil et le PE après la deuxième lecture, d'un comité de conciliation réunissant les membres du Conseil et autant de représentants du PE ; ce comité a pour mission d'aboutir à un accord sur un projet commun à la majorité qualifiée des membres du Conseil et à la majorité des représentants du PE.

4. la nécessité d'un vote positif des deux institutions dans un délai de six semaines après l'approbation, au comité de conciliation, d'un projet commun (majorité du PE, majorité qualifiée au Conseil) ; sinon, l'acte est réputé non adopté.

5. introduction d'un « mécanisme de repêchage » en cas d'absence d'accord au comité de conciliation, permettant au Conseil de confirmer le texte sur lequel il avait marqué son accord avant l'ouverture de la procédure de conciliation, éventuellement assorti d'amendements proposés par le PE. Dans ce cas, le PE dispose, toutefois, dans un délai de six semaines, d'un droit de rejet de ce texte (à la majorité de ses membres).

6. la possibilité de prolonger certains des délais prévus d'un commun accord.

La procédure telle que décrite ci-dessus comportait les deux éléments essentiels qui doivent caractériser toute véritable procédure de codécision, à savoir :

— la participation pleine et entière des deux branches de l'autorité législative au processus d'élaboration de l'acte communautaire ;
— la participation, sur un pied d'égalité, à l'établissement de la loi, aucune des deux institutions ne pouvant légiférer contre la volonté de l'autre.

Tout en faisant l'objet d'un accueil plutôt encourageant de la part de la CIG, cette procédure suscitait essentiellement deux types de critiques, qui allaient provoquer des débats passionnés jusqu'à la fin de la conférence.

(151) Dans le texte final, cette nouvelle règle ne s'appliquera que dans le cadre du comité de conciliation, voir *infra*.

La première, soulevée par le PE lui-même et les délégations proches de ses thèses, notamment l'Allemagne et l'Italie (152), se dirigeait contre le fait que le Conseil peut, en cas d'absence d'accord au comité de conciliation, adopter le texte de sa position commune. Le PE peut certes à la suite émettre son veto sur ce texte, mais pour ce faire il a besoin d'un vote contraire de la majorité de ses membres. Par ailleurs, ce mécanisme tend, aux yeux de ses détracteurs, à inciter le Conseil à se montrer peu conciliant lors des réunions du comité de conciliation dans la mesure où il oblige le PE dans ce cas à prendre sur lui la responsabilité de l'échec de la procédure législative.

Face à ces arguments, les autres délégations faisaient valoir que la procédure choisie répondait à un souci d'efficacité, visant à minimiser les risques de blocage et à prévenir le risque de « perdre » à un stade avancé des travaux les résultats obtenus jusque-là. Elles soulignaient aussi que le Conseil aurait de toute façon intérêt à assortir son texte du plus grand nombre possible d'amendements du PE afin de réduire tout risque d'un rejet par le PE.

Pour un certain nombre de délégations, le maintien de ce mécanisme constituait une condition *sine qua non* pour qu'elles acceptent une procédure de codécision. Après de longs débats, y compris à Maastricht même, elles obtinrent gain de cause.

Un autre argument a probablement été décisif à cet égard : si on avait suivi ceux qui préconisaient d'enlever ce paragraphe, on aurait abouti à une situation où sept parlementaires pouvaient faire échouer un acte législatif (153).

La deuxième critique avait trait au rôle de la Commission durant la deuxième phase de la procédure. Dans le traité actuel, le Conseil ne peut, en vertu de l'article 149 paragraphe 1, prendre un acte constituant amendement de la proposition de la Commission que statuant à l'unanimité. Par ailleurs, tant que le Conseil n'a pas statué, la Commission peut modifier sa proposition tout au long des

(152) Dans une « Déclaration commune » diffusée le 10 avril 1991, les Ministres allemand et italien des Affaires étrangères, MM. Genscher et De Michelis, demandèrent davantage de pouvoirs législatifs pour le PE. Il insistèrent sur l'égalité des droits entre le PE et le Conseil dans la procédure de codécision (cf. *Agence Europe* du 11 avril 1991, p. 3).

(153) Parce que le comité de conciliation réunit les membres du Conseil (au nombre de 12) et autant de représentants du PE (donc aussi 12) et qu'il a pour mission d'aboutir à un accord sur un projet commun à la majorité qualifiée des membres du Conseil et à la majorité (7) des représentants du PE (cf. 189 B.4).

procédures mentionnées à l'article 149, par. 1 et 2. Or, la nouvelle procédure proposée innovait sur ces points dans la mesure où le Conseil pouvait statuer directement à la majorité qualifiée sur les amendements du PE, faisant disparaître de la sorte le « rôle de filtrage » (154) joué par la Commission. Au sein du comité de conciliation, le rôle de la Commission se réduisait à celui d'un médiateur ou consultant chargé de rapprocher les positions entre les deux interlocuteurs législatifs.

La Commission, relayée par des Etats membres tels que la Belgique et les Pays-Bas, y voyait une grave atteinte à l'équilibre interinstitutionnel et à la règle d'or du traité qui lui accorde un droit d'initiative exclusif. En même temps, elle mettait en garde contre les risques d'une plus grande inefficacité du fonctionnement communautaire suite à la réduction du rôle de la Commission.

La réaction était d'autant plus vive qu'une autre modification, en apparence anodine, introduite à l'article 149, tranchait dans un sens défavorable à la Commission un vieux conflit juridique opposant le Conseil et la Commission. Dans le traité actuel, le paragraphe 3 de l'article 149 qui se rapporte à la coopération dit que « tant que le Conseil n'a pas statué, la Commission peut modifier sa proposition tout au long des procédures mentionnées aux paragraphes 1 et 2 ». Dans le projet d'avril, ce paragraphe avait été déplacé vers le début de l'article 149 pour couvrir à la fois la coopération et la codécision, mais il avait été amendé dans le sens que le bout de phrase « tout au long des procédures entamées aux paragraphes 1 et 2 » disparaîssait. Il faut savoir que le Conseil interprète la formulation actuelle dans le sens que la Commission n'a pas le droit de retirer sa proposition une fois que le Conseil a adopté une position commune. La Commission, en revanche, estime qu'elle peut user de cette prérogative tant que le Conseil n'a pas statué de façon définitive en deuxième lecture.

Le hasard voulut que juste en ce moment un conflit ouvert ait éclaté à ce sujet, la Commission ayant, sur pression du PE, annoncé qu'elle retirerait des propositions spécifiques en matière de recherche et développement. Ce conflit direct a pu être résolu après de longues tractations interinstitutionnelles, mais les divergences sur l'interprétation de l'article 149 subsistaient.

(154) L'expression est du Parlement européen !

La Présidence luxembourgeoise s'est finalement laissé convaincre par la Commission de ne pas toucher au *statu quo* et de ne pas essayer de trancher le différend juridique par une modification du traité. Le texte de juin rétablit donc sur ce point la formulation actuelle du traité, l'article 149 devenant, toutefois, le nouvel article 189 A. Mais ce n'était pas la fin de l'affaire, car, sur insistance notamment de la délégation espagnole, la Présidence néerlandaise rouvrit le débat en précisant explicitement dans le projet de novembre que la Commission « ne peut retirer sa proposition après que celle-ci ait fait l'objet d'une position commune du Conseil au sens des articles 189 B et 189 C ». Une fois de plus, la Commission monta au créneau pour défendre ses prérogatives, soutenue par plusieurs délégations. Elle obtint gain de cause et la précision susmentionnée disparut dans le texte de décembre (155).

La Commission eut moins de succès avec son plaidoyer visant à préserver son « rôle de filtre » entre le PE et le Conseil. Pour beaucoup de délégations, l'idée même de codécision comportait une altération de l'équilibre institutionnel dans le sens de l'instauration d'un dialogue direct entre les deux institutions partageant le pouvoir législatif. A l'issue de discussions difficiles, la Présidence luxembourgeoise proposa, dans son projet de juin, une solution médiane qui fut acceptée par la Commission. Elle consistait à introduire dans le cadre du comité de conciliation une exception à la règle selon laquelle le Conseil ne peut amender une proposition de la Commission qu'à l'unanimité. Cette solution sera confirmée à Maastricht, malgré plusieurs tentatives, notamment espagnoles, d'étendre cette exception au-delà de la procédure du comité de conciliation. L'article 189 A premier paragraphe se lit donc comme suit : « Lorsque, en vertu du présent traité, un acte du Conseil est pris sur proposition de la Commission, le Conseil ne peut prendre un acte constituant amendement de la proposition que statuant à l'unanimité, sous réserve de l'article 189 B paragraphes 4 et 5 » (ces paragraphes décrivent la procédure à suivre dans le comité de conciliation).

Il s'agit là d'une innovation importante, même si elle est partielle, qui affectera les relations entre le Parlement, le Conseil et la Com-

(155) Les paragraphes 1 et 3 de l'ancien article 149 sont repris pratiquement tels quels ; ils figurent dans le traité sur l'Union au nouvel article 189 A qui précède les articles 189 B et 189 C et s'applique aux deux.

mission. Dans ce cas précis, la Commission ne sera plus le relais obligé entre le PE et le Conseil.

Entre avril et décembre, en dépit de nombreuses discussions, la procédure changera relativement peu. La modification la plus importante concernera le cas d'un rejet par le PE d'une position commune du Conseil. Dans le texte d'avril, la procédure prenait fin dans cette hypothèse, l'acte étant réputé non adopté. Le texte final, par contre, prévoit dans ce cas le renvoi au comité de conciliation afin de préserver les chances de trouver quand même un terrain d'entente entre le Conseil et le PE. Dans la mesure où la procédure de repêchage décrite plus haut s'applique alors en cas d'absence d'accord au sein de ce comité, le PE est en fait obligé d'émettre un double veto pour bloquer l'acte en question. Il doit donc réunir deux fois la majorité absolue de ses membres, ce qui ne va pas faciliter sa tâche. Dans ce sens, la modification en question fait pencher la balance en faveur du Conseil dans la procédure de codécision.

La même observation vaut également en ce qui concerne une seconde modification. Il s'agit du remplacement à deux endroits différents de la procédure (vote des amendements à la position commune, approbation du texte issu du comité de conciliation) du vote à la majorité simple du PE par l'exigence d'un vote à la majorité absolue de ses membres.

Une troisième innovation était destinée à éviter aux Ministres de passer trop de temps au sein du comité de conciliation. Remontant à une suggestion britannique, elle consista à préciser que le comité de conciliation est composé des membres du Conseil *ou de leurs représentants*.

Enfin, il reste à noter que les rôles respectifs du CES et du comité régional sont réglés, dans la version finale, non pas de façon horizontale dans l'article 189 B, mais au cas par cas dans les articles prévoyant le recours à la procédure de l'article 189 B. A titre d'exemple, on peut citer l'article 129 D relatif aux réseaux transeuropéens :

> « Les orientations visées à l'article 129 C paragraphe 1 sont arrêtées par le Conseil, statuant conformément à la procédure visée à l'article 189 B et après consultation du Comité économique et social et du Comité des régions ».

Cette approche est effectivement la seule possible dans la mesure où la procédure de cet article s'applique à un nombre assez élevé de cas souvent très disparates, et qu'il n'est dès lors pas possible de régler le rôle du CES ou du Comité des régions de façon globale.

§ 2. *La procédure de « coopération » (article 189 C)*

Nous venons de voir que la procédure de coopération n'a finalement pas été modifiée ; elle perd, toutefois, son nom pour les raisons évoquées et devient la procédure de l'article 189 C. Son champ d'application est, toutefois, nettement élargi : elle s'appliquera dorénavant dans quatorze articles supplémentaires :

article 6	: ex-article 7 relatif à la non-discrimination
article 75.1	: politique des transports
article 125	: adoption de décisions d'application relatives au Fonds social européen
article 127	: formation professionnelle
article 129 D	: réseaux transeuropéens, autres mesures que les orientations
article 130 E	: cohésion économique et sociale, décisions d'application relatives au Fonds européen de développement régional
article 130 O	: recherche ; fixation des règles de participation des entreprises et des universités et des règles applicables à la diffusion des résultats (130 J) ; programmes complémentaires (130 K) ; participation de la Communauté à des programmes entrepris par plusieurs Etats membres (130 L).
article 130 S, 1 et 3	: environnement, actions et mise en oeuvre des programmes
article 130 W	: coopération au développement
article 2.2 de l'accord social à onze	: adoption de prescriptions minimales dans le domaine social

Dans le domaine de l'Union économique et monétaire, quatre cas de procédure de coopération sont établis :

art. 103, par. 5	: règles pour la procédure de surveillance multilatérale
art. 104 A, par. 2	: mise en oeuvre de l'application de l'article 104 A, par. 1
art. 104 B, par. 2	: mise en oeuvre de l'application de l'article 104

art. 105 A, par. 2 : mesures d'harmonisation concernant la circulation des pièces métalliques

§ 3. *L'avis conforme*

L'AUE avait introduit cette nouvelle procédure, qui requiert l'approbation par le Parlement européen se prononçant à la majorité absolue des membres qui le composent du texte établi par le Conseil, pour deux situations : l'article 237 relatif aux nouvelles adhésions et l'article 238 traitant des accords d'association à conclure avec des pays tiers.

a) *Le champ d'application*

Là aussi, 1991 est la continuation de 1985. Les articles « constitutionnels » qui étaient examinés à l'époque et écartés pour des raisons diverses furent une nouvelle fois remis sur le tapis :

— article 138, paragraphe 3 : procédure uniforme pour l'élection des membres du PE ;
— article 201 : création de nouvelles ressources propres ;
— article 236 : révision du traité.

En ce qui concerne les accords internationaux, la réflexion portait sur l'extension de la procédure d'avis conforme au-delà des seuls accords d'association.

S'y ajoutait, suite à une suggestion des délégations allemande, italienne, belge et grecque, l'article 235.

La CIG, après de longs débats, retint l'article 138 paragraphe 3 et se mit également d'accord sur l'application de l'avis conforme à un certain nombre d'accords conclus avec des parties tierces. Elle y ajouta deux autres articles, l'un relatif à la définition des missions, des objectifs prioritaires et de l'organisation des fonds structurels et à la création du nouveau fonds de cohésion (130 D), l'autre relatif à l'adoption des dispositions facilitant l'exercice des droits de circulation et de séjour accordés aux citoyens de l'Union (article 8 A).

Dans le cadre de l'UEM, enfin, l'avis conforme est prévu aux articles 106 par. 5 (modification de certains articles du SEBC) et 105 par. 6 (missions spécifiques confiées à la BCE dans le domaine du contrôle prudentiel) (156).

(156) Ces articles sont examinés dans la partie consacrée à l'UEM.

1. *L'article 138.3*

Cet article avait été écarté en 1985 parce qu'on estimait que l'avis conforme du PE s'y adaptait mal dans la mesure où c'est sur un projet du PE que s'engage la procédure législative. Cette fois-ci, la CIG s'est très rapidement mise d'accord sur l'introduction de l'avis conforme, justement pour cette raison !

2. *L'article 228.3* (157)

Dans le rapport soumis au Conseil européen de Rome par les Ministres des Affaires étrangères, ceux-ci indiquaient qu'il existait une large disponibilité pour examiner la possibilité d'appliquer la procédure d'avis conforme à d'autres accords internationaux importants conclus par le Conseil statuant à l'unanimité. Le Conseil européen demanda à la future CIG d'examiner l'extension de l'avis conforme aux accords internationaux qui requièrent l'approbation unanime du Conseil.

Il ressort de ces formules que l'on envisageait dès le début l'introduction de l'avis conforme pour certains accords seulement qualifiés « d'importants ». Mais comment trouver des critères objectifs permettant de distinguer les accords importants des accords qui le seraient moins ? Un premier critère à examiner fut indiqué par le Conseil européen : il avait trait à la procédure de vote suivie au Conseil.

Mais ce critère, tout en étant objectif, n'en était pas moins relativement arbitraire dans la mesure où il couvrait un nombre considérable d'accords que l'on ne pouvait pas tous qualifier d'« importants ». En même temps, il aurait automatiquement fait échapper à la procédure de l'avis conforme certains accords que l'on pouvait difficilement qualifier de secondaires : qu'il suffise de mentionner les négociations relatives à l'Uruguay round, menées par la Commission sur base de l'article 113 du traité qui prévoit évidemment la majorité qualifiée.

Les représentants personnels se concentrèrent dès lors sur des critères plus spécifiques tels que ceux du cadre institutionnel de l'accord et de ses implications financières.

(157) Voir, pour un examen général des dispositions de l'article 228, le chapitre relatif aux relations extérieures.

La Commission, quant à elle, dans son document de travail du 18 février 1991, proposa un ensemble de sept critères précis pour définir la notion d'accord important, ceci afin d'éviter au maximum tout risque de conflit juridique à l'avenir :

— accord exigeant une modification d'une législation communautaire ;
— accord impliquant une modification des perspectives financières ;
— accord fixant les bases des relations extérieures multilatérales de la Communauté en matière de commerce ou de coopération économique, ou les bases de la coopération au développement ;
— accord déterminant un mode d'association de l'Union avec un ou plusieurs pays tiers ou une organisation internationale régionale, caractérisé par des droits et obligations réciproques, des actions en commun et des procédures particulières ;
— accord organisant, dans un cadre multilatéral, la protection des droits de l'homme et des droits fondamentaux des travailleurs, ou définissant des principes fondamentaux du droit international, la protection au niveau mondial de l'atmosphère, des eaux ou des ressources naturelles ;
— accord prévoyant l'adhésion de l'Union à une organisation internationale universelle ou régionale autre qu'une organisation créée pour la gestion d'une convention multilatérale ;
— accord prévoyant la participation de pays tiers ou d'organisations internationales à des organismes de droit communautaire.

L'application de ces critères aurait fait sortir la plupart des accords conclus actuellement sur la base de l'article 113 de la catégorie des accords importants, tandis que ceux prévus à l'article 238 (accords d'association) et les accords généraux conclus dans le cadre du GATT y seraient entrés. La Commission indiqua que d'après un premier examen effectué par ses services, sur 269 accords conclus entre janvier 1987 et juillet 1990, 34 accords auraient été soumis à l'avis conforme ; parmi ces 34 accords, 21 ont été conclus conformément à l'article 238 et ont donc fait l'objet d'un avis conforme.

L'approche de la Commission fut accueillie avec intérêt, mais aussi avec un certain scepticisme dans la mesure où elle s'insérait dans le cadre plus large d'une réflexion sur les relations extérieures de la CE (cf. le chapitre consacré aux relations extérieures, cf. aussi le titre IV sur la structure du traité). Certains des critères proposés traduisaient, aux yeux de certaines délégations, une vision futuriste qui n'était pas forcément partagée par les Etats membres. A titre d'exemple, on peut citer le 5e tiret qui parle d'un accord organisant dans un cadre multilatéral la protection des droits de l'homme et des droits fondamentaux du droit international.

Or, contrairement à la Commission qui préconisait une approche tout à fait unitaire des relations extérieures au sens large du terme, approche qui était en harmonie avec sa proposition de remplacer la CE par l'Union, la CIG/UP s'orientait vers un système par piliers où, l'Union englobant à la fois la CE et les Etats membres, certaines compétences extérieures resteraient du ressort de ceux-ci.

Certains des critères de la Commission furent aussi critiqués pour des raisons plus spécifiques. Tel est le cas, par exemple, de celui relatif à la révision des perspectives financières. Il peut arriver qu'un accord impliquant des dépenses communautaires de 500 MECUS soit, parce qu'il est conclu au bon moment, à l'intérieur du plafond fixé dans les perspectives financières alors qu'un accord coûtant 5 MECUS pourrait nécessiter une révision de celles-ci.

La CIG, tout en s'inspirant du document de travail de la Commission, s'orientait donc vers une solution moins détaillée et procédant par catégories d'accords. Le texte de l'avant-projet d'avril se lit comme suit :

> « Par dérogation aux dispositions du par. 3, lorsqu'un accord implique une *modification d'une loi* de la Communauté, a des *implications financières notables* pour la Communauté, *crée une association* telle que définie au par. 4, ou *crée un cadre institutionnel spécifique* en organisant des procédures de coopération, le Conseil statue après avis conforme du Parlement Européen ».

Le texte final (art. 228.3, alinéa 2) reprend ces quatre critères, dans un ordre différent, commençant avec les accords (d'association) visés à l'article 238. Dans la mesure où le texte de Maastricht ne parle plus de loi, le libellé relatif à ce critère est différent : « accords impliquant une modification d'un acte adopté selon la procédure visée à l'article 189 B ». La seule autre modification concerne le remplacement des implications financières par des « implications budgétaires ».

Parmi ces critères, celui relatif à l'article 238 ne pose évidemment aucun problème dans la mesure où l'avis conforme existe déjà pour ce type d'accords et que le choix de cette base juridique entraîne automatiquement le recours à l'avis conforme.

Les autres accords « qui créent un cadre institutionnel spécifique en organisant des procédures de coopération » ne devraient pas non plus donner lieu à trop de contestations.

Le critère de la modification d'un acte adopté selon la procédure visée à l'article 189 B est un critère purement objectif et donc facilement vérifiable. Il est logique de soumettre ce type d'accord à l'avis conforme du PE dans la mesure où celui-ci est associé de près au processus législatif de l'article 189 B.

Reste le critère des « implications budgétaires notables ». Cette notion risque d'être plus sujette à controverses entre le PE et le Conseil dans la mesure où elle n'est pas quantifiée.

3. *Les articles 8 A (citoyenneté) et 130 D (cohésion)*

Il convient de noter qu'en toute logique, la procédure adéquate pour ces deux articles eût été la codécision dans la mesure où il s'agit de décisions de type plus législatif que constitutionnel. La raison pour l'approche retenue ici est double : d'une part, les Etats membres, tout en acceptant que les matières concernées sont suffisamment importantes pour accorder au PE un droit de regard, les trouvaient trop délicates pour permettre à celui-ci qu'il participe directement à l'élaboration de décisions. D'autre part, jusqu'à un stade très avancé des travaux, la tendance générale était de ne pas juxtaposer unanimité et codécision. Comme il n'était pas question de soumettre les articles 130 D et 8 A à la majorité qualifiée, la question de la codécision ne s'est pas véritablement posée. L'entorse à la règle décrite ci-dessus faite à Maastricht (culture et recherche) procède plus d'une improvisation de dernière minute que d'une approche mûrement réfléchie qui aurait pu pousser à une réévaluation des articles en question.

4. *Les articles non retenus*

Comme en 1985 déjà, une majorité de délégations s'est prononcée contre l'octroi au PE de l'avis conforme en matière de ressources propres (article 201). Il y a à cela deux raisons : d'une part, les Etats membres sont traditionnellement très réticents à perdre le contrôle dans un domaine qui touche directement à leurs intérêts financiers et budgétaires. D'autre part, une majorité d'entre eux voulait à tout prix éviter que la CIG/UP n'ouvre le dossier du système financier de la CE en tant que tel, craignant que cela ne conduisît à un blocage des travaux.

Le PE réclamait avec insistance l'avis conforme à l'article 236 relatif au mécanisme de révision du traité (devenu l'article N dans le texte final). Il estimait, en effet, qu'il est impossible que l'institution représentant les citoyens européens n'ait pas son mot à dire dans la révision des traités. Les Etats membres, dans leur majorité, n'ont pas voulu suivre le PE sur ce point, et cela tant pour des raisons de principe que pour des raisons de fond. Ils estimaient, en effet, que les pères fondateurs ont à dessein prévu le mécanisme d'une conférence intergouvernementale pour les révisions des traités, les nouveaux transferts de souveraineté devant être librement consentis par les gouvernements des Etats membres et leurs parlements nationaux.

Certaines délégations considéraient, par ailleurs, qu'il n'était pas logique d'introduire un avis conforme du PE là où est prévue la ratification par les parlements nationaux.

Au-delà de la question de principe, il est évident que la crainte de voir le PE bénéficier à l'avenir du levier de l'avis conforme pour obtenir des concessions importantes en sa faveur a aussi joué auprès des Etats membres moins favorables à une extension des pouvoirs du PE.

Le débat sur l'article 236 doit également être vu dans le contexte plus large de celui qui oppose le PE et les Etats membres au sujet de la méthode à suivre pour réviser les traités. Le PE estime, en effet, que le niveau de développement de la CE ne justifie plus la méthode essentiellement intergouvernementale de l'article 236. Dans ce sens, il reconnaît implicitement que l'introduction de l'avis conforme à cet article aurait été un peu contradictoire ; à ses yeux, il ne pouvait s'agir là que d'un pis-aller. Le Parlement préconisait une voie différente, celle de l'élaboration d'un traité par une Assemblée constituante. Le projet de 1984 élaboré sous l'égide de M. Spinelli se plaçait dans cette optique. D'ores et déjà, le PE a annoncé que la prochaine révision des traités devrait suivre ce schéma là. Le débat continuera donc, d'autant plus que Maastricht, en fixant le rendez-vous de 1996 pour une nouvelle conférence, a clairement opté pour la voie traditionnelle (158).

En ce qui concerne l'article 235, la Présidence luxembourgeoise avait suggéré, à côté d'autres modifications, l'inscription de l'avis

(158) Cf. aussi au titre I, la section 2 consacrée à cette question.

conforme. Face à l'opposition de plusieurs délégations, la Présidence néerlandaise a dû revenir au texte actuel qui prévoit la simple consultation du PE (158*bis*).

b) *La procédure*

Sous ce titre, il y a lieu de mentionner trois éléments qui ont fait l'objet de discussions lors de la CIG/UP :

— la majorité requise au PE
— le moment du vote au PE
— la question des délais

L'avis conforme tel qu'il avait été introduit aux articles 237 et 238 par l'AUE requérait la majorité absolue des membres qui composent le PE.

Dans le nouveau traité, aucune référence n'est faite à la majorité requise, sauf aux articles 138 CE et O UE (qui reprend le texte de l'article 237, abrogé) ; dès lors, la majorité simple des votants suffit dans les autres articles. Il est par ailleurs à noter que dans la mesure où la procédure de l'article 228.3 s'applique aux accords conclus en vertu de l'article 238, la majorité simple vient, pour le vote par le PE de son avis uniforme, remplacer la majorité absolue requise précédemment.

Est ainsi établie une distinction entre les articles « constitutionnels » où la majorité absolue des membres du PE est nécessaire et les autres articles où la majorité simple suffit. Dans ce dernier cas, le risque de faire échouer un accord ou un acte parce qu'il n'y a pas assez de parlementaires dans la salle au moment du vote est ainsi minimisé.

Tant la résolution du PE du 25 octobre 1990 relative à l'avis conforme (A 3 — 235/90 ; PE 145.894) que le document de travail de la Commission du 18 février 1991 prévoyaient que l'autorisation du PE devait intervenir avant la conclusion d'un accord important.

(158*bis*) L'avis conforme est utilisé sans les articles suivants :
— art. 8 A (du Traité CE) : disposition visant à faciliter l'exercice des droits de circulation et de séjour des citoyens de l'Union ;
— art. 105.6 : attribution à la BCE de missions spécifiques ;
— art. 106.5 : modification des statuts du SEBC ;
— art. 130 D : dispositions relatives aux fonds à finalité structurelle ;
— art. 138.3, 2e alinéa : dispositions relatives à l'élection des membres du PE au suffrage universel direct (il faut en outre majorité absolue des membres du PE) ;
— art. 228.3, 2e alinéa : autorisation par le PE de la conclusion de certains accords internationaux ;
— art. O (du Traité sur l'Union) : procédure d'adhésion à l'Union (majorité absolue des membres du PE).

La CIG n'a pas voulu s'engager dans cette voie qui aurait modifié de façon sensible la procédure conduisant à la conclusion d'accords avec des parties tierces.

L'implication du Parlement à ce stade des négociations aurait été peu conforme aux habitudes et traditions connues dans les Etats membres.

Dans le passé, le PE a parfois exercé une pression sur le Conseil en refusant de donner un avis requis par le traité (procédure de consultation ou encore pour la première lecture de la procédure de coopération). Pour éviter ce genre d'incidents, certaines délégations suggérèrent de prévoir la possibilité pour le Conseil de fixer un délai à l'intérieur duquel le PE doit donner l'avis conforme. Mais si cette idée est logique en matière de procédure législative classique, elle est peu conforme à l'esprit de la procédure de l'avis conforme . Cette procédure requiert, pour qu'un acte soit adopté, que le Parlement réunisse la majorité requise et donne son approbation par un vote positif. Dire que, passé un certain délai, l'avis conforme est réputé avoir été donné en cas de non-obtention de la majorité requise équivaut à la négation même de l'esprit de la procédure. Dire que l'avis conforme est réputé avoir été donné, sauf si une majorité s'est prononcée contre l'acte concerné, l'est tout autant : ce serait transformer la procédure d'avis conforme en procédure de veto. On peut tout au plus prescrire au PE de se prononcer par un vote formel dans un certain délai, étant entendu que l'absence de la majorité requise veut alors dire absence d'avis conforme et donc rejet définitif de l'acte soumis à la procédure d'avis conforme. Mais même cette approche, qui consiste à passer outre à l'absence d'avis conforme suite à un refus du PE de se prononcer dans le délai fixé, paraît délicate et peu conforme à l'esprit de la procédure. Elle a donc finalement été écartée.

La CIG s'est bornée à prévoir la possibilité pour le Conseil et le Parlement de convenir, en cas d'urgence, d'un délai pour l'avis conforme, et cela uniquement à l'article 228.3. Même cette formulation, qui associe le PE à l'établissement d'un délai, est peu heureuse. Plutôt que d'écrire « Le Conseil et le Parlement européen peuvent, en cas d'urgence, convenir d'un délai pour l'avis conforme », il aurait mieux valu dire : « d'un délai dans lequel le PE doit se prononcer ». On peut fixer un délai pour un avis du PE, mais difficilement pour un avis conforme dans la mesure où le PE a toujours le droit de ne pas adopter un tel avis. Que se passera-t-il si la majorité requise n'est pas atteinte dans ce délai ?

§ 4. *La procédure de consultation*

Le traité sur l'Union prévoit la consultation du PE aux articles *nouveaux* suivants (159) :

- article 8 B, par. 1 et 2 (citoyenneté : modalités pour l'exercice du droit de vote et d'éligibilité aux élections municipales et européennes).
- article 8 E (citoyenneté : dispositions tendant à compléter les droits prévus à la partie « citoyenneté » du traité).
- article 100 C par. 1 (immigration : détermination des pays tiers dont les ressortissants doivent être munis d'un visa).
- article 104 C, par. 14 (UEM : adoption des dispositions qui remplaceront le protocole sur la procédure applicable en cas de déficit excessif).
- article 106.6 (UEM : adoption des dispositions visées à un certain nombre d'articles des statuts du S.E.B.C.).
- article 109 (UEM : conclusion d'accords formels portant sur un système de taux de change pour l'écu vis-à-vis de monnaies non communautaires — mais le PE est seulement informé pour ce qui est de la fixation des cours centraux de l'écu dans le système des taux de change).
- article 109 F.6 (UEM : fixation des conditions dans lesquelles l'I.M.E. est consulté par les autorités des Etats membres sur tout projet de dispositions réglementaires dans le domaine relevant de sa compétence).
- article 109 F.7 (UEM : décision de confier à l'I.M.E. d'autres tâches pour la préparation de la troisième phase).
- article 109 J 2 et 4 (UEM : avis à transmettre au Conseil réuni au niveau des chefs d'Etat ou de gouvernement concernant le passage à la troisième phase).
- article 109 K.2 (UEM : abrogation des dérogations octroyées en vertu des paragraphes 1 et 3 de l'article 109 K).
- article 130.3 (industrie : adoption de mesures spécifiques).
- article 130 B (cohésion : actions spécifiques en dehors des fonds).
- article 130 S.2 (environnement : dispositions de nature fiscale ou concernant l'aménagement du territoire ou affectant le choix d'un Etat membre entre différentes sources d'énergie).

(159) Mais le PE est privé de tout rôle dans beaucoup d'articles relatifs à l'UEM : les articles 73 C, 73 F, 73 G, 103.4, 103 A, 104 C.6, 104 C.13, 109.2, 3 et 4, 109 C.3, 109 H.2, 109 I, 109 J.3, 109 K.1, 109 L.

- article 228.3 (accords internationaux : consultation du PE sauf pour les accords visés à l'article 113).

Le PE se voit, par ailleurs, reconnaître un droit de consultation par un certain nombre d'articles qui, dans le traité actuel, ne prévoient aucun rôle pour le PE :

- article 75.3 (transports : adoption de dispositions portant sur les principes du régime des transports et dont l'application serait susceptible d'affecter gravement le niveau de vie et l'emploi dans certaines régions).
- article 94 (aides d'Etat : adoption de règlements en vue de l'application des articles 92 et 93).
- article 100 (marché commun : adoption de directives pour le rapprochement des dispositions législatives, réglementaires et administratives des Etats membres qui ont une incidence directe sur le fonctionnement du marché commun).

§ 5. *Une esquisse de droit d'initiative*

Le deuxième alinéa de l'article 138 b est le reflet d'un débat très animé sur le droit d'initiative. Un certain nombre de délégations (DK, D, ES, IT) voulaient accorder au PE un droit d'initiative législative, tel qu'il existe pour les parlements nationaux dans tous les Etats membres. La majorité des Etats membres s'y est opposée, estimant que le droit d'initiative exclusif de la Commission était une des caractéristiques marquantes de la construction communautaire. Le partage de ce droit avec une autre institution aurait gravement affaibli le rôle de la Commission dans l'équilibre institutionnel. Une telle initiative aurait aussi suscité le risque d'une prolifération de propositions peu compatibles avec le principe de subsidiarité, sans oublier les difficultés d'ordre pratique, liées notamment au rôle de la Commission dans la procédure.

Le texte figurant à l'article 138 b, qui s'inspire de l'actuel article 152 du traité (160) constitue un compromis entre les deux thèses ; il ne touche pas au système institutionnel existant, mais il donne au PE la possibilité à la majorité de ses membres de demander « à la Commission de soumettre toute proposition appropriée sur

(160) L'article 152 dit : « Le Conseil peut demander à la Commission de procéder à toutes études qu'il juge opportunes pour la réalisation des objectifs communs, et de lui soumettre toutes propositions appropriées ».

les questions qui lui paraissent nécessiter l'élaboration d'un acte communautaire pour la mise en oeuvre du présent traité ».

On peut s'interroger sur la portée juridique de ce texte. Même à l'heure actuelle, le PE ne peut pas être empêché d'adopter une résolution d'initiative pour inviter la Commission à faire des propositions. La question se pose de savoir si le nouveau texte impose à la Commission l'obligation de donner suite à l'invitation du PE. Et si oui, sous quelle forme ? A première vue, il semble clair que la Commission reste maître de sa décision et de l'exercice de son droit exclusif.

Sur le plan politique, l'affaire se présente peut-être différemment. La Commission pourra-t-elle se refuser à une demande formelle du PE sur base de l'article 138 b, compte tenu aussi des pouvoirs de contrôle qu'exerce le PE à son égard ? Il faut espérer que le PE, conscient lui aussi des exigences de la subsidiarité qui concernent toutes les institutions, exercera son nouveau droit avec discernement.

Division B. — Le rôle du PE dans la nomination de la Commission

Le droit d'être formellement associé à la nomination des membres de la Commission et de son Président constitue une vieille revendication du Parlement européen (161). Celui-ci estime, en effet, que la seule possibilité d'une motion de censure (162) ne suffit pas, qu'il faut faire mieux ressortir le lien PE/Commission et accroître ainsi la légitimité démocratique de la Commission. Le Conseil européen de Rome II des 14 et 15 décembre 1990 demanda à la conférence d'examiner cette question. Très tôt, un large accord se dessinait sur le principe même ; quant aux modalités précises, elles faisaient l'objet, dès janvier 1991, de discussions animées.

Le texte adopté à Maastricht est un compromis entre celles des délégations qui ne voulaient pas accorder de droit de veto au PE dans cette matière et celles qui plaidaient pour un rôle plus pro-

(161) Rappelons ici que le PE réclamait aussi d'avoir son mot à dire dans la nomination des juges de la Cour de Justice des CE et des membres de la Cour des Comptes.

(162) C'est l'article 144 du traité CEE qui prévoit la possibilité d'une motion de censure contre la Commission. S'agissant d'une sanction très grave, le PE n'y a jamais eu recours, malgré l'une ou l'autre tentative entreprise par des groupes politiques isolés.

noncé encore par le biais d'une double investiture Président/Commission (cf. *infra*).

Il diffère sur un point important de l'avant-projet d'avril et des projets de juin et de novembre : alors que ceux-ci maintenaient inchangée la durée du mandat des Commissaires, le texte final fixe celle-ci à cinq ans, y compris pour le Président qui dans le système actuel, est nommé pour deux ans. Il s'agit là d'une revendication à la fois du Parlement lui-même et des délégations allemande, belge et italienne qui ont beaucoup insisté pour que le mandat de la Commission et celui du PE directement élu concordent. Il est indubitable que la satisfaction de cette revendication rapproche la CE un peu plus encore d'un régime d'assemblée. De nombreuses délégations, craignant une influence trop prononcée du PE sur la Commission, y ont longtemps été opposées, pour ces raisons précisément et parce que, au stade actuel il n'existe pas, en contre-partie, un droit ou une possibilité de dissolution du PE.

Le paragraphe 3 de l'article 158 reflète la volonté d'établir un parallélisme des mandats ; la nouvelle procédure s'appliquera pour la première fois à la nouvelle Commission dont le mandat commencera le 7 janvier 1995, juste après l'entrée en fonction du PE issu des élections d'été 1994. Celui-ci disposera ainsi de six mois pour s'organiser avant d'appliquer pour la première fois la nouvelle procédure (163).

En ce qui concerne la procédure même, elle n'a pratiquement plus bougé depuis avril 1991. Dans un premier temps, les gouvernements des Etats membres désignent d'un commun accord, après consultation du PE, la personnalité qu'ils envisagent de nommer président de la Commission. Ils désignent ensuite, en consultation avec le président désigné, les autres personnalités qu'ils envisagent de nommer membres de la Commission.

Le Président et les autres membres de la Commission ainsi désignés sont soumis, en tant que collège, à un vote d'approbation par le PE et nommés ensuite d'un commun accord par les gouvernements des Etats membres.

Un certain nombre de commentaires s'imposent ici. La question de la désignation du futur Président a longtemps divisé les déléga-

(163) En attendant, la procédure actuelle est restée en vigueur pour nommer le président et les autres membres de la Commission dont le mandat a commencé le 7 janvier 1993 et expire le 6 janvier 1995.

tions. Les délégations favorables à la cause du PE ont plaidé avec force pour que celui-ci ait déjà un droit de veto sur la personne à désigner comme Président ; elles plaidaient, en d'autres termes, pour une double investiture, d'abord celle du Président, puis celle de la Commission en tant que collège. Les autres Etats membres n'étaient pas prêts à aller jusque là ; ils refusaient d'aller au-delà d'un rôle consultatif du PE à ce stade, car cela aurait conduit à leurs yeux à une altération inacceptable de l'équilibre institutionnel. Il faut dire qu'en pratique, l'affaire est sans doute de moindre importance qu'il n'y paraît à première vue : va-t-on, en effet, imaginer le PE accorder son approbation finale à une Commission présidée par une personnalité qu'il aurait récusée dans son avis consultatif ?

Une idée plus radicale encore que la double investiture circulait au début des travaux et a fait l'objet d'une proposition allemande : celle de faire élire le Président désigné de la Commission par le PE (164). Elle a été vite abandonnée devant le refus quasi-unanime des autres délégations.

Le futur président verra son statut rehaussé par le fait qu'il devra être consulté lors de la désignation des membres de la Commission. Le Président Delors a itérativement attiré l'attention des gouvernements sur cet élément indispensable à ses yeux.

La question s'est posée à un certain moment de savoir s'il fallait envisager une approbation individuelle des membres de la Commission par le PE. Très vite, les délégations se sont mises d'accord, au contraire, sur la nécessité de préserver à tout prix le caractère collégial de la Commission ; d'où l'indication dans le texte des mots « ... soumis, en tant que collège, à un vote d'approbation, par le PE ». Faire le contraire eût été non seulement contraire à la pratique constante dans la grande majorité des Etats membres, mais aurait également remis en cause un des principes fondamentaux du système institutionnel envisagé par les pères des traités.

Ce débat a trouvé un prolongement inattendu suite à une proposition néerlandaise faite le 21 janvier 1991 et relative à la « révocation des membres de la Commission pris individuellement ». Selon La Haye, l'actuel article 144, qui prévoit la possibilité d'une motion de

(164) Le PE lui-même proposait la même chose dans la résolution du 22 novembre 1990 (3e Rapport Martin).

censure du PE contre la Commission dans son ensemble, est « une arme tellement lourde que son impact est très limité dans la pratique ». Il convenait donc, à ses yeux, pour des raisons d'efficacité dans le contrôle démocratique de la Commission, de prévoir ce genre de sanction contre un Commissaire individuellement.

Cette proposition, pour les mêmes raisons, fut rejetée par la majorité des délégations qui tenaient au caractère collégial de la Commission.

Une autre question a fait l'objet de débats animés. Si déjà le PE doit se prononcer sur la Commission en tant que collège, sur quelle base le fera-t-il ? Selon certaines délégations, il fallait prévoir que la Commission désignée élabore un programme qu'elle devrait soumettre au PE, un programme plus politique que le programme annuel qu'elle élabore de toute façon. Mais cela soulevait d'autres difficultés. Vu la structure institutionnelle de la CE et le rôle législatif du Conseil, n'aurait-il pas fallu alors l'accord du Conseil sur un tel programme ? N'allait-on pas enfermer la Commission dans un carcan trop rigide alors qu'elle n'a pas les pouvoirs d'un gouvernement normal et que par ailleurs il n'existe pas de majorité gouvernementale au sens normal du terme au PE ? On laissa finalement tomber l'idée. Politiquement, il faut de toute façon s'attendre à ce que la Commission désignée, et notamment son Président, prenne la parole devant le PE avant le vote d'approbation, et que cela vaudra en réalité « programme politique ».

Un dernier mot encore : il n'est pas précisé avec quelle majorité le vote d'approbation du PE doit intervenir. Tout au début des réflexions, l'idée avait été émise d'exiger la majorité absolue de ses membres, mais elle a été abandonnée. Du point de vue des Etats membres, une telle exigence n'est pas forcément intéressante sur ce point, dans la mesure où ils ont intérêt à ce que la Commission désignée soit approuvée.

Division C. — Le rôle du Parlement européen dans la défense des droits des citoyens

§ 1er. *Le droit d'enquête (article 138 c)*

Dans le cadre des mesures visant à renforcer les pouvoirs de contrôle du PE sur la mise en oeuvre des politiques convenues au niveau de la Communauté, la formalisation dans le traité du droit d'enquête revêt une importance certaine.

A l'heure actuelle, le PE exerce ce droit de façon autonome ; l'article 109 paragraphe 3 de son règlement intérieur prévoit, en effet, la possibilité que des commissions d'enquête soient constituées pour « examiner les allégations d'infraction à la législation communautaire ou des cas de mauvaise administration dans des domaines relevant de la compétence communautaire ». Le règlement détermine aussi les modalités de fonctionnement de telles commissions. Juridiquement, les Etats membres ne sont pas obligés de coopérer avec ces commissions. Le PE réclame,depuis un certain temps, que des Ministres ou fonctionnaires nationaux puissent être cités devant elles. Afin de clarifier la situation et de faciliter le travail du PE dans un cadre qui préserve les prérogatives des Etats membres, le Conseil a approuvé, le 22 mars 1988, des « lignes directrices » concernant la comparution de Ministres ou de fonctionnaires nationaux. Tout en affirmant qu'il n'existe pas d'obligation de comparaître, le Conseil précise que rien n'empêche les autorités nationales, saisies par l'intermédiaire de leur Ministre des Affaires étrangères, de donner suite à une invitation d'une commission d'enquête.

Le PE, dans le rapport Martin, a proposé d'aller plus loin en insérant dans le traité un article rédigé comme suit :

> « Le Parlement peut constituer des commissions d'enquête temporaires chargées d'examiner les allégations d'infraction à la législation communautaire ou dans des cas de mauvaise gestion dans des domaines relevant de la compétence communautaire. Ces commissions reçoivent toute la coopération nécessaire à la réussite de leur mission ».

Compte tenu des dispositions de l'article 5 du traité, qui exige des Etats membres qu'ils « prennent toutes mesures générales ou particulières propres à assurer l'exécution des obligations découlant du présent traité », l'insertion d'un tel article aurait entraîné l'obligation pour les administrations nationales d'apporter leur collaboration aux travaux des commissions d'enquête.

Les Etats membres se montraient ouverts à l'égard de cette idée, mais ils tenaient aussi à s'entourer d'un certain nombre de garanties et de garde-fous.

La première exigence concernait la limitation très stricte des activités du PE aux domaines et activités relevant de la compétence communautaire. Il n'était pas question de permettre à une commission de ce type de se saisir de questions qui relèvent de la compétence interne d'un Etat membre. Certaines délégations auraient souhaité aller plus loin en limitant le champ d'action du PE à des infractions commises par les institutions communautaires ; cette approche était, toutefois, considérée par les autres Etats membres comme étant trop restrictive.

Les Etats membres voulaient, ensuite, éviter que la rédaction de l'article relatif au droit d'enquête ne porte atteinte aux compétences attribuées par le traité à d'autres institutions ou organes et notamment à la Commission en tant que gardienne des traités et à la Cour de Justice. Le texte finalement retenu comporte donc la clause suivante : « sans préjudice des attributions conférées par le présent traité à d'autres institutions ou organes ». Dans le même ordre d'idées, l'action des commissions d'enquête ne doit pas être parallèle à une procédure juridictionnelle en cours.

Autre garde-fou destiné à éviter une prolifération inconsidérée de commissions d'enquête, le texte retenu reprend une disposition qui figure déjà dans le règlement intérieur du PE et qui prescrit un quorum d'un quart des membres du PE pour la décision de constitution d'une commission d'enquête. Il convient de noter que le texte de juin 1991 prévoyait même une « majorité des membres du PE » ; en fin de compte, les délégations ont accepté de revenir au quorum fixé par le PE lui-même.

Enfin et surtout, la conférence a tenu à préciser que les modalités d'exercice du droit d'enquête doivent être fixées d'un commun accord entre le Conseil, la Commission et le PE, l'idée étant de s'inspirer dans ce contexte des lignes directrices de 1988.

§ 2. *Le droit de pétition (article 138 d)*

Le règlement intérieur du PE prévoit actuellement que tout citoyen de la CE a le droit de présenter des demandes ou des doléances écrites (pétitions) au PE (art. 128) ; à l'article 129, il définit les modalités pour leur examen, alors que l'article 130 prévoit la publicité des pétitions.

Le PE a proposé l'insertion dans le traité d'un article rédigé comme suit :

> « Toute personne a le droit de présenter des requêtes ou des doléances écrites au PE. Les modalités d'exercice de ce droit sont déterminées par le PE ».

Tout en acceptant le principe d'un tel article, les délégations voulaient en délimiter le champ d'application. *Ratione personae*, d'abord, en prévoyant que le droit de présenter des pétitions est limité aux citoyens de l'Union, comme c'est d'ailleurs prévu dans le règlement du PE lui-même. Le texte de Maastricht est, cependant, moins restrictif dans le sens qu'il accorde le même droit aussi à « toute personne physique ou morale résidant ou ayant son siège statutaire dans un Etat membre ».

Certaines délégations comme celle de Bonn auraient pu aller plus loin encore et abandonner toute restriction de ce genre, mais la perspective de voir le PE submergé de doléances envoyées par des centaines d'exportateurs japonais a finalement conduit ces délégations à laisser tomber cette idée.

Ratione materiae, ensuite, en stipulant que les pétitions ne peuvent porter que sur des sujets qui relèvent des domaines d'activité de la Communauté et qui concernent directement l'auteur.

Etant donné que l'exercice du droit de pétition est moins susceptible d'entraîner des obligations insupportables pour les Etats membres, la détermination des modalités a été laissée à l'appréciation du seul Parlement.

§ 3. *Le médiateur (*ombudsman*) (article 138 e)*

La création d'un médiateur ou *ombudsman* européen remonte à une initiative danoise exposée dans un *non paper* du 9 novembre 1990. Copenhague proposait d'« exporter » son modèle qui fonctionne bien et qui apporte au public un surplus de sécurité juridique face à l'administration. Le médiateur doit contribuer à une plus grande transparence du fonctionnement administratif ; il s'agit là d'une préoccupation danoise qui se reflète aussi dans la proposition faite d'assurer la publicité des actes ; une proposition analogue fut avancée par la délégation néerlandaise.

Dans l'esprit des auteurs du *non paper* danois, le médiateur devait être rattaché au PE. Il ressort de ce document qu'il était appelé à remplacer la commission des pétitions du PE. La CIG s'est très rapidement orientée vers l'inclusion dans le traité du droit de pétition et la création d'un médiateur. Y avait-il risque de double emploi ? Tel était l'avis de la Présidente de la commission des pétitions, la parlementaire luxembourgeoise V. Reding, qui écrivit à ce sujet au Président du Conseil européen, Monsieur Jacques Santer. Elle s'insurgeait contre le risque de créer « une situation de confusion chez le citoyen, qui ne saurait plus si — et pour quelles matières — il doit adresser une plainte au médiateur européen ou une pétition à la commission des pétitions ». Mme Reding se prononcait plutôt pour un renforcement de la commission des pétitions et une coopération accrue de celle-ci avec les médiateurs nationaux et les commissions des parlements nationaux responsables pour les pétitions.

Mais l'intervention du PE ne parvint pas à influencer le cours des événements. La décision d'inscrire le droit de pétition dans le traité était prise quand arriva la lettre de Mme Reding.

En même temps, la suggestion danoise d'un médiateur avait déjà trouvé un accueil positif et il était entendu que le Danemark allait élaborer un projet de texte à ce sujet. Celui-ci, qui figure dans le projet global présenté par Copenhague le 20 mars 1991, faisait référence à la commission des pétitions dans la mesure où il évoquait les liens entre celle-ci et le médiateur. Il constituera la base des discussions. Un certain nombre de modifications y seront apportées. L'on ajouta ainsi la précision que le médiateur ne peut pas interférer dans l'exercice des fonctions juridictionnelles de la Cour de Justice et du TPI. Le texte de Maastricht, dans le même souci d'éviter des interférences avec le judiciaire, exclut également du champ d'action du médiateur des faits qui « ont fait l'objet d'une procédure juridictionnelle ».

Pour apaiser les craintes du PE, on a prévu la possibilité de présenter des plaintes soit directement, soit « par l'intermédiaire d'un membre du PE ».

L'innovation majeure par rapport à la proposition danoise concerne le suivi de l'enquête du médiateur. « Dans le cas où le médiateur a constaté un cas de mauvaise administration, il saisit l'institution concernée, qui dispose d'un délai de trois mois pour lui faire tenir son avis. Le médiateur transmet ensuite un rapport au PE et à l'institution concernée. La personne dont émane la plainte est informée du résultat de ces enquêtes ». Cette disposition renforce nettement les obligations des institutions et donc le poids du médiateur. La présentation d'un rapport annuel global au PE, prévue dans le texte DK, est maintenue.

Dernière modification, ensuite : le PE fixe le statut et les conditions générales d'exercice des fonctions du médiateur après avis de la Commission et avec l'approbation du Conseil « statuant à la majorité qualifiée ». Le texte danois prévoyait l'unanimité.

Le texte finalement adopté, repris tel quel du projet luxembourgeois de juin 1991, représente donc un dispositif renforcé par rapport à la proposition danoise. Le rôle du PE est déterminant ; c'est lui qui nomme le médiateur, qui reçoit ses rapports, qui peut exiger la démission du médiateur et qui fixe le statut et les conditions générales d'exercice de ses fonctions. En réalité, loin de voir son action, exercée jusque-là par le traitement des pétitions, être affaiblie par la création d'un médiateur, le PE pourra jouer un rôle nettement plus actif en faveur du citoyen.

Les rapports qui lui seront soumis pourront d'ailleurs parfaitement donner lieu à des initiatives parlementaires.

Un certain risque de double emploi existe, mais cela ne paraît pas préoccupant. Les pétitions couvrent un champ d'application plus large ; elles peuvent porter sur n'importe quel sujet relevant des domaines d'activité de la Communauté, alors que le médiateur n'interviendra qu'en cas de mauvaise administration dans l'action des institutions ou des organes communautaires.

Section II. — Le rôle des parlements nationaux dans la construction européenne

Dans le dispositif institutionnel créé dans les années 50, le pouvoir législatif n'appartient pas au PE mais au Conseil, composé des représentants des gouvernements des Etats membres.

Nous avons vu que le Parlement européen, surtout depuis son élection au suffrage universel direct, revendique avec insistance d'être davantage associé au pouvoir législatif ; il estime, en effet, que le Conseil en tant qu'organe communautaire doit avoir en face de lui un interlocuteur parlementaire fort. Maastricht constitue, à cet égard, une avancée tout à fait significative.

Mais est-ce à dire que tout le passé communautaire doive être considéré comme un vaste exercice non démocratique, construit en dehors de tout contrôle parlementaire ? Bien sûr non. Dans cette construction *sui generis* qu'est la Communauté (165), le PE n'est pas le seul et unique détenteur de la légitimité démocratique : les gouvernements, et donc leurs représentants au Conseil de Ministres, sont individuellement responsables devant leurs parlements nationaux respectifs. Cela vaut aussi, bien entendu, pour les représentants ministériels aux conférences intergouvernementales dont les résultats doivent être ratifiés par chacun des parlements nationaux. Sans oublier que les directives communautaires doivent toujours être transposées en droit national, ce qui peut entraîner l'implication directe des élus nationaux dans le processus communautaire.

Le vrai problème ne réside donc pas dans une quelconque absence de légitimité, mais plutôt dans l'agencement concret de la mise en oeuvre de la double légitimité démocratique qui caractérise la Communauté. Comment éviter que les décisions communautaires ne tombent dans un *no man's land* parlementaire, soustraites à la fois aux contrôles nationaux dans chaque Etat membre et au contrôle institutionnel du Parlement européen (166) ? Ou, en termes plus concrets, comment assurer que tant le PE que les parlements nationaux puissent correctement jouer leurs rôles respectifs de contrôle, l'un vis-à-vis du Conseil en tant que tel, les autres vis-à-vis de leurs gouvernements respectifs ?

Nous avons examiné dans la section précédente la réponse apportée par Maastricht au terme proprement communautaire de l'équation démocratique. Quant au volet national, une double piste s'offrait aux négociateurs :

— la première avait trait à une coopération renforcée entre les parlements nationaux et le Parlement européen ;
— la seconde portait sur la recherche des moyens devant permettre aux parlements nationaux de mieux exercer leur influence sur la définition des positions de leurs gouvernements respectifs en matière communautaire.

Ces idées étaient, à partir d'optiques foncièrement différentes, défendues tant par le Parlement européen que par la délégation du Royaume-Uni. Londres voulait préserver dans toute la mesure du possible les prérogatives de Westminster, et donc un maximum de

(165) Cf. le chapitre 2 du titre I

(166) Est souvent cité le cas de décisions prises à la majorité qualifiée au Conseil. Le gouvernement ayant été mis en minorité est alors, en quelque sorte, « dédouané » devant son parlement national.

contrôle parlementaire national sur le processus communautaire. Le PE, quant à lui, recherchait, dans une « alliance des élus contre les bureaucrates », l'appui des parlements nationaux à ses thèses. Il y réussit assez bien si l'on en juge d'après la déclaration finale de la « conférence des parlements de la Communauté européenne » réunissant à Rome du 27 au 30 novembre 1990 les représentants du PE et de tous les parlements nationaux (167). Il paraît utile de citer quelques passages significatifs de cette déclaration :

A. « La Conférence, convaincue que la construction européenne ne peut pas être le fruit de la seule concertation diplomatique et gouvernementale, mais que les Parlements de la Communauté européenne doivent participer pleinement à la définition de ses orientations » ;

...

F. « regrettant que les compétences transférées à la Communauté et exercées par ses institutions soient insuffisamment soumises au contrôle parlementaire » ;

G. « considérant que l'extension des sphères d'activité de la Communauté devrait être assortie d'un renforcement substantiel du contrôle démocratique » ;

...

13. « est favorable à une coopération renforcée entre les parlements nationaux et le Parlement européen grâce à des réunions régulières des commissions spécialisées, à des échanges d'informations et à l'organisation de conférences des Parlements de la Communauté européenne, lorsque la discussion des orientations essentielles de la Communauté le justifie, notamment à l'occasion des Conférences intergouvernementales » ;

14. « estime que les Parlements nationaux doivent pouvoir exercer leur influence sur la définition des positions de leur gouvernement en matière de politique européenne » (168).

Le Conseil européen de Rome du mois d'octobre 1990 avait, lui aussi, évoqué le thème de la double légitimité démocratique :

« Conformément à la tradition démocratique de tous les Etats membres, et pour accroître la légitimité démocratique de l'Union, il est nécessaire que l'évolution de la Communauté vers l'Union européenne s'accompagne d'un développement du rôle du Parlement européen en matière législative et de contrôle sur

(167) Cette conférence a fait suite à une idée de F. Mitterrand et de F. Gonzales, reprise par le PE. Mais alors que la France en souhaitait l'institutionnalisation sous forme d'un « Congrès », le PE et les présidents des parlements nationaux eux-mêmes voulaient préserver le caractère *ad hoc* de ce genre de rencontres (cf. plus loin).

(168) Pour le texte complet de cette déclaration, cf. Parlement européen, *1993, les nouveaux traités*, Luxembourg, 1991, p. 205.

Voir aussi les points 16 à 22 qui reprennent très largement les thèses du PE sur le renforcement de la légitimité démocratique à l'intérieur des institutions communautaires.

l'activité de l'Union, qui avec le rôle des Parlements nationaux renforcera la légitimité démocratique de l'Union. »

Au Conseil européen de Rome de décembre 1990, les Chefs d'Etat ou de gouvernement soulignèrent qu'il « conviendrait d'envisager des modalités permettant aux parlements nationaux de jouer pleinement leur rôle dans le développement de la Communauté ».

La délégation britannique s'y référa dans une note du 8 mars 1991 consacrée à ce sujet. Elle y proposa l'adoption d'une déclaration politique de la conférence dans laquelle les membres de l'Union s'engageraient à transmettre à leurs parlements nationaux toutes les propositions législatives de la Commission, à prendre les dispositions appropriées pour que ces propositions puissent être examinées par les parlements nationaux (169) et à veiller à ce que les procédures du Conseil prévoient la possibilité d'un examen préalable des décisions finales au niveau national. Les Britanniques suggéraient aussi un certain nombre de mesures concrètes pour intensifier les contacts entre le PE et les parlements nationaux.

Sans être opposées à la philosophie de ce texte, la plupart des autres délégations craignaient que le texte proposé n'aille trop loin dans le sens qu'il semblait constituer une immixtion dans les rapports entre les différents gouvernements et leurs parlements. Elles pensaient aussi qu'il appartenait d'abord au PE et aux parlements nationaux de s'occuper de leur propre coopération.

A Maastricht, la conférence adopta dès lors une déclaration (cf. déclaration n° 13) fortement atténuée par rapport au texte britannique :

« La conférence estime qu'il est important d'encourager une plus grande participation des parlements nationaux aux activités de l'Union européenne.

Il convient à cet effet d'intensifier l'échange d'informations entre les parlements nationaux et le Parlement européen. Dans ce contexte, les gouvernements des Etats membres veillent, entre autres, à ce que les parlements nationaux puissent disposer des propositions législatives de la Commission en temps utile pour leur information ou pour un éventuel examen.

De même, la conférence considère qu'il est important que les contacts entre les parlements nationaux et le Parlement européen soient intensifiés, notam-

(169) Un tel système existe au Royaume-Uni et au Danemark, ce qui amène souvent ces pays à faire au Conseil des « réserves d'examen parlementaire ». Il n'est peut-être pas un hasard que ce soit justement ces deux pays qui se situent souvent en tête dans la CE en ce qui concerne la bonne transposition des directives en droit national !

ment grâce à l'octroi de facilités réciproques appropriées et à des rencontres régulières entre parlementaires intéressés aux mêmes questions ».

Une idée plus ambitieuse fut avancée par la France, consistant à institutionnaliser la conférence des parlements qui, composée par moitiés de membres du PE et de délégués désignés par les parlements nationaux ou les assemblées régionales des Etats membres, se réunirait trois fois par an (170). Dans l'optique française, le « Congrès » devait être consulté dans les matières relevant des piliers « PESC » et « coopération dans les domaines de la justice et des affaires intérieures » où le PE n'était pas le seul ni même le principal détenteur de la légitimité démocratique ; les interlocuteurs du Congrès devaient être le Président du Conseil européen et le Président de la Commission.

Le Congrès serait aussi consulté sur les conditions politiques d'application du principe de subsidiarité. On retrouve là aussi l'idée française de traduire en termes institutionnels la double légitimité démocratique qui existe dans l'Union.

Le PE, qui avait toujours été contre une institutionnalisation de la conférence des parlements, mais aussi la majorité des Etats membres se montraient assez réservés par rapport à cette suggestion qui risquait de renforcer la coupure entre les piliers de l'Union et d'affaiblir les institutions communautaires traditionnelles. N'allait-on pas trop mélanger les genres et réduire de la sorte l'impact positif du cadre institutionnel unique de l'Union ? Finalement, la CIG/UP a préféré éviter ces risques et s'est contentée d'une déclaration (n° 14) qui reprend l'idée française tout en préservant explicitement les compétences du PE :

> « La conférence invite le Parlement européen et les parlements nationaux à se réunir en tant que de besoin en formation de conférence des parlements (ou assises).
>
> La conférence des parlements est consultée sur les grandes orientations de l'Union européenne, sans préjudice des compétences du Parlement européen et des droits des parlements nationaux. Le président du Conseil européen et le président de la Commission font rapport à chaque session de la conférence des parlements sur l'état de l'Union. »(Déclaration n° 14)

(170) En fait, pour éviter de froisser le PE, le texte diffusé à titre tout à fait informel par le délégué français au groupe des représentants personnels, dit que « le Parlement européen se réunit trois fois par an en formation de Conférence des Parlements ».

SECTION III. — LA REPRÉSENTATION DES RÉGIONS

Les progrès de l'intégration communautaire, et tout particulièrement l'extension des compétences de la CE, ne suscitent, nous l'avons vu lors de l'examen du principe de subsidiarité, pas seulement des craintes au niveau national, mais aussi au niveau régional voire local (171). Les régions de certains Etats membres, comme les *Länder* allemands, par exemple, disposent de compétences parfois exclusives dans des domaines tels que la culture ou l'éducation. Or, le traité CEE ne reconnaît formellement que les Etats membres qui négocient au sein du Conseil, sont destinataires des décisions communautaires, et sont responsables de l'application du droit communautaire. Transférer une compétence dans ces matières au niveau communautaire pose dès lors des problèmes délicats, les régions étant obligées de passer par l'intermédiaire de l'échelon fédéral national pour faire entendre leurs voix. D'où la revendication croissante des régions d'être associées au processus communautaire, revendication d'autant plus forte que le nombre de décisions communautaires susceptibles d'avoir des implications régionales est en constante augmentation. Cette revendication a conduit à la mise en place d'un Comité des régions.

Après avoir exposé ce problème, nous évoquerons l'incidence sur la composition du Conseil de Ministres de l'existence dans certains Etats membres de gouvernements et ministres régionaux.

Division A. — Le Comité des régions (articles 198 A, 198 B, 198 C)

La prise en compte, sur le plan politique, du facteur régional dans la construction communautaire n'est pas une préoccupation nouvelle, comme le prouve entre autres la création, par décision de la Commission en date du 24 juin 1988, d'un Conseil consultatif des collectivités régionales et locales (172).

Mais elle acquiert, avec la décision de créer une véritable Union politique, une portée beaucoup plus significative. La Commission, dans son avis du 21 octobre 1990, préconisa l'instauration d'un

(171) Des craintes, mais aussi ... des espoirs. L'Europe des régions est aussi vue par d'aucuns comme un antidote potentiel à l'emprise des administrations centrales sur les affaires régionales !

(172) Cf. Décision 88/487/CEE, *JOCE* L 247/23 du 6 septembre 1988.

organisme représentatif des régions ayant un rôle consultatif. Le PE, lui aussi, reprit l'idée dans la résolution Martin III du 20 novembre 1990. Sans oublier, bien sûr, l'Assemblée des régions d'Europe qui, réunie à Strasbourg le 6 décembre 1990, adopta une résolution détaillée à ce sujet.

Sur le plan gouvernemental, c'est l'Allemagne qui se fit le porte-parole des intérêts des régions, ce qui n'est guère surprenant pour quiconque connaît la vigueur et le dynamisme des *Länder* allemands. La Belgique et l'Italie, à un moindre degré l'Espagne, autres pays fédéraux, se joignirent aux Allemands pour plaider la cause régionale. Les Etats membres plus centralisés, pour des raisons tout aussi compréhensibles, étaient moins enthousiastes face à la revalorisation des régions, et cela tant par souci de ne pas trop compliquer les mécanismes de prise de décision que par crainte de susciter de nouvelles revendications chez eux.

Le Conseil européen de Rome des 14 et 15 décembre 1990 prit acte de l'importance que certains Etats membres attachaient à l'adoption de dispositions tenant compte des compétences particulières des institutions régionales ou locales en ce qui concerne certaines politiques communautaires, ainsi que de la nécessité d'examiner des procédures appropriées pour la consultation de ces entités.

Il était clair dès le début de la CIG que l'importance politique attachée à cette question par l'Allemagne, la Belgique et l'Italie, allait déboucher, sous une forme ou sous une autre, sur la création d'un organe représentant les régions. Mais avec quel statut ? Avec quel rôle ? Avec quelle composition ? Telles étaient les questions auxquelles était confrontée la conférence.

§ 1er. *Le statut et la place d'un organe des régions*

Trois possibilités pouvaient être envisagées :

a) *Une instance consultative auprès de la Commission*

La Commission suggéra de renforcer simplement l'instance créée en 1988, à savoir le Conseil consultatif des collectivités régionales et locales. Elle fit circuler à cet effet un texte en date du 14 juin 1991 qui prévoyait notamment la consultation par la Commission de ce comité sur toute question ayant une incidence sur le développement régional et sur tout projet de proposition de loi relevant de la politique régionale de l'Union.

Cette proposition fut rejetée par les délégations les plus engagées dans la matière (B, D, I) qui ne voulaient pas subordonner le futur Comité des régions, composé d'élus régionaux et locaux, à la Commission.

b) *Un organe entièrement indépendant*

La délégation allemande plaidait pour un organe tout à fait indépendant, seule façon à ses yeux de tenir dûment compte de l'importance du facteur régional.

La majorité des autres délégations y étaient opposées, craignant un alourdissement inutile et préjudiciable des procédures décisionnelles. Des considérations budgétaires jouaient aussi un rôle dans cette opposition.

c) *Un organe rattaché au Comité économique et social*

Une troisième solution, intermédiaire, allait très tôt servir d'hypothèse de travail à la CIG : elle consistait à établir un lien, plus ou moins étroit selon les cas, avec le Comité économique et social qui avait été constitué par les traités d'origine afin de permettre la consultation des milieux économiques et sociaux des Etats membres représentés en son sein. Comme le CES souhaitait voir son rôle revalorisé par la CIG (173), la Présidence luxembourgeoise suggérait de résoudre le problème régional dans le contexte de cette revalorisation.

Une première hypothèse consistant à élargir simplement le recrutement du CES en y incluant des représentants des régions fut vite écartée. Le CES lui-même, consulté à titre informel, attira l'attention de la conférence sur les problèmes que pourrait causer la modification de la structure même du CES dans la mesure où elle risquerait de remettre en cause les équilibres politiques liés à la représentation des catégories socio-professionnelles.

Les Allemands, quant à eux, n'étaient pas non plus tentés par une solution assimilant les régions, qui constituent un échelon dans le pouvoir étatique, aux groupes d'intérêts socio-professionnels représentés au CES.

(173) Cf. division D, plus loin.

Une deuxième hypothèse, suggérée par le CES, paraissait plus prometteuse : elle consistait à faire du CES la structure d'accueil d'une instance régionale qui siégerait plusieurs fois par an et qui utiliserait le secrétariat général et l'infrastructure du CES.

La proposition figurant dans le projet du 18 juin s'inscrivait dans cette optique. Elle prévoyait d'instituer un Comité des régions « *auprès du CES* ». Comme cette formulation créait, du moins optiquement, un lien de subordination du Comité par rapport au CES (174), les délégations allemande, belge et italienne insistaient pour que l'on biffe les mots « auprès du CES ».

Dans le texte final de Maastricht, qui sera par ailleurs très proche du projet de juin, ces mots disparurent donc, et le lien entre le CES et le Comité des régions devint plus ténu encore : le Comité des régions sera donc totalement indépendant sur le plan des compétences, du statut et du système de consultation. Il partagera, toutefois, avec le CES une structure organisationnelle commune dont les modalités restent à définir (cf. le protocole n° 16 annexé au traité).

§ 2. *Le rôle et la nature du Comité des régions*

Le caractère consultatif du Comité des régions était acquis dès l'origine. Pour donner un peu de tonus aux avis de cette instance, la délégation allemande voulait obliger le Conseil à informer systématiquement le Comité des régions des motifs de sa décision quand il s'écarterait de ses avis. Cette suggestion ne rencontra guère d'écho dans la CIG.

La question du champ d'application des avis du Comité des régions était plus controversée. Fallait-il limiter ces avis aux mesures relatives au développement régional ? Ou convenait-il de prévoir la consultation du comité dans tous les cas où une mesure était susceptible de comporter des implications régionales ?

Une troisième variante était possible : la consultation dans tous les domaines où il y avait, dans un ou plusieurs Etats membres, une compétence régionale (proposition espagnole).

La solution retenue figurant à l'article 198 C prévoit que « le Comité des régions est consulté par le Conseil ou par la Commission

(174) Lien accentué par la formulation de l'article 198 C, 4e alinéa, cf. plus loin.

dans les cas prévus au présent traité (175) et dans tous les autres cas où l'une de ces deux institutions le juge opportun ».

Afin de ne pas alourdir le mécanisme de prise de décision du Conseil, le Conseil ou la Commission peuvent impartir au comité un délai pour présenter son avis ; à l'expiration de ce délai, il peut être passé outre à l'absence d'avis.

Le 3e paragraphe de l'article 198 C prévoit l'information du Comité des régions, par le Conseil ou la Commission, chaque fois que le CES est consulté. Il peut alors, lorsqu'il estime que des intérêts régionaux spécifiques sont en jeu, émettre un avis à ce sujet.

Il convient de noter que dans la version de juin, le CES jouait dans ces cas le rôle central, son secrétariat général informant le Comité des régions et lui-même étant destinataire de l'avis. Comme indiqué plus haut, ce lien de dépendance du Comité des régions par rapport au CES disparut à Maastricht, pour des raisons politiques.

Notons, enfin, que le Comité des régions peut toujours émettre un avis de sa propre initiative dans les cas où il le juge utile.

§ 3. *La composition du Comité des régions*

Tant le PE que le Conseil consultatif des collectivités régionales et locales et la République Fédérale d'Allemagne insistaient pour que les membres du Comité soient obligatoirement des personnes démocratiquement élues dans leurs pays ou régions d'origine.

Une deuxième question importante concernait la question de savoir s'il fallait inclure pas seulement les régions mais aussi les collectivités locales.

Comme les situations varient fortement d'un pays à l'autre, la conférence décida sagement de confier la tâche de proposer les membres du comité aux Etats membres, le Conseil les nommant à l'unanimité (cf. le modèle du CES).

(175) Il s'agit des articles suivants :
- art. 126 (adoption d'actions d'encouragement dans le domaine de l'éducation) ;
- art. 128 (*idem*, culture) ;
- art. 129 (*idem*, santé) ;
- art. 129 D (orientations et mesures en matière de réseaux transeuropéens) ;
- art. 130 B (actions spécifiques en matière de cohésion) ;
- art. 130 D (définition des missions, des objectifs prioritaires et de l'organisation des fonds structurels ainsi que des règles générales applicables aux fonds ; création du Fonds de cohésion) ;
- art. 130 E (décisions d'application relatives au FEDER).

Quant au nombre de membres, on suivit là aussi le précédent du CES (24 pour les quatre Grands, 21 pour l'Espagne, 12 pour la Belgique, la Grèce, les Pays-Bas et le Portugal, 9 pour le Danemark et l'Irlande, 6 pour le Luxembourg). Contrairement au CES, il y aura, toutefois, un nombre de suppléants égal à celui des titulaires.

Division B. — Le débat sur la composition du Conseil de Ministres : présence de Ministres régionaux ? (article 146)

La question de la représentation des Etats membres au Conseil a été soulevée par la Belgique. Dans le traité actuel, l'article 146 (résultant de l'article 2 du traité de fusion de 1965) se lit comme suit :

> « Le Conseil est formé par les représentants des Etats membres. Chaque gouvernement y délègue un de ses membres. La Présidence est exercée à tour de rôle par chaque Etat membre au Conseil pour une durée de six mois ... ».

Il résulte de ces dispositions que les membres du Conseil sont des membres des gouvernements nationaux. Chaque Etat membre doit être représenté au Conseil par un membre de son gouvernement national, quelle que soit la répartition interne des compétences au sein de l'Etat membre concerné.

Or, la Belgique a fait valoir que certaines compétences échappent entièrement ou partiellement au gouvernement national : la culture et l'éducation en sont des exemples particulièrement frappants. Pour cette raison, elle plaidait pour une modification de l'article 146 visant à autoriser chaque Etat membre à être représenté au Conseil par une personnalité autre qu'un membre de son gouvernement, en l'occurrence un Ministre régional.

Cette demande, compréhensible sur le plan politique, mit mal à l'aise les autres délégations, car elle comportait un certain nombre de risques institutionnels.

Beaucoup de délégations estimaient que les dispositions actuelles du traité et la pratique étaient suffisamment souples pour répondre aux desiderata belges sans modifier le traité.

La première question qui se posait dans ce contexte fut celle de savoir si un Ministre régional peut représenter l'Etat membre au Conseil et parler en son nom.

La réponse est clairement affirmative, car en vertu de l'article 4 du règlement intérieur du Conseil, « un membre du Conseil empêché d'assister à une session peut se faire représenter ». Cette possibilité est fréquemment utilisée en faveur des Représentants permanents et des Représentants permanents adjoints, et elle peut l'être sans problème en faveur d'un membre gouvernemental régional. Il n'était donc pas juridiquement nécessaire de modifier le traité pour ce qui concerne cet élément du problème.

Mais, deuxième question, un Ministre régional peut-il présider le Conseil, n'étant pas juridiquement membre du Conseil. Aucun article du traité ne l'autorise ni ne l'interdit formellement ; l'article 146 se borne à préciser que « la Présidence est exercée à tour de rôle par chaque Etat membre du Conseil ... ». L'usage veut, toutefois, que lorsqu'aucun membre du gouvernement national de l'Etat membre exerçant la Présidence n'est présent, la Présidence soit exercée par un membre du gouvernement de la Présidence future. Il faut souligner que cet usage a connu quelques exceptions dans le passé. Il suffirait que les délégations se mettent d'accord pour modifier la pratique actuelle, si elles l'estiment opportun, et cela sans qu'il soit nécessaire de modifier le traité à cet égard.

Une troisième question se posait dans ce contexte : un Ministre régional a-t-il le droit d'exprimer un vote engageant l'Etat membre qu'il représente au sein du Conseil ? Ici encore, le traité est assez souple pour le permettre. La personne qui remplace un membre du Conseil peut, qu'il soit Ministre régional ou haut fonctionnaire, *de facto* exprimer le vote de son gouvernement national au Conseil et l'engager ainsi de façon officielle et définitive.

Dernière question, enfin, un Ministre régional peut-il voir sa présence décomptée au même titre que celle d'un Ministre national lors d'un vote au Conseil ? Cette question est importante dans la mesure où elle est liée à celle du « quorum » nécessaire pour permettre une prise de décision du Conseil. L'article 150 du traité stipule que « en cas de vote, chaque membre du Conseil peut recevoir délégation d'un seul des autres membres ». Cette régle est rappelée par l'article 5 paragraphe 3 du règlement intérieur du Conseil : « la délégation de vote n'est admise qu'en faveur d'un autre membre du Conseil ». Il en ressort que le Conseil ne peut procéder à un vote que si 6 membres du Conseil sont présents en salle. Il faut ajouter que la délégation est, en réalité fictive, car il n'est jamais demandé ni vérifié à quel membre du Conseil le vote a été délégué ; celui-ci est exprimé *de facto* personnellement et directement par le représentant du membre absent du Conseil. Dès lors qu'il y a six membres présents, l'existence des délégations de vote à ces membres est présumée. Le sens ou l'objectif de cette règle est donc bien celui d'assurer un quorum, d'assurer en d'autres termes un niveau minimum de représentativité politique des gouvernements des Etats membres.

Du fait qu'un Ministre régional n'est pas, juridiquement, membre du Conseil, il ne peut pas être compté parmi les six membres du Conseil dont la présence est requise pour passer au vote. Sur ce point, il fallait effectivement, si l'on voulait remédier à cet état de choses, modifier le traité.

Il ressort de ce qui précède que le problème soulevé par la Belgique était plus un problème d'optique et un problème politique qu'une difficulté réelle. Il y eut donc des réticences pour aller toucher au texte de l'article 146. Les autres délégations s'y résignèrent pourtant, mais non sans mettre grand soin d'éviter tout dérapage institutionnel. Le nouveau texte devait répondre à un certain nombre de critères. Il fallait tout d'abord s'assurer que le Conseil resterait une institution composée de représentants des Etats membres. Le traité est, en effet, un traité conclu entre les 12 Etats membres. Modifier cette situation aurait constitué une innovation constitutionnelle et politique fondamentale conduisant à plus ou moins brève échéance, à une véritable pagaille constitutionnelle.

Deuxième exigence, qui découle logiquement de la première, il fallait insister pour que le représentant régional désigné pour siéger au Conseil puisse engager le gouvernement de son Etat membre. Dans ce contexte, il convient de rappeler le principe fondamental de l'unicité du Conseil. Toute formation du Conseil peut juridiquement arrêter un acte communautaire relevant de n'importe quelle matière.

La troisième exigence concerne le niveau de représentation au Conseil. Ce n'est pas par hasard que les auteurs du traité de Rome ont exigé un certain niveau politique de représentation des Etats. Tant l'efficacité de la prise de décision au Conseil et le suivi des décisions prises que la légitimité démocratique commandent que les Etats membres soient représentés au niveau ministériel.

La formulation finalement retenue répond à ces exigences :

« Le Conseil est formé par un représentant de chaque Etat membre au niveau ministériel, habilité à engager le gouvernement de cet Etat membre ».

La seule différence par rapport au texte actuel réside dans le fait que le membre du Conseil peut, le cas échéant, être un Ministre régional. Mais ce Ministre doit, au Conseil, en réalité se comporter comme un Ministre national ; il y représente non pas sa région, mais son Etat membre. Ce qui laisse entier le problème interne au pays concerné de la répartition des compétences, de la désignation d'un porte-parole unique et de l'élaboration d'une position unique au niveau national.

Section IV. — Le rôle du Comité économique et social (CES) (art. 193 à 198)

Selon les traités de Rome (articles 4 du traité CEE et 3 du traité CEEA, point 2), « le Conseil et la Commission sont assistés d'un Comité économique et social exerçant des fonctions consultatives ». Les traités comportent aussi dans leurs dispositions institutionnelles des articles traitant de la composition, de l'organisation et du rôle du CES (cinquième partie, titre I, chapitre 3 du traité CEE et titre III chapitre III du traité CEEA).

Le Comité, composé actuellement de 198 membres, a été constitué afin de permettre la consultation des milieux économiques et sociaux des Etats membres représentés en son sein. Il est consulté obligatoirement sur une large partie de la législation communautaire dans le domaine économique et social.

Afin de revaloriser le rôle du CES, son Président de l'époque, Monsieur Staedelin s'adressa en janvier 1991 au Président de la CIG pour suggérer un certain nombre d'améliorations à apporter au traité. Si toutes ses demandes n'ont pas pu être prises en considération (176), le traité sur l'Union renforce pourtant le rôle du CES dans le concert institutionnel.

a) L'Acte unique avait déjà étendu le champ d'action du CES en prévoyant expressément plusieurs domaines supplémentaires dans

(176) Il en est ainsi notamment de sa demande d'être élevé au rang *d'institution* de plein exercice *à vocation consultative* en direction du Conseil, de la Commission et du Parlement européen. L'article 4 du traité CEE reste inchangé en ce qui le concerne.

lesquels il doit être consulté : le marché intérieur, la politique sociale, la cohésion économique et sociale, la recherche, l'environnement. Le traité sur l'Union poursuit ce mouvement en prévoyant la consultation du CES dans un certain nombre de domaines où tel n'était pas le cas jusque là :

- article 99 (fiscalité indirecte) ;
- article 100 (rapprochement des dispositions législatives, réglementaires et administratives des Etats membres qui ont une incidence sur l'établissement ou le fonctionnement du marché commun) ;
- article 125 (décisions d'application relatives au Fonds social européen) ;
- article 130 B (actions spécifiques en matière de cohésion) ;
- article 130 D(définition des missions et objectifs prioritaires des fonds structurels ainsi que des règles générales applicables aux fonds ; création du Fonds de cohésion) ;

Le CES sera aussi consulté dans certains des domaines nouveaux :

- article 126 (éducation) ;
- article 129 (santé) ;
- article 129 A (protection des consommateurs) ;
- article 129 D (réseaux transeuropéens) ;
- article 130 (industrie).

Il sera, enfin, également destinataire des rapports périodiques à établir par la Commission en matière de citoyenneté (article 8 E) et de cohésion économique et sociale (article 130 B).

Par contre, le CES, à sa grande déception, n'a pas été associé, en ce qui concerne l'UEM, à la détermination des grandes orientations de la politique économique de la Communauté et de ses Etats membres. Il n'a pas non plus obtenu d'être obligatoirement informé des suites données à ses avis par la Commission et le Conseil (une demande analogue avait été formulée par l'Allemagne pour ce qui est du Comité des régions).

b) Afin de permettre au CES de fixer lui-même ses méthodes de travail, la conférence a accepté de modifier l'article 196 CEE (168 CEEA) : dorénavant, le CES ne sera plus tenu de soumettre son règlement intérieur à l'approbation du Conseil statuant à l'unanimité (177).

(177) A noter que le Comité des régions nouvellement créé devra soumettre son règlement intérieur au Conseil (art. 198 B), comme le CES devait le faire jusqu'ici.

c) Le CES a, à l'heure actuelle, dans le cadre des dispositions du règlement financier, nettement moins d'autonomie dans la gestion des moyens financiers qui lui sont attribués que certaines autres instances communautaires. Son budget est, en effet, une annexe du budget du Conseil. Par contre, le budget de la Cour des Comptes ou de la Cour de Justice sont des sections à part du budget des Communautés.

Dans une déclaration, la conférence convint que le « Comité économique et social jouit de la même indépendance que celle dont la Cour des Comptes bénéficiait jusqu'à présent en ce qui concerne son budget et la gestion du personnel » (déclaration n° 22).

Section V. — L'accès à l'information et la transparence décisionnelle (la « publicité des actes »)

C'est sous la dénomination un peu étrange de « publicité des actes » que la CIG/UP s'est penchée sur les questions de l'accès à l'information et de la transparence décisionnelle dans la CE. Ce thème qui a fait l'objet de débats animés au cours de la conférence, doit être vu à la fois dans le contexte des droits des citoyens et dans celui du caractère démocratique des institutions.

L'introduction d'un médiateur européen reflète la volonté de la CIG d'accroître la transparence de l'administration communautaire et d'aider le citoyen européen dans ses rapports avec celle-ci. Dans le même contexte, la délégation danoise, dans un *non paper* de novembre 1990, exigea le libre accès du public aux dossiers le concernant. Elle fit référence à un arrêt de la Cour de Justice de juillet 1990 où celle-ci rappelle à la Commission que l'article 5 du traité exige des institutions communautaires de coopérer avec les autorités nationales soucieuses d'appliquer les règles communautaires et que ceci peut se faire par la mise à la disposition de matériel documentaire.

Selon Copenhague, il était regrettable qu'il faille passer par l'intermédiaire de la Cour pour obtenir ce genre d'information. Il serait plus rationnel d'assurer, sauf exception dûment motivée, le libre accès à l'information.

En date du 21 janvier 1991, la délégation néerlandaise présenta une proposition visant à insérer dans le traité une disposition relative à la publicité de l'information détenue par les institutions et les organes de la CE.

« Le Conseil arrête à la majorité qualifiée, sur proposition de la Commission et après consultation du Comité économique et social, en coopération avec le Parlement européen, un règlement concernant la publicité de l'information détenue par les institutions et les organes de la Communauté, à l'exception de la Cour de Justice, de la Cour des Comptes, de la Banque européenne d'Investissement et de la Banque centrale européenne ».

La délégation néerlandaise souligna, à l'appui de sa thèse, que dans plusieurs Etats membres de la CE (notamment la France, le Danemark et les Pays-Bas), le principe de la communication de l'information administrative est énoncé dans la législation ou la constitution. Par ailleurs, le Comité des Ministres du Conseil de l'Europe a recommandé aux Etats membres du Conseil de l'Europe de respecter ces principes.

La note néerlandaise mentionna aussi le fait que la Commission a déjà reconnu le principe dans la mesure où certaines directives relatives à l'environnement font obligation aux Etats membres de respecter les dispositions en matière de publicité de l'information (*JO CE* n° C 335/5 de 1988). Elle rappela, enfin, deux arrêts de la Cour où le droit de demander des informations à la Commission est reconnu (affaires 5/85 *AKZO contre Commission* et 2/88 *Zwartveld contre Commission*). Si le principe de la publicité de l'information devait donc à ses yeux être consacré dans le traité, cela ne signifiait évidemment pas que l'accès à l'information ne puisse pas être soumis à des restrictions. L'article proposé n'avait donc pas d'effet direct, un règlement devant être adopté sur cette base, comprenant également les limites de la publicité de l'information.

Cette proposition n'a finalement pas été retenue, pour plusieurs raisons. La première concernait la méthode choisie : plusieurs délégations ne voyaient pas l'intérêt de modifier le traité pour adopter un règlement de ce type. La publicité de l'information était, ensuite, considérée comme un concept assez dangereux dans des domaines tels que la PESC ou la coopération judiciaire ; dans ce contexte se posait plutôt la question de la confidentialité, condition *sine qua non* pour que certains Etats membres acceptent de conférer à l'Union de véritables pouvoirs dans ces domaines. Enfin, la CIG éprouvait quelques difficultés à légiférer dans ce domaine pour le compte d'autres institutions. N'était-ce pas plutôt une affaire à régler par chacune d'elles, le cas échéant avec l'adoption d'une déclaration commune ?

Une approche bien plus radicale, émanant du PE, consistait à exiger la publicité des débats du Conseil dès lors que celui-ci traite de mesures législatives. Les « négociations secrètes derrière les portes closes » (178) font l'objet de critiques périodiques, contrastant la publicité des débats du PE avec le secret des délibérations du Conseil (179). Les participants à la CIG n'ont pas voulu s'engager dans cette voie qui, aux yeux de la majorité d'entre eux, aurait transformé assez radicalement le fonctionnement du Conseil sans qu'il soit sûr que le résultat aille dans le bon sens : le risque existait, selon eux, de transférer le centre des véritables négociations derrière les coulisses, dans les couloirs, ce qui pourrait en réalité jouer contre les petits Etats membres notamment (180).

Toujours dans un souci de transparence, la délégation néerlandaise proposa aussi un ajout à l'article 140 CEE qui se lisait comme suit :

> « La Commission fournit au PE, oralement ou par écrit, les informations demandées par le Parlement lui-même ou par ses membres. Le Conseil répond oralement ou par écrit aux questions qui lui sont posées par le PE ou par ses membres ».

Dans le traité actuel, il est précisé que « la Commission répond oralement ou par écrit aux questions qui lui sont posées par le PE ou par ses membres ». La formule NL allait nettement plus loin, dans la mesure où elle pouvait être interprétée comme signifiant que la Commission devrait livrer au PE toutes les informations dont elle dispose, y compris des informations confidentielles en matière de concurrence, par exemple, ou de contrôle de sécurité des matières fissiles. Dans son exposé des motifs, la délégation néerlandaise précisait bien que « la portée de cette obligation d'information devra être

(178) A lire la presse et l'*Agence Europe*, on se demande d'ailleurs parfois en quoi consiste le « secret » des délibérations.

(179) Cf. notamment la *Résolution sur les orientations du PE relatives à un projet de constitution pour l'Union européenne* (rapport Colombo) du 14 juillet 1990, point 10.

(180) A **Edimbourg**, toutefois, le Conseil européen prit la décision d'assurer un certain accès aux travaux du Conseil, voir pp. 770 et s. La Présidence danoise, au premier semestre 1993, s'en prévalait pour organiser un certain nombre de débats télévisés.

définie par des dispositions d'exécution », mais cela ne ressortait pas vraiment du texte proposé.

Les autres délégations, estimant que le PE disposait de moyens suffisants pour exercer son contrôle démocratique, refusaient de s'engager dans cette voie qui, il faut le dire, soulevait des interrogations multiples.

Les diverses propositions décrites ci-dessus débouchèrent finalement sur une déclaration de la conférence qui se lit comme suit :

> « La Conférence estime que la transparence du processus décisionnel renforce le caractère démocratique des institutions, ainsi que la confiance du public envers l'administration. En conséquence, la Conférence recommande que la Commission soumette au Conseil, au plus tard en 1993, un rapport sur des mesures visant à accroître l'accès du public à l'information dont disposent les institutions ». (déclaration n° 17).

Comme indiqué plus haut, le Conseil européen d'Edimbourg devait apporter une première réponse concrète à cette question.

CHAPITRE V

LE THÈME DE L'EFFICACITÉ DES INSTITUTIONS ET DES PROCÉDURES

Introduction

Le thème de la légitimité démocratique a pris une telle ampleur parce que la Communauté agit dans un nombre croissant de domaines et que son action a des effets directs, palpables sur la vie des citoyens. L'efficacité même de l'action de la CE au cours de ces dernières années n'est plus à démontrer. Pourtant, la conférence a inscrit l'efficacité parmi les grands thèmes à examiner. Il y avait, à cela, deux raisons essentiellement :

— la nécessité de remédier à un certain nombre de difficultés rencontrées dans le passé, tant en ce qui concerne l'adoption de décisions (cf. le chapitre social par exemple) qu'en ce qui concerne la mise en oeuvre et l'application des décisions prises ;

— la nécessité d'éviter l'asphyxie progressive des mécanismes de décision suite à l'extension du champ d'action de la Communauté et de l'Union, suite aussi aux réponses apportées au thème de la légitimité démocratique (création d'un nouvel organe des régions, rôle accru du PE, etc.).

Quand on parle d'efficacité, on songe d'abord à l'adoption rapide d'un nombre élevé de décisions et, dès lors, à la question du vote à la majorité qualifiée au Conseil. Cela fait certainement partie des thèmes de l'efficacité et nous lui consacrerons une section. Mais l'efficacité est un concept plus large, englobant aussi d'autres caractéristiques. Une approche purement quantitative est à proscrire : comme nous l'avons vu au chapitre sur la subsidiarité, il est important d'adopter rapidement des décisions là où cela est nécessaire, de faire intervenir la CE là où elle apporte une valeur ajoutée. Parfois, l'efficacité réelle dicte, en effet, de ne pas légiférer au niveau communautaire. Il faut aussi adopter des décisions qui soient acceptables tant pour les gouvernements représentés au Conseil que pour les parlements nationaux, les opérateurs économiques, les citoyens ; dans ce sens, la recherche d'une plus grande légitimité démocratique contribue aussi à l'efficacité de la CE.

D'autre part, il ne suffit pas d'adopter des décisions, encore faut-il les mettre en oeuvre correctement ; dans ce contexte, un rôle important revient non seulement aux administrations et aux parlements nationaux, mais aussi à la Commission en tant que gardienne des traités et à la Cour de Justice des CE. Le respect du droit communautaire fera l'objet de notre première section dans ce chapitre.

L'efficacité exige aussi l'existence d'un système financier et budgétaire performant. De très nombreuses décisions communautaires comportent, en effet, un volet financier. Il importe, dès lors, que la CE dispose de ressources suffisantes et qu'elle dépense ces ressources de façon rationnelle et efficace (section 2).

La section 3 évoquera le thème de la majorité qualifiée.

Enfin, une quatrième section examinera brièvement les modifications apportées par Maastricht au rôle et au fonctionnement de la Commission, qui a toujours été dans le contexte de la Communauté un élément d'efficacité.

SECTION Ire. — LE RESPECT DU DROIT COMMUNAUTAIRE

Comme nous l'avons vu dans le titre sur les antécédents historiques de Maastricht, la Cour de Justice a joué, tout au long des 40 dernières années, un rôle crucial dans le processus d'intégration communautaire. Il y avait dès le début de la conférence intergouvernementale une grande disponibilité de la part de tous les participants à examiner les possibilités de renforcer davantage encore les dispositions relatives à la Cour de Justice.

Sous cet angle, nous analyserons tout d'abord quelques innovations d'ordre plutôt technique qui concernent le fonctionnement de la Cour et du Tribunal de première instance (articles 165, 167 et 168). Un deuxième paragraphe sera consacré à la question des mesures à prendre en cas de non-respect d'un arrêt de la Cour ; en prévoyant, à l'article 171, la possibilité de sanctions pécuniaires, Maastricht a posé un jalon essentiel à cet égard.

Nous passerons, enfin, à un examen du contrôle de la légalité des actes (article 173) où le nouveau traité prévoit dorénavant la légitimation active et passive du PE (§ 3) et à une rapide analyse de la déclaration de la conférence relative à l'application du droit communautaire (§ 4).

Avant d'examiner ces points, nous voudrions dire un mot au sujet de la responsabilité non-contractuelle des Etats membres pour réparer les dommages causés par un manquement aux obligations qui leur incombent en vertu du droit communautaire. La Présidence luxembourgeoise avait suggéré d'adopter une déclaration de la conférence à ce sujet.

La conférence y a renoncé parce qu'entretemps la Cour de Justice, dans son arrêt du 19 novembre 1991, dans les affaires jointes C-6/90 et C-9/90, *Francovich c/République italienne* et *Boniface c/ République italienne*, avait dit le droit en la matière. Les Etats membres sont obligés, selon cette jurisprudence, d'indemniser les particuliers qui subissent un préjudice du fait de la non-application d'une directive CEE (181).

Une dernière observation concerne la question de la défense des intérêts financiers de la Communauté : nous l'évoquerons à la section suivante consacrée aux dispositions financières et budgétaires.

§ 1er. *Le fonctionnement de la Cour de Justice et du Tribunal de première instance*

a) *Article 165*

La modification du 3e alinéa de l'article 165 remonte à une suggestion de la Cour elle-même, suggestion destinée à améliorer le fonctionnement de la Cour. Le texte actuel du traité limite les affaires que la Cour peut transférer aux chambres : « Dans tous les cas, la Cour de Justice siège en séance plénière pour statuer dans les affaires dont elle est saisie par un Etat membre ou une institution de la Communauté, ainsi que sur les questions préjudicielles qui lui sont soumises en vertu de l'article 177 dans la mesure où le règlement de procédure n'attribue pas compétence aux chambres de la Cour ».

(181) Cf. *Agence Europe* n° 5613 du 21 novembre 1991 et *Recueil*, 1991, I, 5357.

Dans une lettre du 12 décembre 1990 au Président du Conseil, la Cour fit tout d'abord remarquer qu'à ses yeux la détermination des règles d'attribution des affaires, soit à la Cour plénière, soit aux chambres ne devait pas relever des traités, mais du règlement de procédure de la Cour. Elle précisa que l'élargissement des possibilités d'attribution d'affaires aux chambres s'inscrit dans une évolution qui s'est manifestée lors des différentes modifications des traités et du règlement de procédure.

Les traités, dans leur version initiale, prévoyaient que la Cour devait siéger en séance plénière pour toutes les affaires dont elle était saisie par un Etat membre ou une institution et dans les affaires préjudicielles. Une décision du Conseil du 26 novembre 1974 portant adaptation des articles 32 du traité CECA, 165 du traité CEE et 137 du traité CEEA (*JO* L 318, p. 22) a permis l'attribution des affaires préjudicielles à une formation de la Cour autre que le *plenum* et le règlement de procédure révisé du 28 décembre 1974 (*JO* L 350, p. 1) a concrétisé cette possibilité de renvoi devant une chambre à l'article 95, paragraphe 1. Le rôle des chambres s'est encore trouvé accru par les modifications du règlement de procédure du 12 septembre 1979 (*JO* L 238, p. 1) permettant, à l'article 95, paragraphe 1, de renvoyer devant une chambre également les recours en annulation, en carence, en responsabilité extra-contractuelle ou des recours pour lesquels la Cour est compétente en vertu d'une clause compromissoire, dès lors qu'ils étaient introduits par une personne physique ou morale.

A titre de considération d'ordre pratique, la Cour soulignait ensuite que la mise en place du Tribunal de première instance a considérablement réduit le volume des affaires pouvant être renvoyées devant les chambres. L'accroissement du contentieux en général et l'impossibilité d'attribuer aux chambres les recours introduits par un Etat membre ou une institution ont entraîné un engorgement des audiences de la formation plénière et un allongement regrettable de la durée des procédures. Or, l'expérience montre que, parmi les affaires qui doivent obligatoirement être traitées par la formation plénière, nombreuses sont celles qui ne posent pas de questions de principe du droit communautaire ou qui sont susceptibles d'être tranchées en application d'une jurisprudence bien établie.

La Cour proposa dès lors d'abroger le 3e alinéa des articles 22 CECA, 165 CEE et 137 CEEA, tout en remplaçant l'actuel article 95, paragraphe 1, du règlement de procédure par la disposition suivante :

> « La Cour peut renvoyer devant les chambres les affaires dont elle est saisie, dans la mesure où la difficulté ou l'importance de l'affaire ou des circonstances particulières ne demandent pas que la Cour statue en séance plénière. »

La suggestion de la Cour rencontra un écho favorable auprès des délégations, même si l'Espagne avait quelques hésitations quant au danger d'aboutir à des juges trop spécialisés. Certaines d'entre elles insistaient, toutefois, sur la nécessité d'inscrire dans le traité même, et pas seulement dans le règlement de procédure, le droit des Etats membres et des institutions d'exiger qu'une affaire soit jugée en plénière. Le nouvel alinéa 3 se lit donc comme suit :

> « La Cour de Justice siège en séance plénière lorsqu'un Etat membre ou une institution de la Communauté qui est partie à l'instance le demande. »

b) *Article 167*

Dans le traité actuel, ce sont les juges qui désignent parmi eux, pour trois ans, le président de la Cour de Justice. La Cour, soulignant que, selon les traités, le statut des avocats généraux est identique à celui des juges, avait proposé de voir également ceux-là participer à la désignation, parmi les juges, du président.

Cette suggestion n'a pas pu être retenue en fin de compte, face à une objection notamment des délégations portugaise et irlandaise. La raison de ce refus semble résider dans la considération que, s'il y a un juge de chaque nationalité, tel n'est pas le cas des avocats généraux.

c) *Article 168 A*

L'article 168 A du traité CEE, qui a été introduit par l'Acte unique européen, a ouvert la possibilité pour le Conseil de créer un Tribunal de première instance chargé de connaître, sous réserve d'un pourvoi devant la Cour de Justice limité aux questions de droit, de certaines catégories de recours, ceci afin de décharger la Cour et d'améliorer le fonctionnement du système juridictionnel de la CE. En même temps, il a fixé des limites à la compétence pouvant être accordée à ce tribunal : « cette juridiction n'aura compétence pour connaître ni des affaires soumises par des Etats membres ou par des institutions communautaires ni des questions préjudicielles soumises en vertu de l'article 177 ».

Le Tribunal de première instance (TPI) a été institué par décision du Conseil 88/591 d'octobre 1988 qui lui a accordé des compétences dans certains des domaines autorisés par l'article 168 A, mais non dans tous. Selon cette décision, le Conseil devait réexaminer, compte tenu de l'expérience acquise, la possibilité d'attribuer au tribunal une compétence en matière de procédures anti-dumping et de subventions, et cela après deux ans de fonctionnement du tribunal.

Dans un document informel transmis à la conférence en décembre 1990, le TPI suggéra, au terme d'une analyse fouillée du système actuel et compte tenu de l'expérience acquise, d'épuiser progressivement les transferts de compétences prévus à l'article 168 A, en attachant un caractère prioritaire aux compétences en matière de défense commerciale, de dumping ou de subventions, d'une part, et de responsabilité extra-contractuelle des CE, d'autre part. En même temps, le Tribunal se prononça pour une révision du texte même de l'article 168 A aux fins d'ouvrir la possibilité pour le Conseil, sur proposition de la Cour de Justice, de transférer au TPI d'autres compétences, y compris en matière de recours formés par des Etats membres ou par des institutions communautaires et de renvois au titre de l'article 177 CEE (selon lequel la Cour est compétente pour statuer à titre préjudiciel sur l'interprétation du traité et sur la validité et l'interprétation des actes pris par les institutions de la Communauté).

Selon le TPI, une telle révision du texte présentait l'avantage d'éviter d'avoir à procéder à des modifications successives des traités chaque fois qu'il apparaîtrait approprié d'attribuer au Tribunal des compétences autres que celles qui y étaient déjà prévues. La rédaction devrait être suffisamment large, de façon à inclure, le cas échéant, l'attribution de compétences en matière préjudicielle.

En même temps, l'on pourrait profiter de l'occasion pour actualiser le texte de l'actuel article 168 A, en vue de prendre en considération l'existence effective du tribunal.

La délégation britannique, partant des mêmes considérations, proposa dans une note du 6 février 1991, deux modifications concrètes de l'article 168 A : supprimer, dans la première phrase, les mots « formées par des personnes physiques ou morales » et, dans la deuxième phrase ceux de « ni des affaires couvertes par des Etats membres ou par des institutions communautaires ni » (182).

Elle ne retint pas, toutefois, la suggestion du TPI visant à ce qu'il puisse être compétent pour connaître des renvois au titre de l'article 177.

Invitée à indiquer, à titre officieux, à la CIG quel serait son sentiment à l'égard d'une telle approche, la Cour précisa, dans une lettre du 27 mars 1991, qu'à ses yeux il ne fallait plus limiter la compétence du Tribunal à des recours concernant certaines matières déterminées. Elle annonça son intention de soumettre au Conseil des propositions de modification de la décision de 1988, qui visaient à étendre cette compétence à la quasi-totalité des recours formés par des personnes physiques ou morales, en épuisant ainsi pratiquement les possibilités actuellement prévues par les traités.

Par contre, la Cour se prononça contre l'idée d'élargir les possibilités de l'article 168 A aux recours formés par les Etats membres et les institutions communautaires et cela tant en raison des difficultés que poserait une délimitation de compétences en fonction de la matière qu'en raison de considérations de nature constitutionnelle.

En ce qui concerne ces dernières, la Cour estimait, en effet, que les règles sur la compétence du pouvoir judiciaire doivent trouver leur place dans les traités mêmes parce qu'elles touchent à l'équilibre institutionnel et à la répartition de pouvoir entre les Communautés et les Etats membres. Elle fit observer que l'on ne pouvait concevoir que les attributions de la Cour puissent être modifiées périodiquement par le pouvoir législatif quelle que soit sa qualité et quelles que soient les garanties dont son intervention serait entourée.

En ce qui concerne les recours préjudiciels, la Cour estimait impossible d'appliquer un système de double degré de juridiction à ces affaires. Celles-ci ont déjà pour effet de suspendre le cours de l'instance devant les juridictions nationales et, par conséquent, d'al-

(182) L'article 168 A premier alinéa se lit comme suit : « Sur demande de la Cour de Justice et après consultation de la Commission et du Parlement européen, le Conseil, statuant à l'unanimité, peut adjoindre à la Cour de Justice une juridiction chargée de connaître en première instance, sous réserve d'un pourvoi porté devant la Cour de Justice, limité aux questions de droit, dans les conditions fixées par le statut, de certaines catégories de recours formées par des personnes physiques ou morales. Cette juridiction n'aura compétence pour connaître ni des affaires soumises par les Etats membres ou par des institutions communautaires, ni des questions préjudicielles soumises en vertu de l'article 177 ».

longer le procès. En outre, elles sont caractérisées par un dialogue entre juridictions plutôt que par une procédure contradictoire entre Parties, et on voit mal à qui devrait revenir le droit de former le pourvoi devant la Cour.

Une répartition entre la Cour et le Tribunal de la compétence de répondre, à titre définitif, et donc en un seul degré, aux questions préjudicielles posées par les juridictions nationales entraînerait quant à elle des difficultés de délimitation de compétence, mais aussi et surtout un risque considérable pour l'unité du droit communautaire.

Devant cette réaction de la Cour, la Présidence hésita à aller de l'avant, d'autant plus que certaines délégations partageaient les vues de la Cour. L'avant-projet d'avril était donc muet en ce qui concerne l'article 168 A qui était maintenu inchangé.

Une nouvelle discussion à ce sujet s'engagea cependant en mai, sur insistance britannique, mais aussi allemande. La délégation allemande soumit un texte pour éliminer les limitations contenues dans le texte actuel et pour fixer les conditions d'un transfert de compétences au TPI dans le statut. En même temps, le Président du TPI écrivit au Président des représentants personnels que le maintien de la rédaction actuelle de l'article 168 A apparaîtrait comme un anachronisme dans le texte du traité.

Après avoir écouté les délégations et avoir soigneusement pesé les différents arguments, la Présidence décida alors de soumettre à la conférence un projet qui actualisait la première phrase de l'article pour tenir compte de la création du TPI et qui intégrait en même temps les modifications suggérées par la délégation britannique. Le nouveau texte visait donc à permettre au Conseil, s'il le souhaitait, d'accorder au Tribunal de première instance la compétence pour connaître de certaines catégories d'affaires soumises par des Etats membres ou des institutions de la Communauté.

Ce texte qui figure au projet du 18 juin, sera adopté tel quel à Maastricht. La conférence n'a donc suivi la Cour que partiellement, estimant que la procédure de l'article 168 A (demande de la Cour, consultation de la Commission et du PE, unanimité du Conseil) offrait suffisamment de garanties pour éviter tout dérapage. Le texte retenu introduit une plus grande flexibilité dans le système.

§ 2. *La question des sanctions pécuniaires en cas de non-exécution d'un arrêt de la Cour (article 171)*

Dans son avis du 21 octobre 1990 relatif à la convocation de la CIG, la Commission fit part de sa préoccupation devant le fait que des arrêts de la Cour restent inexécutés, faute de sanctions contre les Etats membres fautifs.

Dans le système actuel, si la Cour reconnaît qu'un Etat membre a manqué à une de ses obligations, cet Etat est tenu, en vertu de l'article 171, de prendre les mesures que comporte l'exécution de l'arrêt. Mais si un Etat membre ne prend pas ces mesures, la seule action concrète qui puisse être entreprise est de le traduire une seconde fois devant la Cour. Hormis le désagrément causé à l'Etat membre concerné d'être attrait devant la Cour, un deuxième arrêt constatant qu'un Etat membre a manqué à ses obligations n'a pas d'autres effets que ceux du premier arrêt (183).

Dans une note en date du 5 février 1991, la délégation britannique constata elle aussi que la situation en matière d'exécution des décisions de la Cour de Justice n'était pas satisfaisante. Elle faisait référence au dernier rapport annuel de la Commission sur le contrôle de l'application du droit communautaire (*JO* C 232 du 17 septembre 1990) qui recensait 86 cas dans lesquels les Etats membres n'avaient pas encore exécuté, ou n'avaient exécuté qu'en partie, les arrêts de la Cour prononcés avant fin décembre 1989.

Le constat était donc clair et net ; la conférence se mit rapidement d'accord sur la nécessité de profiter de la révision du traité pour renforcer le dispositif en place.

Une première initiative émana de la délégation danoise dès avant l'ouverture de la conférence. Le Danemark suggéra d'autoriser le PE à organiser des auditions avec les Etats membres fautifs qui

(183) Le système CECA comporte des dispositions de fond dont le respect est assuré par des sanctions administratives et des astreintes (art. 47, 58, 59, 64 et 68) et des dispositions concernant l'assiette (art. 82), le paiement (art. 91-92), le contentieux de celles-ci. L'article 88 CECA permet, par ailleurs, à la Haute Autorité, sur avis conforme du Conseil statuant à la majorité des deux tiers, en cas de non-exécution, par un Etat membre, des obligations qui lui incombent en vertu du traité et précisées dans un avis motivé, de « suspendre le versement des sommes dont elle serait redevable pour le compte de l'Etat en question en vertu du présent traité ». Cette procédure n'a en fait jamais été appliquée.

Quant au traité CEE, il prévoit, à l'encontre des seules entreprises, des sanctions pécuniaires dans un domaine unique, celui de la concurrence, où le contrôle du respect des règles peut être assuré par des amendes et des astreintes (art. 87.2.a) ; outre ce texte, ce régime d'amendes et d'astreintes repose sur le règlement 17/62 du 6 février 1962.

seraient obligés de s'expliquer devant ce forum. En même temps, on pourrait prévoir un dispositif selon lequel un Etat membre condamné par la Cour devait, dans les six mois, informer le PE des mesures prises pour se conformer à l'arrêt de la Cour. Enfin, la Commission serait invitée à établir, à l'intention du Conseil, un rapport détaillé sur les cas les plus flagrants de non-respect d'arrêts.

Cette piste, qui privilégiait le moyen de la pression politique sur les Etats récalcitrants, comportait, aux yeux de la plupart des délégations, des inconvénients majeurs et fut dès lors assez rapidement écartée. Celles-ci craignaient, en effet, les effets pervers de la politisation de la phase pré-contentieuse sur les relations interinstitutionnelles et notamment sur les compétences propres de la Commission, gardienne des traités, sans oublier, bien sûr, les réticences à voir des Ministres nationaux devoir s'expliquer devant le PE, avec tous les effets médiatiques que cela comporterait.

Une idée un peu analogue, lancée surtout par la France et la RFA, était plus orthodoxe sur le plan institutionnel ; elle consistait à accorder au Conseil un rôle de censeur. Elle semblait faire son chemin et se trouvait reflétée dans l'avant-projet d'avril. Celui-ci prévoyait, en effet, un dispositif qui aurait permis à un Etat membre ou à la Commission de saisir le Conseil qui, statuant à la majorité qualifiée, pouvait formuler des recommandations.

Au cas où la Cour, saisie à cet effet par la Commission, aurait constaté par un deuxième arrêt, qu'un Etat membre n'avait pas pris les mesures que comportait l'exécution d'un précédent arrêt, la Commission aurait pu saisir le Conseil qui, statuant à la majorité qualifiée et après consultation du PE, aurait pris toute mesure utile.

Si ce dispositif n'a pas été retenu en fin de compte, c'est d'abord parce qu'il renfermait lui aussi, sous une forme certes atténuée, les inconvénients de l'approche impliquant le PE. Une politisation de la phase pré-contentieuse et même post-contentieuse comporte des dangers institutionnels graves. De quel type de « mesure utile » s'agirait-il, au niveau du Conseil ? N'y avait il pas un risque d'interprétation politique d'un arrêt de la Cour, avec tous les inconvénients que cela comporte ? Autre risque, en cas d'intervention du Conseil, l'esprit de compréhension mutuelle qui peut animer les Etats membres, voire leur complicité, pourrait nuire à l'efficacité de la sanction.

La deuxième raison réside dans le fait qu'entre mars et mai 1991, une étonnante évolution des esprits eut lieu. Largement débattue en février et en mars, l'idée d'envisager l'introduction, à l'article 171, d'une possibilité d'infliger à l'Etat fautif une astreinte avait rencontré des objections (184) suffisamment fortes pour que la Présidence renonçât à l'inclure dans l'avant-projet d'avril. Or, moins de deux mois plus tard, une large majorité de délégations réclamait la réouverture du débat et se montrait disposée à réviser le traité dans ce sens.

De son côté, le Président de la Cour évoqua la possibilité d'une sanction financière. Il suggéra d'accorder à la Commission le droit, lorsque, de l'avis de celle-ci, un arrêt de la Cour n'a pas été exécuté à temps, de saisir la Cour d'une demande d'astreindre l'Etat membre à prendre des mesures déterminées. L'injonction pourrait être assortie d'une astreinte dont le montant devrait être proposé par la Commission ainsi que d'une date avant laquelle les mesures ordonnées par la Cour devraient être prises et à partir de laquelle l'astreinte commencerait à courir. Si la correction du manquement ne se prêtait pas à une injonction, on pourrait, selon le Président de la Cour, prévoir la possibilité d'une sanction pécuniaire, dont la nature et le montant devraient également être proposés par la Commission et décidés par la Cour.

Dans sa note précitée du 5 février 1991, la délégation du Royaume-Uni reprit à son compte les suggestions officieuses de la Cour et proposa un texte précis à ce sujet.

A quelques nuances de rédaction près, c'est ce texte qui sera repris dans le projet de juin et qui restera inchangé jusqu'à Maastricht. Il accorde un rôle central à la Commission, restant ainsi fidèle à l'esprit du système actuel où la Commission agit comme gardienne des traités. Après avoir émis un avis motivé précisant les points sur lesquels l'Etat ne s'est pas conformé à l'arrêt de la Cour et fixant un délai dans lequel l'Etat doit adopter les mesures que comporte l'exécution de l'arrêt, la Commission peut porter l'affaire devant la Cour si l'Etat ne s'exécute pas dans le délai fixé. Ce faisant, elle précise le montant de l'astreinte ou de la somme forfaitaire qu'elle estime adaptée aux circonstances. Il appartient à la Cour de décider si l'Etat concerné se verra infliger une astreinte.

(184) Parmi ces objections, nous citerons la difficulté de dégager des critères objectifs pour fixer le montant de la sanction et le risque de discrimination à l'encontre des Etats membres moins prospères.

Avant que la CIG ne se mît d'accord sur la solution retenue à Maastricht, plusieurs autres moyens d'amener les Etats membres à se conformer au droit communautaire avaient été examinés.

Une premième réflexion concernait la possibilité d'accroître les pouvoirs de la Cour de Justice lorsqu'elle statue à l'égard des manquements d'un Etat.

Dans ce contexte, l'idée fut lancée de confier à la Cour la faculté de décider elle-même, et avec effet direct, des mesures nécessaires à l'insertion des normes communes dans l'ordre interne de l'Etat membre défaillant. Cela aurait pu consister dans certains cas à décider que la directive est d'applicabilité directe. Dans un certain sens, cette mesure n'aurait été qu'une extension de ce qui se trouve déjà à la base de la jurisprudence actuelle de la Cour relative à l'invocabilité des directives par les particuliers contre les Etats membres récalcitrants. Mais elle ne fut pas retenue, et cela pour deux raisons essentiellement :

i) au stade actuel de la construction communautaire, ce pouvoir d'évocation ou de substitution de la Cour serait allé trop loin aux yeux des Etats membres ;

ii) la mesure aurait été inadéquate dans les cas où la norme communautaire implique une action positive de l'autorité publique nationale.

Deuxième hypothèse, ne pourrait-on pas donner à la Cour de Justice le pouvoir de déclarer une loi nationale inapplicable, voire de l'annuler ? Là aussi, il s'agissait d'une solution trop radicale et donc inacceptable pour les Etats membres, sans oublier qu'elle ne permettrait pas de résoudre les cas d'infractions découlant d'une carence des Etats membres.

Une solution moins radicale aurait consisté à reconnaître à la Cour la faculté, lorsqu'elle constate une infraction, de préciser dans son arrêt les mesures qu'il incombe à l'Etat membre de prendre en vue d'y mettre fin. La Cour se serait vue investie d'un pouvoir d'injonction, tel qu'il existe déjà — à titre exceptionnel — dans le cadre des procédures en référé.

La conférence n'a pas non plus voulu retenir cette approche dans la mesure où elle aurait entravé le choix de chaque Etat membre entre diverses formules permettant une transposition correcte d'une directive, choix qui est une des caractéristiques essentielles du système juridique communautaire.

La dernière hypothèse évoquée lors des travaux de la CIG était la possibilité de compléter les articles 169 à 171 par un système de recours en interprétation uniforme dans le cas où les Etats membres divergent dans leur application du droit communautaire. Un tel recours aurait permis à la Commission, avant même la naissance d'un contentieux, d'entamer dans l'intérêt de la loi une action en interprétation du droit communautaire. Cette solution n'a pas rallié les suffrages des délégations parce qu'elle présentait deux inconvénients majeurs :

i) elle aurait conduit à soumettre à la Cour des cas d'interprétation *in abstracto*, ce qui n'est pas une bonne base pour un jugement ;

ii) elle aurait eu pour effet que les tribunaux nationaux seraient tentés de laisser à la Commission le soin de poser des questions préjudicielles, avec le risque de recentralisation que cela comportait. Or, la coopération et les contacts directs entre la Cour et les tribunaux nationaux sont très importants dans le contexte du droit communautaire.

§ 3. *Le contrôle de la légalité des actes (article 173)*

L'article 173 a été modifié tout d'abord pour tenir compte de la création d'un nouveau type d'actes législatifs adopté conjointement par le PE et le Conseil décrit à l'article 189 B ; il est évident que la Cour de Justice doit également contrôler la légalité de ces actes.

La deuxième modification concerne l'extension du contrôle de la légalité aux actes de la future BCE.

C'est la troisième modification à l'article 173 qui a suscité le plus de controverses ; elle concerne la légitimation active et passive du PE, c'est-à-dire la possibilité que celui-ci agisse devant la Cour ou soit attrait devant elle. L'initiative émanait de la délégation luxembourgeoise qui avait suggéré d'ajouter parmi les actes soumis au contrôle de la légalité de la Cour les actes du PE destinés à produire des effets juridiques vis-à-vis des tiers, ceci afin de tenir compte de la jurisprudence de la Cour en la matière (185). Celle-ci a, en effet,

(185) Il faut souligner dans le même esprit que dorénavant des recours en carence peuvent aussi être dirigés contre le Parlement européen (article 175 révisé), alors qu'à l'heure actuelle seuls le Conseil et la Commission peuvent être visés par un tel recours.

dans un arrêt du 23 avril 1986 (affaire 294/83, *Les Verts/Parlement*) annulé deux décisions du bureau du Parlement concernant l'utilisation des crédits destinés au remboursement des dépenses des formations politiques relatives à l'élection directe du PE en 1984. La motivation de cette décision mérite d'être citée :

> « Une interprétation de l'article 173 du traité qui exclurait les actes du Parlement européen de ceux qui peuvent être attaqués aboutirait à un résultat contraire, tant à l'esprit du traité tel qu'il a été exprimé dans l'article 164, qu'à son système. Les actes que le Parlement adopte dans la sphère du traité CEE pourraient, en effet, sans que la possibilité soit ouverte de les déférer au contrôle de la Cour, empiéter sur les compétences des Etats membres ou des autres institutions ou outrepasser les limites qui sont tracées aux compétences de leur auteur. Il convient dès lors de considérer que le recours en annulation peut être dirigé contre les actes du Parlement destinés à produire des effets juridiques vis-à-vis des tiers » (*Recueil* 1986, p. 1365).

Le même raisonnement se retrouve dans d'autres arrêts, notamment celui du 10.02.83 dans l'affaire *Luxembourg/PE*, 230/81 (*Recueil*, 1983, p. 255).

En ce qui concerne la légitimation active du PE, la jurisprudence de la Cour a également été traduite dans le texte du traité. Dans un arrêt du 22.05.90 relatif à l'affaire C 70/88, la Cour a rejeté l'exception d'irrecevabilité soulevée par le Conseil en soulignant que le respect de l'équilibre institutionnel exige que chaque atteinte aux compétences d'une institution puisse être sanctionnée. La Cour a décidé que le PE pourrait désormais la saisir d'un recours en annulation d'un acte du Conseil et de la Commission, à condition que ce recours ne tende qu'à la sauvegarde de ses prérogatives et qu'il ne se fonde que sur des moyens tirés de la violation de celles-ci ; cette jurisprudence a entre-temps été confirmée à plusieurs reprises par la Cour.

Certaines délégations ont immédiatement émis des doutes sur l'opportunité d'inscrire la jurisprudence dans le traité, au risque de figer le droit ; elles ont souligné que la Cour pourrait préciser davantage sa jurisprudence, notamment sur la recevabilité d'un recours en annulation du PE, deux affaires intéressant ce point étant à l'époque *sub judice*. La conférence a, toutefois, décidé de passer outre à ces hésitations. Il convient de noter qu'elle a, dans un souci de logique, accordé à la BCE le même droit qu'au PE, moyennant les mêmes limites.

Par contre, elle n'a pas donné suite à la demande allemande d'élargir la possibilité d'introduire un recours en annulation à d'autres organes des Communautés, comme par exemple au Comité des régions. On peut se poser la question de savoir si la Cour, saisie d'un recours de celui-ci ou encore du Comité économique et social, ne va pas suivre le même raisonnement que pour le PE.

La conférence n'a pas non plus voulu aller au-delà de la jurisprudence de la Cour en accordant au PE en tant que tel le droit d'attaquer les actes des autres institutions pour d'autres motifs que d'assurer le respect de ses propres prérogatives. La raison en est double. D'une part, on craignait le risque d'une augmentation exagérée des affaires dans lesquelles le Conseil serait appelé à défendre la légalité de ses actes devant la Cour. D'autre part, on a voulu éviter le risque de transformer certains conflits qui sont politiques en conflits pseudo-juridiques et d'aboutir ainsi à un gouvernement des juges.

§ 4. *L'application du droit communautaire*

La Présidence luxembourgeoise avait initialement proposé d'ajouter à l'article 5 du traité un troisième alinéa libellé comme suit :

> « Sur la base d'un rapport périodique établi par la Commission, les Etats membres et la Commission établissent une coopération étroite entre leurs services administratifs pour assurer la pleine application du droit communautaire ».

La conférence a finalement préféré adopter une déclaration assez détaillée relative à l'application du droit communautaire (déclaration n° 19).

Cette déclaration souligne tout d'abord la nécessité que chaque Etat membre transpose intégralement et fidèlement dans son droit national les directives communautaires, et cela dans les délais impartis par celles-ci. Il existe, il faut bien le reconnaître, des différences assez sérieuses à ce sujet entre les Etats membres, ce qui n'est pas propice à un climat de confiance réciproque.

Le deuxième alinéa du 1er paragraphe de la déclaration s'adresse au problème des mesures (pénales et administratives) à prendre par les Etats membres pour assurer que le droit communautaire soit appliqué correctement. Les Etats membres ont toujours jalousement gardé leurs compétences propres en matière pénale. Ils se sont en règle générale opposés à ce que la Communauté puisse inclure dans ses textes une disposition leur enjoignant de prévoir des sanctions pénales ; l'exemple de la directive relative à la prévention de l'utilisation du système financier aux fins de blanchiment des capitaux (186) en constitue un récent exemple. La déclaration réitère donc très clairement la compétence propre des Etats membres dans cette matière, mais elle insiste pour que les mesures prises « aboutissent à ce que le droit communautaire soit appliqué avec une efficacité et une rigueur équivalentes à celles déployées dans l'application de leur droit national » (187).

Le deuxième paragraphe invite la Commission à « veiller, dans l'exercice des compétences que lui confère l'article 155 du traité CE, au respect par les Etats membres de leurs obligations » (188) ; la Commission est, par ailleurs, invitée à publier périodiquement un rapport complet à ce sujet à l'intention des Etats membres et du Parlement européen.

SECTION II. — LES DISPOSITIONS FINANCIÈRES ET BUDGÉTAIRES

Sous ce titre, il convient de distinguer entre les aspects relatifs au contrôle des comptes et les aspects relatifs au système financier et budgétaire en tant que tel.

La CIG a, dès le début, reconnu l'importance d'une gestion correcte des ressources financières des Communautés, et cela tant sous l'angle de l'efficacité du fonctionnement des institutions que sous celui de la légitimité démocratique. La délégation britannique s'est montrée particulièrement active à cet égard. Dès décembre 1990, elle présenta un *non paper* reprenant un certain nombre de suggestions ayant comme objectif le renforcement du rôle du PE (men-

(186) Directive 91/308 du 10 juin 1991, *JOCE* L/166 où, tout en faisant allusion dans un considérant à la nécessité de « mesures de droit pénal », on renvoie aux Etats membres le soin de « déterminer des sanctions » (art. 14) ; la Commission avait proposé « que les Etats membres veillent à ce que le blanchiment des capitaux provenant de toute infraction pénale grave soit considéré comme une infraction pénale conformément à leur législation nationale ».

(187) Cf. aussi l'article 209 A où figure une formulation analogue (section 2 de ce chapitre).

(188) Cela conférerait-il à la Commission la possibilité d'assortir de sanctions administratives les mesures d'application qu'elle arrête ? Il est indéniable que ce droit appartient au Conseil ; l'effet de cette déclaration qui interprète l'article 155 serait-il de reconnaître aussi cette possibilité à la Commission sans habilitation du Conseil ? Voir en ce sens l'arrêt rendu dans l'affaire C 240/90 le 27 octobre 1992, *Rép. féd. d'Allemagne v/ Commission.*

tionné également par le Conseil européen de Rome 2) et de celui de la Cour des Comptes dans ce domaine. Dans une note en date du 20 février 1991, elle proposa seize amendements concrets allant dans ce sens. Ces propositions concernaient aussi la clarification des responsabilités et des tâches des personnes concernées par le contrôle financier dans les institutions communautaires et la lutte contre la fraude aux dépens du budget communautaire. Les préoccupations qui sont à la base des suggestions britanniques étaient largement partagées par la CIG ainsi que par la Commission et le PE. Le résultat final constitue un pas important vers une gestion plus rationnelle et plus saine des finances communautaires.

Quant au deuxième volet mentionné ci-dessus, des idées assez radicales ont été émises par certaines délégations, notamment l'Espagne, les Pays-Bas et la Commission. Ces idées concernaient tant une réforme du système des ressources propres que l'inscription dans le traité des éléments principaux de l'accord interinstitutionnel de 1988 (189) et une révision substantielle de la procédure budgétaire annuelle.

Si elles n'ont pas, à de très rares exceptions près, trouvé leur reflet dans le traité de Maastricht, la raison en est principalement que la grande majorité des délégations étaient réticentes quant à l'idée même d'un débat de fond à ce sujet dans le contexte de la CIG. Elles estimaient, en effet, que ces questions devaient être examinées dans le cadre de la révision de l'accord institutionnel de 1988 qui devait de toute façon être entreprise avant la fin 1992. Mélanger les deux exercices eût, à leurs yeux, comporté le risque de bloquer tout le processus et de faire échouer la CIG. Il convient d'observer, toutefois, que les idées espagnoles sur les ressources propres ont joué un rôle important dans le débat sur la cohésion économique et sociale et se retrouvent, sous une forme atténuée, dans le protocole sur la cohésion.

(189) En 1988, après de longues négociations, fut conclu un accord interinstitutionnel (paquet Delors I) qui, grâce à l'établissement de perspectives financières fixant, dans un cadre financier cohérent, des plafonds de dépenses par catégories, a permis à la CE de se doter d'une planification budgétaire à moyen terme. Cet accord fixa aussi un plafond global de recettes exprimé en pourcentage du PIB et renforça les mesures relatives à la discipline budgétaire. Cet accord est venu à échéance fin 1992 et a été remplacé par un deuxième paquet (Delors II en jargon communautaire) couvrant les années 1993-1999 et arrêté à **Edimbourg**.

§ 1er. *Le contrôle des comptes (articles 4, 188 A, B et C et article 206)*

L'importance attribuée au contrôle des comptes se reflète dans la décision, intervenue à Maastricht même, d'élever la Cour des Comptes (190) au rang d'institution. Demandée avec insistance par la Cour elle-même, dès novembre 1990, cette décision contribuera à donner plus de poids à ses prises de position, permettant ainsi d'améliorer la gestion financière de la Communauté.

Elle se reflète aussi dans la déclaration annexée au traité où la CIG demande aux institutions d'examiner avec la Cour tous les moyens appropriés pour renforcer l'efficacité de son travail (déclaration n° 21)

Les articles relatifs au contrôle des comptes sont dès lors intégrés dans la 5e partie du traité consacrée aux institutions. L'article 188 A reprend l'actuel paragraphe 3 de l'article 4. L'article 188 B est identique à l'article 206 actuel, alors que l'article 188 C reprend l'article 206*bis* actuel avec deux modifications.

La première concerne l'ajout d'un deuxième alinéa au paragraphe 1 qui se lit comme suit :

> « La Cour des Comptes fournit au Parlement européen et au Conseil une déclaration d'assurance concernant la fiabilité des comptes ainsi que la légalité et la régularité des opérations sous-jacentes ».

Il s'agit là d'une suggestion britannique figurant dans la note précitée du 20 février. Elle s'est initialement heurtée au scepticisme des autres délégations et de la Cour des Comptes elle-même, essentiellement parce que la note explicative pour justifier cet ajout était rédigée de façon ambigüe dans la mesure où elle parlait d'un examen systématique et exhaustif des recettes et des dépenses.

Les autres délégations trouvaient cette exigence exagérée ; ne risquait-on pas, en instaurant une procédure lourde et coûteuse, d'aller à l'encontre de l'objectif de l'efficacité ? Et d'aboutir à une immixtion intolérable de la Cour dans l'exécution du budget ?

La Cour elle-même, invitée par le Président des représentants personnels à lui faire connaître sa réaction face à cet amendement,

(190) La Cour des Comptes a été créée par le traité de 1975 portant modification de certaines dispositions financières des traités instituant les Communautés européennes et du traité instituant un Conseil unique et une Commission unique des Communautés européennes (cf. les articles 206 CEE, 78 sexto CECA et 180 CEEA).

exprima des doutes analogues. Elle faisait remarquer que la Cour a, depuis toujours, adopté la technique du contrôle fondé sur l'analyse des systèmes qui permet, moyennant l'examen d'un nombre limité d'opérations, de se prononcer sur le degré de fiabilité et sur la transparence des systèmes de gestion et de contrôle internes mis en oeuvre par les institutions contrôlées. Elle craignait qu'un examen complet des opérations de recettes et de dépenses ne soit impossible à effectuer.

La délégation britannique expliqua alors que tel n'était certainement pas son objectif. Elle voulait que la Cour porte un jugement d'ensemble sur la fiabilité des comptes et qu'elle assure dans une déclaration que la Commission et les autres institutions ont fait tous les efforts raisonnables pour assurer la fiabilité des comptes. Le malentendu était dû à la formulation ambigüe de la note explicative. Au vu des explications fournies par les Britanniques, les délégations acceptèrent sa proposition qui ne constitue pas une modification substantielle du rôle de la Cour, mais qui établit une base plus solide pour la procédure de décharge prévue à l'article 206 B.

La deuxième modification, proposée elle aussi par le Royaume-Uni, concerne la consécration, dans le traité, de l'habitude croissante prise par la Cour des Comptes de rédiger des rapports spéciaux. Ces rapports, qui se concentrent le plus souvent sur des questions de gestion financière et de rapport qualité/prix, constituent un élément important du travail de la Cour. Ensemble avec le rapport annuel de la Cour, ils exercent une influence sur le PE dans le cadre de la décharge budgétaire.

Une autre suggestion britannique, visant à procéder à une réforme fondamentale de la structure même de la Cour, n'a pas trouvé l'accord des autres délégations. Celles-ci ont, en effet, estimé qu'il était parfaitement possible d'aboutir au résultat souhaité d'un meilleur contrôle des comptes, moyennant la transformation en institution de la Cour, les amendements évoqués ci-dessus et un certain nombre de mesures ne nécessitant pas une modification du traité,

En ce qui concerne les critères du contrôle budgétaire, le nouveau libellé de l'article 205 oblige la Commission à exécuter le budget selon le principe de bonne gestion financière. En suivant cette suggestion britannique, la CIG a, indirectement, consacré le pouvoir du PE de mettre en oeuvre un contrôle budgétaire selon des paramètres non seulement de régularité, mais aussi de bonne gestion, ce qui correspond à une vieille demande du Parlement.

Dans sa qualité de titulaire du pouvoir de *décharge*, le PE est le principal interlocuteur de la Cour des Comptes. C'est d'ailleurs pour cette raison que le Parlement souhaitait obtenir un droit de regard direct sur la nomination des membres de la Cour, demande rejetée par la CIG qui voulait éviter toute politisation d'une fonction essentiellement technique.

La procédure de décharge sort nettement renforcée de Maastricht, même si toutes les revendications du PE formulées dans le rapport Martin sur les conférences n'ont pas été retenues : on pense à l'universalité de la décharge, englobant notamment les FED que le Parlement demande depuis longtemps de budgétiser (191), ou à l'obligation de la Commission ou de ses membres de démissionner suite à un refus de décharge voté à la majorité requise pour l'adoption de la motion de censure.

Les modifications apportées au système actuel s'inspirent tant du rapport Martin que des suggestions britanniques et de l'article 89 du règlement financier :

— l'obligation pour la Commission de soumettre au PE toute information nécessaire sur l'exécution des dépenses ou le fonctionnement des systèmes de contrôle financier ;
— l'obligation pour la Commission de tout mettre en oeuvre pour donner suite aux observations accompagnant les décisions de décharge et aux autres observations du Parlement européen concernant l'exécution des dépenses.

En même temps, la Commission doit, à la demande du PE ou du Conseil, faire rapport sur les mesures prises à la lumière de ces observations, ces rapports étant également transmis à la Cour des Comptes.

Il est à noter que tant la Commission que le PE auraient souhaité étendre ces exigences aux institutions en général.

Le nouvel article 206 § 3 prévoit aussi que l'obligation de la Commission de donner suite aux observations accompagnant la décision de décharge concerne également les « commentaires accompagnant les recommandations de décharge adoptées par le Conseil ». Ceci semble à première vue poser un problème de cohérence. Le PE

(191) Cf. le chapitre consacré à la coopération au développement et le § 3 a ii de cette section.

n'est, en effet, pas obligé, lors de la rédaction de la décision de décharge, de suivre les recommandations du Conseil. Dans un tel cas, la question se pose de savoir si la Commission, en suivant à la lettre le paragraphe 3 de l'article 206, n'est pas confrontée à une tâche impossible. La formulation retenue est donc ambigüe. Etant donné que le PE est la seule autorité de contrôle budgétaire, il semble clair qu'en cas de différence ou d'incohérence entre les recommandations du Conseil et la décision du PE, celle-ci l'emporte et est contraignante pour la Commission.

Il convient de retenir que l'insistance britannique sur la responsabilité individuelle de membres et de fonctionnaires de la Commission n'a pas été suivie d'effets. La grande majorité des délégations ont tenu à préserver le caractère collégial de la Commission.

La délégation britannique a, toutefois, obtenu que l'on ajoute, à l'article 209, les « contrôleurs financiers » au *littera* c (192).

§ 2. *Le système budgétaire (articles 199 à 203)*

Les modifications apportées à ces articles sont finalement assez modestes, pour les raisons évoquées plus haut.

Dans l'article 199, le deuxième alinéa, qui est nouveau, fait écho aux articles J 11 par. 2 et K 8 par. 2 des titres V et VI respectivement ; il précise que les dépenses administratives entraînées pour les institutions par les dispositions du traité sur l'Union européenne relatives à la politique étrangère et de sécurité et à la coopération dans le domaine de la justice et des affaires intérieures sont à la charge du budget et que les dépenses opérationnelles y afférentes peuvent l'être également. Cet ajout est à voir dans le contexte du cadre institutionnel unique de l'Union.

L'abrogation de l'article 200 et la reformulation de l'article 201 reflètent le fait que la CE dispose, depuis 1970, d'un système de ressources propres remplaçant les contributions financières des Etats membres prévues à l'article 200 originaire.

Plus fondamental est l'ajout d'un nouvel article 201 qui consacre dans le traité la discipline budgétaire introduite par l'accord inte-

(192) « Le Conseil ...

...

c) détermine les règles et organise le contrôle de la responsabilité des *contrôleurs financiers*, ordonnateurs et comptables ».

rinstitutionnel de 1988. Il s'agit, une fois de plus, d'une suggestion britannique reprise, il est vrai, sous une forme atténuée. La responsabilité première pour le respect de la discipline budgétaire est, dans ce texte, attribuée à la Commission qui, dans l'exercice de son droit d'initiative et de son pouvoir exécutif (délégué), doit s'assurer que ses propositions ou mesures peuvent être financées dans la limite des ressources propres de la Communauté découlant des dispositions fixées par le Conseil en vertu de l'article 201 (193).

La Commission, quant à elle, avait proposé qu'elle obtienne une possibilité d'intervenir dans la procédure budgétaire pour que la Communauté puisse toujours s'acquitter de son obligation juridique d'effectuer certaines dépenses et pour que de nouvelles dépenses qui ne sont pas juridiquement inéluctables ne mettent pas en danger les limites de la discipline budgétaire et des ressources propres.

§ 3. *Les propositions non retenues en matière de système financier et budgétaire*

Celles-ci concernent les trois niveaux du système de la programmation financière :

— la fixation des ressources propres
— la programmation financière à moyen terme (reprise de l'accord interinstitutionnel de 1988)
— la procédure budgétaire annuelle.

a) *Les ressources propres*

Ici, il convient de distinguer entre le niveau et la structure (le système) des ressources propres. Prenant appui sur les conclusions du Conseil européen de Rome (14 et 15 décembre 1990) qui indiquent que l'Union politique doit pouvoir disposer de toutes les ressources nécessaires pour atteindre les objectifs qu'elle s'est fixés, la délégation espagnole souleva la question des ressources dans une note du 3 mars 1991 sur l'adéquation des moyens. Elle y suggéra que la CIG adopte une déclaration à annexer au traité et reflétant l'engagement politique de relever suffisamment la limite des ressources

(193) Dans une déclaration (n° 18), la conférence note aussi que « la Commission s'engage, en se basant le cas échéant sur les consultations qu'elle estime nécessaires et en renforçant son système d'évaluation de la législation communautaire, à tenir compte, en ce qui concerne ses propositions législatives, des coûts et bénéfices pour les autorités publiques des Etats membres et pour l'ensemble des intéressés ». Cette déclaration est un reflet des débats sur « l'adéquation des moyens » et sur la qualité de la législation communautaire.

propres pour assurer le respect des nouvelles obligations communautaires.

En même temps, dans une note relative à la cohésion, également du 3 mars 1991, elle proposa de modifier le régime des ressources propres de telle sorte que les contributions globales de chaque Etat membre soient en rapport avec leur prospérité relative. A ses yeux, le système actuel, caractérisé par une importance particulière des ressources provenant de la TVA, n'était pas suffisamment progressif.

D'autres propositions relatives à la structure des ressources circulaient par ailleurs :

i) *un rôle accru du PE en matière de recettes*

Ainsi, la Commission, dans sa note du 28 mai 1991, se prononça-t-elle pour une procédure de concertation entre le Conseil et le PE pour la fixation de la nature et du plafond des ressources propres. A ses yeux, une coresponsabilité de ce type contribuerait tant à l'efficacité de la procédure budgétaire qu'au renforcement de la légitimité démocratique. Des réflexions analogues étaient menées par le PE lui-même, bien sûr, mais aussi par la délégation NL notamment qui préconisait de soumettre toute décision sur les recettes à l'approbation du PE (notes du 21/01 et du 25/03/91). La Grèce, quant à elle, suggèra dans une note du 6 mai de soumettre, dans un premier temps, ce genre de décision à l'avis conforme du PE, puis, dans la 3e phase de l'UEM, à la procédure de codécision.

ii) *l'unicité du budget*

Tant le PE (194) (résolution Martin, parmi d'autres) que la Commission (note du 28/05/91) plaident depuis longtemps pour une budgétisation du FED et des emprunts-prêts. Ce débat s'est aussi tenu dans le cadre des discussions relatives à la coopération au développement. Un certain nombre de délégations étant fermement opposées à cette requête, les choses en restèrent là. Dans une déclaration annexée au traité (la 12ème), la CIG précise explicitement que les FED continueront à être financés par des contributions nationales.

(194) Le PE a d'ailleurs intenté un recours devant la CJCE à cet égard.

iii) *la création d'un impôt communautaire*

Cette suggestion figure tant dans la note de la Commission du 28/05 que dans les papiers néerlandais du 25/03 et espagnol du 03/03 sur la cohésion.

La Présidence luxembourgeoise, suivie par une majorité de délégations, plaidait pour un renvoi de ces questions au débat à venir sur le deuxième paquet Delors. Elle voulait à tout prix éviter de mélanger la révision des traités avec un exercice financier forcément de nature différente et qui, quoi qu'on en dise, inévitablement aurait débouché sur une querelle de chiffres.

b) *La reprise dans le traité de l'accord interinstitutionnel de 1988*

Constatant que l'accord interinstitutionnel de 1988 (paquet Delors 1) a dans l'ensemble donné des résultats positifs, certaines délégations suggéraient d'en inscrire les éléments principaux dans le traité :

— fixation d'un plafond de recettes exprimé en pourcentages du PIB
— inscription des perspectives financières, fixant dans un cadre financier cohérent des plafonds par catégories.

Elles estimaient, en effet, que l'acquis à cet égard reste fragile tant qu'il n'est pas consacré dans le traité.

Au-delà de leur refus de s'engager dans un débat de ce type dans le cadre de la révision du traité, les autres délégations faisaient remarquer que l'accord de 1988 était encore trop récent pour qu'on le consolide tel quel dans le traité. La Commission devant de toute façon procéder à une évaluation exhaustive du fonctionnement de cet accord appelé à expirer fin 1992 et faire de nouvelles propositions pour les années 1993 à 1997 (195), mieux valait à leurs yeux attendre ces communications et les examiner dans le cadre de l'exercice dit paquet Delors 2. Il leur paraissait évident aussi qu'il était plus logique de débattre des finances à la lumière des résultats de la CIG. L'inconvénient d'obliger les parlements nationaux à examiner à intervalles rapprochés des modifications du traité, invoqué par l'une ou l'autre des délégations, leur semblait mineur par rapport aux considérations exposées ci-dessus.

(195) L'accord d'Edimbourg couvrira en fait les années 1993 à 1999.

c) *La modification de la procédure budgétaire*

Les amendements proposés à l'article 203 du traité par la délégation néerlandaise et par la Commission allaient dans le sens d'un renforcement très net des pouvoirs du PE ; il en était ainsi de la proposition d'abolir la distinction entre dépenses obligatoires et dépenses non obligatoires, donnant le dernier mot au PE pour arrêter les dépenses, et de celle visant l'instauration d'une procédure à une seule lecture accompagnée d'un système de conciliation entre le Conseil et le PE.

Là aussi, pour les mêmes raisons que celles évoquées plus haut, la CIG n'a pas voulu s'engager sur cette voie, craignant de compliquer trop les débats.

§ 4. *La défense des intérêts financiers de la Communauté (art. 209 A)*

Une gestion plus rationnelle et plus saine des finances communautaires appelle aussi une lutte intensifiée contre la fraude portant atteinte aux intérêts financiers de la CE. Si l'objectif était partagé par tous, il existait des divergences sur le meilleur moyen pour y parvenir.

En 1976 déjà, la Commission avait proposé, sans succès, d'amender le traité en vue d'y incorporer un fondement juridique permettant de renvoyer au juge pénal ce genre de fraude. Elle reprit cette idée lors de la CIG, proposant d'insérer dans le traité un dispositif commun sur la protection pénale des intérêts financiers des CE. Le PE quant à lui, allait bien plus loin encore, dans une résolution adoptée le 24 octobre 1991, où il exigea la création d'un véritable système de droit pénal à caractère communautaire, fondée sur l'attribution à la Communauté d'une autorité normative en matière pénale. Dans la mesure où la plupart des Etats membres contestent toute compétence pénale à la CE, cette voie n'était guère praticable. Même une proposition néerlandaise moins ambitieuse butait sur le même problème (note du 27.03.91) . Ce n'était pas tellement l'appel à la coopération pénale et administrative qui posait problème que la disposition qui attribuait à la Commission un contrôle sur la politique menée par les Etats membres.

Les travaux se fondaient dès lors plutôt sur une suggestion britannique qui s'inspirait de l'article 5 du traité et qui précisait simplement que « les Etats membres mettent tout en oeuvre pour combattre la fraude en matière de recettes et de dépenses des Communautés ».

Le *non paper* d'avril est relativement proche de ce texte, mais le libellé y est un peu plus large : « les Etats membres prennent, chacun de son côté ou en concertation, les mesures appropriées pour combattre la fraude portant atteinte aux intérêts financiers de la Communauté ». En même temps, on laissait ouverte la possibilité d'inclure cet objectif parmi les buts poursuivis par la coopération en matière judiciaire, dans le cadre du 3e pilier, ce qui tendrait à éviter tout risque d'immixtion communautaire dans le pénal.

Entre avril et juin, le texte de l'article 209 A fut enrichi pour englober une référence à la coopération entre les Etats membres, un rôle pour la Commission dans cette coopération, et l'assimilation de l'intérêt communautaire à l'intérêt national.

Le premier alinéa du texte de juin, qui ne bougera plus après, introduit en fait l'idée de mesures pénales sans qu'il y soit fait référence explicitement ; il est clair, en effet, que les mesures prises pour combattre la fraude portant atteinte aux intérêt financiers des Etats membres incluent des dispositions pénales. Quant à la coopération prévue, elle concerne les services compétents des administrations des Etats membres.

Il convient de noter que la reconnaissance d'un droit d'enquête au PE par l'article 138 c aura elle aussi une incidence sur la lutte anti-fraude dans la mesure où cet article concerne à la fois les allégations d'infractions et les cas de mauvaise administration dans l'application du droit communautaire. Cela englobe de toute évidence les violations des dispositions financières et de toute autre réglementation ayant des effets sur le budget de la CE.

Section III. — Le vote à la majorité qualifiée

Il est normal qu'en évoquant le thème de l'efficacité des institutions on pense d'abord au Conseil, organe de décision véritable de la Communauté. Dans ce contexte, le lien entre la majorité qualifiée et l'efficacité paraît évident. Nous avons vu plus haut (196) à quel point l'attitude des Etats membres face à la question du vote majoritaire constitue un bon baromètre de l'évolution communautaire. Le passé montre qu'il ne suffit pas de prévoir la possibilité d'un vote dans le traité ; encore faut-il que les Etats membres acceptent d'avoir recours à cet instrument, de jouer pleinement le jeu communautaire. Comme nous l'avons vu au titre I, la situation, de ce point de vue, s'est depuis un certain temps nettement améliorée, ce qui explique en grande partie la remarquable efficacité du Conseil au cours des dernières années.

Dans le contexte de Maastricht, aucune délégation n'a véritablement remis en question cette évolution ; il y eut, au contraire, une grande volonté de progresser davantage encore sur la voie tracée par l'Acte unique et de réserver au vote majoritaire une place de choix, dans les nouvelles compétences notamment. Il faut dire que la perspective s'affirmant au fil des mois d'un proche élargissement à de nouveaux Etats membres ne pouvait qu'encourager les Etats membres à se montrer ouverts sur ce plan, car avec l'accroissement du nombre des délégations autour de la table, les risques de blocages liés à l'exigence de l'unanimité augmenteront irrémédiablement. Nous ajouterons aussi que la pratique du passé n'a jamais été d'isoler des Etats membres, de voter de façon systématique et brutale dès que la majorité qualifiée était réunie. Chaque Présidence s'efforce dans toute la mesure du possible de créer le consensus, de tenir compte au maximum des desiderata de toutes les délégations ; ce n'est qu'en dernier recours que l'on procède au vote. La possibilité de le faire suffit souvent pour inciter les délégations à se montrer constructives, à rechercher activement un compromis, ce qui permet en fait d'éviter le recours au vote.

La conférence a très vite établi une distinction nette entre les articles de type constitutionnel et les autres.

En ce qui concerne les premiers, il n'était pas question de renoncer à l'unanimité ; on peut citer ici, à titre d'exemple, les articles 138.3 (établissement d'une procédure uniforme pour l'élection au suffrage universel direct du PE), 157.1 (fixation du nombre des membres de la Commission), 201 (dispositions relatives au système des ressources propres de la Communauté), 217 (système lin-

(196) titre I, chapitre 2, division B.

guistique), 237 (devenu article O dans le traité sur l'Union : décision du Conseil sur des demandes d'adhésion).

Quant aux autres articles, deux thèses s'affrontaient. Selon la première, soutenue par la Commission et un certain nombre de délégations, la majorité qualifiée devait devenir la règle générale, quitte à ce qu'on accepte un nombre très limité d'exceptions à celle-ci. Pour d'autres, et notamment le Royaume-Uni, une généralisation de la majorité qualifiée ne s'imposait nullement ; Londres ne s'opposait pas, toutefois, à ce que l'on examine de façon pragmatique et *ad hoc* d'éventuelles propositions spécifiques relatives à l'un ou l'autre article.

Division A. — Les nouvelles compétences

Dans les nouvelles compétences, le traité de Maastricht prévoit, à deux exceptions près, le vote à la majorité qualifiée. Le Conseil pourra donc voter dorénavant à la majorité qualifiée en matière d'éducation et de formation professionnelle, de santé publique, de protection des consommateurs, de réseaux transeuropéens, de coopération au développement (197). A partir de 1996, il le fera aussi pour ce qui est de la détermination des pays tiers dont les ressortissants doivent être munis d'un visa lors du franchissement des frontières extérieures des Etats membres. Un accord à ce sujet s'est dessiné très tôt ; seul le Royaume-Uni montrait des réticences assez fortes, estimant que la communautarisation de matières jusque-là en dehors du traité CEE constituait en elle-même déjà un pas important sans qu'il soit nécessaire de passer en même temps au vote majoritaire. S'il a pu finalement se rallier à la majorité, c'est sans doute parce que les formulations de ces chapitres sont prudentes et excluent tout usage abusif du vote majoritaire : il s'agit, en effet, de compétences subsidiaires, par rapport à celles des Etats membres, et le Conseil est appelé à adopter des actions d'encouragement ou des recommandations, à l'exclusion de toute harmonisation des dispositions législatives et réglementaires des Etats membres. Il convient de noter aussi que dans la plupart de ces domaines, la Communauté est déjà largement intervenue dans le passé sur la base de l'article 235 notamment.

(197) Pour ce qui est de l'UEM, voir la partie consacrée à celle-ci.

Dans deux cas, pourtant, même ces arguments n'ont pas suffi pour convaincre toutes les délégations du bien-fondé du vote à la majorité qualifiée. Il s'agit d'abord de la culture où l'Allemagne surtout a exigé l'unanimité parce qu'elle ne voulait en aucun cas affaiblir la souveraineté des *Länder* en la matière. L'industrie est le deuxième cas ; ici, comme nous l'avons expliqué plus haut, on était en présence de conceptions tout à fait opposées sur l'idée même d'une politique industrielle. Les tenants du libéralisme, afin d'éviter le moindre risque de détournement, à des fins protectionnistes ou dirigistes, de la base légale indispensable pour des actions spécifiques, ont insisté pour que la conférence retienne ici la règle de l'unanimité.

Un mot doit être dit au sujet de l'article 228 A qui permet d'adopter des sanctions économiques. Il prévoit, certes, la majorité qualifiée, mais il ne peut être appliqué que suite à une décision adoptée (à l'unanimité) en vertu des dispositions relatives à la PESC.

Division B. — Les domaines déjà couverts par le traité CEE

En ce qui concerne les domaines déjà couverts par le traité CEE, la conférence a examiné un certain nombre d'articles susceptibles de passer de l'unanimité à la majorité qualifiée, pour des raisons d'efficacité. Il est utile de consacrer quelques lignes à chacun des grands domaines visés ici.

a) L'importance croissante attachée à l'*environnement* a tout naturellement fait que l'article 130 S était l'un des « candidats » les plus probables pour l'introduction du vote à la majorité qualifiée ; celle-ci était réclamée avec le plus d'insistance par les Danois, les Allemands, les Néerlandais et les Luxembourgeois. La délégation espagnole, en revanche, était très réticente à cet égard, et cela pour deux raisons liées entre elles : elle estimait, d'abord, que l'état moins avancé des industries du Sud allait imposer à celles-ci un effort disproportionné si elles devaient se conformer à des normes trop strictes. Elle craignait, ensuite, que des décisions prises à la majorité qualifiée dans ce domaine n'entraînent pour les budgets de certains Etats membres des coûts très élevés, d'autant plus que les pays du Nord insistaient fermement pour que l'on retienne la disposition selon laquelle « les Etats membres assurent le financement et l'exécution de la politique en matière d'environnement » (cf. 130 S, par. 4).

La création du Fonds de cohésion prévu à l'article 130 D a permis de surmonter l'opposition espagnole sur ce point (198). Le paragraphe 5 de l'article 130 S précise que « lorsqu'une mesure fondée sur le paragraphe 1 implique des coûts disproportionnés pour les pouvoirs publics d'un Etat membre, le Conseil prend les dispositions appropriées — sous forme de dérogations temporaires — et/ou d'un soutien financier du Fonds de cohésion ... ».

L'article 130 S permettra donc dorénavant de voter à la majorité qualifiée au sein du Conseil. Mais le paragraphe 2 de cet article introduit trois exceptions à cette règle. Le Conseil statuera à l'unanimité lorsqu'il arrête :

— des dispositions essentiellement de nature fiscale ;
— les mesures concernant l'aménagement du territoire, l'affectation des sols, à l'exception de la gestion des déchets et des mesures à caractère général, ainsi que la gestion des ressources hydrauliques.
— les mesures affectant sensiblement le choix d'un Etat membre entre différentes sources d'énergie et la structure générale de son approvisionnement énergétique.

Ces dérogations sont tout à fait révélatrices de l'état d'esprit de la conférence. Malgré la demande pressante de certains Etats membres, notamment de la Belgique et du Danemark, à un degré moindre de la France, la majorité des Etats membres a refusé d'innover en matière fiscale et surtout de toucher à la règle de l'unanimité dans ce secteur sensible, expression privilégiée de la souveraineté nationale.

Quant à la seconde dérogation, elle reflète là aussi la crainte de certains Etats membres, notamment de l'Espagne, d'une atteinte intolérable à leurs souverainetés respectives. Déjà, à l'heure actuelle, des décisions de la Commission en matière de politique régionale ou d'environnement donnent lieu à des controverses difficiles justement parce qu'elles ont un impact sur l'aménagement du

(198) Cf. aussi la déclaration n° 18 de la conférence selon laquelle la Commission « s'engage, en se basant, le cas échéant, sur les consultations qu'elle estime nécessaires et en renforçant son système d'évaluation de la législation communautaire, à tenir compte, en ce qui concerne ses propositions législatives, des coûts et des bénéfices pour les autorités publiques des Etats membres et pour l'ensemble des intéressés ». Voir aussi la déclaration n° 11 relative aux émissions polluantes des grandes installations.

territoire. On peut noter à cet égard le récent différend entre Londres et la Commission au sujet de l'application d'une directive sur l'enquête d'utilité publique à mener en cas de gros oeuvre (autoroute).

Enfin, l'énergie a presqu'entièrement disparu du traité de Maastricht parce que certains Etats membres entendaient garder leur entière autonomie en la matière, et cela bien que la Communauté ait développé depuis la seconde crise du pétrole toute une série de mesures qui, prises ensemble, peuvent être qualifiées de politique énergétique (voir toutefois art. 3 Littera t, art. 129 B.1 et Déclaration n° 1). Le troisième tiret doit aussi être vu sur l'arrière-fond du débat naissant sur une taxe communautaire sur le CO2.

b) La *recherche*, deuxième grande politique introduite par l'Acte unique européen, paraissait elle aussi être un candidat idéal pour l'introduction du vote à la majorité qualifiée. Une des critiques qu'on formule le plus souvent à l'encontre de la politique communautaire de recherche concerne, en effet, justement les lourdeurs de la prise de décision (adoption à l'unanimité d'un programme-cadre pluriannuel et mise en oeuvre de celui-ci par des programmes spécifiques adoptés à la majorité qualifiée ensuite). Une des idées, reprise dans les projets luxembourgeois, consistait à accroître le rôle de la Commission en matière de programmes spécifiques ; elle échoua vite. La deuxième, consistant à prévoir la majorité qualifiée pour l'adoption du programme-cadre, paraissait longtemps pouvoir passer, d'autant plus que la codécision, également prévue ici, devait dans l'esprit de la plupart des délégations, aller de pair avec la majorité qualifiée. Maastricht en décida autrement et réintroduisit l'unanimité. Il faut croire que les sommes en jeu et le caractère sensible de la recherche ont fait reculer certains des Etats membres.

c) Le domaine *social*, enfin, doit être évoqué dans le contexte de cette section. Il est clair que l'enjeu le plus crucial à cet égard concernait l'élargissement du champ d'application de l'article 118 A du traité CEE et donc de la majorité qualifiée dans ce domaine. Nous savons ce qu'il en advint. Face au « *non possumus* » britannique, les 11 autres Etats membres se virent obligés, dans une construction pour le moins peu orthodoxe, de recourir à un accord à onze pour pouvoir aller dans ce sens.

Avant d'arriver à cette extrémité, d'autres voies avaient été explorées, sans succès, pour surmonter le blocage britannique. Celle, suggérée par l'Allemagne, d'une majorité qualifiée renforcée (66 voix au lieu de 54), ne plut ni aux Britanniques ni aux autres : aux premiers, parce qu'ils y voyaient, non sans raison, un moyen d'isoler Londres, souvent seul en matière sociale, aux seconds parce qu'ils craignaient le risque d'une généralisation de cette majorité renforcée dans d'autres domaines sensibles du traité (pour le social et pour l'environnement, par exemple).

Une deuxième voie, déjà utilisée par les auteurs du traité de Rome, eût consisté à prévoir un passage par étapes au vote à la majorité, donc après une ou des périodes de transition. Elle ne fut retenue ni dans le social ni dans la fiscalité parce que les Etats membres opposés à la majorité qualifiée pour des raisons de fond ne voulaient pas non plus se lier les mains pour l'avenir (Notons, toutefois, qu'elle a été retenue pour l'article 100 C).

Enfin, troisième voie suggérée par certaines délégations, notamment pour la fiscalité et le social, celle de faire une distinction, à l'intérieur de ces domaines, entre les grandes décisions à prendre à l'unanimité et les modalités d'application plus techniques à décider à la majorité qualifiée. La conférence n'a pas voulu aller dans ce sens, car il eût été très difficile de délimiter clairement dans le traité les différents types de décisions ; on aurait risqué de susciter à l'avenir d'innombrables conflits juridiques. Une approche semblable a, certes, été suivie dans les piliers de la PESC et de la coopération dans le domaines de la justice et des affaires intérieures (199) (articles K.4 et J.3), mais le recours à la possibilité de décider dans certains cas à la majorité qualifiée y sera décidé au cas par cas par le Conseil statuant à l'unanimité.

Section IV. — La place de la Commission dans le système communautaire

La Commission joue dans l'édifice communautaire un rôle tout à fait crucial. Nous avons évoqué ce rôle à de nombreux endroits de cet ouvrage, mais il paraît utile de rassembler dans une vision d'ensemble l'impact de Maastricht tant sur la structure et l'organisation de la Commission que sur son rôle et ses compétences.

(199) Cf. le chapitre correspondant.

Division A. — La structure et l'organisation de la Commission

L'innovation la plus importante est constituée sans aucun doute par l'octroi au PE du pouvoir d'approuver ou non la désignation de la Commission opérée par les gouvernements des Etats membres (cf. article 158 CE ; voir le chapitre 4, section 1, division B de ce titre).

En établissant de la sorte un lien politique direct entre le PE démocratiquement élu et la Commission, lien renforcé encore par l'alignement de la durée du mandat de la Commission sur la durée d'une législature du PE (5 ans), les auteurs du traité sur l'Union ont revalorisé le statut de la Commission : il sera plus difficile à l'avenir de traiter la Commission d'aéropage de technocrates dénué de légitimité démocratique.

Le nouvel article 158 accroît aussi le pouvoir du Président de la Commission, satisfaisant ainsi une demande maintes fois formulée par le Président Delors. Celui-ci s'est, en effet, souvent plaint du fait qu'il n'avait aucune emprise sur la nomination de ses collègues. Dorénavant, le futur Président sera désigné seul dans un premier stade, et il sera ensuite consulté sur les autres personnalités que les gouvernements envisagent de nommer membres de la Commission.

Son mandat, à l'heure actuelle limité à deux ans (mandat renouvelable ; art. 161 CEE), passe à cinq ans, comme celui de la Commission tout entière. Autre innovation importante, la Commission pourra à l'avenir nommer elle-même un ou deux vice-présidents parmi ses membres, dont la durée du mandat n'est pas précisée par le traité. Dans le système actuel, les six vice-présidents prévus à l'article 161 CEE, comme d'ailleurs le Président lui-même, sont désignés pour deux ans selon la même procédure que celle prévue pour la nomination des membres de la Commission, c'est-à-dire d'un commun accord par les gouvernements des Etats membres. La nouvelle approche accroît l'autonomie de la Commission et confère au poste de vice-président une importance réelle qu'il n'a pas à l'heure actuelle ; elle met aussi fin aux marchandages entre Etats membres.

Le nombre des membres de la Commission, fixé à l'heure actuelle à 17 (2 pour chacun des cinq Etats les plus grands, 1 pour chacun des autres Etats membres) a fait l'objet de débats approfondis. Si l'article 157 est finalement resté inchangé par rapport à l'Acte unique, cela est dû à un renversement de dernière minute à Maastricht même. Lors du conclave de Noordwijk (12 et 13 novembre), en effet, un accord semblait se dessiner sur la réduction du nombre de Commissaires (un par Etat membre) et la création de cinq Commissaires-adjoints (200). Une proposition de ce type figurait déjà dans le *non paper* d'avril. Au fil des mois, les réticences notamment des délégations allemande, française et espagnole d'aller dans ce sens s'étaient estompées. Les raisons avancées pour réduire le nombre de Commissaires étaient de plusieurs types. Le premier avait sans nul doute trait à la perspective de nouveaux élargissements : était-il sage, se disaient certains, d'aboutir à une Commission de 25 ou 30 membres, alors que même à 17, elle paraît parfois un peu lourde. La seconde raison, moins ouvertement exprimée mais toujours présente, était liée au concept de subsidiarité : la multiplication des Commissaires, et donc des portefeuilles, ne risquait-elle pas de pousser la Commission vers la multiplication des interventions dans des domaines qui ne requéraient peut-être pas toujours une telle attention de Bruxelles ?

Les représentants allemands faisaient valoir à un certain moment que si ces arguments étaient justes, il n'y avait pas de raison intrinsèque pour que chaque Etat membre ait un Commissaire. Si l'on dit aux grands Etats membres qu'ils peuvent renoncer sans problème à leur deuxième Commissaire dans la mesure où la Commission doit de toute façon agir en collège et en pleine indépendance, ne peut-on pas dire aussi que chaque Etat membre ne doit pas forcément voir un de ses nationaux à la Commission ?

L'argument n'est pas dénué de logique, mais seulement si on fait réellement abstraction de la nationalité des Commissaires et que dès lors la « nationalité manquante » peut être l'allemande autant que la belge ou l'irlandaise. La conférence fut assez sage pour ne pas se lancer dans ce genre de débat.

Le revirement de Maastricht s'explique essentiellement par la réticence française à décider dès ce moment sur le nombre de parlementaires allemands. Là aussi, à Noordwijk, un quasi-accord s'était réalisé sur 18 parlementaires allemands supplémentaires, mais à Maastricht, il fut décidé de reporter la décision à la fin de l'année 1992. Dans une déclaration (n° 15), la conférence convint de

(200) L'idée émane de J. Delors qui pensait charger les Commissaires adjoints essentiellement de dossiers dans les relations extérieures.

prendre la décision sur le nombre de membres de la Commission et celui des membres du PE plus tard, mais avant la fin de 1992 (201).

Un mot enfin sur le caractère collégial de la Commission. Diverses propositions spécifiques faites lors de la conférence auraient pu affaiblir ce caractère collégial : il en est ainsi de la proposition néerlandaise de rendre les membres de la Commission individuellement responsables devant le PE ou des suggestions britanniques dans le domaine du contrôle financier.

La grande majorité des délégations a refusé toute atteinte à la collégialité, celle-ci étant considérée comme un des garants de l'efficacité de l'action de la Commission. Une autre considération a également joué : en créant des responsabilités individuelles on aurait risqué de susciter ainsi des empires et des chasses gardées à l'intérieur de la Commission.

Division B. — Le rôle et les compétences de la Commission

Le rôle de la Commission dans la PESC et la coopération dans les domaines de la justice et des affaires intérieures est décrit ailleurs. Qu'il suffise ici de rappeler que si ce rôle est naturellement moins central dans les piliers à prédominance intergouvernementale, il n'en est pas moins important. La Commission y pourra, grâce aussi au rôle de coordination que lui accorde l'article C des dispositions communes, influer sur le cours des événements. Il ne faut pas oublier, en effet, que la Commission a pour elle une grande expertise dans les affaires européennes et surtout la continuité : les Présidences passent, la Commission reste. S'y ajoute le fait que tant en matière de PESC que de coopération au sein du troisième pilier les points de contact avec les questions proprement communautaires sont nombreux, ce qui jouera en faveur d'un rôle important pour la Commission.

Sur le plan strictement communautaire, le traité de Maastricht préserve très largement le *statu quo* en ce qui concerne les pouvoirs de la Commission (202). Ce *statu quo* aurait pu être modifié dans

(201) L'augmentation du nombre des membres du Parlement européen a fait l'objet d'un accord intégré dans les conclusions du Conseil européen d'**Edimbourg**. Par contre, aucune décision sur le nombre de Commissaires n'a été prise à cette occasion.

(202) Ceci vaut bien entendu aussi pour ce qui concerne son rôle crucial de gardienne des traités.

deux sens opposés lors des négociations : au détriment de la Commission, si certaines idées qui circulaient dans le contexte du débat sur l'accroissement des pouvoirs du PE sur le plan législatif s'étaient imposées, en sa faveur si la conférence avait donné suite à la demande émanant de la Commission elle-même concernant ses pouvoirs exécutifs.

§ 1er. *Le rôle de la Commission dans le processus législatif*

Avant d'examiner le rôle de la Commission dans le processus législatif, un mot doit être dit au sujet de l'extension des compétences communautaires. L'inclusion d'un nouveau domaine d'action dans le giron communautaire accroît *a priori* l'influence d'une institution à laquelle les traités accordent des pouvoirs étendus, tels que le droit exclusif d'initiative. Dans ce sens, Maastricht apporte évidemment un plus à la Commission, d'autant plus que le traité prévoit très souvent le recours à la majorité qualifiée dans les nouvelles compétences. Mais cette affirmation doit immédiatement être nuancée, car l'accent mis sur la subsidiarité limite la marge de manoeuvre de la Commission ; celle-ci devra, bien plus que par le passé, expliquer et justifier le bien-fondé de ses propositions ; elle doit aussi, bien sûr, rester strictement dans le cadre des objectifs énoncés aux articles relatifs aux nouveaux domaines, objectifs qui soulignent le caractère complémentaire des compétences communautaires par rapport aux compétences nationales.

La Commission elle-même, il faut le souligner, a été parmi les défenseurs les plus fermes du principe de subsidiarité. D'abord parce qu'elle a bien senti les dangers de rejet que susciterait l'impression d'une emprise toujours croissante de la Communauté sur la vie de tous les jours. Par souci d'efficacité, ensuite : la Communauté a parfois tendance à disperses ses efforts, à trop vouloir embrasser avec des moyens humains et financiers relativement limités (203). Or, une utilisation judicieuse du principe de subsidiarité permettrait à la CE de mieux se concentrer sur les actions et mesures réellement importantes. Une autre observation s'impose ici. Ce sont très souvent les Etats membres qui insistent auprès de la Commission pour

(203) On entend souvent parler des « effectifs pléthoriques de la bureaucratie bruxelloise ». Il s'agit là d'une grossière exagération, car la Communauté, avec moins de 20.000 fonctionnaires au total, dont près de 40 % d'interprètes et traducteurs, n'emploie guère plus de personnes que la mairie d'une ville moyenne européenne.

qu'elle soumette des propositions dans un domaine donné ; l'article 152 du traité CEE prévoit d'ailleurs explicitement cette possibilité pour le Conseil. La raison en est très souvent, dans le domaine du marché intérieur notamment, une certaine absence de confiance réciproque entre les Etats membres : des différences de pratiques nationales sont souvent vues par ceux-ci comme des facteurs de distorsion de concurrence dans un marché où est assurée la liberté de circulation des biens, des services, des capitaux et des personnes. L'octroi d'un droit analogue au Parlement européen (cf. le deuxième alinéa de l'article 138 B) risque à l'avenir de mettre la Commission dans une situation difficile si le PE n'utilise pas cette possibilité avec suffisamment de discernement : si elle accède aux demandes du PE, elle va se faire taxer de dirigisme et d'interventionnisme, si elle ne le fait pas, elle sera accusée de ne pas respecter les droits et voeux du Parlement démocratiquement élu. Il faut espérer que le PE, qui a lui-même beaucoup réfléchi sur le thème de la subsidiarité (rapport Giscard d'Estaing), n'aura recours à l'article 138 B deuxième alinéa que dans des circonstances exceptionnelles.

Mais revenons à la procédure législative proprement dite. L'article 138 B est le reflet d'un débat plus général sur le droit d'initiative. Certains Etats membres souhaitaient octroyer un véritable droit d'initiative au PE, ce qui aurait changé l'équilibre interinstitutionnel dans la CE. Il est évident que ceci aurait conduit, à terme, à un net affaiblissement de la Commission. La même observation s'applique dans l'éventualité d'une forte atténuation du « rôle de filtre » qu'exerce la Commission entre le PE et le Conseil (cf. titre V, chapitre 4, section 1, division A).

A l'heure actuelle, le Conseil ne peut amender une proposition de la Commission qu'à l'unanimité, même si on se trouve dans un domaine régi par la majorité qualifiée. Il s'ensuit qu'un amendement du PE doit être « endossé » par la Commission pour pouvoir être adopté à la majorité qualifiée au Conseil ; si la Commission ne fait pas sien l'amendement du PE, celui-ci requiert l'unanimité au Conseil.

Comme nous l'avons vu plus haut, certains Etats membres estimaient que dans une véritable codécision législative, le dialogue entre les deux branches du pouvoir législatif (Conseil et Parlement) devait se faire, en règle générale, directement, sans intermédiaire. Cette thèse ne l'a pas emporté, sauf pour ce qui est du stade de la conciliation et de ses suites : au sein du comité de conciliation prévu par l'article 189 B, le Conseil peut se prononcer directement, à la majorité qualifiée, sur les amendements du PE (§ 4) ; il peut par ailleurs, si la conciliation a abouti à un projet commun du PE et de lui-même, adopter à la majorité qualifiée celui-ci, même en cas de désaccord de la Commission (§ 5).

Un dernier mot, enfin, sur le rôle de la Commission dans le processus législatif. La Commission interprète le paragraphe 3 de l'article 149 actuel (devenu le paragraphe 2 de l'article 189 A) comme signifiant qu'elle peut à tout moment retirer sa proposition, ce qui met fin à la procédure. Le Conseil estime, pour sa part, dans le cadre de la procédure de coopération, que ce droit de retrait n'est plus possible après l'adoption d'une position commune ; or, cette adoption d'une position commune se produit maintenant dans le cas de la procédure des articles 189 B et C ; à un certain moment des discussions, il fut question de clarifier la situation dans le texte du traité, mais la conférence a finalement opté pour le maintien du texte actuel, donc d'une certaine ambiguïté.

§ 2. *Les compétences d'exécution de la Commission (articles 145, 3e tiret et 155, 4e tiret)*

La question des compétences d'exécution de la Commission avait occupé une place importante lors des négociations conduisant à l'adoption de l'Acte Unique. Avant celle-ci, ses compétences d'exécution étaient fondées sur l'article 155, 4e tiret, selon lequel la Commission « exerce les compétences que le Conseil lui confère pour l'exécution des règles qu'il établit ». L'Acte unique a introduit, après des débats souvent très difficiles, une disposition complémentaire, présentée sous forme d'ajout d'un 3e tiret à l'article 145 du traité, lequel définit les pouvoirs et fonctions du Conseil. Cet ajout se lit comme suit : (Le Conseil)

> « — confère à la Commission, dans les actes qu'il adopte, les compétences d'exécution des règles qu'il établit. Le Conseil peut soumettre l'exercice de ces compétences à certaines modalités. Il peut également se réserver, dans des cas spécifiques, d'exercer directement des compétences d'exécution. Les modalités visées ci-dessus doivent répondre aux principes et règles que le Conseil, sta-

tuant à l'unanimité sur proposition de la Commission et après avis du Parlement européen, aura préalablement établis ».

Dans une déclaration de la conférence annexée à l'Acte final de signature de l'Acte unique :

« La conférence demande aux instances communautaires d'adopter, avant l'entrée en vigueur de l'Acte, les principes et les règles sur la base desquelles seront définies, dans chaque cas, les compétences d'exécution de la Commission. Dans ce contexte, la conférence invite le Conseil à réserver notamment à la procédure du comité consultatif une place prépondérante en fonction de la rapidité et de l'efficacité du processus de décision, pour l'exercice des compétences d'exécution confiées à la Commission dans le domaine de l'article 100 A du traité CEE ».

Suite à une proposition de la Commission faite en date du 3 mars 1986, le Conseil a arrêté le 13 juillet 1987 une décision fixant les modalités de l'exercice des compétences d'exécution conférées à la Commission. Cette décision, en réduisant le nombre de comités de gestion ou de réglementation destinés à suivre l'action d'exécution de la Commission, constitue sans aucun doute un pas important vers plus d'efficacité et plus de transparence. Toutefois, il convient de remarquer que la Commission estime que la décision de juillet 1987, qui ne suit que partiellement l'orientation proposée par elle, ne répond pas entièrement aux exigences, voire à l'esprit de l'Acte unique. Qui plus est, la Commission trouve que dans la mise en oeuvre de cette décision le Conseil privilégie trop souvent les types de comités les plus restrictifs. Dès lors, dans son avis du 21 octobre 1990 sur la convocation d'une conférence intergouvernementale, la Commission se prononça, en s'appuyant sur les conclusions du Conseil européen tant de Dublin que de Rome qui avaient insisté sur le rôle exécutif de la Commission, en faveur d'une modification du traité. Elle considérait en effet que « l'efficacité commande, en matière de délégations de pouvoirs, à la CE d'appliquer réellement, tant la lettre que l'esprit de l'Acte unique, dans le cadre d'une distinction entre l'exécution des décisions et la décision elle-même, qu'elle relève du domaine législatif ou du domaine réglementaire ». La Commission ajouta « qu'il conviendrait que le traité consacre le concours exclusif aux deux formules : le comité consultatif et le comité de gestion ». Elle revint à la charge dans le rapport qu'elle présenta début janvier 1991 au Conseil en exécution de l'article 5 de la décision du 13 juillet 1987 où elle précisa notamment : « ... la

Commission envisage l'insertion dans le traité d'une disposition explicite qui permette l'adaptation de l'ensemble des procédures existantes aux deux formules citées ci-dessus (le comité consultatif et le comité de gestion) ». Entretemps, le Parlement européen, dans une résolution adoptée le 12 décembre 1990, s'était lui aussi prononcé dans ce sens. Il « déplore que le Conseil ait eu tendance dans les faits à faire usage, dans l'octroi des compétences d'exécution à la Commission, des clauses de ' comitologie ' les plus restrictives ... ; seule la réforme des traités dans ce domaine garantira l'efficacité du mécanisme communautaire de prise de décision et le respect des principes démocratiques de séparation des pouvoirs et de contrôle du pouvoir exécutif ».

Pour des raisons inverses, la délégation espagnole souleva elle aussi la question de la comitologie dans le cadre de la conférence intergouvernementale. Dans une note distribuée le 28 février 1991, elle attira l'attention des délégations sur ce qu'elle appela certains dérapages dans ce domaine. Elle fit notamment allusion à la variante IIIa de la décision de 1987 (comité de réglementation avec filet) qui peut conduire dans certains cas, à des situations intolérables du point de vue du Conseil. Elle reconnût que la façon la plus simple pour résoudre ce problème consisterait à opérer une révision de cette décision et elle invita la Commission à faire une proposition dans ce sens. Elle laissa toutefois planer la menace d'exiger une révision du traité dans le cas où la Commission ne se montrerait pas coopérative. La Présidence de l'époque, soutenue en cela par une majorité de délégations, essaya d'éviter une telle situation, car elle n'avait aucune intention d'ajouter à un programme de travail déjà extrêmement chargé un problème aussi passionnel que la comitologie, et cela d'autant plus qu'à ses yeux, tout problème éventuel du type de ceux soulevés par la Commission et l'Espagne, pouvait le cas échéant être résolu par une modification de la décision de 1987. En ce qui concerne le traité même, l'Acte unique a créé une base suffisante pour régler ce problème dans la législation secondaire. Les principaux concernés renoncèrent donc finalement à présenter des amendements au traité, et l'article 145 resta inchangé par rapport à l'Acte unique.

La Commission verra pourtant son rôle d'exécutif renforcé de façon indirecte, grâce à l'instauration de la procédure de l'article 189 B (codécision). Celle-ci se prête, en effet, mal à des réglementations détaillées en matière de marché intérieur notamment, ce qui imposera sans doute une délégation accrue de pouvoirs à la Commission. En même temps, on peut s'attendre à ce que le Parlement utilise le poids nouveau que lui confère la procédure de l'article 189 B pour exiger le recours à des comités de type consultatif plutôt que de gestion ou de réglementation.

TITRE VI

LA POLITIQUE ÉTRANGÈRE ET DE SÉCURITÉ COMMUNE (PESC)

INTRODUCTION

Dans la lignée de ses conclusions précédentes (1), le Conseil européen de Rome des 14 et 15 décembre 1990 souligna « la vocation de l'Union à traiter les aspects de la politique en matière de relations extérieures et de sécurité selon un processus évolutif, continu et de façon unitaire, sur la base d'objectifs généraux définis dans le traité ».

A cette fin, le Conseil européen invita la conférence des représentants des gouvernements des Etats membres « à définir les objectifs de l'Union, la portée de ses politiques et les moyens d'encourager et d'assurer leur mise en oeuvre effective dans un cadre institutionnel unique ».

Ainsi étaient tracés le mandat et la trame des futurs travaux de la conférence dans la matière de ce que depuis Dublin on appelait « politique commune en matière de relations extérieures et de sécurité ».

D'emblée, il était clair que ce domaine revêtirait une importance particulière et que la complexité des questions rendrait nécessaire un processus de maturation prolongé.

La guerre du Golfe d'abord, la crise yougoslave ensuite, avaient mis en évidence les faiblesses du système de la coopération politique et la nécessité pour les Douze de se doter de structures de coopération renforcées pour assurer une plus grande cohérence entre eux. L'une des faiblesses du système de la coopération politique européenne était sans doute qu'il était de nature essentiellement réactif

(1) Notons que durant les mois précédant l'ouverture de la conférence, un certain nombre de contributions émanant de différents Etats membres avaient été présentées ; citons entre autres une contribution de la Présidence italienne du 28 août 1990, un *non paper* belge du 7 novembre 1990, une note allemande du 12 novembre 1990, un *non paper* néerlandais du 23 novembre 1990, une contribution espagnole du 26 novembre 1990, un texte grec du 15 décembre 1990, la lettre conjointe du Président Mitterrand et du Chancelier Kohl envoyée au Président du Conseil européen juste avant le Conseil européen de Rome II.

et déclaratoire. Pour corriger cette faiblesse, il fallait imaginer une mécanique plus anticipative, capable d'influencer les événements à un stade antérieur.

Consciente de ces enjeux, la Présidence luxembourgeoise décida d'engager la discussion sur ce chapitre dès le début de la CIG sur l'Union politique ; à cette fin, elle présenta le 16 janvier 1991 un premier *non paper* concernant la « politique commune en matière de relations extérieures et de sécurité ». Ce document introduisit une distinction entre trois niveaux de coopération différents, caractérisés par leur degré d'intégration :

— la coopération politique renforcée ;
— la politique commune, nouvelle dimension d'une coopération plus intense ;
— la politique communautaire, telle que prévue au traité, notamment en matière de politique commerciale.

Ce chapitre fut à l'ordre du jour de la première session au niveau ministériel de la CIG sur l'Union politique, tenue à Bruxelles le 4 février 1991. Dès le début, les grands thèmes de la négociation apparurent, sous forme de questions auxquelles il fallait apporter des réponses. Ces grandes questions étaient de plusieurs ordres.

Fallait-il globaliser la politique extérieure pour y incorporer, à côté de la politique étrangère proprement dite, la politique commerciale commune et la politique de développement ? Fallait-il, en d'autres termes, se doter d'un instrument établissant une compétence générale en matière de relations extérieures et des procédures uniformes ? Ou fallait-il au contraire maintenir la différenciation entre la politique étrangère et les relations extérieures communautaires ?

Comment dépasser le système en vigueur de coopération politique pour le rapprocher du mode de fonctionnement communautaire, sans pour autant aller aussi loin que de l'y soumettre ?

Fallait-il insérer dans le traité de nouvelles attributions concernant la sécurité et la défense ?

Ces trois grands thèmes de la négociation seront d'abord examinés, en insistant peut-être sur la question de la sécurité et de la défense commune, laquelle constitue dans l'Union une innovation majeure et a été le thème le plus débattu au niveau politique le plus élevé. Puis seront analysés — au regard des différentes dispositions du titre V du traité — les objectifs et les moyens juridiques de la PESC.

Section Ire. — Les grands thèmes de la négociation

Division A. — La question de la globalité des relations extérieures

Dès le début des négociations, l'idée d'une globalisation des relations extérieures fut avancée. Elle ne visait pas autre chose que de regrouper dans un même chapitre l'ensemble des relations extérieures de la Communauté : politique étrangère proprement dite, politique de développement, politique commerciale. Même si ces différents domaines étaient régis par des modes de prise de décision et de gestion différents, leur regroupement pouvait avoir une justification logique dans la mesure où il contribuerait à assurer une plus grande cohérence entre eux.

Ce fut l'approche choisie initialement par la Présidence luxembourgeoise, qui, dans son premier document du mois de janvier, suggéra de distinguer différents modes d'action dans le cadre d'une approche unitaire. Ce fut aussi, de façon plus explicite, l'objectif poursuivi par la Commission dans son document du 28 février 1991, où, dans un souci de cohérence, elle proposait d'intégrer dans un chapitre global sur les relations extérieures, outre la politique étrangère et de sécurité commune, un chapitre sur la politique de coopération au développement et un autre sur les relations économiques extérieures. Tout au long des négociations, la Commission devait d'ailleurs revenir sur l'idée de la nécessaire cohérence à établir entre les différentes actions extérieures de la future Union.

Si l'idée d'une approche unitaire fut rejetée par la CIG/UP, ce fut en raison de considérations en partie contradictoires. Certaines délégations redoutaient l'amalgame de procédures strictement communautaires avec celles d'un type plutôt intergouvernemental et le danger de « pollution » qui aurait pu frapper les premières. On pouvait en effet redouter que la politique commerciale commune, soumise depuis longtemps à des règles communautaires, ne risque de glisser vers un régime de nature intergouvernementale, ce qui aurait été un recul.

D'autres délégations, en revanche, craignaient l'inverse, à savoir qu'un rapprochement de la politique étrangère proprement dite avec la politique commerciale n'ait pour effet de gommer en quelque sorte le caractère intergouvernemental de la première. Pour ces délégations, parmi lesquelles figuraient surtout la France et le Royaume-Uni, il fallait donc des séparations claires ; le développement d'une véritable PESC était à ce prix là (2).

La thèse de l'établissement d'une différenciation claire entre les différents domaines des relations extérieures prévalait donc assez rapidement ; or une telle différenciation était plus facile à réaliser dans le contexte de l'approche par piliers que dans le cadre d'une structure unitaire.

Il convient d'ajouter dans ce contexte qu'il apparut des prises de position des Etats membres lors de la première session ministérielle de la CIG sur l'Union politique que ceux-ci entendaient limiter les engagements souscrits dans le cadre de la PESC à des obligations de nature politique par opposition à des obligations de nature juridique, susceptibles d'un contrôle juridictionnel. Sur la base d'un questionnaire préparé par la Présidence, les Etats membres avaient, en effet, été appelés à préciser leurs vues sur la nature contraignante des engagements à souscrire dans le cadre de la PESC. Une large majorité d'Etats membres s'était prononcée contre une quelconque compétence de la Cour de Justice. Il n'y avait que les Pays-Bas qui auraient pu envisager un certain rôle pour la Cour, position toutefois vite abandonnée en présence de l'opposition formelle des autres délégations. Cet élément a également joué en faveur d'une nette différenciation entre la PESC et les politiques communautaires proprement dites.

Il était dès lors clair que le chapitre de la PESC garderait un caractère spécifique et qu'il se situerait quelque part entre l'intergouvernemental et le communautaire proprement dit. C'est ainsi que naquit l'idée d'un nouveau pilier. Il fallait désormais essayer de dépasser les mécanismes de la coopération politique classique tels que définis par l'Acte unique pour les rapprocher d'un traitement plus communautaire, sans toutefois aller vers une véritable communautarisation de la politique étrangère.

(2) Voir aussi le titre IV de cet ouvrage consacré à la question de la structure du traité sur l'Union européenne.

Division B. — Distinction entre actions communes et coopération politique renforcée

Pour réaliser l'objectif esquissé ci-dessus, les négociateurs s'engagèrent dans une double voie : d'une part, ils cherchaient à renforcer les mécanismes de la coopération politique tels que définis par l'Acte unique, d'autre part ils s'attelaient à définir un nouveau mode d'action, caractérisé par des disciplines accrues et l'engagement ferme de mettre en oeuvre chacun de son côté les mesures arrêtées en commun. C'est ainsi que naquit l'idée de l'action commune, qui dans le premier document de la Présidence luxembourgeoise, portait le nom de politique commune. Cette formulation jugée trop ambitieuse et ne correspondant sans doute pas à la réalité des engagements pris, fut ensuite remplacée par celle d'action commune, terme qui figurait déjà dans l'Acte unique, mais qui était appelé à prendre ici une connotation bien plus précise.

Il s'agissait donc d'une approche à deux étages, qu'il est difficile de comprendre sans la mettre en relation avec l'idée de progressivité et sans oublier une certaine dose de pragmatisme qui l'inspirait.

Le régime normal auquel seraient soumises les questions de politique étrangère et de sécurité serait celui de la coopération politique renforcée, caractérisée par son caractère plus contraignant que dans le régime existant.

Mais en même temps, au-delà de cette formule de coopération constituant au départ le régime normal, il fallait concevoir une formule de coopération plus avancée, plus exigeante, sans toutefois aller jusqu'au mode communautaire traditionnel. Pour cette seconde formule, il était entendu qu'au départ on choisirait quelques domaines caractéristiques de la politique étrangère, où les positions des Etats membres n'étaient pas trop divergentes, pour les soumettre au régime de l'action commune. Cela permettrait de manière empirique et au gré de l'expérience vécue, de faire passer progressivement les autres secteurs ou domaines des relations extérieures, encore soumis à la formule de la coopération systématique, sous le régime plus contraignant et plus intégré de l'action commune.

Dès avant l'ouverture de la CIG/UP, l'idée avait été émise de mettre au point une liste indicative de questions susceptibles d'être immédiatement éligibles pour un traitement plus ambitieux que la coopération politique traditionnelle. Présentée lors de la réunion informelle des Ministres des Affaires étrangères tenue sous Présidence italienne à Asolo en octobre 1990, cette « liste d'Asolo » était censée émettre un signal politique sur la disponibilité des Etats membres à passer sans tarder à la mise en oeuvre de la future PESC. Les Ministres des Affaires étrangères devaient en discuter à plusieurs reprises ultérieurement sans toutefois l'arrêter définitivement.

L'approche à deux étages esquissée ci-dessus et qui était sur la table de la conférence dès le début des négociations, a été contestée tout au long des négociations par le Royaume-Uni qui s'interrogeait sur son utilité ; Londres plaidait pour une approche plus limitée, consistant à améliorer simplement les mécanismes de la coopération politique traditionnelle.

Ce n'est qu'à Maastricht même que les Britanniques se rallièrent à l'approche préconisée par les onze autres Etats membres.

C'est cette approche qui figure dans son dernier état à l'article J.1.3 (cf. *infra,* section 2, points 2 et 3).

Division C. — Les questions de sécurité et de défense

L'inclusion des questions de sécurité et de défense constitue l'innovation majeure du traité de Maastricht par rapport à l'Acte unique, lequel, s'il emploie le terme de sécurité, n'utilise pas celui de défense (3). L'insertion dans le nouveau traité de cette nouvelle formule s'explique par trois considérations.

D'abord, le contexte politique entourant la Communauté (crise du Golfe, décomposition de l'URSS, menace d'une réduction de la présence américaine en Europe) ne permettait plus à la Communauté de se soustraire à un examen de conscience dans ce domaine.

Ensuite, face à la perspective de plus en plus probable d'un élargissement à d'autres Etats européens, dont certains ont un statut

(3) Le paragraphe 6 de l'article 30 de l'Acte unique montre bien que les rédacteurs du traité avaient à l'époque mis soin de bien faire ressortir le caractère *non militaire* du concept de sécurité : « Les Hautes Parties contractantes estiment qu'une coopération plus étroite sur les questions de la sécurité européenne est de nature à contribuer de façon essentielle au développement d'une identité de l'Europe en matière de politique extérieure. Elles sont disposées à coordonner davantage leurs positions *sur les aspects politiques et économiques* de la sécurité ».

de neutralité, la Communauté se devait de clarifier au préalable ses finalités politiques, y compris en matière de sécurité et de défense.

Enfin, dès lors que la Communauté, essentiellement économique jusque-là, prenait une dimension plus politique, il n'était plus possible d'éluder ces questions d'une signification politique fondamentale.

La nécessité d'adresser la problématique de la sécurité et de la défense ne faisait dès lors guère de doute ; ainsi fut brisé un des *tabous* les plus tenaces de l'intégration européenne depuis l'échec de la CED de 1954. Vu le caractère délicat et potentiellement explosif de la matière, les négociateurs procédaient avec beaucoup de prudence.

1. *Aperçu rapide du déroulement des négociations*

La Présidence luxembourgeoise lança les discussions en soumettant aux Ministres réunis le 4 février 1991, un *non paper* qui introduisit notamment l'idée de la « définition, à terme, d'une politique de défense commune ». Ce concept était immédiatement contesté par les Britanniques, par les Néerlandais, dans une moindre mesure par les Danois et bien sûr, pour des raisons tenant à la spécificité de leur situation, par les Irlandais. Tout au long des négociations, ces délégations allaient plaider pour une approche qui s'inscrive dans le cadre actuel de l'organisation de la défense en Europe et qui ne touche pas au rôle prépondérant de l'OTAN à cet égard.

La France, avec l'Allemagne notamment, jouait par contre un rôle d'impulsion et d'initiative visant à doter la Communauté d'une réelle autonomie en matière de défense. Dès le 5 février 1991, ces deux pays rendirent public un *non paper* franco-allemand consacré à la coopération en matière de politique de sécurité dans le cadre de la politique étrangère et de sécurité commune de l'Union politique. Ce document mettait l'accent sur le rôle possible de l'UEO et sur les relations entre l'UEO et la future Union politique.

Convoquée le 26 mars 1991 à la demande des Pays-Bas, désireux de clarifier les termes du débat, une réunion informelle des Ministres des Affaires étrangères à Senningen (Luxembourg) fut la première occasion pour les Ministres d'approfondir le débat sur les questions de défense et de sécurité. Les Ministres Genscher et Dumas y lancèrent un vibrant appel pour un engagement plus poussé des Douze en cette matière. Les réticences manifestées par le Ministre britannique et dans une moindre mesure par le Ministre néerlandais ne permirent cependant pas un débat conclusif.

La discussion fut reprise au niveau ministériel les 27 et 28 avril lors de la traditionnelle réunion informelle de type Gymnich des Ministres des Affaires étrangères à Mondorf-les-Bains au Luxembourg sans que, pour autant, on n'arrivât à réconcilier les divergences d'opinion. Celles-ci étaient essentiellement franco-britanniques et portaient sur la nature de la dimension européenne de défense et de son agencement par rapport à l'OTAN, sans oublier bien entendu certaines interrogations irlandaises. Cependant, l'idée d'un rôle accru à jouer par l'UEO commençait à faire son chemin, sans que bien entendu les modalités en fussent claires ; la question de savoir si l'UEO devait être le bras armé de l'Union européenne ou plutôt le pilier européen de l'OTAN restait entièrement ouverte.

Dès le mois de mai, les Américains, qui jusque-là avaient observé une attitude d'expectative, se manifestèrent. Ils le firent, en présentant en mai 1991, un document qui, sous la signature du Secrétaire d'Etat James Baker, précisait en cinq points l'attitude des Etats-Unis. Les Américains y donnèrent un appui certain au développement par les Européens d'une PESC, y inclus une dimension de défense. Cet appui était toutefois assorti de quelques conditions. L'OTAN devrait être renforcée et demeurer une structure de défense intégrée. Elle devait garder la prééminence sur toutes autres enceintes pour fournir une défense collective. Les Américains étaient prêts à reconnaître un rôle aux Européens pour défendre la règle de droit au-delà de leur continent. Ils demandaient en contrepartie que les délibérations européennes en matière de défense soient en tout état de cause ouvertes à tous les membres de l'OTAN.

Les Douze reçurent le message avec beaucoup d'intérêt mais n'entendirent pas réagir dans l'immédiat. A partir de ce moment, le centre de gravité des discussions se déplaça vers d'autres enceintes, quelque peu en dehors de la conférence intergouvernementale sur l'Union politique, notamment à l'UEO et à l'OTAN ; d'intenses contacts bilatéraux eurent également lieu.

C'est ainsi que Rome et Londres élaborèrent une déclaration anglo-italienne rendue publique le 4 octobre 1991 par les Ministres des Affaires étrangères de Michelis et Hurd. Ce texte exposait les vues des deux gouvernements sur l'identité européenne en matière de sécurité et de défense et son articulation par rapport à l'OTAN. On y retrouve l'idée de la création d'une force d'intervention européenne, appelée à agir hors de la zone OTAN.

Ce n'est que lors de la réunion de Haarzuilen aux Pays-Bas les 5 et 6 octobre 1991 que les Ministres des Affaires étrangères reprirent la discussion de ces questions notamment sur la base du texte de juin de la Présidence luxembourgeoise.

En date du 11 octobre 1991, le Président Mitterrand et le Chancelier Kohl adressèrent à nouveau une lettre à leurs partenaires leur exposant leurs vues en matière de sécurité et défense. En même temps, ils annonçèrent un renforcement de la coopération militaire franco-allemande par la constitution d'un corps d'armée européen, pouvant « développer le modèle d'une coopération militaire plus étroite entre Etats membres de l'UEO ».

Ce n'est que vers la fin des négociations que les Ministres des Affaires étrangères devaient brièvement évoquer de nouveau ces questions lors du conclave de Bruxelles précédant le Conseil européen. Entretemps, les travaux à l'UEO avaient progressé et abouti à deux projets de déclaration qui furent finalisées à Maastricht et annexées au traité (cf. *infra* in litt. c).

2. *Les notions de sécurité de l'Union, de défense commune, de forces armées et de commandement intégré*

Pour mieux saisir les nuances des expressions utilisées, il faut rappeler que dans le passé une distinction s'était établie entre sécurité et défense, au terme de laquelle la sécurité, notion plus large, recouvrirait en particulier les aspects économiques et financiers, alors que le terme de défense viserait plus spécifiquement les questions strictement militaires.

Au mois de novembre 1991, trois formules différentes étaient sur la table de négociation : celle de politique commune de défense (projet de la Présidence), celle de politique de défense commune (texte anglo-italien) et celle de défense commune (texte franco-allemand), qui représentaient autant de conceptions différentes.

Lors des discussions au sein de la conférence intergouvernementale, il fut mis en évidence que le terme de défense commune comportait la constitution d'un commandement intégré avec des structures de forces armées communes, c'est-à-dire des unités armées intégrées pouvant être placées sous un commandement unique également intégré. Cependant, il ne s'agirait pas de mettre en place des structures concurrentes à celles de l'OTAN, mais plutôt de créer la possibilité d'une intégration des forces de l'Union compatible avec les structures de l'OTAN. En filigrane à ces réflexions se trouvait l'idée de la création d'une force d'intervention européenne capable d'agir hors zone OTAN pour des opérations de maintien de la paix ou d'ordre humanitaire. S'y ajoutait la considération que les Etats de l'Union pourraient fournir en complément à l'OTAN une coopération plus étroite dans le domaine de la logistique, du transport, etc.

A la différence de cette conception, il était entendu que le terme de politique commune de défense recouvrait une réalité distincte de celle de la défense commune. Chaque Etat membre garderait en effet le commandement de ses unités, mais une structure de discussion, par opposition à des structures de commandement intégré, serait mise en place, permettant de rapprocher, voire d'harmoniser, les politiques de défense dont chaque Etat membre garderait la maîtrise. L'expression « politique de défense commune » quant à elle se situe entre les deux approches extrêmes esquissées ci-dessus.

L'objectif d'une défense commune tel qu'exprimé par le paragraphe 1er de l'article J.4 — il est vrai de manière allusive, parce que les Britanniques n'étaient pas prêts à accepter un engagement plus contraignant — vise donc clairement la possibilité de la mise en commun de forces armées placées sous commandement intégré.

3. *Le rôle de l'UEO*

Très tôt dans les négociations, il fut acquis que l'UEO pourrait jouer un rôle en matière de sécurité et de défense, du moins dans une phase transitoire.

Pour les négociateurs, il était clair que la rédaction de ce traité ne pouvait être qu'une étape d'un processus évolutif. Il fallait dès lors se reporter sur des solutions transitoires appelées à être complétées, voire modifiées en fonction de l'expérience. Encore une fois, l'approche choisie était délibérément pragmatique et progressive.

L'UEO offrait plusieurs avantages. D'abord, elle avait le mérite d'exister et d'offrir une structure de fonctionnement opérationnelle. Elle permettait aussi de contourner le problème de la neutralité irlandaise, dans la mesure où l'Irlande n'est pas membre de l'UEO. Enfin, le traité sur l'UEO contenant dans ses statuts une clause d'assistance réciproque, cela dispensait l'Union d'inclure une pareille clause dans son propre traité.

L'inclusion d'une clause d'assistance réciproque dans le traité même de l'Union fut toutefois itérativement demandée par la Grèce, appuyée d'ailleurs par la Commission. Cette demande rencontra toujours de fortes réticences de la part de beaucoup d'Etats membres, trop conscients de la portée d'une pareille garantie dans l'optique des relations greco-turques. Cependant, comme on le verra, une déclaration des Etats membres de l'UEO, annexée au traité de Maastricht, invitera les Etats membres de l'Union européenne non membres de l'UEO à adhérer à l'Union de l'Europe Occidentale ou, s'ils le souhaitent, à en devenir observateurs. De cette manière, l'un des obstacles de principe pour une adhésion de la Grèce à l'UEO était levé.

Par ailleurs, le traité de Bruxelles instituant l'UEO venant à échéance en 1998, il était cohérent d'avoir recours à l'UEO de manière transitoire, pour se donner le temps de la réflexion et de l'expérience vécue. Il était donc logique d'inclure, comme le fait le paragraphe 6 de l'article J.4, une clause de révision. Sur base d'un rapport que le Conseil de Ministres soumettra en 1996 au Conseil européen, comprenant une « évaluation des progrès réalisés et de l'expérience acquise », on déciderait de réviser cet article.

Le rôle à jouer par l'UEO ne fut toutefois pas toujours clair au cours des négociations et les formules de compromis cachent certainement des divergences d'appréciation entre Etats membres.

Pour les Français, soutenus par les Allemands, l'UEO devrait être l'un des instruments de l'Union politique et donc faire partie intégrante de celle-ci ; il y aurait donc un lien de subordination entre l'Union et l'UEO, celle-ci devant agir conformément aux orientations fixées par la première.

Dans la conception britannique, soutenue par l'Italie, l'UEO serait appelée à développer la dimension européenne dans le domaine de la défense dans deux directions complémentaires : d'une part comme la composante « défense » de l'Union européenne et d'autre part comme un moyen de renforcer le pilier européen de l'Alliance atlantique ; il n'y aurait pas de lien de subordination par rapport à l'Union, l'UEO ne devant que « tenir compte » des décisions du Conseil européen, dans la même mesure qu'elle tient aussi compte des décisions de l'Alliance atlantique. En outre, les Britanniques formulaient l'exigence que l'identité de défense européenne soit « compatible avec la politique commune de défense dans l'OTAN », alors que le texte franco-allemand du 11 octobre 1991 demandait seulement que les obligations découlant de l'Alliance atlantique « ne soient pas affectées ». Enfin, les Britanniques exigeaient que les Etats membres de l'OTAN non membres de l'Union puissent être associés aux travaux de l'UEO pour assurer la cohérence des efforts de défense.

Ces différences d'approche, l'une plus atlantiste et l'autre plus engagée pour la création à terme d'une dimension de défense proprement européenne, furent soumises à l'arbitrage politique. Les formules retenues sont le résultat de la recherche d'un équilibre délicat entre diverses tendances en présence.

L'UEO « fait partie intégrante du développement de l'Union européenne ». Elle est dans un premier temps l'un des instruments de celle-ci pour « élaborer et mettre en oeuvre des actions dans le domaine de la défense ». Le Conseil des Communautés « adopte les modalités pratiques nécessaires » en accord avec l'UEO (paragraphe 2 de l'article J.4). Toutefois, la politique de défense ainsi arrêtée doit être « compatible avec la politique commune de sécurité et de défense arrêtée dans le cadre » de l'OTAN (paragraphe 4, art. J.4). La mise en oeuvre de ces principes est précisée dans la déclaration relative à l'UEO jointe au traité et comportant deux parties successives dont la première notamment concerne « le rôle de l'UEO et ses relations avec l'Union européenne et avec l'Alliance atlantique ».

Par celle-ci, les neuf Etats membres de l'Union européenne qui sont en même temps membres de l'UEO affirment leur conviction « de la nécessité de former une véritable identité européenne de sécurité et de défense » et « d'assumer des responsabilités européennes accrues en matière de défense ». Ils y précisent aussi que « cette identité sera élaborée progressivement selon un processus comportant des étapes successives ». Il s'agit donc de mettre en oeuvre un processus évolutif, appelé à se perfectionner et à être complété ultérieurement. A cet effet, la déclaration contient un certain nombre de dispositions opérationnelles pour organiser d'une part les relations de l'UEO avec l'Union européenne, et d'autre part celles entre l'UEO et l'Alliance. Elle contient également un certain nombre de mesures pour rendre l'UEO plus opérationnelle et améliorer son fonctionnement.

La deuxième partie de la déclaration des Etats membres relative à l'UEO contient, quant à elle, deux invitations. La première s'adresse aux Etats qui sont membres de l'Union européenne sans être membres de l'UEO, pour les convier à adhérer à cette dernière ou à devenir « observateurs » auprès de celle-ci ; il s'agit du Danemark (4), de l'Irlande et de la Grèce (dont les dernières réticences furent ainsi levées). La deuxième s'adresse aux Etats membres de l'OTAN non-membres de l'Union européenne, lesquels sont invités à devenir membres associés de l'UEO. Ceci résulte d'une demande du Royaume-Uni, en accord avec les Etats-Unis sur ce point, que la future Union associe les Etats alliés au sein de l'OTAN qui ne sont pas membres de la CEE, en l'occurrence la Norvège, l'Islande et la Turquie, à ses propres efforts en matière de défense. En dépit de certaines réticences françaises, une solution put être trouvée : la déclaration prévoit que « les autres Etats membres de l'OTAN sont invités à devenir membres associés de l'UEO d'une manière qui leur donne la possibilité de participer pleinement aux activités de l'UEO ».

Section II. — Les objectifs et les moyens de la PESC : l'analyse des articles J 1 à J 11

L'aboutissement de la négociation sur la PESC se trouve constitué par le titre V du traité sur l'Union, art. J à J 11 dont on indiquera les principales dispositions.

Division A. — Les objectifs de la PESC (art. J.1)

L'article J.1, spécialement dans son paragraphe 2, énumère les objectifs de la PESC ; la manière dont ceux-ci sont énoncés n'est pas sans rappeler *mutatis mutandis* l'article 2 du traité CEE (rem-

(4) Il conviendrait encore d'évoquer que lors du Conseil européen d'**Edimbourg** (11-12 décembre 1992), les Etats membres prirent acte du désir du Danemark de ne pas adhérer à l'UEO, de ce qu'il avait pris auprès de cette organisation le statut d'observateur et de ce qu'il n'entendait pas prendre part « à des décisions et à des actions de l'Union ayant des implications en matière de défense ».

placé dans le traité de l'Union par les dispositions de l'article 2 CE) ; cinq objectifs formulés avec ampleur sont indiqués :

« — la sauvegarde des valeurs communes, des intérêts fondamentaux et de l'indépendance de l'Union ;
— le renforcement de la sécurité de l'Union et de ses Etats membres dans toutes ses formes ;
— le maintien de la paix et le renforcement de la sécurité internationale, conformément aux principes de la charte des Nations Unies, ainsi qu'aux principes de l'acte final d'Helsinki et aux objectifs de la charte de Paris ;
— la promotion de la coopération internationale ;
— le développement et le renforcement de la démocratie et de l'Etat de droit, ainsi que le respect des droits de l'homme et des libertés fondamentales ».

Leur rédaction apparaît progressivement dès le mois de mars 1991 dans les papiers de la Présidence inspirés des contributions des délégations. Sa formulation de la mi-avril ne changera pratiquement plus.

Par ailleurs, l'article J.1 précise au paragraphe 3 les moyens de réaliser les objectifs de la PESC, c'est-à-dire d'un côté la coopération systématique renforcée et de l'autre la mise en oeuvre progressive d'actions communes.

Division B. — La coopération systématique (art. J.2 et J.1.4)

Le texte retenu à Maastricht renforce les mécanismes traditionnels de la coopération politique, tels qu'introduits par l'Acte unique, en différents points.

— Outre l'obligation d'information, les Etats membres ont dorénavant une obligation de concertation sur toute question présentant un intérêt général. La consultation fait place à la concertation (J.2.1).
— Le champ d'application de la coopération est élargi. Il s'étend dorénavant non seulement aux questions de politique étrangère, mais aussi à celles concernant la sécurité et la défense (J.2.1).
— L'instrument privilégié de cette coopération sera la position commune, que le Conseil adoptera chaque fois qu'il l'estime nécessaire (J.2.2).

— Les Etats membres doivent veiller à la conformité de leurs politiques nationales avec les positions communes (art. J.2.2, deuxième alinéa). Ces positions ne sont plus considérées, comme le faisait l'Acte unique, uniquement comme des « points de référence pour les politiques » (art. 30.2 *litt.* c *in fine* de l'Acte unique) des Etats membres.
— Les Etats membres assument en outre l'obligation d'un appui actif dans un esprit de loyauté et de solidarité mutuelle (par. 4 de l'article J.1). Ils s'abstiennent de toute action contraire aux intérêts de l'Union ou susceptibles de nuire à l'efficacité de son action. Ces principes sont soumis à un contrôle politique, puisque le Conseil veillera à leur respect. Cette disposition doit s'entendre comme introduisant un droit d'évocation au niveau politique en cas de divergences d'interprétation ou de comportement contraire à ces principes de la part d'un Etat membre.
— L'action des Etats membres au sein d'organisations internationales et lors de conférences internationales est renforcée par une obligation de coordination et de défense des positions communes (art. J.2.3).

Par toutes ces modifications, l'article J.2 renforce donc la coopération systématique entre Etats membres, la rendant plus rigoureuse et plus contraignante que l'ancien article 30 de l'Acte Unique.

Division C. — Les actions communes (art. J.3)

1. *Le concept d'action commune*

Introduit par simple référence dans l'Acte unique, le concept d'action commune reçoit dans l'article J.3 un caractère opérationnel. La notion même d'action commune a suscité beaucoup d'interrogations en cours de négociation, sa compréhension et son contenu n'ayant pas toujours été clairs, comme l'ont montré les discussions au niveau ministériel tant à Haarzuilen le 5 octobre 1991 qu'à Noordwijck les 12 et 13 novembre 1991. C'est surtout le Royaume-Uni qui adoptait à l'égard de ce concept une attitude réservée. Il mettait en doute l'opportunité de son inscription dans le futur traité en faisant valoir que même sans disposition articulée dans le traité de Rome complété par l'Acte unique, la Communauté avait pu s'engager dans une espèce d'action commune en Yougoslavie. A ceci, la plupart des autres délégations répondaient qu'il convenait justement d'émettre un signal politique que dorénavant la future Union serait prête à s'engager sur le plan international par des formules plus contraignantes de coopération. En même temps, ces délégations insistaient pour qu'on introduisît le principe de décisions à la majorité qualifiée pour précisément conférer au concept d'action commune sa spécificité et pour lui assurer une plus grande efficacité.

Pour comprendre le concept d'action commune, il convient de se référer à des idées implicites, non écrites dans le traité, mais confirmées en cours de négociation. L'idée maîtresse qui sous-tend le concept même, c'est la mise en commun de moyens humains et de savoir-faire pour gérer en commun des actions concrètes.

La mise en oeuvre d'une action commune présuppose donc la mise en place de structures d'organisation tant au niveau conceptuel qu'au niveau de l'exécution. Une fois une action commune décidée, les Etats membres mettront en commun l'expertise nécessaire, par la constitution de cellules d'experts, et se donneront les moyens de gérer cette action par la mise en place de structures d'organisation appropriées. Les initiatives communautaires en Yougoslavie furent citées à plusieurs reprises pour illustrer le caractère d'une action commune. L'instrument même de la gestion de ces actions deviendrait un facteur d'intégration.

La localisation de ces structures d'organisation fut une autre question qu'il fallait trancher et sur laquelle un accord fut vite trouvé. La France et le Royaume-Uni avaient en effet formulé l'exigence impérative que le Secrétariat général du Conseil de Ministres abrite ces cellules de gestion, et non pas la Commission. Cette demande était justifiée entre autres par l'argument que le caractère de confidentialité des informations serait mieux garanti au Conseil qu'à la Commission. Mais il est clair aussi que la localisation auprès du Conseil devait accentuer le caractère intergouvernemental de la PESC qu'on n'entendait pas soumettre à l'influence de la Commission au même titre que d'autres matières strictement communautaires. Il faut, toutefois, préciser que la Commission sera directement représentée au sein de ces cellules au Conseil, ce qui lui permettra de faire valoir le point de vue communautaire.

Il n'en demeure pas moins que la structure bicéphale retenue n'est pas d'une rigueur d'organisation absolue. Si, en effet, avec la mise en oeuvre graduelle d'actions communes les ressources humaines mises en commun au sein du Conseil devaient croître pour former peut-être un jour l'embryon d'un Ministère des Affaires étrangères, cette évolution irait dans un sens contraire à celui recherché par d'aucuns, à savoir le renforcement de l'exécutif qu'est la Commission. Cette bipolarisation est toutefois conforme à la conception même de la PESC dans le traité de Maastricht qui situe celle-ci quelque part entre le strictement intergouvernemental et le communautaire.

2. *La procédure d'adoption d'une action commune*

L'article J 3 du traité détermine les règles de procédure pour la mise en oeuvre des actions communes.

Le premier paragraphe confie au Conseil européen la tâche de déterminer par voie d'orientations générales les questions qui feront l'objet d'une action commune. Cette rédaction n'est qu'une application de la conception générale, retenue par le traité de Maastricht et définie à l'article D des dispositions communes, du rôle du Conseil européen, qui est celui de donner des impulsions et des orientations politiques générales, celles-ci devant être traduites ensuite dans les faits par des décisions à prendre par le Conseil Affaires générales. Le Conseil européen n'étant pas une institution au sens conféré par le traité, il fallait introduire cette procédure à double échelon.

Au moment où le Conseil Affaires générales arrête le principe d'une action commune, il en fixe la portée, les objectifs, les moyens, procédures et conditions, et si nécessaire la durée (art. J.3.1, 2e alinéa). En même temps, mais aussi ultérieurement, le Conseil définit les questions qui peuvent être décidées à la majorité qualifiée (art. J.3.2). La solution retenue par les négociateurs constitue un délicat équilibre, dont la mise au point fit l'objet de longues négociations. Les protagonistes de la règle de la majorité qualifiée insistèrent sans doute à juste titre sur son introduction afin d'assurer une plus grande efficacité, mais aussi pour distinguer ce mode d'action du mode traditionnel de la coopération intergouvernementale. C'est surtout le Président Delors qui faisait valoir que faute de recours à la majorité qualifiée, l'action commune ne se distinguerait pas suffisamment de la coopération politique traditionnelle. La solution retenue n'est sans doute qu'une timide victoire, puisqu'il est facile d'imaginer que les adversaires de décisions majoritaires insisteront pour que la décision d'une action commune prise à l'unanimité soit suffisamment détaillée pour ne pas laisser beaucoup de champ pour des décisions majoritaires. En cours de négociation, une autre formule avait été en discussion. Elle consistait à opérer une distinction entre le principe d'une action commune décidée à l'unanimité et ses modalités d'application décidées à la majorité qualifiée. Cette idée avait provoqué un débat révélateur au niveau ministériel sur la réalité que recouvrait le terme de modalités d'application. D'aucuns faisaient à titre illustratif référence à l'envoi d'observateurs en Yougoslavie pour soutenir que si le principe même de l'envoi d'observateurs était une décision à prendre à l'unanimité, la décision sur la couleur des uniformes n'était qu'une modalité d'application. Toutes ces formules prévoyant une introduction plus courageuse et plus franche de la règle de la majorité qualifiée se heurtèrent à une opposition résolue de la part du Royaume-Uni et dans une moindre mesure du Portugal. Il n'en demeure pas moins que cette disposition introduit la possibilité de décisions à la majorité qualifiée. Il sera intéressant de voir quel usage sera fait à l'avenir de cette possibilité.

Le paragraphe 3 introduit la possibilité pour le Conseil de réviser le principe et les objectifs de l'action commune en cas de changement de circonstances. Il fallait prévoir cette flexibilité pour réagir face à des réalités changeantes.

Les Etats membres sont engagés par une action commune dans leurs prises de position nationales et la conduite de leurs actions (art. J.3.4). Le terme d'« engager » a été préféré à celui de « lier », qui figurait dans un texte antérieur. S'agissant d'un engagement politique, il a été jugé que le mot « lier » avait une connotation trop juridique.

L'obligation d'information (paragraphe 5) constitue un élément important de la définition de l'action commune. La mise en commun des informations est une condition essentielle pour permettre aux cellules de gestion de fonctionner normalement. Toutes les informations doivent être transmises obligatoirement, sauf celles qui ne sont qu'une simple transposition sur le plan national de décisions prises au niveau communautaire. Si nécessaire, une concertation préalable doit pouvoir avoir lieu. Cette disposition introduit un droit de regard et de contrôle réciproque, sanctionné par un droit d'évocation au niveau politique.

Le paragraphe 6 prévoit la possibilité pour un Etat membre de prendre de manière non concertée des mesures d'urgence à condition toutefois qu'il s'agisse d'un cas d'impérieuse nécessité et qu'il soit tenu compte des objectifs de l'action commune. Il s'agissait de prévoir dans ce texte l'éventualité où un Etat membre serait pressé par des événements externes ou internes à prendre des mesures d'urgence pour faire face à une situation imprévue et sans disposer du temps nécessaire à une concertation avec ses partenaires. L'obligation d'information *ex post* va de soi.

Le paragraphe 7 introduit une clause de « *opting out* ». Cette possibilité n'est pas automatique. Elle est soumise à une décision du Conseil, à qui il appartient de rechercher les solutions appropriées. Un Etat membre ne peut donc pas se dégager d'une action commune par décision unilatérale, mais doit demander en quelque sorte l'autorisation des autres Etats membres. Les solutions consenties par ceux-ci ne peuvent aller à l'encontre des objectifs de l'action ni nuire à son efficacité. Ainsi sont tracées des limites assez rigoureuses à cette faculté. Il fallait prévoir cette possibilité pour permettre à un Etat membre de se dégager d'une action commune, dans l'hypothèse où les spécificités de sa situation le mettraient devant des difficultés majeures (5).

Division D. — Dispositions diverses de mise en oeuvre de la PESC en matière de sécurité et de défense (art. J.4)

La formulation plutôt alambiquée du premier paragraphe de l'article J.4 constitue un compromis délicat réalisé entre les différentes thèses décrites à la section 1. La PESC inclut « l'ensemble des questions relatives à la sécurité de l'Union européenne », donc aussi les questions militaires ; l'ajout de « y compris la définition à terme d'une politique de défense commune » le précise d'ailleurs explicitement. La mise sur pied d'une telle politique ne se fera pas immédiatement, d'où la précision « à terme ». On dit bien « politique de défense commune », et non pas, comme les Britanniques l'auraient

(5) Dans une déclaration (n° 25, p. 748), la conférence a noté qu'il peut y avoir des divergences entre les intérêts de l'Union et ceux des pays et territoires d'outre-mer visés à l'art. 227, §§ 3 et 4 CE (ainsi que Macao et Timor oriental) ; dans ce cas, l'Etat membre concerné « peut agir séparément dans l'intérêt desdits pays et territoires d'outre-mer sans que ceci porte atteinte à l'intérêt de la Communauté ».

préféré, « politique commune de défense », celle-ci pouvant être interprétée comme visant uniquement une approche commune dans le cadre de l'OTAN par exemple. Pour bien préciser qu'une véritable défense commune n'est pas à exclure, le texte ajoute que cette politique de défense commune « pourrait conduire, le moment venu, à une défense commune ». Une telle évolution n'est ni certaine (« pourrait ») ni imminente (« le moment venu »), mais elle n'est pas non plus exclue : le traité ouvre donc, moyennant de multiples précautions, une porte vers l'avenir.

En attendant, l'Union « demande à l'Union de l'Europe occidentale ... d'élaborer et de mettre en oeuvre les décisions et les actions de l'Union qui ont des implications dans le domaine de la défense » (J.4.2).

L'UEO, dont on précise d'ailleurs qu'elle « fait partie intégrante du développement de l'Union européenne », est donc en quelque sorte l'instrument militaire de l'Union européenne.

Mais afin de disperser tout malentendu quant au respect des prérogatives de l'OTAN, le paragraphe 4 de l'article J.4 souligne que la politique de l'Union « ... respecte les obligations découlant pour certains Etats membres du traité de l'Atlantique Nord et elle est compatible avec la politique commune de sécurité et de défense arrêtée dans ce cadre ».

Il convient aussi de se reporter à la déclaration n° 30 de la conférence sur l'UEO (qui est en réalité une déclaration des neuf Etats membres de la CE qui font partie de l'UEO) ; celle-ci décrit les futures relations de l'UEO avec l'Union européenne (dont ce sera la composante de défense) et avec l'OTAN (l'UEO étant un moyen de renforcer le pilier européen de l'Alliance) ; elle esquisse aussi le rôle opérationnel de l'UEO et évoque d'autres mesures pratiques telles que le transfert à Bruxelles du siège du Conseil UEO et du secrétariat.

Il est à noter que les négociateurs ont entendu exclure le recours à l'instrument de l''action commune, tel que prévu à l'article J.3, en matière de défense (voir l'article J.4.3). Cette démarche est cohérente dans la mesure où l'approche choisie se situe dans une logique évolutive et pragmatique, susceptible d'être révisée en 1996, et où l'Union dispose en matière de défense d'un instrument propre, qui est l'UEO, dans laquelle normalement les décisions se prennent par consensus.

Le paragraphe 4 de l'article J.4 précise que l'Union n'affecte pas le caractère spécifique de la politique de sécurité et de défense de certains Etats membres. Cette partie de texte fait plus spécifiquement référence à la position de neutralité de l'Irlande. Tout au long des négociations, l'Irlande fit preuve d'une grande flexibilité, tout en s'efforçant de sauvegarder sa spécificité. L'acceptation de l'objectif d'une défense commune combinée avec la référence à sa situation particulière laisse entrevoir la perspective dans laquelle va évoluer ce pays à terme (6).

Cette disposition vise aussi d'autres situations particulières auxquelles on n'entendait pas toucher. Il s'agit, par exemple, de certains accords bilatéraux d'assistance militaire, qui lient certains Etats membres à des Etats tiers. Il en est ainsi, par exemple, d'accords conclus par la France avec le Tchad, le Gabon, etc. La mise en oeuvre de la décision de défense de la future Union ne devrait pas entraver le développement de ces relations privilégiées.

Le paragraphe 4 adresse, enfin, les rapports avec l'OTAN (cf. *supra*).

La rédaction du paragraphe 5 de l'article J.4 répond à une demande de la France et de l'Allemagne. Engagés depuis le début de 1991 dans la mise sur pied d'un corps d'armée commun, placé sous commandement intégré, ces deux Etats membres, à juste titre, demandèrent que le texte du traité prévoie la possibilité pour plusieurs Etats membres de développer des formules de coopération plus avancées, sans que celles-ci puissent toutefois contrevenir à l'action de l'Union, ni entraver celle-ci.

La clause de révision du paragraphe 6 de l'article J.4 est entièrement fonction de la venue à échéance du traité de Bruxelles en 1998. Le système conçu par l'article J.4 est pragmatique et expérimental et se situe dans une perspective évolutive.

Avant de s'engager plus avant dans la voie des objectifs choisis, l'Union utilisera l'UEO comme un instrument et une espèce de laboratoire. Forte de l'expérience faite, elle en fera le bilan en 1996, afin de choisir une solution plus définitive à la venue à échéance de l'UEO en 1998.

Il convient toutefois d'être clair quant au fait que la révision de 1996 ne peut se faire qu'en vue de promouvoir les objectifs du traité ; or, parmi ceux-ci figure, tant à l'article B, 2e tiret des dispo-

(6) On devrait également faire référence aux conclusions du Conseil européen d'**Edimbourg** en ce que celles-ci « constatent ... que le Danemark n'entend pas prendre part à l'élaboration et la mise en oeuvre des décisions et des actions ayant des implications en matière de défense ». *Infra,* p. 782.

sitions communes, qu'à l'article J.4.1, la « mise en oeuvre d'une politique étrangère et de sécurité commune, y compris la définition à terme d'une politique de défense commune, qui pourrait conduire, le moment venu, à une défense commune ».

Même si l'emploi d'un conditionnel et d'un engagement dans le temps peu contraignant en tempèrent la portée, l'objectif d'une défense commune y est clairement posé.

Division E. — La représentation externe (art. J.5.)

L'article J.5 confère à la Présidence la responsabilité première de la représentation de l'Union à l'extérieur et de la conduite des actions communes.

L'affirmation d'un rôle renforcé attribué à la Présidence est justifiée par la conception générale du pilier PESC, qui garde un caractère largement intergouvernemental, tempéré, il est vrai, par quelques timides éléments de nature communautaire. Dès lors aussi qu'il a été décidé de localiser toute la gestion de la PESC auprès du Conseil, était-il cohérent de confier le rôle central à la Présidence. Pour l'exécution de ses tâches, celle-ci pourra se faire assister, comme cela se fait déjà dans la coopération politique européenne, par ce qu'on a appelé une formule « troïka », à savoir un représentant de la Présidence antérieure et un représentant de la Présidence à venir. On précise en outre (par. 3 de l'art.J.5) que la Commission est pleinement associée à ces tâches. Il s'agit ici de la répétition d'un principe général, réaffirmé au passage, et qui est posé de manière plus solennelle à l'article J.9. Cette référence ne constitue toutefois aucune innovation par rapport à l'Acte unique.

Le paragraphe 4 de l'article J.5 impose l'obligation à ceux des Etats membres représentés dans des organisations internationales ou des conférences internationales de tenir informés les Etats membres non représentés sur toute question présentant un intérêt commun. Cette disposition générale est le pendant de l'autre obligation reprise au paragraphe 3 de l'article J.2 de défendre dans les mêmes enceintes les positions communes. Le deuxième alinéa du paragraphe 4 de l'article J.5 réaffirme cette obligation dans le chef des membres du Conseil de Sécurité, tout en y ajoutant pour eux l'obligation de concertation entre eux. En plus, les membres permanents du Conseil de Sécurité prennent l'engagement de défendre les positions et l'intérêt de l'Union, sans préjudice toutefois des responsabilités qui leur incombent en vertu des dispositions de la Charte des Nations Unies.

Cette disposition fut introduite à la demande de la délégation italienne appuyée par d'autres délégations ; elle vise à mettre fin à un régime privilégié de gestion des informations par les membres permanents du Conseil de Sécurité, qui bien souvent n'en assuraient qu'une diffusion restreinte dans le passé. Il est vrai que durant les dernières années la situation s'est nettement améliorée, les Etats membres permanents du Conseil de Sécurité ayant assuré à leurs partenaires communautaires une plus grande transparence. Au cours des négociations, la question de l'attribution d'un siège au Conseil de Sécurité à la Communauté fut évoquée par plusieurs délégations. Elle ne fut pas approfondie parce que sa réalisation aurait comporté une modification de la Charte des Nations Unies, ce qui était considéré à ce stade comme posant trop de problèmes (7)

L'obligation de concertation, imposée par l'article J.6 aux missions diplomatiques et consulaires des Etats membres et de la Commission, pour assurer le respect et la mise en oeuvre des positions et actions communes va de soi. Elle découle des obligations générales assumées par les Etats membres. Il en est de même de l'échange d'informations.

Division F. — Les dispositions institutionnelles (art. J.7., J.8., J.9.)

Sur le plan des procédures institutionnelles, le traité présente quelques innovations importantes.

Le Parlement européen voit son rôle renforcé (article J.7). Dorénavant, il sera consulté sur les principaux aspects et les choix fondamentaux de la PESC par la Présidence, qui veillera en outre à ce que ses vues soient dûment prises en considération. L'obligation d'information, seul engagement pris par l'Acte unique à l'égard du Parlement, s'imposera tant à la Présidence qu'à la Commission. Cette dernière institution pourra donc se prévaloir de cette disposition pour assurer un flux constant d'informations en direction du Parlement et ainsi susciter chez celui-ci une plus grande prise de conscience. Le Parlement peut également adresser des questions ou

(7) Il est à noter qu'à l'heure actuelle (juillet 1993) la question de l'élargissement du Conseil de Sécurité à l'Allemagne et au Japon est devenue d'actualité. Par contre, il semble y avoir peu de chances à ce stade de voir la CE (l'Union) y accéder en tant que telle.

formuler des recommandations à l'intention du Conseil. Chaque année, il procédera à un débat sur les progrès réalisés dans la mise en oeuvre de la PESC.

L'innovation majeure pour la Commission réside dans le droit d'initiative que lui reconnaît le paragraphe 3 de l'article J.8. Il ne s'agit pas d'un droit d'initiative exclusif comme dans les matières communautaires, mais d'un droit d'initiative partagé avec les Etats membres. Cette innovation mettra fin à une situation paradoxale dans laquelle se retrouvait maintes fois la Commission, et souvent dénoncée par son Président, à savoir qu'elle ne pouvait s'exprimer que dans les matières commerciales et économiques, alors que sur des sujets éminemment politiques, elle était condamnée à rester muette. Le caractère artificiel de cette distinction était devenu apparent à maintes reprises dans le passé et avait contraint la Commission à des exercices d'équilibriste. Il est fort à parier que cette nouvelle faculté donnera à la Commission la possibilité d'exercer une influence beaucoup plus grande non seulement dans la définition de la PESC, mais aussi dans sa mise en oeuvre. Combien de fois n'a-t-on pas vu dans d'autres matières les Etats membres ne pas exercer leurs pouvoirs et se laisser guider par l'action dynamique de la Commission. Celle-ci se voit d'ailleurs confirmer de la manière la plus solennelle (art. J.9) sa pleine association aux travaux dans le domaine de la PESC. Or, le concept même de la PESC inclut désormais les questions de sécurité et de défense. En bonne logique, la Commission devrait pouvoir interpréter ces dispositions comme lui permettant dorénavant d'être pleinement associée aux travaux relatifs à des questions de défense et de faire, le cas échéant, des propositions. Même si le rôle de la Commission dans ces matières n'a jamais été discuté par la conférence intergouvernementale, une compétence partagée par celle-ci ne devrait plus faire de doute.

Les rôles du Conseil européen et du Conseil en matière de PESC (art. J.8) sont conformes au schéma général. Le Conseil européen définit les principes et les orientations générales. Sur base de ceux-ci, le Conseil prend les décisions nécessaires à la définition et à la mise en oeuvre de la PESC. Cette distinction correspond au partage des rôles entre Conseil européen et Conseil, le premier étant organe d'impulsion, le second organe de décision formelle chargé de la mise en oeuvre. Le Conseil veille à l'unité, à la cohérence et à l'efficacité de l'action de l'Union (art. J.8, 2e paragraphe). Il est frappant de constater que ce passage ne mentionne plus la Commission. Il s'agit sans doute d'un oubli. La Commission avait dans l'Acte unique déjà une responsabilité pour le maintien de la cohérence, et l'article C des dispositions communes du traité de Maastricht énonce cette même responsabilité dans le chef de la Commission ainsi que du Conseil pour l'ensemble de l'action extérieure de l'Union. Il serait dès lors logique de ne pas exclure la Commission de cette responsabilité dans ce chapitre précis.

Le Conseil statue normalement à l'unanimité. Les questions de procédure sont toutefois décidées à la majorité simple (solution implicite de l'article J.8.2.2). Le Conseil peut statuer à la majorité qualifiée dans le cadre d'une action commune et aux conditions définies au paragraphe 2 de l'article J.3.

Le paragraphe 4 de l'article J.8 prévoit la possibilité d'une convocation dans un délai de quarante-huit heures ou même dans un délai encore plus bref d'une réunion extraordinaire du Conseil si une décision rapide s'impose. La Présidence peut convoquer pareille réunion à la demande soit d'un Etat membre soit de la Commission.

Division G. — Questions d'organisation (art. J.8.5, J.11.)

L'un des objectifs recherchés par les négociateurs était, sinon de faire disparaître, du moins d'atténuer la séparation, dans les mécanismes de décision, entre la coopération politique traditionnelle et les affaires communautaires. Ces voies parallèles, quelquefois rivales, avaient été de nombreuses fois à l'origine d'incohérences, voire de contradictions dans l'action communautaire. Cette distinction paraissait de plus en plus artificielle et désuète sous l'effet d'une imbrication toujours plus grande des intérêts économiques et politiques. Il fallait donc rechercher le moyen d'assurer l'unité des procédures de décision.

Mais la recherche de cet objectif avait encore une autre motivation. Comme dès le début des négociations il était clair que le chapitre de la PESC allait recevoir un traitement différent du traitement communautaire, il fallait, dans un souci de cohérence, s'assurer qu'au niveau de la procédure de décision, l'unicité soit rétablie dans le sens d'une plus grande intégration. C'était le pari sur la procédure. Sachant que les mêmes personnes traiteraient les mêmes problèmes, on pouvait s'attendre à une plus grande homogénéité qui à terme ferait que, par la pratique, le caractère de pilier que revêtait toujours la PESC, serait atténué ou même disparaîtrait. Ce fut aussi l'approche du premier *non paper* de la Présidence luxembourgeoise qui introduisit, en contrepartie du traitement spécifique de la PESC, l'unité des procédures institutionnelles.

La solution retenue par le traité de Maastricht se caractérise par trois dispositions.

1. *Relations entre Coreper et comité politique*

En rappelant l'article 151 du traité CEE, le paragraphe 5 de l'article J.8 établit la prééminence du Coreper pour la préparation du Conseil. Ceci constitue un changement par rapport à l'Acte unique, qui avait confié une compétence exclusive au comité politique. Dorénavant donc, toute question relative à la PESC et susceptible d'être soumise aux Ministres devra au préalable être examinée par le Coreper, lequel a une compétence générale pour la préparation du Conseil. L'affirmation de cette préséance a été mal ressentie par les directeurs politiques en cours de négociation. D'aucuns y voyaient un acte de prise du pouvoir par le Coreper. En vérité, le passage obligatoire par le Coreper de toute question à soumettre aux Ministres n'était qu'un moyen procédural pour assurer la cohérence des décisions et éviter les voies parallèles qui, dans le passé, avaient souvent conduit à des incongruités (voir en outre une déclaration — la 28ème — de la conférence, annexée au traité, qui précise que la division du travail entre le comité politique et le Coreper sera examinée à un moment ultérieur, comme d'ailleurs aussi la question de l'inclusion du secrétariat de la coopération politique dans le secrétariat général du Conseil).

Le comité politique reçoit une définition nouvelle de ses compétences : il « suit la situation internationale dans les domaines relevant de la PESC et contribue à la définition des politiques en émettant des avis à l'intention du Conseil, à la demande de celui-ci ou de sa propre initiative. Il surveille également la mise en oeuvre des politiques convenues, sans préjudice des compétences de la Présidence et de la Commission » (article J.8.5).

2. *Intégration du secrétariat politique dans le secrétariat général du Conseil*

Dans le même ordre d'idées de faire disparaître des cloisonnements devenus désuets, il fut décidé d'incorporer le secrétariat de la coopération politique, créé par l'Acte unique, dans le secrétariat général du Conseil. Cette mesure résulte implicitement de l'affirmation à l'article J.11 que l'article 151 est d'application à la PESC. Cet article affirme en effet que « le Conseil est assisté d'un secrétariat général, placé sous la direction d'un secrétaire général ». La référence contenue dans l'Acte unique au secrétariat politique est ainsi implicitement abolie. Les services de ce secrétariat, déjà hébergés dans l'enceinte du Conseil, seront ainsi absorbés par le secrétariat général qui jouit dorénavant d'une compétence générale.

3. *Organisation administrative et questions de financement*

La mention des articles 137, 138, 139 à 142, 146, 147, 150 à 153, 157 à 163 et 217 du traité instituant la Communauté européenne, pour les rendre applicables dans le cadre de la PESC, témoigne de la même volonté des auteurs du traité de renforcer ce qu'on a appelé « les passerelles », c'est-à-dire les éléments de nature communautaire dans la PESC.

Il en est de même de la règle contenue au paragraphe 2 de l'article J.11 selon laquelle les dépenses administratives sont à charge du budget des Communautés européennes.

Pour la mise en oeuvre des actions au titre de la PESC, le Conseil peut, pour régler les aspects financiers des dépenses opérationnelles en résultant, avoir recours à deux formules : soit décider d'un financement communautaire à travers la procédure budgétaire prévue par le traité CE, soit décider d'en laisser la charge aux Etats membres, quitte à prévoir une clé de répartition entre ceux-ci (cf. également l'article J.11).

Division H. — Clause de révision (art. J.10.)

La clause de la révision de l'article J.10 est un autre témoignage de l'inspiration ayant continuellement guidé les auteurs du traité de Maastricht, à savoir que le résultat de leurs négociations n'était qu'une phase transitoire appelée à se développer ultérieurement. Elle souligne le caractère évolutif de la conception d'ensemble. Il n'y a pas de doute dans l'esprit d'une grande majorité de délégations que, si une révision de dispositions relatives à la sécurité et la défense devait avoir lieu en 1996, on ne manquerait pas de revoir également les autres dispositions relatives à la PESC pour les faire évoluer dans un sens plus communautaire.

TITRE VII

LA COOPÉRATION INTERGOUVERNEMENTALE DANS LES DOMAINES DE LA JUSTICE ET DES AFFAIRES INTÉRIEURES

INTRODUCTION

Alors que les querelles sur la structure du traité de l'Union avaient donné lieu pour ce qui concerne la PESC à quelques grands combats stratégiques sur des problèmes de principe, elles prirent, en ce qui concerne les domaines de la justice et des affaires intérieures, la forme de multiples affrontements d'ampleur moyenne, en raison des liens que ces matières avaient avec la question, elle indéniablement communautaire, de la libre circulation des personnes, et plus généralement avec celle de la suppression de toutes entraves aux frontières. On se souviendra que dans l'Acte unique le problème de la coopération dans ces domaines avait été omis ; seules deux déclarations, sans force obligatoire, l'une de la conférence (n° 6), l'autre des Etats membres (n° 2) abordaient la question pour lui nier tout caractère communautaire ; au surplus l'art. 100.A § 2, en excluant de son champ d'application toute mesure de rapprochement des législations concernant la libre circulation des personnes, renforçait le caractère national de tout ce qui concernait l'immigration, l'asile, la protection contre le terrorisme, contre la drogue ..., car c'est de cela qu'il est question en matière d'affaires judiciaires et intérieures.

Cela n'avait pas empêché les Douze, dès 1975, de coopérer, soit au sein du Conseil, soit de manière *ad hoc*, sous le chapeau de la coopération politique européenne, soit encore en dehors de tout ordre communautaire ; selon ces formations, la Commission était présente comme observateur ou n'était pas invitée. Ainsi se réunissaient le groupe Trevi (dès 1975 réunissant les Ministres de l'Intérieur autour des questions d'ordre public et de terrorisme avec divers groupes et sous-groupes ; pas de présence de la Commission), le Celad (créé en décembre 1989 par le Conseil européen et s'occupant des questions de drogue) ; les Ministres de la Justice, pour traiter de coopération judiciaire, pénale ou civile, soit au sein du Conseil, soit dans le cadre de la coopération politique européenne ; le groupe *ad hoc* immigration (réunissant régulièrement depuis 1986, les Ministres chargés de l'immigration, avec la participation de la Commission), le groupe des coordonnateurs « Libre circulation des personnes (créé, en 1988, par le Conseil européen de Rhodes, en vue de coiffer la préparation du grand Marché unique pour ce qui concerne la libre circulation des personnes) ... Lors de sa discussion sur l'extension et le renforcement de l'action de la Communauté, le Conseil européen de Rome (décembre 1990) n'avait pas approfondi le problème, se contentant d'instruire la CIG/UP « d'examiner si et comment les activités actuellement poursuivies dans un cadre intergouvernemental pourraient être transférées dans le champ d'application de l'Union ».

Même si des questions comme le franchissement des frontières extérieures de la Communauté, l'accès, la circulation et l'intégration des étrangers constituaient aussi des problèmes politiques, leur aspect juridique, c'est-à-dire leur lien avec la libre circulation des personnes au sens du traité, leur donnait selon la Commission avant tout un caractère communautaire, les problèmes restants pouvant être réglés par « des mesures de coordination ou bien de rapprochement des règles » nationales (avis de la Commission du 22 octobre 1990) ; ce même avis ajoutait que la politique étrangère et de sécurité commune pourrait être le cadre approprié pour traiter des problèmes du statut des ressortissants des Etats tiers. A l'inverse, pour une majorité de délégations, s'offraient aux négociateurs plusieurs alternatives allant d'un simple renforcement de la coopération intergouvernementale en dehors de l'Union, à une coopération intergouvernementale systématique dans le cadre de l'Union, ou enfin à l'intégration dans le traité CEE de quelques mécanismes *ad hoc* assez souples pouvant amener par exemple à la négociation de conventions entre Etats membres, voire à des actions communes des Etats membres ; en revanche la solution de la communautarisation pure et simple était exclue par elles ; tout au plus une clause évolutive était-elle concevable pour permettre *in futuro*, si le besoin s'en faisait sentir, d'augmenter le rôle et la place des mécanismes et des institutions communautaires.

Assez rapidement (janvier-février 1991), l'idée que la coopération prenne la forme d'une coordination au sein du Conseil, en présence de la Commission, fut acquise ; en revanche autant le Conseil aurait pu d'un commun accord définir la politique de l'Union en la matière, autant existait une réticence à doter le Conseil d'un pouvoir d'exécution de cette politique, sauf dans le cadre de conventions à conclure entre Etats membres (adoptées ou non sur base de l'art. 220 CEE). L'idée plus progressive d'actions communes, de caractère plus spécifique, arrêtées par le Conseil d'un commun accord (unanimité), quitte à ce qu'en un second temps, au stade de la mesure d'application, le Conseil puisse décider d'abandonner l'unanimité au profit de la majorité qualifiée (ou d'une majorité qualifiée à définir), était tout juste admissible par certains. Les plus réticents au surplus estimaient indispensable que la coopération se fasse sous le contrôle du Conseil européen et le plus possible avec maintien des groupes d'experts nationaux existants.

Le *non paper* du 17 avril 1991 élaboré par la Présidence luxembourgeoise reprit dès lors les idées de coopération intergouvernementale de janvier-février 1991, avec la possibilité d'actions communes décidées à l'unanimité, ainsi que le cadre institutionnel communautaire (à l'exception de la Cour de justice) ; il y ajouta la possibilité, « si une « action de la Communauté » apparaît nécessaire, que le Conseil prenne les mesures appropriées », ainsi qu'une clause évolutive (mise en oeuvre par décision du Conseil soumise à ratification des Etats membres) ; cette construction majoritairement approuvée était toutefois rejetée, d'un côté par deux ou trois délégations comme trop contraignante, mais en sens contraire par la Commission et la Belgique qui insistaient pour une plus grande communautarisation. La Belgique notamment demandait une large place pour des mécanismes de rapprochement des législations (par la suppression à l'art. 100 A § 2 de la dérogation relative à la libre circulation des personnes) et en outre une accentuation de l'obligation pour les Etats membres de coopérer. Le document préparé par la Présidence luxembourgeois pour le Conseil européen de Luxembourg de juin était assez proche de celui d'avril ; à cette réunion toutefois son examen dans une certaine mesure fut éclipsé — outre par la crise yougoslave — par la demande du chancelier Kohl de progrès rapides des douze, d'abord dans la définition d'une politique communautaire d'immigration (y compris des dispositions concernant les réfugiés et l'asile), ensuite dans le domaine de la lutte contre la drogue et le crime organisé (notamment par la mise en place d'un Office européen de police criminelle).

Désormais, si un certain nombre de délégations continuaient de camper sur l'idée de la solution la plus intergouvernementale, d'autres (Belgique, Allemagne, Pays-Bas) insistaient sous une forme ou une autre, sur l'insertion dans le traité de dispositions proches de celles de l'art. 100 A, enjoignant au Conseil de procéder à court terme (fin 1993) à une harmonisation formelle et matérielle des dispositions concernant les réfugiés, l'asile — avec distinction de l'asile politique et économique — et l'immigration en général.

A l'automne, le contre-projet néerlandais reposait sur la scission de la matière entre un article 100 A bis relatif à l'harmonisation des règles concernant les ressortissants des pays tiers et un article 220*bis* relatif à une large coopération dans les affaires intérieures et judiciaires se réalisant par l'adoption de « mesures » prises d'un commun accord ; mais rapidement toute la discussion s'orienta (sur base notamment d'un document allemand qui reflétait la crainte de cet Etat — partagée par d'autres — d'immigrations désordonnées, pour des motifs notamment économiques, le mur de Berlin venant de s'abattre), vers un volet intergouvernemental de coopération et un volet communautaire de rapprochement des législations (ceci uniquement pour les visas des ressortissants étrangers) ; en plus de cela fut introduite une « passerelle » entre ces deux volets, permettant de communautariser (le cas échéant par décision soumise à ratification dans les Etats membres), par morceaux ce qui est intergouvernemental. L'idée que l'harmonisation puisse se faire à la majorité qualifiée gagnait du terrain ; on indiqua que l'unanimité dans l'art. 100 C ne serait obligatoire que jusqu'à fin 1995 ; en revanche le droit d'initiative de la Commission dans ces matières ne devait pas être exclusif, mais partagé, en raison du caractère politique de la matière, avec les Etats membres (*cf infra*) ; malgré cette restriction à son droit d'initiative, la Commission est loin d'être perdante, dans la mesure où elle acquiert des droits dans un domaine où elle était pratiquement absente jusque-là.

Quantitativement certes, la majeure partie des dispositions relève plutôt de la coopération intergouvernementale, car l'art. K 1 prévoit exhaustivement neuf domaines comme étant d'intérêt commun et sujets de coopération ; seule la politique des visas, et même seule la détermination des Etats tiers dont les ressortissants sont soumis à visa, est communautarisée (art. 100 C § 1) ; on corrige toutefois quelque peu l'étroitesse de la tâche communautaire en ajoutant que d'autres matières relevant de la coopération intergouvernementale pourront *in futuro* être communautarisées, par le moyen de la « passerelle » de l'art. 100 C § 6. On examinera successivement les domaines et règles générales de cette coopération et de cette communautarisation (I) et leurs modalités et procédures de mise en oeuvre (II). Auparavant on notera que depuis Maastricht s'est affirmé dans le vocabulaire communautaire le terme de *troisième pilier* pour qualifier cette forme de coopération.

SECTION Ire. — LES AFFAIRES JUDICIAIRES ET INTÉRIEURES : QUESTIONS DE COOPÉRATION INTERGOUVERNEMENTALE ET COMMUNAUTARISATION DE LA POLITIQUE DES VISAS

On a indiqué que depuis 1987 les douze avaient beaucoup développé leur coopération en dehors du traité et même de la Communauté, en partie pour faire face aux problèmes qu'allaient leur poser en 1993 la disparition des frontières intracommunautaires et la complète liberté de circulation des personnes (art. 8 A CEE devenant 7 A CE), en partie aussi en raison du besoin d'une coopération accrue entre services de police, de sécurité et de justice, suite à l'internationalisation des crimes, du terrorisme, des fraudes et de divers trafics. A ce titre, neuf problèmes énumérés à l'art. K 1, sont considérés comme d'intérêt général (division A). La coopération y relative, régie par les dispositions du titre VI du traité de Maastricht (art. K), obéit à un certain nombre de règles générales se trouvant dans la première phrase de l'art. K 1 et dans les art. K 2 et K 7 (division B) ; enfin, a-t-on dit, une disposition insérée par le traité sur l'Union dans le traité CE, le nouvel art. 100 C, règle d'une manière plus communautaire la question des visas auxquels les ressortissants de pays tiers peuvent être soumis à l'entrée dans la Communauté (division C).

On relèvera en outre à titre de remarque générale préalable que l'art. B relatif aux objectifs de l'Union, range la coopération dans le domaine de la justice et des affaires intérieures parmi les objectifs de l'Union ; deux déclarations (n° 31 et n° 32) figurant à l'acte final de signature (droit d'asile et coopération policière) explicitent les intentions du Conseil et des Etats membres sur ces sujets.

Division A. — Les neuf domaines de la coopération intergouvernementale

Leur liste n'a pas véritablement changé au cours de l'année 1991 ; certes, leur formulation a évolué pour mettre l'accent sur certaines préoccupations des uns ou des autres ; au dernier moment à Maastricht on a rebattu les cartes pour modifier l'ordre donnant à la politique d'asile la première place. On pourrait essayer un classement et dire que les trois premières concernent des problèmes de circulation transfrontière et d'étrangers ressortissants de pays tiers ; les n° 4, 5 et 9, plutôt des questions de coopération policière ; les trois restantes s'occupent de coopération judiciaire (civile et pénale) et douanière. Plus important serait de mentionner que pour les questions 1 à 6 la Commission partage l'initiative de faire des propositions avec les Etats membres et que pour les questions 7, 8 et 9, seuls les Etats membres ont le droit d'initiative des travaux lesquels sont énumérés à l'art. K.3.2. ; on en parlera plus loin.

On remarquera qu'une disposition figurant dans le projet de la Présidence luxembourgeoise en date du 18 juin 1991 (art. D) et qui permettait au Conseil d'ajouter de nouveaux domaines de coopération à ceux prévus et ceci par le moyen d'une décision soumise à approbation ultérieure des Etats membres, ne figure plus dans le texte signé à Maastricht. De telles adjonctions de nouveaux domaines de coopération relèveraient donc de la clause de révision générale de l'art. N, à moins qu'on ne considère qu'il est inhérent à leurs pouvoirs que les Etats membres se saisissent de toute matière où ils veulent coopérer selon des modes intergouvernementaux, voire qu'ils en confient la mise en oeuvre aux institutions.

Restent à fournir quelques très brèves données sur les neuf questions.

1. *La politique d'asile* voit sa première place explicitée par une déclaration (n° 31) annexée à l'acte final ; son examen doit être prioritaire et des solutions doivent être rapidement, dès le début de 1993, apportées par une harmonisation des politiques des Etats membres dans le cadre d'une action commune et à la lumière d'un

programme de travail et d'un échéancier demandé par le Conseil européen de Luxembourg (juin 1991) ; éventuellement, la matière pourrait être communautarisée sur base des art. K 9 et 100 C § 6 (*cf infra*). On sait que c'est sur demande de la délégation allemande que le Conseil européen s'était prononcé tant sur cette priorité que sur la déclaration. L'Allemagne occupe dans les statistiques de demandes d'asile la première place dans la CE quant au nombre des demandeurs (58 % du total). Déjà d'ailleurs, depuis 1986, le groupe *ad hoc* immigration et spécialement son sous-groupe asile avaient examiné en vue de leur harmonisation les règles de fond du droit d'asile, ainsi que les problèmes de l'instruction des demandes d'asile, ceux des demandes manifestement infondées et ceux des recours juridictionnels (à la Cour de Luxembourg s'il s'agissait d'un régime commun) contre le rejet d'une demande ; ce groupe avait par ailleurs élaboré une convention relative à la détermination de l'Etat responsable de l'examen d'une demande présentée auprès d'un Etat membre des Communautés qui avait été signée le 15 juin 1990 à Dublin (à son sujet voir à la *Revue du Marché commun et de l'Union européenne*, 1991 n° 347, pp. 391-399, l'article de P. Stefanini et F. Doublet — voir aussi une communication de la Commission au PE et au Conseil, SEC (91) 1857 final du 11 oct. 1991). On ne saurait au surplus séparer cette question de celle de l'application de la Convention de Genève sur les réfugiés du 28 juillet 1951 et de son Protocole de New York du 31 janvier 1967, ni plus généralement des travaux du Haut Commissariat pour les réfugiés. A Maastricht, par ailleurs, le Conseil européen avait été saisi du rapport et du programme de travail établis par le sous-groupe asile, en liaison avec le groupe des coordonnateurs « libre circulation des personnes ».

2. Les règles régissant le *franchissement des frontières extérieures des Etats membres* par les personnes et l'exercice du contrôle de ce franchissement avaient fait l'objet également des travaux d'un sous-groupe du groupe *ad hoc* immigration : une convention sur le franchissement des frontières extérieures existe à l'état de projet depuis le début de 1991 et sa signature bute seulement sur un problème politique bilatéral entre le Royaume Uni et l'Espagne portant sur la qualification au regard de la convention de la limite entre Gibraltar et l'Espagne. A part quelques rares nouvelles dans les rapports annuels et mensuels de la Commission sur ce projet,

celui-ci n'a pas été examiné par la doctrine. On doit toutefois se demander s'il n'y aura pas un chevauchement de compétence et de dispositions entre ce projet de convention et certains des travaux à mener sur base de l'art. 100 C, ainsi au surplus qu'avec les travaux de Schengen.

3. La politique d'*immigration* et la politique à l'égard des *ressortissants des pays tiers* (y compris les conditions d'entrée et de séjour de ces ressortissants, ceci incluant des problèmes comme celui du regroupement familial et même ceux de l'accès à l'emploi, ainsi que la lutte contre leur immigration, leur séjour et leur travail irréguliers). Ici, contrairement à la question précédente où l'accent était mis sur le franchissement de la frontière extérieure commune, l'accent est mis sur les problèmes des ressortissants de pays tiers ; il y a ici un risque de chevauchement avec les problèmes traités dans le cadre de l'art. 100 C, voire avec ceux de l'établissement de ces étrangers, notamment en ce qui concerne leur accès à un emploi. Ces travaux relèvent du groupe *ad hoc* immigration et sont également une partie du rapport évoqué ci-dessus *in fine* sous 1) et présenté au Conseil européen de Maastricht ; ce rapport traite notamment de la question des migrations illégales, de l'harmonisation des politiques d'admission au travail des ressortissants tiers, des causes de l'immigration ... Le suivi doit en être assuré par le Conseil réunissant les Ministres de l'Immigration et en tant que de besoin les Ministres responsables de l'Emploi.

4. La lutte contre la *toxicomanie*, dans la mesure, ajoute le texte, où ce domaine n'est pas couvert par les points 7 (coopération judiciaire pénale), 8 (coopération douanière) ou 9 (coopération policière). Dans les travaux des douze, ce problème relève depuis le Conseil européen de Strasbourg (décembre 1989) du comité européen de lutte antidrogue (Celad) lequel a établi des contacts avec le Conseil de l'Europe, le G 7, la commission des stupéfiants des Nations Unies, et a présenté fin 1990 son programme de travail ; il était question de la création d'un observatoire européen sur la drogue (1), d'une semaine européenne de prévention ... Le Conseil européen de Maastricht a appuyé les travaux de ce groupe.

5. La lutte contre la *fraude de dimension internationale* dans la mesure où ce domaine n'est pas couvert par les points 7, 8 et 9.

(1) Créé par le règlement (CEE) n° 302/93 du 8 février 1993, *JOCE* n° L 36 du 12 février 1993, p. 1

Cette question relève d'une instance ministérielle appelée groupe Trevi réunissant les Ministres de l'Intérieur et compétent pour tous les problèmes d'ordre public d'intérêt général pour les Douze. L'action des Etats membres en la matière double les responsabilités qu'ils ont également acquis à Maastricht dans les domaines budgétaire et financier sur base de l'art. 209 A.

6. *La coopération judiciaire en matière civile.* Dans ce domaine on pourrait relever diverses conventions conclues ou à conclure tant en vertu de l'art. 220 du traité que sur d'autres bases, notamment dans le domaine du droit international privé.

7. *La coopération judiciaire en matière pénale.* A ce titre a notamment été signée en 1991 une convention sur la transmission des procédures pénales ; d'autres sont en préparation.

8. *La coopération douanière*, au sujet de laquelle le projet de juin 1991 ajoutait « dans les domaines ne ressortissant pas des compétences des Communautés européennes », précision non reprise expressément par le traité de Maastricht, mais en fait couverte par le « sans préjudice des compétences de la C.E. » figurant en tête de l'article K 1 ; depuis vingt-cinq ans un groupe d'assistance mutuelle entre administrations douanières des Etats membres avait établi en sus du droit douanier communautaire des règles de coopération (Conv. de Naples de 1967) ; il est évident que la suppression des frontières intracommunautaires et la prise d'importance de la frontière extérieure commune vont renouveller l'importance de ces questions.

9. *La coopération policière*, y compris la prévention et la lutte contre le terrorisme, la drogue, la criminalité internationale, y compris aussi la coopération douanière et l'établissement d'un Office européen de police chargé spécialement de gérer un système d'échanges d'informations. Cette coopération avait été, rappelons-le, préconisée lors du sommet de Luxembourg de 1991 par la délégation allemande, avec le projet de création d'un Office central européen de police criminelle. Le Conseil européen de Maastricht a marqué son accord pour cette création et chargé les Ministres Trevi de prendre les mesures nécessaires. Par ailleurs la déclaration n° 32 annexée à l'acte final de signature du traité de Maastricht a cité comme prioritaires en matière d'« échange d'informations et d'expériences » les tâches suivantes : — assistance aux autorités nationales

chargées des poursuites pénales et de la sécurité, notamment en matière de coordination des enquêtes et des recherches ; — constitution de banques de données ; — évaluation et exploitation centralisées des informations en vue de faire un bilan de la situation et de déterminer les différentes approches en matière d'enquête ; — collecte et exploitation d'informations concernant les approches nationales en matière de prévention en vue de les transmettre aux Etats membres et de définir des stratégies préventives à l'échelle européenne ; — mesures concernant la formation complémentaire, la recherche, la criminalistique et l'anthropométrie judiciaire. Les Etats membres conviennent d'examiner sur la base d'un rapport au plus tard au cours de l'année 1994 s'il y a lieu d'étendre la portée de cette coopération. »

Cette énumération ne pourra, répétons-le, être théoriquement complétée que par la voie de la révision du traité (ex. art. 236 CEE, devenu art. N) ; étant donné toutefois l'ampleur des domaines de coopération indiqués, le risque de véritable vide juridique semble faible ; en outre, on ne voit pas ce qui pourrait empêcher les gouvernements des Etats membres de coopérer entre eux sur de nouvelles questions.

Division B. — Règles générales de la coopération intergouvernementale dans les domaines de la justice et des affaires intérieures

En négligeant l'art. K, on fera quelques remarques sur l'alinéa liminaire de l'art. K 1 où deux séries de mots seront relevés : la coopération se fait « sans préjudice des compétences de la Communauté européenne », c'est-à-dire que les dispositions du traité CE, en général plus contraignantes, continueront le cas échéant à s'appliquer plutôt que celles de la coopération intergouvernementale si elles visent la même matière ; par ailleurs, le fait d'avoir qualifié les matières en cause de sujet à « coopération » et de « questions d'intérêt commun », nous paraît certes investir les Etats membres d'un devoir de coopérer, mais indiquer qu'il n'y a pas lieu à prise de décision commune.

Diverses dispositions de l'art. K 2 nous retiendront par ailleurs. D'abord celle enjoignant à la coopération de se faire « dans le respect de la Convention européenne de sauvegarde des droits de l'homme et des libertés fondamentales du 4 nov. 1950 » : étant donné que tous les Etats membres sont parties à cette convention, cette disposition ne constitue — à la différence de celle de l'art. F 2 (cf. l'examen de cette disposition ci-dessus au titre IV, chapitre 2, section 1) — qu'un rappel, sans apport juridique. Il en est pareillement du second rappel, que la coopération se fait dans le respect de la « Convention relative au statut des réfugiés, du 28 juillet 1951 ». Celle-ci, y compris son protocole de 1967, lie tous les Etats membres. Ce rappel vise essentiellement la coopération relative à la politique d'asile ainsi qu'on l'a indiqué précédemment. S'agissant toujours des demandeurs d'asile, on relèvera *in fine* du § 1 de l'art. K 2 que dans leur attitude à l'égard des ressortissants d'Etats tiers, y compris les demandeurs d'asile, les Etats membres doivent tenir compte de la protection à accorder « aux personnes persécutées pour des motifs politiques » ; cette mention souligne le décrochage entre réfugiés politiques et réfugiés économiques.

Comme les Etats membres n'ont que l'obligation de coopérer, par cela même ils restent investis de la responsabilité du maintien de l'ordre public et de la sauvegarde de leur sécurité intérieure (voir art. K.2.2. qui fait écho à des dispositions du traité CEE comparables, tels les art. 36, 56, 223-224 ... ainsi qu'au nouvel art. 100 C § 5).

On relèvera enfin que sur base de l'art. K 7, la coopération intergouvernementale dont il s'agit ne fait « pas obstacle à l'institution ou au développement d'une coopération plus étroite entre deux ou plusieurs Etats membres, dans la mesure où cette coopération ne contrevient ni n'entrave celle qui est prévue au présent titre ». Au sujet d'une telle disposition on doit rappeler qu'actuellement le système Schengen ne lie que neuf Etats membres et que si pour les autres Etats membres il pose problème en relation avec leur ordre public, une application du système par neuf Etats membres seulement ne contrevient pas à l'esprit de la coopération intergouvernementale.

Division C. — La « réglementation » harmonisée des visas prévue par l'art. 100 C

Selon une théorie analysant les ordres juridiques de la Communauté et des Etats membres comme des anneaux circulaires concentriques, la compétence communautaire constituerait le noyau, puis viendrait un anneau constitué par le droit des Etats membres ayant fait l'objet d'une opération de rapprochement-harmonisation, puis un second anneau extérieur serait constitué par les matières d'intérêt commun où les Etats membres ont une obligation de coopération, c'est le domaine de la coopération intergouvernementale ; dans la zone encore au-delà on entrerait dans les ordres juridiques de plus en plus purement nationaux. Ainsi le droit harmonisé serait-il plus près du communautaire que l'intergouvernemental, les contraintes d'exécution des Etats membres étant plus précises.

Cette remarque de théorie juridique est parfaitement satisfaisante sur le plan de l'historique de la négociation où, comme on l'a indiqué, c'est parce qu'elle trouvait qu'on ne faisait pas assez de communautaire que la délégation belge, appuyée par les délégations néerlandaise et allemande (celle-ci pour des raisons d'efficacité plus que de principe), suggéra que l'on eût recours à la technique du rapprochement. Sans doute le mot rapprochement ne figure-t-il pas à l'art. 100 C, mais la localisation de cet article, suggérée par la Belgique et confirmée par la présidence néerlandaise, comme la technique employée (obliger les Etats membres à se conformer à une norme arrêtée par le Conseil), en font une technique de rapprochement.

Reste que le domaine à rapprocher est étroit, bien qu'au terme du § 6 de l'art. 100 C opérant en liaison avec l'art. K 9, le Conseil puisse aller puiser d'autres questions dans le domaine de la coopération intergouvernementale relative à la justice et aux affaires intérieures pour en faire des matières susceptibles de rapprochement selon l'art. 100 C.

Quoiqu'il en soit, la matière à traiter selon l'art. 100 C est l'établissement d'une liste ou plutôt la détermination des pays tiers dont les ressortissants devront être munis d'un visa pour entrer dans la Communauté (art. 100 C § 1) (2). Le texte ne dit rien de plus et il est probable que lors de sa mise en application il devra être interprété, car il n'y est nullement dit que les critères d'octroi des visas devront être rapprochés ni les méthodes d'instruction des demandes harmonisées, ni à plus forte raison que l'octroi d'un visa par un Etat membre pourra connaître des conditions d'un précédent séjour dans un autre Etat membre ; la frontière entre ce qui relève de l'article 100 C et ce qui relève des articles K reste dès lors à établir. Tout au plus peut-on ajouter — et en cela on reste fidèle à la tech-

(2) A vrai dire il est assez étonnant que les Etats membres aient accepté de confier à la Commission un droit d'initiative exclusif dans une matière aussi politique !

nique de rapprochement, voir art. 100 A § 5 — qu'il existe (voir art. 100 C § 2) une clause de sauvegarde permettant qu'en cas d'afflux de réfugiés d'un pays tiers non sujet à l'obligation de visa, les nationaux de celui-ci se verraient temporairement réclamer à nouveau un visa.

A côté de la détermination de cette liste de pays tiers, un second rapprochement prévu au § 3 stipule l'instauration avant 1996 d'un « modèle type de visa ». Le mot « modèle type » ne livre pas son secret : s'agit-il de la durée du visa, de la distinction entre visa touristique, visa de court séjour ou de travailleur ... ? une certaine incertitude — qu'il appartiendra au Conseil d'éliminer — existe.

On signalera que même dans le cadre de l'article 100 C, les Etats membres gardent la responsabilité pour le maintien de l'ordre public et la sauvegarde de la sécurité intérieure (voir le paragraphe 5).

Section II. — Modalités d'exercice de la coopération dans le domaine de la justice et des affaires intérieures : procédures utilisées et particularités institutionnelles

Le traité a mis en place certaines procédures précises (art. K 3 et K 5) pour cette coopération (ci-après division A) ; à celles-ci doivent être ajoutées les règles relatives à la détermination des pays tiers dont les nationaux doivent être munis d'un visa (art. 100 C) (division B). En outre, malgré la règle de « l'unicité » des institutions, est maintenu pour préparer les sessions du Conseil en la matière, un organisme particulier de hauts fonctionnaires, le comité de coordination de l'art. K 4 (division C). Enfin on aura à évoquer la « passerelle » de l'art. K 9 permettant de communautariser certaines matières relevant jusque-là de la coopération intergouvernementale (division D).

Division A. — Les moyens juridiques de la coopération intergouvernementale

Cinq de ces moyens nous retiendront :

§ 1. La coopération se traduit d'abord — art. K.3.1. — par une obligation d'*information mutuelle* entre les Etats membres et de *consultation* entre eux au sein du Conseil, en vue de la coordination de leurs actions respectives. A cette fin, les travaux du Conseil vont être préparés par des groupes d'experts nationaux qui ne sont plus autonomes mais deviennent subordonnés au Conseil et au comité des Représentants permanents avec en outre préparation par le comité de hauts fonctionnaires qui devront également s'appuyer sur ces groupes (*cf. infra*) ; au surplus les services compétents des administrations des Etats membres sont appelés à *collaborer* (on soulignera qu'il s'agit d'une collaboration « institutionnalisée »). Cette série d'obligations s'applique à tous les domaines de l'art. K.1.

§ 2. A un second degré, le Conseil arrête — art. K.3.2. alinea a) — des *positions communes*. Ce terme qui est également utilisé dans le chapitre relatif à la PESC (art. J.2) doit recevoir une explication qu'on peut d'ailleurs trouver dans la PESC où l'art. J.2.2. al. 2 indique que « les Etats membres veillent à la conformité de leurs politiques nationales avec les positions communes » qu'ils ont adoptées, formule qui peut dispenser d'explications longues sauf à dire que la fixation d'une position commune a pour objet d'obliger les Etats membres à se conformer dans leur ordre interne et dans leur politique extérieure à ce qu'ils ont décidé en réunion du Conseil.

Ainsi conçu, ce terme de position commune est distinct en signification de ce qu'il représente dans plusieurs autres dispositions ou pratiques communautaires, notamment des positions communes des articles 189 B § 1 et 189 C qui sont des phases de procédures parlementaires ou encore des « positions communes » adoptées dans la pratique des négociations internationales par la Communauté et les Etats membres ; la notion de position commune de l'article K.3.2.a se retrouve d'ailleurs à l'article K 5 (voir ci-après au § 5), il existe toutefois une différence entre elles puisque dans celle de l'article K.3.2 lettre a) il s'agit pour les Etats membres d'adopter une position commune à laquelle ils se conformeront dans leur propre politique interne, alors que dans l'article K.5 la position commune vise des problèmes de politique extérieure.

L'art. K.3.2. *littera* a) ajoute à l'adoption d'une position commune par le Conseil, la promotion (par celui-ci) « sous la forme et selon les modalités appropriées, (de) toute *coopération* utile à la poursuite des objectifs de l'Union ». On ne voit pas très bien ce qu'ajoute de précis cette coopération, surtout quand on a déjà parlé (voir le § précédent) de coordination de l'action des Etats membres et de collaboration entre leurs administrations, et qu'on évoquera plus loin la possibilité d'actions communes (art. K.3.2. lettre b). En réalité le § 1 est une phase d'examen, de discussion, d'élaboration, faite peut-être en commun, mais qui reste dans l'ordre national ; la coopération du § 2, elle, est déjà plus opérationnelle mais reste nationale dans sa réalisation.

§ 3. Le Conseil peut — sur base de l'art. K.3.2. lettre b « adopter des *actions communes* ». Ce terme d'action commune n'est employé au traité de l'Union que dans les dispositions propres à la PESC et dans celles du présent titre, outre à l'art. K.3 aux art. J.1. et J.3, mais pas dans celles modificatrices des traités CE (3) ; la définition qui en est donnée au texte de l'art. K.3.2.b caractérise ce type d'action, en le différenciant d'une action communautaire (ces mots ne sont d'ailleurs pas utilisés par les traités communautaires d'une manière spécifique mais dans la pratique on a bien dû y recourir), ou encore d'une « action de la Communauté » (expression qui est utilisée par divers articles, les art. 3 B, 235 et 130 R, pas d'ailleurs avec le même sens dans les trois cas).

Il s'agit bien, ici, avec les actions communes, de quelque chose où ce ne sont pas « les Etats membres agissant isolément » (expression identique à celle de l'art. 3.B), mais leur ensemble, oeuvrant, au nom et dans le cadre de l'Union dont, ajoute le texte de l'art. K. 3, « les objectifs ... peuvent ainsi être mieux réalisés ..., en raison des dimensions ou des effets de l'action envisagée. » S'agit-il dès lors de quelque chose d'international ? de supranational ? de national ? Nous dirions que l'action commune au sens des art. J et K n'est pas internationale en raison de l'absence de personnalité juridique de l'Union, qu'elle n'est pas non plus nationale comme le serait ce qui se fait suite à une position commune de l'article K.3.2 lettre a (cf. *supra*). En revanche, il s'agit de quelque chose de collectif (au sens que ce qualificatif avait dans les mots « sécurité collective »), une action coordonnée des Etats membres, faite au nom ou dans le cadre de l'Union. On indiquera enfin que l'action commune peut comporter de la part du Conseil qui l'adopte la prise de mesures d'application, éventuellement à la majorité qualifiée (*in fine* du *littera* b). On notera également que les conséquences financières d'une

(3) Le terme d'action commune a été utilisé dans le traité CEE et dans la pratique communautaire de façon assez désordonnée. On trouve dans le droit dérivé également la notion d'action communautaire. Ces deux notions sont différentes de celle d'action commune telle que définie dans les titres V et VI du TUE.

action commune quand elles sont qualifiées « d'opérationnelles » pourraient donner lieu à une prise en charge par le budget communautaire ou par celui des Etats membres selon des modalités à établir (art. K.8.2).

§ 4. Le Conseil peut enfin (art. K.3.2. lettre c) « établir des *conventions* dont il recommandera l'adoption par les Etats membres selon leurs règles constitutionnelles respectives ». Cette possibilité se fait sans préjudice de celle offerte par l'art. 220 CE qui est exactement parallèle et qui a été largement utilisée notamment dans le domaine de la coopération judiciaire civile, voir spécialement la convention relative à l'exécution des jugements civils du 27 sept. 1968. On rappellera en outre que sans utiliser cet article, les Etats membres ont eu abondamment recours à la technique de la convention entre eux dans des domaines en frange de la compétence communautaire, où les techniques de rapprochement des législations eussent abouti à quelque chose de trop laxiste, par exemple pour l'établissement du brevet communautaire.

Enfin deux dispositions complémentaires sont prévues par le texte du *littera* c : possibilité d'adoption par le Conseil d'éventuelles mesures d'application de ces conventions ; curieusement le texte indique que le Conseil se prononcera à la majorité des deux tiers des HPC (ce qui constitue un respect extrême de l'égalité des Etats et une proscription corrélative du mécanisme communautaire de la majorité qualifiée !) ; possibilité de confier à la Cour de justice une compétence pour l'interprétation et l'application de ces conventions, selon des modalités à préciser (ouverture aux seuls Etats ou aux particuliers ? institution d'un mécanisme préjudiciel ?) (voir aussi art. L lettre b) (4).

§ 5. Un dernier moyen de la coopération intergouvernementale dans les domaines de la justice et de l'intérieur, serait la possibilité d'établir des *positions communes* dans *les organisations et conférences internationales* auxquelles participent les Etats membres (art. K.5). On a fait ci-dessus allusion à cette pratique apparue dans le passé

(4) Il n'en reste pas moins quelque ombre sur la frontière entre la convention du *littera* c et l'action commune du *littera* b ; par exemple pour établir une coopération en matière de police criminelle — ce qui est prévu par l'article K.1.9 — ce que feront les Etats membres ne relève-t-il pas d'une action commune (*littera* b) dans un premier temps, quitte si les Etats membres veulent mieux asseoir leur coopération, à ce qu'ils la moulent dans une convention entre eux (*littera* c) ; la convention n'est-elle pas alors l'instrument juridique d'une action commune permanente ? ceci nous semble être dans la logique des textes.

pour assurer la participation des Etats membres dans de telles enceintes au sujet de matières tantôt non communautaires mais d'intérêt général, tantôt partiellement communautaires ou de compétences concurrentes ; on doit également rappeler l'art. 116 CEE désormais abrogé. Cette question est également traitée dans le cadre de la PESC, art. J.2.3. (voir en outre J.3.4. et J.5.4.).

Division B. — La réglementation des visas de l'art. 100 C

Il s'agit ici de l'emploi d'une technique de rapprochement, très spécifique peut-être, par adoption de décisions du Conseil (le texte ne parle pas de directive comme le fait l'art. 100 CEE) ; trois décisions sont prévues : la détermination des pays tiers dont les ressortissants sont soumis à l'obligation d'obtenir un visa pour entrer dans la Communauté (§ 1), le rétablissement temporaire parmi ces pays tiers de celui qui à la suite de circonstances d'urgence confronte la Communauté à des difficultés par suite d'un afflux vers celle-ci de ses ressortissants (§ 2) (ce rétablissement est temporaire, de six mois en six mois), et enfin l'instauration d'un modèle-type de visa (§ 3) ; d'autres sujets pourront relever *in futuro* de cet article, voir son § 6 et l'article K.9.

Victoire communautaire : ces trois séries de décisions seront toutes prises à la majorité qualifiée en 1996, l'unanimité du Conseil n'étant requise, et encore pour le seul § 1, que jusqu'à fin 1995. Tout ceci à la requête de la Commission, appuyée surtout par l'Allemagne laquelle voulait une procédure efficace de détermination des pays soumis à visa ainsi que par la Belgique toujours favorable à la majorité.

Le droit d'initiative de la Commission n'est pas laissé à l'entière discrétion de celle-ci (§ 4) : elle doit « instruire toute demande formulée par un Etat membre et tendant à ce qu'elle fasse une proposition au Conseil » (elle n'est pas tenue expressément de faire une proposition !). On notera par ailleurs que la décision de rétablissement temporaire d'un pays sur la liste de ceux pour lesquels un visa est requis est prise sur sa recommandation, ce qui, excluant que le Conseil puisse statuer sans une telle recommandation, donne à la Commission un droit de veto (§ 2).

On doit aussi parler du § 7 qui indique que « les conventions, en vigueur entre les Etats membres régissant des matières couvertes par le présent article restent en vigueur tant que leur contenu n'aura pas été remplacé par des directives ou par des mesures prises en vertu du présent article ».

Quoi qu'il en soit, le plus important dans tout cela est le choix de la majorité qualifiée pour établir ou supprimer pour un pays tiers l'obligation du visa d'entrée pour ses ressortissants. On sait que cet emploi de la majorité qualifiée a été relevé par le Conseil constitutionnel français (décision du 9 avril 1992) comme requérant une modification de la Constitution française avant ratification par la France du traité de Maastricht (ceci en raison de l'atteinte à la souveraineté française que constituerait une minorisation en la matière). En revanche cet emploi de la majorité était fortement revendiqué par divers Etats membres, l'Allemagne en particulier, qui ne voulaient pas que leur territoire soit envahi par des étrangers ayant transité par un autre Etat membre plus laxiste en matière de visa.

Division C. — Le cadre institutionnel de la coopération intergouvernementale dans le domaine de la justice et des affaires intérieures

Pour certains le problème ne se pose pas, ce n'est pas aux institutions d'agir mais aux Etats membres ; pour d'autres on ne saurait rien faire en dehors du cadre institutionnel communautaire ; on ne va pas reprendre ici l'histoire des querelles sur la structure du traité et sur « l'unicité » institutionnelle : à titre de compromis l'art. C du traité de l'Union proclame l'unité du cadre institutionnel, mais immédiatement après, l'art. E atténue le principe puisque les institutions « exercent leurs attributions dans les conditions prévues » par le traité. Quelques dispositions spéciales figurent dans le troisième pilier. On opposera celles relatives au rôle des institutions et celles concernant les mécanismes institutionnels.

§ 1er. *Rôle des institutions*

Les institutions sont toutes présentes, mais selon des modalités particulières à chacune, avec en plus l'adjonction d'un comité de hauts fonctionnaires préparant spécialement les travaux du Conseil. On a dit l'importance dans les années 1986-1992 de groupes informels des Etats membres, se réunissant pour certains au niveau des

Ministres. Il est toujours difficile de faire disparaître un organe qui a travaillé ; il est plus facile de le résorber par son institutionnalisation.

La disposition la plus générale est la reprise entière des règles générales de composition et de fonctionnement du PE, du Conseil et de la Commission. (Voir art. K.8.1 (ainsi que K.8.2 1re phrase).)

La disposition la moins novatrice est la constitution (art. K.4.2) d'un comité de coordination composé de hauts fonctionnaires. Elle n'est pas novatrice parce que ce comité existait déjà depuis décembre 1988 (Conseil européen de Rhodes), avec responsabilité dans les matières qui sont celles énumérées à l'article K.1 spécialement chiffres 4, 5 et 9, qu'il y a aussi depuis 1986 le groupe *ad hoc* immigration pour les matières K.1. chiffres 1, 2 et 3 ; qu'il existe en plus les Ministres Trevi et leurs adjoints ... ; et qu'enfin l'art. K.3.1 a prévu l'institutionnalisation des réunions d'experts des administrations des Etats membres ... Ce comite de coordination formule des avis et prépare les travaux du Conseil, sans préjudice du rôle qu'exerce en la matière le comité des représentants permanents (voir aussi l'art. 100 D). De toutes façons il y aura des problèmes de logistique à résoudre, auxquels le Conseil est habitué.

Passant maintenant aux institutions, on ne dira rien du Conseil lui-même, seule instance ministérielle décisive, ni de la Commission qui « est pleinement associée aux travaux dans les domaines visés » (art. K.4.2). On reviendra sur son pouvoir d'initiative au titre des mécanismes institutionnels utilisés pour la coopération (*infra* § 2).

On a par ailleurs déjà parlé de la possibilité d'attribution à la Cour de justice d'une compétence dans le cadre des conventions art. K.2 lettre c.

Quant au Parlement, l'art. K.6 lui est consacré. Il n'acquiert certes pas les mêmes fonctions que dans les modifications apportées par le traité de Maastricht au traité CEE ; il n'en est pas moins inséré dans un domaine où jusqu'ici il était absent. Il est d'abord informé régulièrement des travaux par la Présidence du Conseil et la Commission. Il est consulté par la Présidence sur les principaux aspects de l'activité et ses vues sont à l'instance de la présidence dûment prises en considération. Il peut poser des questions au Conseil et formuler des recommandations à son intention. Finalement, il procède à un débat annuel sur les progrès réalisés.

§ 2. *Mécanismes institutionnels*

Nos explications ne porteront que sur les différences avec les mécanismes du traité CE quant à l'initiative de la Commission et quant aux majorités utilisées par le Conseil. Elles évoqueront aussi (dans le cadre des majorités requises) l'éventualité de la prise en charge par le budget communautaire du financement des actions communes.

1. Une première remarque concerne le droit *d'initiative* de la Commission. Certes, dans l'intergouvernemental, la Commission, bien que pleinement associée à tous les travaux (art. K.4.2) ne saurait avoir le monopole d'initiative. Toutefois, elle va dans plusieurs domaines de coopération, ceux portant les n° 1 à 6, partager avec les Etats membres le droit d'initiative des projets de positions et d'actions communes ainsi que de conventions ; dans les trois derniers domaines (coopération pénale, douanière et policière), seuls les Etats membres auront le droit d'initiative (art. K.3.2). Il faut aussi parler de l'art. 100 C (politique des visas) où, bien que l'on soit dans l'exécution du traité CEE, le droit d'initiative de la Commission subit ce qui semble une avarie bien bénigne : les Etats membres peuvent lui demander d'« instruire toute demande ... tendant à qu'elle fasse une proposition » (sans pour autant la contraindre à déposer une telle proposition) (art. 100 C § 4) ; par ailleurs dans le rétablissement temporaire d'un pays parmi ceux dont les ressortissants sont soumis à visa, elle a un pouvoir de recommandation et non de proposition, ce qui, si on suit les pratiques communautaires, empêche que le Conseil statue en l'absence de recommandation de la Commission, mais lui permet de statuer à la majorité qualifiée même si elle se démarque de la position recommandée par la Commission. Quoiqu'il en soit, comme le Parlement, la Commission gagne car elle est là dans une matière où elle n'avait jusqu'ici rien à dire.

2. La seconde remarque concerne les conditions dans lesquelles le Conseil se prononce. Normalement, s'agissant d'une procédure intergouvernementale, ce devait être d'un commun accord ou à l'unanimité ; c'est ce qu'indique l'art. K.4.3, sous réserve d'emploi de la majorité simple pour les questions de procédure : par ailleurs, le Conseil use de la majorité qualifiée (avec même pondération qu'au traité et vote positif d'au moins huit Etats membres) dans le rare cas d'adoption de mesures d'application d'une action commune

(art. K.3.2. litt. b), ainsi que d'une majorité spécifique des 2/3 prévue à l'art. K.3.2. *littera* c) pour les mesures de mise en oeuvre des conventions ; enfin, il reçoit la possibilité à l'art. K.8.2 soit de décider à l'unanimité une prise en charge financière par la Communauté des frais d'une action commune, soit de mettre ceux-ci à la charge des Etats membres éventuellement selon une clé *ad hoc* de répartition (ce qui n'interdit pas la prise en charge seulement par certains Etats membres). Enfin à l'égard des matières qui ont été communautarisées, en l'espèce l'harmonisation entre Etats membres de la soumission des étrangers à visas, à compter de 1996, rappelons-le, la majorité qualifiée deviendra de mise (§ 3) : ceci, toutefois, ne s'applique pas *ipso facto* pour les matières qui seront communautaires *in futuro* cf art. 100 C § 6 *in fine*).

Division D. — La clause évolutive des art. K.9 et 100 C § 6 (la « passerelle »)

On a déjà évoqué cette passerelle permettant un transfert de matières relevant de la coopération dans le domaine de la justice et de l'intérieur (exclusivement pour les matières de l'art. K.1 n° 1 à 6, pas celles à connotation pénale, douanière et policière, K.1 n° 7 à 9) depuis le mécanisme de coopération intergouvernementale vers le système communautaire de l'art. 100 C. Son adoption résulte du désir de la Belgique, de l'Allemagne, voire des Pays-Bas, ainsi que de la Commission, de généraliser au maximum l'emploi des procédures communautaires, contre les autres délégations ancrées dans l'intergouvernemental. On a aussi constaté l'attachement des négociateurs à toutes sortes de clauses évolutives (dans le sens « d'une union sans cesse plus étroite »). La décision relève ici d'une proposition de la Commission, arrêtée par le Conseil à l'unanimité et soumise dans les Etats membres à adoption conformément à leurs règles constitutionnelles respectives ; elle doit fixer quelles conditions de vote s'appliqueront aux matières transférées (art. 100 C § 6 *in fine* et art. K 9).

Il est à noter enfin, que le titre VI relatif à la coopération dans les domaines de la justice et des affaires intérieures ne figure pas parmi les dispositions pour lesquelles une révision de 1996 est explicitement prévue.

ANNEXES

Pages

I. Le traité sur l'Union européenne 515

II. Extraits des conclusions de la présidence (Conseil européen d'Edimbourg des 11 à 12 décembre 1992) . . . 755

III. Bibliographie relative à l'UEM 787

Annexe I

TRAITÉ SUR L'UNION EUROPÉENNE, ENSEMBLE LE TEXTE COMPLET DU TRAITÉ INSTITUANT LA COMMUNAUTÉ EUROPÉENNE

Note introductive

Le lecteur voudra bien trouver ci-après, le texte du traité sur l'Union européenne, signé à Maastricht le 7 février 1992, y compris une version amendée complète du traité instituant la Communauté économique européenne, telle qu'elle résultera de l'entrée en vigueur du titre II (articles G 1 à 84) du traité sur l'Union européenne ; ce titre II contient les dispositions portant modification du traité instituant la Communauté économique européenne en vue d'établir la Communauté européenne. Toutes les dispositions nouvelles ou modifiées par le traité sur l'Union européenne sont imprimées en caractères italiques. Ce traité entrera en vigueur quand les conditions prévues par son article R auront été remplies.

Sont également reproduits les textes des protocoles qui font partie intégrante du Traité, celui de l'acte final ainsi que des déclarations adoptées par les conférences intergouvernementales à Maastricht le 7 février 1992.

Ces différents textes ont été publiés au Journal officiel des Communautés européennes n° C 191 du 29 juillet 1992 et C 224 du 31 août 1992. Pour en faciliter la consultation les textes des protocoles et déclarations sont numérotés (ce qu'ils ne sont pas au Journal officiel).

On n'a en revanche pas reproduit le texte des annexes et protocoles qui étaient d'ores et déjà annexés au traité instituant la Communauté économique européenne avant les modifications prévues par le traité du 7 février 1992.

*

* *

TRAITÉ SUR L'UNION EUROPÉENNE

SA MAJESTÉ LE ROI DES BELGES,

SA MAJESTÉ LA REINE DE DANEMARK,

LE PRÉSIDENT DE LA RÉPUBLIQUE FÉDÉRALE D'ALLEMAGNE,

LE PRÉSIDENT DE LA RÉPUBLIQUE HELLÉNIQUE,

SA MAJESTÉ LE ROI D'ESPAGNE,

LE PRÉSIDENT DE LA RÉPUBLIQUE FRANÇAISE,

LE PRÉSIDENT D'IRLANDE,

LE PRÉSIDENT DE LA RÉPUBLIQUE ITALIENNE,

SON ALTESSE ROYALE LE GRAND-DUC DE LUXEMBOURG,

SA MAJESTÉ LA REINE DES PAYS-BAS,

LE PRÉSIDENT DE LA RÉPUBLIQUE PORTUGAISE,

SA MAJESTÉ LA REINE DU ROYAUME-UNI DE GRANDE-BRETAGNE ET D'IRLANDE DU NORD,

RÉSOLUS à franchir une nouvelle étape dans le processus d'intégration européenne engagé par la création des Communautés européennes,

RAPPELANT l'importance historique de la fin de la division du continent européen et la nécessité d'établir des bases solides pour l'architecture de l'Europe future.

CONFIRMANT leur attachement aux principes de la liberté, de la démocratie et du respect des droits de l'homme et des libertés fondamentales et de l'État de droit,

DÉSIREUX d'approfondir la solidarité entre leurs peuples dans le respect de leur histoire, de leur culture et de leurs traditions,

DÉSIREUX de renforcer le caractère démocratique et l'efficacité du fonctionnement des institutions, afin de leur permettre de mieux remplir, dans un cadre institutionnel unique, les missions qui leur sont confiées,

RÉSOLUS à renforcer leurs économies ainsi qu'à en assurer la convergence, et à établir une union économique et monétaire, comportant, conformément aux dispositions du présent traité, une monnaie unique et stable,

DÉTERMINÉS à promouvoir le progrès économique et social de leurs peuples, dans le cadre de l'achèvement du marché intérieur et du renforcement de la cohésion et de la protection de l'environnement, et à mettre en œuvre des politiques assurant des progrès parallèles dans l'intégration économique et dans les autres domaines,

RÉSOLUS à établir une citoyenneté commune aux ressortissants de leurs pays,

RÉSOLUS à mettre en œuvre une politique étrangère et de sécurité commune, y compris la définition à terme d'une politique de défense commune qui pourrait conduire, le moment venu, à une défense commune, renforçant ainsi l'identité de l'Europe et son indépendance afin de promouvoir la paix, la sécurité et le progrès en Europe et dans le monde,

RÉAFFIRMANT leur objectif de faciliter la libre circulation des personnes, tout en assurant la sûreté et la sécurité de leurs peuples, en insérant des dispositions sur la justice et les affaires intérieures dans le présent traité,

RÉSOLUS à poursuivre le processus créant une union sans cesse plus étroite entre les peuples de l'Europe, dans laquelle les décisions sont prises le plus près possible des citoyens, conformément au principe de subsidiarité,

DANS LA PERSPECTIVE des étapes ultérieures à franchir pour faire progresser l'intégration européenne,

ONT DÉCIDÉ d'instituer une Union européenne et ont désigné à cet effet comme plénipotentiaires :

SA MAJESTÉ LE ROI DES BELGES :

Mark EYSKENS,
Ministre des Affaires étrangères ;

Philippe MAYSTADT,
Ministre des Finances ;

SA MAJESTÉ LA REINE DE DANEMARK :

Uffe ELLEMANN-JENSEN,
Ministre des Affaires étrangères ;

Anders FOGH RASMUSSEN,
Ministre des Affaires économiques ;

LE PRÉSIDENT DE LA RÉPUBLIQUE FÉDÉRALE D'ALLEMAGNE :

Hans-Dietrich GENSCHER,
Ministre fédéral des Affaires étrangères ;

Théodor WAIGEL,
Ministre fédéral des Finances ;

LE PRÉSIDENT DE LA RÉPUBLIQUE HELLÉNIQUE :

Antonios SAMARAS,
Ministre des Affaires étrangères ;

Efthymios CHRISTODOULOU,
Ministre de l'Économie nationale ;

SA MAJESTÉ LE ROI D'ESPAGNE :

Francisco FERNÁNDEZ ORDÓÑEZ,
Ministre des Affaires étrangères ;

Carlos SOLCHAGA CATALÁN,
Ministre de l'Économie et des Finances ;

LE PRÉSIDENT DE LA RÉPUBLIQUE FRANÇAISE :

Roland DUMAS,
Ministre des Affaires étrangères ;

Pierre BEREGOVOY,
Ministre de l'Économie, des Finances et du Budget ;

LE PRÉSIDENT D'IRLANDE :

Gerard COLLINS,
Ministre des Affaires étrangères ;

Bertie AHERN,
Ministre des Finances ;

LE PRÉSIDENT DE LA RÉPUBLIQUE ITALIENNE :

Gianni DE MICHELIS,
Ministre des Affaires étrangères ;

Guido CARLI,
Ministre du Trésor ;

SON ALTESSE ROYALE LE GRAND-DUC DE LUXEMBOURG :

Jacques F. POOS,
Vice-premier ministre,
Ministre des Affaires étrangères ;

Jean-Claude JUNCKER,
Ministre des Finances ;

SA MAJESTÉ LA REINE DES PAYS-BAS :

Hans van den BROEK,
Ministre des Affaires étrangères ;

Willem KOK,
Ministre des Finances ;

LE PRÉSIDENT DE LA RÉPUBLIQUE PORTUGAISE :

Joâo de Deus PINHEIRO,
Ministre des Affaires étrangères ;

Jorge BRAGA de MACEDO
Ministre des Finances ;

SA MAJESTÉ LA REINE DU ROYAUME-UNI DE GRANDE-BRETAGNE ET D'IRLANDE DU NORD :

The Rt. Hon. Douglas HURD,
Ministre des Affaires étrangères et du Commonwealth ;

The Hon. Francis MAUDE,
Financial Secretary au Trésor ;

LESQUELS, après avoir échangé leurs pleins pouvoirs reconnus en bonne et due forme, sont convenus des dispositions qui suivent :

TITRE PREMIER
DISPOSITIONS COMMUNES

Article A

Par le présent traité, les Hautes Parties Contractantes instituent entre elles une Union européenne, ci-après dénommée «Union».

Le présent traité marque une nouvelle étape dans le processus créant une union sans cesse plus étroite entre les peuples de l'Europe, dans laquelle les décisions sont prises le plus près possible des citoyens.

L'Union est fondée sur les Communautés européennes complétées par les politiques et formes de coopération instaurées par le présent traité. Elle a pour mission d'organiser de façon cohérente et solidaire les relations entre les États membres et entre leurs peuples.

Article B

L'Union se donne pour objectifs :

— de promouvoir un progrès économique et social équilibré et durable, notamment par la création d'un espace sans frontières intérieures, par le renforcement de la cohésion économique et sociale et par l'établissement d'une union économique et monétaire comportant, à terme, une monnaie unique, conformément aux dispositions du présent traité ;

— d'affirmer son identité sur la scène internationale, notamment par la mise en œuvre d'une politique étrangère et de sécurité commune, y compris la définition à terme d'une politique de défense commune, qui pourrait conduire, le moment venu, à une défense commune ;

— de renforcer la protection des droits et des intérêts des ressortissants de ses États membres par l'instauration d'une citoyenneté de l'Union ;

— de développer une coopération étroite dans le domaine de la justice et des affaires intérieures ;
— de maintenir intégralement l'acquis communautaire et de le développer afin d'examiner, conformément à la procédure visée à l'article N paragraphe 2, dans quelle mesure les politiques et formes de coopération instaurées par le présent traité devraient être révisées en vue d'assurer l'efficacité des mécanismes et institutions communautaires.

Les objectifs de l'Union sont atteints conformément aux dispositions du présent traité, dans les conditions et selon les rythmes qui y sont prévus, dans le respect du principe de subsidiarité tel qu'il est défini à l'article 3 B du traité instituant la Communauté européenne.

Article C

L'Union dispose d'un cadre institutionnel unique qui assure la cohérence et la continuité des actions menées en vue d'atteindre ses objectifs, tout en respectant et en développant l'acquis communautaire.

L'Union veille, en particulier, à la cohérence de l'ensemble de son action extérieure dans le cadre de ses politiques en matière de relations extérieures, de sécurité, d'économie et de développement. Le Conseil et la Commission ont la responsabilité d'assurer cette cohérence. Ils assurent, chacun selon ses compétences, la mise en œuvre de ces politiques.

Article D

Le Conseil européen donne à l'Union les impulsions nécessaires à son développement et en définit les orientations politiques générales.

Le Conseil européen réunit les chefs d'État ou de gouvernement des États membres ainsi que le président de la Commission. Ceux-ci sont assistés par les ministres chargés des affaires étrangères des États membres et par un membre de la Commission. Le Conseil européen se réunit au moins deux fois par an, sous la présidence du chef d'État ou de gouvernement de l'État membre qui exerce la présidence du Conseil.

Le Conseil européen présente au Parlement européen un rapport à la suite de chacune de ses réunions, ainsi qu'un rapport écrit annuel concernant les progrès réalisés par l'Union.

Article E

Le Parlement européen, le Conseil, la Commission et la Cour de justice exercent leurs attributions dans les conditions et aux fins prévues, d'une part, par les dispositions des traités instituant les Communautés européennes et des traités et actes subséquents qui les ont modifiés ou complétés et, d'autre part, par les autres dispositions du présent traité.

Article F

1. L'Union respecte l'identité nationale de ses États membres, dont les systèmes de gouvernement sont fondés sur les principes démocratiques.

2. L'Union respecte les droits fondamentaux, tels qu'ils sont garantis par la Convention européenne de sauvegarde des droits de l'homme et des libertés fondamentales, signée à Rome le 4 novembre 1950, et tels qu'ils résultent des traditions constitutionnelles communes aux États membres, en tant que principes généraux du droit communautaire.

3. L'Union se dote des moyens nécessaires pour atteindre ses objectifs et pour mener à bien ses politiques.

TITRE II

TRAITÉ INSTITUANT LA *COMMUNAUTÉ EUROPÉENNE* (1)

SA MAJESTÉ LE ROI DES BELGES,

LE PRÉSIDENT DE LA RÉPUBLIQUE FÉDÉRALE D'ALLEMAGNE,

LE PRÉSIDENT DE LA RÉPUBLIQUE FRANÇAISE,

LE PRÉSIDENT DE LA RÉPUBLIQUE ITALIENNE,

SON ALTESSE ROYALE LA GRANDE-DUCHESSE DE LUXEMBOURG,

SA MAJESTÉ LA REINE DES PAYS-BAS,

DÉTERMINÉS à établir les fondements d'une union sans cesse plus étroite entre les peuples européens,

DÉCIDÉS à assurer par une action commune le progrès économique et social de leurs pays en éliminant les barrières qui divisent l'Europe,

ASSIGNANT pour but essentiel à leurs efforts l'amélioration constante des conditions de vie et d'emploi de leurs peuples,

RECONNAISSANT que l'élimination des obstacles existants appelle une action concertée en vue de garantir la stabilité dans l'expansion, l'équilibre dans les échanges et la loyauté dans la concurrence,

(1) Intitulé tel que modifié par l'article G.1 du Traité sur l'Union européenne (ci-après TUE). Le lecteur trouvera ci-après une version amendée complète du traité instituant la Communauté économique européenne, telle qu'elle résultera de l'entrée en vigueur du titre II du TUE : Dispositions portant modification du traité instituant la Communauté économique européenne en vue d'établir la Communauté européenne (articles G 1 à 84).

SOUCIEUX de renforcer l'unité de leurs économies et d'en assurer le développement harmonieux en réduisant l'écart entre les différentes régions et le retard des moins favorisés,

DÉSIREUX de contribuer, grâce à une politique commerciale commune, à la suppression progressive des restrictions aux échanges internationaux,

ENTENDANT confirmer la solidarité qui lie l'Europe et les pays d'outre-mer, et désirant assurer le développement de leur prospérité, conformément aux principes de la Charte des Nations unies,

RÉSOLUS à affermir, par la constitution de cet ensemble de ressources, les sauvegardes de la paix et de la liberté, et appelant les autres peuples de l'Europe qui partagent leur idéal à s'associer à leur effort,

ONT décidé de créer une *Communauté européenne* et ont désigné à cet effet comme plénipotentiaires :

SA MAJESTÉ LE ROI DES BELGES :

M. Paul-Henri SPAAK,
ministre des affaires étrangères ;

Baron J. Ch. SNOY ET D'OPPUERS,
secrétaire général du ministère des affaires économiques,
président de la délégation belge auprès de la Conférence intergouvernementale ;

LE PRÉSIDENT DE LA RÉPUBLIQUE FÉDÉRALE D'ALLEMAGNE :

M. le docteur Konrad ADENAUER,
chancelier fédéral ;

M. le professeur docteur Walter HALLSTEIN,
secrétaire d'État aux affaires étrangères ;

LE PRÉSIDENT DE LA RÉPUBLIQUE FRANÇAISE :

M. Christian PINEAU,
ministre des affaires étrangères ;

M. Maurice FAURE,
secrétaire d'État aux affaires étrangères ;

LE PRÉSIDENT DE LA RÉPUBLIQUE ITALIENNE :

M. Antonio SEGNI,
président du Conseil des ministres ;

M. le professeur Gaetano MARTINO,
ministre des affaires étrangères ;

SON ALTESSE ROYALE LA GRANDE-DUCHESSE DE LUXEMBOURG :

M. Joseph BECH,
président du gouvernement, ministre des affaires étrangères ;

M. Lambert SCHAUS,
ambassadeur, président de la délégation luxembourgeoise auprès de la Conférence intergouvernementale ;

SA MAJESTÉ LA REINE DES PAYS-BAS :

M. Joseph LUNS,
ministre des affaires étrangères ;

M. J. LINTHORST HOMAN,
président de la délégation néerlandaise auprès de la Conférence intergouvernementale.

LESQUELS, après avoir échangé leurs pleins pouvoirs, reconnus en bonne et due forme, sont convenus des dispositions qui suivent.

PREMIÈRE PARTIE
LES PRINCIPES

Article premier

Par le présent traité, les hautes parties contractantes instituent entre elles une *Communauté européenne.*

Article 2 (2)

La Communauté a pour mission, par l'établissement d'un marché commun, *d'une union économique et monétaire et par la mise en œuvre des politiques ou des actions communes visées aux articles 3 et 3 A*, de promouvoir un développement harmonieux *et équilibré* des activités économiques dans l'ensemble de la Communauté, *une croissance durable et non inflationniste respectant l'environnement, un haut degré de convergence des performances économiques, un niveau d'emploi et de protection sociale élevé, le relèvement du niveau et de la qualité de vie la cohésion économique et sociale et la solidarité entre les États membres.*

Article 3 (3)

Aux fins énoncées à l'article 2, l'action de la Communauté comporte, dans les conditions et selon les rythmes prévus par le présent traité :

(2) Tel que modifié par l'article G.2 TUE.
(3) Tel que modifié par l'article G.3 TUE.

a) l'élimination, entre les États membres, des droits de douane et des restrictions quantitatives à l'entrée et à la sortie des marchandises, ainsi que de toutes autres mesures d'effet équivalent,
b) *une politique commerciale commune,*
c) *un marché intérieur caractérisé par* l'abolition, entre les États membres, des obstacles à la libre circulation des marchandises, des personnes, des services et des capitaux,
d) *des mesures relatives à l'entrée et à la circulation des personnes dans le marché intérieur conformément à l'article 100 C,*
e) *une politique commune dans les domaines de l'agriculture et de la pêche,*
f) *une politique commune dans le domaine des transports,*
g) *un régime assurant que la concurrence n'est pas faussée dans le marché intérieur,*
h) le rapprochement des législations nationales dans la mesure nécessaire au fonctionnement du marché commun,
i) *une politique dans le domaine social comprenant un Fonds social européen,*
j) le renforcement de la cohésion économique et sociale,
k) une politique dans le domaine de l'environnement,
l) le renforcement de la compétitivité de l'industrie de la Communauté,
m) la promotion de la recherche et du développement technologique,
n) l'encouragement à l'établissement et au développement de réseaux transeuropéens,
o) une contribution à la réalisation d'un niveau élevé de protection de la santé,
p) une contribution à une éducation et à une formation de qualité ainsi qu'à l'épanouissement des cultures des États membres,
q) une politique dans le domaine de la coopération au développement,
r) l'association des pays et territoires d'outre-mer, en vue d'accroître les échanges et de poursuivre en commun l'effort de développement économique et social,
s) une contribution au renforcement de la protection des consommateurs,
t) des mesures dans les domaines de l'énergie, de la protection civile et du tourisme.

Article 3 A (4)

1. Aux fins énoncées à l'article 2, l'action des États membres et de la Communauté comporte, dans les conditions et selon les rythmes prévus par le présent traité, l'instauration d'une politique économique fondée sur l'étroite coordination des politiques économiques des États membres, sur le marché intérieur et sur la définition d'objectifs communs, et conduite conformément au respect du principe d'une économie de marché ouverte où la concurrence est libre.

(4) Tel qu'inséré par l'article G.4 TUE.

2. Parallèlement, dans les conditions et selon les rythmes et les procédures prévus par le présent traité, cette action comporte la fixation irrévocable des taux de change conduisant à l'instauration d'une monnaie unique, l'Écu, ainsi que la définition et la conduite d'une politique monétaire et d'une politique de change uniques dont l'objectif principal est de maintenir la stabilité des prix et, sans préjudice de cet objectif, de soutenir les politiques économiques générales dans la Communauté, conformément au principe d'une économie de marché ouverte où la concurrence est libre.

3. Cette action des États membres et de la Communauté implique le respect des principes directeurs suivants : prix stables, finances publiques et conditions monétaires saines et balance des paiements stable.

Article 3 B (5)

Le Communauté agit dans les limites des compétences qui lui sont conférées et des objectifs qui lui sont assignés par le présent traité.

Dans les domaines qui ne relèvent pas de sa compétence exclusive, la Communauté n'intervient, conformément au principe de subsidiarité, que si et dans la mesure où les objectifs de l'action envisagée ne peuvent pas être réalisés de manière suffisante par les États membres et peuvent donc, en raison des dimensions ou des effets de l'action envisagée, être mieux réalisés au niveau communautaire.

L'action de la Communauté n'excède pas ce qui est nécessaire pour atteindre les objectifs du présent traité.

Article 4 (6)

1. La réalisation des tâches confiées à la Communauté est assurée par :
— un Parlement européen,
— un Conseil,
— une Commission,
— une Cour de justice,
— *une Cour des comptes.*

Chaque institution agit dans les limites des attributions qui lui sont conférées par le présent traité.

2. Le Conseil et la Commission sont assistés d'un Comité économique et social *et d'un Comité des régions* exerçant des fonctions consultatives.

Article 4 A (7)

Il est institué, selon les procédures prévues par le présent traité, un Système européen de banques centrales, ci-après dénommé «SEBC», et une Banque cen-

(5) Tel qu'inséré par l'article G.5 TUE.
(6) Tel que modifié par l'article G.6 TUE.
(7) Tel qu'inséré par l'article G.7 TUE.

trale européenne, ci-après dénommée «BCE» ; ils agissent dans les limites des pouvoirs qui leur sont conférés par le présent traité et les statuts du SEBC et de la BCE, ci-après dénommés «statuts du SEBC», qui lui sont annexés.

Article 4 B (8)

Il est institué une Banque européenne d'investissement qui agit dans les limites des attributions qui lui sont conférées par le présent traité et les statuts qui lui sont annexés.

Article 5

Les États membres prennent toutes mesures générales ou particulières propres à assurer l'exécution des obligations découlant du présent traité ou résultant des actes des institutions de la Communauté. Ils facilitent à celle-ci l'accomplissement de sa mission.

Ils s'abstiennent de toutes mesures susceptibles de mettre en péril la réalisation des buts du présent traité.

Article 6 (9)

Dans le domaine d'application de présent traité, et sans préjudice des dispositions particulières qu'il prévoit, est interdite toute discrimination exercée en raison de la nationalité.

Le Conseil, statuant conformément à la procédure visée à l'article 189 C, peut prendre toute réglementation en vue de l'interdiction de ces discriminations.

Article 7 (10)

1. Le marché commun est progressivement établi au cours d'une période de transition de douze années.

La période de transition est divisée en trois étapes, de quatre années chacune, dont la durée peut être modifiée dans les conditions prévues ci-dessous.

2. A chaque étape est assigné un ensemble d'actions qui doivent être engagées et poursuivies concurremment.

3. Le passage de la première à la deuxième étape est conditionné par la constation que l'essentiel des objectifs spécifiquement fixés par le présent traité pour la première étape a été effectivement atteint et que, sous réserve des exceptions et procédures prévues à ce traité, les engagements ont été tenus.

(8) Tel qu'inséré par l'article G.7 TUE.
(9) Tel que modifié par l'article G.8 TUE.
(10) Articles 7, 7 A, 7 B et 7 C : anciens articles 8, 8 A, 8 B, 8 C (article G.9 TUE).

Cette constatation est effectuée au terme de la quatrième année par le Conseil, statuant à l'unanimité sur le rapport de la Commission. Toutefois, un État membre ne peut faire obstacle à l'unanimité en se prévalant du non-accomplissement de ses propres obligations. A défaut d'unanimité, la première étape est automatiquement prolongée d'un an.

Au terme de la cinquième année, la constatation est efectuée par le Conseil, dans les mêmes conditions. A défaut d'unanimité, la première étape est automatiquement prolongée d'une année supplémentaire.

Au terme de la sixième année, la constatation est effectuée par le Conseil, statuant à la majorité qualifiée sur le rapport de la Commission.

4. Dans un délai d'un mois à compter de ce dernier vote, chaque État membre resté en minorité, ou, si la majorité requise n'est pas atteinte, tout État membre a le droit de demander au Conseil la désignation d'une instance d'arbitrage dont la décision lie tous les États membres et les institutions de la Communauté. Cette instance d'arbitrage se compose de trois membres désignés par le Conseil, statuant à l'unanimité sur proposition de la Commission.

A défaut de désignation par le Conseil dans un délai d'un mois à compter de la requête, les membres de l'instance d'arbitrage sont désignés par la Cour de justice dans un nouveau délai d'un mois.

L'instance d'arbitrage désigne elle-même son président.

Elle rend sa sentence dans un délai de six mois à compter de la date du vote du Conseil visé au dernier alinéa du paragraphe 3.

5. Les deuxième et troisième étapes ne peuvent être prolongées ou abrégées qu'en vertu d'une décision adoptée par le Conseil, statuant à l'unanimité sur proposition de la Commission.

6. Les dispositions des paragraphes précédents ne peuvent avoir pour effet de prolonger la période de transition au-delà d'une durée totale de quinze années à partir de l'entrée en vigueur de présent traité.

7. Sous réserve des exceptions ou dérogations prévues par le présent traité, l'expiration de la période de transition constitue le terme extrême pour l'entrée en vigueur de l'ensemble des règles prévues et pour la mise en place de l'ensemble des réalisations que comporte l'établissement du marché commun.

Article 7 A

La Communauté arrête les mesures destinées à établir progressivement le marché intérieur au cours d'une période expirant le 31 décembre 1992, conformément aux dispositions du présent article, des articles *7 B, 7 C* et 28, de l'article 57 paragraphe 2, de l'article 59, de l'article 70, paragraphe 1, et des articles 84, 99, 100 A et 100 B et sans préjudice des autres dispositions du présent traité.

Le marché intérieur comporte un espace sans frontières intérieures dans lequel la libre circulation des marchandises, des personnes, des services et des capitaux est assurée selon les dispositions du présent traité.

Article 7 B

La Commission fait rapport au Conseil avant le 31 décembre 1988 et avant le 31 décembre 1990 sur l'état d'avancement des travaux en vue de la réalisation du marché intérieur dans le délai prévu à l'article 7 *A*.

Le Conseil, statuant à la majorité qualifiée sur proposition de la Commission, définit les orientations et conditions nécessaires pour assurer un progrès équilibré dans l'ensemble des secteurs concernés.

Article 7 C

Lors de la formulation de ses propositions en vue de la réalisation des objectifs énoncés à l'article 7 A, la Commission tient compte de l'ampleur de l'effort que certaines économies présentant des différences de développement devront supporter au cours de la période d'établissement du marché intérieur et elle peut proposer les dispositions appropriées.

Si ces dispositions prennent la forme de dérogations, elles doivent avoir un caractère temporaire et apporter le moins de perturbations possibles au fonctionnement du marché commun.

DEUXIÈME PARTIE (11)

LA CITOYENNETÉ DE L'UNION

Article 8

1. Il est institué une citoyenneté de l'Union.

Est citoyen de l'Union toute personne ayant la nationalité d'un État membre.

2. Les citoyens de l'Union jouissent des droits et sont soumis aux devoirs prévus par le présent traité.

Article 8 A

1. Tout citoyen de l'Union a le droit de circuler et de séjourner librement sur le territoire des États membres, sous réserve des limitations et conditions prévues par le présent traité et par les dispositions prises pour son application.

(11) Deuxième partie telle qu'insérée par l'article G.C TUE.

2. Le Conseil peut arrêter des dispositions visant à faciliter l'exercice des droits visés au paragraphe 1 ; sauf si le présent traité en dispose autrement, il statue à l'unanimité sur proposition de la Commission et après avis conforme du Parlement européen.

Article 8 B

1. Tout citoyen de l'Union résidant dans un État membre dont il n'est pas ressortissant a le droit de vote et d'éligibilité aux élections municipales dans l'État membre où il réside, dans les mêmes conditions que les ressortissants de cet État. Ce droit sera exercé sous réserve des modalités à arrêter avant le 31 décembre 1994 par le Conseil, statuant à l'unanimité sur proposition de la Commission et après consultation du Parlement européen ; ces modalités peuvent prévoir des dispositions dérogatoires lorsque des problèmes spécifiques à un État membre le justifient.

2. Sans préjudice des dispositions de l'article 138 paragraphe 3 et des dispositions prises pour son application, tout citoyen de l'Union résidant dans un État membre dont il n'est pas ressortissant a le droit de vote et d'éligibilité aux élections au Parlement européen dans l'État membre où il réside, dans les mêmes conditions que les ressortissants de cet État. Ce droit sera exercé sous réserve des modalités à arrêter, avant le 31 décembre 1993, par le Conseil, statuant à l'unanimité sur proposition de la Commission et après consultation du Parlement européen ; ces modalités peuvent prévoir des dispositions dérogatoires lorsque des problèmes spécifiques à un État membre le justifient.

Article 8 C

Tout citoyen de l'Union bénéficie, sur le territoire d'un pays tiers où l'État membre dont il est ressortissant n'est pas représenté, de la protection de la part des autorités diplomatiques et consulaires de tout État membre, dans les mêmes conditions que les nationaux de cet État. Avant le 31 décembre 1993, les États membres établiront entre eux les règles nécessaires et engageront les négociations internationales requises en vue d'assurer cette protection.

Article 8 D

Tout citoyen de l'Union a le droit de pétition devant le Parlement européen conformément aux dispositions de l'article 138 D.

Tout citoyen de l'Union peut s'adresser au médiateur institué conformément aux dispositions de l'article 138 E.

Article 8 E

La Commission fait rapport au Parlement européen, au Conseil et au Comité économique et social avant le 31 décembre 1993, puis tous les trois ans, sur l'application des dispositions de la présente partie. Ce rapport tient compte du développement de l'Union.

Sur cette base, et sans préjudice des autres dispositions du présent traité, le Conseil, statuant à l'unanimité sur proposition de la Commission et après consultation du Parlement européen, peut arrêter des dispositions tendant à compléter les droits prévus à la présente partie, dispositions dont il recommandera l'adoption par les États membres conformément à leurs règles constitutionnelles respectives.

TROISIÈME PARTIE (12)
LES POLITIQUES DE LA COMMUNAUTÉ

TITRE PREMIER
La libre circulation des marchandises

Article 9

1. La Communauté est fondée sur une union douanière qui s'étend à l'ensemble des échanges de marchandises, et qui comporte l'interdiction, entre les États membres, des droits de douane à l'importation et à l'exportation et de toutes taxes d'effet équivalent, ainsi que l'adoption d'un tarif douanier commun dans leurs relations avec les pays tiers.

2. Les dispositions du chapitre 1, section première, et du chapitre 2 du présent titre s'appliquent aux produits qui sont originaires des États membres, ainsi qu'aux produits en provenance de pays tiers qui se trouvent en libre pratique dans les États membres.

Article 10

1. Sont considérés comme étant en libre pratique dans un État membre les produits en provenance de pays tiers pour lesquels les formalités d'importation ont été accomplies et les droits de douane et taxes d'effet équivalent exigibles ont été perçus dans cet État membre, et qui n'ont pas bénéficié d'une ristourne totale ou partielle de ces droits et taxes.

2. La Commission, avant la fin de la première année à compter de l'entrée en vigueur du présent traité, détermine les méthodes de coopération administrative pour l'application de l'article 9 paragraphe 2, en tenant compte de la nécessité d'alléger, dans toute la mesure du possible, les formalités imposées au commerce.

(12) Troisième partie, regroupant les anciennes Deuxième et Troisième parties (article G.D TUE).

Avant la fin de la première année à compter de l'entrée en vigueur du présent traité, la Commission détermine les dispositions applicables, dans le trafic entre les États membres, aux marchandises originaires d'un État membre, dans la fabrication desquelles sont entrés des produits qui n'ont pas été soumis aux droits de douane et taxes d'effet équivalent qui leur étaient applicables dans l'État membre exportateur, ou qui ont bénéficié d'une ristourne totale ou partielle de ces droits ou taxes.

En arrêtant ces dispositions, la Commission tient compte des règles prévues pour l'élimination des droits de douane à l'intérieur de la Communauté et pour l'application progressive du tarif douanier commun.

Article 11

Les États membres prennent toutes dispositions appropriées pour permettre aux gouvernements l'exécution, dans les délais fixés, des obligations qui leur incombent en matière de droits de douane en vertu du présent traité.

CHAPITRE 1er. — **L'union douanière**

SECTION 1RE. — L'ÉLIMINATION DES DROITS DE DOUANE ENTRE LES ÉTATS MEMBRES

Article 12

Les États membres s'abstiennent d'introduire entre eux de nouveaux drois de douane à l'importation et à l'exportation ou taxes d'effet équivalent, et d'augmenter ceux qu'ils appliquent dans leurs relations commerciales mutuelles.

Article 13

1. Les droits de douane à l'importation, en vigueur entre les États membres sont progressivement supprimés par eux, au cours de la période de transition, dans les conditions prévues aux articles 14 et 15.

2. Les taxes d'effet équivalant à des droits de douane à l'importation, en vigueur entre les États membres, sont progressivement supprimées par eux au cours de la période de transition. La Commission fixe, par voie de directives, le rythme de cette suppression. Elle s'inspire des règles prévues à l'article 14, paragraphes 2 et 3, ainsi que des directives arrêtées par le Conseil en application de ce paragraphe 2.

Article 14

1. Pour chaque produit, le droit de base sur lequel les réductions successives doivent être opérées est constitué par le droit appliqué au 1er janvier 1957.

2. Le rythme des réductions est déterminé comme suit :

a) au cours de la première étape, la première réduction est effectuée un an après l'entrée en vigueur du présent traité ; la deuxième, dix-huit mois plus tard ; la troisième, à la fin de la quatrième année à compter de l'entrée en vigueur de ce traité ;

b) au cours de la deuxième étape, une réduction est opérée dix-huit mois après le début de cette étape ; une deuxième réduction, dix-huit mois après la précédente ; une troisième réduction est opérée un an plus tard ;

c) les réductions restant à réaliser sont appliquées au cours de la troisième étape ; le Conseil, statuant à la majorité qualifiée sur proposition de la Commission, en fixe le rythme par voie de directives.

3. Lors de la première réduction, les États membres mettent en vigueur entre eux, sur chaque produit, un droit égal au droit de base diminué de 10 %.

Lors de chaque réduction ultérieure, chaque État membre doit abaisser l'ensemble de ses droits, de sorte que la perception douanière totale, telle qu'elle est définie au paragraphe 4, soit diminuée de 10 %, étant entendu que la réduction sur chaque produit doit être au moins égale à 5 % du droit de base.

Toutefois, pour les produits sur lesquels subsiste un droit qui serait encore supérieur à 30 %, chaque réduction doit être au moins égale à 10 % du droit de base.

4. Pour chaque État membre la perception douanière totale visée au paragraphe 3 se calcule en multipliant par les droits de base la valeur des importations effectuées en provenance des autres États membres au cours de l'année 1956.

5. Les problèmes particuliers que soulève l'application des paragraphes précédents sont réglés par directives du Conseil, statuant à la majorité qualifiée sur proposition de la Commission.

6. Les États membres rendent compte à la Commission de la manière selon laquelle les règles ci-dessus pour la réduction des droits sont appliquées. Ils s'efforcent d'aboutir à ce que la réduction appliquée aux droits sur chaque produit atteigne :

— à la fin de la première étape, au moins 25 % du droit de base ;
— à la fin de la deuxième étape, au moins 50 % du droit de base.

La Commission leur fait toutes recommandations utiles si elle constate qu'il existe un danger que les objectifs définis à l'article 13 et les pourcentages fixés au présent paragraphe ne puissent être atteints.

7. Les dispositions du présent article peuvent être modifiées par le Conseil, statuant à l'unanimité sur proposition de la Commission et après consultation du Parlement européen.

Article 15

1. Indépendamment des dispositions de l'article 14, tout État membre peut, au cours de la période de transition, suspendre totalement ou partiellement la perception des droits appliqués aux produits importés des autres États membres. Il en informe les autres États membres et la Commission.

2. Les États membres se déclarent disposés à réduire leurs droits de douane à l'égard des autres États membres selon un rythme plus rapide que celui prévu à l'article 14, si leur situation économique générale et la situation du secteur intéressé le leur permettent.

La Commission adresse aux États membres intéressés des recommandations à cette fin.

Article 16

Les États membres suppriment entre eux, au plus tard à la fin de la première étape, les droits de douane à l'exportation et les taxes d'effet équivalent.

Article 17

1. Les dispositions des articles 9 à 15, paragraphe 1, sont applicables aux droits de douane à caractère fiscal. Toutefois, ces droits ne sont pas pris en considération pour le calcul de la perception douanière totale ni pour celui de l'abaissement de l'ensemble des droits visés à l'article 14, paragraphes 3 et 4.

Ces droits sont abaissés d'au moins 10 % du droit de base à chaque palier de réduction. Les États membres peuvent les réduire selon un rythme plus rapide que celui prévu à l'article 14.

2. Les États membres font connaître à la Commission, avant la fin de la première année à compter de l'entrée en vigueur du présent traité, leurs droits de douane à caractère fiscal.

3. Les États membres conservent la faculté de remplacer ces droits par une taxe intérieure conforme aux dispositions de l'article 95.

4. Lorsque la Commission constate que le remplacement d'un droit de douane à caractère fiscal se heurte dans un État membre à des difficultés sérieuses, elle autorise cet État à maintenir ce droit, à la condition qu'il le supprime au plus tard six ans après l'entrée en vigueur du présent traité. L'autorisation doit être demandée avant la fin de la première année à compter de l'entrée en vigueur de ce traité.

SECTION 2. — L'ÉTABLISSEMENT DU TARIF DOUANIER COMMUN

Article 18

Les États membres se déclarent disposés à contribuer au développement du commerce international et à la réduction des entraves aux échanges, en concluant des accords visant, sur une base de réciprocité et d'avantages mutuels, à la réduction des droits de douane au-dessous du niveau général dont ils pourraient se prévaloir du fait de l'établissement d'une union douanière entre eux.

Article 19

1. Dans les conditions et limites prévues ci-après, les droits du tarif douanier commun s'établissent au niveau de la moyenne arithmétique des droits appliqués dans les quatre territoires douaniers que comprend la Communauté.

2. Les droits retenus pour le calcul de cette moyenne sont ceux appliqués par les États membres au 1er janvier 1957.

Toutefois, en ce qui concerne le tarif italien, le droit appliqué s'entend compte non tenu de la réduction temporaire de 10 %. En outre, sur les postes où ce tarif comporte un droit conventionnel, celui-ci est substitué au droit appliqué ainsi défini, à condition de ne pas lui être supérieur de plus de 10 %. Lorsque le droit conventionnel dépasse le droit appliqué ainsi défini de plus de 10 %, ce droit appliqué majoré de 10 % est retenu pour le calcul de la moyenne arithmétique.

En ce qui concerne les positions énumérées à la liste A, les droits figurant sur cette liste sont substitués aux droits appliqués pour le calcul de la moyenne arithmétique.

3. Les droits du tarif douanier commun ne peuvent dépasser :

a) 3 % pour les produits relevant des positions tarifaires énumérées à la liste B,
b) 10 % pour les produits relevant des positions tarifaires énumérées à la liste C,
c) 15 % pour les produits relevant des positions tarifaires énumérées à la liste D,
d) 25 % pour les produits relevant des positions tarifaires énumérées à la liste E ; lorsque, pour ces produits, le tarif des pays du Benelux comporte un droit n'excédant pas 3 %, ce droit est porté à 12 % pour le calcul de la moyenne arithmétique.

4. La liste F fixe les droits applicables aux produits qui y sont énumérés.

5. Les listes de positions tarifaires visées au présent article et à l'article 20 font l'objet de l'annexe I du présent traité.

Article 20

Les droits applicables aux produits de la liste G sont fixés par voie de négociations entre les États membres. Chaque État membre peut ajouter d'autres produits à cette liste dans la limite de 2 % de la valeur totale de ses importations en provenance de pays tiers au cours de l'année 1956.

La Commission prend toutes initiatives utiles pour que ces négociations soient engagées avant la fin de la deuxième année à compter de l'entrée en vigueur du présent traité et terminées avant la fin de la première étape.

Dans le cas où, pour certains produits, un accord n'aurait pu intervenir dans ces délais, le Conseil, statuant sur proposition de la Commission, à l'unanimité jusqu'à la fin de la deuxième étape et à la majorité qualifiée par la suite, fixe les droits du tarif douanier commun.

Article 21

1. Les difficultés techniques qui pourraient se présenter dans l'application des articles 19 et 20 sont réglées, dans les deux ans suivant l'entrée en vigueur du présent traité, par directives du Conseil statuant à la majorité qualifiée sur proposition de la Comission.

2. Avant la fin de la première étape, ou au plus tard lors de la fixation des droits, le Conseil, statuant à la majorité qualifiée sur proposition de la Commission, décide des ajustements que requiert l'harmonie interne du tarif douanier commun à la suite de l'application des règles prévues aux articles 19 et 20, compte tenu notamment du degré d'ouvraison des différentes marchandises auxquelles il s'applique.

Article 22

La Commission détermine, dans les deux ans suivant l'entrée en vigueur du présent traité, la mesure dans laquelle les droits de douane à caractère fiscal visés à l'article 17, paragraphe 2, doivent être retenus pour le calcul de la moyenne arithmétique prévue à l'article 19, paragraphe 1. Elle tient compte de l'aspect protecteur qu'ils peuvent comporter.

Au plus tard six mois après cette détermination, tout État membre peut demander l'application au produit en cause de la procédure visée à l'article 20, sans que la limite prévue à cet article lui soit opposable.

Article 23

1. Aux fins de la mise en place progressive du tarif douanier commun, les États membres modifient leurs tarifs applicables aux pays tiers selon les modalités qui suivent :

a) pour les positions tarifaires où les droits effectivement appliqués au 1er janvier 1957 ne s'écartent pas de plus de 15 % en plus ou en moins des droits du tarif douanier commun, ces derniers droits sont appliqués à la fin de la quatrième année à compter de l'entrée en vigueur du présent traité ;

b) dans les autres cas, chaque État membre applique, à la même date, un droit réduisant de 30 % l'écart entre le taux effectivement appliqué au 1er janvier 1957 et celui du tarif douanier commun ;

c) cet écart est réduit de nouveau de 30 % à la fin de la deuxième étape ;
d) en ce qui concerne les positions tarifaires pour lesquelles les droits du tarif douanier commun ne seraient pas connus à la fin de la première étape, chaque État membre applique, dans les six mois après que le Conseil a statué conformément à l'article 20, les droits qui résulteraient de l'application des règles du présent paragraphe.

2. L'État membre qui a obtenu l'autorisation prévue à l'article 17, paragraphe 4, est dispensé d'appliquer les dispositions qui précèdent, pendant la durée de validité de cette autorisation, en ce qui concerne les positions tarifaires qui en font l'objet. A l'expiration de l'autorisation, il applique le droit qui serait résulté de l'application des règles du paragraphe précédent.

3. Le tarif douanier commun est appliqué intégralement au plus tard à l'expiration de la période de transition.

Article 24

Pour s'aligner sur le tarif douanier commun, les États membres restent libres de modifier leurs droits de douane selon un rythme plus rapide que celui prévu à l'article 23.

Article 25

1. Si la Commission constate que la production dans les États membres de certains produits des listes B, C et D ne suffit pas pour l'approvisionnement d'un État membre, et que cet approvisionnement dépend traditionnellement, pour une part considérable, d'importations en provenance de pays tiers, le Conseil, statuant à la majorité qualifiée sur proposition de la Commission, octroie des contingents tarifaires à droit réduit ou nul à l'État membre intéressé.

Ces contingents ne peuvent excéder les limites au-delà desquelles des transferts d'activité au détriment d'autres États membres seraient à craindre.

2. En ce qui concerne les produits de la liste E, ainsi que ceux de la liste G dont les taux auront été fixés selon la procédure prévue à l'article 20, alinéa 3, la Commission octroie à tout État membre intéressé, sur sa demande, des contingents tarifaires à droit réduit ou nul, si un changement dans les sources d'approvisionnement ou si un approvisionnement insuffisant dans la Communauté est de nature à entraîner des conséquences dommageables pour les industries transformatrices de l'État membre intéressé.

Ces contingents ne peuvent excéder les limites au-delà desquelles des transferts d'activités au détriment d'autres État membres seraient à craindre.

3. En ce qui concerne les produits énumérés à l'annexe II du présent traité, la Commission peut autoriser tout État membre à suspendre en tout

ou en partie la perception des droits applicables, ou lui octroyer des contingents tarifaires à droit réduit ou nul, à condition qu'il ne puisse en résulter des perturbations sérieuses sur le marché des produits en cause.

4. La Commission procède périodiquement à l'examen des contingents tarifaires octroyés en application du présent article.

Article 26

La Commission peut autoriser un État membre, qui doit faire face à des difficultés particulières, à différer l'abaissement ou le relèvement, à effectuer en vertu de l'article 23, des droits de certaines positions de son tarif.

L'autorisation ne pourra être donnée que pour une durée limitée, et seulement pour un ensemble de positions tarifaires ne représentant pas pour l'État en cause plus de 5 % de la valeur de ses importations effectuées en provenance de pays tiers au cours de la dernière année pour laquelle des données statistiques sont disponibles.

Article 27

Avant la fin de la première étape, les États membres procèdent, dans la mesure nécessaire, au rapprochement de leurs dispositions, législatives, réglementaires et administratives, en matière douanière. La Commission adresse aux États membres toutes recommandations à cette fin.

Article 28

Toutes modifications ou suspensions autonomes des droits du tarif douanier commun sont décidées par le Conseil, statuant à la majorité qualifiée sur proposition de la Commission.

Article 29

Dans l'exercice des missions qui lui sont confiées au titre de la présente section, la Commission s'inspire :

a) de la nécessité de promouvoir les échanges commerciaux entre les États membres et les pays tiers,

b) de l'évolution des conditions de concurrence à l'intérieur de la Communauté, dans la mesure où cette évolution aura pour effet d'accroître la force compétitive des entreprises,

c) des nécessités d'approvisionnement de la Communauté en matières premières et demi-produits, tout en veillant à ne pas fausser entre les États membres les conditions de concurrence sur les produits finis,

d) de la nécessité d'éviter des troubles sérieux dans la vie économique des États membres et d'assurer un développement rationnel de la production et une expansion de la consommation dans la Communauté.

CHAPITRE 2. — **L'élimination des restrictions quantitatives entre les États membres**

Article 30

Les restrictions quantitatives à l'importation, ainsi que toutes mesures d'effet équivalent, sont interdites entre les États membres, sans préjudice des dispositions ci-après.

Article 31

Les États membres s'abstiennent d'introduire entre eux de nouvelles restrictions quantitatives et mesures d'effet équivalent.

Toutefois, cette obligation ne s'applique qu'au niveau de libération réalisé en application des décisions du Conseil de l'Organisation européenne de coopération économique en date du 14 janvier 1955. Les États membres notifient à la Commission, au plus tard six mois après l'entrée en vigueur du présent traité, leurs listes des produits libérés en application de ces décisions. Les listes ainsi notifiées sont consolidées entre les États membres.

Article 32

Les États membres s'abstiennent, dans leurs échanges mutuels, de rendre plus restrictifs les contingents et les mesures d'effet équivalent existant à la date d'entrée en vigueur du présent traité.

Ces contingents doivent être supprimés au plus tard à l'expiration de la période de transition. Ils sont progressivement éliminés au cours de cette période dans les conditions déterminées ci-après.

Article 33

1. Un an après l'entrée en vigueur du présent traité, chacun des États membres transforme les contingents bilatéraux ouverts aux autres États membres en contingents globaux accessibles sans discrimination à tous les autres États membres.

A la même date, les États membres augmentent l'ensemble des contingents globaux ainsi établis de manière à réaliser, par rapport à l'année précédente, un accroissement d'au moins 20 % de leur valeur totale. Toutefois, chacun des contingents globaux par produit est augmenté d'au moins 10 %.

Chaque année, les contingents sont élargis, suivant les mêmes règles et dans les mêmes proportions, par rapport à l'année qui précède.

Le quatrième élargissement a lieu à la fin de la quatrième année à compter de l'entrée en vigueur du présent traité ; le cinquième, un an après le début de la deuxième étape.

2. Lorsque, pour un produit non libéré, le contingent global n'atteint pas 3 % de la production nationale de l'État en cause, un contingent égal à 3 %

au moins de cette production est établi au plus tard un an après l'entrée en vigueur du présent traité. Ce contingent est porté à 4 % après la deuxième année, à 5 % après la troisième année. Ensuite, l'État membre intéressé augmente annuellement le contingent d'au moins 15 %.

Au cas où il n'existe aucune production nationale, la Commission détermine par voie de décision un contingent approprié.

3. A la fin de la dixième année, tout contingent doit être au moins égal à 20 % de la production nationale.

4. Lorsque la Comission constate par une décision que les importations d'un produit, au cours de deux années consécutives, ont été inférieures au contingent ouvert, ce contingent global ne peut être pris en considération dans le calcul de la valeur totale des contingents globaux. Dans ce cas, l'État membre supprime le contingentement de ce produit.

5. Pour les contingents qui représentent plus de 20 % de la production nationale du produit en cause, le Conseil, statuant à la majorité qualifiée sur proposition de la Commission, peut abaisser le pourcentage minimum de 10 % prescrit au paragraphe 1. Cette modification ne peut toutefois porter atteinte à l'obligation d'accroissement annuel de 20 % de la valeur totale des contingents globaux.

6. Les États membres ayant dépassé leurs obligations en ce qui concerne le niveau de libération réalisé en application des décisions du Conseil de l'Organisation européenne de coopération économique en date du 14 janvier 1955 sont habilités à tenir compte du montant des importations libérées par voie autonome, dans le calcul de l'augmentation totale annuelle de 20 % prévue au paragraphe. 1. Ce calcul est soumis à l'approbation préalable de la Commission.

7. Des directives de la Commission déterminent la procédure et le rythme de suppression entre les États membres des mesures d'effet équivalent à des contingents, existant à la date de l'entrée en vigueur du présent traité.

8. Si la Commission constate que l'application des dispositions du présent article, et en particulier de celles concernant les pourcentages, ne permet pas d'assurer le caractère progressif de l'élimination prévue à l'article 32, alinéa 2, le Conseil, statuant sur proposition de la Commission, à l'unanimité au cours de la première étape et à la majorité qualifiée par la suite, peut modifier la procédure visée dans le présent article et procéder en particulier au relèvement des pourcentages fixés.

Article 34

1. Les restrictions quantitatives à l'exportation, ainsi que toutes mesures d'effet équivalent, sont interdites entre les États membres.

2. Les États membres suppriment, au plus tard à la fin de la première étape, les restrictions quantitatives à l'exportation et toutes mesures d'effet équivalent existant à l'entrée en vigueur du présent traité.

Article 35

Les États membres se déclarent disposés à éliminer, à l'égard des autres États membres, leurs restrictions quantitatives à l'importation et à l'exportation selon un rythme plus rapide que celui prévu aux articles précédents, si leur situation économique générale et la situation du secteur intéressé le leur permettent.

La Commission adresse aux États membres intéressés des recommandations à cet effet.

Article 36

Les dispositions des articles 30 à 34 inclus ne font pas obstacle aux interdictions ou restrictions d'importation, d'exportation ou de transit, justifiées par des raisons de moralité publique, d'ordre public, de sécurité publique, de protection de la santé et de la vie des personnes et des animaux ou de préservation des végétaux, de protection des trésors nationaux ayant une valeur artistique, historique ou archéologique ou de protection de la propriété industrielle et commerciale. Toutefois, ces interdictions ou restrictions ne doivent constituer ni un moyen de discrimination arbitraire, ni une restriction déguisée dans le commerce entre les États membres.

Article 37

1. Les États membres aménagent progressivement les monopoles nationaux présentant un caractère commercial, de telle façon qu'à l'expiration de la période de transition soit assurée, dans les conditions d'approvisionnement et de débouchés, l'exclusion de toute discrimination entre les ressortissants des États membres.

Les dispositions du présent article s'appliquent à tout organisme par lequel un État membre, de jure ou de facto, contrôle, dirige ou influence sensiblement, directement ou indirectement, les importations ou les exportations entre les États membres. Ces dispositions s'appliquent également aux monopoles d'État délégués.

2. Les États membres s'abstiennent de toute mesure nouvelle contraire aux principes énoncés au paragraphe 1 ou qui restreint la portée des articles relatifs à l'élimination des droits de douane et des restrictions quantitatives entre les États membres.

3. Le rythme des mesures envisagées au paragraphe 1 doit être adapté à l'élimination, prévue aux articles 30 à 34 inclus, des restrictions quantitatives pour les mêmes produits.

Au cas où un produit n'est assujetti que dans un seul ou dans plusieurs États membres à un monopole national présentant un caractère commercial, la Commission peut autoriser les autres États membres à appliquer des mesures de sauvegarde dont elle détermine les conditions et modalités, aussi longtemps que l'adaptation prévue au paragraphe 1 n'a pas été réalisée.

4. Dans le cas d'un monopole à caractère commercial comportant une réglementation destinée à faciliter l'écoulement ou la valorisation de produits agricoles, il convient d'assurer, dans l'application des règles du présent article, des garanties équivalentes pour l'emploi et le niveau de vie des producteurs intéressés, compte tenu du rythme des adaptations possibles et des spécialisations nécessaires.

5. D'autre part, les obligations des États membres ne valent que pour autant qu'elles sont compatibles avec les accords internationaux existants.

6. La Commission fait, dès la première étape, des recommandations au sujet des modalités et du rythme selon lesquels l'adaptation prévue au présent article doit être réalisée.

TITRE II

L'agriculture

Article 38

1. Le marché commun s'étend à l'agriculture et au commerce des produits agricoles. Par produits agricoles on entend les produits du sol, de l'élevage et de la pêcherie, ainsi que les produits de première transformation qui sont en rapport direct avec ces produits.

2. Sauf dispositions contraires des articles 39 à 46 inclus, les règles prévues pour l'établissement du marché commun sont applicables aux produits agricoles.

3. Les produits qui sont soumis aux dispositions des articles 39 à 46 inclus sont énumérés à la liste qui fait l'objet de l'annexe II du présent traité. Toutefois, dans un délai de deux ans à compter de l'entrée en vigueur de ce traité, le Conseil, sur proposition de la Commission, décide à la majorité qualifiée des produits qui doivent être ajoutés à cette liste.

4. Le fonctionnement et le développement du marché commun pour les produits agricoles doivent s'accompagner de l'établissement d'une politique agricole commune des États membres.

Article 39

1. La politique agricole commune a pour but :

a) d'accroître la productivité de l'agriculture en développant le progrès technique, en assurant le développement rationnel de la production agricole ainsi qu'un emploi optimum des facteurs de production, notamment de la main-d'œuvre,
b) d'assurer ainsi un niveau de vie équitable à la population agricole, notamment par le relèvement du revenu individuel de ceux qui travaillent dans l'agriculture,
c) de stabiliser les marchés,
d) de garantir la sécurité des approvisionnements,
e) d'assurer des prix raisonnables dans les livraisons aux consommateurs.

2. Dans l'élaboration de la politique agricole commune et des méthodes spéciales qu'elle peut impliquer, il sera tenu compte :

a) du caractère particulier de l'activité agricole, découlant de la structure sociale de l'agriculture et des disparités structurelles entre les diverses régions agricoles,
b) de la nécessité d'opérer graduellement les ajustements opportuns,
c) du fait que, dans les États membres, l'agriculture constitue un secteur intimement lié à l'ensemble de l'économie.

Article 40

1. Les États membres développent graduellement pendant la période de transition, et établissent au plus tard à la fin de cette période, la politique commune.

2. En vue d'atteindre les objectifs prévus à l'article 39, il sera établi une organisation commune des marchés agricoles.

Suivant les produits, cette organisation prend l'une des formes ci-après :

a) des règles communes en matière de concurrence,
b) une coordination obligatoire des diverses organisations nationales de marché,
c) une organisation européenne du marché.

3. L'organisation commune sous une des formes prévues au paragraphe 2 peut comporter toutes les mesures nécessaires pour atteindre les objectifs définis à l'article 39, notamment des réglementations des prix, des subventions tant à la production qu'à la commercialisation des différents produits, des systèmes de stockage et de report, des mécanismes communs de stabilisation à l'importation ou à l'exportation.

Elle doit se limiter à poursuivre les objectifs énoncés à l'article 39 et doit exclure toute discrimination entre producteurs ou consommateurs de la Communauté.

Une politique commune éventuelle des prix doit être fondée sur les critères communs et sur des méthodes de calcul uniformes.

4. Afin de permettre à l'organisation commune visée au paragraphe 2 d'atteindre ses objectifs, il peut être créé un ou plusieurs fonds d'orientation et de garantie agricoles.

Article 41

Pour permettre d'atteindre les objectifs définis à l'article 39, il peut notamment être prévu dans le cadre de la politique agricole commune :

a) une coordination efficace des efforts entrepris dans les domaines de la formation professionnelle, de la recherche et de la vulgarisation agronomique, pouvant comporter des projets ou institutions financés en commun,
b) des actions communes pour le développement de la consommation de certains produits.

Article 42

Les dispositions du chapitre relatif aux règles de concurrence ne sont applicables à la production et au commerce des produits agricoles que dans la mesure déterminée par le Conseil dans le cadre des dispositions et conformément à la procédure prévues à l'article 43, paragraphes 2 et 3, compte tenu des objectifs énoncés à l'article 39.

Le Conseil peut notamment autoriser l'octroi d'aides :

a) pour la protection des exploitations défavorisées par des conditions structurelles ou naturelles,
b) dans le cadre de programmes de développement économique.

Article 43

1. Afin de dégager les lignes directrices d'une politique agricole commune, la Commission convoque, dès l'entrée en vigueur du traité, une conférence des États membres pour procéder à la confrontation de leurs politiques agricoles, en établissant notamment le bilan de leurs ressources et de leurs besoins.

2. La Commission, en tenant compte des travaux de la conférence prévue au paragraphe 1 présente, après consultation du Comité économique et social et dans un délai de deux ans à compter de l'entrée en vigueur du présent traité, des propositions en ce qui concerne l'élaboration et la mise en œuvre de la politique agricole commune y compris la substitution aux organisations nationales de l'une des formes d'organisation commune prévues à l'article 40, paragraphe 2, ainsi que la mise en œuvre des mesures spécialement mentionnées au présent titre.

Ces propositions doivent tenir compte de l'interdépendance des questions agricoles évoquées au présent titre.

Sur proposition de la Commission et après consultation du Parlement européen, le Conseil, statuant à l'unanimité au cours des deux premières et à la majorité qualifiée par la suite, arrête des règlements ou des directives, ou prend des décisions, sans préjudice des recommandations qu'il pourrait formuler.

3. L'organisation commune prévue à l'article 40, paragraphe 2, peut être substituée aux organisations nationales du marché, dans les conditions prévues au paragraphe précédent, par le Conseil statuant à la majorité qualifiée :

a) si l'organisation commune offre aux États membres opposés à cette mesure et disposant eux-mêmes d'une organisation nationale pour la production en cause, des garanties équivalentes pour l'emploi et le niveau de vie des producteurs intéressés, compte tenu du rythme des adaptations possibles et des spécialisations nécessaires, et
b) si cette organisation assure aux échanges à l'intérieur de la Communauté des conditions analogues à celles qui existent dans un marché national.

4. S'il est créé une organisation commune pour certaines matières premières, sans qu'il existe encore une organisation commune pour les produits de transformation correspondants, les matières premières en cause utilisées pour les produits de transformation destinés à l'exportation vers les pays tiers peuvent être importées de l'extérieur de la Communauté.

Article 44

1. Au cours de la période de transition, pour autant que la suppression progressive des droits de douane et des restrictions quantitatives entre les États membres est susceptible de conduire à des prix de nature à mettre en péril les objectifs fixés à l'article 39, il est permis à chaque État membre d'appliquer pour certains produits, d'une façon non discriminatoire et en remplacement des contingents, dans une mesure qui n'entrave pas l'expansion du volume des échanges prévu à l'article 45, paragraphe 2, un système de prix minima au-dessous desquels les importations peuvent être :

— soit temporairement suspendues ou réduites,
— soit soumises à la condition qu'elles se fassent à un prix supérieur au prix minimum fixé pour le produit en cause.

Dans le deuxième cas, les prix minima sont fixés droits de douane non compris.

2. Les prix minima ne doivent pas avoir pour effet une réduction des échanges existant entre les États membres à l'entrée en vigueur du présent traité, ni faire obstacle à une extension progressive de ces échanges. Les

prix minima ne doivent pas être appliqués de manière à faire obstacle au développement d'une préférence naturelle entre les États membres.

3. Dès l'entrée en vigueur du présent traité, le Conseil, sur proposition de la Commission, détermine des critères objectifs pour l'établissement de systèmes de prix minima et pour la fixation de ces prix.

Ces critères tiennent compte notamment des prix de revient nationaux moyens dans l'État membre qui applique le prix minimum, de la situation des diverses entreprises à l'égard de ces prix de revient moyens, ainsi que de la nécessité de promouvoir l'amélioration progressive de l'exploitation agricole et les adaptations et spécialisations nécessaires à l'intérieur du marché commun.

La Commission propose également une procédure de révision de ces critères, pour tenir compte du progrès technique et pour l'accélérer, ainsi que pour rapprocher progressivement les prix à l'intérieur du marché commun.

Ces critères, ainsi que la procédure de révision, doivent être déterminés à l'unanimité par le Conseil au cours des trois premières années suivant l'entrée en vigueur du présent traité.

4. Jusqu'au moment où prend effet la décision du Conseil, les États membres peuvent fixer les prix minima à condition d'en informer préalablement la Commission et les autres États membres, afin de leur permettre de présenter leurs observations.

Dès que la décision du Conseil est prise, les prix minima sont fixés par les États membres sur la base des critères établis dans les conditions ci-dessus.

Le Conseil, statuant à la majorité qualifiée sur proposition de la Commission, peut rectifier les décisions prises si elles ne sont pas conformes aux critères ainsi définis.

5. A partir du début de la troisième étape et dans le cas où pour certains produits il n'aurait pas encore été possible d'établir les critères objectifs précités, le Conseil, statuant à la majorité qualifiée sur proposition de la Commission, peut modifier les prix minima appliqués à ces produits.

6. A l'expiration de la période de transition, il est procédé au relevé des prix minima existant encore. Le Conseil, statuant sur proposition de la Commission à la majorité de 9 voix suivant la pondération prévue à l'article 148, paragraphe 2, alinéa 1, fixe le régime à appliquer dans le cadre de la politique agricole commune.

Article 45

1. Jusqu'à la substitution aux organisations nationales de l'une des formes d'organisation commune prévues à l'article 40, paragraphe 2, et pour les produits sur lesquels il existe dans certains États membres :

— des dispositions tendant à assurer aux producteurs nationaux l'écoulement de leur production, et
— des besoins d'importation,

le développement des échanges est poursuivi par la conclusion d'accords ou contrats à long terme entre États membres exportateurs et importateurs.

Ces accords ou contrats doivent tendre progressivement à éliminer toute discrimination dans l'application de ces dispositions aux différents producteurs de la Communauté.

La conclusion de ces accords ou contrats intervient au cours de la première étape ; il est tenu compte du principe de réciprocité.

2. En ce qui concerne les quantités, ces accords ou contrats prennent pour base le volume moyen des échanges entre les États membres pour les produits en cause pendant les trois années précédant l'entrée en vigueur du présent traité, et prévoient un accroissement de ce volume dans la limite des besoins existants en tenant compte des courants commerciaux traditionnels.

En ce qui concerne les prix, ces accords ou contrats permettent aux producteurs d'écouler les quantités convenues à des prix se rapprochant progressivement des prix payés aux producteurs nationaux sur le marché intérieur du pays acheteur.

Ce rapprochement doit être aussi régulier que possible et complètement réalisé au plus tard à la fin de la période de transition.

Les prix sont négociés entre les parties intéressés, dans le cadre des directives établies par la Commission pour l'application des deux alinéas précédents.

En cas de prolongation de la première étape, l'exécution des accords ou contrats se poursuit dans les conditions applicables à la fin de la quatrième année à compter de l'entrée en vigueur du présent traité, les obligations d'accroissement des quantités et de rapprochement des prix étant suspendues jusqu'au passage à la deuxième étape.

Les États membres font appel à toutes les possibilités qui leur sont offertes en vertu de leurs dispositions législatives, notamment en matière de politique d'importation, en vue d'assurer la conclusion et l'exécution de ces accords ou contrats.

3. Dans la mesure où les États membres ont besoin de matières premières pour la fabrication de produits destinés à être exportés en dehors de la Communauté en concurrence avec les produits de pays tiers, ces accords ou contrats ne peuvent faire obstacle aux importations de matières premières effectuées à cette fin en provenance de pays tiers. Toutefois, cette disposition n'est pas applicable si le Conseil décide à l'unanimité d'octroyer

les versements nécessaires pour compenser l'excès du prix payé pour des importations effectuées à cette fin sur la base de ces accords ou contrats, par rapport au prix rendu des mêmes fournitures acquises sur le marché mondial.

Article 46

Lorsque dans un État membre un produit fait l'objet d'une organisation nationale du marché ou de toute réglementation interne d'effet équivalent affectant dans la concurrence une production similaire dans un autre État membre, une taxe compensatoire à l'entrée est appliquée par les États membres à ce produit en provenance de l'État membre où l'organisation ou la réglementation existe, à moins que cet État n'applique une taxe compensatoire à la sortie.

La Commission fixe le montant de ces taxes dans la mesure nécessaire pour rétablir l'équilibre ; elle peut également autoriser le recours à d'autres mesures dont elle définit les conditions et modalités.

Article 47

En ce qui concerne les fonctions à accomplir par le Comité économique et social en application du présent titre, la section de l'agriculture a pour mission de se tenir à la disposition de la Commission en vue de préparer les délibérations du Comité conformément aux dispositions des articles 197 et 198.

TITRE III

La libre circulation des personnes, des services et des capitaux

CHAPITRE 1er. — Les travailleurs

Article 48

1. La libre circulation des travailleurs est assurée à l'intérieur de la Communauté au plus tard à l'expiration de la période de transition.

2. Elle implique l'abolition de toute discrimination, fondée sur la nationalité, entre les travailleurs des États membres, en ce qui concerne l'emploi, la rémunération et les autres conditions de travail.

3. Elle comporte le droit, sous réserve des limitations justifiées par des raisons d'ordre public, de sécurité publique et de santé publique :

a) de répondre à des emplois effectivement offerts,

b) de se déplacer à cet effet librement sur le territoire des États membres,

c) de séjourner dans un des États membres afin d'y exercer un emploi conformément aux dispositions législatives, réglementaires et administratives régissant l'emploi des travailleurs nationaux,
d) de demeurer, dans des conditions qui feront l'objet de règlements d'application établis par la Commission, sur le territoire d'un État membre, après y avoir occupé un emploi.

4. Les dispositions du présent article ne sont pas applicables aux emplois dans l'administration publique.

Article 49

Dès l'entrée en vigueur du présent traité, le Conseil, *statuant conformément à la procédure visée à l'article 189 B* et après consultation du Comité économique et social, arrête, par voie de directives ou de règlements, les mesures nécessaires en vue de réaliser progressivement la libre circulation des travailleurs, telle qu'elle est définie à l'article 48, notamment (13) :

a) en assurant une collaboration étroite entre les administrations nationales du travail,
b) en éliminant, selon un plan progressif, celles des procédures et pratiques administratives, ainsi que les délais d'accès aux emplois disponibles découlant soit de la législation interne, soit d'accords antérieurement conclus entre les États membres, dont le maintien ferait obstacle à la libération des mouvements des travailleurs,
c) en éliminant, selon un plan progressif, tous les délais et autres restrictions, prévus soit par les législations internes, soit par des accords antérieurement conclus entre les États membres, qui imposent aux travailleurs des autres États membres d'autres conditions qu'aux travailleurs nationaux pour le libre choix d'un emploi,
d) en établissant des mécanismes propres à mettre en contact les offres et les demandes d'emploi et à en faciliter l'équilibre dans des conditions qui écartent des risques graves pour le niveau de vie et d'emploi dans les diverses régions et industries.

Article 50

Les États membres favorisent, dans le cadre d'un programme commun, l'échange de jeunes travailleurs.

Article 51

Le Conseil, statuant à l'unanimité sur proposition de la Commission, adopte dans le domaine de la sécurité sociale les mesures nécessaires pour l'établissement de la libre circulation des travailleurs, en instituant notam-

(13) Première phrase telle que modifiée par l'article G.10 TUE.

ment un système permettant d'assurer aux travailleurs migrants et à leurs ayants droit :

a) la totalisation, pour l'ouverture et le maintien du droit aux prestations, ainsi que pour le calcul de celles-ci, de toutes périodes prises en considération par les différentes législations nationales,

b) le paiement des prestations aux personnes résidant sur les territoires des États membres.

CHAPITRE 2. — **Le droit d'établissement**

Article 52

Dans le cadre des dispositions ci-après, les restrictions à la liberté d'établissement des ressortissants d'un État membre dans le territoire d'un autre État membre sont progressivement supprimées au cours de la période de transition. Cette suppression progressive s'étend également aux restrictions à la création d'agences, de succursales ou de filiales, par les ressortissants d'un État membre établis sur le territoire d'un État membre.

La liberté d'établissement comporte l'accès aux activités non salariées et leur exercice, ainsi que la constitution et la gestion d'entreprises, et notamment de sociétés au sens de l'article 58, alinéa 2, dans les conditions définies par la législation du pays d'établissement pour ses propres ressortissants, sous réserve des dispositions du chapitre relatif aux capitaux.

Article 53

Les États membres n'introduisent pas de nouvelles restrictions à l'établissement sur leur territoire des ressortissants des autres États membres, sous réserve des dispositions prévues au présent traité.

Article 54

1. Avant la fin de la première étape, le Conseil arrête à l'unanimité, sur proposition de la Commission et après consultation du Comité économique et social et du Parlement européen, un programme général pour la suppression des restrictions à la liberté d'établissement qui existent à l'intérieur de la Communauté. La Commission soumet cette proposition au Conseil au cours des deux premières années de la première étape.

Le programme fixe, pour chaque catégorie d'activités, les conditions générales de la réalisation de la liberté d'établissement et notamment les étapes de celle-ci.

2. Pour mettre en œuvre le programme général ou, en l'absence de ce programme, pour accomplir une étape de la réalisation de la liberté d'établissement dans une activité déterminée, le Conseil, agissant *conformément*

à la procédure visée à l'article 189 B et après consultation du Comité économique et social, statue par voie de directives (14).

3. Le Conseil et la Commission exercent les fonctions qui leur sont dévolues par les dispositions ci-dessus, notamment :

a) en traitant, en général, par priorité des activités où la liberté d'établissement constitue une contribution particulièrement utile au développement de la production et des échanges,
b) en assurant une collaboration étroite entre les administrations nationales compétentes en vue de connaître les situations particulières à l'intérieur de la Communauté des diverses activités intéressées,
c) en éliminant celles des procédures et pratiques administratives découlant, soit de la législation interne, soit d'accords antérieurement conclus entre les États membres, dont le maintien ferait obstacle à la liberté d'établissement,
d) en veillant à ce que les travailleurs salariés d'un des États membres, employés sur le territoire d'un autre État membre, puissent demeurer sur ce territoire pour y entreprendre une activité non salariée lorsqu'ils satisfont aux conditions auxquelles ils devraient satisfaire s'ils venaient dans cet État au moment où ils veulent accéder à cette activité,
e) en rendant possible l'acquisition et l'exploitation de propriétés foncières situées sur le territoire d'un État membre par un ressortissant d'un autre État membre, dans la mesure où il n'est pas porté atteinte aux principes établis à l'article 39, paragraphe 2,
f) en appliquant la suppression progressive des restrictions à la liberté d'établissement, dans chaque branche d'activité considérée, d'une part aux conditions de création, sur le territoire d'un État membre, d'agences, de succursales ou de filiales, et d'autre part aux conditions d'entrée du personnel du principal établissement dans les organes de gestion ou de surveillance de celles-ci,
g) en coordonnant, dans la mesure nécessaire et en vue de les rendre équivalentes, les garanties qui sont exigées, dans les États membres, des sociétés au sens de l'article 58, alinéa 2, pour protéger les intérêts tant des associés que des tiers,
h) en s'assurant que les conditions d'établissement ne sont pas faussées par des aides accordées par les États membres.

Article 55

Sont exceptées de l'application des dispositions du présent chapitre, en ce qui concerne l'État membre intéressé, les activités participant dans cet État, même à titre occasionnel, à l'exercice de l'autorité publique.

(14) Paragraphe 2 tel que modifié par l'article G.11 TUE.

Le Conseil, statuant à la majorité qualifiée sur proposition de la Commission, peut excepter certaines activités de l'application des dispositions du présent chapitre.

Article 56

1. Les prescriptions du présent chapitre et les mesures prises en vertu de celles-ci ne préjugent pas l'applicabilité des dispositions législatives, réglementaires et administratives prévoyant un régime spécial pour les ressortissants étrangers, et justifiées par des raisons d'ordre public, de sécurité publique et de santé publique.

2. Avant l'expiration de la période de transition, le Conseil, statuant à l'unanimité sur proposition de la Commission et après consultation du Parlement européen, arrête les directives pour la coordination des dispositions législatives, réglementaires et administratives précitées. Toutefois, après la fin de la deuxième étape, le Conseil, statuant conformément à la procédure fixée à l'article 189 B, arrête les directives pour la coordination des dispositions qui, dans chaque État membre, relèvent du domaine réglementaire ou administratif (15).

Article 57 (16)

1. Afin de faciliter l'accès aux activités non salariées et leur exercice, le Conseil, *statuant conformément à la procédure visée à l'article 189 B,* arrête des directives visant à la reconnaissance mutuelle des diplômes, certificats et autres titres.

2. Aux mêmes fins, le Conseil arrête, avant l'expiration de la période de transition, les directives visant à la coordination des dispositions législatives, réglementaires et administratives des États membres concernant l'accès aux activités non salariées et l'exercice de celles-ci. Le Conseil statue à l'unanimité, sur proposition de la Commission et après consultation du Parlement européen, sur les directives dont l'exécution dans un État membre au moins comporte une modification des principes législatifs existants du régime des professions en ce qui concerne la formation et les conditions d'accès de personnes physiques. Dans les autres cas, le Conseil statue conformément à la procédure visée à l'article 189 B.

3. En ce qui concerne les professions médicales, paramédicales et pharmaceutiques, la libération progressive des restrictions sera subordonnée à la coordination de leurs conditions d'exercice dans les différents États membres.

(15) Paragraphe 2 tel que modifié par l'article G.12 TUE.
(16) Tel que modifié par l'article G.13 TUE.

Article 58

Les sociétés constituées en conformité de la législation d'un État membre et ayant leur siège statutaire, leur administration centrale ou leur principal établissement à l'intérieur de la Communauté sont assimilées, pour l'application des dispositions du présent chapitre, aux personnes physiques ressortissant des États membres.

Par sociétés on entend les sociétés de droit civil ou commercial, y compris les sociétés coopératives, et les autres personnes morales relevant du droit public ou privé, à l'exception des sociétés qui ne poursuivent pas de but lucratif.

CHAPITRE 3. — **Les services**

Article 59

Dans le cadre des dispositions ci-après, les restrictions à la libre prestation des services à l'intérieur de la Communauté sont progressivement supprimées au cours de la période de transition à l'égard des ressortissants des États membres établis dans un pays de la Communauté autre quei celui du destinataire de la prestation.

Le Conseil, statuant à la majorité qualifiée sur proposition de la Commission, peut étendre le bénéfice des dispositions du présent chapitre aux prestataires de services ressortissant d'un État tiers et établis à l'intérieur de la Communauté.

Article 60

Au sens du présent traité, sont considérées comme services les prestations fournies normalement contre rémunération, dans la mesure où elles ne sont pas régies par les dispositions relatives à la libre circulation des marchandises, des capitaux et des personnes.

Les services comprennent notamment :

a) des activités de caractère industriel,
b) des activités de caractère commercial,
c) des activités artisanales,
d) les activités des professions libérales.

Sans préjudice des dispositions du chapitre relatif au droit d'établissement, le prestataire peut, pour l'exécution de sa prestation, exercer, à titre temporaire, son activité dans le pays où la prestation est fournie, dans les mêmes conditions que celles que ce pays impose à ses propres ressortissants.

Article 61

1. La libre circulation des services, en matière de transports, est régie par les dispositions du titre relatif aux transports.

2. La libération des services des banques et des assurances qui sont liées à des mouvement de capitaux doit être réalisée en harmonie avec la libération progressive de la circulation des capitaux.

Article 62

Les États membres n'introduisent pas de nouvelles restrictions à la liberté effectivement atteinte, en ce qui concerne la prestation des services, à l'entrée en vigueur du présent traité, sous réserve des dispositions de celui-ci.

Article 63

1. Avant la fin de la première étape, le Conseil arrête à l'unanimité, sur proposition de la Commission et après consultation du Comité économique et social et du Parlement européen, un programme général pour la suppression des restrictions à la libre prestation des services, qui existent à l'intérieur de la Communauté. La Commission soumet cette proposition au Conseil au cours des deux premières années de la première étape.

Le programme fixe, pour chaque catégorie de services, les conditions générales et les étapes de leur libération.

2. Pour mettre en œuvre le programme général ou, en l'absence de ce programme, pour réaliser une étape de la libération d'un service déterminé, le Conseil, sur proposition de la Commission et après consultation du Comité économique et social et du Parlement européen, statue par voie de directives, à l'unanimité avant la fin de la première étape et à la majorité qualifiée par la suite.

3. Les propositions et décisions visées aux paragraphes 1 et 2 portent, en général, par priorité sur les services qui interviennent d'une façon directe dans les coûts de production ou dont la libération contribue à faciliter les échanges des marchandises.

Article 64

Les États membres se déclarent disposés à procéder à la libération des services au-delà de la mesure qui est obligatoire en vertu des directives arrêtées en application de l'article 63, paragraphe 2, si leur situation économique générale et la situation du secteur intéressé le leur permettent.

La Commission adresse aux États membres intéressés des recommandations à cet effet.

Article 65

Aussi longtemps que les restrictions à la libre prestation des services ne sont pas supprimées, chacun des États membres les applique sans distinction de nationalité ou de résidence à tous les prestataires de services visés à l'article 59, alinéa 1.

Article 66

Les dispositions des articles 55 à 58 inclus sont applicables à la matière régie par le présent chapitre.

CHAPITRE 4. — **Les capitaux et les paiements** (17)

Article 67

1. Les États membres suppriment progressivement entre eux, pendant la période de transition et dans la mesure nécessaire au bon fonctionnement du marché commun, les restrictions aux mouvements des capitaux appartenant à des personnes résidant dans les États membres, ainsi que les discriminations de traitement fondées sur la nationalité ou la résidence des parties, ou sur la localisation du placement.

2. Les paiements courants afférents aux mouvements de capitaux entre les États membres sont libérés de toutes restrictions au plus tard à la fin de la première étape.

Article 68

1. Les États membres accordent le plus libéralement possible, dans les matières visées au présent chapitre, les autorisations de change, dans la mesure où celles-ci sont encore nécessaires après l'entrée en vigueur du présent traité.

2. Lorsqu'un État membre applique aux mouvements des capitaux libérés conformément aux dispositions du présent chapitre sa réglementation intérieure relative au marché des capitaux et au crédit, il le fait de manière non discriminatoire.

3. Les emprunts destinés à financer directement ou indirectement un État membre ou ses collectivités publiques territoriales ne peuvent être émis ou placés dans les autres États membres que lorsque les États intéressés se sont mis d'accord à ce sujet. Cette disposition ne fait pas obstacle à l'application de l'article 22 du protocole sur les statuts de la Banque européenne d'investissement.

Article 69

Le Conseil, statuant sur proposition de la Commission qui consulte à cette fin le Comité monétaire prévu à l'article 105, arrête, à l'unanimité au cours des deux premières étapes et à la majorité qualifiée par la suite, les

(17) Titre modifié par l'article G.14 TUE.

directives nécessaires à la mise en œuvre progressive des dispositions de l'article 67.

Article 70

1. La Commission propose au Conseil les mesures tendant à la coordination progressive des politiques des États membres en matière de change, en ce qui concerne les mouvements de capitaux entre ces États et les pays tiers. A cet égard, le Conseil arrête à la majorité qualifiée des directives. Il s'efforce d'atteindre le plus haut degré de libération possible. L'unanimité est nécessaire pour les mesures constituant un recul en matière de libération des mouvements de capitaux.

2. Au cas où l'action entreprise en application du paragraphe précédent ne permettrait pas l'élimination des divergences entre les réglementations de change des États membres et où ces divergences inciteraient les personnes résidant dans l'un des États membres à utiliser les facilités de transfert à l'intérieur de la Communauté, telles qu'elles sont prévues par l'article 67, en vue de tourner la réglementation de l'un des États membres à l'égard des pays tiers, cet État peut, après consultation des autres États membres et de la Commission, prendre les mesures appropriées en vue d'éliminer ces difficultés.

Si le Conseil constate que ces mesures restreignent la liberté des mouvements de capitaux à l'intérieur de la Communauté au-delà de ce qui est nécessaire aux fins de l'alinéa précédent, il peut décider, à la majorité qualifiée sur proposition de la Commission, que l'État intéressé doit modifier ou supprimer ces mesures.

Article 71

Les États membres s'efforcent de n'introduire aucune nouvelle restriction de change à l'intérieur de la Communauté affectant les mouvements de capitaux et les paiements courants afférents à ces mouvements, et de ne pas rendre plus restrictives les réglementations existantes.

Ils se déclarent disposés à dépasser le niveau de libération des capitaux prévu aux articles précédents, dans la mesure où leur situation économique, notamment l'état de leur balance des paiements, le leur permet.

La Commission, après consultation du Comité monétaire, peut adresser aux États membres des recommandations à ce sujet.

Article 72

Les États membres tiennent la Commission informée des mouvements de capitaux, à destination et en provenance des pays tiers, dont ils ont connaissance. La Commission peut adresser aux États membres les avis qu'elle juge utiles à ce sujet.

Article 73

1. Au cas où des mouvements de capitaux entraînent des perturbations dans le fonctionnement du marché des capitaux d'un État membre, la Commission, après consultation du Comité monétaire, autorise cet État à prendre, dans le domaine des mouvements de capitaux, les mesures de protection dont elle définit les conditions et les modalités.

Cette autorisation peut être révoquée et ces conditions et modalités modifiées par le Conseil statuant à la majorité qualifiée.

2. Toutefois, l'État membre en difficulté peut prendre lui-même les mesures mentionnées ci-dessus, en raison de leur caractère secret ou urgent, au cas où elles seraient nécessaires. La Commission et les États membres doivent être informés de ces mesures au plus tard au moment où elles entrent en vigueur. Dans ce cas, la Commission, après consultation du Comité monétaire, peut décider que l'État intéressé doit modifier ou supprimer ces mesures.

Article 73 A (18)

A partir du 1er janvier 1994, les articles 67 à 73 sont remplacés par les articles 73 B à 73 G.

Article 73 B (18)

1. Dans le cadre des dispositions du présent chapitre, toutes les restrictions aux mouvements de capitaux entre les États membres et entre les États membres et les pays tiers sont interdites.

2. Dans le cadre des dispositions du présent chapitre, toutes les restrictions aux paiements entre les États membres et entre les États membres et les pays tiers sont interdites.

Article 73 C (18)

1. L'article 73 B ne porte pas atteinte à l'application, aux pays tiers, des restrictions existant le 31 décembre 1993 en vertu du droit communautaire en ce qui concerne les mouvements de capitaux à destination ou en provenance de pays tiers lorsqu'ils impliquent des investissements directs, y compris les investissements immobiliers, l'établissement, la prestation de services financiers ou l'admission de titres sur les marchés des capitaux.

2. Tout en s'efforçant de réaliser l'objectif de libre circulation des capitaux entre États membres et pays tiers, dans la plus large mesure possible et sans préjudice des autres chapitres du présent traité, le Conseil, statuant à la majorité qualifiée sur proposition de la Commission, peut adopter des mesures relatives aux mouvements de capitaux à destination ou en provenance de pays tiers,

(18) Articles 73 A à 73 H tels qu'insérés par l'article G.15 TUE.

lorsqu'ils impliquent des investissements directs, y compris les investissements immobiliers, l'établissement, la prestation de services financiers ou l'admission de titres sur les marchés des capitaux. L'unanimité est requise pour l'adoption de mesures en vertu du présent paragraphe qui constituent un pas en arrière dans le droit communautaire en ce qui concerne la libéralisation des mouvements de capitaux à destination ou en provenance de pays tiers.

Article 73 D (19)

1. L'article 73 B ne porte pas atteinte au droit qu'ont les États membres :

a) d'appliquer les dispositions pertinentes de leur législation fiscale qui établissent une distinction entre les contribuables qui ne se trouvent pas dans la même situation en ce qui concerne leur résidence ou le lieu où leurs capitaux sont investis ;

b) de prendre toutes les mesures indispensables pour faire échec aux infractions à leurs lois et règlements, notamment en matière fiscale ou de contrôle prudentiel des établissements financiers, de prévoir des procédures de déclaration des mouvements de capitaux à des fins d'information administrative ou statistique, ou de prendre des mesures justifiées par des motifs liés à l'ordre public ou à la sécurité publique.

2. Le présent chapitre ne préjuge pas de la possibilité d'appliquer des restrictions en matière de droit d'établissement qui sont compatibles avec le présent traité.

3. Les mesures et procédures visées aux paragraphes 1 et 2 ne doivent constituer ni un moyen de discrimination arbitraire, ni une restriction déguisée à la libre circulation des capitaux et des paiements telle que définie à l'article 73 B.

Article 73 E (20)

Par dérogation à l'article 73 B, les États membres qui bénéficient, le 31 décembre 1993, d'une dérogation en vertu du droit communautaire en vigueur sont autorisés à maintenir, au plus tard jusqu'au 31 décembre 1995, les restrictions aux mouvements de capitaux autorisées par les dérogations existant à cette date.

Article 73 F (20)

Lorsque, dans des circonstances exceptionnelles, les mouvements de capitaux en provenance ou à destination de pays tiers causent ou menacent de causer des difficultés graves pour le fonctionnement de l'Union économique et monétaire, le Conseil, statuant à la majorité qualifiée sur proposition de la Commission et après consultation de la BCE, peut prendre, à l'égard de pays tiers, des

(19) Articles 73 A à 73 H tels qu'insérés par l'article G.15 TUE.
(20) Articles 73 A à 73 H tels qu'insérés par l'article G.15 TUE.

mesures de sauvegarde pour une période ne dépassant pas six mois pour autant que ces mesures soient strictement nécessaires.

Article 73 G (20)

1. Si, dans les cas envisagés à l'article 228 A, une action de la Communauté est jugée nécessaire, le Conseil, conformément à la procédure prévue à l'article 228 A, peut prendre, à l'égard des pays tiers concernés, les mesures urgentes nécessaires en ce qui concerne les mouvements de capitaux et les paiements.

2. Sans préjudice de l'article 224 et aussi longtemps que le Conseil n'a pas pris de mesures conformément au paragraphe 1, un État membre peut, pour des raisons politiques graves et pour des motifs d'urgence, prendre des mesures unilatérales contre un pays tiers concernant les mouvements de capitaux et les paiements. La Commission et les autres États membres sont informés de ces mesures au plus tard le jour de leur entrée en vigueur.

Le Conseil, statuant à la majorité qualifiée sur proposition de la Commission, peut décider que l'État membre concerné doit modifier ou abolir les mesures en question. Le président du Conseil informe le Parlement européen des décisions prises par le Conseil.

Article 73 H (21)

Jusqu'au 1er janvier 1994, les dispositions suivantes sont applicables :

1) Chaque État membre s'engage à autoriser, dans la monnaie de l'État membre dans lequel réside le créancier ou le bénéficiaire, les paiements afférents aux échanges de marchandises, de services et de capitaux, ainsi que les transferts de capitaux et de salaires, dans la mesure où la circulation des marchandises, des services, des capitaux et des personnes est libérée entre les États membres en application du présent traité.
Les États membres se déclarent disposés à procéder à la libération de leurs paiements au-delà de ce qui est prévu à l'alinéa précédent pour autant que leur situation économique en général, et l'état de leur balance des paiements en particulier, le leur permettent.

2) Dans la mesure où les échanges de marchandises et de services et les mouvements de capitaux ne sont limités que par des restrictions aux paiements y afférents, sont appliquées par analogie, aux fins de la suppression progressive de ces restrictions, les dispositions du présent chapitre et des chapitres relatifs à l'élimination des restrictions quantitatives et à la libération des services.

3) Les États membres s'engagent à ne pas introduire entre eux de nouvelles restrictions aux transferts afférents aux transactions invisibles énumérées à la liste qui fait l'objet de l'annexe III du présent traité.

(21) Articles 73 A à 73 H tels qu'insérés par l'article G.15 TUE.

La suppression progressive des restrictions existantes est effectuée conformément aux dispositions des articles 63 à 65 inclus, dans la mesure où elle n'est pas régie par les dispositions des paragraphes 1 et 2 ou par d'autres dispositions du présent chapitre.

4) En cas de besoin, les États membres se concertent sur les mesures à prendre pour permettre la réalisation des paiements et transferts visés au présent article ; ces mesures ne peuvent porter atteinte aux objectifs énoncés dans le présent traité.

TITRE IV

Les transports

Article 74

Les objectifs du traité sont poursuivis par les États membres, en ce qui concerne la matière régie par le présent titre, dans le cadre d'une politique commune des transports.

Article 75 (22)

1. En vue de réaliser la mise en œuvre de l'article 74 et compte tenu des aspects spéciaux des transports, le Conseil, statuant *conformément à la procédure visée à l'article 189 C* et après consultation du Comité économique et social, établit :

a) des règles communes applicables aux transports internationaux exécutés au départ ou à destination du territoire d'un État membre, ou traversant le territoire d'un ou plusieurs États membres ;

b) les conditions d'admission de transporteurs non résidents aux transports nationaux dans un État membre ;

c) les mesures permettant d'améliorer la sécurité des transports ;

d) toutes autres dispositions utiles.

2. Les dispositions visées aux points a) et b) du paragraphe 1 sont arrêtées au cours de la période de transition.

3. Par dérogation à la procédure prévue au paragraphe 1, les dispositions portant sur les principes du régime des transports et dont l'application serait susceptible d'affecter gravement le niveau de vie et l'emploi dans certaines régions, ainsi que l'exploitation des équipements de transport, compte tenu de la nécessité d'une adaptation au développement économique résultant de l'établissement du marché commun, sont arrêtées par le Conseil, statuant à l'unanimité *sur proposition de la Commission et après consultation du Parlement européen et du Comité économique et social.*

(22) Tel que modifié par l'article G.16 TUE.

Article 76

Jusqu'à l'établissement des dispositions visées à l'article 75, paragraphe 1, et sauf accord unanime du Conseil, aucun des États membres ne peut rendre moins favorables, dans leur effet direct ou indirect à l'égard des transporteurs des autres États membres par rapport aux transporteurs nationaux, les dispositions diverses régissant la matière à l'entrée en vigueur du présent traité.

Article 77

Sont compatibles avec le présent traité les aides qui répondent aux besoins de la coordination des transports ou qui correspondent au remboursement de certaines servitudes inhérentes à la notion de service public.

Article 78

Toute mesure dans le domaine des prix et conditions de transport, prise dans le cadre du présent traité, doit tenir compte de la situation économique des transporteurs.

Article 79

1. Doivent être supprimées, au plus tard avant la fin de la deuxième étape, dans le trafic à l'intérieur de la Communauté, les discriminations qui consistent en l'application par un transporteur, pour les mêmes marchandises sur les mêmes relations de trafic, de prix et conditions de transport différents en raison du pays d'origine ou de destination des produits transportés.

2. Le paragraphe 1 n'exclut pas que d'autres mesures puissent être adoptées par le Conseil en application de l'article 75, paragraphe 1.

3. Le Conseil, statuant à la majorité qualifiée, établit, dans un délai de deux ans à compter de l'entrée en vigueur du présent traité, sur proposition de la Commission et après consultation du Comité économique et social, une réglementation assurant la mise en œuvre des dispositions du paragraphe 1.

Il peut notamment prendre les dispositions nécessaires pour permettre aux institutions de la Communauté de veiller au respect de la règle énoncée au paragraphe 1 et pour en assurer l'entier bénéfice aux usagers.

4. La Commission, de sa propre initiative ou à la demande d'un État membre, examine les cas de discrimination visés au paragraphe 1 et, après consultation de tout État membre intéressé, prend, dans le cadre de la réglementation arrêtée conformément aux dispositions du paragraphe 3, les décisions nécessaires.

Article 80

1. L'application imposée par un État membre, aux transports exécutés à l'intérieur de la Communauté, de prix et conditions comportant tout élément de soutien ou de protection dans l'intérêt d'une ou de plusieurs entreprises ou industries particulières, est interdite à partir du début de la deuxième étape, sauf si elle est autorisée par la Commision.

2. La Commission, de sa propre initiative ou à la demande d'un État membre, examine les prix et conditions visés au paragraphe 1 en tenant compte notamment, d'une part des exigences d'une politique économique régionale appropriée, des besoins des régions sous-développées, ainsi que des problèmes des régions gravement affectées par les circonstances politiques, et d'autre part des effets de ces prix et conditions sur la concurrence entre les modes de transport.

Après consultation de tout État membre intéressé, elle prend les décisions nécessaires.

3. L'interdiction visée au paragraphe 1 ne frappe pas les tarifs de concurrence.

Article 81

Les taxes ou redevances qui, indépendamment des prix de transport, sont perçues par un transporteur au passage des frontières, ne doivent pas dépasser un niveau raisonnable, compte tenu des frais réels effectivement entraînés par ce passage.

Les États membres s'efforcent de réduire progressivement ces frais.

La Commission peut adresser aux États membres des recommandations en vue de l'application du présent article.

Article 82

Les dispositions du présent titre ne font pas obstacle aux mesures prises dans la république fédérale d'Allemagne, pour autant qu'elles soient nécessaires pour compenser les désavantages économiques causés, par la division de l'Allemagne, à l'économie de certaines régions de la République fédérale affectées par cette division.

Article 83

Un comité de caractère consultatif, composé d'experts désignés par les gouvernements des États membres, est institué auprès de la Commission. Celle-ci le consulte chaque fois qu'elle le juge utile en matière de transports, sans préjudice des attributions de la section des transports du Comité économique et social.

Article 84

1. Les dispositions du présent titre s'appliquent aux transports par chemin de fer, par route et par voie navigable.

2. Le Conseil, statuant à la majorité qualifiée, pourra décider si, dans quelle mesure et par quelle procédure, des dispositions appropriées pourront être prises pour la navigation maritime et aérienne.

Les dispositions de procédure de l'article 75, paragraphes 1 et 3, s'appliquent.

TITRE V

Les règles communes sur la concurrence, la fiscalité et le rapprochement des législations (23)

CHAPITRE 1er. — Les règles de concurrence

SECTION 1RE. — LES RÈGLES APPLICABLES AUX ENTREPRISES

Article 85

1. Sont incompatibles avec le marché commun et interdits tous accords entre entreprises, toutes décisions d'associations d'entreprises et toutes pratiques concertées, qui sont susceptibles d'affecter le commerce entre États membres et qui ont pour objet ou pour effet d'empêcher, de restreindre ou de fausser le jeu de la concurrence à l'intérieur du marché commun, et notamment ceux qui consistent à :

a) fixer de façon directe ou indirecte les prix d'achat ou de vente ou d'autres conditions de transaction,
b) limiter ou contrôler la production, les débouchés, le développement technique ou les investissements,
c) répartir les marchés ou les sources d'approvisionnement,
d) appliquer, à l'égard de partenaires commerciaux, des conditions inégales à des prestations équivalentes en leur infligeant de ce fait un désavantage dans la concurrence,
e) subordonner la conclusion de contrats à l'acceptation, par les partenaires, de prestations supplémentaires qui, par leur nature ou selon les usages commerciaux, n'ont pas de lien avec l'objet de ces contrats.

2. Les accords ou décisions interdits en vertu du présent article sont nuls de plein droit.

(23) Intitulé introduit par l'article G.17 TUE.

3. Toutefois, les dispositions du paragraphe 1 peuvent être déclarées inapplicables :

— à tout accord ou catégorie d'accords entre entreprises,
— à toute décision ou catégorie de décisions d'associations d'entreprises et
— à toute pratique concertée ou catégorie de pratiques concertées qui contribuent à améliorer la production ou la distribution des produits ou à promouvoir le progrès technique ou économique, tout en réservant aux utilisateurs une partie équitable du profit qui en résulte, et sans

a) imposer aux entreprises intéressées des restrictions qui ne sont pas indispensables pour atteindre ces objectifs,
b) donner à des entreprises la possibilité, pour une partie substantielle des produits en cause, d'éliminer la concurrence.

Article 86

Est incompatible avec le marché commun et interdit, dans la mesure où le commerce entre États membres est susceptible d'en être affecté, le fait pour une ou plusieurs entreprises d'exploiter de façon abusive une position dominante sur le marché commun ou dans une partie substantielle de celui-ci.

Ces pratiques abusives peuvent notamment consister à :

a) imposer de façon directe ou indirecte des prix d'achat ou de vente ou d'autres conditions de transaction non équitables ;
b) limiter la production, les débouchés ou le développement technique au préjudice des consommateurs,
c) appliquer à l'égard de partenaires commerciaux des conditions inégales à des prestations équivalentes, en leur infligeant de ce fait un désavantage dans la concurrence,
d) subordonner la conclusion de contrats à l'acceptation, par les partenaires de prestations supplémentaires, qui, par leur nature ou selon les usages commerciaux, n'ont pas de lien avec l'objet de ces contrats.

Article 87

1. Dans un délai de trois ans à compter de l'entrée en vigueur du présent traité, le Conseil, statuant à l'unanimité sur proposition de la Commission et après consultation du Parlement européen, arrête tous règlements ou directives utiles en vue de l'application des principes figurant aux articles 85 et 86.

Si de telles dispositions n'ont pas été adoptées dans le délai précité, elles sont établies par le Conseil, statuant à la majorité qualifiée sur proposition de la Commission et après consultation du Parlement européen.

2. Les dispositions visées au paragraphe 1 ont pour but notamment :

a) d'assurer le respect des interdictions visées à l'article 85, paragraphe 1, et à l'article 86, par l'institution d'amendes et d'astreintes,
b) de déterminer les modalités d'application de l'article 85, paragraphe 3, en tenant compte de la nécessité, d'une part d'assurer une surveillance efficace, et d'autre part de simplifier dans toute la mesure du possible, le contrôle administratif,
c) de préciser, le cas échéant, dans les diverses branches économiques, le champ d'application des dispositions des articles 85 et 86,
d) de définir le rôle respectif de la Commission et de la Cour de justice dans l'application des dispositions visées dans le présent paragraphe,
e) de définir les rapports entre les législations nationales d'une part, et d'autre part, les dispositions de la présente section ainsi que celles adoptées en application du présent article.

Article 88

Jusqu'au moment de l'entrée en vigueur des dispositions prises en application de l'article 87, les autorités des États membres statuent sur l'admissibilité d'ententes et sur l'exploitation abusive d'une position dominante sur le marché commun, en conformité du droit de leur pays et des dispositions des articles 85, notamment paragraphe 3 et 86.

Article 89

1. Sans préjudice de l'article 88, la Commission veille, dès son entrée en fonctions, à l'application des principes fixés par les articles 85 et 86. Elle instruit, sur demande d'un État membre ou d'office, et en liaison avec les autorités compétentes des États membres qui lui prêtent leur assistance, les cas d'infraction présumée aux principes précités. Si elle constate qu'il y a eu infraction, elle propose les moyens propres à y mettre fin.

2. S'il n'est pas mis fin aux infractions, la Commission constate l'infraction aux principes par une décision motivée. Elle peut publier sa décision et autoriser les États membres à prendre les mesures nécessaires, dont elle définit les conditions et les modalités pour remédier à la situation.

Article 90

1. Les États membres, en ce qui concerne les entreprises publiques et les entreprises auxquelles ils accordent des droits spéciaux ou exclusifs, n'édictent ni ne maintiennent aucune mesure contraire aux règles du présent traité, notamment à celles prévues aux articles 6 et 85 à 94 inclus.

2. Les entreprises chargées de la gestion de services d'intérêt économique général ou présentant le caractère d'un monopole fiscal sont soumises aux règles du présent traité, notamment aux règles de concurrence, dans les limites où l'application de ces règles ne fait pas échec à l'accomplissement en droit ou en fait de la mission particulière qui leur a été impartie. Le

développement des échanges ne doit pas être affecté dans une mesure contraire à l'intérêt de la Communauté.

3. La Commission veille à l'application des dispositions du présent article et adresse, en tant que de besoin, les directives ou décisions appropriées aux États membres.

Section 2. — Les pratiques de dumping

Article 91

1. Si au cours de la période de transition, la Commission, sur demande d'un État membre ou de tout autre intéressé, constate des pratiques de dumping exercées à l'intérieur du marché commun, elle adresse des recommandations à l'auteur ou aux auteurs de ces pratiques en vue d'y mettre fin.

Au cas où les pratiques de dumping continuent, la Commission autorise l'État membre lésé à prendre les mesures de protection dont elle définit les conditions et modalités.

2. Dès l'entrée en vigueur du présent traité, les produits originaires d'un État membre ou qui s'y trouvent en libre pratique et qui ont été exportés dans un autre État membre sont admis à la réimportation sur le territoire de ce premier État sans qu'ils puissent être assujettis à aucun droit de douane, restriction quantitive ou mesures d'effet équivalent. La Commission établit les réglementations appropriées pour l'application du présent paragraphe.

Section 3. — Les aides accordées par les États

Article 92

1. Sauf dérogations prévues par le présent traité, sont incompatibles avec le marché commun, dans la mesure où elles affectent les échanges entre États membres, les aides accordées par les États ou au moyen de ressources d'État sous quelque forme que ce soit, qui faussent ou qui menacent de fausser la concurrence en favorisant certaines entreprises ou certaines productions.

2. Sont compatibles avec le marché commun :

a) les aides à caractère social octroyées aux consommateurs individuels, à condition qu'elles soient accordées sans discrimination liée à l'origine des produits,
b) les aides destinées à remédier aux dommages causés par les calamités naturelles ou par d'autres évènements extraordinaires,
c) les aides octroyées à l'économie de certaines régions de la république fédérale d'Allemagne affectées par la division de l'Allemagne, dans la

mesure où elles sont nécessaires pour compenser les désavantages économiques causés par cette division.

3. Peuvent être considérées comme compatibles avec le marché commun :

a) les aides destinées à favoriser le développement économique de régions dans lesquelles le niveau de vie est anormalement bas ou dans lesquelles sévit un grave sous-emploi,

b) les aides destinées à promouvoir la réalisation d'un projet important d'intérêt européen commun, ou à remédier à une perturbation grave de l'économie d'un État membre,

c) les aides destinées à faciliter le développement de certaines activités ou de certaines régions économiques, quand elles n'altèrent pas les conditions des échanges dans une mesure contraire à l'intérêt commun. Toutefois, les aides à la construction navale existant à la date du 1er janvier 1957, pour autant qu'elles ne correspondent qu'à l'absence d'une protection douanière, sont progressivement réduites dans les mêmes conditions que celles applicables à l'élimination des droits de douane, sous réserve des dispositions du présent traité visant la politique commerciale commune vis-à-vis des pays tiers,

d) les aides destinées à promouvoir la culture et la conservation du patrimoine, quand elles n'altèrent pas les conditions des échanges et de la concurrence dans la Communauté dans une mesure contraire à l'intérêt commun (24),

e) les autres catégories d'aides déterminées par décision du Conseil statuant à la majorité qualifiée sur proposition de la Commission.

Article 93

1. La Commission procède avec les États membres à l'examen permanent des régimes d'aides existant dans ces États. Elle propose à ceux-ci les mesures utiles exigées par le développement progressif ou le fonctionnement du marché commun.

2. Si, après avoir mis les intéressés en demeure de présenter leurs observations, la Commission constate qu'une aide accordée par un État ou au moyen de ressources d'État, n'est pas compatible avec le marché commun aux termes de l'article 92, ou que cette aide est appliquée de façon abusive, elle décide que l'État intéressé doit la supprimer ou la modifier dans le délai qu'elle détermine.

Si l'État en cause ne se conforme pas à cette décision dans le délai imparti, la Commission ou tout autre État intéressé peut saisir directement la Cour de justice, par dérogation aux articles 169 et 170.

(24) Point d) tel qu'inséré par l'article G.18 TUE.

Sur demande d'un État membre, le Conseil statuant à l'unanimité, peut décider qu'une aide, instituée ou à instituer par cet État, doit être considérée comme compatible avec le marché commun, en dérogation des dispositions de l'article 92 ou des règlements prévus à l'article 94, si des circonstances exceptionnelles justifient une telle décision. Si, à l'égard de cette aide, la Commission a ouvert la procédure prévue au présent paragraphe, alinéa 1, la demande de l'État intéressé adressée au Conseil aura pour effet de suspendre ladite procédure jusqu'à la prise de position du Conseil.

Toutefois, si le Conseil n'a pas pris position dans un délai de trois mois à compter de la demande, la Commission statue.

3. La Commission est informée, en temps utile pour présenter ses observations, des projets tendant à instituer ou à modifier des aides. Si elle estime qu'un projet n'est pas compatible avec le marché commun, aux termes de l'article 92, elle ouvre sans délai la procédure prévue au paragraphe précédent. L'État membre intéressé ne peut mettre à exécution les mesures projetées, avant que cette procédure ait abouti à une décision finale.

Article 94 (25)

Le Conseil, statuant à la majorité qualifiée sur proposition de la Commission *et après consultation du Parlement européen,* peut prendre tous règlements utiles en vue de l'application des articles 92 et 93 et fixer notamment les conditions d'application de l'article 93 paragraphe 3, et les catégories d'aides qui sont dispensées de cette procédure.

CHAPITRE 2. — **Dispositions fiscales**

Article 95

Aucun État membre ne frappe directement ou indirectement les produits des autres États membres d'impositions intérieures, de quelque nature qu'elles soient, supérieures à celles qui frappent directement ou indirectement les produits nationaux similaires.

En outre, aucun État membre ne frappe les produits des autres États membres d'impositions intérieures de nature à protéger indirectement d'autres productions.

Les États membres éliminent ou corrigent, au plus tard au début de la deuxième étape, les dispositions existant à l'entrée en vigueur du présent traité qui sont contraires aux règles ci-dessus.

(25) Tel que modifié par l'article G.19 TUE.

Article 96

Les produits exportés vers le territoire d'un des États membres ne peuvent bénéficier d'aucune ristourne d'impositions intérieures supérieure aux impositions dont ils ont été frappés directement ou indirectement.

Article 97

Les États membres qui perçoivent la taxe sur le chiffre d'affaires d'après le système de la taxe cumulative à cascade peuvent, pour les impositions intérieures dont ils frappent les produits importés ou pour les ristournes qu'ils accordent aux produits exportés, procéder à la fixation de taux moyens par produit ou groupe de produits, sans toutefois porter atteinte aux principes qui sont énoncés aux articles 95 et 96.

Au cas où les taux moyens fixés par un État membre ne sont pas conformes aux principes précités, la Commission adresse à cet État les directives ou décisions appropriées.

Article 98

En ce qui concerne les impositions autres que les taxes sur le chiffre d'affaires, les droits d'accise et les autres impôts indirects, des exonérations et des remboursements à l'exportation vers les autres États membres ne peuvent être opérés, et des taxes de compensation à l'importation en provenance des États membres ne peuvent être établies, que pour autant que les mesures envisagées ont été préalablement approuvées pour une période limitée par le Conseil, statuant à la majorité qualifiée sur proposition de la Commission.

Article 99 (26)

Le Conseil, statuant à l'unanimité sur proposition de la Commission et après consultation du Parlement européen *et du Comité économique et social,* arrête les dispositions touchant à l'harmonisation des législations relatives aux taxes sur le chiffre d'affaires, aux droits d'accises et autres impôts indirects dans la mesure où cette harmonisation est nécessaire pour assurer l'établissement et le fonctionnement du marché intérieur dans le délai prévu à l'article *7 A*.

CHAPITRE 3. — **Le rapprochement des législations**

Article 100 (27)

Le Conseil, statuant à l'unanimité sur proposition de la Commission et après consultation du Parlement européen et du Comité économique et social,

(26) Tel que modifié par l'article G.20 TUE.
(27) Tel que modifié par l'article G.21 TUE.

arrête des directives pour le rapprochement des dispositions législatives, réglementaires et administratives des États membres qui ont une incidence directe sur l'établissement ou le fonctionnement du marché commun.

Article 100 A

1. Par dérogation à l'article 100 et sauf si le présent traité en dispose autrement, les dispositions suivantes s'appliquent pour la réalisation des objectifs énoncés à l'article *7 A*. Le Conseil, statuant *conformément à la procédure visée à l'article 189 B* et après consultation du Comité économique et social, arrête les mesures relatives au rapprochement des dispositions législatives, réglementaires et administratives des États membres qui ont pour objet l'établissement et le fonctionnement du marché intérieur (28).

2. Le paragraphe 1 ne s'applique pas aux dispositions fiscales, aux dispositions relatives à la libre circulation des personnes et à celles relatives aux droits et intérêts des travailleurs salariés.

3. La Commission, dans ses propositions prévues au paragraphe 1 en matière de santé, de sécurité, de protection de l'environnement et de protection des consommateurs, prend pour base un niveau de protection élevé.

4. Lorsque, après l'adoption d'une mesure d'harmonisation par le Conseil, statuant à la majorité qualifiée, un État membre estime nécessaire d'appliquer nationales justifiées par des exigences importantes visées à l'article 36 ou relatives à la protection du milieu de travail ou de l'environnement, il les notifie à la Commission.

La Commission confirme les dispositions en cause après avoir vérifié qu'elles ne sont pas un moyen de discrimination arbitraire ou une restriction déguisée dans le commerce entre États membres.

Par dérogation à la procédure prévue aux articles 169 et 170, la Commission ou tout État membre peut saisir directement la Cour de justice s'il estime qu'un autre État membre fait un usage abusif des pouvoirs prévus au présent article.

5. Les mesures d'harmonisation mentionnées ci-dessus comportent, dans les cas appropriés, une clause de sauvegarde autorisant les États membres à prendre, pour une ou plusieurs des raisons non économiques mentionnées à l'article 36, des mesures provisoires soumises à une procédure communautaire de contrôle.

Article 100 B

1. Au cours de l'année 1992, la Commission procède avec chaque État membre à un recensement des dispositions législatives, réglementaires et

(28) Paragraphe 1 tel que modifié par l'article G.22 TUE.

administratives qui relèvent de l'article 100 A et qui n'ont pas fait l'objet d'une harmonisation au titre de ce dernier article.

Le Conseil statuant selon les dispositions de l'article 100 A, peut décider que des dispositions en vigueur dans un État membre doivent être reconnues comme équivalentes à celles appliquées par un autre État membre.

2. Les dispositions de l'article 100 A, paragraphe 4, sont applicables par analogie.

3. La Commission procède au recensement mentionné au paragraphe 1, premier alinéa, et présente les propositions appropriées, en temps utile pour permettre au Conseil de statuer avant la fin 1992.

Article 100 C (29)

1. Le Conseil, statuant à l'unanimité sur proposition de la Commission et après consultation du Parlement européen, détermine les pays tiers dont les ressortissants doivent être munis d'un visa lors du franchissement des frontières extérieures des États membres.

2. Toutefois, dans le cas où survient dans un pays tiers une situation d'urgence confrontant la Communauté à la menace d'un afflux soudain de ressortissants de ce pays, le Conseil peut, statuant à la majorité qualifiée sur recommandation de la Commission, rendre obligatoire, pour une période ne pouvant excéder six mois, l'obtention d'un visa par les ressortissants du pays en question. L'obligation de visa instaurée par le présent paragraphe peut être prorogée selon la procédure visée au paragraphe 1.

3. A compter du 1er janvier 1996, le Conseil adoptera à la majorité qualifiée les décisions visées au paragraphe 1. Avant cette date, le Conseil, statuant à la majorité qualifiée sur proposition de la Commission et après consultation du Parlement européen, arrête les mesures relatives à l'instauration d'un modèle type de visa.

4. Dans les domaines visés au présent article, la Commission est tenue d'instruire toute demande formulée par un État membre et tendant à ce qu'elle fasse une proposition au Conseil.

5. Le présent article ne porte pas atteinte à l'exercice des responsabilités qui incombent aux États membres pour le maintien de l'ordre public et la sauvegarde de la sécurité intérieure.

6. Le présent article est applicable à d'autres sujets s'il en est ainsi décidé en vertu de l'article K.9 des dispositions du traité sur l'Union européenne relatives à la coopération dans les domaines de la justice et des affaires intérieures, sous réserve des conditions de vote déterminées en même temps.

(29) Tel qu'inséré par l'article G.23 TUE.

7. Les dispositions des conventions en vigueur entre les États membres régissant des matières couvertes par le présent article restent en vigueur tant que leur contenu n'aura pas été remplacé par des directives ou par des mesures prises en vertu du présent article.

Article 100 D (30)

Le Comité de coordination composé de hauts fonctionnaires, institué par l'article K.4 du traité sur l'Union européenne, contribue, sans préjudice des dispositions de l'article 151, à la préparation des travaux du Conseil dans les domaines visés à l'article 100 C.

Article 101

Au cas où la Commission constate qu'une disparité existant entre les dispositions législatives, réglementaires ou administratives des États membres fausse les conditions de concurrence sur le marché commun et provoque, de ce fait, une distorsion qui doit être éliminée, elle entre en consultation avec les États membres intéressés.

Si cette consultation n'aboutit pas à un accord éliminant la distorsion en cause, le Conseil arrête, sur proposition de la Commission, les directives nécessaires à cette fin, en statuant à l'unanimité pendant la première étape et à la majorité qualifiée par la suite. La Commission et le Conseil peuvent prendre toutes autres mesures utiles prévues par le présent traité.

Article 102

1. Lorsqu'il y a lieu de craindre que l'établissement ou la modification d'une disposition législative, réglementaire ou administrative ne provoque une distorsion au sens de l'article précédent, l'État membre qui veut y procéder consulte la Commission. Après avoir consulté les États membres, la Commission recommande aux États intéressés les mesures appropriées pour éviter la distorsion en cause.

2. Si l'État qui veut établir ou modifier des dispositions nationales ne se conforme pas à la recommandation que la Commission lui a adressée, il ne pourra être demandé aux autres États membres, dans l'application de l'article 101, de modifier leurs dispositions nationales en vue d'éliminer cette distorsion. Si l'État membre qui a passé outre à la recommandation de la Commission provoque une distorsion à son seul détriment, les dispositions de l'article 101 ne sont pas applicables.

(30) Tel qu'inséré par l'article G.24 TUE.

TITRE VI (31)

La politique économique et monétaire

CHAPITRE 1er. — La politique économique

Article 102 A

Les États membres conduisent leurs politiques économiques en vue de contribuer à la réalisation des objectifs de la Communauté, tels que définis à l'article 2, et dans le contexte des grandes orientations visées à l'article 103 paragraphe 2. Les États membres et la Communauté agissent dans le respect du principe d'une économie de marché ouverte où la concurrence est libre, favorisant une allocation efficace des ressources, conformément aux principes fixés à l'article 3 A.

Article 103

1. Les États membres considèrent leurs politiques économiques comme une question d'intérêt commun et les coordonnent au sein du Conseil, conformément à l'article 102 A.

2. Le Conseil, statuant à la majorité qualifiée sur recommandation de la Commission, élabore un projet pour les grandes orientations des politiques économiques des États membres et de la Communauté et en fait rapport au Conseil européen.

Le Conseil européen, sur la base du rapport du Conseil, débat d'une conclusion sur les grandes orientations des politiques économiques des États membres et de la Communauté.

Sur la base de cette conclusion, le Conseil, statuant à la majorité qualifiée, adopte une recommandation fixant ces grandes orientations. Le Conseil informe le Parlement de sa recommandation.

3. Afin d'assurer une coordination plus étroite des politiques économiques et une convergence soutenue des performances économiques des États membres, le Conseil, sur la base de rapports présentés par la Commission, surveille l'évolution économique dans chacun des États membres et dans la Communauté, ainsi que la conformité des politiques économiques avec les grandes orientations visées au paragraphe 2, et procède régulièrement à une évaluation d'ensemble.

Pour les besoins de cette surveillance multilatérale, les États membres transmettent à la Commission des informations sur les mesures importantes qu'ils ont prises dans le domaine de leur politique économique et toute autre information qu'ils jugent nécessaire.

(31) Nouveau titre tel qu'inséré par l'article G.25 TUE, en remplacement du Titre II, articles 102 A à 109.

4. Lorsqu'il est constaté, dans le cadre de la procédure visée au paragraphe 3, que les politiques économiques d'un État membre ne sont pas conformes aux grandes orientations visées au paragraphe 2 ou qu'elles risquent de compromettre le bon fonctionnement de l'Union économique et monétaire, le Conseil, statuant à la majorité qualifiée sur recommandation de la Commission, peut adresser les recommandations nécessaires à l'État membre concerné. Le Conseil, statuant à la majorité qualifiée sur proposition de la Commission, peut décider de rendre publiques ses recommandations.

Le président du Conseil et la Commission font rapport au Parlement européen sur les résultats de la surveillance multilatérale. Le président du Conseil peut être invité à se présenter devant la commission compétente du Parlement européen si le Conseil a rendu publiques ses recommandations.

5. Le Conseil, statuant conformément à la procédure visée à l'article 189 C, peut arrêter les modalités de la procédure de surveillance multilatérale visée aux paragraphes 3 et 4 du présent article.

Article 103 A

1. Sans préjudice des autres procédures prévues par le présent traité, le Conseil, statuant à l'unanimité sur proposition de la Commission, peut décider des mesures appropriées à la situation économique, notamment si de graves difficultés surviennent dans l'approvisionnement en certains produits.

2. Lorsqu'un État membre connaît des difficultés ou une menace sérieuse de graves difficultés, en raison d'événements exceptionnels échappant à son contrôle, le Conseil, statuant à l'unanimité sur proposition de la Commission, peut accorder, sous certaines conditions, une assistance financière communautaire à l'État membre concerné. Lorsque les graves difficultés sont causées par des catastrophes naturelles, le Conseil statue à la majorité qualifiée. Le président du Conseil informe le Parlement européen de la décision prise.

Article 104

1. Il est interdit à la BCE et aux banques centrales des États membres, ci-après dénommées «banques centrales nationales», d'accorder des découverts ou toute autre type de crédit aux institutions ou organes de la Communauté, aux administrations centrales, aux autorités régionales ou locales, aux autres autorités publiques, aux autres organismes ou entreprises publics des États membres ; l'acquisition directe, auprès d'eux, par la BCE ou les banques centrales nationales, des instruments de leur dette est également interdite.

2. Le paragraphe 1 ne s'applique pas aux établissements publics de crédit qui, dans le cadre de la mise à disposition de liquidités par les banques centrales, bénéficient, de la part des banques centrales nationales et de la BCE, du même traitement que les établissements privés de crédit.

Article 104 A

1. Est interdite toute mesure, ne reposant pas sur des considérations d'ordre prudentiel, qui établit un accès privilégié des institutions ou organes communautaires, des administrations centrales, des autorités régionales ou locales, des autres autorités publiques ou d'autres organismes ou entreprises publics des États membres aux institutions financières.

2. Avant le 1er janvier 1994, le Conseil, statuant conformément à la procédure visée à l'article 189 C, précise les définitions en vue de l'application de l'interdiction visée au paragraphe 1.

Article 104 B

1. La Communauté ne répond pas des engagements des administrations centrales, des autorités régionales ou locales, des autres autorités publiques ou d'autres organismes ou entreprises publics d'un État membre, ni ne les prend à sa charge, sans préjudice des garanties financières mutuelles pour la réalisation en commun d'un projet spécifique. Un État membre ne répond pas des engagements des administrations centrales, des autorités régionales ou locales, des autres autorités publiques ou d'autres organismes ou entreprises publics d'un autre État membre, ni ne les prend à sa charge, sans préjudice des garanties financières mutuelles pour la réalisation en commun d'un projet spécifique.

2. Le Conseil, statuant conformément à la procédure visée à l'article 189 C, peut, au besoin, préciser les définitions pour l'application des interdictions visées à l'article 104 et au présent article.

Article 104 C

1. Les États membres évitent les déficits publics excessifs.

2. La Commission surveille l'évolution de la situation budgétaire et du montant de la dette publique dans les États membres en vue de déceler les erreurs manifestes. Elle examine notamment si la discipline budgétaire a été respectée, et ce sur la base des deux critères ci-après :

a) si le rapport entre le déficit public prévu ou effectif et le produit intérieur brut dépasse une valeur de référence, à moins que :
- *le rapport n'ait diminué de manière substantielle et constante et atteint un niveau proche de la valeur de référence ;*
- *ou que le dépassement de la valeur de référence ne soit qu'exceptionnel et temporaire et que ledit rapport ne reste proche de la valeur de référence ;*

b) si le rapport entre la dette publique et le produit intérieur brut dépasse une valeur de référence, à moins que ce rapport ne diminue suffisamment et s'approche de la valeur de référence à un rythme satisfaisant.

Les valeurs de référence sont précisées dans le protocole sur la procédure concernant les déficits excessifs, qui est annexé au présent traité.

3. Si un État membre ne satisfait pas aux exigences de ces critères ou de l'un d'eux, la Commission élabore un rapport. Le rapport de la Commission examine également si le déficit public excède les dépenses publiques d'investissement et tient compte de tous les autres facteurs pertinents, y compris la position économique et budgétaire à moyen terme de l'État membre.

La Commission peut également élaborer un rapport si, en dépit du respect des exigences découlant des critères, elle estime qu'il y a un risque de déficit excessif dans un État membre.

4. Le comité prévu à l'article 109 C rend un avis sur le rapport de la Commission.

5. Si la Commission estime qu'il y a un déficit excessif dans un État membre ou qu'un tel déficit risque de se produire, elle adresse un avis au Conseil.

6. Le Conseil, statuant à la majorité qualifiée sur recommandation de la Commission, et compte tenu des observations éventuelles de l'État membre concerné, décide, après une évaluation globale, s'il y a ou non un déficit excessif.

7. Lorsque le Conseil, conformément au paragraphe 6, décide qu'il y a un déficit excessif, il adresse des recommandations à l'État membre concerné afin que celui-ci mette un terme à cette situation dans un délai donné. Sous réserve des dispositions du paragraphe 8, ces recommandations ne sont pas rendues publiques.

8. Lorsque le Conseil constate qu'aucune action suivie d'effets n'a été prise en réponse à ses recommandations dans le délai prescrit, il peut rendre publiques ses recommandations.

9. Si un État membre persiste à ne pas donner suite aux recommandations du Conseil, celui-ci peut décider de mettre l'État membre concerné en demeure de prendre, dans un délai déterminé, des mesures visant à la réduction du déficit jugée nécessaire par le Conseil pour remédier à la situation.

En pareil cas, le Conseil peut demander à l'État membre concerné de présenter des rapports selon un calendrier précis, afin de pouvoir examiner les efforts d'ajustement consentis par cet État membre.

10. Les droits de recours prévus aux articles 169 et 170 ne peuvent être exercés dans le cadre des paragraphes 1 à 9 du présent article.

11. Aussi longtemps qu'un État membre ne se conforme pas à une décision prise en vertu du paragraphe 9, le Conseil peut décider d'appliquer ou, le cas échéant, d'intensifier une ou plusieurs des mesures suivantes :

— exiger de l'État membre concerné qu'il publie des informations supplémentaires, à préciser par le Conseil, avant d'émettre des obligations et des titres ;
— inviter la Banque européenne d'investissement à revoir sa politique de prêts à l'égard de l'État membre concerné ;
— exiger que l'État membre concerné fasse, auprès de la Communauté, un dépôt ne portant pas intérêt, d'un montant approprié, jusqu'à ce que, de l'avis du Conseil, le déficit excessif ait été corrigé ;
— imposer des amendes d'un montant approprié.

Le président du Conseil informe le Parlement européen des décisions prises.

12. Le Conseil abroge toutes ou certaines de ses décisions visées aux paragraphes 6 à 9 et 11 dans la mesure où, de l'avis du Conseil, le déficit excessif dans l'État membre concerné a été corrigé. Si le Conseil a précédemment rendu publiques ses recommandations, il déclare publiquement, dès l'abrogation de la décision visée au paragraphe 8, qu'il n'y a plus de déficit excessif dans cet État membre.

13. Lorsque le Conseil prend ses décisions visées aux paragraphes 7 à 9, 11 et 12, le Conseil statue sur recommandation de la Commission à une majorité des deux tiers des voix de ses membres, pondérées conformément à l'article 148 paragraphe 2, les voix du représentant de l'État membre concerné étant exclues.

14. Des dispositions complémentaires relatives à la mise en œuvre de la procédure décrite au présent article figurent dans le protocole sur la procédure applicable en cas de déficit excessif, annexé au présent traité.

Le Conseil, statuant à l'unanimité sur proposition de la Commission et après consultation du Parlement européen et de la BCE, arrête les dispositions appropriées qui remplaceront ledit protocole.

Sous réserve des autres dispositions du présent paragraphe, le Conseil, statuant à la majorité qualifiée sur proposition de la Commission et après consultation du Parlement européen, fixe, avant le 1er janvier 1994, les modalités et les définitions en vue de l'application des dispositions dudit protocole.

CHAPITRE 2. — **La politique monétaire**

Article 105

1. L'objectif principal du SEBC est de maintenir la stabilité des prix. Sans préjudice de l'objectif de stabilité des prix, le SEBC apporte son soutien aux politiques économiques générales dans la Communauté, en vue de contribuer à la réalisation des objectifs de la Communauté, tels que définis à l'article 2. Le SEBC agit conformément au principe d'une économie de marché ouverte où la concurrence est libre, en favorisant une allocation efficace des ressources et en respectant les principes fixés à l'article 3 A.

2. Les missions fondamentales relevant du SEBC consistent à :

— *définir et mettre en œuvre la politique monétaire de la Communauté ;*
— *conduire les opérations de change conformément à l'article 109 ;*
— *détenir et gérer les réserves officielles de change des États membres ;*
— *promouvoir le bon fonctionnement des systèmes de paiement.*

3. Le troisième tiret du paragraphe 2 s'applique sans préjudice de la détention et de la gestion, par les gouvernements des États membres, de fonds de roulement en devises.

4. La BCE est consultée :

— *sur tout acte communautaire proposé dans les domaines relevant de sa compétence ;*
— *par les autorités nationales sur tout projet de réglementation dans les domaines relevant de sa compétence, mais dans les limites et selon les conditions fixées par le Conseil conformément à la procédure prévue à l'article 106 paragraphe 6.*

La BCE peut, dans les domaines relevant de sa compétence, soumettre des avis aux institutions ou organes communautaires appropriés ou aux autorités nationales.

5. Le SEBC contribue à la bonne conduite des politiques menées par les autorités compétentes en ce qui concerne le contrôle prudentiel des établissements de crédit et la stabilité du système financier.

6. Le Conseil, statuant à l'unanimité sur proposition de la Commission, après consultation de la BCE et sur avis conforme du Parlement européen, peut confier à la BCE des missions spécifiques ayant trait aux politiques en matière de contrôle prudentiel des établissements de crédit et autres établissements financiers, à l'exception des entreprises d'assurance.

Article 105 A

1. La BCE est seule habilitée à autoriser l'émission de billets de banque dans la Communauté. La BCE et les banques centrales nationales peuvent émettre de tels billets. Les billets de banque émis par la BCE et les banques centrales nationales sont les seuls à avoir cours légal dans la Communauté.

2. Les États membres peuvent émettre des pièces, sous réserve de l'approbation, par la BCE, du volume de l'émission. Le Conseil, statuant conformément à la procédure visée à l'article 189 C et après consultation de la BCE, peut adopter des mesurer pour harmoniser les valeurs unitaires et les spécifications techniques de toutes les pièces destinées à la circulation, dans la mesure où cela est nécessaire pour assurer la bonne circulation de celles-ci dans la Communauté.

Article 106

1. Le SEBC est composé de la BCE et des banques centrales nationales.

2. La BCE est dotée de la personnalité juridique.

3. Le SEBC est dirigé par les organes de décision de la BCE, qui sont le Conseil des gouverneurs et le Directoire.

4. Les statuts du SEBC sont définis dans un protocole annexé au présent traité.

5. Les articles 5.1, 5.2, 5.3, 17, 18, 19.1, 22, 23, 24, 26, 32.2, 32.3, 32.4, 32.6, 33.1 a) et 36 des statuts du SEBC peuvent être modifiés par le Conseil, statuant soit à la majorité qualifiée sur recommandation de la BCE et après consultation de la Commission, soit à l'unanimité sur proposition de la Commission et après consultation de la BCE. Dans les deux cas, l'avis conforme du Parlement européen est requis.

6. Le Conseil, statuant à la majorité qualifiée soit sur proposition de la Commission et après consultation du Parlement européen et de la BCE, soit sur recommandation de la BCE et après consultation du Parlement européen et de la Commission, arrête les dispositions visées aux articles 4, 5.4, 19.2, 20, 28.1, 29.2, 30.4 et 34.3 des statuts du SEBC.

Article 107

Dans l'exercice des pouvoirs et dans l'accomplissement des missions et des devoirs qui leur ont été conférés par le présent traité et les statuts du SEBC, ni la BCE, ni une banque centrale nationale, ni un membre quelconque de leurs organes de décision ne peuvent solliciter ni accepter des instructions des institutions ou organes communautaires, des gouvernements des États membres ou de tout autre organisme. Les institutions et organes communautaires ainsi que les gouvernements des États membres s'engagent à respecter ce principe et à ne pas chercher à influencer les membres des organes de décision de la BCE ou des banques centrales nationales dans l'accomplissement de leurs missions.

Article 108

Chaque État membre veille à la compatibilité de sa législation nationale, y compris les statuts de sa banque centrale nationale, avec le présent traité et les statuts du SEBC, et ce au plus tard à la date de la mise en place du SEBC.

Article 108 A

1. Pour l'accomplissement des missions qui sont confiées au SEBC, la BCE, conformément au présent traité et selon les conditions fixées dans les statuts du SEBC :

- *arrête des règlements dans la mesure nécessaire à l'accomplissement des missions définies à l'article 3.1 premier tiret, aux articles 19.1, 22 ou 25.2 des statuts du SEBC, ainsi que dans les cas qui sont prévus dans les actes du Conseil visés à l'article 106 paragraphe 6 ;*
- *prend des décisions nécessaires à l'accomplissement des missions confiées au SEBC en vertu du présent traité et des statuts du SEBC ;*

— émet des recommandations et des avis.

2. Le règlement a une portée générale. Il est obligatoire dans tous ses éléments et il est directement applicable dans tout État membre.

Les recommandations et les avis ne lient pas.

La décision est obligatoire dans tous ses éléments pour les destinataires qu'elle désigne.

Les articles 190, 191 et 192 sont applicables aux règlements et aux décisions adoptés par la BCE.

La BCE peut décider de publier ses décisions, recommandations et avis.

3. Dans les limites et selon les conditions arrêtées par le Conseil conformément à la procédure prévue à l'article 106 paragraphe 6, la BCE est habilitée à infliger aux entreprises des amendes et des astreintes en cas de non-respect de ses règlements et de ses décisions.

Article 109

1. Par dérogation à l'article 228, le Conseil, statuant à l'unanimité sur recommandation de la BCE ou de la Commission, après consultation de la BCE en vue de parvenir à un consensus compatible avec l'objectif de la stabilité des prix, et après consultation du Parlement européen, selon la procédure visée au paragraphe 3 pour les arrangements y mentionnés, peut conclure des accords formels portant sur un système de taux de change pour l'Écu, vis-à-vis des monnaies non communautaires. Le Conseil, statuant à la majorité qualifiée sur recommandation de la BCE ou de la Commission, et après consultation de la BCE en vue de parvenir à un consensus compatible avec l'objectif de la stabilité des prix, peut adopter, modifier ou abandonner les cours centraux de l'Écu dans le système des taux de change. Le président du Conseil informe le Parlement européen de l'adoption, de la modification ou de l'abandon des cours centraux de l'Écu.

2. En l'absence d'un système de taux de change vis-à-vis d'une ou de plusieurs monnaies non communautaires au sens du paragraphe 1, le Conseil, statuant à la majorité qualifiée soit sur recommandation de la Commission et après consultation de la BCE, soit sur recommandation de la BCE, peut formuler les orientations générales de politique de change vis-à-vis de ces monnaies. Ces orientations générales n'affectent pas l'objectif principal du SEBC, à savoir le maintien de la stabilité des prix.

3. Par dérogation à l'article 228, au cas où des accords sur des questions se rapportant au régime monétaire ou de change doivent faire l'objet de négociations entre la Communauté et un ou plusieurs États ou organisations internationales, le Conseil, statuant à la majorité qualifiée sur recommandation de la Commission et après consultation de la BCE, décide des arrangements relatifs aux négociations et à la conclusion de ces accords. Ces arrangements doivent assurer que la Communauté exprime une position unique. La Commission est pleinement associée aux négociations.

Les accords conclus au titre du présent paragraphe sont contraignants pour les institutions de la Communauté, la BCE et les États membres.

4. Sous réserve du paragraphe 1, le Conseil, sur proposition de la Commission et après consultation de la BCE, statuant à la majorité qualifiée, décide de la position qu'occupe la Communauté au niveau international en ce qui concerne des questions qui revêtent un intérêt particulier pour l'union économique et monétaire, et, statuant à l'unanimité, décide de sa représentation, dans le respect de la répartition des compétences prévue aux articles 103 et 105.

5. Sans préjudice des compétences et des accords communautaires dans le domaine de l'Union économique et monétaire, les États membres peuvent négocier dans les instances internationales et conclure des accords internationaux.

CHAPITRE 3. — **Dispositions institutionnelles**

Article 109 A

1. Le Conseil des gouverneurs de la BCE se compose des membres du Directoire de la BCE et des gouverneurs des banques centrales nationales.

2. a) Le Directoire se compose du président, du vice-président et de quatre autres membres.

b) Le président, le vice-président et les autres membres du Directoire sont nommés d'un commun accord par les gouvernements des États membres au niveau des chefs d'État ou de gouvernement, sur recommandation du Conseil et après consultation du Parlement européen et du Conseil des gouverneurs de la BCE, parmi des personnes dont l'autorité et l'expérience professionnelle dans le domaine monétaire ou bancaire sont reconnues.

Leur mandat a une durée de huit ans et n'est pas renouvelable.

Seuls les ressortissants des États membres peuvent être membres du Directoire.

Article 109 B

1. Le président du Conseil et un membre de la Commission peuvent participer sans voix délibérative aux réunions du Conseil des gouverneurs de la BCE.

Le président du Conseil peut soumettre une motion à la délibération du Conseil des gouverneurs de la BCE.

2. Le président de la BCE est invité à participer aux réunions du Conseil lorsque celui-ci délibère sur des questions relatives aux objectifs et aux missions du SEBC.

3. La BCE adresse un rapport annuel sur les activités du SEBC et sur la politique monétaire de l'année précédente et de l'année en cours au Parlement européen, au Conseil et à la Commission, ainsi qu'au Conseil européen. Le président de la BCE présente ce rapport au Conseil et au Parlement européen, qui peut tenir un débat général sur cette base.

Le président de la BCE et les autres membres du Directoire peuvent, à la demande du Parlement européen ou de leur propre initiative, être entendus par les commissions compétentes du Parlement européen.

Article 109 C

1. En vue de promouvoir la coordination des politiques des États membres dans toute la mesure nécessaire au fonctionnement du marché intérieur, il est institué un Comité monétaire de caractère consultatif.

Ce comité a pour mission :

- *de suivre la situation monétaire et financière des États membres et de la Communauté, ainsi que le régime général des paiements des États membres et de faire rapport régulièrement au Conseil et à la Commission à ce sujet ;*
- *de formuler des avis, soit à la requête du Conseil ou de la Commission, soit de sa propre initiative, à l'intention de ces institutions ;*
- *sans préjudice de l'article 151, de contribuer à la préparation des travaux du Conseil visés aux articles 73 F et 73 G, à l'article 103 paragraphes 2, 3, 4 et 5, aux articles 103 A, 104 A, 104 B et 104 C, à l'article 109 E paragraphe 2, à l'article 109 F paragraphe 6, aux articles 109 H et 109 I, à l'article 109 J paragraphe 2 et à l'article 109 K paragraphe 1 ;*
- *de procéder, au moins une fois par an, à l'examen de la situation en matière de mouvements de capitaux et de liberté des paiements, tels qu'ils résultent de l'application du présent traité et des mesures prises par le Conseil ; cet examen porte sur toutes les mesures relatives aux mouvements de capitaux et aux paiements ; le Comité fait rapport à la Commission et au Conseil sur les résultats de cet examen.*

Les États membres et la Commission nomment, chacun en ce qui le concerne, deux membres du Comité monétaire.

2. Au début de la troisième phase, il est institué un Comité économique et financier. Le Comité monétaire prévu au paragraphe 1 est dissous.

Le Comité économique et financier a pour mission :

- *de formuler des avis, soit à la requête du Conseil ou de la Commission, soit de sa propre initiative, à l'intention de ces institutions ;*
- *de suivre la situation économique et financière des États membres et de la Communauté et de faire rapport régulièrement au Conseil et à la Commission à ce sujet, notamment sur les relations financières avec des pays tiers et des institutions internationales ;*
- *sans préjudice de l'article 151, de contribuer à la préparation des travaux du Conseil visés aux articles 73 F et 73 G, à l'article 103 paragraphes 2, 3, 4 et 5, aux articles 103 A, 104 A, 104 B et 104 C, à l'article 105 para-*

graphe 6, à l'article 105 A paragraphe 2, à l'article 106 paragraphes 5 et 6, aux articles 109, 109 H, 109 I paragraphes 2 et 3, à l'article 109 K paragraphe 2 et à l'article 109 L paragraphes 4 et 5 et d'exécuter les autres missions consultatives et préparatoires qui lui sont confiées par le Conseil ;

— *de procéder, au moins une fois par an, à l'examen de la situation en matière de mouvements des capitaux et de liberté des paiements, tels qu'ils résultent de l'application du traité et des mesures prises par le Conseil ; cet examen porte sur toutes des mesures relatives aux mouvements de capitaux et aux paiements ; le Comité fait rapport à la Commission et au Conseil sur les résultats de cet examen.*

Les États membres, la Commission et la BCE nomment chacun au maximum deux membres du comité.

3. Le Conseil, statuant à la majorité qualifiée sur proposition de la Commission et après consultation de la BCE et du comité visé au présent article, arrête les modalités relatives à la composition du Comité économique et financier. Le président du Conseil informe le Parlement européen de cette décision.

4. Outre les missions fixées au paragraphe 2, si et tant que des États membres bénéficient d'une dérogation au titre des articles 109 K et 109 L, le comité suit la situation monétaire et financière ainsi que le régime général des paiements de ces États membres, et fait rapport régulièrement au Conseil et à la Commission à ce sujet.

Article 109 D

Pour les questions relevant du champ d'application de l'article 103 paragraphe 4, de l'article 104 C à l'exception du paragraphe 14, des articles 109, 109 J, 109 K et de l'article 109 L paragraphes 4 et 5, le Conseil ou un État membre peut demander à la Commission de formuler, selon le cas, une recommandation ou une proposition. La Commission examine cette demande et présente ses conclusions au Conseil sans délai.

CHAPITRE 4. — **Dispositions transitoires**

Article 109 E

1. La deuxième phase de la réalisation de l'Union économique et monétaire commence le 1er janvier 1994.

2. Avant cette date :

a) chaque État membre :

— *adopte, en tant que de besoin, les mesures appropriées pour se conformer aux interdictions prévues à l'article 73 B, sans préjudice de l'article 73 E, à l'article 104 et à l'article 104 A paragraphe 1 ;*

— *arrête, si nécessaire, pour permettre l'évaluation prévue au point b), des programmes pluriannuels destinés à assurer la convergence durable nécessaire à la réalisation de l'union économique et monétaire, en particulier en ce qui concerne la stabilité des prix et la situation saine des finances publiques ;*

b) le Conseil, sur la base d'un rapport de la Commission, évalue les progrès réalisés en matière de convergence économique et monétaire, notamment en ce qui concerne la stabilité des prix et la situation saine des finances publiques, ainsi que les progrès accomplis dans l'archèvement de la mise en œuvre de la législation communautaire relative au marché intérieur.

3. L'article 104, l'article 104 A paragraphe 1, l'article 104 B paragraphe 1 et l'article 104 C à l'exception des paragraphes 1, 9, 11 et 14, s'appliquent dès le début de la deuxième phase.

L'article 103 A paragraphe 2, l'article 104 C paragraphes 1, 9 et 11, les articles 105, 105 A, 107, 109, 109 A et 109 B et l'article 109 C paragraphes 2 et 4 s'appliquent dès le début de la troisième phase.

4. Au cours de la deuxième phase, les États membres s'efforcent d'éviter des déficits publics excessifs.

5. Au cours de la deuxième phase, chaque État membre entame, le cas échéant, le processus conduisant à l'indépendance de sa banque centrale, conformément à l'article 108.

Article 109 F

1. Dès le début de la deuxième phase, un Institut monétaire européen, ci-après dénommé «IME», est institué et exerce ses tâches ; il a la personnalité juridique et est dirigé et géré par un Conseil composé d'un président et des gouverneurs de banques centrales nationales, dont l'un est vice-président.

Le président est nommé d'un commun accord par les gouvernements des États membres au niveau des chefs d'État ou de gouvernement, sur recommandation du Comité des gouverneurs des banques centrales des États membres, ci-après dénommé «Comité des gouverneurs», ou du Conseil de l'IME, selon le cas, et après consultation du Parlement européen et du Conseil. Le président est choisi parmi des personnes dont l'autorité et l'expérience professionnelle dans le domaine monétaire ou bancaire sont reconnues. Le président de l'IME doit être ressortissant d'un État membre. Le Conseil de l'IME nomme le vice-président.

Les statuts de l'IME figurent dans un protocole annexé au présent traité.

Le Comité des gouverneurs est dissous dès le début de la deuxième phase.

2. L'IME :

- *renforce la coopération entre les banques centrales nationales ;*
- *renforce la coordination des politiques monétaires des États membres en vue d'assurer la stabilité des prix ;*
- *supervise le fonctionnement du Système monétaire européen ;*

— *procède à des consultations sur des questions qui relèvent de la compétence des banques centrales nationales et affectent la stabilité des établissements et marchés financiers ;*
— *reprend les fonctions jusqu'alors assumées par le Fonds européen de coopération monétaire, qui est dissous ; les modalités de dissolution sont fixées dans les statuts de l'IME ;*
— *facilite l'utilisation de l'Écu et surveille son développement, y compris le bon fonctionnement du système de compensation en Écus.*

3. En vue de préparer la troisième phase, l'IME :

— *prépare les instruments et les procédures nécessaires à l'application de la politique monétaire unique au cours de la troisième phase ;*
— *encourage l'harmonisation, si besoin est, des règles et pratiques régissant la collecte, l'établissement et la diffusion des statistiques dans le domaine relevant de sa compétence ;*
— *élabore les règles des opérations à entreprendre par les banques centrales nationales dans le cadre du SEBC ;*
— *encourage l'efficacité des paiements transfrontaliers ;*
— *supervise la préparation technique des billets de banque libellés en Écus.*

Pour le 31 décembre 1996 au plus tard, l'IME précise le cadre réglementaire, organisationnel et logistique dont le SEBC a besoin pour accomplir ses tâches lors de la troisième phase. Ce cadre est soumis pour décision à la BCE à la date de sa mise en place.

4. L'IME, statuant à la majorité des deux tiers des membres de son Conseil, peut :

— *formuler des avis ou des recommandations sur l'orientation générale de la politique monétaire et de la politique de change ainsi que sur les mesures y afférentes prises dans chaque État membre ;*
— *soumettre des avis ou des recommandations aux gouvernements et au Conseil sur les politiques susceptibles d'affecter la situation monétaire interne ou externe dans la Communauté et, notamment, le fonctionnement du Système monétaire européen ;*
— *adresser des recommandations aux autorités monétaires des États membres sur la conduite de leur politique monétaire.*

5. L'IME peut décider à l'unanimité de rendre publics ses avis et ses recommandations.

6. L'IME est consulté par le Conseil sur tout acte communautaire proposé dans le domaine relevant de sa compétence.

Dans les limites et selon les conditions fixées par le Conseil, statuant à la majorité qualifiée sur proposition de la Commission et après consultation du Parlement européen et de l'IME, celui-ci est consulté par les autorités des États membres sur tout projet de réglementation dans le domaine relevant de sa compétence.

7. Le Conseil, statuant à l'unanimité sur proposition de la Commission et après consultation du Parlement européen et de l'IME, peut confier à l'IME d'autres tâches pour la préparation de la troisième phase.

8. Dans les cas où le présent traité attribue un rôle consultatif à la BCE, les références à la BCE sont considérées comme faisant référence à l'IME avant l'établissement de la BCE.

Dans les cas où le présent traité attribue un rôle consultatif à l'IME, les réfeérences à l'IME sont considérées, avant le 1er janvier 1994, comme faisant référence au Comité des gouverneurs.

9. Au cours de la deuxième phase, le terme «BCE» figurant aux articles 173, 175, 176, 177, 180 et 215 est considéré comme faisant référence à l'IME.

Article 109 G

La composition en monnaies du panier de l'Écu reste inchangée.

Dès le début de la troisième phase, la valeur de l'Écu est irrévocablement fixée, conformément à l'article 109 L paragraphe 4.

Article 109 H

1. En cas de fifficultés ou de menace grave de difficultés dans la balance des paiements d'un État membre, provenant soit d'un déséquilibre global de la balance, soit de la nature des devises dont il dispose, et susceptibles notamment de compromettre le fonctionnement du marché commun ou la réalisation progressive de la politique commerciale commune, la Commission procède sans délai à un examen de la situation de cet État, ainsi que de l'action qu'il a entreprise ou qu'il peut entreprendre conformément aux dispositions du présent traité, en faisant appel à tous les moyens dont il dispose. La Commission indique les mesures dont elle recommande l'adoption par l'État intéressé.

Si l'action entreprise par un État membre et les mesures suggérées par la Commission ne paraissent pas suffisantes pour aplanir les difficultés ou menaces de difficultés rencontrées, la Commission recommande au Conseil, après consultation du Comité visé à l'article 109 C, le concours mutuel et les méthodes appropriées.

La Commission tient le Conseil régulièrement informé de l'état de la situation et de son évolution.

2. Le Conseil, statuant à la majorité qualifiée, accorde le concours mutuel ; il arrête les directives ou décisions fixant ses conditions et modalités. Les concours mutuel peut prendre notamment la forme :

a) d'une action concertée auprès d'autres organisations internationales, auxquelles les États membres peuvent avoir recours ;

b) de mesures nécessaires pour éviter des détournements de trafic lorsque le pays en difficulté maintient ou rétablit des restrictions quantitatives à l'égard des pays tiers ;

c) d'octroi de crédits limités de la part d'autres États membres, sous réserve de leur accord.

3. Si le concours mutuel recommandé par la Commission n'a pas été accordé par le Conseil ou si le concours mutuel accordé et les mesures prises sont insuffisants, la Commission autorise l'État en difficulté à prendre les mesures de sauvegarde dont elle définit les conditions et modalités.

Cette autorisation peut être révoquée et ces conditions et modalités modifiées par le Conseil statuant à la majorité qualifiée.

4. Sous réserve de l'article 109 K paragraphe 6, le présent article n'est plus applicable à partir du début de la troisième phase.

Article 109 I

1. En cas de crise soudaine dans la balance des paiements et si une décision au sens de l'article 109 H paragraphe 2 n'intervient pas immédiatement, l'État membre intéressé peut prendre, à titre conservatoire, les mesures de sauvegarde nécessaires. Ces mesures doivent apporter le minimum de perturbations dans le fonctionnement du marché commun et ne pas excéder la portée strictement indispensable pour remédier aux difficultés soudaines qui se sont manifestées.

2. La Commission et les autres États membres doivent être informés de ces mesures de sauvegarde au plus tard au moment où elles entrent en vigueur. La Commission peut recommander au Conseil le concours mutuel conformément à l'article 109 H.

3. Sur l'avis de la Commission et après consultation du Comité visé à l'article 109 C, le Conseil, statuant à la majorité qualifiée, peut décider que l'État intéressé doit modifier, suspendre ou supprimer les mesures de sauvegarde susvisées.

4. Sous réserve de l'articel 109 K paragraphe 6, le présent article n'est plus applicable à partir du début de la troisième phase.

Article 109 J

1. La Commission et l'IME font rapport au Conseil sur les progrès faits par les États membres dans l'accomplissement de leurs obligations pour la réalisation de l'union économique et monétaire. Ces rapports examinent notamment si la législation nationale de chaque État membre, y compris les statuts de sa banque centrale nationale, est compatible avec les articles 107 et 108 du présent traité et avec les statuts du SEBC. Les rapports examinent également si un degré élevé de convergence durable a été réalisé, en analysant dans quelle mesure chaque État membre a satisfait aux critères suivants :

— *la réalisation d'un degré élevé de stabilité des prix ; ceci ressortira d'un taux d'inflation proche de celui des trois États membres, au plus, présentant les meilleurs résultats en matière de stabilité des prix ;*

— *le caractère soutenable de la situation des finances publiques ; ceci ressortira d'une situation budgétaire qui n'accuse pas de déficit public excessif au sens de l'article 104 C paragraphe 6 ;*
— *le respect des marges normales de fluctuation prévues par le mécanisme de change du Système monétaire européen pendant deux ans au moins, sans dévaluation de la monnaie par rapport à celle d'un autre État membre ;*
— *le caractère durable de la convergence atteinte par l'État membre et de sa participation au mécanisme de change du Système monétaire européen, qui se reflète dans les niveaux des taux d'intérêt à long terme.*

Les quatre critères visés au présent paragraphe et les périodes pertinentes durant lesquelles chacun doit être respecté sont précisés dans un protocole annexé au présent traité. Les rapports de la Commission et de l'IME tiennent également compte du développement de l'Écu, des résultats de l'intégration des marchés, de la situation et de l'évolution des balances des paiements courants, et d'un examen de l'évolution des coûts salariaux unitaires et d'autres indices de prix.

2. Sur la base de ces rapports, le Conseil, statuant à la majorité qualifiée sur recommandation de la Commission, évalue :
— *pour chaque État membre, s'il remplit les conditions nécessaires pour l'adoption d'une monnaie unique ;*
— *si une majorité des États membres remplit les conditions nécessaires pour l'adoption d'une monnaie unique,*

et transmet, sous forme de recommandations, ses conclusions au Conseil réuni au niveau des chefs d'État ou de gouvernement. Le Parlement européen est consulté et transmet son avis au Conseil réuni au niveau des chefs d'État ou de gouvernement.

3. Prenant dûment en considération les rapports visés au paragraphe 1 et l'avis du Parlement européen visé au paragraphe 2, le Conseil, réuni au niveau des chefs d'État ou de gouvernement, statuant à la majorité qualifiée, au plus tard le 31 décembre 1996 :
— *décide, sur la base des recommandations du Conseil visées au paragraphe 2, si une majorité des États membres remplit les conditions nécessaires pour l'adoption d'une monnaie unique ;*
— *décide s'il convient que la Communauté entre dans la troisième phase,*

et, dans l'affirmative,
— *fixe la date d'entrée en vigueur de la troisième phase.*

4. Si, à la fin de 1997, la date du début de la troisième phase n'a pas été fixée, la troisième phase commence le 1er janvier 1999. Avant le 1er juillet 1998, le Conseil, réuni au niveau des chefs d'État ou de gouvernement, après répétition de la procédure visée aux paragraphes 1 et 2, à l'exception du deuxième tiret du paragraphe 2, compte tenu des rapports visés au paragraphe 1 et de l'avis du Parlement européen, confirme, à la majorité qualifiée et sur la base des recommandations du Conseil visées au paragraphe 2, quels sont les États membres qui remplissent les conditions nécessaires pour l'adoption d'une monnaie unique.

Article 109 K

1. Si, conformément à l'article 109 J paragraphe 3, la décision de fixer la date a été prise, le Conseil, sur la base de ses recommandations visées à l'article 109 J paragraphe 2, statuant à la majorité qualifiée sur recommandation de la Commission, décide si des États membres font l'objet d'une dérogation telle que définie au paragraphe 3 du présent article et, dans l'affirmative, lesquels. Ces États membres sont ci-après dénommés «États membres faisant l'objet d'une dérogation».

Si le Conseil a confirmé, sur la base de l'article 109 J paragraphe 4, quels sont les États membres qui remplissent les conditions nécessaires pour l'adoption d'une monnaie unique, les États membres qui ne remplissent pas ces conditions font l'objet d'une dérogation telle que définie au paragraphe 3 du présent article. Ces États membres sont ci-après dénommés «États membres faisant l'objet d'une dérogation».

2. Tous les deux ans au moins, ou à la demande d'un État membre faisant l'objet d'une dérogation, la Commission et la BCE font rapport au Conseil conformément à la procédure prévue à l'article 109 J paragraphe 1. Après consultation du Parlement européen et discussion au sein du Conseil réuni au niveau des chefs d'État ou de gouvernement, le Conseil, statuant à la majorité qualifiée sur proposition de la Commission, décide quels États membres faisant l'objet d'une dérogation remplissent les conditions nécessaires sur la base des critères fixés à l'article 109 J paragraphe 1, et met fin aux dérogations des États membres concernés.

3. Une dérogation au sens du paragraphe 1 implique que les articles ci-après ne s'appliquent pas à l'État membre concerné : article 104 C paragraphes 9 et 11, article 105 paragraphes 1, 2, 3 et 5, articles 105 A, 108 A et 109 et article 109 A paragraphe 2 point b). L'exclusion de cet État membre et de sa banque centrale nationale des droits et obligations dans le cadre du SEBC est prévue au chapitre IX des statuts du SEBC.

4. A l'article 105 paragraphes 1, 2 et 3, aux articles 105 A, 108 A et 109 et à l'article 109 A paragraphe 2 point b), on entend par «États membres» les États membres ne faisant pas l'objet d'une dérogation.

5. Les droits de vote des États membres faisant l'objet d'une dérogation sont suspendus pour les décisions du Conseil visées aux articles du présent traité mentionnés au paragraphe 3. Dans ce cas, par dérogation à l'article 148 et à l'article 189 A paragraphe 1, on entend par majorité qualifiée les deux tiers des voix des représentants des États membres ne faisant pas l'objet d'une déroga-

tion, pondérées conformément à l'article 148 paragraphe 2, et l'unanimité de ces États membres est requise pour tout acte requérant l'unanimité.

6. Les articles 109 H et 109 I continuent de s'appliquer à l'État membre faisant l'objet d'une dérogation.

Article 109 L

1. Immédiatement après qu'a été prise, conformément à l'article 109 J paragraphe 3, la décision fixant la date à laquelle commence la troisième phase ou, le cas échéant, immédiatement après le 1er juillet 1998 :

- *le Conseil adopte les dispositions visées à l'article 106 paragraphe 6 ;*
- *les gouvernements des États membres ne faisant pas l'objet d'une dérogation nomment, conformément à la procédure définie à l'article 50 des statuts du SEBC, le président, le vice-président et les autres membres du Directoire de la BCE. S'il y a des États membres faisant l'objet d'une dérogation, le nombre des membres composant le Directoire de la BCE peut être inférieur à celui prévu à l'article 11.1 des statuts du SEBC, mais il ne peut en aucun cas être inférieur à quatre.*

Dès que le Directoire est nommé, le SEBC et la BCE sont institués et ils se préparent à entrer pleinement en fonction comme décrit dans le présent traité et dans les statuts du SEBC. Ils exercent pleinement leurs compétences à compter du premier jour de la troisième phase.

2. Dès qu'elle est instituée, la BCE reprend, au besoin, les tâches de l'IME. L'IME est liquidé dès qu'est instituée la BCE ; les modalités de liquidation sont prévues dans les statuts de l'IME.

3. Si et tant qu'il existe des États membres faisant l'objet d'une dérogation, et sans préjudice de l'article 106 paragraphe 3 du présent traité, le Conseil général de la BCE visé à l'article 45 des statuts du SEBC est constitué comme troisième organe de décision de la BCE.

4. Le jour de l'entrée en vigueur de la troisième phase, le Conseil, statuant à l'unanimité des États membres ne faisant pas l'objet d'une dérogation, sur proposition de la Commission et après consultation de la BCE, arrête les taux de conversion auxquels leurs monnaies sont irrévocablement fixées et le taux irrévocablement fixé auquel l'Écu remplace ces monnaies, et l'Écu sera une monnaie à part entière. Cette mesure ne modifie pas, en soi, la valeur externe de l'Écu. Selon la même procédure, le Conseil prend également les autres mesures nécessaires à l'introduction rapide de l'Écu en tant que monnaie unique de ces États membres.

5. S'il est décidé, conformément à la procédure prévue à l'article 109 K paragraphe 2, d'abroger une dérogation, le Conseil, statuant à l'unanimité des États membres ne faisant pas l'objet d'une dérogation et de l'État membre concerné, sur proposition de la Commission et après consultation de la BCE, fixe le taux auquel l'Écu remplace la monnaie de l'État membre concerné, et décide les autres mesures nécessaires à l'introduction de l'Écu en tant que monnaie unique dans l'État membre concerné.

Article 109 M

1. Jusqu'au début de la troisième phase, chaque État membre traite sa politique de change comme un problème d'intérêt commun. Les États membres tiennent compte, ce faisant, des expériences acquises grâce à la coopération dans le cadre du Système monétaire européen (SME) et grâce au développement de l'Écu, dans le respect des compétences existantes.

2. A partir du début de la troisième phase et aussi longtemps qu'un État membre fait l'objet d'une dérogation, le paragraphe 1 s'applique par analogie à la politique de change de cet État membre.

TITRE VII (32)

La politique commerciale commune

Article 110

En établissant une union douanière entre eux, les États membres entendent contribuer, conformément à l'intérêt commun, au développement harmonieux du commerce mondial, à la suppression progressive des restrictions aux échanges internationaux et à la réduction des barrières douanières.

La politique commerciale commune tient compte de l'incidence favorable que la suppression des droits entre les États membres peut exercer sur l'accroissement de la force concurrentielle des entreprises de ces États.

Article 111

(abrogé)

Article 112

1. Sans préjudice des engagements assumés par les États membres dans le cadre d'autres organisations internationales, les régimes d'aides accordées par les États membres aux exportations vers les pays tiers sont progressivement harmonisés avant la fin de la période de transition, dans la mesure nécessaire pour éviter que la concurrence entre les entreprises de la Communauté soit faussée.

Sur proposition de la Commission, le Conseil arrête, à l'unanimité jusqu'à la fin de la seconde étape et à la majorité qualifiée par la suite, les directives nécessaires à cet effet.

(32) Nouveau titre tel qu'inséré par l'article G.26 TUE, en remplacement du chapitre 4 du Titre II, articles 110 à 116.

2. Les dispositions qui précèdent ne s'appliquent pas aux ristournes de droits de douane ou de taxes d'effet équivalent ni à celles d'impositions indirectes, y compris les taxes sur le chiffre d'affaires, les droits d'accise et les autres impôts indirects, accordées à l'occasion de l'exportation d'une marchandise d'un État membre vers un pays tiers, dans la mesure où ces ristournes n'excèdent pas les charges dont les produits exportés ont été frappés directement ou indirectement.

Article 113 (33)

1. La politique commerciale commune est fondée sur des principes uniformes, notamment en ce qui concerne les modifications tarifaires, la conclusion d'accords tarifaires et commerciaux, l'uniformisation des mesures de libération, la politique d'exportation, ainsi que les mesures de défense commerciale, dont celles à prendre en cas de dumping et de subventions.

2. La Commission, pour la mise en œuvre de la politique commerciale commune, soumet des propositions au Conseil.

3. Si des accords avec *un ou plusieurs États ou organisations internationales* doivent être négociés, la Commission présente des recommandations au Conseil, qui l'autorise à ouvrir les négociations nécessaires.

Ces négociations sont conduites par la Commission en consultation avec un Comité spécial désigné par le Conseil pour l'assister dans cette tâche, et dans le cadre des directives que le Conseil peut lui adresser.

Les dispositions pertinentes de l'article 228 sont applicables.

4. Dans l'exercice des compétences qui lui sont attribuées par le présent article, le Conseil statue à la majorité qualifiée.

Article 114

(abrogé)

Article 115 (34)

Aux fins d'assurer que l'exécution des mesures de politique commerciale prises, conformément au présent traité, par tout État membre ne soit empêchée par des détournements de trafic, ou lorsque des disparités dans ces mesures entraînent des difficultés économiques dans un ou plusieurs États, la Commission recommande les méthodes par lesquelles les autres États membres apportent la coopération nécessaire. A défaut, elle peut autoriser les États membres à prendre les mesures de protection nécessaires dont elle définit les conditions et modalités.

(33) Tel que modifié par l'article G.28 TUE.
(34) Tel que modifié par l'article G.30 TUE.

En cas d'urgence, les États membres demandent l'autorisation de prendre eux-mêmes les mesures nécessaires à la Commission, qui se prononce dans les plus brefs délais ; les États membres concernés les notifient ensuite aux autres États membres. La Commission peut décider à tout moment que les États membres concernés doivent modifier ou supprimer les mesures en cause.

Par priorité, doivent être choisies les mesures qui apportent le moins de perturbations au fonctionnement du marché commun.

Article 116

(abrogé)

TITRE VIII

Politique sociale, éducation, formation professionnelle et jeunesse (35)

CHAPITRE 1er. — Dispositions sociales

Article 117

Les États membres conviennent de la nécessité de promouvoir l'amélioration des conditions de vie et de travail de la main-d'œuvre permettant leur égalisation dans le progrès.

Ils estiment qu'une telle évolution résultera tant du fonctionnement du marché commun, qui favorisera l'harmonisation des systèmes sociaux, que des procédures prévues par le présent traité et du rapprochement des dispositions législatives, règlementaires et administratives.

Article 118

Sans préjudice des autres dispositions du présent traité, et conformément aux objectifs généraux de celui-ci, la Commission a pour mission de promouvoir une collaboration étroite entre les États membres dans le domaine social, notamment dans les matières relatives :

— à l'emploi,
— au droit du travail et aux conditions de travail,
— à la formation et au perfectionnement professionnels,
— à la sécurité sociale,
— à la protection contre les accidents et les maladies professionnels,
— à l'hygiène du travail,
— au droit syndical et aux négociations collectives entre employeurs et travailleurs.

(35) Intitulé tel qu'introduit par l'article G.32 TUE.

A cet effet, la Commission agit en contact étroit avec les États membres, par des études, des avis et par l'organisation de consultations, tant pour les problèmes qui se posent sur le plan national que pour ceux qui intéressent les organisations internationales.

Avant d'émettre les avis prévus au présent article, la Commission consulte le Comité économique et social.

Article 118 A

1. Les États membres s'attachent à promouvoir l'amélioration, notamment du milieu de travail, pour protéger la sécurité et la santé des travailleurs et se fixent pour objectif l'harmonisation, dans le progrès, des conditions existant dans ce domaine.

2. Pour contribuer à la réalisation de l'objectif prévu au paragraphe 1, le Conseil, statuant *conformément à la procédure visée à l'article 189 C* et après consultation du Comité économique et social, arrête par voie de directive les prescriptions minimales applicables progressivement, compte tenu des conditions et des réglementations techniques existant dans chacun des États membres (36).

Ces directives évitent d'imposer des contraintes administratives, financières et juridiques telles qu'elles contrarieraient la création et le développement de petites et moyennes entreprises.

3. Les dispositions arrêtées en vertu du présent article ne font pas obstacle au maintien et à l'établissement, par chaque État membre, de mesures de protection renforcée des conditions de travail compatibles avec le présent traité.

Article 118 B

La Commission s'efforce de développer le dialogue entre partenaires sociaux au niveau européen, pouvant déboucher, si ces derniers l'estiment souhaitable, sur des relations conventionnelles.

Article 119

Chaque État membre assure au cours de la première étape, et maintient par la suite, l'application du principe de l'égalité des rémunérations entre les travailleurs masculins et les travailleurs féminins pour un même travail.

Par rémunération il faut entendre, au sens du présent article, le salaire ou traitement ordinaire de base ou minimum, et tous autres avantages payés directement ou indirectement, en espèces ou en nature, par l'employeur au travailleur en raison de l'emploi de ce dernier.

(36) Premier alinéa tel que modifié par l'article G.33 TUE.

L'égalité de rémunération, sans discrimination fondée sur le sexe, implique :

a) que la rémunération accordée pour un même travail payé à la tâche soit établie sur la base d'une même unité de mesure,
b) que la rémunération accordée pour un travail payé au temps soit la même pour un même poste de travail.

Article 120

Les États membres s'attachent à maintenir l'équivalence existante des régimes de congés payés.

Article 121

Le Conseil, statuant à l'unanimité après consultation du Comité économique et social, peut charger la Commission de fonctions concernant la mise en œuvre de mesures communes, notamment en ce qui concerne la sécurité sociale des travailleurs migrants visés aux articles 48 à 51 inclus.

Article 122

La Commission consacre, dans son rapport annuel au Parlement européen, un chapitre spécial à l'évolution de la situation sociale dans la Communauté.

Le Parlement européen peut inviter la Commission à établir des rapports sur des problèmes particuliers concernant la situation sociale.

CHAPITRE 2. — **Le Fonds social européen**

Article 123 (37)

Afin d'améliorer les possibilités d'emploi des travailleurs dans le marché *intérieur* et de contribuer ainsi au relèvement du niveau de vie, il est institué, dans le cadre des dispositions ci-après, un Fonds social européen *qui vise à* promouvoir à l'intérieur de la Communauté les facilités d'emploi et la mobilité géographique et professionnelle des travailleurs, *ainsi qu'à faciliter l'adaptation aux mutations industrielles et à l'évolution des systèmes de production, notamment par la formation et la reconversion professionnelles.*

Article 124

L'administration du Fonds incombe à la Commission.

La Commission est assistée dans cette tâche par un Comité présidé par un membre de la Commission et composé de représentants des gouvernements et des organisations syndicales de travailleurs et d'employeurs.

(37) Tel que modifié par l'article G.34 TUE.

Article 125 (38)

Le Conseil, statuant conformément à la procédure visée à l'article 189 C et après consultation du Comité économique et social, adopte les décisions d'application relatives au Fonds social européen.

CHAPITRE 3 (39). — **Éducation, formation professionnelle et jeunesse**

Article 126

1. La Communauté contribue au développement d'une éducation de qualité en encourageant la coopération entre États membres et, si nécessaire, en appuyant et en complétant leur action tout en respectant pleinement la responsabilité des États membres pour le contenu de l'enseignement et l'organisation du système éducatif ainsi que leur diversité culturelle et linguistique.

2. L'action de la Communauté vise :

- *à développer la dimension européenne dans l'éducation, notamment par l'apprentissage et la diffusion des langues des États membres ;*
- *à favoriser la mobilité des étudiants et des enseignants, y compris en encourageant la reconnaissance académique des diplômes et des périodes d'études ;*
- *à promouvoir la coopération entre les établissements d'enseignement ;*
- *à développer l'échange d'informations et d'expériences sur les questions communes aux systèmes d'éducation des États membres ;*
- *à favoriser le développement des échanges de jeunes et d'animateurs socio-éducatifs ;*
- *à encourager le développement de l'éducation à distance.*

3. La Communauté et les États membres favorisent la coopération avec les pays tiers et les organisations internationales compétentes en matière d'éducation et en particulier avec le Conseil de l'Europe.

4. Pour contribuer à la réalisation des objectifs visés au présent article, le Conseil adopte :

- *statuant conformément à la procédure visée à l'article 189 B et après consultation du Comité économique et social et du Comité des régions, des actions d'encouragement, à l'exclusion de toute harmonisation des dispositions législatives et réglementaires des États membres ;*
- *statuant à la majorité qualifiée sur proposition de la Commission, des recommandations.*

(38) Tel que modifié par l'article G.35 TUE.

(39) Chapitre 3 (articles 126 et 127) tel qu'introduit par l'article G.36 TUE. Anciens articles 126 et 127 caducs.

Article 127

1. La Communauté met en œuvre une politique de formation professionnelle, qui appuie et complète les actions des États membres, tout en respectant pleinement la responsabilité des États membres pour le contenu et l'organisation de la formation professionnelle.

2. L'action de la Communauté vise :

- *à faciliter l'adaptation aux mutations industrielles, notamment par la formation et la reconversion professionnelle ;*
- *à améliorer la formation professionnelle initiale et la formation continue afin de faciliter l'insertion et la réinsertion professionnelle sur le marché du travail ;*
- *à faciliter l'accès à la formation professionnelle et à favoriser la mobilité des formateurs et des personnes en formation et notamment des jeunes ;*
- *à stimuler la coopération en matière de formation entre établissements d'enseignement ou de formation professionnelle et entreprises ;*
- *à développer l'échange d'informations et d'expériences sur les questions communes aux systèmes de formation des États membres.*

3. La Communauté et les États membres favorisent la coopération avec les pays tiers et les organisations internationales compétentes en matière de formation professionnelle.

4. Le Conseil, statuant conformément à la procédure visée à l'article 189 C et après consultation du Comité économique et social, adopte des mesures pour contribuer à la réalisation des objectifs visés au présent article, à l'exclusion de toute harmonisation des dispositions législatives et réglementaires des États membres.

TITRE IX (40)

Culture

Article 128

1. La Communauté contribue à l'épanouissement des cultures des États membres dans le respect de leur diversité nationale et régionale, tout en mettant en évidence l'héritage culturel commun.

2. L'action de la Communauté vise à encourager la coopération entre États membres et, si nécessaire, à appuyer et compléter leur action dans les domaines suivants :

- *l'amélioration de la connaissance et de la diffusion de la culture et de l'histoire des peuples européens,*

(40) Tel qu'inséré par l'article G.37 TUE. Ancien article 128 caduc. Anciens articles 129 et 130 devenus articles 198 D et 198 E.

— la conservation et la sauvegarde du patrimoine culturel d'importance européenne,
— les échanges culturels non commerciaux,
— la création artistique et littéraire, y compris dans le secteur de l'audiovisuel.

3. La Communauté et les États membres favorisent la coopération avec les pays tiers et les organisations internationales compétentes dans le domaine de la culture et en particulier avec le Conseil de l'Europe.

4. La Communauté tient compte des aspects culturels dans son action au titre d'autres dispositions du présent traité.

5. Pour contribuer à la réalisation des objectifs visés au présent article, le Conseil adopte :

— statuant conformément à la procédure visée à l'article 189 B et après consultation du Comité des régions, des actions d'encouragement, à l'exclusion de toute harmonisation des dispositions législatives et réglementaires des États membres. Le Conseil statue à l'unanimité tout au long de la procédure visée à l'article 189 B ;
— statuant à l'unanimité sur proposition de la Commission, des recommandations.

TITRE X (41)

Santé publique

Article 129

1. La Communauté contribue à assurer un niveau élevé de protection de la santé humaine en encourageant la coopération entre les États membres et, si nécessaire, en appuyant leur action.

L'action de la Communauté porte sur la prévention des maladies, et notamment des grands fléaux, y compris la toxicomanie, en favorisant la recherche sur leurs causes et leur transmission ainsi que l'information et l'éducation en matière de santé.

Les exigences en matière de protection de la santé sont une composante des autres politiques de la Communauté.

2. Les États membres coordonnent entre eux, en liaison avec la Commission, leurs politiques et programmes dans les domaines visés au paragraphe 1. La Commission peut prendre, en contact étroit avec les États membres, toute initiative utile pour promouvoir cette coordination.

3. La Communauté et les États membres favorisent la coopération avec les pays tiers et les organisations internationales compétentes en matière de santé publique.

(41) Tel qu'inséré par l'article G.38 TUE.

4. Pour contribuer à la réalisation des objectifs visés au présent article, le Conseil adopte :

- *statuant conformément à la procédure visée à l'article 189 B et après consultation du Comité économique et social et du Comité des régions, des actions d'encouragement, à l'exclusion de toute harmonisation des dispositions législatives et réglementaires des États membres ;*
- *statuant à la majorité qualifié sur proposition de la Commission, des recommandations.*

TITRE XI (42)

Protection des consommateurs

Article 129 A

1. La Communauté contribue à la réalisation d'un niveau élevé de protection des consommateurs par :

a) des mesures qu'elle adopte en application de l'article 100 A dans le cadre de la réalisation du marché intérieur ;

b) des actions spécifiques qui appuient et complètent la politique menée par les États membres en vue de protéger la santé, la sécurité et les intérêts économiques des consommateurs et de leur assurer une information adéquate.

2. Le Conseil, statuant conformément à la procédure visée à l'article 189 B et après consultation du Comité économique et social, arrête les actions spécifiques visées au paragraphe 1 point b).

3. Les actions arrêtées en application du paragraphe 2 ne peuvent empêcher un État membre de maintenir ou d'établir des mesures de protection plus strictes. Ces mesures doivent être compatibles avec le présent traité. Elle sont notifiées à la Commission.

TITRE XII (43)

Réseaux transeuropéens

Article 129 B

1. En vue de contribuer à la réalisation des objectifs visés aux articles 7 A et 130 A et de permettre aux citoyens de l'Union, aux opérateurs économiques, ainsi qu'aux collectivités régionales et locales, de bénéficier pleinement des

(42) Tel qu'inséré par l'article G.38 TUE.
(43) Tel qu'inséré par l'article G.38 TUE.

avantages découlant de la mise en place d'un espace sans frontières intérieures, la Communauté contribue à l'établissement et au développement de réseaux transeuropéens dans les secteurs des infrastructures du transport, des télécommunications et de l'énergie.

2. Dans le cadre d'un système de marchés ouverts et concurrentiels, l'action de la Communauté vise à favoriser l'interconnexion et l'interopérabilité des réseaux nationaux ainsi que l'accès à ces réseaux. Elle tient compte en particulier de la nécessité de relier les régions insulaires, enclavées et périphériques aux régions centrales de la Communauté.

Article 129 C

1. Afin de réaliser les objectifs visés à l'article 129 B, la Communauté :

- *établit un ensemble d'orientations couvrant les objectifs, les priorités ainsi que les grandes lignes des actions envisagées dans le domaine des réseaux transeuropéens ; ces orientations identifient des projets d'intérêt commun ;*
- *met en œuvre toute action qui peut s'avérer nécessaire pour assurer l'interopérabilité des réseaux, en particulier dans le domaine de l'harmonisation des normes techniques ;*
- *peut appuyer les efforts financiers des États membres pour des projets d'intérêt commun financés par les États membres et identifiés dans le cadre des orientations visées au premier tiret, en particulier sous forme d'études de faisabilité, de garanties d'emprunt ou de bonifications d'intérêt ; la Communauté peut également contribuer au financement, dans les États membres, de projets spécifiques en matière d'infrastructure des transports par le biais du Fonds de cohésion à créer au plus tard le 31 décembre 1993 conformément à l'article 130 D.*

L'action de la Communauté tient compte de la viabilité économique potentielle des projets.

2. Les États membres coordonnent entre eux, en liaison avec la Commission, les politiques menées au niveau national qui peuvent avoir un impact significatif sur la réalisation des objectifs visés à l'article 129 B. La Commission peut prendre, en étroite collaboration avec les États membres, toute initiative utile pour promouvoir cette coordination.

3. La Communauté peut décider de coopérer avec les pays tiers pour promouvoir des projets d'intérêt commun et assurer l'interopérabilité des réseaux.

Article 129 D

Les orientations visées à l'article 129 C paragraphe 1 sont arrêtées par le Conseil, statuant conformément à la procédure visée à l'article 189 B et après consultation du Comité économique et social et du Comité des régions.

Les orientations et projets d'intérêt commun qui concernent le territoire d'un État membre requièrent l'approbation de l'État membre concerné.

Le Conseil, statuant conformément à la procédure visée à l'article 189 C et après consultation du Comité économique et social et du Comité des régions, arrête les autres mesures prévues à l'article 129 C paragraphe 1.

TITRE XIII (44)

Industrie

Article 130

1. La Communauté et les États membres veillent à ce que les conditions nécessaires à la compétitivité de l'industrie de la Communauté soient assurées.

A cette fin, conformément à un système de marchés ouverts et concurrentiels, leur action vise à :

— *accélérer l'adaptation de l'industrie aux changements structurels ;*
— *encourager un environnement favorable à l'initiative et au développement des entreprises de l'ensemble de la Communauté et notamment des petites et moyennes entreprises ;*
— *encourager un environnement favorable à la coopération entre entreprises ;*
— *favoriser une meilleure exploitation du potentiel industriel des politiques d'innovation, de recherche et de développement technologique.*

2. Les États membres se consultent mutuellement en liaison avec la Commission et, pour autant que de besoin, coordonnent leurs actions. La Commission peut prendre toute initiative utile pour promouvoir cette coordination.

3. La Communauté contribue à la réalisation des objectifs visés au paragraphe 1 au travers des politiques et actions qu'elle mène au titre d'autres dispositions du présent traité. Le Conseil, statuant à l'unanimité sur proposition de la Commission, après consultation du Parlement européen et du Comité économique et social, peut décider de mesures spécifiques destinées à appuyer les actions menées dans les États membres afin de réaliser les objectifs visés au paragraphe 1.

Le présent titre ne constitue pas une base pour l'introduction, par la Communauté, de quelque mesure que ce soit pouvant entraîner des distorsions de concurrence.

(44) Tel qu'inséré par l'article G.38 TUE.

TITRE XIV (45)

Cohésion économique et sociale

Article 130 A

Afin de promouvoir un développement harmonieux de l'ensemble de la Communauté, celle-ci développe et poursuit son action tendant au renforcement de sa cohésion économique et sociale.

En particulier, la Communauté vise à réduire l'écart entre *les niveaux de développement des* diverses régions et le retard des régions les moins favorisées, *y compris les zones rurales.*

Article 130 B

Les États membres conduisent leur politique économique et la coordonnent en vue également d'atteindre les objectifs visés à l'article 130 A. *La formulation* et la mise en œuvre des politiques et actions de la Communauté ainsi que la mise en œuvre du marché intérieur prennent en compte les objectifs visés à l'article 130 A et participent à leur réalisation. La Communauté soutient aussi cette réalisation par l'action qu'elle mène au travers des fonds à finalité structurelle (Fonds européen d'orientation et de garantie agricole, section «orientation» ; Fonds social européen ; Fonds européen de développement régional), de la Banque européenne d'investissement et des autres instruments financiers existants.

La Commission présente un rapport au Parlement européen, au Conseil, au Comité économique et social et au Comité des régions, tous les trois ans, sur les progrès accomplis dans la réalisation de la cohésion économique et sociale et sur la façon dont les divers moyens prévus au présent article y ont contribué. Ce rapport est, le cas échéant, assorti des propositions appropriées.

Si des actions spécifiques s'avèrent nécessaires en dehors des fonds, et sans préjudice des mesures décidées dans le cadre des autres politiques de la Communauté, ces actions peuvent être arrêtées par le Conseil, statuant à l'unanimité sur proposition de la Commission et après consultation du Parlement européen, du Comité économique et social et du Comité des régions.

Article 130 C

Le Fonds européen de développement régional est destiné à contribuer à la correction des principaux déséquilibres régionaux dans la Communauté par une participation au développement et à l'ajustement structurel des régions en retard de développement et à la reconversion des régions industrielles en déclin.

(45) Ancien titre V, tel que modifié par l'article G.38 TUE.

Article 130 D

Sans préjudice de l'article 130 E, le Conseil, statuant à l'unanimité sur proposition de la Commission, après avis conforme du Parlement européen et après consultation du Comité économique et social et du Comité des régions, définit les missions, les objectifs prioritaires et l'organisation des fonds à finalité structurelle, ce qui peut comporter le regroupement des fonds. Sont également définies par le Conseil, statuant selon la même procédure, les règles générales applicables aux fonds, ainsi que les dispositions nécessaires pour assurer leur efficacité et la coordination des fonds entre eux et avec les autres instruments financiers existants.

Le Conseil, statuant selon la même procédure, crée, avant le 31 décembre 1993, un Fonds de cohésion, qui contribue financièrement à la réalisation de projets dans le domaine de l'environnement et dans celui des réseaux transeuropéens en matière d'infrastructure des transports.

Article 130 E

Les décisions d'application relatives au Fonds européen de développement régional sont prises par le Conseil, statuant conformément à la procédure visée à l'article 189 C et après consultation du Comité économique et social et du Comité des régions.

En ce qui concerne le Fonds européen d'orientation et de garantie agricole, section «orientation», et le Fonds social européen, les articles 43 et 125 demeurent respectivement d'application.

TITRE XV (46)

Recherche et développement technologique

Article 130 F

1. La Communauté *a* pour objectif de renforcer les bases scientifiques et technologiques de l'industrie de la Communauté et de favoriser le développement de sa compétitivité internationale, *ainsi que de promouvoir les actions de recherche jugées nécessaires au titre d'autres chapitres du présent traité.*

2. *A ces fins,* elle encourage dans l'ensemble de la Communauté les entreprises, y compris les petites et moyennes entreprises, les centres de recherche et les universités dans leurs efforts de recherche et de développement technologique *de haute qualité* ; elle soutient leur efforts de coopéra-

(46) Ancien titre VI, tel que modifié par l'article G.38 TUE.

tion, en visant tout particulièrement à permettre aux entreprises d'exploiter pleinement les potentialités du marché intérieur à la faveur, notamment, de l'ouverture des marchés publics nationaux, de la définition de normes communes et de l'élimination des obstacles juridiques et fiscaux à cette coopération.

3. Toutes les actions de la Communauté au titre du présent traité, y compris les actions de démonstration, dans le domaine de la recherche et du développement technologique sont décidées et mises en œuvre conformément aux dispositions du présent titre.

Article 130 G

Dans la poursuite de ces objectifs, la Communauté mène les actions suivantes, qui complètent les actions entreprises dans les États membres :

a) mise en œuvre de programmes de recherche, de développement technologique et de démonstration en promouvant la coopération avec et entre les entreprises, les centres de recherche et les universités ;
b) promotion de la coopération en matière de recherche, de développement technologique et de démonstration communautaires avec les pays tiers et les organisations internationales ;
c) diffusion et valorisation des résultats des activités en matière de recherche, de développement technologique et de démonstration communautaires ;
d) stimulation de la formation et de la mobilité des chercheurs de la Communauté.

Article 130 H

1. La Communauté et les États membres coordonnent leur action en matière de recherche et de développement technologique, afin d'assurer la cohérence réciproque des politiques nationales et de la politique communautaire.

2. La Commission peut prendre, en étroite collaboration avec les États membres, toute initiative utile pour promouvoir la coordination visée au paragraphe 1.

Article 130 I

1. Un programme-cadre pluriannuel, dans lequel est repris l'ensemble des actions de la Communauté, est arrêté par le Conseil, statuant conformément à la procédure visée à l'article 189 B, après consultation du Comité économique et social. Le Conseil statue à l'unanimité tout au long de la procédure visée à l'article 189 B.

Le programme-cadre :

— *fixe les objectifs scientifiques et technologiques à réaliser par les actions envisagées à l'article 130 G et les priorités qui s'y attachent ;*

— *indique les grandes lignes de ces actions ;*

— *fixe le montant global maximum et les modalités de la participation financière de la Communauté au programme-cadre, ainsi que les quotes-parts respective de chacune des actions envisagées.*

2. Le programme-cadre est adapté ou complété en fonction de l'évolution des situations.

3. Le programme-cadre est mis en œuvre au moyen de programmes spécifique développés à l'intérieur de chacune des actions. Chaque programme spécifique précise les modalités de sa réalisation, fixe sa durée et prévoit les moyens estimés nécessaires. La somme des montants estimés nécessaires, fixés par les programmes spécifiques, ne peut pas dépasser le montant global maximum fixé pour le programme-cadre et pour chaque action.

4. Le Conseil, statuant à la majorité qualifiée sur proposition de la Commission et après consultation du Parlement européen et du Comité économique et social, arrête les programmes spécifiques.

Article 130 J

Pour la mise en œuvre du programme-cadre pluriannuel, le Conseil :

— *fixe les règles de participation des entreprises, des centres de recherche et des universités ;*

— *fixe les règles applicables à la diffusion des résultats de la recherche.*

Article 130 K

Dans la mise en œuvre du programme-cadre pluriannuel, peuvent être décidés des programmes complémentaires auxquels ne participent que certains États membres qui assurent leur financement sous réserve d'une participation éventuelle de la Communauté.

Le Conseil arrête les règles applicables aux programmes complémentaires, notamment en matière de diffusion des connaissances et d'accès d'autres États membres.

Article 130 L

Dans la mise en œuvre du programme-cadre pluriannuel, la Communauté peut prévoir, en accord avec les États membres concernés, une participation à des programmes de recherche et de développement entrepris par plusieurs États membres, y compris la participation aux structures créées pour l'exécution de ces programmes.

Article 130 M

Dans la mise en œuvre du programme-cadre pluriannuel, la Communauté peut prévoir une coopération en matière de recherche, de développement technologique et de démonstration communautaires avec des pays tiers ou des organisations internationales.

Les modalités de cette coopération peuvent faire l'objet d'accords entre la Communauté et les tierces parties concernées, qui sont négociés et conclus conformément à l'article 228.

Article 130 N

La Communauté peut créer des entreprises communes ou toute autre structure nécessaire à la bonne exécution des programmes de recherche, de développement technologique et de démonstration communautaires.

Article 130 O

Le Conseil, statuant à l'unanimité sur proposition de la Commission et après consultation du Parlement européen et du comité économique et social, arrête les dispositions visées à l'article 130 N.

Le Conseil, statuant conformément à la procédure visée à l'article 189 C après consultation du Comité économique et social, arrête les dispositions visées aux articles 130 J, 130 K et 130 L. L'adoption des programmes complémentaires requiert l'accord des États membres concernés.

Article 130 P

Au début de chaque année, la Commission présente un rapport au Parlement européen et au Conseil. Ce rapport porte notamment sur les activités menées en matière de recherche et de développement technologique et de diffusion des résultats durant l'année précédente et sur le programme de travail de l'année en cours.

Article 130 Q

(abrogé)

TITRE XVI (47)

Environnement

Article 130 R

1. La politique de la Communauté dans le domaine de l'environnement *contribue à la poursuite des objectifs suivants :*

(47) Ancien titre VII, tel que modifié par l'article G.38 TUE.

— *la préservation, la protection et l'amélioration de la qualité de l'environnement,*
— *la protection de la santé des personnes,*
— *l'utilisation prudente et rationnelle des ressources naturelles,*
— *la promotion, sur le plan international, de mesures destinées à faire face aux problèmes régionaux ou planétaires de l'environnement.*

2. La politique de la Communauté dans le domaine de l'environnement vise un niveau de protection élevé, en tenant compte de la diversité des situations dans les différentes régions de la Communauté. Elle est fondée sur les principes de précaution et d'action préventive, sur le principe de la correction, par priorité à la source, des atteintes à l'environnement, et sur le principe du pollueur-payeur. Les exigences en matière de protection de l'environnement doivent être intégrées dans la définition et la mise en œuvre des autres politiques de la Communauté.

Dans ce contexte, les mesures d'harmonisation répondant à de telles exigences comportent, dans les cas appropriés, une clause de sauvegarde autorisant les États membres à prendre, pour des motifs environnementaux non économiques, des mesures provisoires soumises à une procédure communautaire de contrôle.

3. Dans l'élaboration de sa politique dans le domaine de l'environnement, la Communauté tient compte :

— *des données scientifiques et techniques disponibles,*
— *des conditions de l'environnement dans les diverses régions de la Communauté,*
— *des avantages et des charges qui peuvent résulter de l'action ou de l'absence d'action,*
— *du développement économique et social de la Communauté dans son ensemble et du développement équilibré de ses régions.*

4. Dans le cadre de leurs compétences respectives, la Communauté et les États membres coopèrent avec les pays tiers et les organisations internationales compétentes. Les modalités de la coopération de la Communauté peuvent faire l'objet d'accords entre celle-ci et les tierces parties concernées, qui sont négociés et conclus conformément à l'article 228.

L'alinéa précédent ne préjuge pas la compétence des États membres pour négocier dans les instances internationales et conclure des accords internationaux.

Article 130 S

1. Le Conseil, statuant conformément à la procédure visée à l'article 189 C et après consultation du Comité économique et social, décide des actions à entreprendre par la Communauté en vue de réaliser les objectifs visés à l'article 130 R.

2. Par dérogation à la procédure de décision prévue au paragraphe 1 et sans préjudice de l'article 100 A, le Conseil, statuant à l'unanimité sur proposition de la Commission, après consultation du Parlement européen et du Comité économique et social, arrête :

- *des disposition essentiellement de nature fiscale ;*
- *les mesures concernant l'aménagement du territoire, l'affection des sols, à l'exception de la gestion des déchets et des mesures à caractère général, ainsi que la gestion des ressources hydrauliques ;*
- *les mesures affectant sensiblement le choix d'un État membre entre différentes sources d'énergie et la structure générale de son approvisionnement énergétique.*

Le Conseil, statuant selon les conditions prévues au premier alinéa, peut définir les questions visées au présent paragraphe au sujet desquelles des décisions doivent être prises à la majorité qualifiée.

3. Dans d'autre domaines, des programmes d'action à caractère général fixant les objectifs prioritaires à atteindre sont arrêtés par le Conseil, statuant conformément à la procédure visée à l'article 189 B et après consultation du Comité économique et social.

Le Conseil, statuant selon les conditions prévues au paragraphe 1 ou au paragraphe 2, selon le cas, arrête les mesures nécessaires à la mise en œuvre de ces programmes.

4. Sans préjudice de certaines mesures ayant un caractère communautaire, les États membres assurent le financement et exécution de la politique en matière d'environnement.

5. Sans préjudice du principe du pollueur-payeur, lorsqu'une mesure fondée sur le paragraphe 1 implique des coûts jugés disproportionnés pour les pouvoirs publics d'un État membre, le Conseil prévoit, dans l'acte portant adoption de cette mesure, les dispositions appropriées sous forme :

- *de dérogations temporaires et/ou*
- *d'un soutien financier du Fonds de cohésion qui sera créé au plus tard le 31 décembre 1993 conformément à l'article 130 D.*

Article 130 T

Les mesures de protection arrêtées en vertu de l'article 130 S ne font pas obstacle au maintien et à l'établissement, par chaque État membre, de mesures de protection renforcées. *Ces mesures doivent être compatibles avec le présent traité. Elles sont notifiées à la Commission.*

TITRE XVII (48)

Coopération au développement

Article 130 U

1. La politique de la Communauté dans le domaine de la coopération au développement, qui est complémentaire de celles qui sont menées par les États membres, favorise :

— le développement économique et social durable des pays en développement et plus particulièrement des plus défavorisés d'entre eux ;

— l'insertion harmonieuse et progressive des pays en développement dans l'économie mondiale ;

— la lutte contre la pauvreté dans les pays en développement.

2. La politique de la Communauté dans ce domaine contribue à l'objectif général de développement et de consolidation de la démocratie et de l'État de droit, ainsi qu'à l'objectif du respect des droits de l'homme et des libertés fondamentales.

3. La Communauté et les États membres respectent les engagements et tiennent compte des objectifs qu'ils ont agréés dans le cadre des Nations unies et des autres organisations internationales compétentes.

Article 130 V

La Communauté tient compte des objectifs visés à l'article 130 U dans les politiques qu'elle met en œuvre et qui sont susceptibles d'affecter les pays en développement.

Article 130 W

1. Sans préjudice des autres dispositions du présent traité, le Conseil, statuant conformément à la procédure visée à l'article 189 C, arrête les mesures nécessaires à la poursuite des objectifs visés à l'article 130 U. Ces mesures peuvent prendre la forme de programmes pluriannuels.

2. La Banque européenne d'investissement contribue, selon les conditions prévues dans ses statuts, à la mise en œuvre des mesures visées au paragraphe 1.

3. Le présent article n'affecte pas la coopération avec les pays d'Afrique, des Caraïbes et du Pacifique dans le cadre de la Convention ACP-CEE.

Article 130 X

1. La Communauté et les États membres coordonnent leurs politiques en matière de coopération au développement et se concertent sur leurs programmes

(48) Tel qu'inséré par l'article G.38 TUE.

d'aide, y compris dans les organisations internationales et lors des conférences internationales. Ils peuvent entreprendre des actions conjointes. Les États membres contribuent, si nécessaire, à la mise en œuvre des programmes d'aide communautaires.

2. La Commission peut prendre toute initiative utile pour promouvoir la coordination visée au paragraphe 1.

Article 130 Y

Dans le cadre de leurs compétences respectives, la Communauté et les États membres coopèrent avec les pays tiers et les organisations internationales compétentes. Les modalités de la coopération de la Communauté peuvent faire l'objet d'accords entre celle-ci et les tierces parties concernées, qui sont négociés et conclus conformément à l'article 228.

Le premier alinéa ne préjuge pas la compétence des États membres pour négocier dans les instances internationales et conclure des accords internationaux.

QUATRIÈME PARTIE

L'ASSOCIATION DES PAYS ET TERRITOIRES D'OUTRE-MER

Article 131

Les États membres conviennent d'associer à la Communauté les pays et territoires non européens entretenant avec la Belgique, le Danemark, la France, l'Italie, les Pays-Bas et le Royaume-Uni des relations particulières. Ces pays et territoires, ci-après dénommés « pays et territoires », sont énumérés à la liste qui fait l'objet de l'annexe IV du présent traité.

Le but de l'association est la promotion du développement économique et social des pays et territoires, et l'établissement de relations économiques étroites entre eux et la Communauté dans son ensemble.

Conformément aux principes énoncés dans le préambule du présent traité, l'association doit en premier lieu permettre de favoriser les intérêts des habitants de ces pays et territoires et leur prospérité, de manière à les conduire au développement économique, social et culturel qu'ils attendent.

Article 132

L'association poursuit les objectifs ci-après :

1. Les États membres appliquent à leurs échanges commerciaux avec les pays et territoires le régime qu'ils s'accordent entre eux en vertu du présent traité.

2. Chaque pays ou territoire applique à ses échanges commerciaux avec les États membres et les autres pays et territoires le régime qu'il applique à l'État européen avec lequel il entretient des relations particulières.

3. Les États membres contribuent aux investissements que demande le développement progressif de ces pays et territoires.

4. Pour les investissements financés par la Communauté, la participation aux adjudications et fournitures est ouverte, à égalité de conditions, à toutes les personnes physiques et morales ressortissant des États membres et des pays et territoires.

5. Dans les relations entre les États membres et les pays et territoires, le droit d'établissement des ressortissants et sociétés est réglé conformément aux dispositions et par application des procédures prévues au chapitre relatif au droit d'établissement et sur une base non discriminatoire, sous réserve des dispositions particulières prises en vertu de l'article 136.

Article 133

1. Les importations originaires des pays et territoires bénéficient à leur entrée dans les États membres de l'élimination totale des droits de douane qui intervient progressivement entre les États membres conformément aux dispositions du présent traité.

2. A l'entrée dans chaque pays et territoire, les droits de douane frappant les importations des États membres et des autres pays et territoires sont progressivement supprimés conformément aux dispositions des articles 12, 13, 14, 15 et 17.

3. Toutefois, les pays et territoires peuvent percevoir des droits de douane qui répondent aux nécessités de leur développement et aux besoins de leur industrialisation ou qui, de caractère fiscal, ont pour but d'alimenter leur budget.

Les droits visés à l'alinéa ci-dessus sont cependant progressivement réduits jusqu'au niveau de ceux qui frappent les importations des produits en provenance de l'État membre avec lequel chaque pays ou territoire entretient des relations particulières. Les pourcentages et le rythme des réductions prévus dans le présent traité sont applicables à la différence existant entre le droit frappant le produit en provenance de l'État membre qui entretient des relations particulières avec le pays ou territoire et celui dont est frappé le même produit en provenance de la Communauté à son entrée dans le pays ou territoire importateur.

4. Le paragraphe 2 n'est pas applicable aux pays et territoires qui, en raison des obligations internationales particulières auxquelles ils sont sou-

mis, appliquent déjà à l'entrée en vigueur du présent traité un tarif douanier non discriminatoire.

5. L'établissement ou la modification de droits de douane frappant les marchandises importées dans les pays et territoires ne doit pas donner lieu, en droit ou en fait, à une discrimination directe ou indirecte entre les importations en provenance des divers États membres.

Article 134

Si le niveau des droits applicables aux marchandises en provenance d'un pays tiers à l'entrée dans un pays ou territoire est, compte tenu de l'application des dispositions de l'article 133, paragraphe 1, de nature à provoquer des détournements de trafic au détriment d'un des États membres, celui-ci peut demander à la Commission de proposer aux autres États membres les mesures nécessaires pour remédier à cette situation.

Article 135

Sous réserve des dispositions qui régissent la santé publique, la sécurité publique et l'ordre public, la liberté de circulation des travailleurs des pays et territoires dans les États membres et des travailleurs des États membres dans les pays et territoires sera réglée par des conventions ultérieures qui requièrent l'unanimité des États membres.

Article 136

Pour une première période de cinq ans à compter de l'entrée en vigueur du présent traité, une convention d'application annexée à ce traité fixe les modalités et la procédure de l'association entre les pays et territoires et la Communauté.

Avant l'expiration de la convention prévue à l'alinéa ci-dessus, le Conseil statuant à l'unanimité établit, à partir des réalisations acquises et sur la base des principes inscrits dans le présent traité, les dispositions à prévoir pour une nouvelle période.

*Article 136*bis

Les dispositions des articles 131 à 136 sont applicables au Groenland sous réserve des dispositions spécifiques pour le Groenland figurant dans le protocole sur le régime particulier applicable au Groenland, annexé au présent traité.

CINQUIÈME PARTIE
LES INSTITUTIONS DE LA COMMUNAUTÉ

TITRE PREMIER
Dispositions institutionnelles

CHAPITRE 1er. — Les institutions

SECTION 1re. — LE PARLEMENT EUROPÉEN

Article 137 (49)

Le Parlement européen, composé de représentants des peuples des États réunis dans la Communauté, exerce les pouvoirs qui lui sont attribués par le présent traité.

Article 138

(Paragraphes 1 et 2 devenus caducs à la date du 17 juillet 1979, conformément aux dispositions de l'article 14 de l'acte portant élection des représentants au Parlement européen)

[Voir article premier de l'acte précité qui se lit comme suit :

1. Les représentants, au Parlement européen, des peuples des États réunis dans la Communauté sont élus au suffrage universel direct.]

[Voir article 2 de l'acte précité qui se lit comme suit :

2. Le nombre des représentants élus dans chaque État membre est fixé ainsi qu'il suit :

Belgique	24
Danemark	16
Allemagne	81
Grèce	24
Espagne	60
France	81
Irlande	15
Italie	81
Luxembourg	6
Pays-Bas	25
Portugal	24
Royaume-Uni	81]

(49) Tel que modifié par l'article G.39 TUE.

3. Le Parlement européen élaborera des projets en vue de permettre l'élection au suffrage universel direct selon une procédure uniforme dans tous les États membres.

Le Conseil, statuant à l'unanimité, après avis conforme du Parlement européen qui se prononce à la majorité des membres qui le composent, arrêtera les dispositions dont il recommandera l'adoption par les États membres, conformément à leurs règles constitutionnelles respectives (50).

Article 138 a (51)

Les partis politiques au niveau européen sont importants en tant que facteur d'intégration au sein de l'Union. Ils contribuent à la formation d'une conscience européenne et à l'expression de la volonté politique des citoyens de l'Union.

Article 138 b (51)

Dans la mesure où le présent traité le prévoit, le Parlement européen participe au processus conduisant à l'adoption des actes communautaires, en exerçant ses attributions dans le cadre des procédures définies aux articles 189 b et 189 c, ainsi qu'en rendant des avis conformes ou en donnant des avis consultatifs.

Le Parlement européen peut, à la majorité de ses membres, demander à la Commission de soumettre toute proposition appropriée sur les questions qui lui paraissent nécessiter l'élaboration d'un acte communautaire pour la mise en œuvre du présent traité.

Article 138 c (51)

Dans le cadre de l'accomplissement de ses missions, le Parlement européen peut, à la demande d'un quart de ses membres, constituer une commission temporaire d'enquête pour examiner, sans préjudice des attributions conférées par le présent traité à d'autres institutions ou organes, les allégations d'infraction ou de mauvaise administration dans l'application du droit communautaire, sauf si les faits allégués sont en cause devant une juridiction et aussi longtemps que la procédure juridictionnelle n'est pas achevée.

L'existence de la commission temporaire d'enquête prend fin par le dépôt de son rapport.

Les modalités d'exercice du droit d'enquête sont déterminées d'un commun accord par le Parlement européen, le Conseil et la Commission.

(50) Deuxième alinéa tel que modifié par l'article G.40 TUE.
(51) Tel qu'inséré par l'article G.41 TUE.

Article 138 d (52)

Tout citoyen de l'Union, ainsi que toute personne physique ou morale résidant ou ayant son siège statutaire dans un État membre, a le droit de présenter, à titre individuel ou en association avec d'autres citoyens ou personnes, une pétition au Parlement européen sur un sujet relevant des domaines d'activité de la Communauté et qui le ou la concerne directement.

Article 138 e (52)

1. Le Parlement européen nomme un médiateur, habilité à recevoir les plaintes émanant de tout citoyen de l'Union ou de toute personne physique ou morale résidant ou ayant son siège statutaire dans un État membre et relatives à des cas de mauvaise administration dans l'action des institutions ou organes communautaires, à l'exclusion de la Cour de justice et du tribunal de première instance dans l'exercice de leurs fonctions juridictionnelles.

Conformément à sa mission, le médiateur procède aux enquêtes qu'il estime justifiées, soit de sa propre initiative, soit sur la base des plaintes qui lui ont été présentées directement ou par l'intermédiaire d'un membre du Parlement européen, sauf si les faits allégués font ou ont fait l'objet d'une procédure juridictionnelle. Dans les cas où le médiateur a constaté un cas de mauvaise administration, il saisit l'institution concernée, qui dispose d'un délai de trois mois pour lui faire tenir son avis. Le médiateur transmet ensuite un rapport au Parlement européen et à l'institution concernée. La personne dont émane la plainte est informée du résultat de ces enquêtes.

Chaque année, le médiateur présente un rapport au Parlement européen sur les résultats de ses enquêtes.

2. Le médiateur est nommé après chaque élection du Parlement européen pour la durée de la législature. Son mandat est renouvelable.

Le médiateur peut être déclaré démissionnaire par la Cour de justice, à la requête du Parlement européen, s'il ne remplit plus les conditions nécessaires à l'exercice de ses fonctions ou s'il a commis une faute grave.

3. Le médiateur exerce ses fonctions en toute indépendance. Dans l'accomplissement de ses devoirs, il ne sollicite ni n'accepte d'instructions d'aucun organisme. Pendant la durée de ses fonctions, le médiateur ne peut exercer aucune autre activité professionnelle, rémunérée ou non.

4. Le Parlement européen fixe le statut et les conditions générales d'exercice des fonctions du médiateur après avis de la Commission et avec l'approbation du Conseil statuant à la majorité qualifiée.

(52) Tel qu'inséré par l'article G.41 TUE.

Article 139

Le Parlement européen tient une session annuelle. Il se réunit de plein droit le deuxième mardi de mars (53).

Le Parlement européen peut se réunir en session extraordinaire à la demande de la majorité de ses membres, du Conseil ou de la Commission.

Article 140

Le Parlement européen désigne parmi ses membres son président et son bureau.

Les membres de la Commission peuvent assister à toutes les séances et sont entendus au nom de celle-ci sur leur demande.

La Commission répond oralement ou par écrit aux questions qui lui sont posées par le Parlement européen ou par ses membres.

Le Conseil est entendu par le Parlement européen dans les conditions qu'il arrête dans son règlement intérieur.

Article 141

Sauf dispositions contraires du présent traité, le Parlement européen statue à la majorité absolue des suffrages exprimés.

Le règlement intérieur fixe le quorum.

Article 142

Le Parlement européen arrête son règlement intérieur à la majorité des membres qui le composent.

Les actes du Parlement européen sont publiés dans les conditions prévues par ce règlement.

Article 143

Le Parlement européen procède, en séance publique, à la discussion du rapport général annuel qui lui est soumis par la Commission.

Article 144

Le Parlement européen, saisi d'une motion de censure sur la gestion de la Commission, ne peut se prononcer sur cette motion que trois jours au moins après son dépôt et par un scrutin public.

Si la motion de censure est adoptée à la majorité des deux tiers des voix exprimées et à la majorité des membres qui composent le Parlement européen, les membres de la Commission doivent abandonner collectivement

(53) En ce qui concerne la deuxième phrase de cet alinéa, voir également article 10, paragraphe 3, de l'acte portant élection des représentants au Parlement européen.

leurs fonctions. Ils continuent à expédier les affaires courantes jusqu'à leur remplacement conformément à l'article 158. *Dans ce cas, le mandat des membres de la Commission nommés pour les remplacer expire à la date à laquelle aurait dû expirer le mandat des membres de la Commission obligés d'abandonner collectivement leurs fonctions* (54).

Section 2. — Le Conseil

Article 145

En vue d'assurer la réalisation des objets fixés par le présent traité et dans les conditions prévues par celui-ci, le Conseil :

— assure la coordination des politiques économiques générales des États membres,

— dispose d'un pouvoir de décision,

— confère à la Commission, dans les actes qu'il adopte, les compétences d'exécution des règles qu'il établit. Le Conseil peut soumettre l'exercice de ces compétences à certaines modalités. Il peut également se réserver, dans des cas spécifiques, d'exercer directement des compétences d'exécution. Les modalités visées ci-dessus doivent répondre aux principes et règles que le Conseil, statuant à l'unanimité sur proposition de la Commission et après avis du Parlement européen, aura préalablement établis.

Article 146 (55)

Le Conseil est formé par un représentant de chaque État membre au niveau ministériel, habilité à engager le gouvernement de cet État membre.

La présidence est exercée à tour de rôle par chaque État membre du Conseil pour une durée de six mois selon l'ordre suivant des États membres :

— *pendant un premier cycle de six ans : Belgique, Danemark, Allemagne, Grèce, Espagne, France, Irlande, Italie, Luxembourg, Pays-Bas, Portugal, Royaume-Uni ;*

— *pendant le cycle suivant de six ans : Danemark, Belgique, Grèce, Allemagne, France, Espagne, Italie, Irlande, Pays-Bas, Luxembourg, Royaume-Uni, Portugal.*

Article 147

Le Conseil se réunit sur convocation de son président à l'initiative de celui-ci, d'un de ses membres ou de la Commission.

(54) Troisième phrase du deuxième alinéa telle qu'insérée par l'article G.42 TUE.
(55) Tel que modifié par l'article G.43 TUE.

Article 148

1. Sauf dispositions contraires du présent traité, les délibérations du Conseil sont acquises à la majorité des membres qui le composent.

2. Pour les délibérations du Conseil qui requièrent une majorité qualifiée, les voix des membres sont affectées de la pondération suivante :

Belgique	5
Danemark	3
Allemagne	10
Grèce	5
Espagne	8
France	10
Irlande	3
Italie	10
Luxembourg	2
Pays-Bas	5
Portugal	5
Royaume-Uni	10

Les délibérations sont acquises si elles ont recueilli au moins :

— cinquante-quatre voix lorsque, en vertu du présent traité, elles doivent être prises sur proposition de la Commission,

— cinquante-quatre voix exprimant le vote favorable d'au moins huit membres dans les autres cas.

3. Les abstentions des membres présents ou représentés ne font pas obstacle à l'adoption des délibérations du Conseil qui requièrent l'unanimité.

Article 149

(abrogé)

Article 150

En cas de vote, chaque membre du Conseil peut recevoir délégation d'un seul des autres membres.

Article 151 (56)

1. Un comité composé des représentants permanents des États membres a pour tâche de préparer les travaux du Conseil et d'exécuter les mandats qui lui sont confiés par celui-ci.

2. Le Conseil est assisté d'un secrétariat général, placé sous la direction d'un secrétaire général. Le secrétaire général est nommé par le Conseil statuant à l'unanimité.

(56) Tel que modifié par l'article G.46 TUE.

Le Conseil décide de l'organisation du secrétariat général.

3. Le Conseil arrête son règlement intérieur.

Article 152

Le Conseil peut demander à la Commission de procéder à toutes études qu'il juge opportunes pour la réalisation des objectifs communs, et de lui soumettre toutes propositions appropriées.

Article 153

Le Conseil arrête, après avis de la Commission, le statut des comités prévus par le présent traité.

Article 154

Le Conseil, statuant à la majorité qualifiée, fixe les traitements, indemnités et pensions du président et des membres de la Commission, du président, des juges, des avocats généraux et du greffier de la Cour de justice. Il fixe également, à la même majorité, toutes indemnités tenant lieu de rémunération.

SECTION 3. — LA COMMISSION

Article 155

En vue d'assurer le fonctionnement et le développement du marché commun, la Commission :

— veille à l'application des dispositions du présent traité ainsi que des dispositions prises par les institutions en vertu de celui-ci,
— formule des recommandations ou des avis sur les matières qui font l'objet du présent traité, si celui-ci le prévoit expressément ou si elle l'estime nécessaire,
— dispose d'un pouvoir de décision propre et participe à la formation des actes du Conseil et du Parlement européen dans les conditions prévues au présent traité,
— exerce les compétences que le Conseil lui confère pour l'exécution des règles qu'il établit.

Article 156

La Commission publie tous les ans, un mois au moins avant l'ouverture de la session du Parlement européen, un rapport général sur l'activité de la Communauté.

Article 157

1. La Commission est composée de dix-sept membres choisis en raison de leur compétence générale et offrant toutes garanties d'indépendance.

Le nombre des membres de la Commission peut être modifié par le Conseil statuant à l'unanimité.

Seuls les nationaux des États membres peuvent être membres de la Commission.

La Commission doit comprendre au moins un national de chacun des États membres, sans que le nombre des membres ayant la nationalité d'un même État membre soit supérieur à deux.

2. Les membres de la Commission exercent leurs fonctions en pleine indépendance, dans l'intérêt général de la Communauté.

Dans l'accomplissement de leurs devoirs, ils ne sollicitent ni n'acceptent d'instructions d'aucun gouvernement ni d'aucun organisme. Ils s'abstiennent de tout acte incompatible avec le caractère de leurs fonctions. Chaque État membre s'engage à respecter ce caractère et à ne pas chercher à influencer les membres de la Commission dans l'exécution de leur tâche.

Les membres de la Commission ne peuvent, pendant la durée de leurs fonctions, exercer aucune autre activité professionnelle, rémunérée ou non. Ils prennent, lors de leur installation, l'engagement solennel de respecter, pendant la durée de leurs fonctions et après la cessation de celles-ci, les obligations découlant de leur charge, notamment les devoirs d'honnêteté et de délicatesse quant à l'acceptation, après cette cessation, de certaines fonctions ou de certains avantages. En cas de violation de ces obligations, la Cour de justice, saisie par le Conseil ou par la Commission, peut, selon le cas, prononcer la démission d'office dans les conditions de l'article 160 ou la déchéance du droit à pension de l'intéressé ou d'autres avantages en tenant lieu.

Article 158 (57)

1. Les membres de la Commission sont nommés, pour une durée de cinq ans, selon la procédure visée au paragraphe 2, sous réserve, le cas échéant, de l'article 144.

Leur mandat est renouvelable.

2. Les gouvernements des États membres désignent d'un commun accord, après consultation du Parlement européen, la personnalité qu'ils envisagent de nommer président de la Commission.

(57) Tel que modifié par l'article G.48 TUE.

Les gouvernements des États membres, en consultation avec le président désigné, désignent les autres personnalités qu'ils envisagent de nommer membres de la Commission.

Le président et les autres membres de la Commission ainsi désignés sont soumis, en tant que collège, à un vote d'approbation par le Parlement européen. Après l'approbation du Parlement européen, le président et les autres membres de la Commission sont nommés, d'un commun accord, par les gouvernements des États membres.

3. Les paragraphes 1 et 2 s'appliquent pour la première fois au président et aux autres membres de la Commission dont le mandant commence le 7 janvier 1995.

Le président et les autres membres de la Commission dont le mandat commence le 7 janvier 1993 sont nommés d'un commun accord par les gouvernements des États membres. Leur mandat expire le 6 janvier 1995.

Article 159 (58)

En dehors des renouvellements réguliers et des décès, les fonctions de membre de la Commission prennent fin individuellement par démission volontaire ou d'office.

L'intéressé est remplacé pour la durée du mandat restant à courir par un nouveau membre nommé d'un commun accord par les gouvernements des États membres. Le Conseil, statuant à l'unanimité, peut décider qu'il n'y a pas lieu à remplacement.

En cas de démission ou de décès, le président est remplacé pour la durée du mandat restant à courir. La procédure prévue à l'article 158 paragraphe 2 est applicable pour son remplacement.

Sauf en cas de démission d'office prévue à l'article 160, les membres de la Commission restent en fonctions jusqu'à ce qu'il soit pourvu à leur remplacement.

Article 160

Tout membre de la Commission, s'il ne remplit plus les conditions nécessaires à l'exercice de ses fonctions ou s'il a commis une faute grave, peut être déclaré démissionnaire par la Cour de justice, à la requête du Conseil ou de la Commission.

Article 161 (59)

La Commission peut nommer un ou deux vice-présidents parmi ses membres.

(58) Tel que modifié par l'article G.48 TUE.
(59) Tel que modifié par l'article G.48 TUE.

Article 162

1. Le Conseil et la Commission procèdent à des consultations réciproques et organisent d'un commun accord les modalités de leur collaboration.

2. La Commission fixe son règlement intérieur en vue d'assurer son fonctionnement et celui de ses services dans les conditions prévues par le présent traité. Elle assure la publication de ce règlement.

Article 163

Les délibérations de la Commission sont acquises à la majorité du nombre des membres prévu à l'article 157.

La Commission ne peut siéger valablement que si le nombre de membres fixé dans son règlement intérieur est présent.

Section 4. — La Cour de justice

Article 164

La Cour de justice assure le respect du droit dans l'interprétation et l'application du présent traité.

Article 165 (60)

La Cour de justice est formée de treize juges.

La Cour de justice siège en séance plénière. Toutefois, elle peut créer en son sein des chambres composées chacune de trois ou cinq juges, en vue, soit de procéder à certaines mesures d'instruction, soit de juger certaines catégories d'affaires, dans les conditions prévues par un règlement établi à cet effet.

La Cour de justice siège en séance plénière lorsqu'un État membre ou une institution de la Communauté qui est partie à l'instance le demande.

Si la Cour de justice le demande, de Conseil, statuant à l'unanimité, peut augmenter le nombre des juges et apporter les adaptations nécessaires aux deuxième et troisième alinéas et à l'article 167 deuxième alinéa.

Article 166

La Cour de justice est assistée de six avocats généraux.

L'avocat général a pour rôle de présenter publiquement, en toute impartialité et en toute indépendance, des conclusions motivées sur les affaires soumises à la Cour de justice, en vue d'assister celle-ci dans l'accomplissement de sa mission, telle qu'elle est définie à l'article 164.

(60) Tel que modifié par l'article G.49 TUE.

Si la Cour de justice le demande, le Conseil, statuant à l'unanimité, peut augmenter le nombre des avocats généraux et apporter les adaptations nécessaires à l'article 167, alinéa 3.

Article 167

Les juges et les avocats généraux, choisi parmi des personnalités offrant toutes garanties d'indépendance, et qui réunissent les conditions requises pour l'exercice, dans leurs pays respectifs, des plus hautes fonctions juridictionnelles, ou qui sont des jurisconsultes possédant des compétences notoires, sont nommés d'un commun accord pour six ans par les gouvernements des États membres.

Un renouvellement partiel des juges a lieu tous les trois ans. Il porte alternativement sur sept et six juges.

Un renouvellement partiel des avocats généraux a lieu tous les trois ans. Il porte chaque fois sur trois avocats généraux.

Les juges et les avocats généraux sortants peuvent être nommés de nouveau.

Les juges désignent parmi eux, pour trois ans, le président de la Cour de justice. Son mandat est renouvelable.

Article 168

Le Cour de justice nomme son greffier, dont elle fixe le statut.

Article 168 A (61)

1. Il est adjoint à la Cour de justice un tribunal chargé de connaître en première instance, sous réserve d'un pourvoi porté devant la Cour de justice, limité aux questions de droit, dans les conditions fixées par le statut, de certaines catégories de recours déterminées dans les conditions fixées au paragraphe 2. Le tribunal de première instance n'a pas compétence pour connaître des questions préjudicielles soumises en vertu de l'article 177.

2. Sur demande de la Cour de justice et après consultation du Parlement européen et de la Commission, le Conseil, statuant à l'unanimité, fixe les catégories de recours visées au paragraphe 1 et la composition du tribunal de première instance et adopte les adaptations et les dispositions complémentaires nécessaires au statut de la Cour de justice. Sauf décision contraire du Conseil, les dispositions du présent traité relatives à la Cour de justice, et notamment les dispositions du protocole sur le statut de la Cour de justice, sont applicables au tribunal de première instance.

3. Les membres du tribunal de première instance sont choisis parmi les personnes offrant toutes les garanties d'indépendance et possédant la capacité

(61) Tel que modifié par l'article G.50 TUE.

requise pour l'exercice de fonctions juridictionnelles ; ils sont nommés d'un commun accord pour six ans par les gouvernements des États membres. Un renouvellement partiel a lieu tous les trois ans. Les membres sortants peuvent être nommés à nouveau.

4. Le tribunal de première instance établit son règlement de procédure en accord avec la Cour de justice. Ce règlement est soumis à l'approbation unanime du Conseil.

Article 169

Si la Commission estime qu'un État membre a manqué à une des obligations qui lui incombent en vertu du présent traité, elle émet un avis motivé à ce sujet, après avoir mis cet État en mesure de présenter ses observations.

Si l'État en cause ne se conforme pas à cet avis dans le délai déterminé par la Commission, celle-ci peut saisir la Cour de justice.

Article 170

Chacun des États membres peut saisir la Cour de justice s'il estime qu'un autre État membre a manqué à une des obligations qui lui incombent en vertu du présent traité.

Avant qu'un État membre n'introduise, contre un autre État membre, un recours fondé sur une prétendue violation des obligations qui lui incombent en vertu du présent traité, il doit en saisir la Commission.

La Commission émet un avis motivé après que les États intéressés ont été mis en mesure de présenter contradictoirement leurs observations écrites et orales.

Si la Commission n'a pas émis l'avis dans un délai de trois mois à compter de la demande, l'absence d'avis ne fait pas obstacle à la saisine de la Cour de justice.

Article 171 (62)

1. Si la Cour de justice reconnaît qu'un État membre a manqué à une des obligations qui lui incombent en vertu du présent traité, cet État est tenu de prendre les mesures que comporte l'exécution de l'arrêt de la Cour de justice.

2. Si la Commission estime que l'État membre concerné n'a pas pris ces mesures, elle émet, après avoir donné à cet État la possibilité de présenter ses observations, un avis motivé précisant les points sur lesquels l'État membre concerné ne s'est pas conformé à l'arrêt de la Cour de justice.

Si l'État membre concerné n'a pas pris les mesures que comporte l'exécution de l'arrêt de la Cour dans le délai fixé par la Commission, celle-ci peut saisir

(62) Tel que modifié par l'article G.51 TUE.

la Cour de justice. Elle indique le montant de la somme forfaitaire ou de l'astreinte à payer par l'État membre concerné qu'elle estime adapté aux circonstances.

Si la Cour de justice reconnaît que l'État membre concerné ne s'est pas conformé à son arrêt, elle peut lui infliger le paiement d'une somme forfaitaire ou d'une astreinte.

Cette procédure est sans préjudice de l'article 170.

Article 172 (63)

Les règlements *arrêtés conjointement par le Parlement européen et le Conseil,* et par le Conseil en vertu des dispositions du présent traité peuvent attribuer à la Cour de justice une compétence de pleine juridiction en ce qui concerne les sanctions prévues dans ces règlements.

Article 173 (64)

La Cour de justice contrôle la légalité des actes adoptés conjointement par le Parlement européen et le Conseil, des actes du Conseil, de la Commission et de la BCE, autres que les recommandations et les avis, et des actes du Parlement européen destinés à produire des effets juridiques vis-à-vis des tiers.

A cet effet, la Cour est compétente pour se prononcer sur les recours pour incompétence, violation des formes substantielles, violation du présent traité ou de toute règle de droit relative à son application, ou détournement de pouvoir, formés par un État membre, le Conseil ou la Commission.

La Cour est compétente, dans les mêmes conditions, pour se prononcer sur les recours formés par le Parlement européen et par la BCE qui tendent à la sauvegarde des prérogatives de ceux-ci.

Toute personne physique ou morale peut former, dans les mêmes conditions, un recours contre les décisions dont elle est le destinataire, et contre les décisions qui, bien que prises sous l'apparence d'un règlement ou d'une décision adressée à une autre personne, la concernent directement et individuellement.

Les recours prévus au présent article doivent être formés dans un délai de deux mois à compter, suivant le cas, de la publication de l'acte, de sa notification au requérant, ou, à défaut, du jour où celui-ci en a eu connaissance.

Article 174

Si le recours est fondé, la Cour de justice déclare nul et non avenu l'acte contesté.

(63) Tel que modifié par l'article G.52 TUE.
(64) Tel que modifié par l'article G.53 TUE.

Toutefois, en ce qui concerne les règlements, la Cour de justice indique, si elle l'estime nécessaire, ceux des effets du règlement annulé qui doivent être considérés comme définitifs.

Article 175 (65)

Dans le cas où, en violation du présent traité, *le Parlement européen,* le Conseil ou la Commission s'abstiennent de statuer, les États membres et les autres institutions de la Communauté peuvent saisir la Cour de justice en vue de faire constater cette violation.

Ce recours n'est recevable que si l'institution en cause a été préalablement invitée à agir. Si, à l'expiration d'un délai de deux mois à compter de cette invitation, l'institution n'a pas pris position, le recours peut être formé dans un nouveau délai de deux mois.

Toute personne physique ou morale peut saisir la Cour de justice dans les conditions fixées aux alinéas précédents pour faire grief à l'une des institutions de la Communauté d'avoir manqué de lui adresser un acte autre qu'une recommandation ou un avis.

La Cour de justice est compétente, dans les mêmes conditions, pour se prononcer sur les recours formés par la BCE dans les domaines relevant de ses compétences ou intentés contre elle.

Article 176 (66)

L'institution ou les institutions dont émane l'acte annulé, ou dont l'abstention a été déclarée contraire au présent traité, sont tenues de prendre les mesures que comporte l'exécution de l'arrêt de la Cour de justice.

Cette obligation ne préjuge pas celle qui peut résulter de l'application de l'article 215 deuxième alinéa.

Le présent article s'applique également à la BCE.

Article 177 (67)

La Cour de justice est compétente pour statuer, à titre préjudiciel :

a) sur l'interprétation du présent traité,
b) sur la validité et l'interprétation des actes pris par les institutions de la Communauté *et par la BCE,*
c) sur l'interprétation des statuts des organismes créés par un acte du Conseil, lorsque ces statuts le prévoient.

Lorsqu'une telle question est soulevée devant une juridiction d'un des États membres, cette juridiction peut, si elle estime qu'une décision sur ce

(65) Tel que modifié par l'article G.54 TUE.
(66) Tel que modifié par l'article G.55 TUE.
(67) Tel que modifié par l'article G.56 TUE.

point est nécessaire pour rendre son jugement, demander à la Cour de justice de statuer sur cette question.

Lorsqu'une telle question est soulevée dans une affaire pendante devant une juridiction nationale dont les décisions ne sont pas susceptibles d'un recours juridictionnel de droit interne, cette juridiction est tenue de saisir la Cour de justice.

Article 178

La Cour de justice est compétente pour connaître des litiges relatifs à la réparation des dommages visés à l'article 215, alinéa 2.

Article 179

La Cour de justice est compétente pour statuer sur tout litige entre la Communauté et ses agents dans les limites et conditions déterminées au statut ou résultant du régime applicable à ces derniers.

Article 180 (68)

La Cour de justice est compétente, dans les limites ci-après, pour connaître des litiges concernant :

a) l'exécution des obligations des États membres résultant des statuts de la Banque européenne d'investissement. Le conseil d'administration de la banque dispose à cet égard des pouvoirs reconnus à la Commission par l'article 169,
b) les délibérations du Conseil des gouverneurs de la Banque européenne d'investissement. Chaque État membre, la Commission et le conseil d'administration de la banque peuvent former un recours en cette matière dans les conditions prévues à l'article 173,
c) les délibérations du conseil d'administration de la Banque européenne d'investissement. Les recours contre ces délibérations ne peuvent être formés, dans les conditions fixées à l'article 173, que par les États membres ou la Commission, et seulement pour violation des formes prévues à l'article 21 paragraphes 2 et 5 à 7 inclus, des statuts de la banque,
d) l'exécution par les banques centrales nationales des obligations résultant du présent traité et des statuts du SEBC. Le Conseil de la BCE dispose à cet égard, vis-à-vis des banques centrales nationales, des pouvoirs reconnus à la Commission par l'article 169 vis-à-vis des États membres. Si la Cour de justice reconnaît qu'une banque centrale nationale a manqué à une des obligations qui lui incombent en vertu du présent traité, cette banque est tenue de prendre les mesures que comporte l'exécution de l'arrêt de la Cour de justice.

(68) Tel que modifié par l'article G.57 TUE.

Article 181

La Cour de justice est compétente pour statuer en vertu d'une clause compromissoire contenue dans un contrat de droit public ou de droit privé passé par la Communauté ou pour son compte.

Article 182

La Cour de justice est compétente pour statuer sur tout différend entre États membres en connexité avec l'objet du présent traité, si ce différend lui est soumis en vertu d'un compromis.

Article 183

Sous réserve des compétences attribuées à la Cour de justice par le présent traité, les litiges auxquels la Communauté est partie ne sont pas, de ce chef, soustraits à la compétence des juridictions nationales.

Article 184 (69)

Nonobstant l'expiration du délai prévu à l'article 173 *cinquième alinéa,* toute partie peut, à l'occasion d'un litige mettant en cause *un règlement arrêté conjointement par le Parlement européen et le Conseil ou* un règlement du Conseil, de la Commission *ou de la BCE,* se prévaloir des moyens prévus à l'article 173 *deuxième alinéa* pour invoquer devant la Cour de justice l'inapplicabilité de ce règlement.

Article 185

Les recours formés devant la Cour de justice n'ont pas d'effet suspensif. Toutefois, la Cour de justice peut, si elle estime que les circonstances l'exigent, ordonner le sursis à l'exécution de l'acte attaqué.

Article 186

Dans les affaires dont elle est saisie, la Cour de justice peut prescrire les mesures provisoires nécessaires.

Article 187

Les arrêts de la Cour de justice ont force exécutoire dans les conditions fixées à l'article 192.

(69) Tel que modifié par l'article G.58 TUE.

Article 188

Le statut de la Cour de justice est fixé par un protocole séparé.

Le Conseil, statuant à l'unanimité sur demande de la Cour de justice et après consultation de la Commission et du Parlement européen, peut modifier les dispositions du titre III du statut.

La Cour de justice établit son règlement de procédure. Ce règlement est soumis à l'approbation unanime du Conseil.

SECTION 5 (70). — LA COUR DES COMPTES

Article 188 A

La Cour des comptes assure le contrôle des comptes.

Article 188 B

1. La Cour des comptes est composée de douze membres.

2. Les membres de la Cour des comptes sont choisis parmi des personnalités appartenant ou ayant appartenu dans leurs pays respectifs aux institutions de contrôle externe ou possédant une qualification particulière pour cette fonction. Ils doivent offrir toutes garanties d'indépendance.

3. Les membres de la Cour des comptes sont nommés pour six ans par le Conseil, statuant à l'unanimité après consultation du Parlement européen.

Toutefois, lors des premières nominations, quatre membres de la Cour des comptes, désignés par voie de tirage au sort, reçoivent un mandat limité à quatre ans.

Les membres de la Cour des comptes peuvent être nommés de nouveau.

Ils désignent parmi eux, pour trois ans, le président de la Cour des comptes. Le mandat de celui-ci est renouvelable.

4. Les membres de la Cour des comptes exercent leurs fonctions en pleine indépendance, dans l'intérêt général de la Communauté.

Dans l'accomplissement de leurs devoirs, ils ne sollicitent ni n'acceptent d'instructions d'aucun gouvernement ni d'aucun organisme. Ils s'abstiennent de tout acte incompatible avec le caractère de leurs fonctions.

5. Les membres de la Cour des comptes ne peuvent, pendant la durée de leurs fonctions, exercer aucune activité professionnelle, rémunérée ou non. Ils prennent, lors de leur installation, l'engagement solennel de respecter, pendant la durée de leurs fonctions et après la cessation de celles-ci, les obligations découlant de leur charge, notamment les devoirs d'honnêteté et de délicatesse

(70) Section cinquième (articles 188 A à 188 C, anciennement articles 206 et 206*bis*) telle qu'insérée par l'article G.59 TUE.

quant à l'acceptation, après cette cessation, de certaines fonctions ou de certains avantages.

6. En dehors des renouvellements réguliers et des décès, les fonctions de membre de la Cour des comptes prennent fin individuellement par démission volontaire ou par démission d'office déclarée par la Cour de justice conformément aux dispositions du paragraphe 7.

L'intéressé est remplacé pour la durée du mandat restant à courir.

Sauf en cas de démission d'office, les membres de la Cour des comptes restent en fonctions jusqu'à ce qu'il soit pourvu à leur remplacement.

7. Les membres de la Cour des comptes ne peuvent être relevés de leurs fonctions ni déclarés déchus de leur droit à pension ou d'autres avantages en tenant lieu que si la Cour de justice constate, à la demande de la Cour des comptes, qu'ils ont cessé de répondre aux conditions requises ou de satisfaire aux obligations découlant de leur charge.

8. Le Conseil, statuant à la majorité qualifiée, fixe les conditions d'emploi, et notamment les traitements, indemnités et pensions, du président et des membres de la Cour des comptes. Il fixe également, statuant à la même majorité, toutes indemnités tenant lieu de rémunération.

9. Les dispositions du protocole sur les privilèges et immunités des Communautés européennes qui sont applicables aux juges de la Cour de justice sont également applicables aux membres de la Cour des comptes.

Article 188 C

1. La Cour des comptes examine les comptes de la totalité des recettes et dépenses de la Communauté. Elle examine également les comptes de la totalité des recettes et dépenses de tout organisme créé par la Communauté dans la mesure où l'acte de fondation n'exclut pas cet examen.

La Cour des comptes fournit au Parlement européen et au Conseil une déclaration d'assurance concernant la fiabilité des comptes ainsi que la légalité et la régularité des opérations sous-jacentes.

2. La Cour des comptes examine la légalité et la régularité des recettes et dépenses et s'assure de la bonne gestion financière.

Le contrôle des recettes s'effectue sur la base des constatations comme des versements des recettes à la Communauté.

Le contrôle des dépenses s'effectue sur la base des engagements comme des paiements.

Ces contrôles peuvent être effectués avant la clôture des comptes de l'exercice budgétaire considéré.

3. Le contrôle a lieu sur pièces et, au besoin, sur place auprès des autres institutions de la Communauté, et dans les États membres. Le contrôle dans les États membres s'effectue en liaison avec les institutions de contrôle nationales ou, si celles-ci ne disposent pas des compétences nécessaires, avec les services nationaux compétents. Ces institutions ou services font connaître à la Cour des comptes s'ils entendent participer au contrôle.

Tout document ou toute information nécessaires à l'accomplissement de la mission de la Cour des comptes sont communiqués à celle-ci, sur sa demande, par les autres institutions de la Communauté et par les institutions de contrôle nationales ou, si celles-ci ne disposent pas des compétences nécessaires, par les services nationaux compétents.

4. La Cour des comptes établit un rapport annuel après la clôture de chaque exercice. Ce rapport est transmis aux autres institutions de la Communauté et publié au Journal officiel des Communautés européennes, accompagné des réponses desdites institutions aux observations de la Cour des comptes.

La Cour des comptes peut, en outre, présenter à tout moment ses observations, notamment sous forme de rapports spéciaux, sur des questions particulières et rendre des avis à la demande d'une des autres institutions de la Communauté.

Elle adopte ses rapports annuels, rapports spéciaux ou avis à la majorité des membres qui la composent.

Elle assiste le Parlement européen et le Conseil dans l'exercice de leur fonction de contrôle de l'exécution du budget.

CHAPITRE 2. — **Dispositions communes à plusieurs institutions**

Article 189 (71)

Pour l'accomplissement de leur mission et dans les conditions prévues au présent traité, *le Parlement européen conjointement avec le Conseil,* le Conseil et la Commission arrêtent des règlements et des directives, prennent des décisions et formulent des recommandations ou des avis.

Le règlement a une portée générale. Il est obligatoire dans tous ses éléments et il est directement applicable dans tout État membre.

La directive lie tout État membre destinataire quant au résultat à atteindre, tout en laissant aux instances nationales la compétence quant à la forme et aux moyens.

La décision est obligatoire dans tous ses éléments pour les destinataires qu'elle désigne.

Les recommandations et les avis ne lient pas.

(71) Tel que modifié par l'article G.60 TUE.

Article 189 A (72)

1. Lorsque, en vertu du présent traité, un acte du Conseil est pris sur proposition de la Commission, le Conseil ne peut prendre un acte constituant amendement de la proposition que statuant à l'unanimité, sous réserve de l'article 189 B paragraphes 4 et 5.

2. Tant que le Conseil n'a pas statué, la Commission peut modifier sa proposition tout au long des procédures conduisant à l'adoption d'un acte communautaire.

Article 189 B (73)

1. Lorsque, dans le présent traité, il est fait référence au présent article pour l'adoption d'un acte, la procédure suivante est applicable.

2. La Commission présente une proposition au Parlement européen et au Conseil.

Le Conseil, statuant à la majorité qualifiée, après avis du Parlement européen, arrête une position commune. Cette position commune est transmise au Parlement européen. Le Conseil informe pleinement le Parlement européen des raisons qui l'ont conduit à adopter sa position commune. La Commission informe pleinement le Parlement européen de sa position. Si, dans un délai de trois mois après cette transmission, le Parlement européen :

a) approuve la position commune, le Conseil arrête définitivement l'acte concerné conformément à cette position commune ;

b) ne s'est pas prononcé, le Conseil arrête l'acte concerné conformément à sa position commune ;

c) indique, à la majorité absolue des membres qui le composent, qu'il a l'intention de rejeter la position commune, il informe immédiatement le Conseil de son intention. Le Conseil peut convoquer le Comité de conciliation visé au paragraphe 4 pour apporter des précisions sur sa position. Ensuite, le Parlement européen confirme, à la majorité absolue des membres qui le composent, le rejet de la position commune, auquel cas la proposition d'acte est réputée non adoptée, ou propose des amendements conformément au point d) du présent paragraphe ;

d) propose à la majorité absolue des membres qui le composent des amendements à la position commune, le texte ainsi amendé est transmis au Conseil et à la Commission, qui émet un avis sur ces amendements.

3. Si, dans un délai de trois mois après réception des amendements du Parlement européen, le Conseil, statuant à la majorité qualifiée, approuve tous ces amendements, il modifie en conséquence sa position commune et arrête l'acte concerné ; toutefois, le Conseil statue à l'unanimité sur les amendements ayant

(72) Tel qu'inséré par l'article G.61 TUE.

(73) Tel qu'inséré par l'article G.61 TUE.

fait l'objet d'un avis négatif de la Commission. Si le Conseil n'arrête pas l'acte en question, le président du Conseil, en accord avec le président du Parlement européen, convoque sans délai le Comité de conciliation.

4. Le Comité de conciliation, qui réunit les membres du Conseil ou leurs représentants et autant de représentants du Parlement européen, a pour mission d'aboutir à un accord sur un projet commun à la majorité qualifiée des membres du Conseil ou de leurs représentants et à la majorité des représentants du Parlement européen. La Commission participe aux travaux du Comité de conciliation et prend toutes les initiatives nécessaires en vue de promouvoir un rapprochement des positions du Parlement européen et du Conseil.

5. Si, dans un délai de six semaines après sa convocation, le Comité de conciliation approuve un projet commun, le Parlement européen et le Conseil disposent d'un délai de six semaines à compter de cette approbation pour arrêter l'acte concerné conformément au projet commun, à la majorité absolue des suffrages exprimés lorsqu'il s'agit du Parlement européen et à la majorité qualifiée lorsqu'il s'agit du Conseil. En l'absence d'approbation par l'une des deux institutions, la proposition d'acte est réputée non adoptée.

6. Lorsque le Comité de conciliation n'approuve pas de projet commun, la proposition d'acte est réputée non adoptée, sauf si le Conseil, statuant à la majorité qualifiée dans un délai de six semaines à partir de l'expiration du délai imparti au Comité de conciliation, confirme la position commune sur laquelle il avait marqué son accord avant l'ouverture de la procédure de conciliation, éventuellement assortie d'amendements proposés par le Parlement européen. Dans ce cas, l'acte concerné est arrêté définitivement, à moins que le Parlement européen, dans un délai de six semaines à compter de la date de la confirmation par le Conseil, ne rejette le texte à la majorité absolue de ses membres, auquel cas la proposition d'acte est réputée non adoptée.

7. Les délais de trois mois et de six semaines visés au présent article peuvent être prolongés respectivement d'un mois ou de deux semaines au maximum, d'un commun accord entre le Parlement européen et le Conseil. Le délai de trois mois visé au paragraphe 2 est automatiquement prolongé de deux mois dans les cas où le point c) dudit paragraphe est applicable.

8. Le champ d'application de la procédure visée au présent article peut être élargi, conformément à la procédure prévue à l'article N paragraphe 2 du traité sur l'Union européenne, sur la base d'un rapport que la Commission soumettra au Conseil au plus tard en 1996.

Article 189 C (74)

Lorsque, dans le présent traité, il est fait référence au présent article pour l'adoption d'un acte, la procédure suivante est applicable :

(74) Tel qu'inséré par l'article G. 61 TUE.

a) Le Conseil, statuant à la majorité qualifiée sur proposition de la Commission et après avis du Parlement européen, arrête une position commune.

b) La position commune du Conseil est transmise au Parlement européen. Le Conseil et la Commission informent pleinement le Parlement européen des raisons qui ont conduit le Conseil à adopter sa position commune ainsi que de la position de la Commission.
Si, dans un délai de trois mois après cette communication, le Parlement européen approuve cette position commune ou s'il ne s'est pas prononcé dans ce délai, le Conseil arrête définitivement l'acte concerné conformément à la position commune.

c) Le Parlement européen, dans le délai de trois mois visé au point b), peut, à la majorité absolue des membres qui le composent, proposer des amendements à la position commune du Conseil. Il peut également, à la même majorité, rejeter la position commune du Conseil. Le résultat des délibérations est transmis au Conseil et à la Commission.
Si le Parlement européen a rejeté la position commune du Conseil, celui-ci ne peut statuer en deuxième lecture qu'à l'unanimité.

d) La Commission réexamine, dans un délai d'un mois, la proposition sur la base de laquelle le Conseil a arrêté sa position commune à partir des amendements proposés par le Parlement européen.
La Commission transmet au Conseil, en même temps que sa proposition réexaminée, les amendements du Parlement européen qu'elle n'a pas repris, en exprimant son avis à leur sujet. Le Conseil peut adopter ces amendements à l'unanimité.

e) Le Conseil, statuant à la majorité qualifiée, adopte la proposition réexaminée par la Commission.
Le Conseil ne peut modifier la proposition réexaminée de la Commission qu'à l'unanimité.

f) Dans les cas visés aux points c), d) et e), le Conseil est tenu de statuer dans un délai de trois mois. A défaut d'une décision dans ce délai, la proposition de la Commission est réputée non adoptée.

g) Les délais visés aux points b) et f) peuvent être prolongés d'un commun accord entre le Conseil et le Parlement européen d'un mois au maximum.

Article 190 (75)

Les règlements, les directives et les décisions adoptés conjointement par le Parlement européen et le Conseil, ainsi que lesdits actes adoptés par le Conseil ou la Commission sont motivés et visent les propositions ou avis obligatoirement recueillis en exécution du présent traité.

(75) Tel que modifié par l'article G.62 TUE.

Article 191 (76)

1. Les règlements, les directives et les décisions adoptés conformément à la procédure visée à l'article 189 B sont signés par le président du Parlement européen et par le président du Conseil, et publiés dans le Journal officiel de la Communauté. Ils entrent en vigueur à la date qu'ils fixent ou, à défaut, le vingtième jour suivant leur publication.

2. Les règlements du Conseil et de la Commission, ainsi que les directives de ces institutions qui sont adressées à tous les États membres, sont publiés dans le Journal officiel de la Communauté. Ils entrent en vigueur à la date qu'ils fixent, ou, à défaut, le vingtième jour suivant leur publication.

3. Les autres directives, ainsi que les décisions, sont notifiées à leurs destinataires et prennent effet par cette notification.

Article 192

Les décisions du Conseil ou de la Commission qui comportent, à la charge des personnes autres que les États, une obligation pécuniaire forment titre exécutoire.

L'exécution forcée est régie par les règles de la procédure civile en vigueur dans l'État sur le territoire duquel elle a lieu. La formule exécutoire est apposée, sans autre contrôle que celui de la vérification de l'authenticité du titre, par l'autorité nationale que le gouvernement de chacun des États membres désignera à cet effet et dont il donnera connaissance à la Commission et à la Cour de justice.

Après l'accomplissement de ces formalités à la demande de l'intéressé, celui-ci peut poursuivre l'exécution forcée en saisissant directement l'organe compétent, suivant la législation nationale.

L'exécution forcée ne peut être suspendue qu'en vertu d'une décision de la Cour de justice. Toutefois, le contrôle de la régularité des mesures d'exécution relève de la compétence des juridictions nationales.

CHAPITRE 3. — **Le comité économique et social**

Article 193

Il est institué un Comité économique et social, à caractère consultatif.

Le Comité est composé de représentants des différentes catégories de la vie économique et sociale, notamment des producteurs, des agriculteurs, des transporteurs, des travailleurs, des négociants et artisans, des professions libérales et de l'intérêt général.

(76) Tel que modifié par l'article G.63 TUE.

Article 194 (77)

Le nombre des membres du Comité économique et social est fixé ainsi qu'il suit :

Belgique	12
Danemark	9
Allemagne	24
Grèce	12
Espagne	21
France	24
Irlande	9
Italie	24
Luxembourg	6
Pays-Bas	12
Portugal	12
Royaume-Uni	24

Les membres du Comité sont nommés, pour quatre ans, par le Conseil statuant à l'unanimité. Leur mandat est renouvelable.

Les membres du Comité ne doivent être liés par aucun mandat impératif. Ils exercent leurs fonctions en pleine indépendance, dans l'intérêt général de la Communauté.

Le Conseil, statuant à la majorité qualifiée, fixe les indemnités des membres du Comité.

Article 195

1. En vue de la nomination des membres du Comité, chaque État membre adresse au Conseil une liste comprenant un nombre de candidats double de celui des sièges attribués à ses ressortissants.

La composition du Comité doit tenir compte de la nécessité d'assurer une représentation adéquate aux différentes catégories de la vie économique et sociale.

2. Le Conseil consulte la Commission. Il peut recueillir l'opinion des organisations européennes représentatives des différents secteurs économiques et sociaux intéressés à l'activité de la Communauté.

Article 196 (78)

Le Comité désigne parmi ses membres son président et son bureau pour une durée de deux ans.

Il établit son règlement intérieur.

(77) Tel que modifié par l'article G.64 TUE.
(78) Tel que modifié par l'article G.65 TUE.

Le Comité est convoqué par son président à la demande du Conseil ou de la Commission. *Il peut également se réunir de sa propre initiative.*

Article 197

Le Comité comprend des sections spécialisées pour les principaux domaines couverts par le présent traité.

Il comporte notamment une section de l'agriculture et une section des transports, qui font l'objet des dispositions particulières prévues aux titres relatifs à l'agriculture et aux transports.

Le fonctionnement des sections spécialisées s'exerce dans le cadre des compétences générales du Comité. Les sections spécialisées ne peuvent être consultées indépendamment du Comité.

Il peut être institué d'autre part au sein du Comité des sous-comités appelés à élaborer, sur des questions ou dans des domaines déterminés, des projets d'avis à soumettre aux délibérations du Comité.

Le règlement intérieur fixe les modalités de composition et les règles de compétence concernant les sections spécialisées et les sous-comités.

Article 198 (79)

Le Comité est obligatoirement consulté par le Conseil ou par la Commission dans les cas prévus au présent traité. Il peut être consulté par ces institutions dans tous les cas où elles le jugent opportun. *Il peut prendre l'initiative d'émettre un avis dans les cas où il le juge opportun.*

S'il l'estime nécessaire, le Conseil ou la Commission impartit au Comité, pour présenter son avis, un délai qui ne peut être inférieur à un mois à compter de la communication qui est adressée à cet effet au président. A l'expiration du délai imparti, il peut être passé outre à l'absence d'avis.

L'avis du Comité et l'avis de la section spécialisée, ainsi qu'un compte rendu des délibérations, sont transmis au Conseil et à la Commission.

CHAPITRE 4 (80). — **Le comité des régions**

Article 198 A

Il est institué un comité à caractère consultatif composé de représentants des collectivités régionales et locales, ci-après dénommé « Comité des régions ».

(79) Tel que modifié par l'article G.66 TUE.

(80) Chapitre 4 (articles 198 A à 198 C) tel qu'inséré par l'article G.67 TUE.

Le nombre des membres du Comité des régions est fixé ainsi qu'il suit :

Belgique	*12*
Danemark	*9*
Allemagne	*24*
Grèce	*12*
Espagne	*21*
France	*24*
Irlande	*9*
Italie	*24*
Luxembourg	*6*
Pays-Bas	*12*
Portugal	*12*
Royaume-Uni	*24*

Les membres du Comité ainsi qu'un nombre égal de suppléants sont nommés, sur proposition des États membres respectifs, pour quatre ans par le Conseil statuant à l'unanimité. Leur mandat est renouvelable.

Les membres du Comité ne doivent être liés par aucun mandat impératif. Ils exercent leurs fonctions en pleine indépendance, dans l'intérêt général de la Communauté.

Article 198 B

Le Comité des régions désigne parmi ses membres son président et son bureau pour une durée de deux ans.

Il établit son règlement intérieur et le soumet à l'approbation du Conseil statuant à l'unanimité.

Le Comité est convoqué par son président à la demande du Conseil ou de la Commission. Il peut également se réunir de sa propre initiative.

Article 198 C

Le Comité des régions est consulté par le Conseil ou par la Commission dans les cas prévus au présent traité et dans tous les autres cas où l'une de ces deux institutions le juge opportun.

S'il l'estime nécessaire, le Conseil ou la Commission impartit au Comité, pour présenter son avis, un délai qui ne peut être inférieur à un mois à compter de la communication qui est adressée à cet effet au président. A l'expiration du délai imparti, il peut être passé outre à l'absence d'avis.

Lorsque le Comité économique et social est consulté en application de l'article 198, le Comité des régions est informé par le Conseil ou la Commission de cette demande d'avis. Le Comité des régions peut, lorsqu'il estime que des intérêts régionaux spécifiques sont en jeu, émettre un avis à ce sujet.

Il peut émettre un avis de sa propre initiative dans les cas où il le juge utile.

L'avis du Comité, ainsi qu'un compte rendu des délibérations, sont transmis au Conseil et à la Commission.

CHAPITRE 5 (81). — **Banque européenne d'investissement**

Article 198 D

La Banque européenne d'investissement est dotée de la personnalité juridique.

Les membres de la Banque européenne d'investissement sont les États membres.

Les statuts de la Banque européenne d'investissement font l'objet d'un protocole annexé au présent traité.

Article 198 E

La Banque européenne d'investissement a pour mission de contribuer, en faisant appel aux marchés des capitaux et à ses ressources propres, au développement équilibré et sans heurt du marché commun dans l'intérêt de la Communauté. A cette fin, elle facilite, par l'octroi de prêts et de garanties, sans poursuivre de but lucratif, le financement des projets ci-après, dans tous les secteurs de l'économie :

a) projets envisageant la mise en valeur des régions moins développées ;

b) projets visant la modernisation ou la conversion d'entreprises ou la création d'activités nouvelles appelées par l'établissement progressif du marché commun, qui, par leur ampleur ou par leur nature, ne peuvent être entièrement couverts par les divers moyens de financement existant dans chacun des États membres ;

c) projets d'intérêt commun pour plusieurs États membres, qui, par leur ampleur ou par leur nature, ne peuvent être entièrement couverts par les divers moyens de financement existant dans chacun des États membres.

Dans l'accomplissement de sa mission, la Banque facilite le financement de programmes d'investissement en liaison avec les interventions des fonds structurels et des autres instruments financiers de la Communauté.

(81) Chapitre 5 (articles 198 D et 198 E, anciennement articles 129 et 130) tel qu'inséré par l'article G.68 TUE.

TITRE II
Dispositions financières

Article 199 (82)

Toutes les recettes et les dépenses de la Communauté, y compris celles qui se rapportent au Fonds social européen, doivent faire l'objet de prévisions pour chaque exercice budgétaire et être inscrites au budget.

Les dépenses administratives entraînées pour les institutions par les dispositions du traité sur l'Union européenne relatives à la politique étrangère et de sécurité commune et à la coopération dans les domaines de la justice et des affaires intérieures sont à la charge du budget. Les dépenses opérationnelles entraînées par la mise en œuvre desdites dispositions peuvent, selon les conditions visées par celles-ci, être mises à la charge du budget.

Le budget doit être équilibré en recettes et en dépenses.

Article 200

(abrogé)

Article 201 (83)

Le budget est, sans préjudice des autres recettes, intégralement financé par des ressources propres.

Le Conseil, statuant à l'unanimité sur proposition de la Commission et après consultation du Parlement européen, arrête les dispositions relatives au système des ressources propres de la Communauté dont il recommande l'adoption par les États membres, conformément à leurs règles constitutionnelles respectives.

Article 201 A (84)

En vue d'assurer la discipline budgétaire, la Commission ne fait pas de proposition d'acte communautaire, ne modifie pas ses propositions et n'adopte pas de mesures d'exécution susceptibles d'avoir des incidences notables sur le budget sans donner l'assurance que cette proposition ou cette mesure peut être financée dans la limite des ressources propres de la Communauté découlant des dispositions fixées par le Conseil en vertu de l'article 201.

(82) Tel que modifié par l'article G.69 TUE.
(83) Tel que modifié par l'article G.71 TUE.
(84) Tel qu'inséré par l'article G.72 TUE.

Article 202

Les dépenses inscrites au budget sont autorisées pour la durée d'un exercice budgétaire, sauf dispositions contraires du règlement pris en exécution de l'article 209.

Dans les conditions qui seront déterminées en application de l'article 209, les crédits, autres que ceux relatifs aux dépenses de personnel, qui seront inutilisés à la fin de l'exercice budgétaire, pourront faire l'objet d'un report qui sera limité au seul exercice suivant.

Les crédits sont spécialisés par chapitres groupant les dépenses selon leur nature ou leur destination, et subdivisés, pour autant que de besoin, conformément au règlement pris en exécution de l'article 209.

Les dépenses du Parlement européen, du Conseil, de la Commission et de la Cour de justice font l'objet de parties séparées du budget sans préjudice d'un régime spécial pour certaines dépenses communes.

Article 203

1. L'exercice budgétaire commence le 1er janvier et s'achève le 31 décembre.

2. Chacune des institutions de la Communauté dresse, avant le 1er juillet, un état prévisionnel de ses dépenses. La Commission groupe ces états dans un avant-projet de budget. Elle y joint un avis qui peut comporter des prévisions divergentes.

Cet avant-projet comprend une prévision des recettes et une prévision des dépenses.

3. Le Conseil doit être saisi par la Commission de l'avant-projet de budget au plus tard le 1er septembre de l'année qui précède celle de l'exécution du budget.

Il consulte la Commission et, le cas échéant, les autres institutions intéressées toutes les fois qu'il entend s'écarter de cet avant-projet.

Statuant à la majorité qualifiée, il établit le projet de budget et le transmet au Parlement européen.

4. Le Parlement européen doit être saisi du projet de budget au plus tard le 5 octobre de l'année qui précède celle de l'exécution du budget.

Il a le droit d'amender, à la majorité des membres qui le composent, le projet de budget et de proposer au Conseil, à la majorité absolue des suffrages exprimés, des modifications au projet en ce qui concerne les dépenses découlant obligatoirement du traité ou des actes arrêtés en vertu de celui-ci.

Si, dans un délai de quarante-cinq jours après communication du projet de budget, le Parlement européen a donné son approbation, le budget est définitivement arrêté. Si dans ce délai, le Parlement européen n'a pas amendé le projet de budget ni proposé de modification à celui-ci, le budget est réputé définitivement arrêté.

Si dans ce délai, le Parlement européen a adopté des amendements ou proposé des modifications, le projet de budget ainsi amendé ou assorti de propositions de modification est transmis au Conseil.

5. Après avoir délibéré du projet de budget avec la Commission et, le cas échéant, avec les autres institutions intéressées, le Conseil statue dans les conditions suivantes :

a) le Conseil peut, statuant à la majorité qualifiée, modifier chacun des amendements adoptés par le Parlement européen ;

b) en ce qui concerne les propositions de modification :

— si une modification proposée par le Parlement européen n'a pas pour effet d'augmenter le montant global des dépenses d'une institution, notamment du fait que l'augmentation des dépenses qu'elle entraînerait serait expressément compensée par une ou plusieurs modifications proposées comportant une diminution correspondante des dépenses, le Conseil peut, statuant à la majorité qualifiée, rejeter cette proposition de modification. A défaut d'une décision de rejet, la proposition de modification est acceptée ;

— si une modification proposée par le Parlement européen a pour effet d'augmenter le montant global des dépenses d'une institution, le Conseil peut, statuant à la majorité qualifiée, accepter cette proposition de modification. A défaut d'une décision d'acceptation, la proposition de modification est rejetée ;

— si, en application des dispositions de l'un des deux alinéas précédents, le Conseil a rejeté une proposition de modification, il peut, statuant à la majorité qualifiée, soit maintenir le montant figurant dans le projet de budget, soit fixer un autre montant.

Le projet de budget est modifié en fonction des propositions de modification acceptées par le Conseil.

Si, dans un délai de quinze jours après communication du projet de budget, le Conseil n'a modifié aucun des amendements adoptés par le Parlement européen et si les propositions de modification présentées par celui-ci ont été acceptées, le budget est réputé définitivement arrêté. Le Conseil informe le Parlement européen du fait qu'il n'a modifié aucun des amendements et que les propositions de modification ont été acceptées.

Si, dans ce délai, le Conseil a modifié un ou plusieurs des amendements adoptés par le Parlement européen ou si les propositions de modification présentées par celui-ci ont été rejetées ou modifiées, le projet de budget modifié est transmis de nouveau au Parlement européen. Le Conseil expose à celui-ci le résultat de ses délibérations.

6. Dans un délai de quinze jours après communication du projet de budget, le Parlement européen, informé de la suite donnée à ses propositions de modification, peut, statuant à la majorité des membres qui le composent et des trois cinquièmes des suffrages exprimés, amender ou rejeter les modifications apportées par le Conseil à ses amendements et arrête en conséquence le budget. Si, dans ce délai, le Parlement européen n'a pas statué, le budget est réputé définitivement arrêté.

7. Lorsque la procédure prévue au présent article est achevée, le président du Parlement européen constate que le budget est définitivement arrêté.

8. Toutefois, le Parlement européen, statuant à la majorité des membres qui le composent et des deux tiers des suffrages exprimés, peut, pour des motifs importants, rejeter le projet de budget et demander qu'un nouveau projet lui soit soumis.

9. Pour l'ensemble des dépenses autres que celles découlant obligatoirement du traité ou des actes arrêtés en vertu de celui-ci, un taux maximal d'augmentation par rapport aux dépenses de même nature de l'exercice en cours est fixé chaque année.

La Commission, après avoir consulté le comité de politique économique, constate ce taux maximal, qui résulte :

— de l'évolution du produit national brut en volume dans la Communauté,
— de la variation moyenne des budgets des États membres

et

— de l'évolution du coût de la vie au cours du dernier exercice.

Le taux maximal est communiqué, avant le 1er mai, à toutes les institutions de la Communauté. Celles-ci sont tenues de le respecter au cours de la procédure budgétaire, sous réserve des dispositions des quatrième et cinquième alinéas du présent paragraphe.

Si, pour les dépenses autres que celles découlant obligatoirement du traité ou des actes arrêtés en vertu de celui-ci, le taux d'augmentation qui résulte du projet de budget établi par le Conseil est supérieur à la moitié du taux maximal, le Parlement européen, dans l'exercice de son droit d'amendement, peut encore augmenter le montant total desdites dépenses dans la limite de la moitié du taux maximal.

Lorsque le Parlement européen, le Conseil ou la Commission estime que les activités des Communautés exigent un dépassement du taux établi selon la procédure définie au présent paragraphe, un nouveau taux peut être fixé par accord entre le Conseil, statuant à la majorité qualifiée, et le Parlement européen, statuant à la majorité des membres qui le composent et des trois cinquièmes des suffrages exprimés.

10. Chaque institution exerce les pouvoirs qui lui sont dévolus par le présent article dans le respect des dispositions du traité et des actes arrêtés en vertu de celui-ci, notamment en matière de ressources propres aux Communautés et d'équilibre des recettes et des dépenses.

Article 204

Si au début d'un exercice budgétaire, le budget n'a pas encore été voté, les dépenses peuvent être effectuées mensuellement par chapitre ou par autre division, d'après les dispositions du règlement pris en exécution de l'article 209, dans la limite du douzième des crédits ouverts au budget de l'exercice précédent, sans que cette mesure puisse avoir pour effet de mettre à la disposition de la Commission des crédits supérieurs au douzième de ceux prévus dans le projet de budget en préparation.

Le Conseil, statuant à la majorité qualifiée, peut, sous réserve que les autres conditions fixées au premier alinéa soient respectées, autoriser des dépenses excédant le douzième.

Si cette décision concerne des dépenses autres que celles découlant obligatoirement du traité ou des actes arrêtés en vertu de celui-ci, le Conseil la transmet immédiatement au Parlement européen ; dans un délai de trente jours, le Parlement européen, statuant à la majorité des membres qui le composent et des trois cinquièmes des suffrages exprimés, peut prendre une décision différente sur ces dépenses en ce qui concerne la partie excédant le douzième visé au premier alinéa. Cette partie de la décision du Conseil est suspendue jusqu'à ce que le Parlement européen ait pris sa décision. Si, dans le délai précité, le Parlement européen n'a pas pris une décision différente de la décision du Conseil, cette dernière est réputée définitivement arrêtée.

Les décisions visées aux deuxième et troisième alinéas prévoient les mesures nécessaires en matière de ressources pour l'application du présent article.

Article 205 (85)

La Commission exécute le budget, conformément aux dispositions du règlement pris en exécution de l'article 209, sous sa propre responsabilité et dans la limite des crédits alloués, *conformément au principe de bonne gestion financière.*

Le règlement prévoit les modalités particulières selon lesquelles chaque institution participe à l'exécution de ses dépenses propres.

A l'intérieur du budget, la Commission peut procéder, dans les limites et conditions fixées par le règlement pris en exécution de l'article 209, à des

(85) Tel que modifié par l'article G.73 TUE.

virements de crédits, soit de chapitre à chapitre, soit de subdivision à subdivision.

*Article 205*bis

La Commission soumet chaque année au Conseil et au Parlement européen les comptes de l'exercice écoulé afférents aux opérations de budget. En outre, elle leur communique un bilan financier décrivant l'actif et le passif de la Communauté.

Article 206 (86)

1. Le Parlement européen, sur recommandation du Conseil qui statue à la majorité qualifiée, donne décharge à la Commission sur l'exécution du budget. A cet effet, il examine, à la suite du Conseil, les comptes et le bilan financier mentionnés à l'article 205bis, le rapport annuel de la Cour des comptes, accompagné des réponses des institutions contrôlées aux observations de la Cour des comptes, ainsi que les rapports spéciaux pertinents de celle-ci.

2. Avant de donner décharge à la Commission, ou à toute autre fin se situant dans le cadre de l'exercice des attributions de celle-ci en matière d'exécution du budget, le Parlement européen peut demander à entendre la Commission sur l'exécution des dépenses ou le fonctionnement des systèmes de contrôle financier. La Commission soumet au Parlement européen, à la demande de ce dernier, toute information nécessaire.

3. La Commission met tout en œuvre pour donner suite aux observations accompagnant les décisions de décharge et aux autres observations du Parlement européen concernant l'exécution des dépenses ainsi qu'aux commentaires accompagnant les recommandations de décharge adoptées par le Conseil.

A la demande du Parlement européen ou du Conseil, la Commission fait rapport sur les mesures prises à la lumière de ces observations et commentaires et notamment sur les instructions données aux services chargés de l'exécution du budget. Ces rapports sont également transmis à la Cour des comptes.

*Article 206*bis

(abrogé)

Article 207

Le budget est établi dans l'unité de compte fixée conformément aux dispositions du règlement pris en exécution de l'article 209.

Les contributions financières prévues à l'article 200, paragraphe 1, sont mises à la disposition de la Communauté par les États membres dans leur monnaie nationale.

(86) Ancien article 206*ter*, tel que modifié par l'article G.74 TUE.

Les soldes disponibles de ces contributions sont déposés auprès des Trésors des États membres ou des organismes désignés par eux. Pendant la durée de ce dépôt, les fonds déposés conservent la valeur correspondant à la parité, en vigueur au jour du dépôt, par rapport à l'unité de compte visée à l'alinéa 1.

Ces disponibilités peuvent être placées dans des conditions qui font l'objet d'accords entre la Commission et l'État membre intéressé.

Le règlement pris en exécution de l'article 209 détermine les conditions techniques dans lesquelles sont effectuées les opérations financières relatives au Fonds social européen.

Article 208

La Commission peut, sous réserve d'en informer les autorités compétentes des États intéressés, transférer dans la monnaie de l'un des États membres les avoirs qu'elle détient dans la monnaie d'un autre État membre, dans la mesure nécessaire à leur utilisation pour les objets auxquels ils sont destinés par le présent traité. La Commission évite, dans la mesure du possible, de procéder à de tels transferts, si elle détient des avoirs disponibles ou mobilisables dans les monnaies dont elle a besoin.

La Commission communique avec chacun des États membres par l'intermédiaire de l'autorité qu'il désigne. Dans l'exécution des opérations financières, elle a recours à la Banque d'émission de l'État membre intéressé ou à une autre institution financière agréée par celui-ci.

Article 209 (87)

Le Conseil, statuant à l'unanimité sur proposition de la Commission et après consultation du Parlement européen et avis de la Cour des comptes :

a) arrête les règlements financiers spécifiant notamment les modalités relatives à l'établissement et à l'exécution du budget et à la reddition et à la vérification des comptes ;
b) fixe les modalités et la procédure selon lesquelles les recettes budgétaires prévues dans le régime des ressources propres de la Communauté sont mises à la disposition de la Commission, et définit les mesures à appliquer pour faire face, le cas échéant, aux besoins de trésorerie ;
c) détermine les règles et organise le contrôle de la responsabilité des *contrôleurs financiers*, ordonnateurs et comptables.

(87) Tel que modifié par l'article G.76 TUE.

Article 209 A (88)

Les États membres prennent les mêmes mesures pour combattre la fraude portant atteinte aux intérêts financiers de la Communauté que celles qu'ils prennent pour combattre la fraude portant atteinte à leurs propres intérêts financiers.

Sans préjudice d'autres dispositions du présent traité, les États membres coordonnent leur action visant à protéger les intérêts financiers de la Communauté contre la fraude. A cette fin, ils organisent, avec l'aide de la Commission, une collaboration étroite et régulière entre les services compétents de leurs administrations.

SIXIÈME PARTIE

DISPOSITIONS GÉNÉRALES ET FINALES

Article 210

La Communauté a la personnalité juridique.

Article 211

Dans chacun des États membres, la Communauté possède la capacité juridique la plus large reconnue aux personnes morales par les législations nationales ; elle peut notamment acquérir ou aliéner des biens immobiliers et mobiliers et ester en justice. A cet effet, elle est représentée par la Commission.

Article 212

(Article abrogé par l'article 24, paragraphe 2, du traité de fusion)

[Voir article 24, paragraphe 1, du traité de fusion qui se lit comme suit :

1. Les fonctionnaires et autres agents de la Communauté européenne du charbon et de l'acier, de la Communauté économique européenne et de la Communauté européenne de l'énergie atomique deviennent, à la date de l'entrée en vigueur de présent traité, fonctionnaires et autres agents des Communautés européennes et font partie de l'administration unique de ces Communautés.

Le Conseil, statuant à la majorité qualifiée, arrête, sur proposition de la Commission et après consultation des autres institutions intéressées, le statut des fonctionnaires des Communautés européennes et le régime applicable aux autres agents de ces Communautés.]

(88) Tel qu'inséré par l'article G.77 TUE.

Article 213

Pour l'accomplissement des tâches qui lui sont confiées, la Commission peut recueillir toutes informations et procéder à toutes vérifications nécessaires, dans les limites et conditions fixées par le Conseil en conformité avec les dispositions du présent traité.

Article 214

Les membres des institutions de la Communauté, les membres des comités, ainsi que les fonctionnaires et agents de la Communauté, sont tenus, même après la cessation de leurs fonctions, de ne pas divulger les informations qui, par leur nature, sont couvertes par le secret professionnel, et notamment les renseignements relatifs aux entreprises et concernant leurs relations commerciales ou les éléments de leur prix de revient.

Article 215 (89)

La responsabilité contractuelle de la Communauté est régie par la loi applicable au contrat en cause.

En matière de responsabilité non contractuelle, la Communauté doit réparer, conformément aux principes généraux communs aux droits des États membres, les dommages causés par ses institutions ou par ses agents dans l'exercice de leurs fonctions.

Le deuxième alinéa s'applique selon les mêmes conditions aux dommages causés par la BCE ou par ses agents dans l'exercice de leurs fonctions.

La responsabilité personnelle des agents envers la Communauté est réglée dans les dispositions fixant leur statut ou le régime qui leur est applicable.

Article 216

Le siège des institutions de la Communauté est fixé du commun accord des gouvernements des États membres.

Article 217

Le régime linguistique des institutions de la Communauté est fixé, sans préjudice des dispositions prévues dans le règlement de la Cour de justice, par le Conseil statuant à l'unanimité.

Article 218

(Article abrogé par l'article 28, deuxième alinéa, du traité de fusion)

[Voir article 28, premier alinéa, du traité de fusion qui se lit comme suit :

(89) Tel que modifié par l'article G.78 TUE.

Les Communautés européennes jouissent sur le territoire des États membres des privilèges et immunités nécessaires à l'accomplissement de leur mission dans les conditions définies au protocole annexé au présent traité. Il en est de même de la Banque européenne d'investissement.]

Article 219

Les États membres s'engagent à ne pas soumettre un différend relatif à l'interprétation ou à l'application du présent traité à un mode de règlement autre que ceux prévus par celui-ci.

Article 220

Les États membres engageront entre eux, en tant que de besoin : des négociations en vue d'assurer, en faveur de leurs ressortissants :

— la protection des personnes, ainsi que la jouissance et la protection des droits dans les conditions accordées par chaque État à ses propres ressortissants,
— l'élimination de la double imposition à l'intérieur de la Communauté,
— la reconnaissance mutuelle des sociétés au sens de l'article 58, alinéa 2, le maintien de la personnalité juridique en cas de transfert du siège de pays en pays et la possibilité de fusion de sociétés relevant de législations nationales différentes,
— la simplification des formalités auxquelles sont subordonnées la reconnaissance et l'exécution réciproques des décisions judiciaires ainsi que des sentences arbitrales.

Article 221

Dans un délai de trois ans à compter de l'entrée en vigueur du présent traité, les États membres accordent le traitement national en ce qui concerne la participation financière des ressortissants des autres États membres au capital des sociétés au sens de l'article 58, sans préjudice de l'application des autres dispositions du présent traité.

Article 222

Le présent traité ne préjuge en rien le régime de la propriété dans les États membres.

Article 223

1. Les dispositions du présent traité ne font pas obstacle aux règles ci-après :

a) aucun État membre n'est tenu de fournir des renseignements dont il estimerait la divulgation contraire aux intérêts essentiels de sa sécurité,

b) tout État membre peut prendre les mesures qu'il estime nécessaires à la protection des intérêts essentiels de sa sécurité et qui se rapportent à la production ou au commerce d'armes, de munitions et de matériel de guerre ; ces mesures ne doivent pas altérer les conditions de la concurrence dans le marché commun en ce qui concerne les produits non destinés à des fins spécifiquement militaires.

2. Au cours de la première année suivant l'entrée en vigueur du présent traité, le Conseil statuant à l'unanimité fixe la liste des produits auxquels les dispositions du paragraphe 1 b) s'appliquent.

3. Le Conseil, statuant à l'unanimité sur proposition de la Commission, peut apporter des modifications à cette liste.

Article 224

Les États membres se consultent en vue de prendre en commun les dispositions nécessaires pour éviter que le fonctionnement du marché commun ne soit affecté par les mesures qu'un État membre peut être appelé à prendre en cas de troubles intérieurs graves affectant l'ordre public, en cas de guerre ou de tension internationale grave constituant une menace de guerre, ou pour faire face aux engagements contractés par lui en vue du maintien de la paix et de la sécurité internationale.

Article 225

Si des mesures prises dans les cas prévus aux articles 223 et 224 ont pour effet de fausser les conditions de la concurrence dans le marché commun, la Commission examine avec l'État intéressé les conditions dans lesquelles ces mesures peuvent être adaptées aux règles établies par le présent traité.

Par dérogation à la procédure prévue aux articles 169 et 170, la Commission ou tout État membre peut saisir directement la Cour de justice, s'il estime qu'un autre État membre fait un usage abusif des pouvoirs prévus aux articles 223 et 224. La Cour de justice statue à huis clos.

Article 226

1. Au cours de la période de transition, en cas de difficultés graves et susceptibles de persister dans un secteur de l'activité économique ainsi que de difficultés pouvant se traduire par l'altération grave d'une situation économique régionale, un État membre peut demander à être autorisé à adopter des mesures de sauvegarde permettant de rééquilibrer la situation et d'adapter le secteur intéressé à l'économie du marché commun.

2. Sur demande de l'État intéressé, la Commission, par une procédure d'urgence, fixe sans délai les mesures de sauvegarde qu'elle estime nécessaires, en précisant les conditions et les modalités d'application.

3. Les mesures autorisées aux termes du paragraphe 2 peuvent comporter des dérogations aux règles du présent traité, dans la mesure et pour les délais strictement nécessaires pour atteindre les buts visés au paragraphe 1. Par priorité devront être choisies les mesures qui apportent le moins de perturbations au fonctionnement du marché commun.

Article 227 (90)

1. Le présent traité s'applique au royaume de Belgique, au royaume de Danemark, à la République fédérale d'Allemagne, à la République hellénique, au royaume d'Espagne, à la République française, à l'Irlande, à la République italienne, au grand-duché de Luxembourg, au royaume des Pays-Bas, à la République portugaise et au Royaume-Uni de Grande-Bretagne et d'Irlande du Nord.

2. *En ce qui concerne les départements français d'outre-mer, les dispositions particulières et générales du présent traité relatives :*

— *à la libre circulation des marchandises,*
— *à l'agriculture, à l'exception de l'article 40 paragraphe 4,*
— *à la libération des services,*
— *aux règles de concurrence,*
— *aux mesures de sauvegarde prévues aux articles 109 H, 109 I et 226,*
— *aux institutions,*

sont applicables dès l'entrée en vigueur du présent traité.

Les conditions d'application des autres dispositions du présent traité seront déterminées au plus tard deux ans après son entrée en vigueur, par des décisions du Conseil statuant à l'unanimité sur proposition de la Commission.

Les institutions de la Communauté veilleront, dans le cadre des procédures prévues par le présent traité et notamment de l'article 226, à permettre le développement économique et social de ces régions.

3. Les pays et territoires d'outre-mer dont la liste figure à l'annexe IV du présent traité font l'objet du régime spécial d'association défini dans la quatrième partie de ce traité.

Le présent traité ne s'applique pas aux pays et territoires d'outre-mer entretenant des relations particulières avec le Royaume-Uni de Grande-Bretagne et d'Irlande du Nord qui ne sont pas mentionnés dans la liste précitée.

4. Les dispositions du présent traité s'appliquent aux territoires européens dont un État membre assume les relations extérieures.

5. Par dérogation aux paragraphes précédents :

a) *Le présent traité ne s'applique pas aux îles Féroé.*

(90) Tel que modifié par l'article G.79 TUE.

b) Le présent traité ne s'applique pas aux zones de souveraineté du Royaume-Uni de Grande-Bretagne et d'Irlande du Nord à Chypre.

c) Les dispositions du présent traité ne sont applicables aux îles Anglo-Normandes et à l'île de Man que dans la mesure nécessaire pour assurer l'application du régime prévu pour ces îles par le traité relatif à l'adhésion de nouveaux États membres à la Communauté économique européenne et à la Communauté européenne de l'énergie atomique, signé le 22 janvier 1972.

Article 228 (91)

1. Dans les cas où les dispositions du présent traité prévoient la conclusion d'accords entre la Communauté et un ou plusieurs États ou organisations internationales, la Commission présente des recommandations au Conseil, qui l'autorise à ouvrir les négociations nécessaires. Ces négociations sont conduites par la Commission, en consultation avec des comités spéciaux désignés par le Conseil pour l'assister dans cette tâche et dans le cadre des directives que le Conseil peut lui adresser.

Dans l'exercice des compétences qui lui sont attribuées par le présent paragraphe, le Conseil statue à la majorité qualifiée, sauf dans les cas prévus au paragraphe 2 deuxième phrase, pour lesquels il statue à l'unanimité.

2. Sous réserve des compétences reconnues à la Commission dans ce domaine, les accords sont conclus par le Conseil, statuant à la majorité qualifiée sur proposition de la Commission. Le Conseil statue à l'unanimité lorsque l'accord porte sur un domaine pour lequel l'unanimité est requise pour l'adoption de règles internes, ainsi que pour les accords visés à l'article 238.

3. Le Conseil conclut les accords après consultation du Parlement européen, sauf pour les accords visés à l'article 113 paragraphe 3, y compris lorsque l'accord porte sur un domaine pour lequel la procédure visée à l'article 189 B ou celle visée à l'article 189 C est requise pour l'adoption de règles internes. Le Parlement européen émet son avis dans un délai que le Conseil peut fixer en fonction de l'urgence. En l'absence d'avis dans ce délai, le Conseil peut statuer.

Par dérogation aux dispositions de l'alinéa précédent, sont conclus après avis conforme du Parlement européen les accords visés à l'article 238, ainsi que les autres accords qui créent un cadre institutionnel spécifique en organisant des procédures de coopération, les accords ayant des implications budgétaires notables pour la Communauté et les accords impliquant une modification d'un acte adopté selon la procédure visée à l'article 189 B.

Le Conseil et le Parlement européen peuvent, en cas d'urgence, convenir d'un délai pour l'avis conforme.

(91) Tel que modifié par l'article G.80 TUE.

4. Lors de la conclusion d'un accord, le Conseil peut, par dérogation aux dispositions du paragraphe 2, habiliter la Commission à approuver les modifications au nom de la Communauté lorsque l'accord prévoit que ces modifications doivent être adoptées selon une procédure simplifiée ou par une instance créée par ledit accord ; le Conseil peut assortir cette habilitation de certaines conditions spécifiques.

5. Lorsque le Conseil envisage de conclure un accord modifiant le présent traité, les modifications doivent d'abord être adoptées selon la procédure prévue à l'article N du traité sur l'Union européenne.

6. Le Conseil, la Commission ou un État membre peut recueillir l'avis de la Cour de justice sur la compatibilité d'un accord envisagé avec les dispositions du présent traité. L'accord qui a fait l'objet d'un avis négatif de la Cour de justice ne peut entrer en vigueur que dans les conditions fixées à l'article N du traité sur l'Union européenne.

7. Les accords conclus selon les conditions fixées au présent article lient les institutions de la Communauté et les États membres.

Article 228 A (92)

Lorsqu'une position commune ou une action commune adoptées en vertu des dispositions du traité sur l'Union européenne relatives à la politique étrangère et de sécurité commune prévoient une action de la Communauté visant à interrompre ou à réduire, en tout ou en partie, les relations économiques avec un ou plusieurs pays tiers, le Conseil, statuant à la majorité qualifiée sur proposition de la Commission, prend les mesures urgentes nécessaires.

Article 229

La Commission est chargée d'assurer toutes liaisons utiles avec les organes des Nations unies, de leurs institutions spécialisées et de l'Accord général sur les tarifs douaniers et le commerce.

Elle assure en outre les liaisons opportunes avec toutes organisations internationales.

Article 230

La Communauté établit avec le Conseil de l'Europe toutes coopérations utiles.

(92) Tel qu'inséré par l'article G.81. TUE.

Article 231 (93)

La Communauté établit avec l'*Organisation de coopération et de développement économiques* une étroite collaboration dont les modalités sont fixées d'un commun accord.

Article 232

1. Les dispositions du présent traité ne modifient pas celles du traité instituant la Communauté européenne du charbon et de l'acier, notamment en ce qui concerne les droits et obligations des États membres, les pouvoirs des institutions de cette Communauté et les règles posées par ce traité pour le fonctionnement du marché commun du charbon et de l'acier.

2. Les dispositions du présent traité ne dérogent pas aux stipulations du traité instituant la Communauté européenne de l'énergie atomique.

Article 233

Les dispositions du présent traité ne font pas obstacle à l'existence et à l'accomplissement des unions régionales entre la Belgique et le Luxembourg, ainsi qu'entre la Belgique, le Luxembourg et les Pays-Bas, dans la mesure où les objectifs de ces unions régionales ne sont pas atteints en application du présent traité.

Article 234

Les droits et obligations résultant de conventions conclues antérieurement à l'entrée en vigueur du présent traité, entre un ou plusieurs États tiers d'autre part, ne sont pas affectés par les dispositions du présent traité.

Dans la mesure où ces conventions ne sont pas compatibles avec le présent traité, le ou les États membres en cause recourent à tous les moyens appropriés pour éliminer les incompatibilités constatées. En cas de besoin, les États membres se prêtent une assistance mutuelle en vue d'arriver à cette fin, et adoptent le cas échéant une attitude commune.

Dans l'application des conventions visées au premier alinéa, les États membres tiennent compte du fait que les avantages consentis dans le présent traité par chacun des États membres font partie intégrante de l'établissement de la Communauté et sont, de ce fait, inséparablement liés à la création d'institutions communes, à l'attribution de compétences en leur faveur et à l'octroi des mêmes avantages par tous les autres États membres.

(93) Tel que modifié par l'article G.82 TUE.

Article 235

Si une action de la Communauté apparaît nécessaire pour réaliser, dans le fonctionnement du marché commun, l'un des objets de la Communauté, sans que le présent traité ait prévu les pouvoirs d'action requis à cet effet, le Conseil, statuant à l'unanimité sur proposition de la Commission et après consultation du Parlement européen, prend les dispositions appropriées.

Article 236

(abrogé)

Article 237

(abrogé)

Article 238 (94)

La Communauté peut conclure *avec un ou plusieurs États ou organisations internationales* des accords créant une association caractérisée par des droits et obligations réciproques, des actions en commun et des procédures particulières.

Article 239

Les protocoles qui, du commun accord des États membres, seront annexés au présent traité en font partie intégrante.

Article 240

Le présent traité est conclu pour une durée illimitée.

MISE EN PLACE DES INSTITUTIONS

Article 241

Le Conseil se réunit dans en délai d'un mois à compter de l'entrée en vigueur du traité.

Article 242

Le Conseil prend toutes dispositions utiles pour constituer le Comité économique et social dans un délai de trois mois à compter de sa première réunion.

(94) Tel que modifié par l'article G.84 TUE.

Article 243

L'Assemblée (95) se réunit dans un délai de deux mois à compter de la première réunion du Conseil, sur convocation du président de celui-ci, pour élire son bureau et élaborer son règlement intérieur. Jusqu'à l'élection du bureau, elle est présidée par le doyen d'âge.

Article 244

La Cour de justice entre en fonctions dès la nomination de ses membres. La première désignation du président est faite pour trois ans dans les mêmes conditions que celles des membres.

La Cour de justice établit son règlement de procédure dans un délai de trois mois à compter de son entrée en fonctions.

La Cour de justice ne peut être saisie qu'à partir de la date de publication de ce règlement. Les délais d'introduction des recours ne courent qu'à compter de cette même date.

Dès sa nomination, le président de la Cour de justice exerce les attributions qui lui sont confiées par le présent traité.

Article 245

La Commission entre en fonctions et assume les charges qui lui sont confiées par le présent traité dès la nomination de ses membres.

Dès son entrée en fonctions, la Commission procède aux études et établit les liaison nécessaires à l'établissement d'une vue d'ensemble de la situation économique de la Communauté.

Article 246

1 Le premier exercice financier s'étend de la date d'entrée en vigueur du traité jusqu'au 31 décembre suivant. Toutefois, cet exercice s'étend jusqu'au 31 décembre de l'année suivant celle de l'entrée en vigueur du traité, si celle-ci se situe au cours du deuxième semestre.

2. Jusqu'à l'établissement du budget applicable au premier exercice, les États membres font à la Communauté des avances sans intérêts, qui viennent en déduction des contributions financières afférentes à l'exécution de ce budget.

3. Jusqu'à l'établissement du statut des fonctionnaires et du régime applicable aux autres agents de la Communauté, prévus à l'article 212, chaque institution recrute le personnel nécessaire et conclut à cet effet des contrats de durée limitée.

(95) Par dérogation aux dispositions de l'article 3 de l'AUE, et pour des raisons historiques, le terme «Assemblée» n'a pas été remplacé par les termes «Parlement européen».

Chaque institution examine avec le Conseil les questions relatives au nombre, à la rémunération et à la répartition des emplois.

DISPOSITIONS FINALES

Article 247

Le présent traité sera ratifié par les Hautes Parties Contractantes en conformité de leurs règles constitutionelles respectives. Les instruments de ratification seront déposés auprès du gouvernement de la République italienne.

Le présent traité entrera en vigueur le premier jour du mois suivant le dépôt de l'instrument de ratification de l'État signataire qui procédera le dernier à cette formalité. Toutefois, si ce dépôt a lieu moins de quinze jours avant le début du mois suivant, l'entrée en vigueur du traité est reportée au premier jour du deuxième mois suivant la date de ce dépôt.

Article 248

Le présent traité, rédigé en un exemplaire unique, en langue allemande, en langue française, en langue italienne et en langue néerlandaise, les quatre textes faisant également foi, sera déposé dans les archives du gouvernement de la République italienne qui remettra une copie certifiée conforme à chacun des gouvernements des autres États signataires.

En foi de quoi les plénipotentiaires soussignés ont apposé leurs signatures au bas du présent traité.

Fait à Rome, le vingt-cinq mars mil neuf cent cinquante-sept.

P.H. SPAAK
J. Ch. SNOY ET D'OPPUERS
ADENAUER
HALLSTEIN
PINEAU
M. FAURE
Antonio SEGNI
Gaetano MARTINO
BECH
Lambert SCHAUS
J. LUNS
J. LINTHORST HOMAN

TITRE III

DISPOSITIONS MODIFIANT LE TRAITÉ INSTITUANT LA COMMUNAUTÉ EUROPÉENNE DU CHARBON ET DE L'ACIER

Article H

Le traité instituant la Communauté européenne du charbon et de l'acier est modifié conformément aux dispositions du présent article.

1) L'article 7 est remplacé par le texte suivant :

« Article 7

Les institutions de la Communauté sont :

— une HAUTE AUTORITÉ, ci-après dénommée 'la Commission' ;
— une ASSEMBLÉE COMMUNE, ci-après dénommée 'le Parlement européen' ;
— un CONSEIL SPÉCIAL DES MINISTRES, ci-après dénommé 'le Conseil' ;
— une COUR DE JUSTICE ;
— une COUR DES COMPTES.

La Commission est assistée d'un comité consultatif. »

2) Les articles suivants sont insérés :

« Article 9

1. La Commission est composée de dix-sept membres choisis en raison de leur compétence générale et offrant toutes garanties d'indépendance.

Le nombre des membres de la Commission peut être modifié par le Conseil statuant à l'unanimité.

Seuls les nationaux des États membres peuvent être membres de la Commission.

La Commission doit comprendre au moins un national de chacun des États membres, sans que le nombre des membres ayant la nationalité d'un même Etat membre soit supérieur à deux.

2. Les membres de la Commission exercent leurs fonctions en pleine indépendance, dans l'intérêt général de la Communauté.

Dans l'accomplissement de leurs devoirs, ils ne sollicitent ni n'acceptent d'instructions d'aucun gouvernement ni d'aucun organisme. Ils s'abstiennent de tout acte incompatible avec le caractère de leurs fonctions. Chaque État membre s'engage à respecter ce caractère et à ne pas chercher à influencer les membres de la Commission dans l'exécution de leur tâche.

Les membres de la Commission ne peuvent, pendant la durée de leurs fonctions, exercer aucune autre activité professionnelle, rémunérée ou non. Ils prennent, lors de leur installation, l'engagement solennel de respecter, pendant la durée de leurs fonctions et après la cessation de celles-ci, les obligations découlant de leur charge, notamment les devoirs d'honnêteté et de délicatesse quant à l'acceptation, après cette cessation, de certaines fonctions ou de certains avantages. En cas de violation de ces obligations, la Cour de justice, saisie par le Conseil ou par la Commission, peut, selon le cas, prononcer la démission d'office dans les conditions de l'article 12 A ou la déchéance du droit à pension de l'intéressé ou d'autres avantages en tenant lieu.

Article 10

1. Les membres de la Commission sont nommés, pour une durée de cinq ans, selon la procédure visée au paragraphe 2, sous réserve, le cas échéant, de l'article 24.

Leur mandat est renouvelable.

2. Les gouvernements des États membres désignent d'un commun accord, après consultation du Parlement européen, la personnalité qu'ils envisagent de nommer président de la Commission.

Les gouvernements des États membres, en consultation avec le président désigné, désignent les autres personnalités qu'ils envisagent de nommer membres de la Commission.

Le président et les autres membres de la Commission ainsi désignés sont soumis, en tant que collège, à un vote d'approbation par le Parlement européen. Après l'approbation du Parlement européen, le président et les autres membres de la Commission sont nommés, d'un commun accord, par les gouvernements des États membres.

3. Les paragraphes 1 et 2 s'appliquent pour la première fois au président et aux autres membres de la Commission dont le mandat commence le 7 janvier 1995.

Le président et les autres membres de la Commission dont le mandat commence le 7 janvier 1993 sont nommés d'un commun accord par les gouvernements des États membres. Leur mandat expire le 6 janvier 1995.

Article 11

La Commission peut nommer un ou deux vice-présidents parmi ses membres.

Article 12

En dehors des renouvellements réguliers et des décès, les fonctions de membre de la Commission prennent fin individuellement par démission volontaire ou d'office.

L'intéressé est remplacé pour la durée du mandat restant à courir par un nouveau membre nommé d'un commun accord par les gouvernements des États membres. Le Conseil, statuant à l'unanimité, peut décider qu'il n'y a pas lieu à remplacement.

En cas de démission ou de décès, le président est remplacé pour la durée du mandat restant à courir. La procédure prévue à l'article 10 paragraphe 2 est applicable pour son remplacement.

Sauf en cas de démission d'office prévue à l'article 12 A, les membres de la Commission restent en fonctions jusqu'à ce qu'il soit pourvu à leur remplacement.

Article 12 A

Tout membre de la Commission, s'il ne remplit plus les conditions nécessaires à l'exercice de ses fonctions ou s'il a commis une faute grave, peut être déclaré démissionnaire par la Cour de justice, à la requête du Conseil ou de la Commission.

Article 13

Les délibérations de la Commission sont acquises à la majorité du nombre des membres prévu à l'article 9.

La Commission ne peut siéger valablement que si le nombre de membres fixé dans son règlement intérieur est présent. »

3) L'article 16 est remplacé par le texte suivant :

« Article 16

La Commission prend toutes mesures d'ordre intérieur propres à assurer le fonctionnement de ses services.

Elle peut instituer des comités d'études et notamment un Comité d'études économiques.

Le Conseil et la Commission procèdent à des consultations réciproques et organisent d'un commun accord les modalités de leur collaboration.

La Commission fixe son règlement intérieur en vue d'assurer son fonctionnement et celui de ses services dans les conditions prévues par le présent traité. Elle assure la publication de ce règlement. »

4) L'article suivant est inséré :

« Article 17

La Commission publie tous les ans, un mois au moins avant l'ouverture de la session du Parlement européen, un rapport général sur l'activité de la Communauté. »

5) A l'article 18, l'alinéa suivant est ajouté :

« Le Conseil, statuant à la majorité qualifiée, fixe toutes indemnités tenant lieu de rémunération. »

6) Les articles suivants sont insérés :

« Article 20 A

Le Parlement européen peut, à la majorité de ses membres, demander à la Commission de soumettre toute proposition appropriée sur les questions qui lui paraissent nécessiter l'élaboration d'un acte communautaire pour la mise en œuvre du présent traité.

Article 20 B

Dans le cadre de l'accomplissement de ses missions, le Parlement européen peut, à la demande d'un quart de ses membres, constituer une commission temporaire d'enquête pour examiner, sans préjudice des attributions conférées par le présent traité à d'autres institutions ou organes, les allégations d'infraction ou de mauvaise administration dans l'application du droit communautaire, sauf si les faits allégués sont en cause devant une juridiction et aussi longtemps que la procédure juridictionnelle n'est pas achevée.

L'existence de la commission temporaire d'enquête prend fin par le dépôt de son rapport.

Les modalités d'exercice du droit d'enquête sont déterminées d'un commun accord par le Parlement européen, le Conseil et la Commission.

Article 20 C

Tout citoyen de l'Union, ainsi que toute personne physique ou morale résidant ou ayant son siège statutaire dans un État membre, a le droit de présenter, à titre individuel ou en association avec d'autres citoyens ou personnes, une pétition au Parlement européen sur un sujet relevant des domaines d'activité de la Communauté et qui le ou la concerne directement.

Article 20 D

1. Le Parlement européen nomme un médiateur, habilité à recevoir les plaintes émanant de tout citoyen de l'Union ou de toute personne physique ou morale résidant ou ayant son siège statutaire dans un État membre et relatives à des cas de mauvaise administration dans l'action des institutions ou organes communautaires, à l'exclusion de la Cour de justice et du tribunal de première instance dans l'exercice de leurs fonctions juridictionnelles.

Conformément à sa mission, le médiateur procède aux enquêtes qu'il estime justifiées, soit de sa propre initiative, soit sur la base des plaintes qui lui ont été présentées directement ou par l'intermédiaire d'un membre du Parlement européen, sauf si les faits allégués font ou ont fait l'objet d'une procédure juridictionnelle. Dans les cas où le médiateur a constaté un cas de mauvaise administration, il saisit l'institution concernée, qui dispose d'un délai de trois mois pour lui faire tenir son avis. Le médiateur transmet ensuite un rapport au Parlement européen et à l'institution concernée. La personne dont émane la plainte est informée du résultat de ces enquêtes.

Chaque année, le médiateur présente un rapport au Parlement européen sur les résultats de ses enquêtes.

2. Le médiateur est nommé après chaque élection du Parlement européen pour la durée de la législature. Son mandat est renouvelable.

Le médiateur peut être déclaré démissionnaire par la Cour de justice, à la requête du Parlement européen, s'il ne remplit plus les conditions nécessaires à l'exercice de ses fonctions ou s'il a commis une faute grave.

3. Le médiateur exerce ses fonctions en toute indépendance. Dans l'accomplissement de ses devoirs, il ne sollicite ni n'accepte d'instructions d'au-

cun organisme. Pendant la durée de ses fonctions, le médiateur ne peut exercer aucune autre activité professionnelle, rémunérée ou non.

4. Le Parlement européen fixe le statut et les conditions générales d'exercice des fonctions du médiateur après avis de la Commission et avec l'approbation du Conseil statuant à la majorité qualifiée. »

7) A l'article 21, le paragraphe 3 est remplacé par le texte suivant :

« 3. Le Parlement européen élaborera des projets en vue de permettre l'élection au suffrage universel direct selon une procédure uniforme dans tous les États membres.

Le Conseil, statuant à l'unanimité après avis conforme du Parlement européen, qui se prononce à la majorité des membres qui le composent, arrêtera les dispositions dont il recommandera l'adoption par les États membres, conformément à leurs règles constitutionnelles respectives. »

8) L'article 24 est remplacé par le texte suivant :

« Article 24

Le Parlement européen procède, en séance publique, à la discussion du rapport général qui lui est soumis par la Commission.

Le Parlement européen, saisi d'une motion de censure sur la gestion de la Commission, ne peut se prononcer sur cette motion que trois jours au moins après son dépôt et par un scrutin public.

Si la motion de censure est adoptée à une majorité des deux tiers des voix exprimées et à la majorité des membres qui composent le Parlement européen, les membres de la Commission doivent abandonner collectivement leurs fonctions. Ils continueront à expédier les affaires courantes jusqu'à leur remplacement conformément à l'article 10. Dans ce cas, le mandat des membres de la Commission nommés pour les remplacer expire à la date à laquelle aurait dû expirer le mandat des membres de la Commission obligés d'abandonner collectivement leurs fonctions. »

9) Les articles suivants sont insérés :

« Article 27

Le Conseil est formé par un représentant de chaque État membre au niveau ministériel, habilité à engager le gouvernement de cet État membre.

La présidence est exercée à tour de rôle par chaque État membre du Conseil pour une durée de six mois selon l'ordre suivant des États membres :

— pendant un premier cycle de six ans : Belgique, Danemark, Allemagne, Grèce, Espagne, France, Irlande, Italie, Luxembourg, Pays-Bas, Portugal, Royaume-Uni ;

— pendant le cycle suivant de six ans : Danemark, Belgique, Grèce, Allemagne, France, Espagne, Italie, Irlande, Pays-Bas, Luxembourg, Royaume — Uni, Portugal.

Article 27 A

Le Conseil se réunit sur convocation de son président, à l'initiative de celui-ci, d'un de ses membres ou de la Commission. »

10) Les articles suivants sont insérés :

« Article 29

Le Conseil, statuant à la majorité qualifiée, fixe les traitements, indemnités et pensions du président et des membres de la Commission, du président, des juges, des avocats généraux et du greffier de la Cour de justice. Il fixe également, à la même majorité, toutes indemnités tenant lieu de rémunération.

Article 30

1. Un comité composé des représentants permanents des États membres a pour tâche de préparer les travaux du Conseil et d'exécuter les mandats qui lui sont confiés par celui-ci.

2. Le Conseil est assisté d'un secrétariat général, placé sous la direction d'un secrétaire général. Le secrétaire général est nommé par le Conseil statuant à l'unanimité.

Le Conseil décide de l'organisation du secrétariat général.

3. Le Conseil arrête son règlement intérieur. »

11) L'article 32 est remplacé par le texte suivant :

« Article 32

La Cour de justice est formée de treize juges.

La Cour de justice siège en séance plénière. Toutefois, elle peut créer en son sein des chambres composées chacune de trois ou cinq juges, en vue, soit de procéder à certaines mesures d'instruction, soit de juger certaines catégories d'affaires, dans les conditions prévues par un règlement établi à cet effet.

La Cour de justice siège en séance plénière lorsqu'un État membre ou une institution de la Communauté qui est partie à l'instance le demande.

Si la Cour de justice le demande, le Conseil, statuant à l'unanimité, peut augmenter le nombre des juges et apporter les adaptations nécessaires aux deuxième et troisième alinéas et à l'article 32*ter* deuxième alinéa. »

12) L'article 32 quinto est remplacé par le texte suivant :

« Article 32*quinto*

1. Il est adjoint à la Cour de justice un tribunal chargé de connaître en première instance, sous réserve d'un pourvoi porté devant la Cour de jus-

tice, limité aux questions de droit, dans les conditions fixées par le statut, de certaines catégories de recours déterminées dans les conditions fixées au paragraphe 2. Le tribunal de première instance n'a pas compétence pour connaître des questions préjudicielles soumises en vertu de l'article 41.

2. Sur demande de la Cour de justice et après consultation du Parlement européen et de la Commission, le Conseil, statuant à l'unanimité, fixe les catégories de recours visées au paragraphe 1 et la composition du tribunal de première instance et adopte les adaptations et les dispositions complémentaires nécessaires au statut de la Cour de justice. Sauf décision contraire du Conseil, les dispositions du présent traité relatives à la Cour de justice, et notamment les dispositions du protocole sur le statut de la Cour de justice, sont applicables au tribunal de première instance.

3. Les membres du tribunal de première instance sont choisis parmi les personnes offrant toutes les garanties d'indépendance et possédant la capacité requise pour l'exercice de fonctions juridictionnelles ; ils sont nommés d'un commun accord pour six ans par les gouvernements des États membres. Un renouvellement partiel a lieu tous les trois ans. Les membres sortants peuvent être nommés à nouveau.

4. Le tribunal de première instance établit son règlement de procédure en accord avec la Cour de justice. Ce règlement est soumis à l'approbation unanime du Conseil. »

13) L'article 33 est remplacé par le texte suivant :

« Article 33

La Cour de justice est compétente pour se prononcer sur les recours en annulation pour incompétence, violation des formes substantielles, violation du traité ou de toute règle de droit relative à son application, ou détournement de pouvoir, formés contre les décisions et recommandations de la Commission par un des États membres ou par le Conseil. Toutefois, l'examen de la Cour de justice ne peut porter sur l'appréciation de la situation découlant des faits ou circonstances économiques au vu de laquelle sont intervenues lesdites décisions ou recommandations, sauf s'il est fait grief à la Commission d'avoir commis un détournement de pouvoir ou d'avoir méconnu d'une manière patente les dispositions du traité ou toute règle de droit relative à son application.

Les entreprises ou les associations visées à l'article 48 peuvent former, dans les mêmes conditions, un recours contre les décisions et recommandations individuelles les concernant ou contre les décisions et recommandations générales qu'elles estiment entachées de détournement de pouvoir à leur égard.

Les recours prévus aux deux premiers alinéas du présent article doivent être formés dans le délai d'un mois à compter, suivant le cas, de la notification ou de la publication de la décision ou recommandation.

La Cour de justice est compétente dans les mêmes conditions pour se prononcer sur les recours formés par le Parlement européen qui tendent à la sauvegarde des prérogatives de celui-ci. »

14) Le chapitre suivant est inséré :

« CHAPITRE V
DE LA COUR DES COMPTES

Article 45 A

La Cour des comptes assure le contrôle des comptes.

Article 45 B

1. La Cour des comptes est composée de douze membres.

2. Les membres de la Cour des comptes sont choisis parmi des personnalités appartenant ou ayant appartenu dans leurs pays respectifs aux institutions de contrôle externe ou possédant une qualification particulière pour cette fonction. Ils doivent offrir toutes garanties d'indépendance.

3. Les membres de la Cour des comptes sont nommés pour six ans par le Conseil, statuant à l'unanimité après consultation du Parlement européen.

Toutefois, lors des premières nominations, quatre membres de la Cour des comptes, désignés par voie de tirage au sort, reçoivent un mandat limité à quatre ans.

Les membres de la Cour des comptes peuvent être nommés de nouveau.

Ils désignent parmi eux, pour trois ans, le président de la Cour des comptes. Le mandat de celui-ci est renouvelable.

4. Les membres de la Cour des comptes exercent leurs fonctions en pleine indépendance, dans l'intérêt général de la Communauté.

Dans l'accomplissement de leurs devoirs, ils ne sollicitent ni n'acceptent d'instructions d'aucun gouvernement ni d'aucun organisme. Ils s'abstiennent de tout acte incompatible avec le caractère de leurs fonctions.

5. Les membres de la Cour des comptes ne peuvent, pendant la durée de leurs fonctions, exercer aucune activité professionnelle, rémunérée ou non. Ils prennent, lors de leur installation, l'engagement solennel de respecter, pendant la durée de leurs fonctions et après la cessation de celles-ci, les obligations découlant de leur charge, notamment les devoirs d'honnêteté et de délicatesse quant à l'acceptation, après cette cessation, de certaines fonctions ou de certains avantages.

6. En dehors des renouvellements réguliers et des décès, les fonctions de membre de la Cour des comptes prennent fin individuellement par démission volontaire ou par démission d'office déclarée par la Cour de justice conformément aux dispositions du paragraphe 7.

L'intéressé est remplacé pour la durée du mandat restant à courir.

Sauf en cas de démission d'office, les membres de la Cour des comptes restent en fonctions jusqu'à ce qu'il soit pourvu à leur remplacement.

7. Les membres de la Cour des comptes ne peuvent être relevés de leurs fonctions ni déclarés déchus de leur droit à pension ou d'autres avantages en tenant lieu que si la Cour de justice constate, à la demande de la Cour des comptes, qu'ils ont cessé de répondre aux conditions requises ou de satisfaire aux obligations découlant de leur charge.

8. Le Conseil, statuant à la majorité qualifiée, fixe les conditions d'emploi, et notamment les traitements, indemnités et pensions, du président et des membres de la Cour des comptes. Il fixe également, statuant à la même majorité, toutes indemnités tenant lieu de rémunération.

9. Les dispositions du protocole sur les privilèges et immunités des Communautés européennes qui sont applicables aux juges de la Cour de justice sont également applicables aux membres de la Cour des comptes.

Article 45 C

1. La Cour des comptes examine les comptes de la totalité des recettes et dépenses de la Communauté. Elle examine également les comptes de la totalité des recettes et dépenses de tout organisme créé par la Communauté dans la mesure où l'acte de fondation n'exclut pas cet examen.

La Cour des comptes fournit au Parlement européen et au Conseil une déclaration d'assurance concernant la fiabilité des comptes ainsi que la légalité et la régularité des opérations sous-jacentes.

2. La Cour des comptes examine la légalité et la régularité des recettes et dépenses visées au paragraphe 1 et s'assure de la bonne gestion financière.

Le contrôle des recettes s'effectue sur la base des constatations comme des versements des recettes à la Communauté.

Le contrôle des dépenses s'effectue sur la base des engagements comme des paiements.

Ces contrôles peuvent être effectués avant la clôture des comptes de l'exercice budgétaire considéré.

3. Le contrôle a lieu sur pièces et, au besoin, sur place auprès des autres institutions de la Communauté, et dans les États membres. Le contrôle dans les États membres s'effectue en liaison avec les institutions de contrôle nationales ou, si celles-ci ne disposent pas des compétences nécessaires, avec les services nationaux compétents. Ces institutions ou services font connaître à la Cour des comptes s'ils entendent participer au contrôle.

Tout document ou toute information nécessaires à l'accomplissement de la mission de la Cour des comptes sont communiqués à celle-ci, sur sa demande, par les autres institutions de la Communauté et par les institutions de contrôle nationales ou, si celles-ci ne disposent pas des compétences nécessaires, par les services nationaux compétents.

4. La Cour des comptes établit un rapport annuel après la clôture de chaque exercice. Ce rapport est transmis aux autres institutions de la Communauté et publié au Journal officiel des Communautés européennes, accompagné des réponses desdites institutions aux observations de la Cour des comptes.

La Cour des comptes peut, en outre, présenter à tout moment ses observations, notamment sous forme de rapports spéciaux, sur des questions particulières et rendre des avis à la demande d'une des autres institutions de la Communauté.

Elle adopte ses rapports annuels, rapports spéciaux ou avis à la majorité des membres qui la composent.

Elle assiste le Parlement européen et le Conseil dans l'exercice de leur fonction de contrôle de l'exécution du budget.

5. La Cour des comptes établit, en outre, annuellement un rapport distinct sur la régularité des opérations comptables autres que celles portant sur les dépenses et recettes visées au paragraphe 1, ainsi que sur la régularité de la gestion financière de la Commission relative à ces opérations. Elle établit ce rapport six mois au plus tard après la fin de l'exercice auquel le compte se rapporte et l'adresse à la Commission et au Conseil. La Commission le communique au Parlement européen. »

15) L'article 78*quater* est remplacé par le texte suivant :

« Article 78*quater*

La Commission exécute le budget administratif, conformément aux dispositions du règlement pris en exécution de l'article 78 nono, sous sa propre responsabilité et dans la limite des crédits disponibles, conformément au principe de bonne gestion financière.

Le règlement prévoit les modalités particulières selon lesquelles chaque institution participe à l'exécution de ses dépenses propres.

A l'intérieur du budget administratif, la Commission peut procéder, dans les limites et conditions fixées par le règlement pris en exécution de l'article 78 nono à des virements de crédits, soit de chapitre à chapitre, soit de subdivision à subdivision. »

16) Les articles 78*sexto* et 78*septimo* sont abrogés.

17) L'article 78 octavo est remplacé par le texte suivant :

« Article 78*octavo*

1. Le Parlement européen, sur recommandation du Conseil qui statue à la majorité qualifiée, donne décharge à la Commission sur l'exécution du budget administratif. A cet effet, il examine, à la suite du Conseil, les

comptes et l'état financier mentionnés à l'article 78 quinto, le rapport annuel de la Cour des comptes, accompagné des réponses des institutions contrôlées aux observations de la Cour des comptes, ainsi que les rapports spéciaux pertinents de celle-ci.

2. Avant de donner décharge à la Commission, ou à toute autre fin se situant dans le cadre de l'exercice des attributions de celle-ci en matière d'exécution du budget administratif, le Parlement européen peut demander à entendre la Commission sur l'exécution des dépenses ou le fonctionnement des systèmes de contrôle financier. La Commission soumet au Parlement européen, à la demande de ce dernier, toute information nécessaire.

3. La Commission met tout en œuvre pour donner suite aux observations accompagnant les décisions de décharge et aux autres observations du Parlement européen concernant l'exécution des dépenses ainsi qu'aux commentaires accompagnant les recommandations de décharge adoptées par le Conseil.

A la demande du Parlement européen ou du Conseil, la Commission fait rapport sur les mesures prises à la lumière de ces observations et commentaires et notamment sur les instructions données aux services chargés de l'exécution du budget administratif. Ces rapports sont également transmis à la Cour des comptes. »

18) L'article 78*nono* est remplacé par le texte suivant :

« Article 78*nono*

Le Conseil, statuant à l'unanimité sur proposition de la Commission et après consultation du Parlement européen et avis de la Cour des comptes :

a) arrête les règlements financiers spécifiant notamment les modalités relatives à l'établissement et à l'exécution du budget administratif et à la reddition et à la vérification des comptes ;
b) fixe les modalités et la procédure selon lesquelles les recettes budgétaires prévues dans le régime des ressources propres aux Communautés sont mises à la disposition de la Commission, et définit les mesures à appliquer pour faire face, le cas échéant, aux besoins de trésorerie ;
c) détermine les règles et organise le contrôle de la responsabilité des contrôleurs financiers, ordonnateurs et comptables. »

19) L'article suivant est inséré :

« Article 78*decimo*

Les États membres prennent les mêmes mesures pour combattre la fraude portant atteinte aux intérêts financiers de la Communauté que celles qu'ils prennent pour combattre la fraude portant atteinte à leurs propres intérêts financiers.

Sans préjudice d'autres dispositions du présent traité, les États membres coordonnent leur action visant à protéger les intérêts financiers de la Communauté contre la fraude. A cette fin, ils organisent, avec l'aide de la Commission, une collaboration étroite et régulière entre les services compétents de leurs administrations. »

20) A l'article 79, le point a) est remplacé par le texte suivant :

« a) Le présent traité ne s'applique pas aux îles Féroé. »

21) Les articles 96 et 98 sont abrogés.

TITRE IV

DISPOSITIONS MODIFIANT LE TRAITÉ INSTITUANT LA COMMUNAUTÉ EUROPÉENNE DE L'ÉNERGIE ATOMIQUE

Article I

Le traité instituant la Communauté européenne de l'énergie atomique est modifié conformément au présent article.

1) L'article 3 est remplacé par le texte suivant :

« Article 3

1. La réalisation des tâches confiées à la Communauté est assurée par :

— un PARLEMENT EUROPÉEN,
— un CONSEIL,
— une COMMISSION,
— une COUR DES JUSTICE,
— une COUR DES COMPTES.

Chaque institution agit dans les limites des attributions qui lui sont conférées par le présent traité.

2. Le Conseil et la Commission sont assistés d'un Comité économique et social exerçant des fonctions consultatives. »

2) Les articles suivants sont insérés :

« Article 107 A

Le Parlement européen peut, à la majorité de ses membres, demander à la Commission de soumettre toute proposition appropriée sur les questions qui lui paraissent nécessiter l'élaboration d'un acte communautaire pour la mise en œuvre du présent traité.

Article 107 B

Dans le cadre de l'accomplissement de ses missions, le Parlement européen peut, à la demande d'un quart de ses membres, constituer une commission temporaire d'enquête pour examiner, sans préjudice des attributions conférées par le présent traité à d'autres institutions ou organes, les allégations d'infraction ou de mauvaise administration dans l'application du droit communautaire, sauf si les faits allégués sont en cause devant une juridiction et aussi longtemps que la procédure juridictionnelle n'est pas achevée.

L'existence de la commission temporaire d'enquête prend fin par le dépôt de son rapport.

Les modalités d'exercice du droit d'enquête sont déterminées d'un commun accord par le Parlement européen, le Conseil et la Commission.

Article 107 C

Tout citoyen de l'Union, ainsi que toute personne physique ou morale résidant ou ayant son siège statutaire dans un État membre, a le droit de présenter, à titre individuel ou en association avec d'autres citoyens ou personnes, une pétition au Parlement européen sur un sujet relevant des domaines d'activité de la Communauté et qui le ou la concerne directement.

Article 107 D

1. Le Parlement européen nomme un médiateur, habilité à recevoir les plaintes émanant de tout citoyen de l'Union ou de toute personne physique ou morale résidant ou ayant son siège statutaire dans un État membre et relatives à des cas de mauvaise administration dans l'action des institutions ou organes communautaires, à l'exclusion de la Cour de justice et du tribunal de première instance dans l'exercice de leurs fonctions juridictionnelles.

Conformément à sa mission, le médiateur procède aux enquêtes qu'il estime justifiées, soit de sa propre initiative, soit sur la base des plaintes qui lui ont été présentées directement ou par l'intermédiaire d'un membre du Parlement européen, sauf si les faits allégués font ou ont fait l'objet d'une procédure juridictionnelle. Dans les cas où le médiateur a constaté un cas de mauvaise administration, il saisit l'institution concernée, qui dispose d'un délai de trois mois pour lui faire tenir son avis. Le médiateur transmet ensuite un rapport au Parlement européen et à l'institution concernée. La personne dont émane la plainte est informée du résultat de ces enquêtes.

Chaque année, le médiateur présente un rapport au Parlement européen sur les résultats de ses enquêtes.

2. Le médiateur est nommé après chaque élection du Parlement européen pour la durée de la législature. Son mandat est renouvelable.

Le médiateur peut être déclaré démissionnaire par la Cour de justice, à la requête du Parlement européen, s'il ne remplit plus les conditions nécessaires à l'exercice de ses fonctions ou s'il a commis une faute grave.

3. Le médiateur exerce ses fonctions en toute indépendance. Dans l'accomplissement de ses devoirs, il ne sollicite ni n'accepte d'instructions d'aucun organisme. Pendant la durée de ses fonctions, le médiateur ne peut exercer aucune autre activité professionnelle, rémunérée ou non.

4. Le Parlement européen fixe le statut et les conditions générales d'exercice des fonctions du médiateur après avis de la Commission et avec l'approbation du Conseil statuant à la majorité qualifiée. »

3) A l'article 108, le paragraphe 3 est remplacé par le texte suivant :

« 3. Le Parlement européen élaborera des projets en vue de permettre l'élection au suffrage universel direct selon une procédure uniforme dans tous les États membres.

Le Conseil, statuant à l'unanimité après avis conforme du Parlement européen, qui se prononce à la majorité des membres qui le composent, arrêtera les dispositions dont il recommandera l'adoption par les États membres, conformément à leurs règles constitutionnelles respectives. »

4) A l'article 114, le second alinéa est complété par la phrase suivante :

« Dans ce cas, le mandat des membres de la Commission nommés pour les remplacer expire à la date à laquelle aurait dû expirer le mandat des membres de la Commission obligés d'abandonner collectivement leurs fonctions. »

5) Les articles suivants sont insérés :

« Article 116

Le Conseil est formé par un représentant de chaque État membre au niveau ministériel, habilité à engager le gouvernement de cet État membre.

La présidence est exercée à tour de rôle par chaque État membre du Conseil pour une durée de six mois selon l'ordre suivant des États membres :

— pendant un premier cycle de six ans : Belgique, Danemark, Allemagne, Grèce, Espagne, France, Irlande, Italie, Luxembourg, Pays-Bas, Portugal, Royaume-Uni ;
— pendant le cycle suivant de six ans : Danemark, Belgique, Grèce, Allemagne, France, Espagne, Italie, Irlande, Pays-Bas, Luxembourg, Royaume — Uni, Portugal.

Article 117

Le Conseil se réunit sur convocation de son président, à l'initiative de celui-ci, d'un de ses membres ou de la Commission. »

6) L'article suivant est inséré :

« Article 121

1. Un comité composé des représentants permanents des États membres a pour tâche de préparer les travaux du Conseil et d'exécuter les mandats qui lui sont confiés par celui-ci.

2. Le Conseil est assisté d'un secrétariat général, placé sous la direction d'un secrétaire général. Le secrétaire général est nommé par le Conseil statuant à l'unanimité.

Le Conseil décide de l'organisation du secrétariat général.

3. Le Conseil arrête son règlement intérieur. »

7) L'article suivant est inséré :

« Article 123

Le Conseil, statuant à la majorité qualifiée, fixe les traitements, indemnités et pensions du président et des membres de la Commission, du président, des juges, des avocats généraux et du greffier de la Cour de justice. Il fixe également, à la même majorité, toutes indemnités tenant lieu de rémunération. »

8) Les articles suivants sont insérés :

« Article 125

La Commission publie tous les ans, un mois au moins avant l'ouverture de la session du Parlement européen, un rapport général sur l'activité de la Communauté.

Article 126

1. La Commission est composée de dix-sept membres choisis en raison de leur compétence générale et offrant toutes garanties d'indépendance.

Le nombre des membres de la Commission peut être modifié par le Conseil statuant à l'unanimité.

Seuls les nationaux des États membres peuvent être membres de la Commission.

La Commission doit comprendre au moins un national de chacun des États membres, sans que le nombre des membres ayant la nationalité d'un même État membre soit supérieur à deux.

2. Les membres de la Commission exercent leurs fonctions en pleine indépendance, dans l'intérêt général de la Communauté.

Dans l'accomplissement de leurs devoirs, ils ne sollicitent ni n'acceptent d'instructions d'aucun gouvernement ni d'aucun organisme. Ils s'abstiennent de tout acte incompatible avec le caractère de leurs fonctions. Chaque État membre s'engage à respecter ce caractère et à ne pas chercher à influencer les membres de la Commission dans l'exécution de leur tâche.

Les membres de la Commission ne peuvent, pendant la durée de leurs fonctions, exercer aucune autre activité professionnelle, rémunérée ou non. Ils prennent, lors de leur installation, l'engagement solennel de respecter, pendant la durée de leurs fonctions et après la cessation de celles-ci, les obligations découlant de leur charge, notamment les devoirs d'honnêteté et de délicatesse quant à l'acceptation, après cette cessation, de certaines fonctions ou de certains avantages. En cas de violation de ces obligations, la Cour de justice, saisie par le Conseil ou par la Commission, peut, selon le cas, prononcer la démission d'office dans les conditions visées à l'article 129 ou la déchéance du droit à pension de l'intéressé ou d'autres avantages en tenant lieu.

Article 127

1. Les membres de la Commission sont nommés, pour une durée de cinq ans, selon la procédure visée au paragraphe 2, sous réserve, le cas échéant, de l'article 114.

Leur mandat est renouvelable.

2. Les gouvernements des États membres désignent d'un commun accord, après consultation du Parlement européen, la personnalité qu'ils envisagent de nommer président de la Commission.

Les gouvernements des États membres, en consultation avec le président désigné, désignent les autres personnalités qu'ils envisagent de nommer membres de la Commission.

Le président et les autres membres de la Commission ainsi désignés sont soumis, en tant que collège, à un vote d'approbation par le Parlement européen. Après l'approbation du Parlement européen, le président et les autres membres de la Commission sont nommés, d'un commun accord, par les gouvernements des États membres.

3. Les paragraphes 1 et 2 s'appliquent pour la première fois au président et aux autres membres de la Commission dont le mandat commence le 7 janvier 1995.

Le président et les autres membres de la Commission dont le mandat commence le 7 janvier 1993 sont nommés d'un commun accord par les gouvernements des États membres. Leur mandat expire le 6 janvier 1995.

Article 128

En dehors des renouvellements réguliers et des décès, les fonctions de membre de la Commission prennent fin individuellement par démission volontaire ou d'office.

L'intéressé est remplacé pour la durée du mandat restant à courir par un nouveau membre nommé d'un commun accord par les gouvernements des États membres. Le Conseil, statuant à l'unanimité, peut décider qu'il n'y a pas lieu à remplacement.

En cas de démission ou de décès, le président est remplacé pour la durée du mandat restant à courir. La procédure prévue à l'article 127 paragraphe 2 est applicable pour son remplacement.

Sauf en cas de démission d'office prévue à l'article 129, les membres de la Commission restent en fonctions jusqu'à ce qu'il soit pourvu à leur remplacement.

Article 129

Tout membre de la Commission, s'il ne remplit plus les conditions nécessaires à l'exercice de ses fonctions ou s'il a commis une faute grave, peut être déclaré démissionnaire par la Cour de justice, à la requête du Conseil ou de la Commission.

Article 130

La Commission peut nommer un ou deux vice-présidents parmi ses membres.

Article 131

Le Conseil et la Commission procèdent à des consultations réciproques et organisent d'un commun accord les modalités de leur collaboration.

La Commission fixe son règlement intérieur en vue d'assurer son fonctionnement et celui de ses services dans les conditions prévues par le présent traité. Elle assure la publication de ce règlement.

Article 132

Les délibérations de la Commission sont acquises à la majorité du nombre des membres prévu à l'article 126.

La Commission ne peut siéger valablement que si le nombre de membres fixé dans son règlement intérieur est présent. »

9) L'article 133 est abrogé.

10) L'article 137 est remplacé par le texte suivant :

« Article 137

La Cour de justice est formée de treize juges.

La Cour de justice siège en séance plénière. Toutefois, elle peut créer en son sein des chambres composées chacune de trois ou cinq juges, en vue, soit de procéder à certaines mesures d'instruction, soit de juger certaines catégories d'affaires, dans les conditions prévues par un règlement établi à cet effet.

La Cour de justice siège en séance plénière lorsqu'un État membre ou une institution de la Communauté qui est partie à l'instance le demande.

Si la Cour de justice le demande, le Conseil, statuant à l'unanimité, peut augmenter le nombre des juges et apporter les adaptations nécessaires aux deuxième et troisième alinéas et à l'article 139 deuxième alinéa. »

11) L'article 140 A est remplacé par le texte suivant :

« Article 140 A

1. Il est adjoint à la Cour de justice un tribunal chargé de connaître en première instance, sous réserve d'un pourvoi porté devant la Cour de justice limité aux questions de droit, dans les conditions fixées par le statut, de certaines catégories de recours déterminées dans les conditions fixées au

paragraphe 2. Le tribunal de première instance n'a pas compétence pour connaître des questions préjudicielles soumises en vertu de l'article 150.

2. Sur demande de la Cour de justice et après consultation du Parlement européen et de la Commission, le Conseil, statuant à l'unanimité, fixe les catégories de recours visées au paragraphe 1 et la composition du tribunal de première instance et adopte les adaptations et les dispositions complémentaires nécessaires au statut de la Cour de justice. Sauf décision contraire du Conseil, les dispositions du présent traité relatives à la Cour de justice, et notamment les dispositions du protocole sur le statut de la Cour de justice, sont applicables au tribunal de première instance.

3. Les membres du tribunal de première instance sont choisis parmi les personnes offrant toutes les garanties d'indépendance et possédant la capacité requise pour l'exercice de fonctions juridictionnelles ; ils sont nommés d'un commun accord pour six ans par les gouvernements des États membres. Un renouvellement partiel a lieu tous les trois ans. Les membres sortants peuvent être nommés à nouveau.

4. Le tribunal de première instance établit son règlement de procédure en accord avec la Cour de justice. Ce règlement est soumis à l'approbation unanime du Conseil. »

12) L'article 143 est remplacé par le texte suivant :

« Article 143

1. Si la Cour de justice reconnaît qu'un État membre a manqué à une des obligations qui lui incombent en vertu du présent traité, cet État est tenu de prendre les mesures que comporte l'exécution de l'arrêt de la Cour de justice.

2. Si la Commission estime que l'État membre concerné n'a pas pris ces mesures, elle émet, après avoir donné à cet État la possibilité de présenter ses observations, un avis motivé précisant les points sur lesquels l'État membre concerné ne s'est pas conformé à l'arrêt de la Cour de justice.

Si l'État membre concerné n'a pas pris les mesures que comporte l'exécution de l'arrêt de la Cour dans le délai fixé par la Commission, celle-ci peut porter l'affaire devant la Cour de justice. Elle indique le montant de la somme forfaitaire ou de l'astreinte à payer par l'État membre concerné qu'elle estime adapté aux circonstances.

Si la Cour de justice reconnaît que l'État membre concerné ne s'est pas conformé à son arrêt, elle peut lui infliger le paiement d'une somme forfaitaire ou d'une astreinte.

Cette procédure est sans préjudice de l'article 142. »

13) L'article 146 est remplacé par le texte suivant :

« Article 146

La Cour de justice contrôle la légalité des actes du Conseil ou de la Commission, autres que les recommandations et les avis, et des actes du Parlement européen destinés à produire des effets juridiques vis-à-vis des tiers.

A cet effet, la Cour est compétente pour se prononcer sur les recours pour incompétence, violation des formes substantielles, violation du présent traité ou de toute règle de droit relative à son application, ou détournement de pouvoir, formés par un État membre, le Conseil ou la Commission.

La Cour est compétente, dans les mêmes conditions, pour se prononcer sur les recours formés par le Parlement européen qui tendent à la sauvegarde des prérogatives de celui-ci.

Toute personne physique ou morale peut former, dans les mêmes conditions, un recours contre les décisions dont elle est le destinataire, et contre les décisions qui, bien que prises sous l'apparence d'un règlement ou d'une décision adressée à une autre personne, la concernent directement et individuellement.

Les recours prévus au présent article doivent être formés dans un délai de deux mois à compter, suivant le cas, de la publication de l'acte, de sa notification au requérant, ou, à défaut, du jour où celui-ci en a eu connaissance. »

14) La section suivante est insérée :

« SECTION V

La Cour des comptes

Article 160 A

La Cour des comptes assure le contrôle des comptes.

Article 160 B

1. La Cour des comptes est composée de douze membres.

2. Les membres de la Cour des comptes sont choisis parmi des personnalités appartenant ou ayant appartenu dans leurs pays respectifs aux institutions de contrôle externe ou possédant une qualification particulière pour cette fonction. Ils doivent offrir toutes garanties d'indépendance.

3. Les membres de la Cour des comptes sont nommés pour six ans par le Conseil, statuant à l'unanimité après consultation du Parlement européen.

Toutefois, lors des premières nominations, quatre membres de la Cour des comptes, désignés par voie de tirage au sort, reçoivent un mandat limité à quatre ans.

Les membres de la Cour des comptes peuvent être nommés de nouveau.

Ils désignent parmi eux, pour trois ans, le président de la Cour des comptes. Le mandat de celui-ci est renouvelable.

4. Les membres de la Cour des comptes exercent leurs fonctions en pleine indépendance, dans l'intérêt général de la Communauté.

Dans l'accomplissement de leurs devoirs, ils ne sollicitent ni n'acceptent d'instructions d'aucun gouvernement ni d'aucun organisme. Ils s'abstiennent de tout acte incompatible avec le caractère de leurs fonctions.

5. Les membres de la Cour des comptes ne peuvent, pendant la durée de leurs fonctions, exercer aucune activité professionnelle, rémunérée ou non. Ils prennent, lors de leur installation, l'engagement solennel de respecter, pendant la durée de leurs fonctions et après la cessation de celles-ci, les obligations découlant de leur charge, notamment les devoirs d'honnêteté et de délicatesse quant à l'acceptation, après cette cessation, de certaines fonctions ou de certains avantages.

6. En dehors des renouvellements réguliers et des décès, les fonctions de membre de la Cour des comptes prennent fin individuellement par démission volontaire ou par démission d'office déclarée par la Cour de justice conformément aux dispositions du paragraphe 7.

L'intéressé est remplacé pour la durée du mandat restant à courir.

Sauf en cas de démission d'office, les membres de la Cour des comptes restent en fonctions jusqu'à ce qu'il soit pourvu à leur remplacement.

7. Les membres de la Cour des comptes ne peuvent être relevés de leurs fonctions ni déclarés déchus de leur droit à pension ou d'autres avantages en tenant lieu que si la Cour de justice constate, à la demande de la Cour des comptes, qu'ils ont cessé de répondre aux conditions requises ou de satisfaire aux obligations découlant de leur charge.

8. Le Conseil, statuant à la majorité qualifiée, fixe les conditions d'emploi, et notamment les traitements, indemnités et pensions, du président et des membres de la Cour des comptes. Il fixe également, statuant à la même majorité, toutes indemnités tenant lieu de rémunération.

9. Les dispositions du protocole sur les privilèges et immunités des Communautés européennes qui sont applicables aux juges de la Cour de justice sont également applicables aux membres de la Cour des comptes.

Article 160 C

1. La Cour des comptes examine les comptes de la totalité des recettes et dépenses de la Communauté. Elle examine également les comptes de la totalité des recettes et dépenses de tout organisme créé par la Communauté dans la mesure où l'acte de fondation n'exclut pas cet examen.

La Cour des comptes fournit au Parlement européen et au Conseil une déclaration d'assurance concernant la fiabilité des comptes ainsi que la légalité et la régularité des opérations sous-jacentes.

2. La Cour des comptes examine la légalité et la régularité des recettes et dépenses et s'assure de la bonne gestion financière.

Le contrôle des recettes s'effectue sur la base des constatations comme des versements des recettes à la Communauté.

Le contrôle des dépenses s'effectue sur la base des engagements comme des paiements.

Ces contrôles peuvent être effectués avant la clôture des comptes de l'exercice budgétaire considéré.

3. Le contrôle a lieu sur pièces et, au besoin, sur place auprès des autres institutions de la Communauté, et dans les États membres. Le contrôle dans les États membres s'effectue en liaison avec les institutions de contrôle nationales ou, si celles-ci ne disposent pas des compétences nécessaires, avec les services nationaux compétents. Ces institutions ou services font connaître à la Cour des comptes s'ils entendent participer au contrôle.

Tout document ou toute information nécessaires à l'accomplissement de la mission de la Cour des comptes sont communiqués à celle-ci, sur sa demande, par les autres institutions de la Communauté et par les institutions de contrôle nationales ou, si celles-ci ne disposent pas des compétences nécessaires, par les services nationaux compétents.

4. La Cour des comptes établit un rapport annuel après la clôture de chaque exercice. Ce rapport est transmis aux autres institutions de la Communauté et publié au Journal officiel des Communautés européennes, accompagné des réponses desdites institutions aux observations de la Cour des comptes.

La Cour des comptes peut, en outre, présenter à tout moment ses observations, notamment sous forme de rapports spéciaux, sur des questions particulières et rendre des avis à la demande d'une des autres institutions de la Communauté.

Elle adopte ses rapports annuels, rapports spéciaux ou avis à la majorité des membres qui la composent.

Elle assiste le Parlement européen et le Conseil dans l'exercice de leur fonction de contrôle de l'exécution du budget. »

15) L'article 166 est remplacé par le texte suivant :

« Article 166

Le nombre des membres du Comité économique et social est fixé ainsi qu'il suit :

Belgique	12
Danemark	9
Allemagne	24
Grèce	12
Espagne	21

France	24
Irlande	9
Italie	24
Luxembourg	6
Pays-Bas	12
Portugal	12
Royaume-Uni	24

Les membres du Comité sont nommés, pour quatre ans, par le Conseil statuant à l'unanimité. Leur mandat est renouvelable.

Les membres du Comité ne doivent être liés par aucun mandat impératif. Ils exercent leurs fonctions en pleine indépendance, dans l'intérêt général de la Communauté.

Le Conseil, statuant à la majorité qualifiée, fixe les indemnités des membres du Comité. »

16) L'article 168 est remplacé par le texte suivant :

« Article 168

Le Comité désigne parmi ses membres son président et son bureau pour une durée de deux ans.

Il établit son règlement intérieur.

Le Comité est convoqué par son président à la demande du Conseil ou de la Commission. Il peut également se réunir de sa propre initiative. »

17) L'article 170 est remplacé par le texte suivant :

« Article 170

Le Comité est obligatoirement consulté par le Conseil ou par la Commission dans les cas prévus au présent traité. Il peut être consulté par ces institutions dans tous les cas où elles le jugent opportun. Il peut prendre l'initiative d'émettre un avis dans les cas où il le juge opportun.

S'il l'estime nécessaire, le Conseil ou la Commission impartit au Comité, pour présenter son avis, un délai qui ne peut être inférieur à un mois à compter de la communication qui est adressée à cet effet au président. A l'expiration du délai imparti, il peut être passé outre à l'absence d'avis.

L'avis du Comité et l'avis de la section spécialisée, ainsi qu'un compte rendu des délibérations, sont transmis au Conseil et à la Commission. »

18) A l'article 172, les paragraphes 1, 2 et 3 sont abrogés.

19) L'article 173 est remplacé par le texte suivant :

« Article 173

Le budget est, sans préjudice des autres recettes, intégralement financé par des ressources propres.

Le Conseil, statuant à l'unanimité sur proposition de la Commission et après consultation du Parlement européen, arrête les dispositions relatives au système des ressources propres de la Communauté dont il recommande l'adoption par les États membres, conformément à leurs règles constitutionnelles respectives. »

20) L'article suivant est inséré :

« Article 173 A

En vue d'assurer la discipline budgétaire, la Commission ne fait pas de proposition d'acte communautaire, ne modifie pas ses propositions et n'adopte pas de mesures d'exécution susceptibles d'avoir des incidences notables sur le budget sans donner l'assurance que cette proposition ou cette mesure peut être financée dans la limite des ressources propres de la Communauté découlant des dispositions fixées par le Conseil en vertu de l'article 173. »

21) L'article 179 est remplacé par le texte suivant :

« Article 179

La Commission exécute les budgets, conformément aux dispositions du règlement pris en exécution de l'article 183, sous sa propre responsabilité et dans la limite des crédits alloués, conformément au principe de bonne gestion financière.

Le règlement prévoit les modalités particulières selon lesquelles chaque institution participe à l'exécution de ses dépenses propres.

A l'intérieur de chaque budget, la Commission peut procéder, dans les limites et conditions fixées par le règlement pris en exécution de l'article 183, à des virements de crédits, soit de chapitre à chapitre, soit de subdivision à subdivision. »

22) Les articles 180 et 180*bis* sont abrogés.

23) L'article 180*ter* est remplacé par le texte suivant :

« Article 180*ter*

1. Le Parlement européen, sur recommandation du Conseil qui statue à la majorité qualifiée, donne décharge à la Commission sur l'exécution du budget. A cet effet, il examine, à la suite du Conseil, les comptes et le bilan financier mentionnés à l'article 179*bis*, le rapport annuel de la Cour des comptes, accompagné des réponses des institutions contrôlées aux observations de la Cour des comptes, ainsi que les rapports spéciaux pertinents de celle-ci.

2. Avant de donner décharge à la Commission, ou à toute autre fin se situant dans le cadre de l'exercice des attributions de celle-ci en matière d'exécution du budget, le Parlement européen peut demander à entendre la Commission sur l'exécution des dépenses ou le fonctionnement des systèmes

de contrôle financier. La Commission soumet au Parlement européen, à la demande de ce dernier, toute information nécessaire.

3. La Commission met tout en œuvre pour donner suite aux observations accompagnant les décisions de décharge et aux autres observations du Parlement européen concernant l'exécution des dépenses ainsi qu'aux commentaires accompagnant les recommandations de décharge adoptées par le Conseil.

A la demande du Parlement européen ou du Conseil, la Commission fait rapport sur les mesures prises à la lumière de ces observations et commentaires et notamment sur les instructions données aux services chargés de l'exécution des budgets. Ces rapports sont également transmis à la Cour des comptes. »

24) L'article 183 est remplacé par le texte suivant :

« Article 183

Le Conseil, statuant à l'unanimité sur proposition de la Commission et après consultation du Parlement européen et avis de la Cour des comptes :

a) arrête les règlements financiers spécifiant notamment les modalités relatives à l'établissement et à l'exécution du budget et à la reddition et à la vérification des comptes ;

b) fixe les modalités et la procédure selon lesquelles les recettes budgétaires prévues dans le régime des ressources propres de la Communauté sont mises à la disposition de la Commission, et définit les mesures à appliquer pour faire face, le cas échéant, aux besoins de trésorerie ;

c) détermine les règles et organise le contrôle de la responsabilité des contrôleurs financiers, ordonnateurs et comptables. »

25) L'article suivant est inséré :

« Article 183 A

Les États membres prennent les mêmes mesures pour combattre la fraude portant atteinte aux intérêts financiers de la Communauté que celles qu'ils prennent pour combattre la fraude portant atteinte à leurs propres intérêts financiers.

Sans préjudice d'autres dispositions du présent traité, les États membres coordonnent leur action visant à protéger les intérêts financiers de la Communauté contre la fraude. A cette fin, ils organisent, avec l'aide de la Commission, une collaboration étroite et régulière entre les services compétents de leurs administrations. »

26) A l'article 198, le point a) est remplacé par le texte suivant :

« a) Le présent traité ne s'applique pas aux îles Féroé. »

27) L'article 201 est remplacé par le texte suivant :

« Article 201

La Communauté établit avec l'Organisation de coopération et de développement économique une étroite collaboration dont les modalités seront fixées d'un commun accord. »

28) Les articles 204 et 205 sont abrogés.

29) L'article 206 est remplacé par le texte suivant :

« Article 206

La Communauté peut conclure avec un ou plusieurs États ou organisations internationales des accords créant une association caractérisée par des droits et obligations réciproques, des actions en commun et des procédures particulières.

Ces accords sont conclus par le Conseil, statuant à l'unanimité après consultation du Parlement européen.

Lorsque ces accords exigent des modifications du présent traité, les modifications doivent d'abord être adoptées selon la procédure prévue à l'article N du traité sur l'Union européenne. »

TITRE V

DISPOSITIONS CONCERNANT UNE POLITIQUE ÉTRANGÈRE ET DE SÉCURITÉ COMMUNE

Article J

Il est institué une politique étrangère et de sécurité commune, régie par les dispositions suivantes.

Article J.1

1. L'Union et ses États membres définissent et mettent en œuvre une politique étrangère et de sécurité commune, régie par les dispositions du présent titre et couvrant tous les domaines de la politique étrangère et de sécurité.

2. Les objectifs de la politique étrangère et de sécurité commune sont :

— la sauvegarde des valeurs communes, des intérêts fondamentaux et de l'indépendance de l'Union ;

— le renforcement de la sécurité de l'Union et de ses États membres sous toutes ses formes ;
— le maintien de la paix et le renforcement de la sécurité internationale, conformément aux principes de la Charte des Nations unies, ainsi qu'aux principes de l'Acte final d'Helsinki et aux objectifs de la Charte de Paris ;
— la promotion de la coopération internationale ;
— le développement et le renforcement de la démocratie et de l'État de droit, ainsi que le respect des droits de l'homme et des libertés fondamentales.

3. L'Union poursuit ces objectifs :

— en instaurant une coopération systématique entre les États membres pour la conduite de leur politique, conformément à l'article J.2 ;
— en mettant graduellement en œuvre, conformément à l'article J.3, des actions communes dans les domaines où les États membres ont des intérêts importants en commun.

4. Les États membres appuient activement et sans réserve la politique extérieure et de sécurité de l'Union dans un esprit de loyauté et de solidarité mutuelle. Ils s'abstiennent de toute action contraire aux intérêts de l'Union ou susceptible de nuire à son efficacité en tant que force cohérente dans les relations internationales. Le Conseil veille au respect de ces principes.

Article J.2

1. Les États membres s'informent mutuellement et se concertent au sein du Conseil sur toute question de politique étrangère et de sécurité présentant un intérêt général, en vue d'assurer que leur influence combinée s'exerce de la manière la plus efficace par la convergence de leurs actions.

2. Chaque fois qu'il l'estime nécessaire, le Conseil définit une position commune.

Les États membres veillent à la conformité de leurs politiques nationales avec les positions communes.

3. Les États membres coordonnent leur action au sein des organisations internationales et lors des conférences internationales. Ils défendent dans ces enceintes les positions communes.

Au sein des organisations internationales et lors des conférences internationales auxquelles tous les États membres ne participent pas, ceux qui y participent défendent les positions communes.

Article J.3

La procédure pour adopter une action commune dans les domaines relevant de la politique étrangère et de sécurité est la suivante :

1) le Conseil décide, sur la base d'orientations générales du Conseil européen, qu'une question fera l'objet d'une action commune.
   Lorsque le Conseil arrête le principe d'une action commune, il en fixe la portée précise, les objectifs généraux et particuliers que s'assigne l'Union dans la poursuite de cette action, ainsi que les moyens, procédures, conditions et, si nécessaire, la durée applicables à sa mise en œuvre ;
2) lors de l'adoption de l'action commune et à tout stade de son déroulement, le Conseil définit les questions au sujet desquelles des décisions doivent être prises à la majorité qualifiée.
   Pour les délibérations du Conseil qui requièrent la majorité qualifiée conformément au premier alinéa, les voix des membres sont affectées de la pondération visée à l'article 148 paragraphe 2 du traité instituant la Communauté européenne et les délibérations sont acquises si elles ont recueilli au moins cinquante-quatre voix exprimant le vote favorable d'au moins huit membres ;
3) s'il se produit un changement de circonstances ayant une nette incidence sur une question faisant l'objet d'une action commune, le Conseil révise les principes et les objectifs de cette action et adopte les décisions nécessaires. Aussi longtemps que le Conseil n'a pas statué, l'action commune est maintenue ;
4) les actions communes engagent les États membres dans leurs prises de position et dans la conduite de leur action ;
5) toute prise de position ou toute action nationale envisagée en application d'une action commune fait l'objet d'une information dans des délais permettant, si nécessaire, une concertation préalable au sein du Conseil. L'obligation d'information préalable ne s'applique pas aux mesures qui constituent une simple transposition sur le plan national des décisions du Conseil ;
6) en cas de nécessité impérieuse liée à l'évolution de la situation et à défaut d'une décision du Conseil, les États membres peuvent prendre d'urgence les mesures qui s'imposent, en tenant compte des objectifs généraux de l'action commune. L'État membre qui prend de telles mesures en informe immédiatement le Conseil ;
7) en cas de difficultés majeures pour appliquer une action commune, un État membre saisit le Conseil, qui en délibère et recherche les solutions appropriées. Celles-ci ne peuvent aller à l'encontre des objectifs de l'action ni nuire à son efficacité.

Article J.4

1. La politique étrangère et de sécurité commune inclut l'ensemble des questions relatives à la sécurité de l'Union européenne, y compris la définition à terme d'une politique de défense commune, qui pourrait conduire, le moment venu, à une défense commune.

2. L'Union demande à l'Union de l'Europe occidentale (UEO), qui fait partie intégrante du développement de l'Union européenne, d'élaborer et de mettre en œuvre les décisions et les actions de l'Union qui ont des implications dans le domaine de la défense. Le Conseil, en accord avec les institutions de l'UEO, adopte les modalités pratiques nécessaires.

3. Les questions qui ont des implications dans le domaine de la défense et qui sont régies par le présent article ne sont pas soumises aux procédures définies à l'article J.3.

4. La politique de l'Union au sens du présent article n'affecte pas le caractère spécifique de la politique de sécurité et de défense de certains États membres, elle respecte les obligations découlant pour certains États membres du traité de l'Atlantique Nord et elle est compatible avec la politique commune de sécurité et de défense arrêtée dans ce cadre.

5. Le présent article ne fait pas obstacle au développement d'une coopération plus étroite entre deux ou plusieurs États membres au niveau bilatéral, dans le cadre de l'UEO et de l'Alliance atlantique, dans la mesure où cette coopération ne contrevient pas à celle qui est prévue au présent titre ni ne l'entrave.

6. En vue de promouvoir l'objectif du présent traité et compte tenu de l'échéance de 1998 dans le cadre de l'article XII du traité de Bruxelles, le présent article peut être révisé, comme prévu à l'article N paragraphe 2, sur la base d'un rapport que le Conseil soumettra en 1996 au Conseil européen, et qui comprend une évaluation des progrès réalisés et de l'expérience acquise jusque-là.

Article J.5

1. La présidence représente l'Union pour les matières relevant de la politique étrangère et de sécurité commune.

2. La présidence a la responsabilité de la mise en œuvre des actions communes ; à ce titre, elle exprime en principe la position de l'Union dans les organisations internationales et au sein des conférences internationales.

3. Dans les tâches visées aux paragraphes 1 et 2, la présidence est assistée, le cas échéant, par l'État membre ayant exercé la présidence précédente et par celui qui exercera la présidence suivante. La Commission est pleinement associée à ces tâches.

4. Sans préjudice des dispositions de l'article J.2 paragraphe 3 et de l'article J.3 point 4), les États membres représentés dans des organisations internationales ou des conférences internationales dans lesquelles tous les États membres ne le sont pas tiennent ces derniers informés sur toute question présentant un intérêt commun.

Les États membres qui sont aussi membres du Conseil de sécurité des Nations unies se concerteront et tiendront les autres États membres pleinement informés. Les États membres qui sont membres permanents du Conseil de sécurité veilleront, dans l'exercice de leurs fonctions, à défendre les positions et l'intérêt de l'Union, sans préjudice des responsabilités qui leur incombent en vertu des dispositions de la Charte des Nations unies.

Article J.6

Les missions diplomatiques et consulaires des États membres et les délégations de la Commission dans les pays tiers et les conférences internationales, ainsi que leurs représentations auprès des organisations internationales, se concertent pour assurer le respect et la mise en œuvre des positions communes et des actions communes arrêtées par le Conseil.

Elles intensifient leur coopération en échangeant des informations, en procédant à des évaluations communes et en contribuant à la mise en œuvre des dispositions visées à l'article 8 C du traité instituant la Communauté européenne.

Article J.7

La présidence consulte le Parlement européen sur les principaux aspects et les choix fondamentaux de la politique étrangère et de sécurité commune et veille à ce que les vues du Parlement européen soient dûment prises en considération. Le Parlement européen est tenu régulièrement informé par la présidence et la Commission de l'évolution de la politique étrangère et de sécurité de l'Union.

Le Parlement européen peut adresser des questions ou formuler des recommandations à l'intention du Conseil. Il procède chaque année à un débat sur les progrès réalisés dans la mise en œuvre de la politique étrangère et de sécurité commune.

Article J.8

1. Le Conseil européen définit les principes et les orientations générales de la politique étrangère et de sécurité commune.

2. Le Conseil prend les décisions nécessaires à la définition et à la mise en œuvre de la politique étrangère et de sécurité commune, sur la base des orientations générales arrêtées par le Conseil européen. Il veille à l'unité, à la cohérence et à l'efficacité de l'action de l'Union.

Le Conseil statue à l'unanimité, sauf pour les questions de procédure et dans le cas visé à l'article J.3 point 2).

3. Chaque État membre ou la Commission peut saisir le Conseil de toute question relevant de la politique étrangère et de sécurité commune et soumettre des propositions au Conseil.

4. Dans les cas exigeant une décision rapide, la présidence convoque, soit d'office, soit à la demande de la Commission ou d'un État membre, dans

un délai de quarante-huit heures ou, en cas de nécessité absolue, dans un délai plus bref, une réunion extraordinaire du Conseil.

5. Sans préjudice de l'article 151 du traité instituant la Communauté européenne, un comité politique composé des directeurs politiques suit la situation internationale dans les domaines relevant de la politique étrangère et de sécurité commune et contribue à la définition des politiques en émettant des avis à l'intention du Conseil, à la demande de celui-ci ou de sa propre initiative. Il surveille également la mise en œuvre des politiques convenues, sans préjudice des compétences de la présidence et de la Commission.

Article J.9

La Commission est pleinement associée aux travaux dans le domaine de la politique étrangère et de sécurité commune.

Article J.10

Lors d'une révision éventuelle des dispositions relatives à la sécurité conformément à l'article J.4, la conférence qui est convoquée à cet effet examine également si d'autres amendements doivent être apportés aux dispositions relatives à la politique étrangère et de sécurité commune.

Article J.11

1. Les dispositions visées aux articles 137, 138, 139 à 142, 146, 147, 150 à 153, 157 à 163 et 217 du traité instituant la Communauté européenne sont applicables aux dispositions relatives aux domaines visés au présent titre.

2. Les dépenses administratives entraînées pour les institutions par les dispositions relatives à la politique étrangère et de sécurité commune sont à la charge du budget des Communautés européennes.

Le Conseil peut également :

— soit décider à l'unanimité que les dépenses opérationnelles entraînées par la mise en œuvre desdites dispositions sont mises à la charge du budget des Communautés européennes ; dans ce cas, la procédure budgétaire prévue au traité instituant la Communauté européenne s'applique ;
— soit constater que de telles dépenses sont à la charge des États membres, éventuellement selon une clef de répartition à déterminer.

TITRE VI

DISPOSITIONS SUR LA COOPÉRATION DANS LES DOMAINES DE LA JUSTICE ET DES AFFAIRES INTÉRIEURES

Article K

La coopération dans les domaines de la justice et des affaires intérieures est régie par les dispositions suivantes.

Article K.1

Aux fins de la réalisation des objectifs de l'Union, notamment de la libre circulation des personnes, et sans préjudice des compétences de la Communauté européenne, les États membres considèrent les domaines suivants comme des questions d'intérêt commun :

1) la politique d'asile ;
2) les règles régissant le franchissement des frontières extérieures des États membres par des personnes et l'exercice du contrôle de ce franchissement ;
3) la politique d'immigration et la politique à l'égard des ressortissants des pays tiers :
   a) les conditions d'entrée et circulation des ressortissants des pays tiers sur le territoire des États membres ;
   b) les conditions de séjour des ressortissants des pays tiers sur le territoire des États membres, y compris le regroupement familial et l'accès à l'emploi ;
   c) la lutte contre l'immigration, le séjour et le travail irréguliers de ressortissants des pays tiers sur le territoire des États membres ;
4) la lutte contre la toxicomanie dans la mesure où ce domaine n'est pas couvert par les points 7), 8) et 9) ;
5) la lutte contre la fraude de dimension internationale dans la mesure où ce domaine n'est pas couvert par les points 7), 8) et 9) ;
6) la coopération judiciaire en matière civile ;
7) la coopération judiciaire en matière pénale ;
8) la coopération douanière ;
9) la coopération policière en vue de la prévention et de la lutte contre le terrorisme, le trafic illicite de drogue et d'autres formes graves de criminalité internationale, y compris, si nécessaire, certains aspects de coopération douanière, en liaison avec l'organisation à l'échelle de l'Union d'un système d'échanges d'informations au sein d'un Office européen de police (Europol).

Article K.2

1. Les questions visées à l'article K.1 sont traitées dans le respect de la Convention européenne de sauvegarde des droits de l'homme et des libertés fondamentales, du 4 novembre 1950, et de la Convention relative au statut des réfugiés, du 28 juillet 1951, et en tenant compte de la protection accordée par les États membres aux personnes persécutées pour des motifs politiques.

2. Le présent titre ne porte pas atteinte à l'exercice des responsabilités qui incombent aux États membres pour le maintien de l'ordre public et la sauvegarde de la sécurité intérieure.

Article K.3

1. Dans les domaines visés à l'article K.1, les États membres s'informent et se consultent mutuellement au sein du Conseil, en vue de coordonner leur action. Ils instituent à cet effet une collaboration entre les services compétents de leurs administrations.

2. Le Conseil peut :

— à l'initiative de tout État membre ou de la Commission dans les domaines visés aux points 1) à 6) de l'article K.1,

— à l'initiative de tout État membre dans les domaines visés aux points 7), 8) et 9) de l'article K.1 :

a) arrêter des positions communes et promouvoir, sous la forme et selon les procédures appropriées, toute coopération utile à la poursuite des objectifs de l'Union ;

b) adopter des actions communes, dans la mesure où les objectifs de l'Union peuvent être mieux réalisés par une action commune que par les États membres agissant isolément, en raison des dimensions ou des effets de l'action envisagée ; il peut décider que les mesures d'application d'une action commune seront adoptées à la majorité qualifiée ;

c) sans préjudice de l'article 220 du traité instituant la Communauté européenne, établir des conventions dont il recommandera l'adoption par les États membres selon leurs règles constitutionnelles respectives.

Sauf dispositions contraires prévues par ces conventions, les éventuelles mesures d'application de celles-ci sont adoptées au sein du Conseil, à la majorité des deux tiers des Hautes Parties Contractantes.

Ces conventions peuvent prévoir que la Cour de justice est compétente pour interpréter leurs dispositions et pour statuer sur tout différend concernant leur application, selon les modalités qu'elles peuvent préciser.

Article K.4

1. Il est institué un Comité de coordination composé de hauts fonctionnaires. En plus de son rôle de coordination, ce Comité a pour mission :

— de formuler des avis à l'intention du Conseil, soit à la requête de celui-ci, soit de sa propre initiative ;

— de contribuer, sans préjudice de l'article 151 du traité instituant la Communauté européenne, à la préparation des travaux du Conseil dans les domaines visés à l'article K.1, ainsi que, selon les conditions prévues à l'article 100 D du traité instituant la Communauté européenne, dans les domaines visés à l'article 100 C dudit traité.

2. La Commission est pleinement associée aux travaux dans les domaines visés au présent titre.

3. Le Conseil statue à l'unanimité, sauf sur les questions de procédure et dans les cas où l'article K.3 prévoit expressément une autre règle de vote.

Dans le cas où les délibérations du Conseil requièrent la majorité qualifiée, les voix des membres sont affectées de la pondération visée à l'article 148 paragraphe 2 du traité instituant la Communauté européenne et les délibérations sont acquises si elles ont recueilli au moins cinquante-quatre voix exprimant le vote favorable d'au moins huit membres.

Article K.5

Les États membres expriment les positions communes arrêtées conformément au présent titre dans les organisations internationales et lors des conférences internationales auxquelles ils participent.

Article K.6

La présidence et la Commission informent régulièrement le Parlement européen des travaux menés dans les domaines relevant du présent titre.

La présidence consulte le Parlement européen sur les principaux aspects de l'activité dans les domaines visés au présent titre et veille à ce que les vues du Parlement européen soient dûment prises en considération.

Le Parlement européen peut adresser des questions ou formuler des recommandations à l'intention du Conseil. Il procède chaque année à un débat sur les progrès réalisés dans la mise en œuvre des domaines visés au présent titre.

Article K.7

Les dispositions du présent titre ne font pas obstacle à l'institution ou au développement d'une coopération plus étroite entre deux ou plusieurs États membres, dans la mesure où cette coopération ne contrevient ni n'entrave celle qui est prévue au présent titre.

Article K.8

1. Les dispositions visées aux articles 137, 138, 139 à 142, 146, 147, 150 à 153, 157 à 163 et 217 du traité instituant la Communauté européenne sont applicables aux dispositions relatives aux domaines visés au présent titre.

2. Les dépenses administratives entraînées pour les institutions par les dispositions relatives aux domaines visés au présent titre sont à la charge du budget des Communautés européennes.

Le Conseil peut également :

— soit décider à l'unanimité que les dépenses opérationnelles entraînées par la mise en œuvre desdites dispositions sont à la charge du budget des Communautés européennes ; dans ce cas, la procédure budgétaire prévue au traité instituant la Communauté européenne s'applique ;
— soit constater que de telles dépenses sont à la charge des États membres, éventuellement selon une clef de répartition à déterminer.

Article K.9

Le Conseil, statuant à l'unanimité à l'initiative de la Commission ou d'un État membre, peut décider de rendre applicable l'article 100 C du traité instituant la Communauté européenne à des actions relevant de domaines visés à l'article K.1, points 1) à 6), en déterminant les conditions de vote qui s'y rattachent. Il recommande l'adoption de cette décision par les États membres conformément à leurs règles constitutionnelles respectives.

TITRE VII
DISPOSITIONS FINALES

Article L

Les dispositions du traité instituant la Communauté européenne, du traité instituant la Communauté européenne du charbon et de l'acier, du traité instituant la Communauté européenne de l'énergie atomique qui sont relatives à la compétence de la Cour de justice des Communautés européennes et à l'exercice de cette compétence ne sont applicables qu'aux dispositions suivantes du présent traité :

a) les dispositions portant modification du traité instituant la Communauté économique européenne en vue d'établir la Communauté européenne, du traité instituant la Communauté européenne du charbon et de l'acier et du traité instituant la Communauté européenne de l'énergie atomique ;
b) le troisième alinéa de l'article K.3 paragraphe 2 point c) ;
c) les articles L à S.

Article M

Sous réserve des dispositions portant modification du traité instituant la Communauté économique européenne en vue d'établir la Communauté européenne, du traité instituant la Communauté européenne du charbon et de l'acier et du traité instituant la Communauté européenne de l'énergie atomique et des présentes dispositions finales, aucune disposition du présent traité n'affecte les traités instituant les Communautés européennes ni les traités et actes subséquents qui les ont modifiés ou complétés.

Article N

1. Le gouvernement de tout État membre, ou la Commission, peut soumettre au Conseil des projets tendant à la révision des traités sur lesquels est fondée l'Union.

Si le Conseil, après avoir consulté le Parlement européen et, le cas échéant, la Commission, émet un avis favorable à la réunion d'une conférence des représentants des gouvernements des États membres, celle-ci est convoquée par le président du Conseil en vue d'arrêter d'un commun accord les modifications à apporter auxdits traités. Dans le cas de modifications institutionnelles dans le domaine monétaire, le Conseil de la Banque centrale européenne est également consulté.

Les amendements entreront en vigueur après avoir été ratifiés par tous les États membres conformément à leurs règles constitutionnelles respectives.

2. Une conférence des représentants des gouvernements des États membres sera convoquée en 1996 pour examiner, conformément aux objectifs énoncés aux articles A et B des dispositions communes, les dispositions du présent traité pour lesquelles une révision est prévue.

Article O

Tout État européen peut demander à devenir membre de l'Union. Il adresse sa demande au Conseil, lequel se prononce à l'unanimité après avoir consulté la Commission et après avis conforme du Parlement européen qui se prononce à la majorité absolue des membres qui le composent.

Les conditions de l'admission et les adaptations que cette admission entraîne en ce qui concerne les traités sur lesquels est fondée l'Union, font l'objet d'un accord entre les États membres et l'État demandeur. Ledit accord est soumis à la ratification par tous les États contractants, conformément à leurs règles constitutionnelles respectives.

Article P

1. Sont abrogés les articles 2 à 7 et 10 à 19 du traité instituant un Conseil unique et une Commission unique des Communautés européennes, signé à Bruxelles le 8 avril 1965.

2. Sont abrogés l'article 2, l'article 3 paragraphe 2 et le titre III de l'Acte unique européen, signé à Luxembourg le 17 février 1986 et à La Haye le 28 février 1986.

Article Q

Le présent traité est conclu pour une durée illimitée.

Article R

1. Le présent traité sera ratifié par les Hautes Parties Contractantes, conformément à leurs règles constitutionnelles respectives. Les instruments de ratification seront déposés auprès du gouvernement de la République italienne.

2. Le présent traité entrera en vigueur le 1er janvier 1993, à condition que tous les instruments de ratification aient été déposés, ou, à défaut, le premier jour du mois suivant le dépôt de l'instrument de ratification de l'État signataire qui procédera le dernier à cette formalité.

Article S

Le présent traité rédigé en un exemplaire unique, en langues allemande, anglaise, danoise, espagnole, française, grecque, irlandaise, italienne, néerlandaise et portugaise, les textes établis dans chacune de ces langues faisant également foi, sera déposé dans les archives du gouvernement de la République italienne, qui remettra une copie certifiée conforme à chacun des gouvernements des autres États signataires.

En fe de lo cual, los plenipotenciarios abajo firmantes suscriben el presente Tratado.

Til bekræftelse heraf har undertegnede befuldmægtigede underskrevet denne Traktat.

Zu Urkund dessen haben die unterzeichneten Bevollmächtigten ihre Unterschriften unter diesen Vertrag gesetzt.

Εις πίστωση των ανωτέρω, οι υπογεγραμμένοι πληρεξούσιοι υπέγραψαν την παρούσα συνθήκη.

In witness whereof the undersigned Plenipotentiaries have signed this Treaty.

En foi de quoi, les plénipotentiaires soussignés ont apposé leurs signatures au bas du présent traité.

Dá fhianú sin, chuir na Lánchumhachtaigh thíos-sínithe a lámh leis an gConradh seo.

In fede di che, i plenipotenziari sottoscritti hanno apposto le loro firme in calce al presente trattato.

Ten blijke waarvan de ondergetekende gevolmachtigden hun handtekening onder dit Verdrag hebben gesteld.

Em fé do que, os plenipotenciários abaixo assinados apuseram as suas assinaturas no final do presente Tratado.

Hecho en Maastricht, el siete de febrero de mil novecientos noventa y dos.

Udfærdiget i Maastricht, den syvende februar nitten hundrede og tooghalvfems.

Geschehen zu Maastricht am siebten Februar neunzehnhundertzweiundneunzig.

Άγινε στο Μάαστριχτ, στις εφτά Φεβρουαρίου χίλια εννιακόσια ενενήντα δύο.

Done at Maastricht on the seventh day of February in the year one thousand nine hundred and ninety-two.

Fait à Maastricht, le sept février mil neuf cent quatre-vingt-douze.

Arna dhéanamh i Maastricht, an seachtú lá d'Fheabhra, míle naoi gcéad nócha a dó.

Fatto a Maastricht, addì sette febbraio millenovecentonovantadue.

Gedaan te Maastricht, de zevende februari negentienhonderd twee-en-negentig.

Feito em Maastricht, em sete de Fevereiro de mil novecentos e noventa e dois.

(Suivent les signatures)

PROTOCOLES

PROTOCOLE (n° 1)

sur l'acquisition de biens immobiliers au Danemark

LES HAUTES PARTIES CONTRACTANTES,

DÉSIREUSES de régler certains problèmes particuliers présentant un intérêt pour le Danemark,

SONT CONVENUES de la disposition ci-après, qui est annexée au traité instituant la Communauté européenne :

Nonobstant les dispositions du traité, le Danemark peut maintenir sa législation en vigueur en matière d'acquisition de résidences secondaires.

PROTOCOLE (n° 2)

sur l'article 119 du traité instituant la Communauté européenne

LES HAUTES PARTIES CONTRACTANTES,

SONT CONVENUES de la disposition ci-après, qui est annexée au traité instituant la Communauté européenne :

Aux fins de l'application de l'article 119, des prestations en vertu d'un régime professionnel de sécurité sociale ne seront pas considérées comme rémunération si et dans la mesure où elles peuvent être attribuées aux périodes d'emploi antérieures au 17 mai 1990, exception faite pour les travailleurs ou leurs ayants droit qui ont, avant cette date, engagé une action en justice ou introduit une réclamation équivalente selon le droit national applicable.

PROTOCOLE (n° 3)

sur les statuts du système européen de banques centrales et de la banque centrale européenne

LES HAUTES PARTIES CONTRACTANTES,

DÉSIREUSES de fixer les statuts du Système européen de banques centrales et de la Banque centrale européenne visés à l'article 4 A du traité instituant la Communauté européenne,

SONT CONVENUES des dispositions ci-après, qui sont annexées au traité instituant la Communauté européenne :

CHAPITRE 1er. — **Constitution du SEBC**

Article 1. — Le système européen de banques centrales

1.1. Le Système européen de banques centrales (SEBC) et la Banque centrale européenne (BCE) sont institués en vertu de l'article 4 A du traité ; ils remplissent leurs fonctions et exercent leurs activités conformément aux dispositions du traité et des présents statuts.

1.2. Conformément à l'article 106 paragraphe 1 du traité, le SEBC est composé de la Banque centrale européenne et des banques centrales des États membres (banques centrales nationales). L'Institut monétaire luxembourgeois est la banque centrale du Luxembourg.

CHAPITRE 2. — **Objectifs et missions du SEBC**

Article 2. — Objectifs

Conformément à l'article 105 paragraphe 1 du traité, l'objectif principal du SEBC est de maintenir la stabilité des prix. Sans préjudice de l'objectif de stabilité des prix, le SEBC apporte son soutien aux politiques économiques générales dans la Communauté, en vue de contribuer à la réalisation des objectifs de la Communauté, tels que définis à l'article 2 du traité. Le SEBC agit conformément au principe d'une économie de marché ouverte où la concurrence est libre, en favorisant une allocation efficace des ressources et en respectant les principes fixés à l'article 3 A du traité.

Article 3. — Missions

3.1. Conformément à l'article 105 paragraphe 2 du traité, les missions fondamentales relevant du SEBC consistent à :

— définir et mettre en œuvre la politique monétaire de la Communauté ;
— conduire les opérations de change conformément à l'article 109 du traité ;
— détenir et gérer les réserves officielles de change des États membres ;
— promouvoir le bon fonctionnement des systèmes de paiement.

3.2. Conformément à l'article 105 paragraphe 3 du traité, le troisième tiret de l'article 3.1 s'applique sans préjudice de la détention et de la gestion, par les gouvernements des États membres, de fonds de roulement en devises.

3.3. Conformément à l'article 105 paragraphe 5 du traité, le SEBC contribue à la bonne conduite des politiques menées par les autorités compétentes en ce qui concerne le contrôle prudentiel des établissements de crédit et la stabilité du système financier.

Article 4. — Fonctions consultatives

Conformément à l'article 105 paragraphe 4 du traité :

a) la BCE est consultée :
- — sur tout acte communautaire proposé dans les domaines relevant de sa compétence ;
- — par les autorités nationales sur tout projet de réglementation dans les domaines relevant de sa compétence, mais dans les limites et selon les conditions fixées par le Conseil conformément à la procédure prévue à l'article 42 ;

b) la BCE peut, dans les domaines relevant de sa compétence, soumettre des avis aux institutions ou organes communautaires appropriés ou aux autorités nationales.

Article 5. — Collecte d'informations statistiques

5.1. Afin d'assurer les missions du SEBC, la BCE, assistée par les banques centrales nationales, collecte les informations statistiques nécessaires, soit auprès des autorités nationales compétentes, soit directement auprès des agents économiques. A ces fins, elle coopère avec les institutions ou organes communautaires et avec les autorités compétentes des États membres ou des pays tiers et avec les organisations internationales.

5.2. Les banques centrales nationales exécutent, dans la mesure du possible, les missions décrites à l'article 5.1.

5.3. La BCE est chargée de promouvoir l'harmonisation, en tant que de besoin, des règles et pratiques régissant la collecte, l'établissement et la diffusion des statistiques dans les domaines relevant de sa compétence.

5.4. Le Conseil définit, selon la procédure prévue à l'article 42, les personnes physiques et morales soumises aux obligations de déclaration, le régime de confidentialité et les dispositions adéquates d'exécution et de sanction.

Article 6. — Coopération internationale

6.1. Dans le domaine de la coopération internationale concernant les missions confiées au SEBC, la BCE décide la manière dont le SEBC est représenté.

6.2. La BCE et, sous réserve de son accord, les banques centrales nationales sont habilitées à participer aux institutions monétaires internationales.

6.3. Les articles 6.1 et 6.2 s'appliquent sans préjudice de l'article 109 paragraphe 4 du traité.

CHAPITRE 3. — **Organisation du SEBC**

Article 7. — Indépendance

Conformément à l'article 107 du traité, dans l'exercice des pouvoirs et dans l'accomplissement des missions et des devoirs qui leur ont été conférés par le traité et par les présents statuts, ni la BCE, ni une banque centrale nationale, ni un membre quelconque de leurs organes de décision ne peuvent solliciter ni accepter des instructions des institutions ou organes communautaires, des gouvernements des États membres ou de tout autre organisme. Les institutions et organes communautaires ainsi que les gouvernements des États membres s'engagent à respecter ce principe et à ne pas chercher à influencer les membres des organes de décision de la BCE ou des banques centrales nationales dans l'accomplissement de leurs missions.

Article 8. — Principe général

Le SEBC est dirigé par les organes de décision de la BCE.

Article 9. — La Banque centrale européenne

9.1. La BCE qui, en vertu de l'article 106 paragraphe 2 du traité, est dotée de la personnalité juridique, jouit, dans chacun des États membres, de la capacité juridique la plus large reconnue aux personnes morales par la législation nationale ; la BCE peut notamment acquérir ou aliéner des biens mobiliers et immobiliers et ester en justice.

9.2. La BCE veille à ce que les missions conférées au SEBC en vertu de l'article 105 paragraphes 2, 3 et 5 du traité soient exécutées par ses propres activités, conformément aux présents statuts, ou par les banques centrales nationales conformément aux articles 12.1 et 14.

9.3. Conformément à l'article 106 paragraphe 3 du traité, les organes de décision de la BCE sont le Conseil des gouverneurs et le Directoire.

Article 10. — Le Conseil des gouverneurs

10.1. Conformément à l'article 109 A paragraphe 1 du traité, le Conseil des gouverneurs se compose des membres du Directoire et des gouverneurs des banques centrales nationales.

10.2. Sous réserve de l'article 10.3, seuls les membres du Conseil des gouverneurs présents aux séances ont le droit de vote. Par dérogation à cette règle, le règlement intérieur visé à l'article 12.3 peut prévoir que des membres du Conseil des gouverneurs peuvent voter par téléconférence. Ce règlement peut également prévoir qu'un membre du Conseil des gouverneurs empêché de voter pendant une période prolongée peut désigner un suppléant pour le remplacer en tant que membre du Conseil des gouverneurs.

Sous réserve des articles 10.3 et 11.3, chaque membre du Conseil des gouverneurs dispose d'une voix. Sauf disposition contraire figurant dans les présents statuts, les décisions du Conseil des gouverneurs sont prises à la majorité simple. En cas de partage des voix, celle du président est prépondérante.

Pour que le Conseil des gouverneurs puisse voter, le quorum fixé est de deux tiers des membres. Si le quorum n'est pas atteint, le président peut convoquer une réunion extraordinaire au cours de laquelle les décisions peuvent être prises sans ce quorum.

10.3. Pour toutes les décisions devant être prises en vertu des articles 28, 29, 30, 32, 33, et 51, les suffrages des membres du Conseil des gouverneurs sont pondérés conformément à la répartition du capital souscrit de la BCE entre les banques centrales nationales. La pondération des suffrages des membres du Directoire est égale à zéro. Une décision requérant la majorité qualifiée est adoptée si les suffrages exprimant un vote favorable représentent au moins deux tiers du capital souscrit de la BCE et au moins la moitié des actionnaires. Si un gouverneur ne peut être présent, il peut désigner un suppléant pour exercer son vote pondéré.

10.4. Les réunions sont confidentielles. Le Conseil des gouverneurs peut décider de rendre public le résultat de ses délibérations.

10.5. Le Conseil des gouverneurs se réunit au moins dix fois par an.

Article 11. — Le Directoire

11.1. Conformément à l'article 109 A paragraphe 2 point a) du traité, le Directoire se compose du président, du vice-président et de quatre autres membres.

Les membres assurent leurs fonctions à temps plein. Aucun membre ne peut exercer une profession, rémunérée ou non, à moins qu'une dérogation ne lui ait été accordée à titre exceptionnel par le Conseil des gouverneurs.

11.2. Conformément à l'article 109 A paragraphe 2 point b) du traité, le président, le vice-président et les autres membres du Directoire sont nommés d'un commun accord par les gouvernements des États membres au niveau des chefs d'État ou de gouvernement, sur recommandation du Conseil et après consultation du Parlement européen et du Conseil des gouverneurs, parmi des personnes dont l'autorité et l'expérience professionnelle dans le domaine monétaire ou bancaire sont reconnues.

Leur mandat a une durée de huit ans et n'est pas renouvelable.

Seuls les ressortissants des États membres peuvent être membres du Directoire.

11.3. Les conditions d'emploi des membres du Directoire, en particulier leurs émoluments, pensions et autres avantages de sécurité sociale font l'objet de contrats conclus avec la BCE et sont fixées par le Conseil des gouverneurs sur proposition d'un comité comprenant trois membres nommés par le Conseil des gouverneurs et trois membres nommés par le Conseil. Les membres du Directoire ne disposent pas du droit de vote sur les questions régies par le présent paragraphe.

11.4. Si un membre du Directoire ne remplit plus les conditions nécessaires à l'exercice de ses fonctions ou s'il a commis une faute grave, la Cour de justice peut, à la requête du Conseil des gouverneurs ou du Directoire, le démettre d'office de ses fonctions.

11.5. Chaque membre du Directoire présent aux séances a le droit de vote et dispose à cet effet d'une voix. Sauf disposition contraire, les décisions du Directoire sont prises à la majorité simple des suffrages exprimés. En cas de partage des voix, celle du président est prépondérante. Les modalités de vote sont précisées dans le règlement intérieur visé à l'article 12.3.

11.6. Le Directoire est responsable de la gestion courante de la BCE.

11.7. Il est pourvu à toute vacance au sein du Directoire par la nomination d'un nouveau membre, conformément à l'article 11.2.

Article 12. — Responsabilités des organes de décision

12.1. Le Conseil des gouverneurs arrête les orientations et prend les décisions nécessaires à l'accomplissement des missions confiées au SEBC par le traité et les présents statuts. Le Conseil des gouverneurs définit la politique monétaire de la Communauté, y compris, le cas échéant, les décisions concernant les objectifs monétaires intermédiaires, les taux directeurs et l'approvisionnement en réserves dans le SEBC et arrête les orientations nécessaires à leur exécution.

Le Directoire met en œuvre la politique monétaire conformément aux orientations et aux décisions arrêtées par le Conseil des gouverneurs. Dans ce cadre, le Directoire donne les instructions nécessaires aux banques centrales nationales. En outre, le Directoire peut recevoir délégation de certains pouvoirs par décision du Conseil des gouverneurs.

Dans la mesure jugée possible et adéquate et sans préjudice du présent article, la BCE recourt aux banques centrales nationales pour l'exécution des opérations faisant partie des missions du SEBC.

12.2. Le Directoire est responsable de la préparation des réunions du Conseil des gouverneurs.

12.3. Le Conseil des gouverneurs adopte un règlement intérieur déterminant l'organisation interne de la BCE et de ses organes de décision.

12.4. Les fonctions consultatives visées à l'article 4 sont exercées par le Conseil des gouverneurs.

12.5. Le Conseil des gouverneurs prend les décisions visées à l'article 6.

Article 13. — Le président

13.1. Le président ou, en son absence, le vice-président, préside le Conseil des gouverneurs et le Directoire de la BCE.

13.2. Sans préjudice de l'article 39, le président ou la personne qu'il désigne à cet effet représente la BCE à l'extérieur.

Article 14. — Les banques centrales nationales

14.1. Conformément à l'article 108 du traité, chaque État membre veille à la compatibilité de sa législation nationale, y compris les statuts de sa banque centrale nationale, avec le traité et les présents statuts, et ce au plus tard à la date de la mise en place du SEBC.

14.2. Les statuts des banques centrales nationales prévoient en particulier que la durée du mandat du gouverneur d'une banque centrale nationale n'est pas inférieure à cinq ans.

Un gouverneur ne peut être relevé de ses fonctions que s'il ne remplit plus les conditions nécessaires à l'exercice de ses fonctions ou s'il a commis une faute grave. Un recours contre la décision prise à cet effet peut être introduit auprès de la Cour de justice par le gouverneur concerné ou le Conseil des gouverneurs pour violation du traité ou de toute règle de droit relative à son application. Ces recours doivent être formés dans un délai de deux mois à compter, suivant le cas, de la publication de l'acte, de sa notification au requérant, ou, à défaut, du jour où celui-ci en a eu connaissance.

14.3. Les banques centrales nationales font partie intégrante du SEBC et agissent conformément aux orientations et aux instructions de la BCE. Le Conseil des gouverneurs prend les mesures nécessaires pour assurer le respect des orientations et des instructions de la BCE, et exige que toutes les informations nécessaires lui soient fournies.

14.4. Les banques centrales nationales peuvent exercer d'autres fonctions que celles qui sont spécifiées dans les présents statuts, à moins que le Conseil des gouverneurs ne décide, à la majorité des deux tiers des suffrages exprimés, que ces fonctions interfèrent avec les objectifs et les missions du SEBC. Ces fonctions, que les banques centrales nationales exercent sous leur propre responsabilité et à leurs propres risques, ne sont pas considérées comme faisant partie des fonctions du SEBC.

Article 15. — Obligation de présenter des rapports

15.1. La BCE établit et publie des rapports sur les activités du SEBC au moins chaque trimestre.

15.2. Une situation financière consolidée du SEBC est publiée chaque semaine.

15.3. Conformément à l'article 109 B paragraphe 3 du traité, la BCE adresse au Parlement européen, au Conseil et à la Commission, ainsi qu'au Conseil européen, un rapport annuel sur les activités du SEBC et sur la politique monétaire de l'année précédente et de l'année en cours.

15.4. Les rapports et situations visés au présent article sont mis gratuitement à la disposition des personnes intéressées.

Article 16. — Billets

Conformément à l'article 105 A paragraphe 1 du traité, le Conseil des gouverneurs est seul habilité à autoriser l'émission de billets de banque dans la Communauté. La BCE et les banques centrales nationales peuvent émettre de tels billets. Les billets de banque émis par la BCE et les banques centrales nationales sont les seuls à avoir cours légal dans la Communauté.

La BCE respecte autant que possible les pratiques existantes en ce qui concerne l'émission et la présentation des billets de banque.

CHAPITRE 4. — **Fonctions monétaires et opérations assurées par le SEBC**

Article 17. — Comptes auprès de la BCE et des banques centrales nationales

Afin d'effectuer leurs opérations, la BCE et les banques centrales nationales peuvent ouvrir des comptes aux établissements de crédit, aux organismes publics et aux autres intervenants du marché et accepter des actifs, y compris des titres en compte courant, comme garantie.

Article 18. — Opérations d'open market et de crédit

18.1. Afin d'atteindre les objectifs du SEBC et d'accomplir ses missions, la BCE et les banques centrales nationales peuvent :

— intervenir sur les marchés de capitaux, soit en achetant et en vendant ferme (au comptant et à terme), soit en prenant et en mettant en pension, soit en prêtant ou en empruntant des créances et des titres négociables, libellés en monnaies communautaires ou non communautaires, ainsi que des métaux précieux ;

— effectuer des opérations de crédit avec des établissements de crédit et d'autres intervenants du marché sur la base d'une sûreté appropriée pour les prêts.

18.2. La BCE définit les principes généraux des opérations d'open market et de crédit effectuées par elle-même ou par les banques centrales nationales, y compris de l'annonce des conditions dans lesquelles celles-ci sont disposées à pratiquer ces opérations.

Article 19. — Réserves obligatoires

19.1. Sous réserve de l'article 2, la BCE est habilitée à imposer aux établissements de crédit établis dans les États membres la constitution de réserves obligatoires auprès de la BCE et des banques centrales nationales, conformément aux objectifs en matière de politique monétaire. Les modalités de calcul et la détermination du montant exigé peuvent être fixées par le Conseil des gouverneurs. Tout manquement constaté à cet égard met la BCE en droit de percevoir des intérêts à titre de pénalité et d'infliger d'autres sanctions ayant un effet analogue.

19.2. Aux fins de l'application du présent article, le Conseil définit, conformément à la procédure prévue à l'article 42, la base des réserves obligatoires et les rapports maxima autorisés entre ces réserves et leur base, ainsi que les sanctions appropriées en cas de non-respect.

Article 20. — Autres instruments de contrôle monétaire

Le Conseil des gouverneurs peut décider, à la majorité des deux tiers des suffrages exprimés, de recourir aux autres méthodes opérationnelles de contrôle monétaire qu'il jugera opportunes, sous réserve de l'article 2.

Si ces méthodes entraînent des obligations pour des tiers, le Conseil en définit la portée conformément à la procédure prévue à l'article 42.

Article 21. — Opérations avec les organismes publics

21.1. Conformément à l'article 104 du traité, il est interdit à la BCE et aux banques centrales nationales d'accorder des découverts ou tout autre type de crédit aux institutions ou organes de la Communauté, aux administrations centrales, aux autorités régionales ou locales, aux autres autorités publiques, aux autres organismes ou entreprises publics des États membres ; l'acquisition directe, auprès d'eux, par la BCE ou les banques centrales nationales, des instruments de leur dette est également interdite.

21.2. La BCE et les banques centrales nationales peuvent agir en qualité d'agents fiscaux pour le compte des entités visées à l'article 21.1.

21.3. Le présent article ne s'applique pas aux établissements publics de crédit qui, dans le cadre de la mise à disposition de liquidités par les banques centrales, bénéficient, de la part des banques centrales nationales et de la BCE, du même traitement que les établissements privés de crédit.

Article 22. — Systèmes de compensation et de paiements

La BCE et les banques centrales nationales peuvent accorder des facilités, et la BCE peut arrêter des règlements, en vue d'assurer l'efficacité et la solidité des systèmes de compensation et de paiements au sein de la Communauté et avec les pays tiers.

Article 23. — Opérations extérieures

La BCE et les banques centrales nationales peuvent :

- — entrer en relation avec les banques centrales et les établissements financiers des pays tiers et, en tant que de besoin, avec les organisations internationales ;
- — acquérir et vendre, au comptant et à terme, toutes catégories d'avoirs de réserves de change et des métaux précieux. Le terme «avoirs de change» comprend les titres et tous les autres avoirs libellés dans la devise de tout pays ou en unités de compte, quelle que soit la forme sous laquelle ils sont détenus ;
- — détenir et gérer les avoirs visés au présent article ;
- — effectuer tous les types d'opérations bancaires avec les pays tiers et les organisations internationales, y compris les opérations de prêt et d'emprunt.

Article 24. — Autres opérations

Outre les opérations résultant de leurs missions, la BCE et les banques centrales nationales peuvent effectuer des opérations aux fins de leur infrastructure administrative, ou au bénéfice de leur personnel.

CHAPITRE 5. — **Contrôle prudentiel**

Article 25. — Contrôle prudentiel

25.1. La BCE est habilitée à donner des avis et à être consultée par le Conseil, la Commission et les autorités compétentes des États membres sur la portée et l'application de la législation communautaire concernant le contrôle prudentiel des établissements de crédit et la stabilité du système financier.

25.2. Conformément à toute décision du Conseil prise en vertu de l'article 105 paragraphe 6 du traité, la BCE peut accomplir des missions spécifiques ayant trait aux politiques en matière de contrôle prudentiel des établissements de crédit et autres établissements financiers, à l'exception des entreprises d'assurance.

CHAPITRE 6. — **Dispositions financières du SEBC**

Article 26. — Comptes financiers

26.1. L'exercice de la BCE et des banques centrales nationales commence le premier jour du mois de janvier et se termine le dernier jour du mois de décembre.

26.2. Les comptes annuels de la BCE sont établis par le Directoire conformément aux principes déterminés par le Conseil des gouverneurs. Les comptes sont approuvés par le Conseil des gouverneurs et sont ensuite publiés.

26.3. Pour les besoins de l'analyse et de la gestion, le Directoire établit un bilan consolidé du SEBC comprenant les actifs et les passifs des banques centrales nationales, qui relèvent du SEBC.

26.4. Aux fins de l'application du présent article, le Conseil des gouverneurs arrête les règles nécessaires à la normalisation des procédures comptables et d'information relatives aux opérations des banques centrales nationales.

Article 27. — Vérification des comptes

27.1. Les comptes de la BCE et des banques centrales nationales sont vérifiés par des commissaires aux comptes extérieurs indépendants désignés sur recommandation du Conseil des gouverneurs et agréés par le Conseil. Les commissaires aux comptes ont tout pouvoir pour examiner tous les livres et comptes de la BCE et des banques centrales nationales, et pour obtenir toutes informations sur leurs opérations.

27.2. Les dispositions de l'article 188 C du traité s'appliquent uniquement à un examen de l'efficience de la gestion de la BCE.

Article 28. — Capital de la BCE

28.1. Le capital de la BCE, qui devient opérationnel dès l'établissement de celle-ci, s'élève à 5 milliards d'Écus. Le capital peut être augmenté, le cas échéant, par décision du Conseil des gouverneurs statuant à la majorité qualifiée prévue à l'article 10.3, dans les limites et selon les conditions fixées par le Conseil conformément à la procédure prévue à l'article 42.

28.2. Les banques centrales nationales sont seules autorisées à souscrire et à détenir le capital de la BCE. La souscription du capital s'effectue selon la clé de répartition déterminée conformément à l'article 29.

28.3. Le Conseil des gouverneurs, statuant à la majorité qualifiée prévue à l'article 10.3, détermine le montant exigible et les modalités de libération du capital.

28.4. Sous réserve de l'article 28.5, les parts des banques centrales nationales dans le capital souscrit de la BCE ne peuvent pas être cédées, nanties ou saisies.

28.5. Si la clé de répartition visée à l'article 29 est modifiée, les banques centrales nationales transfèrent entre elles les parts de capital correspondantes de sorte que la répartition de ces parts corresponde à la nouvelle clé. Le Conseil des gouverneurs fixe les modalités de ces transferts.

Article 29. — Clé de répartition
pour la souscription au capital

29.1. La clé de répartition pour la souscription au capital de la BCE est déterminée lorsque le SEBC et la BCE ont été institués conformément à la procédure visée à l'article 109 L paragraphe 1 du traité. Il est attribué à chaque banque centrale nationale une pondération dans cette clé, qui est égale à la somme de :

— 50 % de la part de l'État membre concerné dans la population de la Communauté l'avant-dernière année précédant la mise en place du SEBC ;
— 50 % de la part de l'État membre concerné dans le produit intérieur brut de la Communauté aux prix du marché, telle qu'elle a été constatée au cours des cinq années précédant l'avant-dernière année avant la mise en place du SEBC ;

Les pourcentages sont arrondis à la demi-décimale supérieure.

29.2. Les données statistiques nécessaires à l'application du présent article sont établies par la Commission conformément aux règles qui sont arrêtées par le Conseil conformément à la procédure prévue à l'article 42.

29.3. Les pondérations attribuées aux banques centrales nationales sont adaptées tous les cinq ans après la mise en place du SEBC, par analogie avec les dispositions de l'article 29.1. La clé adaptée prend effet le premier jour de l'année suivante.

29.4. Le Conseil des gouverneurs prend toutes les autres mesures nécessaires à l'application du présent article.

Article 30. — Transfert d'avoirs
de réserve de change à la BCE

30.1. Sans préjudice de l'article 28, la BCE est dotée par les banques centrales nationales d'avoirs de réserve de change autres que les monnaies des États membres, d'Écus, de positions de réserve auprès du FMI et de DTS, jusqu'à concurrence d'un montant équivalant à 50 milliards d'Écus. Le

Conseil des gouverneurs décide des proportions à appeler par la BCE après l'établissement de celle-ci et des montants appelés ultérieurement. La BCE est pleinement habilitée à détenir et à gérer les avoirs de réserve qui lui ont été transférés et à les utiliser aux fins fixées dans les présents statuts.

30.2. La contribution de chaque banque centrale nationale est fixée proportionnellement à sa part dans le capital souscrit de la BCE.

30.3. Chaque banque centrale nationale reçoit de la BCE une créance équivalente à sa contribution. Le Conseil des gouverneurs détermine la dénomination et la rémunération de ces créances.

30.4. Des avoirs de réserve supplémentaires peuvent être appelés par la BCE, conformément à l'article 30.2, au-delà de la limite fixée à l'article 30.1, dans les limites et selon les conditions fixées par le Conseil conformément à la procédure prévue à l'article 42.

30.5. La BCE peut détenir et gérer des positions de réserve auprès du FMI et des DTS, et accepter la mise en commun de ces avoirs.

30.6. Le Conseil des gouverneurs prend toutes les autres mesures nécessaires à l'application du présent article.

Article 31. — Avoirs de réserve de change détenus par les banques centrales nationales

31.1. Les banques centrales nationales sont autorisées à effectuer les opérations liées à l'accomplissement de leurs obligations envers les organisations internationales conformément à l'article 23.

31.2. Toutes les autres opérations sur les avoirs de réserve de change qui demeurent dans les banques centrales nationales après les transferts visés à l'article 30 et les transactions effectuées par les États membres avec leurs fonds de roulement en devises sont, au-delà d'une certaine limite à fixer dans le cadre de l'article 31.3, soumises à l'autorisation de la BCE afin d'assurer la cohérence avec la politique de change et la politique monétaire de la Communauté.

31.3. Le Conseil des gouverneurs arrête des orientations afin de faciliter ces opérations.

Article 32. — Répartition du revenu monétaire des banques centrales nationales

32.1. Le revenu dégagé par les banques centrales nationales dans l'exercice des missions de politique monétaire du SEBC, ci-après dénommé «revenu monétaire», est réparti à la fin de chaque exercice conformément au présent article.

32.2. Sous réserve de l'article 32.3, le montant du revenu monétaire de chaque banque centrale nationale est égal au revenu annuel qu'elle tire des actifs détenus en contrepartie des billets en circulation et des engagements résultant des dépôts constitués par les établissements de crédit. Ces actifs sont identifiés par les banques centrales nationales conformément aux orientations que le Conseil des gouverneurs aura déterminées.

32.3. Si le Conseil des gouverneurs estime, après le début de la troisième phase, que les structures du bilan des banques centrales nationales ne permettent pas l'application de l'article 32.2, il peut décider, à la majorité qualifiée, que, par dérogation à l'article 32.2, le revenu monétaire doit être calculé selon une autre méthode pendant une période ne dépassant pas cinq ans.

32.4. Le montant du revenu monétaire de chaque banque centrale nationale est réduit de toute charge d'intérêt payée par cette banque centrale sur les engagements résultant des dépôts constitués par les établissements de crédit conformément à l'article 19.

Le Conseil des gouverneurs peut décider d'indemniser les banques centrales nationales pour les frais encourus à l'occasion de l'émission de billets ou, dans des circonstances exceptionnelles, pour des pertes particulières afférentes aux opérations de politique monétaire réalisées pour le compte du SEBC. L'indemnisation prend la forme que le Conseil des gouverneurs juge appropriée ; ces montants peuvent être compensés avec le revenu monétaire des banques centrales nationales.

32.5. La somme des revenus monétaires des banques centrales nationales est répartie entre elles proportionnellement à leurs parts libérées dans le capital de la BCE, sous réserve de toute décision prise par le Conseil des gouverneurs conformément à l'article 33.2.

32.6. La compensation et le règlement des soldes provenant de la répartition du revenu monétaire sont réalisés par la BCE conformément aux orientations établies par le Conseil des gouverneurs.

32.7. Le Conseil des gouverneurs prend toutes les autres mesures nécessaires à l'application du présent article.

Article 33. — Répartition des bénéfices et pertes nets de la BCE

33.1. Le bénéfice net de la BCE est transféré dans l'ordre suivant :

a) un montant à déterminer par le Conseil des gouverneurs, qui ne peut dépasser 20 % du bénéfice net, est transféré au fonds de réserve générale dans la limite de 100 % du capital ;

b) le bénéfice net restant est distribué aux détenteurs de parts de la BCE proportionnellement aux parts qu'ils ont libérées.

33.2. Si la BCE enregistre une perte, celle-ci est couverte par le fonds de réserve général de la BCE et, si nécessaire, après décision du Conseil des gouverneurs, par les revenus monétaires de l'exercice financier concerné au prorata et jusqu'à concurrence des montants alloués aux banques centrales nationales conformément à l'article 32.5.

CHAPITRE 7. — **Dispositions générales**

Article 34. — Actes juridiques

34.1. Conformément à l'article 108 A du traité, la BCE :

— arrête des règlements dans la mesure nécessaire à l'accomplissement des missions définies à l'article 3.1 premier tiret, aux articles 19.1, 22 ou 25.2 des statuts du SEBC, ainsi que dans les cas qui sont prévus dans les actes du Conseil visés à l'article 42 ;

— prend les décisions nécessaires à l'accomplissement des missions confiées au SEBC en vertu du traité et des statuts du SEBC ;

— émet des recommandations et des avis.

34.2. Le règlement a une portée générale. Il est obligatoire dans tous ses éléments et il est directement applicable dans tout État membre.

Les recommandations et les avis ne lient pas.

La décision est obligatoire dans tous ses éléments pour les destinataires qu'elle désigne.

Les articles 190, 191 et 192 du traité sont applicables aux règlements et aux décisions adoptés par la BCE.

La BCE peut décider de publier ses décisions, recommandations et avis.

34.3. Dans les limites et selon les conditions arrêtées par le Conseil conformément à la procédure prévue à l'article 42 des statuts, la BCE est habilitée à infliger aux entreprises des amendes et des astreintes en cas de non-respect de ses règlements et de ses décisions.

Article 35. — Contrôle juridictionnel et questions connexes

35.1. La Cour de justice peut connaître des actes ou omissions de la BCE ou être saisie de leur interprétation dans les cas et selon les conditions fixées par le traité. La BCE peut former des recours dans les cas et selon les conditions fixées par le traité.

35.2. Les litiges entre la BCE, d'une part, et ses créanciers, débiteurs ou toute autre personne, d'autre part, sont tranchés par les tribunaux nationaux compétents, à moins que la Cour de justice n'ait été déclarée compétente.

35.3. La BCE est soumise au régime de responsabilité prévu à l'article 215 du traité. La responsabilité des banques centrales nationales est déterminée en fonction de leur droit national respectif.

35.4. La Cour de justice est compétente pour statuer en vertu d'une clause compromissoire contenue dans un contrat de droit public ou de droit privé passé par la BCE ou pour le compte de celle-ci.

35.5. La décision de la BCE de saisir la Cour de justice est prise par le Conseil des gouverneurs.

35.6. La Cour de justice est compétente pour statuer sur les litiges relatifs à l'accomplissement par les banques centrales nationales des obligations qui leur incombent au titre des présents statuts. Si la BCE considère qu'une banque centrale nationale a manqué à une des obligations qui lui incombent au titre des présents statuts, elle émet sur l'affaire un avis motivé après avoir donné à la banque centrale nationale concernée la possibilité de présenter ses observations. Si la banque centrale nationale concernée ne se conforme pas audit avis dans le délai fixé par la BCE, celle-ci peut saisir la Cour de justice.

Article 36. — Personnel

36.1. Le Conseil des gouverneurs arrête, sur proposition du Directoire, le régime applicable au personnel de la BCE.

36.2. La Cour de justice est compétente pour connaître de tout litige entre la BCE et ses agents dans les limites et selon les conditions prévues par le régime qui leur est applicable.

Article 37. — Siège

La décision relative au siège de la BCE est prise, avant la fin de 1992, d'un commun accord par les gouvernements des États membres au niveau des chefs d'État ou de gouvernement.

Article 38. — Secret professionnel

38.1. Les membres des organes de décision et du personnel de la BCE et des banques centrales nationales sont tenus, même après la cessation de leurs fonctions, de ne pas divulguer les informations qui, par leur nature, sont couvertes par le secret professionnel.

38.2. Les personnes ayant accès à des données soumises à une législation communautaire imposant l'obligation du secret sont assujetties à cette législation.

Article 39. — Signataires

La BCE est juridiquement engagée vis-à-vis des tiers par le président ou deux membres du Directoire, ou par la signature de deux membres de son personnel dûment autorisés par le président à signer au nom de la BCE.

Article 40. — Privilèges et immunités

La BCE jouit sur le territoire des États membres des privilèges et immunités nécessaires à l'accomplissement de ses missions, selon les conditions définies au protocole sur les privilèges et immunités des Communautés européennes annexé au traité instituant un Conseil unique et une Commission unique des Communautés européennes.

CHAPITRE 8. — **Révision des statuts et législation complémentaire**

Article 41. — Procédure de révision simplifiée

41.1. Conformément à l'article 106 paragraphe 5 du traité, les articles 5.1, 5.2, 5.3, 17, 18, 19.1, 22, 23, 24, 26, 32.2, 32.3, 32.4 et 32.6, l'article 33.1 point a) et l'article 36 des présents statuts peuvent être révisés par le Conseil, statuant soit à la majorité qualifiée sur recommandation de la BCE, après consultation de la Commission, soit à l'unanimité sur proposition de la Commission et après consultation de la BCE. Dans les deux cas, l'avis conforme du Parlement européen est requis.

41.2. Une recommandation faite par la BCE en vertu du présent article requiert une décision unanime du Conseil des gouverneurs.

Article 42. — Législation complémentaire

Conformément à l'article 106 paragraphe 6 du traité, et aussitôt après la décision quant à la date du début de la troisième phase, le Conseil, statuant à la majorité qualifiée, soit sur proposition de la Commission et après consultation du Parlement européen et de la BCE, soit sur recommandation de la BCE, et après consultation du Parlement européen et de la Commission, adopte les dispositions visées aux articles 4, 5.4, 19.2, 20, 28.1, 29.2, 30.4 et 34.3 des présents statuts.

CHAPITRE 9. — **Dispositions transitoires et autres dispositions concernant le SEBC**

Article 43. — Dispositions générales

43.1. La dérogation visée à l'article 109 K paragraphe 1 du traité a pour effet que les articles suivants des présents statuts ne confèrent aucun droit et n'imposent aucune obligation à l'État membre concerné : 3, 6, 9.2, 12.1, 14.3, 16, 18, 19, 20, 22, 23, 26.2, 27, 30, 31, 32, 33, 34, 50 et 52.

43.2. Les banques centrales des États membres faisant l'objet d'une dérogation, tels que définis à l'article 109 K paragraphe 1 du traité, conservent leurs compétences dans le domaine de la politique monétaire, conformément au droit national.

43.3. Conformément à l'article 109 K paragraphe 4 du traité, on entend par «États membres» les États membres ne faisant pas l'objet d'une dérogation aux articles suivants des présents statuts : 3, 11.2, 19, 34.2 et 50.

43.4. Par «banques centrales nationales», on entend les banques centrales des États membres ne faisant pas l'objet d'une dérogation aux articles suivants des présents statuts : 9.2, 10.1, 10.3, 12.1, 16, 17, 18, 22, 23, 27, 30, 31, 32, 33.2 et 52.

43.5. Aux articles 10.3 et 33.1, on entend par «actionnaires» les banques centrales des États membres ne faisant pas l'objet d'une dérogation.

43.6. Aux articles 10.3 et 30.2, on entend par «capital souscrit» le capital de la BCE souscrit par les banques centrales des États membres ne faisant pas l'objet d'une dérogation.

Article 44. — Missions transitoires de la BCE

La BCE assure les tâches de l'IME qui, en raison des dérogations dont un ou plusieurs États membres font l'objet, doivent encore être exécutées pendant la troisième phase.

La BCE donne des avis au cours des préparatifs concernant l'abrogation des dérogations visées à l'article 109 K du traité.

Article 45. — Le Conseil général de la BCE

45.1. Sans préjudice de l'article 106 paragraphe 3 du traité, le Conseil général est constitué comme troisième organe de décision de la BCE.

45.2. Le Conseil général se compose du président et du vice-président de la BCE ainsi que des gouverneurs des banques centrales nationales. Les autres membres du Directoire peuvent participer, sans droit de vote, aux réunions du Conseil général.

45.3. Les responsabilités du Conseil général sont énumérées de manière exhaustive à l'article 47 des présents statuts.

Article 46. — Règlement intérieur du Conseil général

46.1. Le président ou, en son absence, le vice-président de la BCE préside le Conseil général de la BCE.

46.2. Le président du Conseil et un membre de la Commission peuvent participer, sans droit de vote, aux réunions du Conseil général.

46.3. Le président prépare les réunions du Conseil général.

46.4. Par dérogation à l'article 12.3, le Conseil général adopte son règlement intérieur.

46.5. Le secrétariat du Conseil général est assuré par la BCE.

Article 47. — Responsabilités du Conseil général

47.1. Le Conseil général :

— exécute les missions visées à l'article 44 ;
— contribue aux fonctions consultatives visées aux articles 4 et 25.1.

47.2. Le Conseil général contribue :

— à collecter les informations statistiques visées à l'article 5 ;
— à établir les rapports d'activités de la BCE visés à l'article 15 ;
— à établir les règles, prévues à l'article 26.4, nécessaires à l'application de l'article 26 ;
— à prendre toutes les autres mesures, prévues à l'article 29.4, nécessaires à l'application de l'article 29 ;
— à définir les conditions d'emploi du personnel de la BCE, prévues à l'article 36.

47.3. Le Conseil général contribue aux préparatifs nécessaires à la fixation irrévocable des taux de change des monnaies des États membres faisant l'objet d'une dérogation par rapport aux monnaies, ou à la monnaie unique, des États membres ne faisant pas l'objet d'une dérogation, telle que prévue à l'article 109 L paragraphe 5 du traité.

47.4. Le Conseil général est informé des décisions du Conseil des gouverneurs par le président de la BCE.

Article 48. — Dispositions transitoires concernant le capital de la BCE

Conformément à l'article 29.1, chaque banque centrale nationale se voit attribuer une pondération dans la clé de répartition pour la souscription au capital de la BCE. Par dérogation à l'article 28.3, les banques centrales des États membres faisant l'objet d'une dérogation ne libèrent pas leur capital souscrit, sauf si le Conseil général, statuant à une majorité représentant au moins deux tiers du capital souscrit de la BCE et au moins la moitié des actionnaires, décide qu'un pourcentage minimum doit être libéré à titre de participation aux coûts de fonctionnement de la BCE.

Article 49. — Paiement différé du capital, des réserves et des provisions de la BCE

49.1. La banque centrale d'un État membre dont la dérogation a pris fin libère sa part souscrite au capital de la BCE dans les mêmes proportions que les autres banques centrales des États membres ne faisant pas l'objet d'une dérogation et transfère à la BCE ses avoirs de réserve de change, conformément à l'article 30.1. Le montant à transférer est déterminé en multipliant la valeur en Écus, aux taux de change en vigueur, des avoirs de réserve susmentionnés qui ont déjà été transférés à la BCE, conformément à l'article 30.1, par le rapport entre le nombre de parts souscrites par la banque centrale nationale concernée et le nombre de parts déjà libérées par les autres banques centrales nationales.

49.2. Outre le paiement prévu à l'article 49.1, la banque centrale concernée contribue aux réserves de la BCE, aux provisions équivalant à des réserves et au montant qui doit encore être affecté aux réserves et aux provisions, qui correspond au solde du compte de pertes et profits au 31 décembre de l'année précédant l'abrogation de la dérogation. La somme à verser est calculée en multipliant le montant des réserves, telles que définies ci-dessus et telles qu'elles apparaissent au bilan approuvé de la BCE, par le rapport entre le nombre de parts souscrites par la banque centrale concernée et le nombre de parts déjà libérées par les autres banques centrales.

Article 50. — Nomination initiale des membres du Directoire

Lorsque le Directoire de la BCE est mis en place, son président, son vice-président et ses autres membres sont nommés d'un commun accord par les gouvernements des États membres au niveau des chefs d'État ou de gouvernement, sur recommandation du Conseil et après consultation du Parlement européen et du Conseil de l'IME. Le président du Directoire est nommé pour huit ans. Par dérogation à l'article 11.2, le vice-président est nommé pour quatre ans et les autres membres du Directoire pour un mandat d'une durée comprise entre cinq et huit ans. Aucun mandat n'est renouvelable. Le nombre de membres du Directoire peut être inférieur à celui qui est prévu à l'article 11.1, mais en aucun cas inférieur à quatre.

Article 51. — Dérogation à l'article 32

51.1. Si, après le début de la troisième phase, le Conseil des gouverneurs décide que l'application de l'article 32 modifie de manière significative la position relative des banques centrales nationales en matière de revenu, le montant du revenu à répartir conformément à l'article 32 est abaissé d'un pourcentage uniforme qui ne dépasse pas 60 % lors du premier exercice suivant le début de la troisième phase et qui diminuera d'au moins 12 points de pourcentage au cours de chacun des exercices suivants.

51.2. L'article 51.1 s'applique au maximum pendant cinq exercices complets après le début de la troisième phase.

Article 52. — Échange des billets libellés en monnaies communautaires

Après la fixation irrévocable des taux de change, le Conseil des gouverneurs prend les mesures nécessaires pour assurer que les billets libellés en monnaies ayant des taux de change irrévocablement fixés sont échangés au pair par les banques centrales nationales.

Article 53. — Applicabilité des mesures transitoires

Les articles 43 à 48 sont applicables aussi longtemps que des États membres font l'objet d'une dérogation.

PROTOCOLE (n° 4)

sur les statuts de l'Institut monétaire européen

LES HAUTES PARTIES CONTRACTANTES,

DÉSIREUSES de fixer les statuts de l'Institut monétaire européen,

SONT CONVENUES des dispositions ci-après, qui sont annexées au traité instituant la Communauté européenne :

Article 1. — Constitution et nom

1.1. L'Institut monétaire européen (IME) est institué conformément à l'article 109 F du traité ; il remplit ses fonctions et exerce ses activités conformément aux dispositions du traité et des présents statuts.

1.2. Sont membres de l'IME les banques centrales des États membres (banques centrales nationales). Aux fins de l'application des présents statuts, l'Institut monétaire luxembourgeois est considéré comme la banque centrale du Luxembourg.

1.3. En vertu de l'article 109 F du traité, le Comité des gouverneurs et le Fonds européen de coopération monétaire (FECOM) sont dissous. Tous les actifs et les passifs du FECOM sont transférés automatiquement et intégralement à l'IME.

Article 2. — Objectifs

L'IME contribue à réaliser les conditions nécessaires au passage à la troisième phase de l'Union économique et monétaire, notamment en :

- renforçant la coordination des politiques monétaires en vue d'assurer la stabilité des prix ;
- assurant la préparation nécessaire à l'instauration du Système européen de banques centrales (SEBC), à la conduite de la politique monétaire unique et à la création d'une monnaie unique, lors de la troisième phase ;
- supervisant le développement de l'Écu.

Article 3. — Principes généraux

3.1. L'IME exécute les tâches et les fonctions qui lui sont conférées par le traité et les présents statuts, sans préjudice de la responsabilité des autorités compétentes pour la conduite de la politique monétaire dans les États membres respectifs.

3.2. L'IME agit conformément aux objectifs et aux principes énoncés à l'article 2 des statuts du SEBC.

Article 4. — Tâches principales

4.1. Conformément à l'article 109 F paragraphe 2 du traité, l'IME :

— renforce la coopération entre les banques centrales nationales ;
— renforce la coordination des politiques monétaires des États membres en vue d'assurer la stabilité des prix ;
— supervise le fonctionnement du Système monétaire européen (SME) ;
— procède à des consultations sur des questions qui relèvent de la compétence des banques centrales nationales et affectent la stabilité des établissements et marchés financiers ;
— reprend les fonctions du FECOM ; il exerce notamment les fonctions visées aux articles 6.1, 6.2 et 6.3 ;
— facilite l'utilisation de l'Écu et surveille son développement, y compris le bon fonctionnement du système de compensation en Écus.

En outre, l'IME :

— tient des consultations régulières concernant l'orientation des politiques monétaires et l'utilisation des instruments de politique monétaire ;
— est normalement consulté par les autorités monétaires nationales avant que celles-ci ne prennent des décisions sur l'orientation de la politique monétaire dans le contexte du cadre commun de coordination ex ante.

4.2. Pour le 31 décembre 1996 au plus tard, l'IME précise le cadre réglementaire, organisationnel et logistique dont le SEBC a besoin pour accomplir ses tâches lors de la troisième phase, conformément au principe d'une économie de marché ouverte où la concurrence est libre. Ce cadre est soumis par le Conseil de l'IME pour décision à la BCE à la date de son établissement.

En particulier, conformément à l'article 109 F paragraphe 3 du traité, l'IME :

— prépare les instruments et les procédures nécessaires à l'application de la politique monétaire unique au cours de la troisième phase ;
— encourage l'harmonisation, si besoin est, des règles et pratiques régissant la collecte, l'établissement et la diffusion des statistiques dans le domaine relevant de sa compétence ;

— élabore les règles des opérations à entreprendre par les banques centrales nationales dans le cadre du SEBC ;
— encourage l'efficience des paiements transfrontaliers ;
— supervise la préparation technique des billets de banque libellés en Écus.

Article 5. — Fonctions consultatives

5.1. Conformément à l'article 109 F paragraphe 4 du traité, l'IME peut formuler des avis ou des recommandations sur l'orientation générale de la politique monétaire et de la politique de change ainsi que sur les mesures y afférentes prises dans chaque État membre. Il peut soumettre aux gouvernements et au Conseil des avis ou des recommandations sur les politiques susceptibles d'affecter la situation monétaire interne ou externe dans la Communauté et notamment le fonctionnement du SME.

5.2. Le Conseil de l'IME peut également adresser des recommandations aux autorités monétaires des États membres concernant la conduite de leur politique monétaire.

5.3. Conformément à l'article 109 F paragraphe 6 du traité, l'IME est consulté par le Conseil sur tout acte communautaire proposé dans le domaine relevant de sa compétence.

Dans les limites et selon les conditions fixées par le Conseil, statuant à la majorité qualifiée sur proposition de la Commission et après consultation du Parlement européen et de l'IME, celui-ci est consulté par les autorités des États membres sur tout projet de réglementation dans le domaine relevant de sa compétence, notamment en ce qui concerne l'article 4.2.

5.4. Conformément à l'article 109 F paragraphe 5 du traité, l'IME peut décider de rendre publics ses avis et ses recommandations.

Article 6. — Fonctions opérationnelles et techniques

6.1. L'IME :

— assure la multilatéralisation des positions résultant des interventions des banques centrales nationales en monnaies communautaires et la multilatéralisation des règlements intracommunautaires ;
— administre le mécanisme de financement à très court terme prévu par l'accord fixant entre les banques centrales des États membres de la Communauté économique européenne les modalités de fonctionnement du Système monétaire européen, ci-après dénommé «accord du SME», du 13 mars 1979, et le système de soutien monétaire à court terme prévu par l'accord entre les banques centrales des États membres de la Communauté économique européenne, du 9 février 1970, tel qu'il a été modifié ;

— assume les fonctions visées à l'article 11 du règlement (CEE) n° 1969/88 du Conseil, du 24 juin 1988, portant mise en place d'un mécanisme unique de soutien financier à moyen terme des balances des paiements des États membres.

6.2. L'IME peut recevoir des réserves monétaires des banques centrales nationales et émettre des Écus en contrepartie de ces avoirs en vue de mettre en œuvre l'accord du SME. Ces Écus peuvent être utilisés par l'IME et les banques centrales nationales comme moyen de règlement et pour les opérations entre elles et l'IME. L'IME prend les mesures administratives nécessaires à la mise en œuvre du présent paragraphe.

6.3. L'IME peut octroyer aux autorités monétaires de pays tiers et aux institutions monétaires internationales le statut de «tiers détenteurs» d'Écus et fixer les clauses et conditions régissant l'acquisition, la détention ou l'utilisation de ces Écus par d'autres détenteurs.

6.4. L'IME est autorisé à détenir et à gérer des réserves en devises en tant qu'agent et à la demande des banques centrales nationales. Les pertes et profits afférentes à ces réserves sont imputables au compte des banques centrales nationales déposant les réserves. L'IME exerce cette fonction sur la base de contrats bilatéraux, conformément aux règles fixées dans une décision de l'IME. Ces règles ont pour but d'assurer que les opérations réalisées avec ces réserves n'affectent pas la politique monétaire et la politique de change menées par l'autorité monétaire d'un État membre et qu'elles respectent les objectifs de l'IME et le bon fonctionnement du mécanisme de change du SME.

Article 7. — Autres tâches

7.1. Une fois par an, l'IME adresse un rapport au Conseil sur l'état des préparations en vue de la troisième phase. Ces rapports comprennent une évaluation des progrès accomplis sur la voie de la convergence dans la Communauté et traitent notamment de l'adaptation des instruments de politique monétaire et de la préparation des mesures nécessaires à la conduite d'une politique monétaire unique au cours de la troisième phase ainsi que des prescriptions réglementaires auxquelles les banques centrales nationales doivent satisfaire pour faire partie intégrante du SEBC.

7.2. Conformément aux décisions du Conseil visées à l'article 109 F paragraphe 7 du traité, l'IME peut accomplir d'autres tâches pour la préparation de la troisième phase.

Article 8. — Indépendance

Les membres du Conseil de l'IME qui sont les représentants de leurs institutions agissent sous leur propre responsabilité dans le cadre de leurs activités. Dans l'exercice des pouvoirs et dans l'accomplissement des missions et des devoirs qui lui ont été conférés par le traité et par les présents statuts, le Conseil de l'IME ne peut solliciter ni accepter des instructions des institutions ou organes communautaires ou des gouvernements des États membres. Les institutions et organes communautaires ainsi que les gouvernements des États membres s'engagent à respecter ce principe et à ne pas chercher à influencer le Conseil de l'IME dans l'accomplissement de ses missions.

Article 9. — Administration

9.1. Conformément à l'article 109 F paragraphe 1 du traité, l'IME est dirigé et géré par le Conseil de l'IME.

9.2. Le Conseil de l'IME se compose du président et des gouverneurs des banques centrales nationales, dont l'un est vice-président. Si un gouverneur est empêché d'assister à une réunion, il peut désigner un autre représentant de son institution.

9.3. Le président est nommé d'un commun accord par les gouvernements des États membres au niveau des chefs d'État ou de gouvernement, sur recommandation du Comité des gouverneurs ou du Conseil de l'IME, selon le cas, et après consultation du Parlement européen et du Conseil. Le président est choisi parmi des personnes dont l'autorité et l'expérience professionnelle dans le domaine monétaire ou bancaire sont reconnues. Seuls les ressortissants d'un État membre peuvent être président de l'IME. Le Conseil de l'IME nomme un vice-président. Le président et le vice-président sont nommés pour une période de trois ans.

9.4. Le président exerce ses fonctions à temps plein. A moins d'avoir obtenu une exemption exceptionnelle du Conseil de l'IME, il s'engage à n'exercer aucune autre activité professionnelle, rémunérée ou non.

9.5. Le président :

— prépare et préside les réunions du Conseil de l'IME ;
— sans préjudice de l'article 22, présente le point de vue de l'IME à l'extérieur ;
— est responsable de la gestion courante de l'IME.

En l'absence du président, les fonctions de ce dernier sont exercées par le vice-président.

9.6. Les conditions d'emploi du président, notamment ses émoluments, sa pension et ses autres avantages de sécurité sociale, font l'objet d'un contrat conclu avec l'IME et sont fixés par le Conseil de l'IME sur proposition d'un comité comprenant trois membres nommés par le Comité des gouverneurs ou, le cas échéant, par le Conseil de l'IME et trois membres nommés par le Conseil. Le président ne dispose pas du droit de vote sur les questions régies par le présent paragraphe.

9.7. Si le président ne remplit plus les conditions nécessaires à l'exercice de ses fonctions ou s'il a commis une faute grave, la Cour de justice peut, à la requête du Conseil de l'IME, le démettre d'office de ses fonctions.

9.8. Le Conseil de l'IME arrête le règlement intérieur de l'IME.

Article 10. — Réunions du Conseil de l'IME et procédures de vote

10.1. Le Conseil de l'IME se réunit au moins dix fois par an. Ses réunions sont confidentielles. Le Conseil de l'IME, statuant à l'unanimité, peut décider de rendre public le résultat de ses délibérations.

10.2. Chaque membre du Conseil de l'IME ou son représentant dispose d'une voix.

10.3. Sauf disposition contraire des présents statuts, le Conseil de l'IME se prononce à la majorité simple de ses membres.

10.4. Les décisions à prendre dans le cadre des articles 4.2, 5.4, 6.2 et 6.3 exigent l'unanimité des membres du Conseil de l'IME.

L'adoption d'avis et de recommandations en vertu des articles 5.1 et 5.2, l'adoption de décisions en vertu des articles 6.4, 16 et 23.6 et l'adoption de directives en vertu de l'article 15.3 requièrent la majorité qualifiée des deux tiers des membres du Conseil de l'IME.

Article 11. — Coopération interinstitutionnelle et obligation de présenter des rapports

11.1. Le président du Conseil et un membre de la Commission peuvent participer aux réunions du Conseil de l'IME, sans avoir le droit de vote.

11.2. Le président de l'IME est invité à participer aux réunions du Conseil lorsque celui-ci discute des questions relatives aux objectifs et aux missions de l'IME.

11.3. A une date fixée par le règlement intérieur, l'IME établit un rapport annuel sur ses activités et sur la situation monétaire et financière dans la Communauté. Le rapport annuel, ainsi que les comptes annuels de l'IME sont adressés au Parlement européen, au Conseil et à la Commission, ainsi qu'au Conseil européen.

Le président de l'IME peut, à la demande du Parlement européen ou de sa propre initiative, être entendu par les commissions compétentes du Parlement européen.

11.4. Les rapports publiés par l'IME sont mis gratuitement à la disposition des personnes intéressées.

Article 12. — Monnaie utilisée

Les opérations de l'IME sont libellées en Écus.

Article 13. — Siège

La décision relative au siège de l'IME sera prise, avant la fin de 1992, d'un commun accord par les gouvernements des États membres au niveau des chefs d'État ou de gouvernement.

Article 14. — Personnalité juridique

L'IME, qui est doté de la personnalité juridique en vertu de l'article 109 F paragraphe 1 du traité, jouit, dans chacun des États membres, de la capacité juridique la plus large reconnue aux personnes morales par la législation nationale ; il peut notamment acquérir ou aliéner des biens mobiliers ou immobiliers et ester en justice.

Article 15. — Actes juridiques

15.1. Dans l'exercice de ses fonctions et selon les conditions prévues au présent statut, l'IME :

— formule des avis,
— fait des recommandations,
— adopte des directives et prend des décisions qui sont adressées aux banques centrales nationales.

15.2. Les avis et recommandations de l'IME ne lient pas.

15.3. Le Conseil de l'IME peut adopter des directives fixant les méthodes de mise en œuvre des conditions nécessaires au SEBC pour accomplir ses tâches lors de la troisième phase. Les directives de l'IME ne lient pas ; elles sont soumises à la BCE pour décision.

15.4. Sans préjudice de l'article 3.1, une décision de l'IME est obligatoire dans tous ses éléments pour les destinataires qu'elle désigne. Les articles 190 et 191 du traité sont applicables à ces décisions.

Article 16. — Ressources financières

16.1. L'IME est doté de ses propres ressources. Le montant de celles-ci est déterminé par le Conseil de l'IME, en vue d'assurer le revenu estimé nécessaire pour couvrir les dépenses administratives résultant de l'accomplissement des tâches et des fonctions de l'IME.

16.2. Les ressources de l'IME, déterminées conformément à l'article 16.1, sont constituées par des contributions des banques centrales nationales conformément à la clé de répartition visée à l'article 29.1 des statuts du SEBC et libérées lors de la création de l'IME. A cette fin, les données statistiques utilisées pour la détermination de la clé sont fournies par la Commission, conformément aux règles adoptées par le Conseil, statuant à la majorité qualifiée sur proposition de la Commission et après consultation du Parlement européen, du Comité des gouverneurs et du comité visé à l'article 109 C du traité.

16.3. Le Conseil de l'IME détermine les modalités de la libération des contributions.

Article 17. — Comptes annuels et vérification des comptes

17.1. L'exercice de l'IME commence le premier jour du mois de janvier et se termine le dernier jour du mois de décembre.

17.2. Le Conseil de l'IME adopte un budget annuel avant le début de chaque exercice.

17.3. Les comptes annuels sont établis conformément aux principes fixés par le Conseil de l'IME. Les comptes annuels sont approuvés par le Conseil de l'IME et sont ensuite publiés.

17.4. Les comptes annuels sont vérifiés par des commissaires aux comptes extérieurs indépendants agréés par le Conseil de l'IME. Les commissaires aux comptes ont tout pouvoir pour examiner tous les livres et comptes de l'IME et pour obtenir toutes informations sur ses opérations.

Les dispositions de l'article 188 C du traité s'appliquent uniquement à un examen de l'efficience de la gestion de l'IME.

17.5. Tout excédent de l'IME est transféré dans l'ordre suivant :

a) un montant à déterminer par le Conseil de l'IME est transféré au fonds de réserve général de l'IME ;
b) le solde est distribué aux banques centrales nationales selon la clé visée à l'article 16.2.

17.6. Si l'exercice de l'IME se solde par une perte, celle-ci est compensée par un prélèvement sur le fonds de réserve général de l'IME. Le solde de la perte est compensé par des contributions des banques centrales nationales selon la clé visée à l'article 16.2.

Article 18. — Personnel

18.1. Le Conseil de l'IME arrête le régime applicable au personnel de l'IME.

18.2. La Cour de justice est compétente pour connaître de tout litige entre l'IME et ses agents dans les limites et selon les conditions prévues par le régime qui leur est applicable.

Article 19. — Contrôle juridictionnel et questions connexes

19.1. La Cour de justice peut connaître des actes ou omissions de l'IME ou être saisie de leur interprétation dans les cas et selon les conditions fixées par le traité. L'IME peut former des recours dans les cas et selon les conditions fixées par le traité.

19.2. Les litiges entre l'IME, d'une part, et ses créanciers, débiteurs ou toute autre personne, d'autre part, relèvent de la juridiction des tribunaux nationaux compétents, sauf si la Cour de justice a été déclarée compétente.

19.3. L'IME est soumis au régime de responsabilité prévu à l'article 215 du traité.

19.4. La Cour de justice est compétente pour statuer en vertu d'une clause compromissoire contenue dans un contrat de droit public ou de droit privé passé par l'IME ou pour le compte de celui-ci.

19.5. La décision de l'IME de saisir la Cour de justice est prise par le Conseil de l'IME.

Article 20. — Secret professionnel

20.1. Les membres du Conseil de l'IME et le personnel de cette institution sont tenus, même après la cessation de leurs fonctions, de ne pas divulguer les informations qui, par leur nature, sont couvertes par le secret professionnel.

20.2. Les personnes ayant accès à des données soumises à une législation communautaire imposant l'obligation du secret sont assujetties à cette législation.

Article 21. — Privilèges et immunités

L'IME jouit, sur le territoire des États membres, des privilèges et immunités dans la mesure nécessaire à l'accomplissement de ses missions, dans les conditions prévues par le protocole sur les privilèges et immunités des Communautés européennes annexé au traité instituant un Conseil unique et une Commission unique des Communautés européennes.

Article 22. — Signataires

L'IME est juridiquement engagé vis-à-vis des tiers par son président ou son vice-président ou par la signature de deux membres du personnel de l'IME dûment autorisés par le président à signer au nom de l'IME.

Article 23. — Liquidation de l'IME

23.1. Conformément à l'article 109 L du traité, l'IME est liquidé dès la création de la BCE. Tous les actifs et les passifs de l'IME sont alors automatiquement transférés à la BCE. Celle-ci liquide l'IME conformément au présent article. La liquidation est terminée au début de la troisième phase.

23.2. Le mécanisme de création d'Écus en contrepartie d'or et de dollars US, tel qu'il est prévu à l'article 17 de l'accord du SME, est abrogé dès le premier jour de la troisième phase selon l'article 20 dudit accord.

23.3. Toutes les créances et dettes résultant du mécanisme de financement à très court terme et du mécanisme de soutien monétaire à court terme sont réglées dès le premier jour de la mise en route de la troisième phase dans le cadre des accords visés à l'article 6.1.

23.4. Tous les avoirs restants de l'IME sont liquidés et toutes les dettes en souffrance de cette institution sont réglées.

23.5. Le produit de la liquidation décrite à l'article 23.4 est distribué aux banques centrales nationales selon la clé visée à l'article 16.2.

23.6. Le Conseil de l'IME peut prendre les mesures nécessaires à l'application des articles 23.4 et 23.5.

23.7. Dès que la BCE est instituée, le président de l'IME quitte sa fonction.

PROTOCOLE (n° 5)

sur la procédure concernant les déficits excessifs

LES HAUTES PARTIES CONTRACTANTES,

DÉSIREUSES de fixer les modalités de la procédure concernant les déficits excessifs visés à l'article 104 C du traité instituant la Communauté européenne,

SONT CONVENUES des dispositions ci-après, qui sont annexées au traité instituant la Communauté européenne :

Article 1

Les valeurs de référence visées à l'article 104 C paragraphe 2 du traité sont les suivantes :

— 3 % pour le rapport entre le déficit public prévu ou effectif et le produit intérieur brut aux prix du marché ;
— 60 % pour le rapport entre la dette publique et le produit intérieur brut aux prix du marché.

Article 2

A l'article 104 C du traité et dans le présent protocole, on entend par :

— public : ce qui est relatif au gouvernement général, c'est-à-dire les administrations centrales, les autorités régionales ou locales et les fonds de sécurité sociale, à l'exclusion des opérations commerciales, telles que définies dans le Système européen de comptes économiques intégrés ;
— déficit : le besoin net de financement, tel que défini dans le Système européen de comptes économiques intégrés ;
— investissement : la formation brute de capital fixe, telle que définie dans le Système européen de comptes économiques intégrés ;

— dette : le total des dettes brutes, à leur valeur nominale, en cours à la fin de l'année et consolidées à l'intérieur des secteurs du gouvernement général tel qu'il est défini au premier tiret.

Article 3

En vue d'assurer l'efficacité de la procédure concernant les déficits excessifs, les gouvernements des États membres sont responsables, aux termes de la présente procédure, des déficits du gouvernement général tel qu'il est défini à l'article 2 premier tiret. Les États membres veillent à ce que les procédures nationales en matière budgétaire leur permettent de remplir les obligations qui leur incombent dans ce domaine en vertu du traité. Les États membres notifient rapidement et régulièrement à la Commission leurs déficits prévus et effectifs ainsi que le niveau de leur dette.

Article 4

Les données statistiques utilisées pour l'application du présent protocole sont fournies par la Commission.

PROTOCOLE (n° 6)

sur les critères de convergence visés à l'article 109 J du traité instituant la Communauté européenne

LES HAUTES PARTIES CONTRACTANTES,

DÉSIREUSES de fixer les modalités des critères de convergence qui doivent guider la Communauté dans les décisions qu'elle prendra lors du passage à la troisième phase de l'Union économique et monétaire visée à l'article 109 J paragraphe 1 du traité instituant la Communauté européenne,

SONT CONVENUES des dispositions ci-après, qui sont annexées au traité instituant la Communauté européenne :

Article 1

Le critère de stabilité des prix, visé à l'article 109 J paragraphe 1 premier tiret du traité, signifie qu'un État membre a un degré de stabilité des prix durable et un taux d'inflation moyen, observé au cours d'une période d'un an avant l'examen, qui ne dépasse pas de plus de 1,5 % celui des trois États membres, au plus, présentant les meilleurs résultats en matière de stabilité des prix. L'inflation est calculée au moyen de l'indice des prix à la consommation sur une base comparable, compte tenu des différences dans les définitions nationales.

Article 2

Le critère de situation des finances publiques, visé à l'article 109 J paragraphe 1 deuxième tiret du traité, signifie qu'un État membre ne fait pas l'objet, au moment de l'examen, d'une décision du Conseil visée à l'article 104 C paragraphe 6 du traité concernant l'existence d'un déficit excessif dans l'État membre concerné.

Article 3

Le critère de participation au mécanisme de change du Système monétaire européen, visé à l'article 109 J paragraphe 1 troisième tiret du traité, signifie qu'un État membre a respecté les marges normales de fluctuation prévues par le mécanisme de change du Système monétaire européen sans connaître de tensions graves pendant au moins les deux dernières années précédant l'examen. Notamment, l'État membre n'a, de sa propre initiative, pas dévalué le taux central bilatéral de sa monnaie par rapport à la monnaie d'un autre État membre pendant la même période.

Article 4

Le critère de convergence des taux d'intérêt, visé à l'article 109 J paragraphe 1 quatrième tiret du traité, au cours d'une période d'un an précédant l'examen, signifie qu'un État membre a eu un taux d'intérêt nominal moyen à long terme qui n'excède pas de plus de 2 % celui des trois États membres, au plus, présentant les meilleurs résultats en matière de stabilité des prix. Les taux d'intérêt sont calculés sur la base d'obligations d'État à long terme ou de titres comparables, compte tenu des différences dans les définitions nationales.

Article 5

Les données statistiques utilisées pour l'application du présent protocole sont fournies par la Commission.

Article 6

Le Conseil, statuant à l'unanimité, sur proposition de la Commission et après consultation du Parlement européen, de l'IME ou de la BCE selon le cas, ainsi que du comité visé à l'article 109 C du traité, adopte les dispositions appropriées pour préciser de manière détaillée les critères de convergence visés à l'article 109 J du traité, qui remplacent alors le présent protocole.

PROTOCOLE (n° 7)

modifiant le protocole sur les privilèges et immunités des Communautés européennese

LES HAUTES PARTIES CONTRACTANTES,

CONSIDÉRANT qu'aux termes de l'article 40 des statuts du Système européen de banques centrales et de la Banque centrale européenne et de l'article 21 des statuts de l'Institut monétaire européen, la Banque centrale européenne et l'Institut monétaire européen jouissent, sur le territoire des États membres, des privilèges et immunités dans la mesure nécessaire à l'accomplissement de leurs missions,

SONT CONVENUES des dispositions ci-après, qui sont annexées au traité instituant la Communauté européenne :

Article unique

Le protocole sur les privilèges et immunités des Communautés européennes, annexé au traité instituant un Conseil unique et une Commission unique des Communautés européennes, est complété par les dispositions suivantes :

«Article 23

Le présent protocole s'applique également à la Banque centrale européenne, aux membres de ses organes et à son personnel, sans préjudice des dispositions du protocole sur les statuts du Système européen de banques centrales et de la Banque centrale européenne.

La Banque centrale européenne sera, en outre, exonérée de toute imposition fiscale et parafiscale à l'occasion des augmentations de son capital ainsi que des formalités diverses que ces opérations pourront comporter dans l'État du siège. L'activité de la Banque et de ses organes, s'exerçant dans les conditions prévues par les statuts du Système européen de banques centrales et de la Banque centrale européenne, ne donnera pas lieu à l'application des taxes sur le chiffre d'affaires.

Les dispositions ci-dessus s'appliquent également à l'Institut monétaire européen. Sa dissolution et sa liquidation n'entraîneront aucune perception.»

PROTOCOLE (n° 8)

sur le Danemark

LES HAUTES PARTIES CONTRACTANTES,

DÉSIREUSES de régler certains problèmes particuliers relatifs au Danemark,

SONT CONVENUES des dispositions ci-après, qui sont annexées au traité instituant la Communauté européenne :

Les dispositions de l'article 14 du protocole sur les statuts du Système européen des banques centrales n'affectent pas le droit de la Banque nationale du Danemark d'exercer les tâches qu'elle assume actuellement à l'égard des territoires du Royaume de Danemark qui ne font pas partie de la Communauté.

PROTOCOLE (n° 9)
sur le Portugal

LES HAUTES PARTIES CONTRACTANTES,

DÉSIREUSES de régler certains problèmes particuliers relatifs au Portugal,

SONT CONVENUES des dispositions ci-après, qui sont annexées au traité instituant la Communauté européenne :

1. Le Portugal est autorisé à maintenir la faculté conférée aux régions autonomes des Açores et de Madère de bénéficier de crédits sans intérêt auprès de la Banco de Portugal selon les conditions fixées par la loi portugaise en vigueur.

2. Le Portugal s'engage à mettre tout en œuvre pour mettre fin dans les meilleurs délais au régime susmentionné.

PROTOCOLE (n° 10)
sur le passage à la troisième phase de l'Union économique et monétaire

LES HAUTES PARTIES CONTRACTANTES,

Affirment que la signature des nouvelles dispositions du traité relatives à l'Union économique et monétaire confère à la marche de la Communauté vers la troisième phase de l'Union économique et monétaire un caractère irréversible.

Par conséquent, tous les États membres, qu'ils remplissent ou non les conditions nécessaires à l'adoption d'une monnaie unique, respectent la volonté que la Communauté entre rapidement dans la troisième phase ; aussi, aucun État membre n'empêchera-t-il l'entrée dans la troisième phase.

Si, à la fin de 1997, la date du début de la troisième phase n'a pas été fixée, les États membres concernés, les institutions de la Communauté et les autres organismes concernés effectuent avec diligence tous les travaux préparatoires au cours de l'année 1998, afin de permettre à la Communauté d'entrer irrévocablement dans la troisième phase le 1er janvier 1999 et de permettre à la BCE et au SEBC de commencer à exercer pleinement leurs fonctions à compter de cette date.

Le présent protocole est annexé au traité instituant la Communauté européenne.

PROTOCOLE (n° 11)

sur certaines dispositions relatives au Royaume-Uni de Grande-Bretagne et d'Irlande du Nord

LES HAUTES PARTIES CONTRACTANTES,

RECONNAISSANT que le Royaume-Uni n'est pas tenu et n'a pas pris l'engagement de passer à la troisième phase de l'Union économique et monétaire sans décision distincte en ce sens de son gouvernement et de son parlement ;

PRENANT ACTE que le gouvernement du Royaume-Uni a coutume de financer ses emprunts par la vente de titres de créance au secteur privé ;

SONT CONVENUES des dispositions ci-après, qui sont annexées au traité instituant la Communauté européenne :

1. Le Royaume-Uni notifie au Conseil s'il a l'intention de passer à la troisième phase avant que le Conseil ne procède à l'évaluation prévue à l'article 109 J paragraphe 2 du traité.

Le Royaume-Uni n'est pas tenu de passer à la troisième phase, sauf s'il notifie au Conseil son intention de le faire.

Si aucune date n'est fixée pour le début de la troisième phase conformément à l'article 109 J paragraphe 3 du traité, le Royaume-Uni peut notifier son intention de passer à la troisième phase avant le 1er janvier 1998.

2. Les points 3 à 9 sont applicables si le Royaume-Uni notifie au Conseil qu'il n'a pas l'intention de passer à la troisième phase.

3. Le Royaume-Uni n'est pas inclus dans la majorité des États membres qui remplissent les conditions nécessaires visées à l'article 109 J paragraphe 2 deuxième tiret et paragraphe 3 premier tiret du traité.

4. Le Royaume-Uni conserve ses pouvoirs dans le domaine de la politique monétaire conformément à son droit national.

5. L'article 3 A paragraphe 2, l'article 104 C paragraphes 1, 9 et 11, l'article 105 paragraphes 1 à 5, l'article 105 A, les articles 107, 108, 108 A et 109, l'article 109 A paragraphes 1 et 2 point b) et l'article 109 L paragraphes 4 et 5 du traité ne s'appliquent pas au Royaume-Uni. Dans ces dispositions, les références à la Communauté et aux États membres n'incluent pas le Royaume-Uni et les références aux banques centrales nationales n'incluent pas la Banque d'Angleterre.

6. L'article 109 E paragraphe 4 et les articles 109 H et 109 I du traité continuent à s'appliquer au Royaume-Uni. L'article 109 C paragraphe 4 et l'article 109 M s'appliquent au Royaume-Uni comme s'il faisait l'objet d'une dérogation.

7. Les droits de vote du Royaume-Uni sont suspendus pour les actes du Conseil visés aux articles énumérés au point 5. A cet effet, les voix pondérées du Royaume-Uni sont exclues de tout calcul d'une majorité qualifiée au sens de l'article 109 K paragraphe 5 du traité.

Le Royaume-Uni n'a pas non plus le droit de participer à la nomination du président, du vice-président et des autres membres du Directoire de la BCE prévue à l'article 109 A paragraphe 2 point b) et à l'article 109 L paragraphe 1 du traité.

8. Les articles 3, 4, 6, 7, 9.2, 10.1, 10.3, 11.2, 12.1, 14, 16, 18, 19, 20, 22, 23, 26, 27, 30, 31, 32, 33, 34, 50 et 52 du protocole sur les statuts du Système européen de banques centrales et de la Banque centrale européenne («les statuts») ne s'appliquent pas au Royaume-Uni.

Dans ces articles, les références à la Communauté ou aux États membres ne concernent pas le Royaume-Uni et les références aux banques centrales nationales ou aux actionnaires ne concernent pas la Banque d'Angleterre.

Les références aux articles 10.3 et 30.2 des statuts au «capital souscrit de la BCE» n'incluent pas le capital souscrit par la Banque d'Angleterre.

9. L'article 109 L paragraphe 3 du traité et les articles 44 à 48 des statuts sont applicables, qu'un État membre fasse ou non l'objet d'une dérogation, sous réserve des modifications suivantes :

a) à l'article 44, les références aux missions de la BCE et de l'IME comprennent les missions qui doivent encore être menées à bien pendant la troisième phase en raison d'une éventuelle décision du Royaume-Uni de ne pas passer à cette phase ;
b) en plus des missions visées à l'article 47, la BCE remplit une fonction de conseil et d'assistance dans la préparation de toute décision que le Conseil pourrait être amené à prendre à l'égard du Royaume-Uni conformément aux dispositions du point 10 sous a) et sous c) ;
c) la Banque d'Angleterre verse sa contribution au capital de la BCE à titre de participation à ses frais de fonctionnement sur la même base que

les banques centrales nationales des États membres faisant l'objet d'une dérogation.

10. Si le Royaume-Uni ne passe pas à la troisième phase, il peut modifier sa notification à tout moment après le début de cette phase. Dans ce cas :

a) le Royaume-Uni a le droit de passer à la troisième phase pour autant qu'il remplisse les conditions nécessaires. Le Conseil, statuant à la demande du Royaume-Uni, dans les conditions et selon la procédure fixées à l'article 109 K paragraphe 2 du traité, décide s'il remplit les conditions nécessaires ;
b) la Banque d'Angleterre verse sa part de capital souscrit et transfère à la BCE des avoirs de réserve en devises et contribue à ses réserves sur la même base que la banque centrale nationale d'un État membre dont la dérogation a pris fin ;
c) le Conseil, statuant dans les conditions et selon la procédure fixées à l'article 109 L paragraphe 5 du traité, prend toute autre décision nécessaire pour permettre au Royaume-Uni de passer à la troisième phase.

Si le Royaume-Uni passe à la troisième phase conformément aux dispositions du présent point, les points 3 à 9 cessent d'être applicables.

11. Par dérogation à l'article 104 et à l'article 109 E paragraphe 3 du traité et à l'article 21.1 des statuts, le gouvernement du Royaume-Uni peut conserver la ligne de crédit «Ways and Means» dont il dispose auprès de la Banque d'Angleterre si et aussi longtemps que le Royaume-Uni ne passe pas à la troisième phase.

PROTOCOLE (n° 12)

sur certaines dispositions relatives au Danemark

LES HAUTES PARTIES CONTRACTANTES,

DÉSIREUSES de régler, conformément aux objectifs généraux du traité instituant la Communauté européenne, certains problèmes particuliers qui se posent actuellement,

VU que la constitution du Danemark contient des dispositions susceptibles de rendre nécessaire l'organisation au Danemark d'un référendum avant que ce pays ne s'engage dans la troisième phase de l'Union économique et monétaire ;

SONT CONVENUES des dispositions ci-après, qui sont annexées au traité instituant la Communauté européenne :

1. Le gouvernement danois notifie au Conseil sa position sur sa participation à la troisième phase avant que le Conseil ne procède à son évaluation selon l'article 109 J paragraphe 2 du traité.

2. Au cas où le Danemark notifie qu'il ne participera pas à la troisième phase, il bénéficie d'une dérogation. Cette dérogation a pour effet de rendre applicable au Danemark tous les articles et toutes les dispositions du traité et des statuts du SEBC faisant référence à une dérogation.

3. Dans ce cas, le Danemark n'est pas inclus dans la majorité des États membres qui remplissent les conditions nécessaires mentionnées à l'article 109 J paragraphe 2 deuxième tiret et paragraphe 3 premier tiret du traité.

4. La procédure prévue à l'article 109 K paragraphe 2 pour mettre fin à la dérogation n'est entamée qu'à la demande du Danemark.

5. Au cas où il est mis fin à la dérogation, les dispositions du présent protocole cessent d'être applicables.

PROTOCOLE (n° 13)
sur la France

LES HAUTES PARTIES CONTRACTANTES,

DÉSIREUSES de tenir compte d'un élément particulier concernant la France,

SONT CONVENUES des dispositions ci-après, qui sont annexées au traité instituant la Communauté européenne :

La France conservera le privilège d'émettre des monnaies dans ses territoires d'outre-mer selon les modalités établies par sa législation nationale et elle sera seule habilitée à déterminer la parité du franc CFP.

PROTOCOLE (n° 14)
sur la politique sociale

LES HAUTES PARTIES CONTRACTANTES,

CONSTATANT que onze États membres, à savoir le Royaume de Belgique, le Royaume de Danemark, la République fédérale d'Allemagne, la République hellénique, le Royaume d'Espagne, la République française, l'Irlande, la République italienne, le Grand-Duché de Luxembourg, le Royaume des Pays-Bas et la République portugaise, sont désireux de poursuivre dans la voie tracée par la Charte sociale de 1989 ; qu'ils ont arrêté entre eux un accord à cette fin ; que ledit accord est annexé au présent protocole ; que le présent protocole et ledit accord ne portent pas atteinte aux dispositions du traité, notamment à celles relatives à la politique sociale qui font partie intégrante de l'acquis communautaire :

1) Conviennent d'autoriser ces onze États membres à faire recours aux institutions, procédures et mécanismes du traité aux fins de prendre entre eux et d'appliquer, dans la mesure où ils sont concernés, les actes et décisions nécessaires à la mise en œuvre de l'accord visé ci-dessus.

2) Le Royaume-Uni de Grande-Bretagne et d'Irlande du Nord ne participe pas aux délibérations et à l'adoption par le Conseil des propositions de la Commission faites sur la base du présent protocole et de l'accord susmentionné.

Par dérogation à l'article 148 paragraphe 2 du traité, les actes du Conseil pris en vertu du présent protocole qui doivent être adoptés à la majorité qualifiée le sont s'ils ont recueilli au moins quarante-quatre voix. L'unanimité des membres du Conseil, à l'exception du Royaume-Uni de Grande-Bretagne et d'Irlande du Nord, est nécessaire pour les actes du Conseil qui doivent être adoptés à l'unanimité, ainsi que pour ceux constituant amendement de la proposition de la Commission.

Les actes adoptés par le Conseil et toutes les conséquences financières autres que les coûts administratifs encourus par les institutions ne s'appliquent pas au Royaume-Uni de Grande-Bretagne et d'Irlande du Nord.

3) Le présent protocole est annexé au traité instituant la Communauté européenne.

ACCORD

sur la politique sociale conclu entre les États membres de la Communauté européenne à l'exception du Royaume-Uni de Grande-Bretagne et d'Irlande du Nord

Les onze HAUTES PARTIES CONTRACTANTES soussignées, à savoir le Royaume de Belgique, le Royaume de Danemark, la République fédérale d'Allemagne, la République hellénique, le Royaume d'Espagne, la République française, l'Irlande, la République italienne, le Grand-Duché de Luxembourg, le Royaume des Pays-Bas et la République portugaise, ci-après dénommés «États membres»,

DÉSIREUSES de mettre en œuvre, à partir de l'acquis communautaire, la Charte sociale de 1989,

VU le Protocole relatif à la politique sociale :

SONT CONVENUES des dispositions suivantes :

Article 1

La Communauté et les Etats membres ont pour objectifs la promotion de l'emploi, l'amélioration des conditions de vie et de travail, une protection sociale adéquate, le dialogue social, le développement des ressources humaines permettant un niveau d'emploi élevé et durable et la lutte contre les exclusions. A cette fin, la Communauté et les États membres mettent en œuvre des mesures qui tiennent compte de la diversité des pratiques nationales, en particulier dans le domaine des relations conventionnelles, ainsi que de la nécessité de maintenir la compétitivité de l'économie de la Communauté.

Article 2

1. En vue de réaliser les objectifs visés à l'article 1er, la Communauté soutient et complète l'action des États membres dans les domaines suivants :

— l'amélioration, en particulier, du milieu de travail pour protéger la santé et la sécurité des travailleurs,
— les conditions de travail,
— l'information et la consultation des travailleurs,
— l'égalité entre hommes et femmes en ce qui concerne leurs chances sur le marché du travail et le traitement dans le travail,
— l'intégration des personnes exclues du marché du travail, sans préjudice des dispositions de l'article 127 du traité instituant la Communauté européenne, ci-après dénommé «traité».

2. A cette fin, le Conseil peut arrêter, par voie de directive, des prescriptions minimales applicables progressivement, compte tenu des conditions et des réglementations techniques existant dans chacun des États membres. Ces directives évitent d'imposer des contraintes administratives, financières et juridiques telles qu'elles contrarieraient la création et le développement de petites et moyennes entreprises.

Le Conseil statue selon la procédure visée à l'article 189 C du traité et après consultation du Comité économique et social.

3. Toutefois, le Conseil statue à l'unanimité sur proposition de la Commission, après consultation du Parlement européen et du Comité économique et social dans les domaines suivants :

— la sécurité sociale et la protection sociale des travailleurs,
— la protection des travailleurs en cas de résiliation du contrat de travail,
— la représentation et la défense collective des intérêts des travailleurs et des employeurs, y compris la cogestion, sous réserve du paragraphe 6,

— les conditions d'emploi des ressortissants des pays tiers se trouvant en séjour régulier sur le territoire de la Communauté,
— les contributions financières visant la promotion de l'emploi et la création d'emplois, sans préjudice des dispositions relatives au Fonds social.

4. Un État membre peut confier aux partenaires sociaux, à leur demande conjointe, la mise en œuvre des directives prises en application des paragraphes 2 et 3.

Dans ce cas, il s'assure que, au plus tard à la date à laquelle une directive doit être transposée conformément à l'article 189, les partenaires sociaux ont mis en place les dispositions nécessaires par voie d'accord, l'État membre concerné devant prendre toute disposition nécessaire lui permettant d'être à tout moment en mesure de garantir les résultats imposés par ladite directive.

5. Les dispositions arrêtées en vertu du présent article ne peuvent empêcher un État membre de maintenir ou d'établir des mesures de protection plus strictes compatibles avec le traité.

6. Les dispositions du présent article ne s'appliquent ni aux rémunérations, ni au droit d'association, ni au droit de grève, ni au droit de lock-out.

Article 3

1. La Commission a pour tâche de promouvoir la consultation des partenaires sociaux au niveau communautaire et prend toute mesure utile pour faciliter leur dialogue en veillant à un soutien équilibré des parties.

2. A cet effet, la Commission, avant de présenter des propositions dans le domaine de la politique sociale, consulte les partenaires sociaux sur l'orientation possible d'une action communautaire.

3. Si la Commission, après cette consultation, estime qu'une action communautaire est souhaitable, elle consulte les partenaires sociaux sur le contenu de la proposition envisagée. Les partenaires sociaux remettent à la Commission un avis ou, le cas échéant, une recommandation.

4. A l'occasion de cette consultation, les partenaires sociaux peuvent informer la Commission de leur volonté d'engager le processus prévu à l'article 4. La durée de la procédure ne peut pas dépasser neuf mois, sauf prolongation décidée en commun par les partenaires sociaux concernés et la Commission.

Article 4

1. Le dialogue entre partenaires sociaux au niveau communautaire peut conduire, si ces derniers le souhaitent, à des relations conventionnelles, y compris des accords.

2. La mise en œuvre des accords conclus au niveau communautaire intervient soit selon les procédures et pratiques propres aux partenaires sociaux

et aux États membres, soit, dans les matières relevant de l'article 2, à la demande conjointe des parties signataires, par une décision du Conseil sur proposition de la Commission.

Le Conseil statue à la majorité qualifiée, sauf lorsque l'accord en question contient une ou plusieurs dispositions relatives à l'un des domaines visés à l'article 2 paragraphe 3, auquel cas il statue à l'unanimité.

Article 5

En vue de réaliser les objectifs visés à l'article 1er et sans préjudice des autres dispositions du traité, la Commission encourage la coopération entre les États membres et facilite la coordination de leur action dans les domaines de la politique sociale relevant du présent accord.

Article 6

1. Chaque Etat membre assure l'application du principe de l'égalité des rémunérations entre travailleurs masculins et travailleurs féminins pour un même travail.

2. Aux fins du présent article, on entend par rémunération : le salaire ou traitement ordinaire de base ou minimum, et tous autres avantages payés directement ou indirectement, en espèces ou en nature, par l'employeur au travailleur en raison de l'emploi de ce dernier.

L'égalité de rémunération, sans discrimination fondée sur le sexe, implique :

a) que la rémunération accordée pour un même travail payé à la tâche soit établie sur la base d'une même unité de mesure,
b) que la rémunération accordée pour un travail payé au temps soit la même pour un même poste de travail.

3. Le présent article ne peut empêcher un État membre de maintenir ou d'adopter des mesures prévoyant des avantages spécifiques destinés à faciliter l'exercice d'une activité professionnelle par les femmes ou à prévenir ou compenser des désavantages dans leur carrière professionnelle.

Article 7

La Commission établit chaque année un rapport sur l'évolution de la réalisation des objectifs visés à l'article 1er, y compris la situation démographique dans la Communauté. Elle transmet ce rapport au Parlement européen, au Conseil et au Comité économique et social.

Le Parlement européen peut inviter la Commission à établir des rapports sur des problèmes particuliers concernant la situation sociale.

Déclarations

1. *Déclaration relative à l'article 2 paragraphe 2*

Les onze Hautes Parties Contractantes notent que, lors des discussions sur l'article 2 paragraphe 2 du présent accord, il a été convenu que la Communauté n'a pas l'intention, en établissant des obligations minimales pour la protection de la sécurité et de la santé des employés, d'opérer à l'égard des employés des petites et moyennes entreprises une discrimination non justifiée par les circonstances.

2. *Déclaration relative à l'article 4 paragraphe 2*

Les onze Hautes Parties Contractantes déclarent que la première modalité d'application des accords entre les partenaires sociaux au niveau communautaire — à laquelle il est fait référence à l'article 4 paragraphe 2 — consistera dans le développement, par la négociation collective et selon les normes de chaque État membre, du contenu de ces accords et que, en conséquence, cette modalité n'implique pas, pour les États membres, l'obligation d'appliquer de façon directe ces accords ou d'élaborer des normes de transposition de ceux-ci, ni l'obligation de modifier les dispositions internes en vigueur pour faciliter leur mise en œuvre.

PROTOCOLE (n° 15)
sur la cohésion économique et sociale

LES HAUTES PARTIES CONTRACTANTES,

RAPPELANT que l'Union s'est fixé pour objectif de promouvoir le progrès économique et social, entre autres par le renforcement de la cohésion économique et sociale ;

RAPPELANT que l'article 2 du traité instituant la Communauté européenne mentionne, entre autres missions, la promotion de la cohésion économique et sociale et de la solidarité entre les États membres et que le renforcement de la cohésion économique et sociale figure parmi les actions de la Communauté énumérées à l'article 3 du traité ;

RAPPELANT que les dispositions de l'ensemble de la troisième partie, titre XIV, consacré à la cohésion économique et sociale, fournissent la base juridique permettant de consolider et de développer davantage l'action de la Communauté dans le domaine de la cohésion économique et sociale, notamment de créer un nouveau Fonds ;

RAPPELANT que les dispositions de la troisième partie, titres XII, concernant les réseaux transeuropéens, et XVI, relatif à l'environnement, prévoient la création d'un Fonds de cohésion avant le 31 décembre 1993 ;

SE DÉCLARANT convaincus que la marche vers l'Union économique et monétaire contribuera à la croissance économique de tous les États membres ;

NOTANT que les fonds structurels de la Communauté auront été doublés en termes réels entre 1987 et 1993, entraînant d'importants transferts, notamment en termes de part du PIB des États membres les moins prospères ;

NOTANT que la Banque européenne d'investissement (BEI) prête des sommes considérables et de plus en plus importantes au bénéfice des régions les plus pauvres ;

NOTANT le souhait d'une plus grande souplesse dans les modalités d'octroi des ressources provenant des fonds structurels ;

NOTANT le souhait d'une modulation des niveaux de la participation communautaire aux programmes et aux projets dans certains pays ;

NOTANT la proposition de prendre davantage en compte, dans le système des ressources propres, la prospérité relative des États membres,

RÉAFFIRMENT que la promotion de la cohésion économique et sociale est vitale pour le développement intégral et le succès durable de la Communauté et soulignent qu'il importe de faire figurer la cohésion économique et sociale aux articles 2 et 3 du traité ;

RÉAFFIRMENT leur conviction que les fonds structurels doivent continuer à jouer un rôle considérable dans la réalisation des objectifs de la Communauté dans le domaine de la cohésion ;

RÉAFFIRMENT leur conviction que la BEI doit continuer à consacrer la majorité de ses ressources à la promotion de la cohésion économique et sociale et se déclarent disposés à réexaminer le capital dont la BEI a besoin, dès que cela sera nécessaire à cet effet ;

RÉAFFIRMENT la nécessité de procéder à une évaluation complète du fonctionnement et de l'efficacité des fonds structurels en 1992 et de réexaminer à cette occasion la taille que devraient avoir ces fonds, compte tenu des missions de la Communauté dans le domaine de la cohésion économique et sociale ;

CONVIENNENT que le Fonds de cohésion, qui doit être créé avant le 31 décembre 1993, attribuera des contributions financières de la Communauté à des projets relatifs à l'environnement et aux réseaux transeuropéens dans des États membres dont le PNB par habitant est inférieur à 90 % de la moyenne communautaire et qui ont mis en place un programme visant à satisfaire aux conditions de convergence économique visées à l'article 104 C du traité ;

DÉCLARENT qu'ils ont l'intention de permettre une plus grande flexibilité dans l'octroi de crédits en provenance des fonds structurels afin de tenir compte des besoins spécifiques qui ne sont pas satisfaits dans le cadre de la réglementation actuelle des fonds structurels ;

SE DÉCLARENT disposés à moduler les niveaux de la participation communautaire dans le cadre des programmes et des projets des fonds structurels, afin d'éviter des augmentations excessives des dépenses budgétaires dans les États membres les moins prospères ;

RECONNAISSENT la nécessité de suivre de près les progrès accomplis sur la voie de la cohésion économique et sociale et se déclarent prêts à étudier toutes les mesures nécessaires à cet égard ;

AFFIRMENT leur intention de tenir davantage compte de la capacité contributive des différents États membres au système des ressources propres et d'étudier des moyens permettant de corriger, pour les États membres les moins prospères, les éléments régressifs du système actuel de ressources propres ;

CONVIENNENT d'annexer le présent protocole au traité instituant la Communauté européenne.

PROTOCOLE (n° 16)

sur le Comité économique et social et sur le Comité des régions

LES HAUTES PARTIES CONTRACTANTES,

SONT CONVENUES des dispositions suivantes, qui sont annexées au traité instituant la Communauté européenne :

Le Comité économique et social et le Comité des régions disposent d'une structure organisationnelle commune.

PROTOCOLE (n° 17)

annexé au traité sur l'Union européenne et aux traités instituant les Communautés européennes

LES HAUTES PARTIES CONTRACTANTES,

SONT CONVENUES des dispositions suivantes, qui sont annexées au traité sur l'Union européenne et aux traités instituant les Communautés européennes :

Aucune disposition du traité sur l'Union européenne, des traités instituant les Communautés européennes ni des traités et actes modifiant ou complétant lesdits traités n'affecte l'application en Irlande de l'article 40.3.3. de la Constitution de l'Irlande.

---

29. 7. 92 Journal officiel des Communautés européennes N° C 191/95

ACTE FINAL

1. Les conférences des représentants des gouvernements des États membres convoquées à Rome le 15 décembre 1990 pour arrêter d'un commun accord les modifications à apporter au traité instituant la Communauté économique européenne en vue de la réalisation de l'Union politique et en vue des étapes finales de l'Union économique et monétaire, ainsi que celles convoquées à Bruxelles le 3 février 1992 en vue d'apporter aux traités instituant respectivement la Communauté européenne du charbon et de l'acier et la Communauté européenne de l'énergie atomique les modifications par voie de conséquence aux modifications envisagées au traité instituant la Communauté économique européenne, ont arrêté les textes suivants:

I. **Traité sur l'Union européenne**

II. **Protocoles**

1. Protocole sur l'acquisition de biens immobiliers au Danemark

2. Protocole sur l'article 119 du traité instituant la Communauté européenne

3. Protocole sur les statuts du Système européen de banques centrales et de la Banque centrale européenne

4. Protocole sur les statuts de l'Institut monétaire européen

5. Protocole sur la procédure concernant les déficits excessifs

6. Protocole sur les critères de convergence visés à l'article 109 J du traité instituant la Communauté européenne

7. Protocole modifiant le protocole sur les privilèges et immunités des Communautés européennes

8. Protocole sur le Danemark

9. Protocole sur le Portugal

10. Protocole sur le passage à la troisième phase de l'Union économique et monétaire

11. Protocole sur certaines dispositions relatives au Royaume-Uni de Grande-Bretagne et d'Irlande du Nord

12. Protocole sur certaines dispositions relatives au Danemark

13. Protocole sur la France

14. Protocole sur la politique sociale, auquel est annexé un accord conclu entre les États membres de la Communauté européenne à l'exception du Royaume-Uni de Grande-Bretagne et d'Irlande du Nord, auquel sont jointes deux déclarations

15. Protocole sur la cohésion économique et sociale

16. Protocole sur le Comité économique et social et sur le Comité des régions

17. Protocole annexé au traité sur l'Union européenne et aux traités instituant les Communautés européennes

Les conférences sont convenues que les protocoles mentionnés aux points 1 à 16 ci-dessus seront annexés au traité instituant la Communauté européenne et que le protocole mentionné au point 17 ci-dessus sera annexé au traité sur l'Union européenne et aux traités instituant les Communautés européennes.

2. Au moment de signer ces textes, les conférences ont adopté les déclarations énumérées ci-après et annexées au présent Acte final:

III. **Déclarations**

1. Déclaration relative à la protection civile, à l'énergie et au tourisme

2. Déclaration relative à la nationalité d'un État membre

3. Déclaration relative à la troisième partie, titres III et VI, du traité instituant la Communauté européenne

4. Déclaration relative à la troisième partie, titre VI, du traité instituant la Communauté européenne

5. Déclaration relative à la coopération monétaire avec les pays tiers

6. Déclaration relative aux relations monétaires avec la République de Saint-Marin, la Cité du Vatican et la Principauté de Monaco

7. Déclaration relative à l'article 73 D du traité instituant la Communauté européenne

8. Déclaration relative à l'article 109 du traité instituant la Communauté européenne

9. Déclaration relative à la troisième partie, titre XVI, du traité instituant la Communauté européenne

10. Déclaration relative aux articles 109, 130 R et 130 Y du traité instituant la Communauté européenne

11. Déclaration relative à la directive du 24 novembre 1988 (Émissions)

12. Déclaration relative au Fonds européen de développement

13. Déclaration relative au rôle des Parlements nationaux dans l'Union européenne

14. Déclaration relative à la Conférence des Parlements

15. Déclaration relative au nombre des membres de la Commission et du Parlement européen

16. Déclaration relative à la hiérarchie des actes communautaires

17. Déclaration relative au droit d'accès à l'information

18. Déclaration relative aux coûts estimés résultant des propositions de la Commission

19. Déclaration relative à l'application du droit communautaire

20. Déclaration relative à l'évaluation de l'impact environnemental des mesures communautaires

21. Déclaration relative à la Cour des comptes

22. Déclaration relative au Comité économique et social

23. Déclaration relative à la coopération avec les associations de solidarité

24. Déclaration relative à la protection des animaux

25. Déclaration relative à la représentation des intérêts des pays et territoires d'outre-mer visés à l'article 227 paragraphes 3 et 5 points a) et b) du traité instituant la Communauté européenne

26. Déclaration relative aux régions ultrapériphériques de la Communauté

27. Déclaration relative aux votes dans le domaine de la politique étrangère et de sécurité commune

28. Déclaration relative aux modalités pratiques dans le domaine de la politique étrangère et de sécurité commune

29. Déclaration relative au régime linguistique dans le domaine de la politique étrangère et de sécurité commune

30. Déclaration relative à l'Union de l'Europe occidentale

31. Déclaration relative à l'asile

32. Déclaration relative à la coopération policière

33. Déclaration relative aux litiges entre la BCE et l'IME, d'une part, et leurs agents, de l'autre

Fait à Maastricht, le sept février mille neuf cent quatre-vingt douze.

DÉCLARATION (nº 1)

relative à la protection civile, à l'énergie et au tourisme

La Conférence déclare que la question de l'introduction dans le traité instituant la Communauté européenne de titres relatifs aux domaines visés à l'article 3 point t) dudit traité sera examinée, conformément à la procédure prévue à l'article N paragraphe 2 du traité sur l'Union européenne, sur la base d'un rapport que la Commission soumettra au Conseil au plus tard en 1996.

La Commission déclare que l'action de la Communauté dans ces domaines sera poursuivie sur la base des dispositions actuelles des traités instituant les Communautés européennes.

N° C 191/98 Journal officiel des Communautés européennes 29. 7. 92

DÉCLARATION (n° 2)

relative à la nationalité d'un État membre

La Conférence déclare que, chaque fois que le traité instituant la Communauté européenne fait référence aux ressortissants des États membres, la question de savoir si une personne a la nationalité de tel ou tel État membre est réglée uniquement par référence au droit national de l'État concerné. Les États membres peuvent préciser, pour information, quelles sont les personnes qui doivent être considérées comme leurs ressortissants aux fins poursuivies par la Communauté en déposant une déclaration auprès de la présidence; ils peuvent, le cas échéant, modifier leur déclaration.

DÉCLARATION (n° 3)

relative à la troisième partie, titres III et VI, du traité instituant la Communauté européenne

La Conférence affirme que, aux fins de l'application des dispositions visées dans la troisième partie, au titre III, chapitre 4, sur les capitaux et les paiements, et au titre VI, sur la politique économique et monétaire, du traité instituant la Communauté européenne, la pratique habituelle, selon laquelle le Conseil se réunit dans sa composition des ministres chargés des affaires économiques et des finances, sera poursuivie, sans préjudice des dispositions de l'article 109 J paragraphes 2 à 4 et de l'article 109 K paragraphe 2.

DÉCLARATION (n° 4)

relative à la troisième partie, titre VI, du traité instituant la Communauté européenne

La Conférence affirme que le Président du Conseil européen invite les ministres des affaires économiques et des finances à participer aux sessions du Conseil européen lorsque ce dernier examine les questions relatives à l'Union économique et monétaire.

DÉCLARATION (n° 5)

relative à la coopération monétaire avec les pays tiers

La Conférence affirme que la Communauté cherche à contribuer à la stabilité des relations monétaires internationales. A cet effet, la Communauté est disposée à coopérer avec d'autres pays européens ainsi qu'avec les pays non européens avec lesquels elle entretient des relations économiques étroites.

---

29. 7. 92 Journal officiel des Communautés européennes N° C 191/99

DÉCLARATION (n° 6)

relative aux relations monétaires avec la République de Saint-Marin, la Cité du Vatican et la principauté de Monaco

La Conférence convient que les relations monétaires existant entre l'Italie et Saint-Marin, entre l'Italie et la Cité du Vatican et entre la France et Monaco ne seront pas affectées par le présent traité aussi longtemps que l'Écu n'aura pas été introduit comme monnaie unique de la Communauté.

La Communauté s'engage à faciliter la renégociation des arrangements existants dans la mesure nécessaire par suite de l'introduction de l'Écu comme monnaie unique.

DÉCLARATION (n° 7)

relative à l'article 73 D du traité instituant la Communauté européenne

La Conférence affirme que le droit des États membres d'appliquer les dispositions pertinentes de leur législation fiscale visées à l'article 73 D paragraphe 1 point a) du traité instituant la Communauté européenne porte uniquement sur les dispositions qui existent à la fin de 1993. Toutefois, la présente déclaration n'est applicable qu'aux mouvements de capitaux et aux paiements entre les États membres.

DÉCLARATION (n° 8)

relative à l'article 109 du traité instituant la Communauté européenne

La Conférence souligne que les termes «accord formel» utilisés à l'article 109 paragraphe 1 n'ont pas pour but de créer une nouvelle catégorie d'accords internationaux au sens du droit communautaire.

DÉCLARATION (n° 9)

relative à la troisième partie, titre XVI, du traité instituant la Communauté européenne

La Conférence estime que, vu l'intérêt croissant que revêt la protection de la nature au niveau national, communautaire et international, la Communauté devrait, dans l'exercice de ses compétences en vertu des dispositions figurant à la troisième partie, au titre XVI, du traité, tenir compte des exigences spécifiques de ce domaine.

DÉCLARATION (n° 10)

relative aux articles 109, 130 R et 130 Y du traité instituant la Communauté européenne

La Conférence considère que les dispositions de l'article 109 paragraphe 5, de l'article 130 R paragraphe 4 deuxième alinéa, et de l'article 130 Y n'affectent pas les principes résultant de l'arrêt rendu par la Cour de justice dans l'affaire AETR.

DÉCLARATION (n° 11)

relative à la directive du 24 novembre 1988 (émissions)

La Conférence déclare que les modifications apportées à la législation communautaire ne peuvent porter atteinte aux dérogations accordées à l'Espagne et au Portugal jusqu'au 31 décembre 1999 en vertu de la directive du Conseil, du 24 novembre 1988, relative à la limitation des émissions de certains polluants dans l'atmosphère en provenance des grandes installations de combustion.

DÉCLARATION (n° 12)

relative au Fonds européen de développement

La Conférence convient que le Fonds européen de développement continuera à être financé par des contributions nationales conformément aux dispositions actuelles.

DÉCLARATION (n° 13)

relative au rôle des parlements nationaux dans l'Union européenne

La Conférence estime qu'il est important d'encourager une plus grande participation des parlements nationaux aux activités de l'Union européenne.

Il convient à cet effet d'intensifier l'échange d'informations entre les parlements nationaux et le Parlement européen. Dans ce contexte, les gouvernements des États membres veillent, entre autres, à ce que les parlements nationaux puissent disposer des propositions législatives de la Commission en temps utile pour leur information ou pour un éventuel examen.

De même, la Conférence considère qu'il est important que les contacts entre les parlements nationaux et le Parlement européen soient intensifiés, notamment grâce à l'octroi de facilités réciproques appropriées et à des rencontres régulières entre parlementaires intéressés aux mêmes questions.

---

29. 7. 92 Journal officiel des Communautés européennes N° C 191/101

DÉCLARATION (n° 14)

relative à la Conférence des parlements

La Conférence invite le Parlement européen et les parlements nationaux à se réunir en tant que de besoin en formation de Conférence des parlements (ou Assises).

La Conférence des parlements est consultée sur les grandes orientations de l'Union européenne, sans préjudice des compétences du Parlement européen et des droits des parlements nationaux. Le président du Conseil européen et le président de la Commission font rapport à chaque session de la Conférence des parlements sur l'état de l'Union.

DÉCLARATION (n° 15)

relative au nombre des membres de la Commission et du Parlement européen

La Conférence convient d'examiner les questions relatives au nombre des membres de la Commission et au nombre des membres du Parlement européen à la fin de 1992 au plus tard, en vue d'aboutir à un accord qui permettra d'établir la base juridique nécessaire à la fixation du nombre des membres du Parlement européen en temps voulu pour les élections de 1994. Les décisions seront prises notamment compte tenu de la nécessité de fixer le nombre total des membres du Parlement européen dans une Communauté élargie.

DÉCLARATION (n° 16)

relative à la hiérarchie des actes communautaires

La Conférence convient que la conférence intergouvernementale qui sera convoquée en 1996 examinera dans quelle mesure il serait possible de revoir la classification des actes communautaires en vue d'établir une hiérarchie appropriée entre les différentes catégories de normes.

DÉCLARATION (n° 17)

relative au droit d'accès à l'information

La Conférence estime que la transparence du processus décisionnel renforce le caractère démocratique des institutions, ainsi que la confiance du public envers l'administration. En conséquence, la Conférence recommande que la Commission soumette au Conseil, au plus tard en 1993, un rapport sur des mesures visant à accroître l'accès du public à l'information dont disposent les institutions.

N° C 191/102 Journal officiel des Communautés européennes 29. 7. 92

DÉCLARATION (n° 18)

relative aux coûts estimés résultant des propositions de la Commission

La Conférence note que la Commission s'engage, en se basant, le cas échéant, sur les consultations qu'elle estime nécessaires et en renforçant son système d'évaluation de la législation communautaire, à tenir compte, en ce qui concerne ses propositions législatives, des coûts et des bénéfices pour les autorités publiques des États membres et pour l'ensemble des intéressés.

DÉCLARATION (n° 19)

relative à l'application du droit communautaire

1. La Conférence souligne qu'il est essentiel, pour la cohérence et l'unité du processus de construction européenne, que chaque État membre transpose intégralement et fidèlement dans son droit national les directives communautaires dont il est destinataire, dans les délais impartis par celles-ci.

De plus, la Conférence — tout en reconnaissant qu'il appartient à chaque État membre de déterminer la meilleure façon d'appliquer les dispositions du droit communautaire, eu égard aux institutions, au système juridique et aux autres conditions qui lui sont propres, mais, en tout état de cause, dans le respect des dispositions de l'article 189 du traité instituant la Communauté européenne — estime qu'il est essentiel, pour le bon fonctionnement de la Communauté, que les mesures prises dans les différents États membres aboutissent à ce que le droit communautaire y soit appliqué avec une efficacité et une rigueur équivalentes à celles déployées dans l'application de leur droit national.

2. La Conférence invite la Commission à veiller, dans l'exercice des compétences que lui confère l'article 155 du traité instituant la Communauté européenne, au respect par les États membres de leurs obligations. Elle invite la Commission à publier périodiquement un rapport complet à l'intention des États membres et du Parlement européen.

DÉCLARATION (n° 20)

relative à l'évaluation de l'impact environnemental des mesures communautaires

La Conférence note l'engagement de la Commission dans le cadre de ses propositions, et celui des États membres dans le cadre de la mise en œuvre, de tenir pleinement compte des effets sur l'environnement, ainsi que du principe de la croissance durable.

DÉCLARATION (n° 21)

relative à la Cour des comptes

La Conférence souligne l'importance particulière qu'elle attache à la mission que les articles 188 A, 188 B, 188 C et 206 du traité instituant la Communauté européenne confèrent à la Cour des comptes.

Elle demande aux autres institutions communautaires d'examiner avec la Cour des comptes tous les moyens appropriés pour renforcer l'efficacité de son travail.

DÉCLARATION (n° 22)

relative au comité économique et social

La Conférence convient que le Comité économique et social jouit de la même indépendance que celle dont la Cour des comptes bénéficiait jusqu'à présent en ce qui concerne son budget et la gestion du personnel.

DÉCLARATION (n° 23)

relative à la coopération avec les associations de solidarité

La Conférence souligne l'importance que revêt, dans la poursuite des objectifs de l'article 117 du traité instituant la Communauté européenne, une coopération entre celle-ci et les associations de solidarité et les fondations en tant qu'institutions responsables d'établissements et de services sociaux.

DÉCLARATION (n° 24)

relative à la protection des animaux

La Conférence invite le Parlement européen, le Conseil et la Commission, ainsi que les États membres, à tenir pleinement compte, lors de l'élaboration et de la mise en œuvre de la législation communautaire dans les domaines de la politique agricole commune, des transports, du marché intérieur et de la recherche, des exigences en matière de bien-être des animaux.

DÉCLARATION (n° 25)

relative à la représentation des intérêts des pays et territoires d'outre-mer visés à l'article 227 paragraphes 3 et 5 points a) et b) du traité instituant la Communauté européenne

La Conférence, notant que, dans des circonstances exceptionnelles, il peut y avoir des divergences entre les intérêts de l'Union et ceux des pays et territoires d'outre-mer visés à l'article 227 paragraphes 3 et 5 points a) et b) du traité instituant la Communauté européenne, convient que le Conseil s'efforcera de trouver une solution conforme à la position de l'Union. Cependant, au cas où cela s'avérerait impossible, la Conférence convient que l'État membre concerné peut agir séparément dans l'intérêt desdits pays et territoires d'outre-mer sans que ceci porte atteinte à l'intérêt de la Communauté. Cet État membre informera le Conseil et la Commission lorsqu'une telle divergence d'intérêts risque de se produire et, si une action séparée est inévitable, indiquera clairement qu'il agit dans l'intérêt d'un territoire d'outre-mer mentionné ci-dessus.

La présente déclaration s'applique également à Macao et à Timor oriental.

Nº C 191/104 Journal officiel des Communautés européennes 29. 7. 92

DÉCLARATION (nº 26)

relative aux régions ultrapériphériques de la Communauté

La Conférence reconnaît que les régions ultrapériphériques de la Communauté (départements français d'outre-mer, Açores et Madère et îles Canaries) subissent un retard structurel important aggravé par plusieurs phénomènes (grand éloignement, insularité, faible superficie, relief et climat difficile, dépendance économique vis-à-vis de quelques produits) dont la constance et le cumul portent lourdement préjudice à leur développement économique et social.

Elle estime que, si les dispositions du traité instituant la Communauté européenne et du droit dérivé s'appliquent de plein droit aux régions ultrapériphériques, il reste possible d'adopter des mesures spécifiques en leur faveur, dans la mesure et aussi longtemps qu'il existe un besoin objectif de prendre de telles mesures en vue d'un développement économique et social de ces régions. Ces mesures doivent viser à la fois l'objectif de l'achèvement du marché intérieur et celui d'une reconnaissance de la réalité régionale en vue de permettre à ces régions de rattraper le niveau économique et social moyen de la Communauté.

DÉCLARATION (nº 27)

relative aux votes dans le domaine de la politique étrangère et de sécurité commune

La Conférence convient que, pour les décisions qui requièrent l'unanimité, les États membres éviteront, autant que possible, d'empêcher qu'il y ait unanimité lorsqu'une majorité qualifiée est favorable à la décision.

DÉCLARATION (nº 28)

relative aux modalités pratiques dans le domaine de la politique étrangère et de sécurité commune

La Conférence convient que l'articulation des travaux entre le Comité politique et le Comité des représentants permanents sera examinée ultérieurement, de même que les modalités pratiques de la fusion du Secrétariat de la coopération politique avec le Secrétariat général du Conseil et de la collaboration entre ce dernier et la Commission.

DÉCLARATION (nº 29)

relative au régime linguistique dans le domaine de la politique étrangère et de sécurité commune

La Conférence convient que le régime linguistique applicable est celui des Communautés européennes.

Pour les communications COREU, la pratique actuelle de la coopération politique européenne servira de modèle pour le moment.

Tous les textes relatifs à la politique étrangère et de sécurité commune qui sont présentés ou adoptés lors des sessions du Conseil européen ou du Conseil ainsi que tous les textes à publier sont traduits immédiatement et simultanément dans toutes les langues officielles de la Communauté.

---

29. 7. 92 Journal officiel des Communautés européennes N° C 191/105

DÉCLARATION (n° 30)

relative à l'Union de l'Europe occidentale

La Conférence prend acte des déclarations suivantes:

I. DÉCLARATION

de la Belgique, de l'Allemagne, de l'Espagne, de la France, de l'Italie, du Luxembourg, des Pays-Bas, du Portugal et du Royaume-Uni, qui sont membres de l'Union de l'Europe occidentale ainsi que membres de l'Union Européenne, sur le rôle de l'Union de l'Europe occidentale et sur ses relations avec l'Union Européenne et avec l'Alliance atlantique

Introduction

1. Les États membres de l'Union de l'Europe occidentale (UEO) conviennent de la nécessité de former une véritable identité européenne de sécurité et de défense et d'assumer des responsabilités européennes accrues en matière de défense. Cette identité sera élaborée progressivement selon un processus comportant des étapes successives. L'UEO fera partie intégrante du développement de l'Union européenne et renforcera sa contribution à la solidarité au sein de l'Alliance atlantique. Les États membres de l'UEO conviennent de renforcer le rôle de l'UEO dans la perspective à terme d'une politique de défense commune au sein de l'Union européenne, qui pourrait conduire à terme à une défense commune compatible avec celle de l'Alliance atlantique.

2. L'UEO sera développée en tant que composante de défense de l'Union européenne et comme moyen de renforcer le pilier européen de l'Alliance atlantique. A cette fin, elle formulera une politique de défense européenne commune et veillera à sa mise en œuvre concrète en développant plus avant son propre rôle opérationnel.

Les États membres de l'UEO prennent note de l'article J.4 relatif à la politique étrangère et de sécurité commune du traité sur l'Union européenne, qui se lit comme suit:

«1. La politique étrangère et de sécurité commune inclut l'ensemble des questions relatives à la sécurité de l'Union européenne, y compris la définition à terme d'une politique de défense commune, qui pourrait conduire, le moment venu, à une défense commune.

2. L'Union demande à l'Union de l'Europe occidentale (UEO), qui fait partie intégrante du développement de l'Union européenne, d'élaborer et de mettre en œuvre les décisions et les actions de l'Union qui ont des implications dans le domaine de la défense. Le Conseil, en accord avec les institutions de l'UEO, adopte les modalités pratiques nécessaires.

3. Les questions qui ont des implications dans le domaine de la défense et qui sont régies par le présent article ne sont pas soumises aux procédures définies à l'article J.3.

4. La politique de l'Union au sens du présent article n'affecte pas le caractère spécifique de la politique de sécurité et de défense de certains États membres, elle respecte les obligations découlant pour certains États membres du traité de l'Atlantique Nord et elle est compatible avec la politique commune de sécurité et de défense arrêtée dans ce cadre.

5. Les dispositions du présent article ne font pas obstacle au développement d'une coopération plus étroite entre deux ou plusieurs États membres au niveau bilatéral, dans le cadre de l'UEO et de l'Alliance atlantique, dans la mesure où cette coopération ne contrevient pas à celle qui est prévue dans le présent titre ni ne l'entrave.

6. En vue de promouvoir l'objectif du présent traité et compte tenu de l'échéance de 1998 dans le contexte de l'article XII du traité de Bruxelles modifié, les dispositions du présent

article pourront être révisées, comme prévu à l'article N paragraphe 2, sur la base d'un rapport que le Conseil soumettra en 1996 au Conseil européen, et qui comprend une évaluation des progrès réalisés et de l'expérience acquise jusque-là.»

A. *Les relations de l'UEO avec l'Union européenne*

3. L'objectif est d'édifier par étapes l'UEO en tant que composante de défense de l'Union européenne. A cette fin, l'UEO est prête à élaborer et à mettre en œuvre, sur demande de l'Union européenne, les décisions et les actions de l'Union qui ont des implications en matière de défense.

A cette fin, l'UEO instaurera d'étroites relations de travail avec l'Union européenne en prenant les mesures suivantes:

— de manière appropriée, synchronisation des dates et lieux de réunion ainsi qu'harmonisation des méthodes de travail;

— établissement d'une étroite coopération entre le Conseil et le Secrétariat général de l'UEO, d'une part, et le Conseil de l'Union et le Secrétariat général du Conseil, d'autre part;

— examen de l'harmonisation de la succession et de la durée des présidences respectives;

— mise au point de modalités appropriées afin de garantir que la Commission des Communautés européennes soit régulièrement informée et, le cas échéant, consultée sur les activités de l'UEO, conformément au rôle de la Commission dans la politique étrangère et de sécurité commune, telle que définie dans le traité sur l'Union européenne;

— encouragement d'une coopération plus étroite entre l'Assemblée parlementaire de l'UEO et le Parlement européen.

Le Conseil de l'UEO prendra les dispositions pratiques nécessaires en accord avec les institutions compétentes de l'Union européenne.

B. *Les relations de l'UEO avec l'Alliance atlantique*

4. L'objectif est de développer l'UEO en tant que moyen de renforcer le pilier européen de l'Alliance atlantique. A cette fin, l'UEO est prête à développer les étroites relations de travail entre l'UEO et l'Alliance et à renforcer le rôle, les responsabilités et les contributions des États membres de l'UEO au sein de l'Alliance. Cela s'effectuera sur la base de la transparence et de la complémentarité nécessaires entre l'identité européenne de sécurité et de défense, telle qu'elle se dégage, et l'Alliance. L'UEO agira en conformité avec les positions adoptées dans l'Alliance atlantique.

— Les États membres de l'UEO intensifieront leur coordination sur les questions au sein de l'Alliance qui représentent un important intérêt commun, afin d'introduire des positions conjointes concertées au sein de l'UEO dans le processus de consultation de l'Alliance, qui restera le forum essentiel de consultation entre les alliés et l'enceinte où ceux-ci s'accordent sur des politiques touchant à leurs engagements de sécurité et de défense au titre du traité de l'Atlantique Nord.

— Lorsqu'il y a lieu, les dates et lieux de réunion seront synchronisés et les méthodes de travail seront harmonisées.

— Une étroite coopération sera établie entre les Secrétariats généraux de l'UEO et de l'OTAN.

C. *Le rôle opérationnel de l'UEO*

5. Le rôle opérationnel de l'UEO sera renforcé en examinant et en déterminant les missions, structures et moyens appropriés, couvrant en particulier:

— une cellule de planification de l'UEO;

— une coopération militaire plus étroite en complément de l'Alliance, notamment dans le domaine de la logistique, du transport, de la formation et de la surveillance stratégique;

— des rencontres des chefs d'état-major de l'UEO;

— des unités militaires relevant de l'UEO.

D'autres propositions seront étudiées plus avant, notamment:

— une coopération renforcée en matière d'armement, en vue de créer une agence européenne des armements;

— la transformation de l'Institut de l'UEO en Académie européenne de sécurité et de défense.

Les mesures visant à renforcer le rôle opérationnel de l'UEO seront pleinement compatibles avec les dispositions militaires nécessaires pour assurer la défense collective de tous les alliés.

D. *Mesures diverses*

6. En conséquence des mesures ci-dessus et afin de faciliter le renforcement du rôle de l'UEO, le siège du Conseil et du Secrétariat général de l'UEO sera transféré à Bruxelles.

7. La représentation au Conseil de l'UEO doit être telle qu'il puisse exercer ses fonctions en permanence, conformément à l'article VIII du traité de Bruxelles modifié. Les États membres pourront faire appel à une formule dite de «double chapeau», à mettre au point, constituée de leurs représentants auprès de l'Alliance et auprès de l'Union européenne.

8. L'UEO note que, conformément aux dispositions de l'article J.4 paragraphe 6 relatif à la politique étrangère et de sécurité commune du traité sur l'Union européenne, l'Union décidera de revoir les dispositions de cet article afin de promouvoir l'objectif qu'il fixe selon la procédure définie. L'UEO procédera en 1996 à un réexamen des présentes dispositions. Ce réexamen tiendra compte des progrès et expériences acquises, et s'étendra aux relations entre l'UEO et l'Alliance atlantique.

II. DÉCLARATION

de la Belgique, de l'Allemagne, de l'Espagne, de la France, de l'Italie, du Luxembourg, des Pays-Bas, du Portugal et du Royaume-Uni, qui sont membres de l'Union de l'Europe occidentale

«Les États membres de l'UEO se félicitent du développement de l'identité européenne en matière de sécurité et de défense. Ils sont déterminés, compte tenu du rôle de l'UEO comme élément de défense de l'Union européenne et comme moyen de renforcer le pilier européen de l'Alliance atlantique, à placer les relations entre l'UEO et les autres pays européens sur de nouvelles bases en vue de la stabilité et de la sécurité en Europe. Dans cet esprit, ils proposent ce qui suit:

Les États qui sont membres de l'Union européenne sont invités à adhérer à l'UEO dans les conditions à convenir conformément à l'article XI du traité de Bruxelles modifié, ou à devenir observateurs s'ils le souhaitent. Dans le même temps, les autres États européens membres de l'OTAN sont invités à devenir membres associés de l'UEO d'une manière qui leur donne la possibilité de participer pleinement aux activités de l'UEO.

Les États membres de l'UEO partent de l'hypothèse que les traités et accords correspondants aux propositions ci-dessus seront conclus avant le 31 décembre 1992.»

N° C 191/108 Journal officiel des Communautés européennes 29. 7. 92

DÉCLARATION (n° 31)

relative à l'asile

1. La Conférence convient que dans le cadre des travaux prévus aux articles K.1 et K.3 des dispositions sur la coopération dans les domaines de la justice et des affaires intérieures, le Conseil examinera en priorité les questions concernant la politique d'asile des États membres, avec pour objectif d'adopter, pour le début de 1993, une action commune visant à en harmoniser des aspects, à la lumière du programme de travail et de l'échéancier contenus dans le rapport sur l'asile établi à la demande du Conseil européen de Luxembourg des 28 et 29 juin 1991.

2. Dans ce contexte, le Conseil, avant la fin de 1993, sur la base d'un rapport, examinera également la question d'une éventuelle application de l'article K.9 à ces matières.

DÉCLARATION (n° 32)

relative à la coopération policière

La Conférence confirme l'accord des États membres sur les objectifs des propositions faites par la délégation allemande lors de la réunion du Conseil européen de Luxembourg des 28 et 29 juin 1991.

Dans l'immédiat, les États membres conviennent d'examiner, en priorité, les projets qui leur seraient soumis, sur la base du programme de travail et de l'échéancier convenus dans le rapport établi à la demande du Conseil européen de Luxembourg, et sont prêts à envisager l'adoption de mesures concrètes dans des domaines tels que ceux suggérés par cette délégation en ce qui concerne les tâches d'échange d'informations et d'expériences suivantes:

— assistance aux autorités nationales chargées des poursuites pénales et de la sécurité, notamment en matière de coordination des enquêtes et des recherches;

— constitution de banques de données;

— évaluation et exploitation centralisées des informations en vue de faire un bilan de la situation et de déterminer les différentes approches en matière d'enquête;

— collecte et exploitation d'informations concernant les approches nationales en matière de prévention en vue de les transmettre aux États membres et de définir des stratégies préventives à l'échelle européenne;

— mesures concernant la formation complémentaire, la recherche, la criminalistique et l'anthropométrie judiciaire.

Les États membres conviennent d'examiner sur base d'un rapport au plus tard au cours de l'année 1994 s'il y a lieu d'étendre la portée de cette coopération.

DÉCLARATION (n° 33)

relative aux litiges entre la BCE et l'IME, d'une part, et leurs agents, de l'autre

La Conférence estime que le tribunal de première instance devrait connaître de cette catégorie de recours conformément à l'article 168 A du présent traité. La Conférence invite donc les institutions à adapter en conséquence les dispositions pertinentes.

---

29. 7. 92 Journal officiel des Communautés européennes N° C 191/109

Les Hautes Parties Contractantes au traité sur l'Union européenne ont adopté, le 1er mai 1992 à Guimaraes (Portugal), la déclaration suivante.

DÉCLARATION
DES HAUTES PARTIES CONTRACTANTES
AU TRAITÉ SUR L'UNION EUROPÉENNE

Les Hautes Parties contractantes au Traité sur l'Union européenne, signé à Maastricht le 7 février 1992,

ayant examiné les termes du Protocole n° 17 dudit Traité sur l'Union européenne, annexé à ce traité et aux traités instituant les Communautés européennes

donnent l'interprétation juridique suivante:

leur intention était et demeure que le Protocole ne limite pas la liberté de se déplacer entre États membres ou, conformément aux conditions qui peuvent être arrêtées en conformité avec le droit communautaire par la législation irlandaise, d'obtenir ou de fournir en Irlande des informations concernant des services que la loi autorise dans les États membres.

En même temps, les Hautes Parties contactantes déclarent solennellement que, dans l'hypothèse d'une future révision de la constitution de l'Irlande qui porte sur l'objet de l'article 40.3.3 de ladite constitution et qui ne soit pas contraire à l'intention des Hautes Parties contractantes exprimée ci-dessus, elles seront favorables, à la suite de l'entrée en vigueur du Traité sur l'Union européenne, à une modification dudit Protocole visant à en étendre l'application à la disposition de la constitution ainsi révisée si l'Irlande le demande.

Hecho en Maastricht, el siete de febrero de mil novecientos noventa y dos.

Udfærdiget i Maastricht, den syvende februar nitten hundrede og tooghalvfems.

Geschehen zu Maastricht am siebten Februar neunzehnhundertzweiundneunzig.

Εγινε στο Μάαστριχτ, στις εφτά Φεβρουαρίου χίλια εννιακόσια ενενήντα δύο.

Done at Maastricht on the seventh day of February in the year one thousand nine hundred and ninety-two.

Fait à Maastricht, le sept février mil neuf cent quatre-vingt-douze.

Arna dhéanamh i Maastricht, an seachtú lá d'Fheabhra, míle naoi gcéad nócha a dó.

Fatto a Maastricht, addì sette febbraio millenovecentonovantadue.

Gedaan te Maastricht, de zevende februari negentienhonderd twee-en-negentig.

Feito em Maastricht, em sete de Fevereiro de mil novecentos e noventa e dois.

(Suivent les signatures)

Annexe II

CONSEIL EUROPÉEN D'EDIMBOURG 11-12 DÉCEMBRE 1992 CONCLUSIONS DE LA PRÉSIDENCE (extraits)

Partie A

Introduction

1. Le Conseil européen s'est réuni à Edimbourg les 11 et 12 décembre 1992 pour débattre des grands problèmes qui sont à l'ordre du jour de la Communauté. La réunion a été précédée d'un échange de vues entre les membres du Conseil européen et le président du Parlement européen sur les différents points de l'ordre du jour.

2. Le Conseil européen a dégagé des solutions à un très grand nombre de questions essentielles à l'accomplissement de progrès en Europe. Cela devrait permettre aux citoyens de reprendre confiance dans la construction européenne, ce qui contribuera au redressement de l'économie européenne.

En particulier, le Conseil européen s'est mis d'accord sur les grandes questions suivantes :

— les problèmes soulevés par le Danemark à la lumière du résultat du référendum danois du 2 juin 1992 sur le traité de Maastricht ;
— des orientations pour mettre en oeuvre le principe de subsidiarité et des mesures pour augmenter la transparence et l'ouverture dans le processus décisionnel de la Communauté ;
— le financement de l'action et des politiques de la Communauté pendant le reste de cette décennie ;
— le début des négociations d'élargissement avec un certain nombre de pays de l'AELE ;
— l'établissement d'un plan d'action par les Etats membres et la Communauté pour promouvoir la croissance et combattre le chômage.

Traité sur l'Union européenne — Etat du processus de ratification

3. Les membres du Conseil européen ont réaffirmé leur attachement au traité sur l'Union européenne. La ratification est nécessaire pour que des progrès puissent être accomplis sur la voie de l'Union européenne et pour

que la Communauté demeure un pôle de stabilité dans un continent en mutation rapide, en mettant à profit ses succès enregistrés au cours des quatre dernières décennies.

4. Ayant fait le point sur l'état du processus de ratification, le Conseil européen s'est mis d'accord sur les textes, figurant à la partie B des présentes conclusions, concernant les questions soulevées par le Danemark dans son mémorandum « Le Danemark au sein de l'Europe » du 30 octobre 1992. Cela permettra à la Communauté de progresser avec tous ses Etats membres, sur la base du traité de Maastricht, tout en respectant, comme le fait le traité, leur identité et leur diversité.

Subsidiarité

5. Sur la base d'un rapport des ministres des Affaires étrangères, le Conseil européen a arrêté l'approche globale, énoncée à l'annexe 1, concernant l'application du principe de subsidiarité et du nouvel article 3 B. Le Conseil européen a invité le Conseil à rechercher un accord interinstitutionnel entre le Parlement européen, le Conseil et la Commission sur l'application effective de l'article 3 B par toutes les institutions. Le Conseil européen a discuté de cet aspect avec le président du Parlement européen. Il a accueilli favorablement les idées contenues dans le projet d'accord interinstitutionnel présenté par le Parlement européen.

6. Le président de la Commission a remis au Conseil européen un rapport sur les premiers résultats du réexamen par la Commission de propositions en instance et de législations en vigueur à la lumière du principe de subsidiarité. Ces exemples sont cités à l'annexe 2. Le Conseil européen a pris acte de l'intention de la Commission de retirer ou de modifier certaines propositions et de faire des propositions visant à modifier certains textes législatifs existants. Il attend avec intérêt le rapport final sur le réexamen des législations en vigueur que la Commission établira pour le Conseil européen de décembre 1993.

Ouverture et transparence

7. Le Conseil européen a réaffirmé son attachement, qu'il avait déclaré à Birmingham, à une Communauté plus ouverte et a adopté des mesures spécifiques énoncées à l'annexe 3.

La conclusion concernant l'accès aux travaux du Conseil sera réexaminée à la fin de 1994.

Le Conseil européen s'est félicité des mesures que la Commission a récemment décidé de prendre dans le domaine de la transparence. Elle a notamment décidé de présenter le programme de travail annuel en octobre, de faire en sorte qu'un débat plus large ait lieu, notamment dans les parlements nationaux, de rechercher une consultation plus étroite avec le Conseil sur le programme législatif annuel, de procéder à des consultations plus larges avant de présenter des propositions, et notamment de recourir à des livres verts, de publier les documents de la Commission dans toutes les langues de la Communauté et d'accorder une priorité plus grande à la consolidation et à la codification des textes législatifs.

Le Conseil européen a confirmé l'invitation qu'il avait adressée à la Commission à Birmingham pour qu'elle termine d'ici le début de l'année prochaine ses travaux découlant de la déclaration figurant dans le traité de Maastricht relative à l'amélioration de l'accès à l'information dont elle et les autres institutions communautaires disposent.

Adhésion de nouveaux Etats membres à l'Union
(non reproduit)

GATT (non reproduit)

Promotion de la reprise économique en Europe
(non reproduit)

Marché intérieur

11. Le Conseil européen a noté avec une satisfaction particulière que le programme du Livre blanc relatif à la création du marché intérieur sera achevé, pour l'essentiel, d'ici au 31 décembre 1992. C'est un moment historique pour la Communauté, qui marque la réalisation de l'un des objectifs fondamentaux du traité de Rome. Le grand marché unique est une oeuvre irréversible. Il offrira aux consommateurs un plus grand choix et des prix moins élevés ; il contribuera à la création d'emplois et renforcera la compétitivité internationale des entreprises européennes. La Communauté restera ouverte aux échanges mondiaux et aux investissements. (suite non reproduite)

Libre circulation des personnes

17. Le Conseil européen a dû prendre acte du fait que la libre circulation des personnes au sein de la Communauté, conformément à l'article 8 A du traité de Rome, ne pourra être complètement assuré le 1er janvier 1993.

18. Les travaux nécessaires pour parvenir à ce résultat sans mettre en danger la sécurité publique et sans compromettre la lutte contre l'immigration clandestine, bien qu'ayant progressé, se poursuivent encore. De nouveaux progrès sont nécessaires, notamment pour achever le processus de ratification de la Convention de Dublin sur le droit d'asile, pour conclure la Convention sur les frontières extérieures et pour mener à bien les négociations relatives à une Convention sur le système d'information européen.

19. Toutefois, des changements notables bénéficiant aux voyageurs se produiront dans le courant de l'année prochaine :

— ainsi, les Etats membres de Schengen mettront en vigueur cet accord au cours de l'année 1993, dès que les conditions préalables à sa mise en oeuvre seront remplies. Au sein de ce groupe d'Etats, l'abolition des contrôles sera effective à compter de cette date aux frontières intérieures terrestres, maritimes et aériennes ;
— d'autres Etats membres ont fait savoir qu'ils avaient l'intention d'arrêter différentes mesures en vue d'alléger les contrôles, aux frontières, des ressortissants des Etats membres de la Communauté.

20. Réaffirmant son attachement à la mise en oeuvre complète et rapide de l'article 8 A, le Conseil européen a invité les ministres compétents à accélérer leurs travaux et a décidé de revenir sur cette question lors de la prochaine réunion du Conseil européen sur la base d'un rapport des ministres.

Justice et affaires intérieures

21. Le Conseil européen a pris note des travaux du Groupe des coordonnateurs sur la mise en oeuvre du pilier « justice et affaires intérieures » du traité sur l'Union européenne. Il a invité le Groupe à faire en sorte que des plans détaillés soient élaborés en vue de la mise en place de systèmes de communication et de la réalisation d'autres travaux préparatoires.

22. Le Conseil européen s'est félicité des progrès accomplis par les ministres chargés de l'immigration au titre du programme de travail sur l'immigration et le droit d'asile, et notamment de l'accord de principe auquel ils ont abouti lors de leur réunion de Londres sur des résolutions relatives aux demandes d'asile manifestement infondées et sur les pays tiers d'accueil.

23. Le Conseil européen a pris acte du rapport du CELAD sur ses activités passées et de son rapport concernant la coordination des problèmes de drogues et son rôle futur, et les a approuvés.

24. Le Conseil européen a pris acte du rapport des ministres du Groupe TREVI et a souhaité que soit constituée rapidement la cellule « drogues » d'Europol.

Migration

25. Profondément préoccupés par la multiplication des manifestations d'intolérance, qu'il a fermement condamnées, le Conseil européen a souligné qu'il ne saurait y avoir place pour le racisme et la xénophobie dans l'Europe d'aujourd'hui et a rappelé qu'il est résolu à s'opposer à de telles attitudes avec la plus grande vigueur.

Le Conseil européen a souligné qu'il importe de protéger tous les immigrés contre les agressions racistes et de mettre intégralement en oeuvre sa politique en faveur de l'intégration des immigrés légaux. Il s'est déclaré profondément inquiet face aux actes d'agression à l'encontre des immigrés.

Il a déploré que, précisément à un moment où les divisions en Europe sont en train de disparaître, le mouvement général vers une plus grande unité de notre continent est entaché par de tels actes. Il est convaincu que des mesures énergiques et efficaces doivent être prises dans toute l'Europe pour lutter contre ce phénomène, tant par l'éducation que par la législation.

Le Conseil européen a adopté la déclaration figurant à l'annexe 5.

Composition du Parlement européen

26. Le Conseil européen, se fondant sur la proposition du Parlement européen, est convenu de la répartition des sièges du Parlement européen ci-après, à partir de 1994, pour tenir compte de l'unification de l'Allemagne et dans la perspective de l'élargissement :

Belgique	25
Danemark	16
Allemagne	99
Grèce	25
Espagne	64
France	87
Irlande	15
Italie	87
Luxembourg	6
Pays-Bas	31
Portugal	25
Royaume-Uni	87
TOTAL	567

Les textes juridiques nécessaires seront préparés pour adoption en temps utile.

Sièges des institutions

27. Lors du Conseil européen, les Etats membres sont parvenus à un accord sur les sièges du Parlement européen, du Conseil, de la Commission, de la Cour de justice et du Tribunal de première instance, du Comité économique et social, de la Cour des comptes et de la Banque européenne d'investissement. La décision formelle figure à l'annexe 6.

ANNEXE 1 à la PARTIE A

APROCHE GLOBALE DE L'APPLICATION PAR LE CONSEIL DU PRINCIPE DE SUBSIDIARITE ET DE L'ARTICLE 3 B DU TRAITE SUR L'UNION EUROPEENNE

I. — *Principes foncamentaux*

L'Union européenne repose sur le principe de subsidiarité, comme l'indiquent les articles A et B du titre I du traité sur l'Union européenne. Ce principe contribue au respect de l'identité nationale des Etats membres et préserve leurs compétences. Il vise à ce que les décisions soient prises au sein de l'Union européenne aussi près que possible du citoyen.

1. L'article 3 B du traité CE (1) comporte trois éléments principaux :

— une limite stricte à l'action de la Communauté (premier alinéa) ;

— une règle (deuxième alinéa) pour répondre à la question « La Communauté doit-elle agir ? » ; cela vaut pour les domaines qui ne relèvent pas de la compétence exclusive de la Communauté ;

— une règle (troisième alinéa) pour répondre à la question « Quelle doit être l'intensité ou la nature de l'action de la Communauté ? » ; elle s'applique que l'action relève ou non de la compétence exclusive de la Communauté.

2. Les trois alinéas couvrent trois concepts juridiques distincts, pour lesquels il existe des précédents dans les traités instituant les Communautés ou dans la jurisprudence de la Cour de justice.

i) Le principe selon lequel la Communauté ne peut agir que si la compétence lui en a été conférée — la compétence nationale est donc la règle et la compétence communautaire, l'exception — a toujours été un élément fondamental du système juridique de la Communauté (principe de l'attribution de compétences).

ii) Le principe selon lequel la Communauté ne doit agir que lorsqu'un objectif peut être mieux réalisé au niveau communautaire qu'au niveau des Etats membres est présent, sous une forme embryonnaire ou implicite, dans

(1) L'article 3 B inséré dans le traité CE par le traité sur l'Union européenne est libellé comme suit :

« La Communauté agit dans les limites des compétences qui lui sont conférées et des objectifs qui lui sont assignés par le présent traité.

Dans les domaines qui ne relèvent pas de sa compétence exclusive, la Communauté n'intervient, conformément au principe de subsidiarité, que si et dans la mesure où les objectifs de l'action envisagée ne peuvent pas être réalisés de manière suffisante par les Etats membres et peuvent donc, en raison des dimensions ou des effets de l'action envisagée, être mieux réalisés au niveau communautaire.

L'action de la Communauté n'excède pas ce qui est nécessaire pour atteindre les objectifs du présent traité. »

certaines dispositions du traité CECA et du traité CEE ; l'Acte unique européen a énoncé explicitement ce principe dans le domaine de l'environnement (principe de subsidiarité au sens juridique strict).

iii) Le principe selon lequel les moyens employés par la Communauté doivent être proportionnels à l'objectif poursuivi est inscrit dans la jurisprudence constante de la Cour de justice, dont la portée a toutefois été limitée et qui n'a pas pu s'appuyer sur un article précis du traité (principe de proportionnalité ou intensité).

3. Le traité sur l'Union européenne définit ces principes en termes explicites et leur donne une signification juridique nouvelle

— en les énonçant à l'article 3 B comme des principes généraux du droit communautaire ;
— en faisant du principe de subsidiarité un principe fondamental de l'Union européenne ; (2).
— en reflétant l'idée de subsidiarité dans la rédaction de plusieurs articles du nouveau traité. (3).

4. La mise en oeuvre de l'article 3 B devrait respecter les principes fondamentaux ci-après :

— Il incombe à toutes les institutions de la Communauté de traduire le principe de subsidiarité et l'article 3 B dans les faits, sans préjudice de l'équilibre existant entre elles.
Un accord doit être recherché à cet effet entre le Parlement européen, le Conseil et la Commission dans le cadre du dialogue interinstitutionnel qui a lieu entre ces institutions.
— Le principe de subsidiarité ne concerne pas, et ne saurait remettre en question, les compétences conférées à la Communauté européenne par le traité, telles qu'elles ont été interprétées par la Cour de justice. Il donne une orientation sur la manière dont ces compétences doivent être exercées au niveau communautaire, y compris dans l'application de l'article 235. L'application de ce principe doit respecter les dispositions générales du traité de Maastricht, notamment lorsqu'il s'agit de « maintenir intégralement l'acquis communautaire », et ne pas affecter la primauté du droit communautaire ni remettre en question le principe énoncé à l'article F paragraphe 3 du Traité sur l'Union européenne, selon lequel l'Union se dote des moyens nécessaires pour atteindre ses objectifs et pour mener à bien ses politiques.
— La subsidiarité est un concept dynamique, qui doit être appliqué à la lumière des objectifs énoncés dans le traité. Elle permet d'élargir l'ac-

(2) Cf. Articles A et B du traité sur l'Union européenne.

(3) Articles 118 A, 126, 127, 128, 129, 129 A, 129 B, 130 et 130 G du traité CE, article 2 de l'Accord sur la politique sociale.

En outre, l'article K.3 point 2 b) incorpore directement le principe de subsidiarité.

tion de la Communauté lorsque les circonstances l'exigent et, inversement, de la restreindre ou de l'interrompre lorsqu'elle n'est plus justifiée.

— Lorsque l'application de la subsidiarité exclut une action de la Communauté, les Etats membres seront toujours tenus de conformer leur action aux règles générales énoncées à l'article 5 du traité, en prenant toutes mesures propres à assurer l'exécution des obligations découlant du traité et en s'abstenant de toutes mesures susceptibles de mettre en péril la réalisation des buts du traité.

— Le principe de subsidiarité ne saurait être considéré comme ayant un effet direct ; néanmoins, l'interprétation de ce principe et la vérification de son respect par les institutions de la Communauté sont soumises au contrôle de la Cour de justice, pour ce qui concerne les questions relevant du traité instituant la Communauté européenne.

— Les deuxième et troisième alinéas de l'article 3 B ne s'appliquent que dans la mesure où le traité donne à l'institution concernée le choix d'agir ou non et/ou le choix quant à la nature et à l'étendue de l'action. Plus est spécifique la nature d'une exigence du traité, moins elle laissera de champ à l'application du principe de subsidiarité. Le traité impose un certain nombre d'obligations spécifiques aux institutions de la Communauté, par exemple en ce qui concerne la mise en oeuvre et l'exécution de la législation communautaire, la politique de concurrence et la protection des fonds communautaires. Ces obligations ne sont pas affectées par l'article 3 B : en particulier, le principe de subsidiarité ne saurait restreindre la nécessité de prévoir dans les actes communautaires des dispositions adéquates afin que la Commission et les Etats membres assurent l'exécution correcte de la législation communautaire et remplissent leurs obligations quant à la sauvegarde des dépenses de la Communauté.

— Lorsque la Communauté intervient dans un domaine de compétence mixte, le type de mesures à appliquer doit être déterminé cas par cas à la lumière des dispositions pertinentes du traité (4).

(4) Les nouveaux articles 126 à 129 du traité CE dans le domaine de l'éducation, la formation professionnelle et la jeunesse, de la culture et de la santé publique excluent expressément toute harmonisation des dispositions législatives et réglementaires des Etats membres. Par conséquent, il sera exclu de recourir à l'article 235 pour des mesures d'harmonisation visant à la réalisation des objectifs spécifiques prévus aux articles 126 à 129. Cela ne signifie pas que la poursuite d'autres objectifs de la Communauté à travers des dispositions du traité autres que les articles 126 à 129 ne puisse pas produire d'effets dans ces domaines. Là où les articles 126, 128 et 129 font référence à des « mesures d'encouragement », le Conseil considère que cette expression vise des mesures communautaires destinées à encourager la coopération entre Etats membres, à appuyer ou à compléter leur action dans les domaines concernés, y compris le cas échéant par un soutien financier aux programmes communautaires ou à des mesures prises sur le plan national ou en coopération en vue de réaliser les objectifs de ces articles.

II. — *Lignes directrices*

Conformément aux principes fondamentaux énoncés ci-dessus, les lignes directrices ci-après — propres à chaque alinéa de l'article 3 B — devraient être utilisées lorsque l'on examine si une proposition de mesure communautaire est conforme aux dispositions de l'article 3 B.

Premier alinéa (Limite de l'action communautaire)

Le respect du critère défini dans cet alinéa est une condition de toute action de la Communauté.

Pour appliquer correctement cet alinéa, les institutions devront avoir la certitude que l'action proposée se situe dans les limites des compétences conférées par le traité et qu'elle vise à réaliser un ou plusieurs de ses objectifs. L'examen du projet de mesure devra déterminer l'objectif à réaliser, établir s'il peut être justifié en liaison avec un objectif du traité et établir l'existence de la base juridique permettant de l'adopter.

Deuxième alinéa (La Communauté doit-elle agir ?)

i) Cet alinéa ne s'applique pas aux questions relevant de la compétence exclusive de la Communauté.

Pour qu'une action de la Communauté se justifie, le Conseil doit avoir l'assurance qu'elle répond au critère de subsidiarité dans ses deux aspects : les objectifs de l'action envisagée ne peuvent pas être réalisés de manière suffisante par une action des Etats membres et ces objectifs peuvent donc être mieux réalisés par une action de la Communauté.

ii) Pour vérifier si la condition mentionnée ci-dessus est remplie, il convient de suivre les lignes directrices suivantes :

— la question examinée a des aspects transnationaux qui ne peuvent pas être réglés de manière satisfaisante par une action des Etats membres et/ou ;

— une action au seul niveau national ou l'absence d'action de la Communauté serait contraire aux exigences du traité (concernant, par exemple, la nécessité de corriger des distorsions de concurrence, d'éviter des restrictions déguisées aux échanges ou de renforcer la cohésion économique et sociale) ou léserait sérieusement d'une autre manière les intérêts des Etats membres et/ou

— le Conseil doit avoir l'assurance qu'une action au niveau communautaire présenterait des avantages manifestes, en raison de ses dimensions ou de ses effets, par rapport à une action au niveau des Etats membres.

iii) La Communauté doit entreprendre une action impliquant une harmonisation de la législation ou des normes nationales uniquement lorsque cela est nécessaire pour réaliser les objectifs du traité.

iv) L'objectif de l'adoption d'une position unique des Etats membres vis-à-vis des pays tiers ne justifie pas en lui-même une action interne de la Communauté dans le domaine concerné.

v) Les motifs qui amènent à conclure qu'un objectif communautaire ne peut pas être réalisé de manière suffisante par les Etats membres, mais peut être mieux réalisé par la Communauté, doivent être étayés par des indicateurs qualitatifs ou, chaque fois que cela est possible, quantitatifs.

Troisième alinéa (Nature et étendue de l'action communautaire)

i) Cet alinéa s'applique à toute action de la Communauté, qu'elle relève ou non de la compétence exclusive.

ii) Toute charge, qu'elle soit financière ou administrative, incombant à la Communauté, aux gouvernements nationaux, aux autorités locales, aux opérateurs économiques et aux citoyens doit être réduite au minimum et proportionnelle à l'objectif réalisé.

iii) Les mesures de la Communauté doivent laisser une marge de décision aussi grande que possible au plan national, cette marge devant rester compatible avec la réalisation de l'objectif de la mesure et le respect des exigences du traité. Sans préjudice de la législation communautaire, il convient de veiller au respect des pratiques nationales bien établies ainsi que de l'organisation et du fonctionnement des systèmes juridiques des Etats membres. Dans les cas appropriés, et sous réserve de la nécessité d'une exécution adéquate, les mesures communautaires doivent offrir aux Etats membres des solutions différentes pour réaliser les objectifs de la mesure.

iv) Lorsqu'il est nécessaire de fixer des normes au niveau communautaire, il convient de veiller à arrêter des prescriptions minimales en laissant aux Etats membres la faculté de prendre des mesures renforcées au niveau national, non seulement dans les domaines où le traité le prévoit (articles 118 A et 130 T), mais également dans d'autres domaines lorsque cela n'est pas contraire aux objectifs de la mesure proposée ou du traité.

v) La forme de l'action doit être aussi légère que le permettent la réalisation adéquate de l'objectif de la mesure et la nécessité d'une exécution efficace. La Communauté ne doit légiférer que dans la mesure nécessaire. Toutes choses égales par ailleurs, il convient de donner la préférence aux directives par rapport aux règlements, et aux directives cadres par rapport aux mesures plus détaillées. Les mesures non contraignantes, telles que les recommandations, doivent être privilégiées lorsqu'elles sont appropriées. Il convient d'envisager également, le cas échéant, le recours à des codes de conduite volontaires.

vi) Lorsque le traité le permet, et à condition que cela soit satisfaisant pour réaliser ses objectifs, il convient de choisir de préférence un type d'action communautaire consistant à encourager la coopération entre Etats membres, à coordonner les actions nationales ou à leur apporter un complément, un supplément ou un appui.

vii) Lorsque les difficultés sont localisées et n'affectent que certains Etats membres, l'action éventuellement requise au niveau de la Communauté ne doit pas être étendue aux autres Etats membres, à moins que cela ne soit nécessaire pour réaliser un objectif du traité.

III. — *Procédures et pratiques*

Le traité sur l'Union européenne fait obligation à toutes les institutions de vérifier, lorsqu'elles examinent une mesure de la Communauté, si les dispositions de l'article 3 B sont respectées.

A cette fin, les procédures et pratiques ci-après seront appliquées dans le cadre des principes de base énoncés à la section I et sans préjudice d'un futur accord interinstitutionnel.

a) *Commission*

La Commission a un rôle crucial à jouer dans la mise en oeuvre effective de l'article 3 B, étant donné que le traité lui confère un droit d'initiative qui n'est pas remis en question par l'application dudit article.

La Commission a indiqué qu'elle procéderait à des consultations plus larges avant de proposer des textes législatifs ; cela pourrait inclure la consultation de tous les Etats membres et un recours plus systématique aux documents de référence (Livres verts). Il pourrait s'agir également d'une consultation portant sur les aspects d'une proposition qui touchent à la subsidiarité. La Commission a également précisé que, désormais et selon la procédure qu'elle a déjà établie conformément à l'engagement pris lors du Conseil européen de Lisbonne, elle justifiera dans un considérant la pertinence de son initiative au regard du principe de subsidiarité. Chaque fois que nécessaire, l'exposé des motifs joint à la proposition donnera des détails sur la réflexion menée par la Commission dans le cadre de l'article 3 B.

Il est de la plus haute importance que la Commission veille systématiquement au respect des dispositions de l'article 3 B dans toutes ses activités ; elle a d'ailleurs pris des mesures dans ce sens. La Commission présentera chaque année un rapport sur l'application du traité dans ce domaine au Conseil européen et au Parlement, par l'intermédiaire du Conseil « Affaires générales ». Ce rapport sera très utile au débat sur le rapport annuel concernant les progrès réalisés par l'Union que le Conseil européen doit présenter au Parlement européen (cf. article D du traité sur l'Union européenne).

b) *Conseil*

La procédure ci-après sera appliquée par le Conseil à partir de l'entrée en vigueur du traité. Dans l'intervalle, elle guidera les travaux du Conseil.

L'examen de la conformité d'une mesure avec les dispositions de l'article 3 B doit être entrepris de manière régulière ; il doit devenir partie intégrante de l'examen global de toute proposition de la Commission et être basé sur le fond de la proposition. Les règles pertinentes du Conseil, y compris en matière de vote, s'appliquent à cet examen (5). Dans le cadre de cet examen, le Conseil vérifie si la proposition de la Commission est totalement ou partiellement conforme aux dispositions de l'article 3 B (en prenant comme point de départ pour cet examen le considérant et l'exposé des motifs de la Commission) et si les modifications que le Conseil envisage d'apporter à la proposition sont conformes auxdites dispositions. La décision du Conseil sur les aspects touchant à la subsidiarité est prise en même temps que la décision sur le fond et conformément aux règles de vote prévues dans le traité. Il convient de veiller à ne pas entraver la prise de décision au sein du Conseil et d'éviter tout système de prise de décision préliminaire ou parallèle.

L'examen et le débat sous l'angle de l'article 3 B auront lieu dans le cadre du Conseil compétent en la matière. Le Conseil « Affaires générales » aura compétence pour les questions générales relatives à l'application de l'article 3 B. A cet égard, le Conseil « Affaires générales » ajoutera au rapport annuel de la Commission (cf. point a) ci-dessus) toutes considérations appropriées sur l'application de cet article par le Conseil.

Diverses mesures d'ordre pratique visant à assurer l'examen effectif au regard de l'article 3 B seront mises en oeuvre, et notamment :

— les rapports des groupes de travail et du COREPER relatifs à une proposition donnée indiqueront, le cas échéant, la manière dont a été appliqué l'article 3 B ;
— dans tous les cas où les procédures visées à l'article 189 B et 189 C sont mises en oeuvre, le Parlement européen sera pleinement informé de la position du Conseil concernant le respect de l'article 3 B, et ce dans l'exposé des motifs que le Conseil doit présenter conformément aux dispositions du traité. Le Conseil fournira également de telles informations au

(5) Durant cet examen, tout Etat membre a le droit d'exiger que l'examen d'une proposition soulevant des questions au regard de l'article 3 B soit inscrit à l'ordre du jour provisoire d'une session du Conseil, conformément à l'article 2 du règlement intérieur du Conseil. Si cet examen, qui comprendra toutes les questions de fond pertinentes couvertes par la proposition de la Commission, montre que la majorité requise pour l'adoption de l'acte en question n'est pas réunie, cela peut conduire notamment à un amendement de la proposition de la Commission, à la poursuite de son examen par le Conseil en vue de la rendre conforme à l'article 3 B ou à une suspension provisoire de son examen. Cela ne porte pas atteinte aux droits exercés par les Etats membres ou la Commission en vertu de l'article 2 du règlement intérieur du Conseil ni à l'obligation du Conseil de prendre en compte l'avis du Parlement européen.

Parlement s'il rejette en partie ou en totalité une proposition de la Commission au motif qu'elle n'est pas conforme au principe de l'article 3 B.

ANNEXE 2 à la PARTIE A
SUBSIDIARITE EXEMPLES DE REEXAMEN DE PROPOSITIONS EN INSTANCE ET DE LEGISLATIONS EN VIGUEUR

Le Conseil européen de Birmingham a prévu, pour « donner corps au principe de subsidiarité », d'examiner, lors de sa réunion d'Edimbourg, « les premiers résultats du réexamen, par la Commission, de la législation communautaire antérieure, assortis d'exemples ».

Dans cette optique, la Commission a suivi trois orientations :

— dès le mois d'octobre, elle a soumis aux autres institutions le fruit de ses réflexions à travers une analyse politique, technique et juridique du principe de subsidiarité ;
— elle a proposé les principaux éléments d'un accord interinstitutionnel, dont l'essentiel a été repris par le Parlement européen et favorablement accueilli par les Etats membres. Car le principe de subsidiarité concerne les trois institutions qui participent selon des modalités diverses au processus de décision et de législation ;
— pour sa part, la Commission a procédé au réexamen de ses propositions en cours, à une première analyse de la législation existante et a approfondi sa réflexion concernant certaines initiatives qu'elle avait envisagées ; conformément aux conclusions du Conseil européen de Lisbonne, cette première réflexion sera complétée par le rapport que présentera la Commission à l'intention du Conseil européen de décembre 1993 sur les résultats du réexamen de certaines règles communautaires en vue d'être adaptées au principe de subsidiarité.

1. La Commission s'est d'abord attachée à passer en revue à la lumière de la notion de subsidiarité toutes les propositions soumises au Parlement et au Conseil.

Elle a procédé à un double examen du principe même de l'intervention au regard du critère de nécessité, mais aussi du critère de l'intensité de l'intervention, c'est-à-dire de la proportionnalité des moyens aux objectifs poursuivis.

a) La Commission est parvenue à la conclusion que certaines de ses propositions n'étaient pas suffisamment justifiées en termes, soit de plus-value communautaire, soit d'efficacité comparée aux possibilités d'actions nationales ou internationales.

Dans cet esprit, la Commission a récemment procédé au retrait de trois propositions de directives :

— étiquetage nutritionnel obligatoire pour les denrées alimentaires ;
— fréquences radio pour le système terrestre de télécommunications dans les avions (TFTS) ;
— fréquences radio pour les systèmes télématiques destinées aux transports routiers (RTT).

Elle envisage, après des contacts appropriés, en particulier avec le Parlement européen, de procéder également au retrait des propositions suivantes :

— mesures proposées lors de la crise du Golfe en cas de difficultés dans l'approvisionnement de la Communauté en pétrole et concernant les stocks pétroliers ;
— détention des animaux dans les zoos (ce dossier fera l'objet ultérieurement d'une proposition de recommandation) ;
— fréquences radio pour l'introduction coordonnée des radiocommunications numériques de courte portée (DSRR) ;
— impôts indirects sur les transactions sur titres ;
— impôts indirects sur les rassemblements de capitaux ;
— modification de la 6e directive TVA ;
— relèvement des franchises pour le carburant contenu dans les réservoirs des véhicules utilitaires ;
— TVA sur les produits d'avitaillement ;
— régime des importations temporaires de certains moyens de transport ;
— classification des documents des institutions de la Communauté ;
— réseau de centres d'information sur les marchés agricoles et les normes de qualité.

b) La Commission a également constaté, notamment à la suite de débats du Parlement européen ou du Conseil, que certaines propositions en instance d'examen sont parfois trop détaillées par rapport à l'objectif poursuivi.

Aussi entend-elle procéder à une révision de plusieurs propositions autour de principes généraux que les Etats membres pourraient compléter :

— offres publiques d'achat ;
— définition commune de la notion d'armateur communautaire ;
— publicité comparative ;
— étiquetage des chaussures ;
— responsabilité du prestataire de services ;
— protection des personnes physiques à l'égard du traitement des données dans les réseaux numériques de télécommunications (RNIS).

2. La Commission a, par ailleurs, identifié plusieurs exemples de familles de réglementations en vigueur pour lesquelles elle entend, dans son programme de travail de l'année 1993, proposer un réexamen.

Dans le domaine des règles techniques, il convient de procéder à une rationalisation d'une série de directives dont les spécifications techniques sont trop détaillées et pourraient être remplacées, selon la nouvelle approche d'harmonisation, par les seules exigences essentielles auxquelles doivent répondre ces produits pour circuler librement dans la Communauté. Il s'agit en particulier de directives d'harmonisation dans le domaine des denrées alimentaires (confitures, eaux minérales naturelles, miel, extraits de café, jus de fruit). La Commission proposera également de clarifier les champs d'application respectifs de certaines directives qui, même relevant de la nouvelle approche d'harmonisation, posent des problèmes de chevauchements (par exemple directives basse tension, machines).

Dans le domaine des qualifications professionnelles, la Commission réexaminera les directives — relativement anciennes — sur certaines professions réglementées pour en simplifier le fonctionnement et renforcer la reconnaissance mutuelle.

Dans le domaine de l'environnement, notamment dans les secteurs de l'air et de l'eau, la Commission se propose de simplifier, de consolider et de mettre à jour les textes existants en fonction de l'évolution des connaissances et du progrès technique.

Dans le domaine de l'agriculture, et plus particulièrement en ce qui concerne l'apurement des comptes, la Commission envisage de rendre les autorités nationales plus responsables de l'application de la législation communautaire en leur reconnaissant, sous certaines conditions, des possibilités de transactions avec les particuliers.

Dans le domaine de la protection des animaux dans les élevages, l'adhésion de tous les Etats membres et de la Communauté à la Convention européenne sur la protection des animaux dans les élevages rend inutile le maintien de directives du Conseil établissant, à la demande du Parlement, des normes très strictes pour la protection des porcs, des veaux ou des poules pondeuses. Il n'en reste pas moins qu'une législation communautaire établissant des dispositions minimales de protection des animaux est nécessaire afin d'assurer des conditions équitables de concurrence et de garantir la liberté de circulation.

Dans le domaine de la politique sociale, la Commission estime que l'ensemble des directives fondées sur l'article 118 A du traité est trop récent pour être réexaminé : la priorité serait plutôt de les compléter par la mise en oeuvre de toutes les dispositions de la Charte des droits sociaux fondamentaux des travailleurs. Il conviendrait cependant de procéder le plus rapidement possible à une simplification et à une codification des nombreux et anciens règlements sur la libre circulation des travailleurs.

3. Enfin, la Commission, à la suite de consultations des milieux intéressés, peut indiquer qu'elle n'entend pas donner suite à certaines initiatives précédemment envisagées.

Elle a ainsi renoncé à proposer l'harmonisation des plaques d'immatriculation des automobiles et la réglementation des jeux de hasard.

De même, la Commission estime-t-elle qu'il n'est pas nécessaire de poursuivre la préparation de certains projets d'harmonisation de règles techniques (par exemple aliments diététiques, machines de seconde main, structures démontables et matériel pour foires et parcs d'attraction, composants mécaniques de fixation, en particulier les boulons).

D'une manière plus générale, la Commission entend utiliser son monopole de droit d'initiative en refusant de proposer des directives demandées par le Conseil lors de ses réunions informelles. Dans le même esprit, elle sera plus sévère pour refuser au Conseil et au Parlement des amendements qui seraient contraires au principe de proportionnalité ou qui compliqueraient inutilement les directives ou les recommandations nécessaires au regard du principe de nécessité.

ANNEXE 3 à la PARTIE A
TRANSPARENCE — MISE EN OEUVRE DE LA DECLARATION DE BIRMINGHAM

— Accès aux travaux du Conseil
— Information sur le rôle du Conseil et sur ses décisions
— Simplification de la législation communautaire et accès plus aisé

Accès aux travaux du Conseil

On engagera dans les domaines ci-après le processus visant à rendre transparents les travaux du Conseil.

a) *Débats ouverts sur le programme des travaux et sur les grandes initiatives d'intérêt communautaire*

i) Débats d'orientation ouverts sur les programmes des travaux de la présidence ou de la Commission tant au sein du Conseil « Affaires générales » qu'au sein du Conseil « Ecofin ». L'établissement du calendrier incombera à la présidence.

ii) Des débats ouverts devraient être organisés régulièrement sur les grandes questions d'intérêt communautaire. Il incombera à la présidence, aux Etats membres ou à la Commission de proposer les questions devant faire l'objet d'un débat ouvert. Le Conseil décidera cas par cas.

b) *Législation*

Les nouvelles propositions législatives importantes feront, le cas échéant, l'objet d'un débat préliminaire ouvert au sein du Conseil approprié, sur la base de la proposition législative présentée par la Commission. Ce sera à la présidence, aux Etats membres ou à la Commission de proposer des thèmes spécifiques à soumettre au débat. Le Conseil décidera cas par cas. Les négociations relatives à la législation dans le cadre du Conseil doivent rester confidentielles.

c) *Publication des résultats des votes*

En cas de vote formel au Conseil, les résultats du vote (y compris les explications de vote lorsque les délégations le demandent) doivent être publiés.

d) La décision relative à l'organisation d'un débat ouvert sur un point spécifique au titre du point a) ii) et du point b) est prise à l'unanimité.

e) « L'accès du public » sera assuré par la diffusion télévisée du débat dans la salle de presse du bâtiment du Conseil.

Information sur le rôle du Conseil

A. *Transparence des décisions du Conseil*

— Etendre à toutes les formations du Conseil la pratique qui, au fil des ans, s'est instaurée pour la plupart des Conseils et qui consiste à exposer en détail les conclusions du Conseil dans les communications à la presse (à l'exception des informations qui seraient de nature à nuire aux intérêts des Etats membres, du Conseil ou de la Communauté, telles que les informations sur les mandats de négociation). Mettre plus systématiquement l'accent sur la publication de résumés explicatifs de « points A » importants adoptés par le Conseil. Lors de la rédaction des conclusions, s'attacher davantage à les rendre compréhensibles par le public.
— Assurer une meilleure information de base sur les décisions du Conseil (par exemple, les objectifs, l'historique, le lien avec d'autres sujets) à diffuser, si possible, lors des briefings de presse précédant les sessions du Conseil, sous la forme de notes d'information élaborées par le Secrétariat et rédigées en des termes faciles à comprendre. Cette initiative pourrait à l'avenir être étendue pour couvrir des questions ayant trait à la politi-

que étrangère et de sécurité commune, ainsi qu'aux domaines de la justice et des affaires intérieures, compte tenu du fait que la confidentialité devra être sauvegardée dans certains domaines.

— Organiser de manière systématique, avant les sessions du Conseil, des briefings de presse tenus par la présidence, assistée du Secrétariat du Conseil (actuellement, toutes les présidences ne tiennent pas de tels briefings, qui sont souvent limités aux journalistes de tel ou tel Etat membre).
— Publier les positions communes arrêtées par le Conseil selon les procédures fixées aux articles 189 B et 189 C, ainsi que l'exposé des motifs qui les accompagnent.
— Il importe de faire en sorte que l'ensemble des informations soient rapidement disponibles dans toutes les langues communautaires.

B. *Davantage d'informations générales sur le rôle et sur les activités du Conseil*

— Sous la responsabilité du Secrétaire général, publier dorénavant au début de l'année l'aperçu annuel des activités du Conseil qui, actuellement, n'est diffusé qu'avec beaucoup de retard. S'efforcer de le rendre plus intéressant et plus compréhensible par le public et faire en sorte qu'il complète le rapport annuel de la Commission et qu'il ne fasse pas double emploi avec celui-ci. Un résumé succinct, destiné à être largement diffusé, devrait être fait.
— Accroître les activités du Conseil en matière d'information en général, notamment renforcer le service de presse. Accélérer l'activité d'information, déjà très intense (visites de groupes) menée par les services du Secrétariat. Etablir un programme de visites pour les journalistes qui ne sont pas affectés en permanence à Bruxelles, notamment pour ceux qui sont chargés de l'actualité communautaire (en coopération avec la Commission).

C. *Coopération et transmission plus rapide des informations*

— Stimuler l'action de l'actuel groupe d'information du Conseil et l'étendre aux autres institutions afin de mettre au point des stratégies d'information coordonnées.
— Veiller à la coopération entre les Etats membres et les institutions communautaires dans le domaine de l'information.
— Utiliser les nouvelles technologies de communication — bases de données, courrier électronique — pour rendre l'information disponible en dehors des lieux de session du Conseil (Bruxelles, Luxembourg).

Simplification de la législation communautaire et accès plus aise à celle-ci

I. *Rendre la nouvelle législation communautaire plus claire et plus simple*

Le caractère technique de la plupart des textes et la nécessité de trouver un compromis entre les positions des différentes délégations nationales compliquent souvent le processus rédactionnel. Des mesures pratiques devraient néanmoins être prises afin d'améliorer la qualité de la législation communautaire. Ainsi :

a) pour la rédaction de la législation communautaire, il convient d'arrêter des lignes directrices fixant des critères d'appréciation de la qualité rédactionnelle de la législation ;

b) à tous les niveaux des travaux du Conseil, les délégations des Etats membres devraient s'efforcer de mieux s'assurer de la qualité de la législation ;

c) le service juridique du Conseil devrait être invité à revoir régulièrement les projets d'actes législatifs avant qu'ils soient arrêtés par le Conseil et à formuler, le cas échéant, des suggestions d'ordre rédactionnel permettant de rendre ces actes aussi simples et aussi clairs que possible ;

d) le groupe des juristes-linguistes, qui effectue la mise au point définitive de tout acte législatif avant son adoption par le Conseil (avec la participation d'experts juridiques nationaux), devrait présenter des suggestions visant à simplifier et à clarifier les textes sans en modifier le fond.

II. *Rendre la législation communautaire existante plus accessible*

Il est possible de rendre la législation communautaire plus accessible, concise et compréhensible en ayant recours plus rapidement et de manière plus structurée à la consolidation ou à la codification ; il convient également d'envisager d'améliorer le système de base de données CELEX.

1) *Améliorer et organiser la consolidation ou la codification de la législation communautaire*

Les deux démarches possibles, consolidation officieuse et codification (6), doivent être menées en parallèle.

(6) Il convient d'établir une nette distinction entre :

— la consolidation officieuse, qui consiste à regrouper, sur le plan de la forme et en dehors de toute procédure législative, les fragments épars de la législation relative à une question donnée ; elle n'a pas d'effet juridique et n'affecte pas la validité de ces différents fragments (cf., par exemple, le texte consolidé du règlement financier, JO n° C 80, du 25.3.1991, p. 1) ;

— la codification officielle, qui consiste à arrêter un acte législatif officiel de la Communauté selon les procédures applicables et à abroger tous les textes qui existaient auparavant (cf., par exemple, le règlement du Conseil portant organisation commune des marchés dans le secteur des produits de la pêche, JO n° L 354, du 23.12.1991, p. 1).

a) L'Office des publications officielles des Communautés européennes a un rôle important à jouer pour ce qui est de la consolidation officieuse. La conception de celle-ci a été entamée il y a quelque temps et un nouveau système sera mis en service à partir de 1993, qui permettra d'obtenir automatiquement la version consolidée de tout acte législatif communautaire faisant l'objet d'une modification une fois que celle-ci aura été apportée ; dans un délai de deux ans, le système devrait pouvoir couvrir l'ensemble de la législation communautaire (y compris la législation ancienne), pour autant que l'on dispose de ressources suffisantes. La législation consolidée devrait être immédiatement publiée (dans la série C du Journal officiel), éventuellement après insertion des considérants, et/ou rendue disponible par le système CELEX.

b) La codification officielle est importante, car elle offre une sécurité juridique quant au droit applicable à un moment donné à propos d'une question donnée.

Puisque la codification officielle ne peut être opérée qu'en suivant les procédures législatives applicables, il y a lieu de définir des priorités et les trois institutions qui détiennent le pouvoir législatif devraient convenir d'une méthode de travail accélérée.

i) La codification officielle devrait être effectuée sur la base de priorités fixées d'un commun accord. La Commission proposera de telles priorités dans son programme de travail après avoir procédé à des consultations appropriées ;

ii) il convient de rechercher une méthode de travail accélérée qui soit acceptable par tous et qui permette d'adopter rapidement et efficacement une législation communautaire codifiée (remplaçant la législation existante sans en changer le fond) ; un groupe consultatif composé des services juridiques de la Commission, du Conseil et du Parlement contribuerait à assurer le travail préparatoire nécessaire pour pouvoir adopter le plus rapidement possible une législation communautaire codifiée selon le processus décisionnel normal de la Communauté.

2) Renforcement du système de base de données CELEX (7).

Le système CELEX devrait être amélioré en vue de :

a) rattraper le retard en ce qui concerne

— la législation existante ;

(7) Le système CELEX (documentation automatisée relative au droit communautaire) a été créé en 1970 en tant que système interinstitutionnel de documentation automatisé et a été rendu accessible au public en 1981 ; il contient l'ensemble de la législation communautaire.

Le 13 novembre 1991, le Conseil a adopté une résolution sur la réorganisation des structures de fonctionnement du système CELEX en vue d'en accroître l'efficacité (JO n° C 308 du 28.11.91, p. 2).

— l'alimentation de la base de données en langue grecque, espagnole et portugaise ;

b) rendre le système plus convivial et accessible au public.

Les moyens financiers nécessaires devraient être dégagés.

ANNEXE 4 à la PARTIE A
DECLARATION SUR LA PROMOTION DE LA REPRISE ECONOMIQUE EN EUROPE

(non reproduite)

ANNEXE 5 à la PARTIE A
DECLARATION SUR LES PRINCIPES REGISSANT LES ASPECTS EXTERIEURS DE LA POLITIQUE MIGRATOIRE

i) Le Conseil européen, réuni à Edimbourg, a examiné la question des pressions migratoires.

ii) Il a noté avec satisfaction que les changements politiques profonds qui sont intervenus offrent désormais de plus grandes facilités pour voyager et nouer des contacts dans toute l'Europe.

iii) Il a réaffirmé son intention de faire en sorte que la Communauté et ses Etats membres demeurent ouverts sur le monde extérieur, non seulement par le biais d'échanges personnels et culturels, mais aussi par leur engagement en faveur d'un système d'échanges libéral, en jouant pleinement leur rôle dans l'aide au monde en développement et en créant un cadre de relations politiques et économiques avec les pays tiers et les groupes de pays tiers. A cet égard, le Conseil européen réaffirme les principes contenus dans sa déclaration de Rhodes de décembre 1988.

iv) Les Etats membres des Communautés européennes ont réaffirmé leur engagement de s'acquitter intégralement de leurs obligations au titre de la Convention européenne des droits de l'homme de 1950, de la Convention de Genève de 1951 relative au statut des réfugiés et du Protocole de New York de 1967.

v) Le Conseil européen est conscient des pressions particulières dues aux grands mouvements de populations fuyant le conflit dans l'ex-Yougoslavie en raison, notamment, des rigueurs de l'hiver.

vi) Il a pris acte des pressions sur les Etats membres résultant des mouvements migratoires, problème qui suscite de graves préoccupations dans les Etats membres et qui continuera probablement de se poser au cours de la prochaine décennie.

vii) Il a reconnu le risque que l'immigration incontrôlée puisse se révéler déstabilisante et a ajouté que l'intégration des ressortissants des pays tiers qui résident légalement dans les Etats membres ne devrait pas en pâtir.

viii) Il a souligné la nécessité de renforcer la lutte contre le racisme et la xénophobie, conformément à la déclaration conjointe adoptée par le Parlement européen, par le Conseil et les représentants des Etats membres réunis au sein du Conseil et par la Commission, le 11 juin 1986, ainsi que conformément à la déclaration sur le racisme et la xénophobie adoptée par le Conseil européen à Maastricht.

ix) Il s'est déclaré convaincu que divers facteurs jouent un rôle important dans la réduction des mouvements migratoires vers les Etats membres, à savoir le maintien de la paix et la fin des conflits armés ; le respect intégral des droits de l'homme ; la création de sociétés démocratiques et des conditions sociales adéquates ; une politique commerciale libérale, qui devrait améliorer la situation économique dans les pays d'émigration. La coordination des actions menées par la Communauté et ses Etats membres dans les domaines de la politique étrangère, de la coopération économique et de la politique en matière d'immigration et d'asile pourrait également apporter une contribution substantielle au traitement de la question des mouvements migratoires. Lorsqu'il sera en vigueur, le Traité sur l'Union européenne, notamment ses titres V et VI, fournira un cadre approprié à cette action coordonnée.

x) Il a pris note de la déclaration adoptée à l'occasion du Conseil « Développement » du 18 novembre 1992 sur certains aspects de la politique de coopération au développement à l'horizon 2000, dans laquelle le Conseil reconnaît qu'une utilisation efficace de l'aide peut avoir pour effet de réduire la pression migratoire à long terme en favorisant un développement économique et social durable.

xi) Il a noté que, conformément aux points de vue exprimés par le Haut Commissaire des Nations Unies pour les réfugiés, les personnes déplacées devraient être encouragées à demeurer dans les zones sûres les plus proches de leur lieu d'origine et que l'aide et l'assistance devraient viser à leur donner la confiance et les moyens nécessaires pour le faire, sans préjudice de leur admission temporaire également sur le territoire des Etats membres en cas de nécessité particulière.

xii) Il s'est félicité des progrès réalisés par les ministres chargés de l'immigration en ce qui concerne le programme de travail approuvé lors du Conseil européen de Maastricht et, en particulier, de l'adoption de recommandations relatives à l'éloignement, de résolutions sur les demandes d'asile manifestement infondées et sur les pays tiers d'accueil et de conclusions sur les pays dans lesquels, en règle générale, il n'existe pas de risque sérieux de persécution (8). Il a reconnu l'importance de ces mesures pour lutter contre les pratiques abusives en matière de droit d'asile afin de sauvegarder le principe même.

xiii) Il s'est également félicité des travaux portant sur les migrations Est-Ouest menés au sein des groupes de Berlin et de Vienne et a encouragé le groupe de Berlin à élaborer un projet de résolution destiné à être adopté par les ministres.

xiv) Il a décidé de faire progresser l'examen des questions plus générales liées aux migrations évoquées dans le programme de travail de Maastricht, qui vont au-delà des compétences directes des ministres chargés de l'immigration.

xv) Il a reconnu qu'il importait d'analyser les causes de la pression migratoire et d'analyser les moyens de les supprimer.

xvi) Il est convenu que la Communauté et ses Etats membres devraient être guidés, dans leurs sphères de compétence respectives, par les principes ci-après, qui devraient inspirer leur approche :

1. ils continueront d'oeuvrer en faveur du maintien et de la restauration de la paix, du respect intégral des droits de l'homme et de l'Etat de droit, ce qui réduira les pressions migratoires résultant de la guerre et de régimes oppressifs et discriminatoires ;
2. les personnes déplacées devraient être encouragées à demeurer dans la zone sûre la plus proche de leur lieu d'origine, et l'aide et l'assistance devraient viser à leur donner la confiance et les moyens nécessaires pour le faire, sans préjudice de leur admission temporaire également sur le territoire des Etats membres en cas de nécessité particulière ;
3. ils continueront d'encourager un système d'échanges libéral et la coopération économique avec les pays d'émigration, ce qui permettra de promouvoir le développement économique et d'accroître la prospérité dans ces pays, réduisant ainsi les motifs économiques de migration ;
4. à cette même fin, ils veilleront à ce que le volume adéquat d'aide au développement soit utilisé efficacement pour encourager un développement économique et social durable et, notamment, pour contribuer à la création d'emplois et pour atténuer la pauvreté dans les pays d'origine, contribuant ainsi davantage, à long terme, à réduire la pression migratoire ;
5. ils renforceront leurs efforts communs de lutte contre l'immigration clandestine ;

(8) Les résolutions sur les demandes d'asile manifestement infondées et sur les pays tiers d'accueil, ainsi que les conclusions sur les pays dans lesquels, en règle générale, il n'existe pas de risque sérieux de persécution ont été acceptées par l'Allemagne sous réserve d'une modification de sa constitution, et par le Danemark et les Pays-Bas sous réserve d'examen parlementaire.

6. le cas échéant, ils s'emploieront à favoriser la conclusion d'accords bilatéraux ou multilatéraux avec les pays d'origine ou de transit afin d'assurer que les immigrés clandestins puissent être reconduits dans leur pays d'origine, la coopération dans ce domaine étant ainsi étendue à d'autres Etats sur la base de relations de bon voisinage ;
7. dans leurs relations avec les pays tiers, ils tiendront compte de la pratique suivie par ces pays concernant la réadmission, sur leur territoire, de leurs propres ressortissants lorsqu'ils ont été éloignés du territoire des Etats membres ;
8. ils renforceront leur coopération pour faire face au problème particulier que pose le cas des personnes qui fuient le conflit armé et les persécutions dans l'ex-Yougoslavie. Ils déclarent qu'ils entendent soulager leur souffrance par des actions soutenues par la Communauté et les Etats membres en vue d'assurer le logement et la subsistance, y compris, en principe, l'admission temporaire de personnes qui en ont particulièrement besoin, en fonction des possibilités au niveau national et dans le cadre d'une action coordonnée de tous les Etats membres. Ils réaffirment leur conviction que la charge du financement des activités de secours devrait être partagée d'une manière plus équitable par la communauté internationale ;

xvii) Le Conseil européen invite instamment les Etats membres qui ne l'ont pas encore fait de ratifier la Convention de Dublin en matière d'asile dans le cadre de leur action concertée dans ce domaine ; il sera alors possible d'étendre ces arrangements dans le cadre d'une convention parallèle à la Convention de Dublin, la priorité étant accordée aux pays européens voisins si ces arrangements s'avéraient avantageux pour chaque partie. Le Conseil européen demande que les mesures nécessaires soient prises pour que la Convention relative aux frontières extérieures puisse entrer rapidement en vigueur.

ANNEXE 6 à la PARTIE A

DECISION PRISE DU COMMUN ACCORD DES REPRESENTANTS DES GOUVERNEMENTS DES ETATS MEMBRES RELATIVE A LA FIXATION DES SIEGES DES INSTITUTIONS ET DE CERTAINS ORGANISMES ET SERVICES DES COMMUNAUTES EUROPEENNES

Les Représentants des gouvernements des Etats membres,

Vu l'article 216 du traité instituant la Communauté économique européenne, l'article 77 du traité instituant la Communauté européenne du charbon et de l'acier et l'article 189 du traité instituant la Communauté européenne de l'énergie atomique,

Rappelant la décision du 8 avril 1965, et sans préjudice des dispositions y contenues concernant le siège des institutions, organismes et services à venir,

Décident :

Article premier

a) Le Parlement européen a son siège à Strasbourg où se tiennent les douze périodes de sessions plénières mensuelles y compris la session budgétaire. Les périodes de sessions plénières additionnelles se tiennent à Bruxelles. Les commissions du Parlement européen siègent à Bruxelles. Le Secrétariat général du Parlement européen et ses services restent installés à Luxembourg.

b) Le Conseil a son siège à Bruxelles. Pendant les mois d'avril, de juin et d'octobre, le Conseil tient ses sessions à Luxembourg.

c) La Commission a son siège à Bruxelles. Les services énumérés aux articles 7, 8 et 9 de la décision du 8 avril 1965 sont établis à Luxembourg.

d) La Cour de justice et le Tribunal de première instance ont leur siège à Luxembourg.

e) Le Comité économique et social a son siège à Bruxelles.

f) La Cour des comptes a son siège à Luxembourg.

g) La Banque européenne d'investissement a son siège à Luxembourg.

Article 2

Le siège d'autres organismes et services créés ou à créer sera décidé d'un commun accord par les Représentants des gouvernements des Etats membres lors d'un prochain Conseil européen, en tenant compte des avantages des dispositions ci-dessus pour les Etats membres intéressés, et en donnant une priorité appropriée aux Etats membres qui, à l'heure actuelle, n'abritent pas le siège d'une Institution des Communautés.

Article 3

La présente décision entre en vigueur à la date de ce jour.

Partie B

Le Danemark et le Traité sur l'Union européenne

Le Conseil européen a rappelé que l'entrée en vigueur du traité signé à Maastricht exige la ratification par les douze Etats membres conformément à leurs règles constitutionnelles respectives ; il a réaffirmé qu'il importait de mener à bien ce processus le plus rapidement possible, sans rouvrir le débat sur le texte actuel, comme prévu à l'article R du traité.

Le Conseil européen a pris acte de ce que, le 30 octobre, le Danemark a soumis aux Etats membres un document intitulé « Le Danemark au sein de l'Europe », énonçant comme particulièrement importants les points suivants :

— la dimension « politique de défense »,
— la troisième phase de l'Union économique et monétaire,
— la citoyenneté de l'Union,
— la coopération dans les domaines de la justice et des affaires intérieures,
— l'ouverture et la transparence dans le processus décisionnel de la Communauté,
— l'application effective du principe de subsidiarité,
— la promotion de la coopération entre les Etats membres pour combattre le chômage.

Dans ces conditions, le Conseil européen a arrêté l'ensemble de dispositions ci-après, qui sont pleinement compatibles avec le traité, qui sont destinées à répondre aux préoccupations danoises et qui s'appliquent donc exclusivement au Danemark, à l'exclusion de tout autre Etat membre, actuel ou futur :

a) décision concernant certains problèmes soulevés par le Danemark à propos du traité sur l'Union européenne (annexe 1). Cette décision prendra effet à la date d'entrée en vigueur du traité sur l'Union européenne ;

b) les déclarations figurant à l'annexe 2.

Le Conseil européen a également pris connaissance des déclarations unilatérales figurant à l'annexe 3, dont sera assortie la ratification danoise du traité sur l'Union européenne.

ANNEXE 1

Décision des chefs d'Etat et de gouvernement réunis au sein du Conseil européen concernant certains problèmes soulevés par le Danemark à propos du Traité sur l'Union européenne

Les chefs d'Etat et de gouvernement, réunis au sein du Conseil européen, dont les gouvernements sont signataires du traité sur l'Union européenne, qui est constituée d'Etats indépendants et souverains qui ont choisi librement d'exercer en commun certaines de leurs compétences, en vertu des traités en vigueur,

— soucieux de régler, en conformité avec le traité sur l'Union européenne, les problèmes particuliers existant actuellement et propres au Danemark et que ce pays a soulevés dans son mémorandum « Le Danemark au sein de l'Europe » du 30 octobre 1992,
— eu égard aux conclusions du Conseil européen d'Edimbourg sur la subsidiarité et la transparence,
— prenant acte des déclarations du Conseil européen d'Edimbourg concernant le Danemark,
— ayant pris connaissance des déclarations unilatérales faites à cette occasion par le Danemark et dont sera assorti son acte de ratification,
— prenant acte de ce que le Danemark n'a pas l'intention de se prévaloir des dispositions ci-après pour empêcher une coopération plus étroite et une action renforcée entre les Etats membres compatibles avec le traité et dans le cadre de l'Union et de ses objectifs,

Arrêtent la présente décision :

Section A. — Citoyenneté

Les dispositions de la deuxième partie du traité instituant la Communauté européenne, qui concerne la citoyenneté de l'Union, accordent aux ressortissants des Etats membres des droits et des protections supplémentaires, comme prévu dans cette partie. Elles ne se substituent en aucune manière à la citoyenneté nationale. La question de savoir si une personne a la nationalité d'un Etat membre est réglée uniquement par référence au droit national de l'Etat membre concerné.

Section B. — Union économique et monétaire

1. Le protocole sur certaines dispositions relatives au Danemark annexé au traité instituant la Communauté européenne donne au Danemark le droit de notifier au Conseil des Communautés européennes sa position concernant sa participation à la troisième phase de l'union économique et monétaire. Le Danemark a notifié qu'il ne participera pas à la troisième phase. Cette notification prendra effet au moment où la présente décision prendra elle-même effet.

2. Par voie de conséquence, le Danemark ne participera pas à la monnaie unique, ne sera pas tenu par les règles concernant la politique économique qui s'appliquent uniquement aux Etats membres participant à la troisième phase de l'union économique et monétaire et il conservera ses compétences actuelles dans le domaine de la politique monétaire conformément à ses lois

et réglementations nationales, y compris les compétences de la Banque nationale du Danemark dans le domaine de la politique monétaire.

3. Le Danemark participera pleinement à la deuxième phase de l'union économique et monétaire et continuera de participer à la coopération en matière de taux de change au sein du SME.

Section C. — Politique de défense

Les chefs d'Etat et de gouvernement prennent acte de ce que, en réponse à l'invitation de l'Union de l'Europe occidentale (UEO), le Danemark a pris dans cette organisation un statut d'observateur. Ils constatent également qu'aucune disposition du traité sur l'Union européenne ne contraint le Danemark à devenir un Etat membre de l'UEO. Par voie de conséquence, le Danemark ne participe pas à l'élaboration et à la mise en oeuvre des décisions et des actions de l'Union ayant des implications en matière de défense, mais il ne fera pas obstacle au développement d'une coopération plus étroite entre les Etats membres dans ce domaine.

Section D. — Justice et affaires intérieures

Le Danemark participera pleinement à la coopération dans les domaines de la justice et des affaires intérieures sur la base des dispositions du titre VI du traité sur l'Union européenne.

Section E. — Dispositions finales

1. La présente décision prend effet le jour de l'entrée en vigueur du traité sur l'Union européenne ; sa durée est régie par l'article Q et l'article N paragraphe 2 dudit traité.

2. Le Danemark peut à tout moment, conformément à ses règles constitutionnelles, informer les autres Etats membres qu'il ne souhaite plus se prévaloir de tout ou partie de la présente décision. Dans ce cas, le Danemark appliquera pleinement toutes les mesures pertinentes prises dans le cadre de l'Union européenne et qui seront alors en vigueur.

ANNEXE 2

Déclarations du Conseil européen
Déclaration sur la politique sociale, les consommateurs, l'environnement et la répartition des richesses

1. Le traité sur l'Union européenne ne fait pas obstacle au maintien et à l'établissement par un Etat membre, de mesures de protection renforcées compatibles avec le traité instituant la Communauté européenne :

— dans le domaine des conditions de travail et de la politique sociale (article 118 A paragraphe 3 du traité CE et article 2 paragraphe 5 de

l'accord sur la politique sociale conclu entre les Etats membres de la Communauté européenne à l'exception du Royaume-Uni) ;
— en vue d'atteindre un niveau élevé de protection des consommateurs (article 129 A paragraphe 3 du traité CE) ;
— en vue de réaliser les objectifs en matière de protection de l'environnement (article 130 T du traité CE).

2. Les dispositions introduites par le traité sur l'Union européenne, y compris les dispositions relatives à l'union économique et monétaire, permettent à chaque Etat membre de mener sa propre politique en matière de répartition des richesses et de maintenir ou d'améliorer les prestations sociales.

Déclaration sur la défense

Le Conseil européen note que le Danemark renoncera à son droit d'exercer la présidence de l'Union chaque fois qu'une question concernant l'élaboration et la mise en oeuvre des décisions et des actions de l'Union ayant des implications en matière de défense sera impliquée. Les règles normales régissant le remplacement du président en cas d'empêchement de celui-ci s'appliqueront. Ces règles s'appliqueront également en ce qui concerne la représentation de l'Union au sein des organisations internationales, lors de conférences internationales et à l'égard des pays tiers.

Déclarations unilatérales du Danemark dont sera assorti l'acte danois de ratification du Traité sur l'Union européenne et dont les onze autres Etats membres prendront connaissance
Déclaration sur la citoyenneté de l'Union

1. La citoyenneté de l'Union est un concept politique et juridique qui est entièrement différent de celui de citoyenneté au sens que lui attribuent la Constitution du Royaume de Danemark et le système juridique danois. Aucune disposition du traité sur l'Union européenne n'implique ni prévoit un engagement visant à créer une citoyenneté de l'Union au sens de citoyenneté d'un Etat nation. La question de la participation du Danemark à une évolution en ce sens ne se pose donc pas.

2. La citoyenneté de l'Union ne donne pas, en tant que telle, à un ressortissant d'un autre Etat membre le droit d'obtenir la citoyenneté danoise ou tout autre droit, devoir, privilège ou avantage qui en découle en vertu de la Constitution et des dispositions législatives, réglementaires et administratives du Danemark. Le Danemark respectera pleinement les droits spécifiques expressément prévus dans le traité et applicables aux ressortissants des Etats membres.

3. Les ressortissants des autres Etats membres de la Communauté européenne jouissent au Danemark du droit de vote et du droit d'éligibilité aux

élections municipales, prévus à l'article 8 B du traité instituant la Communauté européenne. Le Danemark a l'intention d'introduire une loi accordant aux ressortissants des autres Etats membres de la Communauté le droit de vote et d'éligibilité aux élections au Parlement européen dans les meilleurs délais avant les prochaines élections de 1994. Le Danemark n'a pas l'intention d'accepter que les modalités prévues aux paragraphes 1 et 2 de cet article puissent donner lieu à des dispositions réduisant les droits déjà accordés au Danemark dans ce domaine.

4. Sans préjudice des autres dispositions du traité instituant la Communauté européenne, son article 8 E exige l'unanimité des membres du Conseil des Communautés européennes, c'est-à-dire de tous les Etats membres, pour arrêter des dispositions tendant à renforcer ou à compléter les droits prévus dans la deuxième partie du traité CE. En outre, toute décision unanime du Conseil, devra, avant d'entrer en vigueur, être adoptée dans chacun des Etats membres, conformément à ses règles constitutionnelles. Au Danemark, une telle adoption exigera, dans le cas d'un transfert de souveraineté tel qu'il est défini par la Constitution danoise, soit la majorité des 5/6 des députés du Folketing, soit à la fois la majorité des députés du Folketing et la majorité des électeurs se prononçant par référendum.

Déclaration sur la coopération dans les domaines de la justice et des affaires intérieures

L'article K.9 du traité sur l'Union européenne exige l'unanimité de tous les membres du Conseil de l'Union européenne, c'est-à-dire de tous les Etats membres, pour arrêter toute décision de rendre applicable l'article 100 C du traité instituant la Communauté européenne à des actions relevant de domaines visés à l'article K.1 points 1) à 6). En outre, toute décision unanime du Conseil, devra, avant d'entrer en vigueur, être adoptée dans chacun des Etats membres, conformément à ses règles constitutionnelles. Au Danemark, une telle adoption exigera, dans le cas d'un transfert de souveraineté, tel qu'il est défini par la Constitution danoise, soit la majorité des 5/6 des députés du Folketing, soit à la fois la majorité des députés du Folketing et la majorité des électeurs se prononçant par référendum.

Déclaration finale

La décision et les déclarations ci-dessus constituent une réponse au résultat du référendum danois du 2 juin 1992 sur la ratification du traité de Maastricht. En ce qui concerne le Danemark, les objectifs de ce traité dans les quatre domaines visés dans les sections A à D de la décision doivent être vus à la lumière de ces documents, qui sont compatibles avec le traité et ne remettent pas en question ses objectifs.

Partie C

Financement futur de la Communauté-Paquet Delors II

(non reproduit)

Partie D

Relations extérieures

(non reproduit)

Annexe III

BIBLIOGRAPHIE EN MATIÈRE D'UEM

Pour le lecteur intéressé, nous avons établi une bibliographie sommaire d'ouvrages récents ayant trait à l'UEM

Gérard BÉKERMAN et Michèle SAINT-MARC, *L'ÉCU*, PUF, 1991.

Stefan COLLIGNON, *Das Europäische Währungssystem im Übergang*, Gabler 1994.

COMMISSARIAT GÉNÉRAL DU PLAN, *A French perspective on EMU*, 1993.

COMMISSION OF THE EUROPEAN COMMUNITIES, *One market, one money, European Economy*, N° 44, 1990.

Malcolm CRAWFORD, *One Money for Europe ?*, Macmillan, 1993.

Barry EICHENGREEN, *Should the Maastricht Treaty be saved ?*, Princeton, 1992.

Michael FRATIANI and Jürgen VON HAGEN, *The European Monetary System and European Monetary Union*, Westview Press, 1992.

Paul DE GRAUWE, *The Economics of Monetary Union*, Oxford University Press, 1992.

Daniel GROS et Niels THYGESEN, *European Monetary Integration*, Longman, 1992.

Konrad HANDSCHUH, *D-Mark adel*, Fischer, 1994.

Philippe JURGENSEN, *ECU, Naissance d'une monnaie*, J.-C. Lattès, 1991.

Peter B. KENEN, *EMU After Maastricht*, Group of Thirty, Washington, 1992.

Henry KRÄGENAU und Wolfgang WELTER, *Europäische Wirtschafts- und Währungsunion*, Nomos, 1993.

Marc LAMBRECHTS et Pierre-François LOVENS, *Monnaies en crise*, L'Echo, 1993.

Jean-Victor LOUIS, *Du système monétaire européen à l'Union monétaire*, Office des publications des Communautés européennes, 1990.

Philippe NARASSIGUIN, *L'unification monétaire européenne*, Economica, 1993.

Willhelm NÖLLING, *Unser Geld*, Ullstein, 1993.

Jean-Pierre PATAT, *L'Europe monétaire*, La Découverte, 1990.

Robert RAYMOND, *L'unification monétaire en Europe*, PUF, 1993.

Pascal RICHÉ et Charles WYPLOSZ, *L'Union monétaire de l'Europe*, Editions du Seuil, 1993.

Armand-Denis SCHOR, *Le Système monétaire européen*, PUF, 1993.

Jacques VAN UPERSELE et Jean-Claude KOEUNE, *Le Système monétaire européen*, Office des publications des Communautés européennes, 1988.

INDEX DES ARTICLES DES TRAITÉS CITÉS DANS LE TEXTE

(Les chiffres renvoient aux pages)

Traité sur l'Union européenne

A : 115-6
B : 116-7, 147, 229, 483, 495
C : 25, 117, 121, 127, 456, 509
D : 25, 117, 126,136
E : 25, 126
F : 118-9, 132, 163, 503
G : cf. *infra Traité instituant la Communauté européenne (1)*
H : 17, 114, 430
I : 114
J : 121, 127, 463
J 1 : 349, 475-6
J 2 : 476-7
J 3 : 126-7, 453, 477, 481
J 4 : 127-8, 131, 474, 481-4
J 5 : 127-8, 484-5
J 6 : 485
J 7 : 128, 485
J 8 : 25, 126, 486-7
J 9 : 128, 486
J 10 : 489
J 11 : 121, 123, 128, 442, 489
K : 121, 129, 491
K 1 : 495
K 2 : 500
K 3 : 129, 503
K 4 : 129, 453, 509
K 5 : 507
K 6 : 129, 510
K 7 : 501
K 8 : 26, 121, 129, 442, 503, 509
K 9 : 123, 129, 501, 511
L : 127, 130
M : 130
N (ex. art. 236 CEE) : 13, 19, 35, 130-4, 385, 500
O (ex. art. 237 CEE) : 131, 385, 391, 448-9
P : 132
Q : 132
R : 132-4

(1) Les modifications au traité instituant la Communauté économique européenne (lui-même modifié à diverses reprises depuis 1958 et notamment par l'Acte unique européen de 1986) opérées par la traité sur l'Union européenne figurent à l'art. G du traité sur l'Union européenne au §§ 1 à 86.

Tous les articles de ce traité intitulé désormais « traité instituant la Communauté européenne » mentionnés au texte ci-dessus, figurent aux deux pages suivants, qu'il s'agit de dispositions antérieures à 1992 ou de dispositions résultant du traité sur l'Union européenne.

Traité instituant la Communauté européenne (ex Traité instituant la Communauté économique européenne tel que modifié plusieurs fois et en dernier lieu par le Traité sur l'Union européenne)

art. 1 : 135
art. 2 : 139, 158, 182-3, 230
art. 3 : 140, 158, 329
art. 3 A : 227, 233-6
art. 3 B : 30, 117, 141, 147-150, 329
art. 4 : 416, 438
art. 4 A : 236-7
art. 4 B : 141
art. 5 : 339, 436
art. 6 (ex. 7 CEE : 168, 384
art. 7, 7 A, 7 B, 7 C (ex. 8 CEE : 22-3, 169-170, 495
art. 8 : 166, 168
art. 8 A : 168, 171, 385, 389
art. 8 B : 171-2, 393
art. 8 C : 173-4, 393
art. 8 D : 174
art. 8 E : 174-5
art. 36 : 329, 330, 501
art. 48 à 52 : 303, 315, 375
art. 54 : 375
art. 56 : 375, 501
art. 57 : 375
art. 66 : 375
art. 67 à 73 : 40, 177, 201
art. 73 A : 201, 237
art. 73 B : 201, 237
art. 73 C : 202, 237
art. 73 D : 202, 238
art. 73 E : 238
art. 73 F : 203, 239
art. 73 G : 128, 203, 239
art. 73 H : 239
art. 74 à 84 : 301, 384, 394
art. 92 : 160-1, 329
art. 94 à 99 : 288, 394, 416
art. 100 : 288, 394
art. 100 A : 376, 491
art. 100 B : 376
art. 100 C : 129, 393, 453, 494, 501, 507, 510
art. 100 D : 129, 509
art. 101-2 : 288
art. 102 A : 36, 182, 239, 291
art. 103 : 129, 184, 189, 240, 311, 384
art. 103 A : 125, 183, 243
art. 104 : 125, 184, 244
art. 104 A : 125, 184, 246, 384
art. 104 B : 125, 185, 190, 246, 384
art. 104 C : 125, 160, 182, 184, 190, 204, 213, 247, 393
art. 105 : 97, 218, 228, 252, 385
art. 105 A : 222, 235, 255, 385
art. 106 : 224, 257, 385, 393
art. 107 : 125, 253, 259
art. 108 : 260
art. 108 A : 125, 261
art. 109 : 212, 226, 262, 338, 354, 393
art. 109 A : 124, 265
art. 109 B : 125, 223, 266
art. 109 C : 125, 192, 212, 251, 267
art. 109 D : 183, 269
art. 109 E : 179, 187, 270
art. 109 F : 124, 194, 271, 393
art. 109 G : 275
art. 109 H : 228, 275
art. 109 I : 275, 393

art. 109 J : 26, 124, 203, 206, 208, 215, 260, 275
art. 109 K : 26, 124, 224, 228, 247, 276, 393
art. 109 L : 216, 276
art. 109 M : 183, 200, 263, 277
art. 110 à 116 : 339-346
art. 113 : 339, 356, 386
art. 115 : 344
art. 116 : 345
art. 117 à 127 : 303, 315
art. 118 A : 44, 302, 452
art. 123 à 125 : 316, 384
art. 126 : 148, 317, 376, 411
art. 127 : 318, 384
art. 128 : 237, 328-9, 376, 383, 411
art. 129 : 325-8, 376, 411
art. 129 A : 333-5, 376
art. 129 B à D : 296-301, 376, 384, 411
art. 130 : 288-292, 393
art. 130 A à E : 152, 158, 160, 316, 384, 385, 389, 393, 411, 451
art. 130 F à P : 289, 298, 376, 384, 452
art. 130 R à T : 144, 319-325, 355, 376, 384, 393, 450-1
art. 130 U à Y : 346-353, 355, 384
art. 137 : 121, 366
art. 138 : 21, 386, 448
art. 138 a : 126, 367
art. 138 b : 368, 394-5, 455-8
art. 138 c : 398, 400, 447
art. 138 d : 400-1
art. 138 e : 401-3
art. 139 : 128
art. 144 : 128
art. 145 : 19, 31, 121, 177, 241, 459
art. 146 : 412-5
art. 147 : 121
art. 148 : 21, 125
art. 149 : 381
art. 150 : 121
art. 151 : 121-3, 488
art. 152 à 154 : 121, 457
art. 155 à 157 : 121, 437, 448, 454, 459
art. 158 : 121, 396-8, 454
art. 159-160 : 121
art. 161 : 121, 454
art. 162-163 121
art. 165 : 424-6
art. 167 : 426
art. 168 A : 426-9
art. 169 à 171 : 188, 430-434
art. 173-4 : 146, 434
art. 177 : 146, 430
art. 188 A, B et C : 438
art. 189 : 369
art. 189 A : 392, 438, 459
art. 189 B : 86, 125, 131, 368 à 384, 388, 458
art. 189 C : 125, 160, 384
art. 193 à 198 : 417
art. 198 A à C : 408-412, 417
art. 198 D-E : 141
art. 199-203 : 153, 158, 160-1, 385, 442-8
art. 205-206 : 385, 390, 439-440
art. 209 A : 437, 446-7
art. 210 : 226
art. 217 : 121, 448, 489
art. 220 : 110, 493, 506
art. 223-225 : 362-5, 501
art. 227 : 481
art. 228 : 146, 263, 342, 353, 360, 386, 392, 394
art. 228 A : 128, 360-1, 443, 450
art. 235 : 66, 135-6, 149, 169, 385
art. 238 : 385
art. 239-248 : 133

INDEX DES PROTOCOLES ET DES DÉCLARATIONS CITÉS DANS LE TEXTE

(Les chiffres renvoient aux pages) (*)

Protocoles

	Pages
1. protocole sur l'acquisition de biens immobiliers au Danemark	237
2. protocole sur l'article 119 du traité instituant la Communauté européenne	315-6
3. protocole sur les statuts du Système européen de banques centrales et de la Banque centrale européenne	125, 221, 225, 253, 278
4. protocole sur les statuts de l'Institut monétaire européen	195, 198, 271, 279, 289
5. protocole sur la procédure concernant les déficits excessifs	191, 250
6. protocole sur les critères de convergence visés à l'article 109 J du traité instituant la Communauté européenne	206
7. protocole modifiant le protocole sur les privilèges et immunités des Communautés européennes	286
8. protocole sur le Danemark	280
9. protocole sur le Portugal	188, 245
10. protocole sur le passage à la troisième phase de l'Union économique et monétaire	204, 216
11. protocole sur certaines dispositions relatives au Royaume-Uni de Grande-Bretagne et d'Irlande du Nord	100, 188, 205, 211, 244, 277
12. protocole sur certaines dispositions relatives au Danemark	100, 205, 211, 277

(*) la numérotation des protocoles et déclarations figure dans le texte de l'acte final de signature mais ne figure pas en tête de chacun des protocoles ou déclarations dans le texte signé.

	Pages
13. protocole sur la France	215
14. protocole sur la politique sociale	303, 307
accord conclu entre les Etats membres de la Communauté européenne à l'exception du Royaume-Uni de Grande-Bretagne et d'Irlande du Nord, auquel sont jointes deux déclarations	183, 307, 309, 384
15. protocole sur la cohésion économique et sociale	160-2
16. protocole sur le Comité économique et social et sur le Comité des régions	408
17. protocole annexé au traité sur l'Union européenne et aux traités instituant les Communautés européennes	335-7

Déclarations

1. déclaration relative à la protection civile, à l'énergie et au tourisme	131, 140, 141
2. déclaration relative à la nationalité d'un Etat membre	166
3. déclaration relative à la troisième partie, titres III et VI, du traité instituant la Communauté européenne	25, 177, 241
4. déclaration relative à la troisième partie, titre VI, du traité instituant la Communauté européenne	182, 241
5. déclaration relative à la coopération monétaire avec les pays tiers	186
6. déclaration relative aux relations monétaires avec la république de Saint-Marin, la cité du Vatican et la principauté de Monaco	215
7. déclaration relative à l'article 73 D du traité instituant la Commuanuté européenne	238
8. déclaration relative à l'article 109 du traité instituant la Communauté européenne	227, 262
9. déclaration relative à la troisième partie, titre XVI, du traité instituant la Communauté européenne	321
10. déclaration relative aux articles 109, 130 R et 130 Y du traité instituant la Communauté européenne	264, 322, 356
11. déclaration relative à la directive du 24 novembre 1988 (« Emissions »)	319, 324, 399

PAGES

12. déclaration relative au Fonds européen de développement 352, 444
13. déclaration relative au rôle des parlements nationaux dans l'Union européenne 406
14. déclaration relative à la conférence des parlements 407
15. déclaration relative au nombre des membres de la Commission et du Parlement européen 455
16. déclaration relative à la hiérarchie des actes communautaires 131, 379
17. déclaration relative au droit d'accès à l'information 420-1
18. déclaration relative aux coûts estimés résultant des propositions de la Commission 443, 451
19. déclaration relative à l'application du droit communautaire 436
20. déclaration relative à l'évaluation de l'impact environnemental des mesures communautaires 320
21. déclaration relative à la Cour des comptes 439
22. déclaration relative au Comité économique et social 417
23. déclaration relative à la coopération avec les associations de solidarité 315
24. déclaration relative à la protection des animaux 319
25. déclaration relative à la représentation des intérêts des pays et territoires d'outre-mer visés à l'article 227 paragraphes 3 et 5 points a) et b) du traité instituant la Communauté européenne 481
26. déclaration relative aux régions ultrapériphériques de la Communauté 158
27. déclaration relative aux votes dans le domaine de la politique étrangère et de sécurité commune 487
28. déclaration relative aux modalités pratiques dans le domaine de la politique étrangère et de sécurité commune 488
29. déclaration relative au régime linguistique dans le domaine de la politique étrangère et de sécurité commune 121, 489
30. déclaration relative à l'Union de l'Europe occidentale 474, 482
31. déclaration relative à l'asile 497
32. déclaration relative à la coopération policière 499

PAGES

33. déclaration relative aux litiges entre la BCE et l'IME, d'une part, et leurs agents de l'autre 286

*
* *

Déclaration des Hautes Parties Contractantes au traité sur l'Union européenne 114, 336

INDEX DES SESSIONS DU CONSEIL EUROPÉEN MENTIONNÉES

La Haye 7, 32.
Paris (1972) 6, 34.
(1974) 23.
Bruxelles (XII 1978) 35, 185.
Stuttgart (VI 1983) 7, 24, 117.
Fontainebleau (VI 1984) 8.
Milan (VI 1985) 8, 14, 35, 54.
Bruxelles (II 1988) 37.
Hanovre (VI 1988) 39, 44, 303.
Rhodes (XII 1988) 492, 509.
Madrid (VI 1989) 40, 44, 178.
Strasbourg (XII 1989) 40, 51, 299, 303, 491, 499.
Dublin I (IV 1990) 40, 46, 53, 57.
Dublin II (VI 1990) 41, 52, 55, 58, 59, 299, 346, 368, 463.
Rome I (X 1990) 15, 41, 62, 91, 187, 346, 369, 405.
Rome II (XII 1990) 68, 73, 144, 151, 297, 329, 333, 362, 369, 395, 406, 409, 412, 439, 443, 498.
Luxembourg (VI 1991) 83, 98, 156, 179, 493, 499.
Maastricht (XII 1991) 93, 158.
Lisbonne (VI 1992) 150.
Edimbourg (XII 1992) 134, 151, 188, 211, 456, 483.

TABLE ALPHABÉTIQUE

(Les chiffres renvoient aux pages)

Accord (social) à onze, *307*, *732*.

Accord interinstitutionnel, 445.

Accords internationaux, 337, *353*, 651.

Accords monétaires, 227, 262, 354, 393, 579, 744.

Acquis communautaire, 8, 307.

Acte unique, 8, 22, 35, 140, 320, 355, 477, 491.

Actions de la Communauté, 140, 233, 505.

Action commune, 127, 467, *477*, 505, 683 (au sens de l'ex-art. 116 : 345).

ACP, 352, 745.

Adéquation des moyens, 119, 153, 321, 443, 747.

Adhésion, 131, 691.

AELE, 48.

Allemagne, 46, 161, 367.

Amendes, 249, 430, 624.

Annulation, 434, 624.

Armes (export.), 362.

Asile, 496, 753.

Assistance financière, 213.

Assises (PE-Parl. nat.), 15, 50, 61, 406, 745.

Astreintes, 432, 624.

Avis conforme, *385*.

Avortement, 738.

Banque centrale européenne (BCE), 43, 125, 195, *236*, 255, *265*, 434, 573, 694.

Banques centrales nationales, 200, 210, 212, 221, 256, 283, 573, 694.

Banque européenne d'investissement, 141, 249, 638.

Belgique, 51, 314, 413.

Budget communautaire, 26, *437*, 442, 639.

Budgets nationaux, 188, 212.

Cadre institutionnel, *119*, 508, 520.

Capitaux, 201, *237*, 437 (blanchiment), 554, 744.

Change, 200, 226.

Charte sociale, 44, 303.

Circulation des personnes, 167, 491.

Circulation des travailleurs, 315.

Citoyen, 61, *162*, 398, 528, *781*.

Clause d'exemption, 306.

Clause évolutive, 129, 175, 375, 473, 489, 496, 511.

Codécision (art. 189B), 27, 86, *368*, 434, 458, 631.

Cohérence, 117, 520.

Cohésion, 86, 100, *151*, 161, 294, 450, 601, 736.

Colombo (rapport), 60.

Comité de conciliation, 379, 631.

Comité de coordination (hauts fonctionnaires), 122, 129, 509.

Comité des gouverneurs, 195, 272, 583.

Comité des régions, 408, 636, 738.

L'emploi d'italiques indique qu'il s'agit de développements substantiels relatifs au terme indexé.

Comité économique et financier, 247, 268, 581.

Comité économique et social, 410, *416*, 634, 738, 748.

Comité monétaire, 31, 97, 122, 192, *267*, 581.

Comité politique, 73, 122, 488, 686.

Comitologie, 460.

Commission, *18*, 62, 78, 82, 111, 120, 124, 156, 169, 380, 387, *395*, *453*, 486, 510, *618*, 746.

Communauté européenne, 135, 523.

CECA, 5, 17, 114, 430, 656.

CED, 5.

CEE, 6.

CEEA (Euratom), 6, 114, 668.

Compétences, 62, 135, 141, 449, 459.

Compétence monétaire externe, 214, 226, *262*, 338, 354.

Compétitivité, 288.

Compromis de Luxembourg, 6, 22.

Concertation, 476.

Conciliation (dans la procédure de codécision), 379, 631.

Conférence intergouvernementale (CIG), 14, 50, 64.

CIG-UEM, 50, 95, 185.

CIG-UP, 11, 49, 73, 96, 147, 151, 304, 358, 368, 386, 392, 464, 492.

Congrès, 15, 61, 147, 403, 746.

Conjoncture, 242.

Conseil, *21*, 121, 413, 423, 447, 486, 616.

Conseil eco-fin, 40, 96, 124, 177, 239, 743.

Conseil européen, *23*, 68, 110, 121, 124, 486, 520.

Conseil européen (réuni en Conseil CE), 124, 208, 486, 587.

Conseil général (UEM), 225, 711.

Consommateurs, 333, 598, 782.

Constitution, 12.

Contrôle des comptes, *439*.

Convention (entre Etats membres), 110, 506.

Convention européenne des Droits de l'homme, 51, 118, 164, 500.

Convergence, 160, 178, *181*, 206, 270, 586, 724.

Coopération au développement, *346*, 608.

Coopération intergouvernementale (aff. intérieures et judiciaires), 109, 129, *491*, 687.

Coopération judiciaire, civile et pénale, 499.

Coopération (procédure de l'art. 189 C), *384*.

Coopération policière, 499, 753.

Coopération politique européenne 7, 464, 491.

Coordination des politiques de développement, 350, 352, 608.

Coordination des politiques monétaires nationales, 180.

Coreper, 51, 122, 488, 504, 617.

Cour de Justice, *28*, 126, 130, 146, 165, 257, 262, 423, 430, 506, 509, 621.

Cour des comptes, 439, 675, 747.

Critères de convergence, *206*, 586, 724.

Croissance, 231.

Culture, 328, 596.

Danemark, 100, 133, 188, 205, 211, 406, 483, 694, 726, 730, 756, 780, 783.

Décharge, 440, 644.

Défense, Défense commune, 86, 463, 468, 481, 683, 783.

Déficit démocratique, 61.

Déficits excessifs, 100, 190, 207, *247*, 723.

Delors, 19, 37, 39, 82, 95, 112, 120, 144, 147, 156, 306, 479.

Dépenses opérationnelles, 128, 489, 506, 510, 686, 690.

Dérogation, 209, 224, 275, 276.

Dette, 245.
Développement (coopération au), 346, 608.
Directoire de la BCE, 264, 698.
Discrimination, 168.
Dialogue social, 303, 313, 732.
Dooge (Comité), 8.
Douane (coopération), 499.
Dresde (réunion de), 84, 111, 115.
Droit communautaire, *423*, 436 (application du — par les Etats membres), 747.
Droits fondamentaux, 118, 164, 349.
Dumas (R.), 80, 85, 469.
Duverger (rapport), 61, 66.

Ecu, 42, 185, 235, 275.
Edimbourg, 134, 151, 211, 456, 483, 754.
Education, 148, 317.
Efficacité institutionnelle, 69, 422.
Elargissement, 47.
Elections directes, 27, 613.
Elections européennes et locales, 172, 529.
Eligibilité, 171.
Emission monétaire, 217, 222, 255.
Energie, 140, 742.
Enquête, 398, 613.
Environnement, 144, 160, *319*, 355, 450, 605, 744, 747, 783.
Espace économique européen, 48.
Espagne, 87, 154.
Euratom, 114, 668.
Europe des citoyens, 163.
Exécution (compétence d'), 460.
Exportation d'armes, 362.

Fecom, 34, 196, 273.
Fédéral, fédéralisme, 8, 13, 85, 115, 144.
Fiscalité, 287, 323, 416, 451.
Fonds de cohésion, 152, 161, 300, 736.
Fonds social, 316, 594.
Fonds structurels, 152, 160.
Fouchet (plan), 9.
Formation professionnelle, 315.
France, 731.
Fraudes, 446, 498, 647.
Frontières intérieures, 169.
Frontières extérieures, 492, 497.

Gaulle (général de), 19.
Genscher (H.D.), 39, 80, 89.
Giscard d'Estaing (rapport), 60, 145, 458, 469.
Gonzales (F.), 50, 56, 154, 162, 405.
Gouverneurs des Banques nationales, 195, 225, 272, 583, 697.
Guigou (rapport), 40.

Harmonisation des législations, 300, 318, 324, 328, 331, 335, 493, 501, 568.
Haute Autorité, 18, 657.
Hiérarchie des normes, 368, 746.

Identité européenne, 116, 305.
Impôt communautaire, 444.
Immigration, 493, 775.
Indépendance banques nationales, 200, 224, 260.
Inactifs, 169.
Industrie, 288, 600.
Information mutuelle, 476, 503.
Information (accès à), 418, 746.
Initiative, 394 (Parlement), 125, 382, 457, 510, 631 (Commission).
Institutions, 422.
IME (Institut monétaire européen), 124, *194*, *271*, 279, 286, 583, 714.
Intérêts financiers de la Communauté, 446, 646.
Intérêt vital, 22.
Interinstitutionnelles (réunions), 15.
Irlande, 335, 739, 754.

Jeunesse, 317, 595.

Juncker (J.-Cl.), 95, 99.

Kohl (H.), 45, 53, 68, 86, 91, 158, 471, 493.

Laënder, 317, 326, 331, 408, 450.
Légitimation active et passive (Parlement), 435.
Légitimité démocratique, 80, 366, 404.
Légalité, 434, 624.
Liberté de circulation, 168, 297 (capitaux), 315 (travailleurs).
Libertés fondamentales, 118, 163.
Loi, 370.
Luxembourg (UEM), 271, 278.
Luxembourgeois (non paper, 17 avril 1991), 76, 81, 108, 147, 469, 493 ; (non paper UEM), 97.
Luxembourgeois (présidence), 75, 81, 96, 108.
Luxembourgeois (projet, 18 juin 1991), 85, 89, 113, 493.

Maastricht (Conseil européen de), 10, 37, 93, 100.
Major (J.), 86, 92.
Majorité qualifiée, 21, 391, *447*, 479, 507, 617.
Manquement, 188, *430*, 434, 623.
Marché unique, 38, 40.
Martin (rapport), 60, 376, 399, 409, 441, 444.
Médiateur, 175, 401, 614.
Mitterrand (Fr.), 50, 53, 56, 68, 87, 91, 135, 405, 471.
Modification d'une proposition, 381, 638.
Monétaire (volet — dans l'UEM), 31, 180, 194, 215.
Monnaie unique, 42, 186, 215, 232.

Nationalité, 166, 743.
Néerlandaise (présidence), 76, 88, 99.
Négociations internationales, 359.
Normes (Hiérarchie des), 368.

Objectifs, 116, 519 (Union), 139, 523 (Communauté), 230, 525 (UEM), 311, 733 (pol. sociale), 475, 685 (Pesc.).
Otan, 469, 483.

Parlement européen, 8, 13, 20, *26*, 49, 59, 66, 120, 125, 357, *366*, 378, 385, 391, 395, 440, 444, 485, 510, 612, 746.
Parlements nationaux, 15, 61, 147, 403, 745.
Partenaires sociaux, 303, 305, 313, 734.
Partis politiques, 367, 613.
Passage à la monnaie unique, 215, 587.
Passage à la phase II, 187, 582.
Passage à la phase III, 204, 276, 589, 727.
Passerelle, 495, 511, 570.
Pays en développement, 346, 608.
Personnalité juridique internationale, 165, 257, 271.
Pétition, 175, *400*, 614.
Piliers (trois), 82, 105, 119, 495.
Phase I, *177*.
Phase II, 41, 160, *187*, 244, 270, 275, 582.
Phase III, *203*, 276, 589.
Police, 499.
Politique commerciale commune, *339*, 465, 590.
Politique culturelle, 331, 596.
Politique économique, 31, *239*, 672.
Politique étrangère et de sécurité commune (PESC), 12, 68, 90, 107, 112, 126, 354, 360, *461*, 685, 749.
Politique industrielle, *288*, 600.
Politique monétaire, 31, 176, 217, 235, *252*, 576, 743.
Politique monétaire nationale, 180.
Politique sociale, *302*, 309, 315, 592, 731, 782.
Poos (J.F.), 74, 83.
Portugal, 156, 188, 727.

Position commune (codécision), 378, 504, 631.
Position commune (PESC), 476, 682.
Position commune (coop. 3e pilier), 504, 507 (organisations internationales), 688.
Préambule, 146.
Privilèges et immunités, 727.
Prix (stabilité des prix), 206, 219, 252.
Procédure budgétaire, 445.
Programmes (cadre, d'action, pluriannuel), 296, 323, 351, 376, 452.
Programmes de convergence, 179, 270.
Protection civile, *140*, 742.
Protection des citoyens, *173*, 529.
Publicité des travaux, 418, 756.

Recettes communautaires, 445.
Recherche et développement, *292*, 452, 602.
Recours préjudiciel, 428.
Réfugiés, 497.
Région (régional), *408*, 413.
Règlement de procédure, 424.
Règlements intérieurs, 417.
Relations extérieures, 337, 465.
Représentants permanents, 122, 488, 617.
Représentants personnels, 55, 65, 74, 97.
Représentation extérieure, 127, 214 (monétaire), 343, 484, 684.
Réseaux transeuropéens, 152, *296*, 598.
Réserves financières, 217, 281.
Ressortissants pays tiers, 492, 507.
Ressources propres, 153, 385, 443.
Révision, 12, 130, 175, 258, 385, 489, 496, 511, 691.
Royaume-Uni, 43, 60, 188, 206, 244, 302, 406, 726, 732.
Sanctions internationales, 120, *360*, 443, 652.
Sanctions internes, 184, 212, 249, 430, 624.
Santé, 325, 597.
Santer (J.), 87.
Schengen, 498, 501.
Secrétariat général du Conseil, 64, 123, 478, 488, 617.
Sécurité, 67, 91, 127, 468, 481, 683.
Séjour (liberté), 168.
Services, 339.
Siège, 100, 778.
Social (domaine), 86, 302, 315, 452.
Société (questions de), 319.
Sommet, voir *Conseil européen* (depuis 1974).
Spinelli (Projet), 13, 142, 163.
Statuts de la B.C.E., 278, 694.
Statuts de l'IMA, 195, 271, 714.
Statuts du SEBC, 220, *278*, 694, 701.
Structure du Traité UE, 105.
Subsidiarité, 11, 20, 60, 77, 117, *141*, 292, 305, 309, 322, 327, 329, 457, 525, 760.
Supranational (système), 17.
Surveillance (budgétaire), 178, 188, 212.
Surveillance prudentielle, 220.
Système européen de Banques centrales (SEBC), 43, 124, 210, 218, 236, 252, 259, 278, 701.
Système monétaire européen, 9, 34, 186.

Taux (d'intérêt), 206.
Taux de change, 31, 216, 234, 277.
Terrorisme, 499.
Thatcher (Mme M.), 54, 63, 304.
Tindemans (rapport), 7.
Tourisme, 140, 742.
Toxicomanie, 498.
Traité sur l'Union européenne, 114, 517.
Transparence, 418, 770.
Transports, 301.

Tribunal de première instance (TPI), 29, 426, 622.

Typologie des actes, 62, 369.

Unanimité, 391, 447, 487.

Unicité institutionnelle, 119, 121, 123, 508, 520.

UEO, 127, 469, 472, 481, 684, 750.

Union des confédérations de l'industrie et du commerce européen (UNICE), 290, 298, 304.

Union économique et monétaire (UEM), 31, 41, 45, 51, 85, 95, 124, *176*, 572.

Union européenne, 11, 25, 115, 130, 519.

Union politique, 44, 60, 63, 68.

Union sans cesse plus étroite, 115, 519.

Van den Broek, 68, 88.

Visa, 129, *507*, 570.

Volet économique (UEM), 178, 181, 188, 211, 239, 572.

Volet monétaire (UEM), 180, 194, 215, 576.

Vote, 171, 495.

Werner (plan), 32, 210.

Zones rurales, 158.

TABLE DES MATIÈRES

Pages

Avant-propos. vii

Abréviations. xi

PREMIÈRE PARTIE

LA TRAITÉ DE MAASTRICHT DANS LE CONTEXTE DE LA CONSTRUCTION EUROPÉENNE

TITRE PREMIER

LES ANTECEDENTS OU LE CONTEXTE HISTORIQUE

Introduction 3

CHAPITRE Ier. — **La réflexion sur les finalités de la construction européenne** 5

Section Ire. — D'une approche sectorielle vers une approche globale 5

Section II. — Révision des traités ou élaboration d'une constitution ? 12

CHAPITRE II. — **La construction communautaire : un modèle *sui generis*** 17

Introduction. 17

Division A. — La Commission 18

Division B. — Le Conseil 21

Division C. — Le Conseil européen 23

Division D. — Le Parlement européen 26

Division E. — La Cour de Justice 28

CHAPITRE III. — **Le thème monétaire dans l'unification européenne** 31

Division A. — Le traité de Rome 31

PAGES

Division B. — Le plan Werner 32

Division C. — Le Système monétaire européen 34

Division D. — L'Acte unique européen 35

TITRE II

DE L'ACTE UNIQUE AUX CONFÉRENCES INTERGOUVERNEMENTALES DE 1991 : LES ANNÉES 1987 à 1990

INTRODUCTION. 37

CHAPITRE Ier. — **La marché vers l'union économique et monétaire**. 39

Division A. — L'impulsion du rapport Delors 39

Division B. — Le Conseil européen de Rome I (octobre 1990) . . . 41

CHAPITRE II. — **Les origines de l'Union politique** 44

SECTION 1re. — LES RAISONS DE FAIRE L'UNION POLITIQUE 44

Division A. — La dynamique interne de la Communauté 44

Division B. — Le facteur externe : l'écroulement du bloc soviétique . . 45

Division C. — La réunification allemande 46

Division D. — La perspective d'élargissements futurs 47

SECTION II. — LES PRINCIPALES ÉTAPES AYANT CONDUIT À LA CONVOCATION DE LA CIG/UP 49

Division A. — Le rôle d'impulsion du PE 49

Division B. — L'aide-mémoire belge du 20 mars 1990. 51

Division C. — L'initiative Kohl/Mitterrand et le Conseil européen du 28 avril 1990 53

Division D. — Le rapport des Ministres des Affaires étrangères et le Conseil européen de Dublin II (25 et 26 juin 1990) 55

CHAPITRE III. — **La phase préparatoire aux négociations** . . . 59

SECTION 1re. — LA CLARIFICATION DES IDÉES (DE DUBLIN II À ROME I) . 59

SECTION II. — LE CONSEIL EUROPÉEN DE ROME I (27 ET 28 OCTOBRE 1990) 62

SECTION III. — DE ROME I (OCTOBRE 1990) À ROME II (DÉCEMBRE 1990). 64

Division A. — L'organisation des travaux 64

Division B. — Les ultimes préparatifs 65

PAGES

Division C. — Le Conseil européen de Rome II (14-15 décembre 1990) . 69

TITRE III

LE DÉROULEMENT DES CONFÉRENCES INTERGOUVERNEMENTALES

CHAPITRE Ier. — **La CIG sur l'Union politique** 73

INTRODUCTION 73

SECTION Ire. — LA PREMIÈRE LECTURE ET LA PRÉSENTATION DU *NON PAPER* LUXEMBOURGEOIS DU 17 AVRIL 1991 76

Division A. — Les travaux des représentants personnels 76

Division B. — Les travaux des Ministres des Affaires étrangères . . 79

Division C. — La présentation du non paper *luxembourgeois du 17 avril*. 81

SECTION II. — LA PRÉPARATION DU CONSEIL EUROPÉEN DE LUXEMBOURG DES 28 ET 29 JUIN 1991 83

SECTION III. — LA PÉRIPÉTIE DU PROJET NÉERLANDAIS 88

SECTION IV. — LES NÉGOCIATIONS FINALES 90

CHAPITRE II. — **Le déroulement des travaux de la CIG/UEM** . . 94

INTRODUCTION 94

SECTION Ire. — DE L'OUVERTURE DE LA CIG/UEM JUSQU'AU CONSEIL EUROPÉEN DE LUXEMBOURG DES 28 ET 29 JUIN 1991 95

SECTION II. — DES DÉBUTS DE LA PRÉSIDENCE NÉERLANDAISE JUSQU'À LA RÉUNION INFORMELLE DES MINISTRES À APELDORN LE 21 SEPTEMBRE 1991 98

SECTION III. — LES NÉGOCIATIONS FINALES 99

DEUXIÈME PARTIE

LE CONTENU DU TRAITÉ DE MAASTRICHT

TITRE IV

LA STRUCTURE DU TRAITÉ LES TROIS PILIERS

CHAPITRE Ier. — **Le déroulement du débat sur la structure** . . 107

PAGES

SECTION Ire. — LES THÈSES EN PRÉSENCE : TEMPLE GREC OU ARBRE À PLUSIEURS BRANCHES ? 107

SECTION II. — LE *NON PAPER* DU 17 AVRIL 1991 : L'APPROCHE PAR PILIERS 108

SECTION III. — LA CLARIFICATION DE DRESDE ET LE TEXTE DU 18 JUIN 1991 111

CHAPITRE II. — **Analyse de la structure du traité sur l'Union** . . 114

INTRODUCTION. 114

SECTION Ire. — LES DISPOSITIONS COMMUNES (« LE CHAPEAU ») . . . 115

SECTION II. — LE CADRE INSTITUTIONNEL UNIQUE. 119

Introduction 119

Division A. — L'expression du principe de l'unicité institutionnelle dans les textes du traité 121

Division B. — De quelques particularismes institutionnels de l'Union et des Communautés 123

§ 1er. *Particularismes introduits dans le système communautaire par l'Union économique et monétaire* 124

§ 2. *Particularismes introduits par le traité sur l'Union dans les domaines de la PESC et de la coopération dans les domaines de la justice et des affaires intérieures* 126

SECTION III. — LES DISPOSITIONS FINALES 130

TITRE V

LA NOUVELLE COMMUNAUTÉ EUROPÉENNE

INTRODUCTION : **Un changement de dénomination significatif** . . 135

CHAPITRE Ier. — **Principes et règles de base** 139

SECTION Ire. — LES OBJECTIFS ET LES ACTIONS DE LA CE 139

SECTION II. — LE PRINCIPE DE SUBSIDIARITÉ. 141

Division A. — Les termes du débat sur la subsidiarité. 141

Division B. — Analyse et commentaire de la solution retenue . . . 147

SECTION III. — LA COHÉSION ÉCONOMIQUE ET SOCIALE 151

Division A. — Les enjeux 151

§ 1er. *Les amendements aux textes du traité* 152

§ 2. *La création de nouveaux fonds spéciaux* 152

§ 3. *La réforme du système des ressources propres* 153

PAGES

§ 4. *L'assouplissement des critères d'intervention des fonds structurels existants* . . . 154

Division B. — Le déroulement des négociations . . . 154

Division C. — Les éléments du compromis . . . 158

§ 1er. *Les modifications au texte du traité* . . . 158

§ 2. *Le protocole sur la cohésion économique et sociale* . . . 161

SECTION IV. — LA CITOYENNETÉ DE L'UNION . . . 162

Introduction . . . 162

Division A. — Les caractéristiques générales de la citoyenneté de l'Union. 164

§ 1er. *La citoyenneté de l'Union : place dans le traité et signification du terme* . . . 165

§ 2. *Lien entre la citoyenneté de l'Union et la nationalité des Etats membres* . . . 166

Division B. — Les effets de la citoyenneté . . . 167

§ 1er. *Le droit de circuler et de séjourner librement (art. 8 A CE)* . . . 168

§ 2. *Le droit de vote et d'éligibilité (art. 8 B CE)* . . . 171

§ 3. *Le droit à la protection des citoyens à l'étranger (hors CE) (art. 8 C CE)* . . . 173

§ 4. *Le droit de pétition des citoyens et leur droit d'avoir recours à un médiateur (art. 8 D CE)* . . . 175

§ 5. *L'extension* in futuro *des droits dont le citoyen de l'Union bénéficie (art. 8 E CE)* . . . 175

CHAPITRE II. — **L'Union économique et monétaire** . . . 176

INTRODUCTION . . . 176

SECTION Ire. — LE CONTENU DES TROIS PHASES : ANALYSE THÉMATIQUE . 177

Division A. — La première phase de l'UEM . . . 177

§ 1er. *La première sous-phase : recherche de la convergence économique et coordination* ex-ante *des politiques monétaires nationales* . . . 178

§ 2. *La deuxième sous-phase : adoption d'orientations économiques générales et gel de l'Écu* . . . 181

Division B. — La deuxième phase . . . 187

§ 1er. *Le passage à la deuxième phase : automatique et collectif* . . . 187

§ 2. *Le contenu de la deuxième phase* . . . 189

Division C. — La troisième phase . . . 203

§ 1er. *Le passage à la troisième phase : la date butoir de 1999* . . . 203

§ 2. *Le contenu de la troisième phase* . . . 211

SECTION II. — ANALYSE DES DIFFÉRENTS ARTICLES RELATIFS À L'UEM . 229

Introduction . . . 229

Division A. — Les principes (articles 2, 3 A et 4 A) . . . 230

Division B. — Les capitaux et les paiements (articles 73 A à 73 H) . . 237

Pages

Division C. — La politique économique et monétaire (articles 102 A à 109 M) 239
§ 1er. *La politique économique* 239
§ 2. *La politique monétaire* 252
§ 3. *Les dispositions institutionnelles* 265
§ 4. *Les dispositions transitoires* 270
Division D. — Le protocole sur les statuts du SEBC et de la BCE . . 278
Division E. — La législation secondaire sur l'UEM 286

CHAPITRE III. — **Les autres politiques de la CE** 287

Introduction. 287

Section Ire. — La compétitivité de l'industrie européenne . . 288
Division A. — L'industrie (article 130) 288
§ 1er. *Objectifs de la politique industrielle* 290
§ 2. *Les moyens d'action de la politique industrielle* 291
Division B. — Recherche et développement technologique (articles 130 F à 130 P) 292
§ 1er. *Une approche plus cohérente et plus globale* 293
§ 2. *La recherche d'une plus grande efficacité par un rééquilibrage institutionnel des procédures* 295
Division C. — Les réseaux transeuropéens (articles 129 B à 129 D). . 296
§ 1er. *La tâche de la Communauté dans le domaine des réseaux européens* 297
§ 2. *Les moyens d'action*. 299
§ 3. *Les procédures (article 129 C)* 301
Division D. — La politique des transports (articles 74 à 84) . . . 301

Section II. — La politique sociale, l'éducation, la formation professionnelle et la jeunesse (Titre VIII, art. 117 à 127) . . 302
Introduction 302
Division A. — Le développement des idées jusqu'à Maastricht . . . 303
Division B. — Le décrochage à Maastricht, le protocole à douze et l'accord à onze 307
§ 1er. *Le dualisme de normes* 307
§ 2. *La mise en oeuvre de l'accord à onze* 308
§ 3. *L'éventualité d'une solution permettant de mettre un terme au décrochage* 309
Division C. — La politique sociale, telle que prévue par l'accord à onze . 309
Division D. — Quelques autres dispositions liant les douze dans le domaine social et dans les domaines de l'éducation et de la formation professionnelle 315

Pages

SECTION III. — LES QUESTIONS DE SOCIÉTÉ 319
Division A. — L'environnement (articles 130 R, 130 S et 130 T) . . 319
§ 1er. *Le cadre et les objectifs de la politique communautaire de l'environnement* 320
§ 2. *Les actions et procédures en matière d'environnement* 323
Division B. — La santé publique (art. 129) 325
§ 1er. *Origine et élaboration de l'article 129* 325
§ 2. *Le contenu de l'article 129* 327
Division C. — La culture (article 128) 328
§ 1er. *Le caractère subsidiaire de l'action communautaire en matière culturelle* 329
§ 2. *Le domaine de la politique culturelle* 330
§ 3. *Les moyens de la politique culturelle* 331
§ 4. *Rapports de la politique culturelle et des autres politiques communautaires* 332
§ 5. *Relations internationales* 332
§ 6. *Aides culturelles* 333
Division D. — La protection des consommateurs (article 129 A) . . 333
§ 1er. *Objectifs et caractéristiques* 334
§ 2. *Moyens et procédure* 334
Division E. — Le protocole relatif à l'article 40.3.3 de la Constitution de l'Irlande 335

SECTION IV. — RELATIONS EXTÉRIEURES ET ACCORDS INTERNATIONAUX . 337
Introduction 337
Division A. — La politique commerciale commune (articles 110 à 116) . 339
§ 1er. *La portée de l'article 113* 339
§ 2. *La procédure de l'article 113* 342
§ 3. *La représentation extérieure* 343
§ 4. *L'article 115* 344
§ 5. *L'article 116* 345
Division B. — La coopération au développement (articles 130 U à 130 Y) 346
§ 1er. *Les objectifs* 347
§ 2. *Les instruments* 350
Division C. — La conclusion d'accords internationaux (article 228) . . 353
§ 1er. *Le principe d'une procédure unique* 354
§ 2. *La procédure de l'article 228 : analyse* 356
§ 3. *Idées alternatives de la Commission* 359
Division D. — La prise de « sanctions » contre des pays tiers (article 228 A) 360
Division E. — Les exportations d'armes 362
§ 1er. *La situation actuelle* 362
§ 2. *Les réflexions de la conférence* 364

Pages

CHAPITRE IV. — **La légitimité démocratique** 366

Section Ire. — Un rôle croissant pour le Parlement européen . 366

Division A. — Le rôle législatif du PE 368

§ 1er. *La « codécision » (article 189 B)* 368

§ 2. *La procédure de « coopération » (article 189 C)* 384

§ 3. *L'avis conforme* 385

§ 4. *La procédure de consultation* 393

§ 5. *Une esquisse de droit d'initiative* 394

Division B. — Le rôle du PE dans la nomination de la Commission . . 395

Division C. — Le rôle du Parlement européen dans la défense des droits des citoyens 398

§ 1er. *Le droit d'enquête (article 138 C)* 398

§ 2. *Le droit de pétition (article 138 D)* 400

§ 3. *Le médiateur (*ombudsman*) (article 138 E)* 401

Section II. — Le rôle des parlements nationaux dans la construction européenne 403

Section III. — La représentation des régions 408

Division A. — Le Comité des régions (articles 198 A, 198 B, 198 C) . 408

§ 1er. *Le statut et la place d'un organe des régions* 409

§ 2. *Le rôle et la nature du Comité des régions* 411

§ 3. *La composition du Comité des régions* 412

Division B. — Le débat sur la composition du Conseil de Ministres : présence de Ministres régionaux ? (article 146) 413

Section IV. — Le rôle du Comité économique et social (CES) . . 416

Section V. — L'accès à l'information et la transparence décisionnelle (la « publicité des actes ») 418

CHAPITRE V. — **Le thème de l'efficacité des institutions et des procédures** 422

Introduction. 422

Section Ire. — Le respect du droit communautaire 423

§ 1er. *Le fonctionnement de la Cour de Justice et du Tribunal de première instance* 424

§ 2. *La question des sanctions pécuniaires en cas de non-exécution d'un arrêt de la Cour (article 171)*. 430

§ 3. *Le contrôle de la légalité des actes (article 173)* 434

§ 4. *L'application du droit communautaire* 436

Section II. — Les dispositions financières et budgétaires . . 437

§ 1er. *Le contrôle des comptes (articles 4, 188 A, B et C et article 206)* . 439

PAGES

§ 2. *Le système budgétaire (articles 199 à 203)* 442

§ 3. *Les propositions non retenues en matière de système financier et budgétaire* 443

§ 4. *La défense des intérêts financiers de la Communauté (art. 209 A)* . 446

SECTION III. — LE VOTE À LA MAJORITÉ QUALIFIÉE 447

Division A. — *Les nouvelles compétences* 449

Division B. — *Les domaines déjà couverts par le traité CEE* . . . 450

SECTION IV. — LA PLACE DE LA COMMISSION DANS LE SYSTÈME COMMUNAUTAIRE 453

Division A. — *La structure et l'organisation de la Commission* . . . 454

Division B. — *Le rôle et les compétences de la Commission.* . . . 456

§ 1er. *Le rôle de la Commission dans le processus législatif* . . . 457

§ 2. *Les compétences d'exécution de la Commission (articles 145, 3e tiret et 155, 4e tiret)*. 459

TITRE VI

LA POLITIQUE ÉTRANGÈRE ET DE SÉCURITÉ COMMUNE (PESC)

INTRODUCTION. 463

SECTION Ire. — LES GRANDS THÈMES DE LA NÉGOCIATION 465

Division A. — *La question de la globalité des relations extérieures* . . 465

Division B. — *Distinction entre actions communes et coopération politique renforcée*. 467

Division C. — *Les questions de sécurité et de défense* 468

SECTION II. — LES OBJECTIFS ET LES MOYENS DE LA PESC : L'ANALYSE DES ARTICLES J 1 À J 11 475

Division A. — *Les objectifs de la PESC (art. J.1)* 475

Division B. — *La coopération systématique (art. J.2 et J.1.4)* . . . 476

Division C. — *Les actions communes (art. J.3)* 477

Division D. — *Dispositions diverses de mise en oeuvre de la PESC en matière de sécurité et de défense (art. J.4)* 481

Division E. — *La représentation externe (art. J.5 et J.6)* 484

Division F. — *Les dispositions institutionnelles (art. J.7, J.8 et J.9)* . 485

Division G. — *Questions d'organisation (art. J.8.5, J.11)* 487

Division H. — *Clause de révision (art. J.10)* 489

Pages

TITRE VII

LA COOPÉRATION INTERGOUVERNEMENTALE DANS LES DOMAINES DE LA JUSTICE ET DES AFFAIRES INTÉRIEURES

INTRODUCTION 491

SECTION Ire. — LES AFFAIRES JUDICIAIRES ET INTÉRIEURES : QUESTIONS DE COOPÉRATION INTERGOUVERNEMENTALE ET COMMUNAUTARISATION DE LA POLITIQUE DES VISAS 495

Division A. — Les neuf domaines de la coopération intergouvernementale . 496

Division B. — Règles générales de la coopération intergouvernementale dans les domaines de la justice et des affaires intérieures . . . 500

Division C. — La « réglementation » harmonisée des visas prévue par l'art. 100 C 501

SECTION II. — MODALITÉS D'EXERCICE DE LA COOPÉRATION DANS LE DOMAINE DE LA JUSTICE ET DES AFFAIRES INTÉRIEURES : PROCÉDURES UTILISÉES ET PARTICULARITÉS INSTITUTIONNELLES 503

Division A. — Les moyens juridiques de la coopération intergouvernementale 503

Division B. — La réglementation des visas de l'art. 100 C 507

Division C. — Le cadre institutionnel de la coopération intergouvernementale dans le domaine de la justice et des affaires intérieures . . 508

§ 1er. *Rôle des institutions* 509

§ 2. *Mécanismes institutionnels* 510

Division D. — La clause évolutive des art. K.9 et 100 C § 6 (la « passerelle ») 511

ANNEXES 513

I. *Le traité sur l'Union européenne* 515

II. *Extraits des conclusions de la présidence (Conseil européen d'Edimbourg des 11 à 12 décembre 1992)* 756

III. *Bibliographie en matière d'UEM* 787

INDEX ET TABLES 789

Index des articles des traités cités dans le texte 789

Index des protocoles et déclarations cités dans le texte 793

Index des sessions du Conseil européen mentionnées 797

Table alphabétique 799

Table des matières 805

IMPRIMÉ EN BELGIQUE

ETABLISSEMENTS EMILE BRUYLANT, société anonyme, Bruxelles
Admin.-Dir. gén. : JEAN VANDEVELD, av. W. Churchill, 221, 1180 Bruxelles